新 史 学

观 古 今 中 西 之 变

国家出版基金项目
NATIONAL PUBLICATION FOUNDATION

侯旭东 著

汉家的日常

北京师范大学出版集团
BEIJING NORMAL UNIVERSITY PUBLISHING GROUP
北京师范大学出版社

目 录

下　　编

外 编

表
（部分）

地　图

序　论

收在本书中的 14 篇论文，是近二十年来从事历史上日常统治研究的主要成果，按照内容大致分为三编。上编的五篇围绕汉代传舍（当时官方设立的招待所）的使用展开。下编的八篇，内容最为庞杂，涉及朝廷到郡县、边塞候望系统中的候官，既有常见的问题，如皇帝与丞相的关系、刺史的作用、御史大夫的职掌、郡国到朝廷的上计等，也包含自下而上的陈请、儒生在描述皇帝所下文书中的心曲、朝廷与郡县官吏工作中抽调其他机构或下属机构的做法（给事）以及候官的负责人候在外出巡视辖区（行塞）时如何安排代理者，及这种安排的后果。外编只有一篇，讨论的是西晋末年匈奴贵族刘渊起兵问题，在他与晋廷共享的天下秩序下，他的经历与八王之乱的契机，如何被刘宣等所捕捉，推动刘渊走上反晋的道路。刘渊打着继承汉高祖的旗号，不妨亦放在汉朝的延长线上思考。天下秩序的雏形在汉代已出现，嵌入其中的"蛮夷"首领有意无意地利用它来建立自己的政权。"蛮夷"推翻中原王朝，这是第一遭，开启了中国史上的新篇章。这篇尽管时段略有溢出，但是对于更完整地认识秦汉以降的王朝史，无疑是不可或缺的，同时，对于理解日常统治研究的可能性，也是有裨益的。

这些论文，除了上编是围绕一个问题展开之外，其余各编之间看上去并无直接的关联。这些散漫的论文除了解决具体问题，汇集在"汉家的日常"名义下，如何从不同角度呈现出日常统治研究的特点，在《什么是日常统治史》一书的第七章有所揭示，即便该章没有提及的论文，对照该书第六章与论文本身，也不难捕捉。这里仅就其对于认识汉朝乃至中国历史有什么帮助，略加申述。

上编五篇围绕汉代传舍使用的研究，一方面通过引入"使用"的视角，将研究彼时的传舍从制度史的孤立分析中解放出来，重建它在当时的职能，也展现了"关系视角"产生的化旧为新的作用。另一方面结合不同类型的出土资料，从律令规定、诏书的作用、传舍运行以及运行中产生的问题与应对，及其未预期的结果等角度揭示了这类在各地县级及以上的治所和交通线上普遍存在的机构如何发挥作用，既包括对王朝而言的功用，也包含这类机构如何实际运行，尤其是处于王朝不同位置的人——上至皇帝，下到传舍的管理者、使用者，如何围绕其使用过程开展争夺，及这种争夺与制度变动、王朝命运间的关系。还有更长程的对比观察，即当时的技术与管理方式下，广土众民的王朝统治中所面临的无法摆脱的困境。

这些论文既是对一类不起眼的机构如何发挥作用的分析，是不同位置的人与此类机构的关系史，而非通常所说的制度史；又因其揭示的是无数次具有高度重复性的接待事务，也非研究者所熟悉的事件史。这种人与机构的关系史也有助于认识王朝是如何维系的，两种观察并置，形成"互观"，可以从运行机制角度加深对汉朝，乃至整个中国帝制时代的认识，涉及律令的作用、律令与皇帝诏书的关系、皇帝作用的多样性、官吏自身牟利活动的意外后果等。

下编与外编的论文看似零散乃至琐碎，但如罗志田教授一篇论文的标题"非碎无以立通"所言①，这些论文的立意本身，以及将它们合观并置带来的相互映照，不只对具体问题提供些新见，同样期望会对学界长期接受的一些宏观性论断或思路产生新的思考。关于前者，过于具体，不宜在此详论，下面仅就后者略做说明。

---

① 罗志田：《非碎无以立通：试论以碎片为基础的史学》，原刊《近代史研究》2012 年第 4 期，后收入所著《近代中国史学述论》，北京：北京师范大学出版社，2015 年，第 345—360 页。

秦始皇统一六国，开启了帝制时代，持续了两千多年。从秦到清历代皇帝作为最高统治者，是史书中的主角，有关记载连篇累牍，学界中，无论是个别皇帝的专题研究或传记，还是总体分析，都相当丰富，再加上各类影视剧与小说，皇帝的面貌看起来并不陌生。细究起来，受到 19 世纪末 20 世纪初逐渐成形的关于整个帝制时代的认识的影响，关于皇帝的总体认识也在具体研究广泛展开之前便定型化，且深入人心，成为研究者心中从事研究，筛选史料建构"史实"的筛子，让我们的认识不免趋于片面与极端化，失去对复杂面貌的把握。现在有必要一方面反思近代以来形成的种种基本认识，另一方面从更多面向认识皇帝及其作用。上编中至少两篇涉及此，下编利用传世文献与出土简牍，分析丞相在武帝以后的西汉统治中的作用，揭示了史书中"皇帝制度叙述"（甘怀真语）对丞相实际作用的遮蔽。

关于西汉御史大夫的研究，不只是考证其办公地点的变化，更是关注从秦到西汉后期其职掌的前后变化，借助出土律令与文书简牍，揭示秦与西汉王朝律令不断积累与御史大夫职责侧重点转变之间的关联，并提示《汉书·百官公卿表上》中有关记述的时代性。

关于两汉郡国上计朝廷时是否面见皇帝的考察，将以往不太关注的变化纳入一般被视为制度史的问题中，揭示了东汉光武帝与明帝个人执政风格带来的变动与后果，提示皇帝个人在历史中的作用，同时也提醒读者注意，这种作用与皇帝个性有关，往往因人而异，缺乏前后的连续性。像汉武帝这样在位超过半个世纪的皇帝，其早年、中年与晚年的境遇、状态与作为，也颇有不同，更不用说父子之间的差别了。他们所受的教育、生活经历与大臣对皇帝的期待又有相当的连续性，他们所统御的王朝又带有颇多内在的一致性，因而皇帝个人所能施展的空间其实也很有限，由此而来的更多地是波动与反复。以往多基于进化论的简单假设，忽略不同时空下的波动与反复，将历史视为单向的线性演进。结合《宠》一书，或许会对此有更清晰的认识。

东汉桓帝时立于曲阜孔庙的《乙瑛碑》是汉碑名品。论文在书法之外关注碑文抄录的文书，围绕四个文书用语，梳理增置守庙卒史这一琐事的处理过程，提示关注当时臣民陈请与建议在朝廷决策中的作用，反思以往强调皇帝支配论这一单向认识的局限。

关于东汉后期胡广与蔡邕师徒二人对于皇帝下发文书的分类与描述，如果认识上突破简单的反映论，对照文献、简牍和石刻中实际使用的皇帝文书和文书称呼上的流动性，不难发现两人是如何借助对文书类型的表达来体现他们对皇帝角色的理解，以及对彼时朝政现状的态度。这也有助于认识儒生与皇帝之间的关系，及其对理想皇帝与现实皇帝之间张力的感受和努力。

下编还利用简牍考察西北边地相当于今天"团长"一级的长吏"候"不在岗时如何安排临时兼任者，以及官府编制已满，面对众多事务又人手不够时如何处理这类看似细微的问题。跳出官职、秩级与职掌等制度史的通常关切，以及重大事件，从反复发生的官府实际运行方式中去捕捉常行的机制，发掘其不期然的后果，帮助我们从更多的侧面认识面临不同情境时，官僚统治具体是如何展开的。

汉代以降王朝的完整形态是郡县+四夷共处，借助定期举行的仪式、册封、印绶将这一天下秩序呈现出来并不断予以强化，甚而内化到华夷参与者的世界构想中。这一秩序是观念与实践互动调整的产物，西汉宣帝以后逐渐落实在仪式活动上，东汉的元会仪可算是初步定型。外编对刘渊起兵的再分析，则是在天下秩序的结构性关系以及八王之乱的短期动荡双重作用下，重新观察刘渊的经历，揭示他如何走上反晋的道路。外编既是对天下秩序作用的再思考，亦是对事件性因素与个人作用的再挖掘，也是对20世纪以来传统民族史聚焦的议题的反思与超越，有助于突破领域划分，返回现场，捕捉时代氛围与时人的感受，去认识个人作用及其局限、中国历史的演进轨迹。

以上基于实践对汉代皇帝的多侧面分析，需放在春秋战国以来的思想与实践中去把握，即一方面是从分封制国家走向君主官僚制国家，另一方面以诸子为首的士人在思想上也对国家、君主以及君民关系进行了多方面的思考，两者间并不完全对应，但的确存在颇多应和之处。

西周覆灭，平王东迁，产生的震动与影响是长期且深远的。如司马迁在《史记·周本纪》中所云："平王之时，周室衰微，诸侯强并弱，齐、楚、秦、晋始大，政由方伯。"(4/149)这种影响不只是权力结构上的，同样也是信仰与观念层面的，是对以往频繁进行的祭祀作用的一次打击，亦是动摇天命在周观念的发端，换言之，是国君与贵族们身心的一次解放，由此开启了所谓"礼崩乐坏"以及新秩序的摸索，秦汉王朝的建立乃是这一漫长探索中多数时人未曾料到的结果。①

探索过程中，战争发挥了关键性的推动作用。为在漫长的非决定性战争中胜出，各国被迫进行多方面的改革，以求生存，催生了新型国家的构想与实践。② 具体而言，产生了"君臣相维、四民分业、各有所主，勠力本业，共成美恶"的分工体系与实践安排，秦以后王朝的统治实践是围绕此而展开的，从君到臣民的生活（包括应对和抵抗）也围绕这一体系展开。这一体系也可以概括为"自上而下建立的，以职责为核心的分工合作/交换机制"，它既是在春秋战国以来诸子思想交锋相互影响下而形成的，也在不同国家变为现实的制度安排，体现为律令和律令规范下的臣民行为，进而成为现实，最后在秦汉以后的王朝中得到了全面的落实。它规范了君、臣、民的思想与实践（以及抵抗），围绕这一机制展开的实践与思想间的互动构成历史的重要内容。

秦汉以来王朝利用军功爵与等级官僚构建的名号/利益分配方式持续存在，并内化为众多臣民的追求，在近代被迫转型之前的两千多年间，成为因循演进的基本依托。置身其中不同位置的人的作用并不一致，自

---

① 对时人认识的分析，见何晋：《秦称"虎狼"考》，《文博》1999 年第 5 期，第41—50 页。

② 马克斯·韦伯：《中国的宗教：儒教与道教》，康乐、简惠美译，桂林：广西师范大学出版社，2010 年，第 105 页；许倬云：《万古江河：中国历史文化的转折与开展》，上海：上海文艺出版社，2006 年，第 62—66 页；赵鼎新：《东周战争与儒法国家的诞生》，夏江旗译，北京：北京联合出版公司，2020 年。

上而下存在心—物的递变。君主"事神保民",付出的更多的是心力,主要通过反复不断的仪式维持天下秩序,为民祈福;多数"民"按照农、工与商的职责分工,贡献劳力与产品,维持其物质上的延续;纳入等级秩序的官吏出自四民中的"士",居中沟通、吸引并维系君民共处。关于这一机制的产生与实践,将在另外一本书中详加讨论,这里不拟赘述。上述各编论文只涉及君与官之间,以及官吏之间的部分问题,或是透过一类机构(传舍),或是围绕特定事务或工作方式展开。

这一体制赋予了君主最为重要的作用,这既是对商周以来统治实践的观念表达,亦是对这种统治路径的肯定。董仲舒在对汉武帝的"天人三策"的第一策中,对此有极为清晰而完整的表述。他说:

> 故为人君者,正心以正朝廷,正朝廷以正百官,正百官以正万民,正万民以正四方。四方正,远近莫敢不壹于正,而亡有邪气奸其间者。是以阴阳调而风雨时,群生和而万民殖,五谷孰而草木茂,天地之间被润泽而大丰美,四海之内闻盛德而皆徕臣,诸福之物,可致之祥,莫不毕至,而王道终矣。(汉书 56/2502—2503)①

这段话借助推衍方式对君主在国家乃至天下秩序中的核心作用,进行了充分的说明。类似的观点在战国时期已出现,董仲舒集其大成。它以一种无以复加的方式突出了君主的主动作用,认识整个中国帝制时代的历史,尤其是君主的作用,这段话都是无法绕过的关键。这当然只是理想或应然,儒生也清楚现实中的皇帝并非圣人,更多的是他们眼中的中主或庸主,需要有贤人帮助其成"王道",究竟什么人才能承担此重任?由谁来"得君行道",以及儒生之所以仇视外戚,特别是宦官,均与他们心目中君主的作用、自身的定位以及他们目下外戚与宦官的"天然缺陷"紧

---

① 关于这段话的文本来历,福井重雅有所怀疑,笔者也略有说明,见《宠:信—任型君臣关系与西汉历史的展开》,北京:北京师范大学出版社,2018年,第168页注释5。

密相连。① 儒生的理想与追求，在现实皇帝统治下与皇帝个体的实际想法、情感与作为相纠结，皇帝既被赋予了看似无限的职责，实际又不断受到儒生的约束，既相维又相对，构成了王朝史中不断上演的剧目。②

　　上述观念通过儒生自小反复修习的《论语》《孝经》等经书和充满"皇帝制度叙述"的史书植入心灵。经书中尽管有"当不义"，"臣不可以不争于君"（《孝经·谏净章》）之说，但君臣父子依然是论说的基调，向往的还是移孝为忠，忠君事君。加上他们所身处的王朝统治，不时会见到或听到的皇帝诏书而一再强化，一旦有机会进入官府，就会更加直接感受到皇帝的在场，君主的核心作用成为他们思考问题时挥之不去的基调。为官的规范亦循着同样的逻辑（正己→治家→处事）展开③，不论官职高低，外推的逻辑与董仲舒所描述的君主治理天下的思路并无二致，君臣共享同样的逻辑。这类王朝时期的常识与常态，制约着君臣思考与行动的方向和范围。

　　作为王朝统治与儒生思考另一端的是"民"，既是与君相对的普泛说法，现实中也有具体所指和内涵：粗略划分为士、农、工、商四民，各朝各代还有更为具体的区分，构成不同类型的户。儒生同样通过诵读经书获得关于"民"的认识。关于民的极端说法是孟子的民本说，经书中更常见的认识则是将民视为被动的治于人者，是瞑与盲，后者与朝廷的实际安排一道，将民作为没有意志与想法，需要圣贤教化的工具来看待。

　　① 西汉时期的认识，见侯旭东：《宠：信—任型君臣关系与西汉历史的展开》"六、儒生与君臣信—任"，第 154—170 页。

　　② 萧公权：《中国政治思想史》（二），沈阳：辽宁教育出版社，1998 年，第 443、461—474 页；向世陵：《刍议汉儒到宋儒的"正君心"说》，《社会科学战线》2011 年第 3 期，第 23—28 页；周燕芝：《试论朱熹的君主观》，《武夷学院学报》2020 年第 2 期，第 5—9 页。

　　③ 孔子在《论语·子路》中指出："其身正，不令而行；其身不正，虽令不从。"强调治人者的表率作用，君主与官员均应发挥如此作用。这种思路可见于李元弼《作邑自箴》、佚名《州县提纲》，均收入李元弼等撰：《宋代官箴书五种》，闫建飞点校，北京：中华书局，2019 年。

民本说亦是从君的角度出发的认识，并非民自身主体意识的觉醒。这种认识与实践亦持续了两千多年，只是个别时期、个别人物昙花一现，产生过承认"民"的主体作用的看法。①

能跳出上述轨辙来思考，要到西方思想传入，特别是戊戌维新失败之后了。当然，从形式上废除君主制到心智上人民真正站起来，还有漫长的路要走。这其中，从市场到市场经济，应该是关键的转变。货币所体现的非人格化的价值，成为人们追求的目标，在传统以地位和权力为中心的整合方式之外，开辟了新的行动方向。择业与创业，而不是被安排到某个固定的位置上，为人民创造了无数新可能。从外在的现实与感受延伸到思考方式上的自觉，不是一蹴可就的。直至当下，现实中无论是权力运作还是学术思考依然可见大量单向思维的横行。

上述关系所构成的观念、实践代代相沿，形成广为接受的常识与常态，呈现为带有共性的体制。若将此概括为专制政体，或其变种"皇帝支配论"，虽能找到很多证据，但未免将问题简单化了，而这种认识，实际是基于古希腊以来的西方政治学传统来衡量他者的产物。这种高度标签化的认识，追求的是发现"本质"或"规律"，无法脱离立论者的立场与出发点，在揭示某些现象的同时遮蔽或忽略的现象一样不少。更可取的办法不是再去换一副新标签，而是改从机制的角度来揭示中国的历史，或可将更多的侧面，尤其是不同群体的常规行动、思维方式及两者的相互作用纳入视野，减少一些盲区。② 面对中国这样一个绵延数千年，覆盖数百万平方公里土地，内部充满了矛盾与张力的文明，非此即彼的简单

---

① 如贾谊在《新书·大政下》中的表述，以及吕祖谦在《增修东莱书说·召诰》中关于国之根本，止在小民之身的说法。

② 可参斯蒂芬·卡尔博格（Stephen Kalberg）：《韦伯的比较历史社会学今探》第二部分"韦伯的因果分析模式"（英文原版 2012 年初刊），张翼飞、殷亚迪译，上海：上海人民出版社，2020 年，第 97—118 页；叶启政：《西方社会理论的历史质性》，收入所著《穿越西方理论的省思》，杭州：浙江大学出版社，2019 年，第 1—60 页；叶启政：《从因果到机制：经验实证研究的概念再造》，新北：群学出版有限公司，2020 年。

逻辑判断是颇为无力的。

　　20世纪日益主导思想界的进化论，随着中国自身处境的变化，也在不断改变着对中国历史的理解。从早期相对于西方不断进步而产生的长期停滞论断①，到分期论与资本主义萌芽讨论中所暗含的一元进化轨迹②，以及封建社会长期延续讨论中所隐含的落后焦虑，再到当下各种变革论纷呈交织下深层的迷茫。这些参照西方历史以及对历史的解释产生的思考，一旦我们能对西方历史进程本身有更恰当的把握，或许就不会对自身历史的反复与延续、自己文明的未来，产生过多的疑虑与担心。

---

　　①　如夏曾佑指出："中国之教，得孔子而后立。中国之政，得秦皇而后行。中国之境，得汉武而后定。三者皆中国之所以为中国也。自秦以来，垂二千年，虽百王代兴，时有改革，然观其大义，不甚悬殊。"见所著《最新中学中国历史教科书》第二篇"中古史"第一章"极盛时代（秦汉）"，1904、1906年初刊，后改名《中国古代史》，1931年重刊，此据北京：东方出版社，2012年，第225页。冯友兰《中国哲学史》（1934年初刊）第二篇"经学时代"第一章"泛论经学时代"说："春秋战国之时，因贵族政治之崩坏，政治经济社会各方面，皆有根本的变化。及秦汉大一统，政治上定有规模，经济社会各方面之新秩序，亦渐安定。自此而后，朝代虽屡有改易，然在政治经济社会各方面，皆未有根本的变化。各方面皆保其守成之局，人亦少有新环境、新经验。"（下册，北京：中华书局，2014年，第416页）雷海宗认为："秦以上为动的历史，历代有政治社会的演化更革，秦以下为静的历史，只有治乱骚动，没有本质的变化，在固定的环境之下，轮回式的政治史一幕一幕的更迭排演，演来演去总是同一出戏，大致可说是汉史的循环发展。"见《无兵的文化》，清华大学《社会科学》第1卷第4期，1936年，后收入《中国文化与中国的兵》，1940年初刊，此据北京：商务印书馆，2001年，第102页。毛泽东说："中国自从脱离奴隶制度进到封建制度以后，其经济、政治、文化的发展，就长期地陷在发展迟缓的状态中。这个封建制度，自周秦以来一直延续了三千年左右。"见《中国革命和中国共产党》，1939年初刊，收入《毛泽东选集》第二卷，北京：人民出版社，1991年，第623页。梁漱溟指出："百年前的中国社会，如一般所公认是沿着秦汉以来，两千年未曾大变过的。我常说它是入于盘旋不进状态，已不可能有本质上之变革。因此论'百年以前'差不多就等于论'二千年以来'。"见《中国文化要义》第八章"阶级对立与职业分途"，1949年初刊，此据上海：学林出版社，1987年，第148—149页。类似的看法亦见萧公权《中国政治思想史》（一）"绪论"，第1—14页。

　　②　有关学术史的回顾，可参王彦辉、薛洪波：《古史体系的建构与重塑——古史分期与社会形态理论研究》，开封：河南大学出版社，2010年；何晓明：《世界眼光与本土特色——中国资本主义萌芽研究》，开封：河南大学出版社，2010年。

　　中国传统思维的基调是关系思维，注重的是多中心的、对待的思考，典型的代表是太极图或强调辨证施治的中医，这其实也是人类的基本思维方式之一。但在长期的历史演进中，伴随王朝国家的持久存在，经书的熏习，以皇帝为中心的单向的"风吹草偃"的思考大行其道两千多年，压制甚至是排除了从其他角度的思考。乾嘉汉学致力于研究浸透着这类视角的以正史为中心的传世文献，有意无意间亦在复述乃至强化这种思考。① 19世纪末20世纪初实证主义传入之后，顺畅地两相接榫，几经反复，构成主导性的思考方式。强调规律、必然或普遍性的历史解释，也是一种路径上的单向思考，同样是包含实证主义在内的19世纪科学主义大潮的一部分，当时或曾产生过积极意义，今天看来，则排斥了历史与现实演进的多种可能性，面临诸多解释上的困境，需探索新的解释路径。对此的反省，亦常常是用一种颠倒的单向思考，即自下而上的方式，来进行，只是用新的单向思考取代旧的，难以真正回到多向、多中心的关系思维。强调单一特性的标签纷出，正是这种思维状况的表现之一。重新回到关系思维，以揭示涵盖多重关系的机制来呈现多方力量的作用，来包容不同的标签化概括，同时也为历史的实际演进与后人解释之间形成更有弹性的关系，避免简单的决定性的论断，提供一种可能，或许是更为可行的办法。

　　文集所收的论文在探索具体问题的同时，也将一些既有的支配性论断和思路重新问题化，为创立新的解释（复数）充当前进的铺路石。要想建立更具说服力的解释（复数），还需更多学者多方面的持久努力。不仅是对古代史上具体问题的研究，还包括对近代以来史学研究思路、方法与问题的反思，同样重要的是对人类思想学术、历史演进的系统剖析，以及对现实世界及其未来的感受和把握，并将四者相互融通，产生的解释（复数）才更有说服力且更具生命力。

---

　　① 关于此问题，可参杨念群：《百年清史研究史·思想文化史卷》第三章"清代考据学的科学解释与现代想象"，北京：中国人民大学出版社，2020年，第86—111页。

上　编

传舍使用与汉朝的日常统治

　　以往对秦统一以来王朝统治的研究或专注于重大事件与重要人物，或致力于职官制度的渊源、演变，极少注意王朝统治的日常状态。其实，王朝统治的基调是反复出现的各种日常活动，包括各种文书的处理，巡行视察活动，定期举行的仪式性与非仪式性活动，如朝会、祭祀、廷议、上计，各种物资的收集、调运等，制度则是统治活动的依托，而重大事件只是基调上突显出来的极少数的高音。欲更为全面地认识帝制时代的形态与统治机制，不能不对作为基调的日常统治加以研究。最近若干年来简牍的大量出土为揭示秦汉王朝的日常统治提供了便利与可能，政治史与制度史研究的不断推进亦创造了有利条件。当然，日常统治的研究绝非几篇短文所能完成，这里仅尝试分析传舍的使用在汉朝日常统治中的作用与意义。本文是笔者关于律令与汉朝日常统治的研究的一部分。

　　传舍作为官方设立的，为外出公干、官吏过往等提供免费食宿与车马的"招待所"，最早出现在战国后期，一直沿用到东汉末期。关于秦汉传舍的研究，最早似可追溯到南宋，王应麟在《玉海》中设有"汉亭侯、邮亭、传置"一目，收集了若干传舍的资料。[①] 明代谢肇淛对驿、乘传做了简单的解释[②]，顾炎武《日知录》则基于谢说，并略有补充[③]。进入 20 世纪后，中日学者围绕传舍与传、传车做了大量研究，有关研究分布不均。

　　① 王应麟：《玉海》卷一七二《宫室·邸驿》，影印清光绪九年浙江书局本，扬州：广陵书社，2003 年，第 3160 页。
　　② 谢肇淛：《五杂组》卷三《地部一》，上海：上海书店出版社，2001 年，第 60 页。
　　③ 顾炎武：《日知录》卷二九"驿"条，长沙：岳麓书社，1994 年，第 1008 页。

关于传舍的相对集中，这些研究或是置于有关交通的研究之中，或是附在邮传制度、旅馆研究内。三四十年代有滨口重国、孙毓棠、吕思勉等①，五十年代有劳榦②，七十年代以来有陈槃、熊铁基、张传玺、赵克尧、高敏、杨鸿年、王子今、彭卫、高荣、连劭名与王树金等③。对于

① 滨口重国重点研究了传舍的设置地点，认为传舍设在县一级，且位于城内，并着力分析了"高阳传舍"，见所著《漢代の傳舍——特に其の設置地點に就いて》，原刊《東洋學報》第22卷第4号，1935年，收入所著《秦漢隋唐史の研究》下卷，东京：东京大学出版会，1966年，第946—964页。孙毓棠依据文献简要介绍了汉代传车、传舍、传文书与驿骑的情况，见《汉代的交通》，原刊所著《中国古代社会经济论丛》第一辑，1943年，后收入《孙毓棠学术论文集》，北京：中华书局，1995年，第360—364页。此外，吕思勉亦曾简要介绍过"传舍"，见所著《秦汉史》（开明书店，1947年初版，此据上海：上海古籍出版社，2005年，第545—548页，特别是第547页）；《吕思勉读史札记》有"汉世亭传之制"条引文献资料甚详（增订本中册，上海：上海古籍出版社，2005年，第606—612页）。

② 劳榦：《传舍》，收入《居延汉简考证》，附见《居延汉简：考释之部》，1960年初刊，此据所著《劳榦学术论文集甲编》，台北：艺文印书馆，1976年，第303—306页。

③ 见陈槃：《亭与传舍（附论客舍）》，收入所著《汉晋遗简识小七种》，台北：史语所，1975年，第42下—44页；熊铁基：《秦代的邮传制度——读云梦秦简札记》，《学术研究》1979年第3期，第92—96页；张传玺：《释"邮亭驿置徒司马、褒中县官寺"》，原刊《考古与文物》1981年第4期，后收入所著《秦汉问题研究》，北京：北京大学出版社，1985年，第302—306页；赵克尧：《汉代的"传"，乘传与传舍》，《江汉论坛》1984年第12期，第68—72页；高敏：《秦汉邮传制度考略》，原刊《历史研究》1985年第3期，后收入所著《秦汉史探讨》，郑州：中州古籍出版社，1998年，第196—223页，特别是第200—201、202、205—208、213—216、218页；杨鸿年：《汉魏制度丛考》，武汉：武汉大学出版社，1985年初版，此据2版，2005年，第485—491页；王子今：《秦汉交通史稿》，北京：中央党校出版社，1994年，第455—466页；彭卫：《汉代旅舍蠡说》，收入王子今、白建钢、彭卫主编《纪念林剑鸣教授史学论文集》，北京：中国社会科学出版社，2002年，第292—303页；高荣：《汉代西北边塞的邮驿建置》，西北师范大学文学院历史系、甘肃省文物考古研究所编：《简牍学研究》第三辑，兰州：甘肃人民出版社，2002年，第175—180页；高荣：《秦汉邮驿的管理系统》，《西北师大学报（社会科学版）》第41卷第4期（2004年7月），第35—40页；高荣：《秦汉邮驿交通建设与后勤管理》，《中山大学学报（社会科学版）》2004年第5期，第90—94页；连劭名：《〈二年律令〉与汉初传驿制度》，《四川文物》2004年第4期，第60—62页；王树金的研究最晚出，亦最系统，见《秦汉邮传制度考》，硕士论文，西北大学历史系，2005年6月，第1—10、47—49、51—54、58—59页。此外，纪安诺（E. Giele，エノ・ギーレ）的《"郵"制攷——秦漢時代を中心に》亦与此有关，刊《東洋史研究》第63卷第2号（2004年9月），第1—37页。

"传"，有些学者称之为"过所""棨"，陈直、大庭脩、薛英群、汪桂海、程喜霖、李均明、张德芳等先后撰文讨论。① 对于传马，研究相对较少，森鹿三、彭卫、臧知非与张俊民有所涉及。② 至于"传车"，滨口重国最早加以研究，近来王子今、李均明、王树金均有所涉及。③

早期研究以文献资料为主，五十年代以来则大量参考出土的简牍，特别是悬泉置的发现与悬泉汉简的部分刊布，极大地推动了相关研究的发展。不过，限于视角，以往研究很少注意到传舍是维持官吏日常统治

① 陈直：《汉晋过所通考》，《历史研究》1962年第6期，第145—148页；大庭脩：《汉代的关所与通行证》，收入所著《秦汉法制史研究》，林剑鸣等译，上海：上海人民出版社，1991年，第475—501页；薛英群：《汉代的符与传》，《中国史研究》1983年第4期，第159—161页；汪桂海：《汉代官文书制度》，南宁：广西教育出版社，1999年，第61—63页；程喜霖：《秦汉传棨缯与过所制度的形成》，收入《唐代过所研究》，北京：中华书局，2000年，第7—38页；李均明：《汉简所反映的关津制度》，《历史研究》2002年第3期，第26—35页；张德芳：《悬泉汉简中的"传信简"考述》，中国文物研究所编：《出土文献研究》第七辑，上海：上海古籍出版社，2005年，第65—81页。20世纪有关研究的基本情况可参高荣：《本世纪秦汉邮驿制度研究综述》，《中国史研究动态》1999年第6期，第2—10页；王树金：《秦汉邮传制度考》，第25—27、33—35页。
② 森鹿三：《论居延简所见的马》（原刊所著《東洋学研究——居延漢簡篇》，京都：同朋舍，1975年），姜镇庆译，收入中国社会科学院历史研究所战国秦汉史研究室编：《简牍研究译丛》第一辑，北京：中国社会科学出版社，1983年，第75—99页；彭卫：《汉代旅舍蠡说》，王子今、白建钢、彭卫主编：《纪念林剑鸣教授史学论文集》，第298—302页；臧知非：《张家山汉简所见汉初马政及相关问题》，《史林》2004年第6期，第69—73页；张俊民：《悬泉置遗址出土简牍文书功能性质初探》，西北师范大学文学院历史系、甘肃省文物考古研究所编：《简牍学研究》第四辑，兰州：甘肃人民出版社，2004年，第65页；张俊民：《对汉代悬泉置马匹数量与来源的检讨》，中国秦汉史研究会第十一届年会暨国际研讨会论文，长春，2007年7月。张俊民两文均收入所著《简牍学论稿——聚沙篇》，兰州：甘肃教育出版社，2014年，第266—277、457—473页。
③ 滨口重国：《漢代の傳——特に六乘傳、一乘傳などについて》，原刊《和田博士古稀記念東洋史論叢》，1961年，后收入《秦漢隋唐史の研究》下卷，第965—974页；王子今：《秦汉交通史稿》，第99—120页；李均明：《汉简所见车》，收入西北师范大学历史系、甘肃省文物考古研究所编：《简牍学研究》第一辑，兰州：甘肃人民出版社，1997年，第106—107页；王树金：《秦汉邮传制度考》第四章《传车种类与乘传人身份》，第19—21页。

的重要机构，因而与王朝行政管理联系密切，更没有考虑透过对传舍使用的分析来深化我们对王朝律令作用的认识。本文则希望借助研究传舍的使用来揭示王朝统治中未被关注的若干侧面，进而更好地把握其统治机制。

首先，根据前贤的研究，扼要概括汉代传舍的情况。传舍一般设置在县或县以上的治所，或在城内，或在城外，未必统一。[①] 边陲地区，如敦煌、酒泉郡，人烟稀少，各县相距较远，或为减少开支，传舍则与其他负责传递文书的"置""驿"等并置一处，且未必位于县治[②]，如敦煌悬泉置，行政上隶属于敦煌郡效谷县，却位于悬泉，其中包含了传舍，还有驿、骑置、厩与厨。[③] 内地传舍当与邮、置分别设置，西汉末东海郡就是如此。[④] 但这些机构功能上又有重合之处，故文献中常

① 滨口重国认为在城内，见《漢代の傳舍——特に其の設置地點に就いて》，《秦漢隋唐史の研究》下卷，第 947—952 页；杨鸿年则认为在城外近城之处，见所著《汉魏制度丛考》，第 488—489 页。两说均嫌绝对，两种情况应都存在。另外，需要留意的是汉代的县未必都有"城"。

② 彭卫《汉代旅舍蠡说》对此有较详细的分析（见王子今、白建钢、彭卫主编：《纪念林剑鸣教授史学论文集》，第 293—294 页），可参。这种情况在当时的律令中亦有体现。张家山出土的《二年律令·行书律》对于"邮"的设置间隔，就根据南北不同地区的情况做了区别，一般情形是"十里置一邮"，而"南郡江水以南至索南界，廿里一邮"，西北地区的"北地、上、陇西，卅里一邮；地险陕不可置邮者，得进退就便处"，见彭浩、陈伟、工藤元男主编：《二年律令与奏谳书：张家山二四七号汉墓出土法律文献释读》，上海：上海古籍出版社，2007 年，第 198、199 页。"置"的设置当亦如此。并参李均明：《张家山汉简〈行书律〉考》，收入中国政法大学法律古籍整理研究所编：《中国古代法律文献研究》第二辑，北京：中国政法大学出版社，2004 年，第 33—34 页。

③ 关于敦煌悬泉置所辖机构的研究，见张德芳：《悬泉汉简中的"悬泉置"》，卜宪群、杨振红主编：《简帛研究 2006》，桂林：广西师范大学出版社，2008 年，第 169—182 页。

④ 连云港市博物馆、东海县博物馆、中国社会科学院简帛研究中心、中国文物研究所编《尹湾汉墓简牍》（北京：中华书局，1997 年）"元延二年日记"中就分别记录了墓主宿传舍（13 处，38 天）、邮（1 处，1 天）与置（1 处，1 天）的时间，同墓出土的木牍（YM6D1）则指出该郡有"邮卅四，人四百八，如前"（第 77 页），说明这三者在东海及其周围郡县是相互独立的机构。内地其他郡县当仿此。

常不加区别。①

内地传舍设于县，故分布并无一定之规。西北边地大约是平均六十汉里，约五十华里设一置，酒泉郡内交通线长 694 汉里，有"置"11 处，悬泉置西边有遮要置，东为鱼离置。文献所见内地传舍十余处②，据简牍与遗物，西抵敦煌，东至江苏，南及长沙、四川，均发现了涉及"传舍"的简牍或文物③，可见汉王朝境内是普遍设置"传舍"的。

传舍主要为官吏因公出差提供免费食宿，兼及一定秩次的赴任、卸任官员及军吏、县道有急事或言变事等④，服务对象不仅包括官吏及其随从，亦要为马匹提供食物，当时称为"传食"，因此传舍设有"厨"来供应膳食。传舍亦备有车马，称为"传车""传马"，需要时亦动用它们来完成传送任务。因此，传舍亦常附有"厩"饲养、管理马匹。⑤ 传舍所需各

——————

① 张传玺《释"邮亭驿置徒司马、褒中县官寺"》指出此点（见《秦汉问题研究》，第 304 页）。

② 详参王子今：《秦汉交通史稿》，第 458—459 页。

③ 敦煌与东海郡的"传舍"下文将做详尽的分析，关于西汉长沙国的"传舍"，见 2003 年长沙走马楼 8 号井出土的西汉简牍，"牒书传舍屋檐（墙）垣坏败，门内户、扇、瓦、竹不见者十三 牒。吏主者不智（知）数循行，稍缮治，使坏败物不见，毋辩护，不胜任"云云，长沙简牍博物馆、长沙市文物考古研究所联合发掘组：《2003 年走马楼西汉简牍重大考古发现》，收入中国文物研究所编：《出土文献研究》第七辑，第 63 页及插页图版 1、2，释文复据胡平生考释加以修改，见所著《走马楼汉简"牒书传舍屋檐墙垣坏败"考释》，收入《胡平生简牍文物论稿》，上海：中西书局，2012 年，第 280—283 页。此前出版的张家山汉简《二年律令·津关令》"十六"提到长沙国的"置"马不足四匹，亦无传马，向朝廷申请买马（彭浩、陈伟、工藤元男主编：《二年律令与奏谳书：张家山二四七号汉墓出土法律文献释读》，第 321 页），证明长沙国在西汉初年就已经设立了"置"。
四川"传舍"文物见李衍垣：《汉代武阳传舍铁炉》，《文物》1979 年第 4 期，第 77—78 页。铭文中的"武阳"即今四川彭山县，汉代隶属犍为郡，东汉成为郡治，该铁炉出土于贵州省赫章县可乐镇。

④ 王树金《秦汉邮传制度考》第 21—22 页做了很细的区分，可参，兹不赘述。

⑤ 传舍与厩的关系较复杂。在交通孔道上似有单独的"厩"系统存在，如悬泉所出Ⅱ90DXT0214②：556（胡平生、张德芳：《敦煌悬泉汉简释粹》，上海：上海古籍出版社，2001 年，第 5 页，以下简称《释粹》）所示，主要是传马与传车的换乘站。但"厩"的职能又与"传舍""驿""置"多有重合，文书中常并举，如《释粹》第 29 页所载"失亡传信册"（Ⅱ90DXT0216②：868）中便有"诸乘传驿驾厩令长丞亟案"之说。

种物资均由官府供应，马匹亦由官府调拨，只有官府马匹不足时，才会调用百姓的私马从事运输活动。此外，朝廷征聘的民间人士与宫女亦可使用；东汉时百姓似可止宿传舍，不过要付费。①

负责传舍的官员称为"传舍啬夫"，另有"传舍佐"②，厨与厩亦设有啬夫与佐，而厩还有厩御、厩徒与马医。③

使用传舍者需要持有官府开具的"介绍信"，时称"传"或"传信"。④"传"或"传信"具体注明了持传者的官职、任务与目的地等，持传者到达某一传舍后，传舍官吏拆开"传"的封检，并据此依律令规定的标准供应膳食、提供住宿，有些还要根据"传"的要求提供车辆，同时抄写一份"传"的副本(时称"副")留作档案。持传者离开前，在"传"原件上注明享用"传食"的最后日期并重新封好，交给持传者带到下一传舍。⑤ 接待任

---

① 彭卫：《汉代旅舍蠡说》，王子今、白建钢、彭卫主编：《纪念林剑鸣教授史学论文集》，第296页；《后汉书》卷三《章帝纪》建初元年春正月诏云："流人欲归本者，郡县其实禀，令足还到，听过止官亭，无雇舍宿。"(北京：中华书局，1965年，第132页)平时百姓宿传舍当需出钱，王树金《秦汉邮传制度考》第22页已指出此点。

② 见悬泉汉简Ⅱ90DXT0214③：266，Ⅴ92DXT1312③：64，张德芳：《悬泉汉简中的"悬泉置"》，卜宪群、杨振红主编：《简帛研究2006》，第178页。居延汉简中亦出现了"显美传舍斗食啬夫"(10.17)与"居延传舍啬夫"(77.16)，见简牍整理小组：《居延汉简(壹)》，台北：史语所，2014年，第34、234页。

③ 参张德芳：《悬泉汉简中的"悬泉置"》，卜宪群、杨振红主编：《简帛研究2006》，第176页。

④ 对于"传"或"传信"，很早就有学者称之为"过所"，并认为西汉武帝太始年间就已出现(见陈直：《汉晋过所通考》，《历史研究》1962年第6期，第145页)。仔细分析此说的依据，似不太可靠。"过所"成为文书的名称要到东汉以后，参李均明、刘军：《简牍文书学》第九章第四节"传"，南宁：广西教育出版社，1999年，第274—275页。大庭脩则称之为"棨"(见《秦汉法制史研究》，第476—479、486—495页)，现在看来亦不妥。

⑤ 《睡虎地秦墓竹简》"法律答问"中说："发伪书，弗智(知)，赀二甲。""今咸阳发伪传，弗智(知)，即复封传它县，它县亦传其县次，到关而得，今当独咸阳坐以赀，且它县当尽赀？咸阳及它县发弗智(知)者当皆赀。"(睡虎地秦墓竹简整理小组编，北京：文物出版社，1990年，释文注释，第107页)秦代规定如此，承其而来的汉代当亦如此。汪桂海《汉代官文书制度》第63页有类似认识，但不尽确切。此外，关隘、河津的官吏亦要查验路过的官吏的"传"或"传信"，并抄录副本存档，参李均明：《汉简所反映的关津制度》，《历史研究》2002年第3期，第29—33页。

务完成后，传舍官吏还会根据消费食物情况做记录，定期汇总上报。①

下面先围绕江苏连云港市东海县出土的尹湾汉简《元延二年日记》所载墓主该年的出行记录，结合相关简牍与文献对传舍分布及各级官吏使用传舍的情况做一考察，并基于此探讨传舍使用与汉王朝日常统治的关系。

一、《元延二年日记》所见西汉东海郡及其周边的 "传舍"

尹湾汉简中的《元延二年日记》（以下简称《日记》）由包括残简在内的76 枚简组成，出自尹湾六号墓墓主的足部，是在预先编制成册的元延二年（前 11 年）历日上记录墓主师饶该年中一些日子的活动，涉及何时出发，至何地住宿，做何种事等。② 其中提到了 13 处传舍，墓主一年中先后 38 天在传舍住宿。③

《日记》的具体内容详见下表。本表的内容一依竹简，格式则做了简化，每日的干支也没有保留。④

---

① 具体简文见《释粹》第 67—102 页所列诸简，并参张俊民：《悬泉置遗址出土简牍文书功能性质初探》，《简牍学研究》第四辑，第 65—66 页。

② 前引《尹湾汉墓简牍》，图版，第 61—67 页，释文，第 138—144 页。《元延二年日记》是简牍整理者定的名，并为不少学者所沿用。最近，亦有学者提出应定名为"历记"或"记"，有一定道理。说见郑传斌：《出土秦汉简牍中的"历记"》，《中原文物》2004 年第 4 期，第 58 页；赵平安：《周家台 30 号秦墓竹简"秦始皇三十四年历谱"的定名及其性质》，见长沙市文物考古研究所编：《长沙三国吴简暨百年来简帛发现与研究国际学术讨论会论文集》，北京：中华书局，2005 年，第 321 页。这里姑且遵从整理者的定名。

③ 并参高村武幸：《前漢末屬吏の出張と交際費について——尹灣漢墓簡牘"元延二年日記"と木牘七、八から》，《中國出土資料研究》第 3 号（1999 年），第 53 页；蔡万进：《尹湾汉简〈元延二年日记〉所反映的汉代吏行制度》，《郑州大学学报（哲学社会科学版）》第 35 卷第 1 期，2002 年 1 月，第 117—120 页，又见所著《尹湾汉墓简牍论考》，台北：台湾古籍出版有限公司，2002 年，第 15—44、38—39 页，作者经过统计认为出现了 14 处传舍，不确，作者误将"高广丞舍"列入"传舍"。

④ 原简的编排形式请参《尹湾汉墓简牍》图版与释文，兹不赘述。

日 ＼ 月	正月大	二月小	三月大	四月小	五月大	六月小	七月大	八月小	九月大	十月小	十一月大	十二月小
一	(缺)	朔旦归□宿家	(缺)	朔宿彭城传舍	(缺)	朔宿南春宅	(缺)	朔	(缺)	朔	(缺)	朔
二	☑	☑	☑	☑		宿房离亭				予房钱四百		君不幸
三	☑	宿羽	☑	宿酓丘传舍	宿南春宅	宿竭虑亭				立冬从卿之羽宿博望置		
四	☑	宿羽	☑	宿梧传舍	☑	宿舍				宿羽北一		
五	☑	(缺)	☑	(缺)	☑宅	(缺)		(缺)		(缺)		(缺)
六	宿家	旦发夕谒宿邸	日中至府宿舍予房钱千	宿南春宅	宿南春宅	宿家				宿舍		宿府
七	宿家	宿兰陵良亭	旦休宿家	宿子严舍	宿南春宅	宿家予房钱千						漏夜上六刻失火
八	宿家	宿武原中乡	宿家	宿子严舍	宿南春宅	宿家	旦发宿舍		宿山邮			☑
九	旦发宿舍	☑	宿家	☑传舍	宿南春宅	宿家	旦谒宿舍		宿开阳都亭			食已发宿开阳亭
十	旦谒宿舍	☑	宿家	☑	宿南春宅	☑		☑	宿舍	旦发宿陈少平家		宿莒传舍

续表

日	月											
	正月大	二月小	三月大	四月小	五月大	六月小	七月大	八月小	九月大	十月小	十一月大	十二月小
十一	宿舍	春分 宿吕传舍	宿厚丘平乡	宿彭城传舍	宿南春宅	宿家来	后伏			宿家		宿诸传舍
十二	宿舍	宿烦亭	宿家	宿彭城传舍	宿南春宅	宿况其				☑		
十三	☑	夕至府宿舍	旦发宿柘阳☑	宿彭城传舍	☑	宿家	☑……☑亭					宿高广都亭
十四	宿舍	旦休宿家	夕发辄谒宿舍	宿彭城传舍	夏至宿南春宅	宿家	旦之荥阳莫宿舍					宿莒传舍
十五	宿舍	旦发夕谒宿荥阳亭	休家禺宿日大风尽止	宿彭城传舍	宿南春宅薛卿莫到	宿家	夕署法曹					宿临沂传舍 丧告
十六	旦谒胃?从史休宿家	宿鹿?至?亭	宿家	宿彭城传舍·旦雨病	宿南春宅雨	宿家	尽					宿舍
十七	旦发夕谒宿舍	宿吕传舍	宿家	宿彭城传舍·雨尽夜止	宿南春宅予房钱百	宿家			秋分			
十八	（缺）	宿彭城防门亭	（缺）	宿彭城传舍	（缺）	宿家	（缺）		（缺）	旦诣府宿舍	（缺）	

续表

日	月											
	正月大	二月小	三月大	四月小	五月大	六月小	七月大	八月小	九月大	十月小	十一月大	十二月小
十九	旦发宿武原就?陵亭	宿南春亭	宿家病	宿彭城传舍	宿南春宅董卿到	宿家				署功曹		
廿	宿武原中门亭	宿南春亭	宿家奏记	宿彭城传舍主簿蔡卿至	宿南春宅薛卿旦去	中伏宿家	从决掾发旦宿兰陵传舍				冬至	
廿一	☑	宿南春亭	☑	宿南春亭	宿南宅春甚雨	宿舍予房钱二百八十	宿建阳舍					
廿二	☑	(缺)	☑	(缺)	宿南春宅	(缺)	宿建阳舍	(缺)		(缺)	☑	(缺)
廿三	宿彭城传舍	☑	☑	☑宿南春宅	宿南宅	宿陈文卿家	宿建阳舍					腊
廿四	(缺)	宿南春亭	(缺)	宿南春宅	(缺)	宿良县(成)传舍	(缺)	予房钱二百	(缺)			
廿五	宿彭城传舍☑	宿南春亭	夕遣?宿鄩亭	宿南春宅	宿南春宅	宿舍	宿阴平	予房钱八百			奏事官已发宿家	
廿六	宿彭城传舍	宿南春亭	宿下邳中亭	宿南春宅	宿南春宅	宿家	宿兰陵紫?朱?亭		旦逐贼宿襄贲传舍		夕发宿利县(成)南门亭	☑

续表

日	月											
	正月大	二月小	三月大	四月小	五月大	六月小	七月大	八月小	九月大	十月小	十一月大	十二月小
廿七	宿彭城传舍	宿南春亭	宿彭城舍下餔雨复	宿子严舍	宿南春宅	宿家			宿襄贲樊?亭		宿临沂传舍	
廿八	(缺)	宿南春亭	(缺)	宿子严舍	(缺)	宿家		旦谒署□曹书佐	(缺)		(缺)	
廿九	宿武原传舍	宿南春亭	宿彭城传舍	宿子严舍	宿南春宅	病告			宿襄贲传舍	宿高广丞舍		
卅	莫至府辄谒宿舍	／	宿彭城传舍	／	宿灵?亭	／			宿舍	／	宿东武传舍	／

依西汉历法，元延二年计 354 天，师饶夜宿传舍就有 38 天，占十分之一以上，传舍是该年中师饶外出住宿时利用得最为频繁的机构。其次则是"亭"，计 29 天，出现 17 个亭。还有邮与置，各一天。[①]

师饶该年所住的 13 个传舍不限于东海郡的，亦包括周边郡国的传舍。传舍的具体所属与居住时间见下[②]：

1. 彭城传舍(楚国彭城县)——正月廿三—廿七日(廿四日缺)，廿八日不明；三月廿七—四月一日(三月廿八日缺)，四月十一—廿日

2. 武原传舍(楚国武原县)——正月廿九日

---

① 据此可确证"传舍"与"亭"有别，劳榦"传舍即邮亭"说不妥，见《劳榦学术论文集甲编》，第 303 页。

② 排列顺序依照传舍在简中的出现次序。(缺)表示该日的竹简不存，□表示竹简此处残断，无内容的日子是因原简当日空白无字。

3. 吕传舍(楚国吕县)——二月十一日、二月十七日

4. 蓄丘传舍(楚国蓄丘县)——四月三日

5. 梧传舍(楚国梧县)——四月四日

　　☑传舍——不明—四月九日

6. 良县(成)传舍(东海郡良成侯国)——六月廿四日

7. 兰陵传舍(东海郡兰陵县)——七月廿日

8. 建阳传舍(东海郡建阳侯国)——七月廿一—廿三日

9. 襄贲传舍(东海郡襄贲县)——九月廿六日、九月廿九日

10. 临沂传舍(东海郡临沂县)——十一月廿七日、十二月十五日

11. 东武传舍(琅琊郡东武县)——十一月卅日

12. 莒传舍(城阳国莒县)——十二月十日、十二月十四日

13. 诸传舍(琅琊郡诸县)——十二月十一日①

这13个传舍中，属于东海郡的有5个，楚国5个，琅琊郡2个，城阳国1个。西汉末，东海郡共有县邑侯国38个，是否仅此五个县或侯国有传舍呢？答案是否定的。前文指出从制度上推断，每个县邑侯国至少应有一个传舍，用来接待因公出差的官吏，包括路过此地或到此地公干的官吏。张家山汉简《二年律令·传食律》中出现了"县舍"一词②，亦说明是按县设置的。简中出现的传舍名称均是以县或侯国命名，暗示各个县、邑、侯国所在地应设有一传舍，《史记·吴王濞列传》的确出现过属于东海郡的"下邳传舍"，可证此说不谬。周边的楚国、琅琊郡等亦应

———————————

① 参考了前引蔡万进文与高村武幸《前漢末属吏の出張と交際費について——尹灣漢墓簡牘'元延二年日記'と木牘七、八から》的表1(《中国出土资料研究》第3号，1999年，第68—69页)。

② 简237："诸吏乘车以上及宦皇帝者，归休若罢官而有传者，县舍食人、马如令。"见前引彭浩、陈伟、工藤元男主编：《二年律令与奏谳书：张家山二四七号汉墓出土法律文献释读》，第184页。图版见该书第26页。"县舍"在其他语境下亦可指县令的官舍，如《后汉书》卷一下《光武帝纪》"皇考南顿君初为济阳令，以建平元年十二月甲子夜生光武于县舍"(第86页)中的"县舍"即是此意。

如是。

其实，上述不过是师饶在元延二年中住宿过的部分传舍而已，如果算上师饶外出途中享用过"传食"的传舍，恐怕还要更多，只是简中仅记录了住宿地点。如该年正月十九日，师饶"旦发，宿武原就陵亭"及同月廿九日"宿武原传舍"，次日"莫（暮）至府，辄谒，宿舍"，自东海郡郡治郯县往来楚国武原县需要一天的时间，途中都要经过东海郡的容丘侯国，据现在地图，容丘恰好位于两县治的中间，行程过半路过容丘侯国时在其传舍用午饭应是很自然的。又如，七月廿日，师饶"从决掾，旦发，宿兰陵传舍"，次日"宿建阳传舍"，此次是从郯县途经兰陵，至建阳公干，据地图，到达兰陵前经过襄贲县，从兰陵至建阳需取道承县，这两天的午饭很可能就是在襄贲与承县的传舍解决的，襄贲传舍在竹简中出现过。

《日记》中尽管出现了 38 次宿传舍的记载，却并没有提到传舍的官吏情况，西北出土的汉简中出现过某某"传舍啬夫"与"传舍佐"[1]，汉代铜器中亦出现过"传舍啬夫"。[2] 似乎可以推定，负责管理东海郡传舍的官员级别高的为传舍啬夫，低的为传舍佐。尹湾汉简中的 2 号木牍《东海郡吏员簿》记载了东海郡各个县邑侯国官吏的分类统计，各个县邑侯国均有官佐，人数在 3—9 人之间，其中 15 个县、4 个侯国有官啬夫，多者 4 人，少者 1 人（以上统计均不含该郡管辖的铁官与盐官）。[3] 官啬夫与官佐应是一县级官府中所有啬夫与佐的统称，相对的则是乡啬夫与乡佐。官啬夫主要负责县内官有机构或经济部门，是一"官"（可以是一个部门，也可以是一个具体单位）之长，常见的有仓啬夫、库啬夫、厩啬夫与传舍啬

[1] 《释粹》例37（简Ⅰ0210①：63）出现了"传舍佐普就"，他是张掖郡垦池县的传舍佐。见该书第 42 页。
[2] 阮元《积古斋钟鼎彝器款识》卷九"阳泉使者舍熏炉"的铭文，收入《丛书集成初编》1548 册，北京：中华书局，1985 年，第 489—501 页。
[3] 见《尹湾汉墓简牍》图版，第 14 页，释文，第 79—84 页，另参谢桂华《尹湾汉墓所见东海郡行政文书考述（上）》的表三，收入连云港市博物馆、中国文物研究所编：《尹湾汉墓简牍综论》，北京：科学出版社，1999 年，第 33—36 页。

夫。秩禄则分为有秩（百石）与斗食两种。① 传舍啬夫与传舍佐一方面有主官与副官的区别，官秩高的县应两者同时设立，而多数侯国相的秩禄只有三百石，很少设官啬夫，传舍的负责人只能是由级别较低的官佐担当，故只有传舍佐，《日记》所见建阳传舍所属的建阳侯国，据《吏员簿》就没有官啬夫，掌该传舍者应是官佐，具体职务是传舍佐。

二、《元延二年日记》所见传舍使用

前文多次提到墓主师饶在这一年中有 38 天夜宿传舍，出行所及本郡及周围郡国的 13 个传舍。他为何频频外出？这与传舍的使用关系密切，不可不察。

如果将师饶一年中的出行按照目的地划分，可析为郡内与周边郡国两类。②

就郡内的活动而言，《日记》中记录了如下九次：

序次	日期	地点、住宿情况与目的
1	二月三、四日	到祝(况)其县的羽，宿羽两夜
2	三月十一日	至厚丘县平乡③，宿该乡
3	六月十二日	再次去祝(况)其县，宿该县

---

① 大庭脩：《汉代的啬夫》，原刊《东洋史研究》第 14 卷第 1、2 号，后收入《秦汉法制史研究》，第 401—423 页；高敏：《论〈秦律〉中的"啬夫"一官》，收入所著《云梦秦简初探》（增订本），郑州：河南人民出版社，1982 年，第 170—186 页；高敏：《试论尹湾汉墓出土〈东海郡属县乡吏员定簿〉的史料价值——读尹湾汉简札记之一》，原刊《郑州大学学报(哲学社会科学版)》1997 年第 2 期，后收入所著《秦汉魏晋南北朝史论考》，北京：中国社会科学出版社，2004 年，第 90—91 页；裘锡圭：《啬夫初探》，收入所著《古代文史研究新探》，南京：江苏古籍出版社，1992 年，第 434、438—444、455 页。

② 宋杰对此做过简要的讨论，见所著《〈元延二年日记〉反映的汉代郡吏生活》，《社会科学战线》2003 年第 3 期，第 108—113 页，特别是第 111 页。

③ 三月十三日去柘阳，柘阳地望不详，另据《尹湾汉墓简牍》"前言"第 3 页，该简位置并不能肯定，姑存疑。宋杰《〈元延二年日记〉反映的汉代郡吏生活》算上此次，所以郡内出差共 10 次。

序次	日期	地点、住宿情况与目的
4	六月廿四日	去良县(成),宿良县(成)传舍
5	七月十四日	到过荥阳①,未过夜,晚上宿舍
6	七月廿一—廿六日	跟随决掾至兰陵县(宿传舍一夜)、建阳侯国(宿传舍三夜)、阴平侯国(宿阴平)、再经兰陵(宿该县紫朱亭)回到郯县
7	九月八、九日	先后到山邮②(宿该邮一夜)与开阳县(宿该县都亭一夜)
8	九月廿六—廿九日	为"逐贼"至襄贲县,逗留该县三夜(宿该县传舍前后各一夜,中间宿该县樊亭一夜,一日缺)
9	十月三、四日	跟随卿至羽,宿博望置一夜、羽北一夜

在上述九次郡内出行中只有第八次注明了目的,其余八次除了第二、第三次出行前后都是"宿家",去厚丘前四天更是明确注明"旦休,宿家"③,或非公务外出,余下六次均应属出公差。这七次公出,一次是为了追赶"贼",也就是为了维护郡内的治安。这应是地方官吏重要的职责。

---

　　① 荥阳地望不详,但从师饶当天的行踪看"旦之荥阳,莫宿舍",荥阳应在东海郡内,且距离郡治郯县不远。高村武幸亦判断荥阳为东海郡的地名,见《前漢末屬吏の出張と交際費について——尹灣漢墓簡牘"元延二年日記"と木牘七、八から》,《中国出土資料研究》第 3 号(1999 年),第 68 页。蔡万进也有同样的看法,见《尹湾汉墓简牍论考》,第 16 页。

　　② 李均明认为"山邮"之"山"指东海郡的"山乡县","山邮"为"山乡邮",可备一说,见《张家山汉简〈行书律〉考》,中国政法大学法律古籍整理研究所编:《中国古代法律文献研究》第二辑,第 34 页。

　　③ 关于"宿家"与"宿舍"的分析,见蔡万进:《尹湾汉墓简牍论考》,第 12 页。关于汉代官吏工作时居住地点与休沐归家一般情况的分析,参大庭脩:《汉代官吏的勤务与休假》第三节《官吏的舍》,原刊《聖心女子大学論叢》第四集,1954 年 3 月,后收入《秦汉法制史研究》,第 468—473 页。大庭脩其说过于笼统,新近的研究见廖伯源:《汉官休假杂考》,原刊《史语所集刊》第 65 本第 2 分,后收入所著《秦汉史论丛》,台北:五南图书出版公司,2003 年,第 307—317 页;《汉代官吏之休假及宿舍若干问题之辨析》,原刊《中国史学》第 4 卷,后收入《秦汉史论丛》,第 346—361 页。

敦煌悬泉所出的汉简"传"文书抄件中也有类似的内容。①

　　东海郡地处王朝东陲，甚少内忧外患②，具体到元延二年（公元前 11 年），检《汉书》《汉纪》与《通鉴》，从全国形势看是承平之岁，局势安稳，就东海郡而言，亦未见异常情况。此年师饶外出活动可视为日常性的，属于平日工作的一部分，其他年份亦应如此。

　　西汉景帝以后地方政权出现一显著变化，即郡国长官开始积极干预县道民政，甚至侵夺县道令长的职权③，郡国属吏对县道的巡视也随之增多，师饶的郡内出行应在这一背景下加以认识。根据《日记》，这一年中师饶先后担任郡法曹（七月十五日）、□曹书佐（八月廿八日）与功曹（十月十九日），当时郡吏职务变动很快。④ 法曹，文献中出现不多，据《续汉书·百官志》，公府的法曹"主邮驿科程事"，郡国法曹或职责相同。⑤ 若确实如此，他们亦应时时至属县检查邮驿工作。功曹为郡吏之首，总管众务，并掌握诸吏选黜之权⑥，不仅要处理文书，还经常要到所属各

① 《释粹》例 38（Ⅰ0110①：5）就是签发给到敦煌郡追捕杀人犯的官吏的"传"："永始二年三月丙戌朔庚寅，泝洇长崇、守丞延移过所，遣□佐王武逐杀人贼朱顺敦煌郡中，当舍传舍，从者如律令。"（第 43 页）

② 参邢义田：《尹湾汉墓木牍文书的名称和性质——江苏东海县尹湾汉墓出土简牍读记之一》，《大陆杂志》第 95 卷第 3 期（1997 年 9 月），第 11 页。鲁惟一（Michael Loewe）亦指出这一点，见所著《尹湾汉墓中的行政文书》，收入前引长沙市文物考古研究所编：《长沙三国吴简暨百年来简帛发现与研究国际学术研讨会论文集》，第 407 页。

③ 有关研究参张功：《汉代郡县关系探析》，《青海师范大学学报》2003 年第 4 期，第 59—63 页；周长山：《汉代地方政治史论——对郡县制度若干问题的考察》第二章《汉代地方行政重心转移之考察》，北京：中国社会科学出版社，2006 年，第 46—76 页，特别是 60 页以下。

④ 西川利文：《尹湾漢墓簡牘の基礎の研究——三、四号木牘の作成时期を中心として》，佛教大学《文学部論集》八三号，1999 年，第 5 页。

⑤ 严耕望：《中国地方行政制度史甲部——秦汉地方行政制度》，台北：史语所，影印第五版，2006 年，第 134 页。

⑥ 严耕望：《中国地方行政制度史甲部——秦汉地方行政制度》，第 119—122 页；杨鸿年：《汉魏制度丛考》，第 366—374 页；黎明钊：《汉代地方官僚结构：郡功曹之职掌与尹湾汉墓简牍之关系》，香港中文大学《中国文化研究所学报》（转下页）

县督促工作，了解官吏工作情况。此外，功曹亦有向郡守推荐人才的责任，这也需要经常巡行辖区，发现人才。七月十五日以前师饶担任的官职不详，但亦多次巡行属县，可以推知其他郡国的官吏亦应如此。师饶该年至少七次郡内公务中有三次在传舍住宿。此外，西汉中叶以后出现的郡督邮亦负有督察属县长吏与豪民、奉诏捕囚犯的职责，需要经常性地巡行诸县。①文献亦表明，汉代州郡国官吏一旦离开官舍外出到属县巡视，往往离不开传舍②，或住宿或在传舍饮食，传舍与郡国官吏日常统治的联系程度可见一斑。

此外，这一年中师饶亦曾经六次出行周边郡国，具体情况如下表：

序次	日期	行程、途经地点与逗留情况
1	一月十九日至卅日	经宿武原就陵亭、中门亭至(楚国)彭城，住彭城传舍至少5天(前后有3天简缺)，回来经宿武原传舍，卅日莫(暮)至府，辄谒
2	二月七日至十三日	经宿兰陵良亭、武原中乡、(中间2天简缺)(楚国)吕传舍，宿烦亭，十三日夕回到府
3	二月十五日至三月六日	经宿荣阳亭、鹿至亭、(楚国)吕传舍，至(楚国)彭城，宿防门亭，后至少9天宿南春亭(前后共6天简缺或残)，六日日中回到府

(接上页)新第八期(1999年)，第39—42、50—57页。新近研究见仲山茂：《两汉功曹考》，《名古屋大學東洋史研究報告》二七号(2003年3月)，第1—27页。作者强调了功曹地位在西汉与东汉的变化，认为功曹出现于西汉后期，原为凡俗小吏，两汉交替的动乱时期因辅佐长官而显露头角，东汉后期地位突出，背景在于地方社会与郡守关系力量对比的变化。

① 严耕望：《中国地方行政制度史甲部——秦汉地方行政制度》，第138—144页；杨鸿年：《汉魏制度丛考》，第376—381页；安作璋、熊铁基：《秦汉官制史稿》下册，济南：齐鲁书社，1985年，第105—111页；史云贵：《汉代督邮管窥》，《信阳师范学院学报(哲学社会科学版)》第24卷第1期(2004年2月)，第106—109页。

② 《后汉书》卷八二上《方术·任文公传》，巴郡阆中人任文公，州辟从事，西汉哀帝时，有人说越嶲太守欲反，"刺史大惧，遣文公等五从事检行郡界，潜伺虚实，共止传舍"(第2707页)，是州从事宿传舍之例。督邮到属县奉诏书拘捕囚犯亦是如此，见《后汉书》卷六七《党锢·范滂传》，第2207页。又如《三国志》卷二六《魏书·满宠传》，满宠守高平令，"县人张苞为郡督邮，贪秽受取，干乱吏政，宠因其来在传舍，率吏卒收之"(北京：中华书局，1959年，第721页)，则是县令到传舍逮捕乱法的督邮。

续表

序次	日期	行程、途经地点与逗留情况
4	三月廿五至六月三日	经宿酅酅亭、下邳中亭,至(楚国)彭城,宿彭城传舍 5 天(中间一天简缺,亦算在内,后一天残,未计),后宿(楚国)萮丘传舍、(楚国)梧传舍、南春宅、子严舍、某传舍,后再次宿彭城传舍 10 天,后宿南春亭 1 天、(一日简缺)南春宅 4 天,子严舍 3 天,(二日简缺或残)宿南春宅 23 天至五月廿九日(中间数日简缺或残,通计在宿南春宅内),宿灵(?)亭、南春宅、房离亭、竭虑亭
5	十一月廿六至卅日?	经宿利成南门亭、临沂传舍、(一日简缺)(琅琊郡)高广丞舍,至(琅琊郡)东武县,宿东武传舍,何时归未记载
6	十二月九日至十五日	经宿开阳亭、(城阳国)莒传舍、(琅琊郡)诸传舍、(一日简缺)(琅琊郡)高广都亭、(城阳国)莒传舍、临沂传舍

这六次出使周边郡国有四次是去楚国,两次去琅琊郡,目的《日记》并无记载,只是第四次出访彭城时,四月廿日,即宿彭城传舍的最后一天,有"主簿蔡卿至"的记载,蔡卿应是楚国的主簿,"至"指拜访师饶,或是临行前的送行。主簿是郡国阁下群吏之长,职最亲近,常为守相的代表①,显示了楚国对师饶的重视,师饶亦郑重其事,将蔡卿来访记录下来,看来此次两人会面颇为重要,只可惜内容无从知晓。此外,唯一可知的是当时在位的楚王是刘衍(前 23—前 2 年在位),为楚孝王刘嚣子,原封为平陆侯。②关于出行目的、道路与每日的行程等,学者已经做过初步分析③,这里再就比邻郡国间的往来问题做些补充。

师饶的六次郡外旅行应该说均是公务活动,每次出行均在传舍与亭住宿,到达目的地后亦主要居住在传舍中,且前三次出行回到郯县后立即到"府"可以看出,出行应是奉郡守之命而为,完成任务后则须立即汇

① 严耕望:《中国地方行政制度史甲部——秦汉地方行政制度》,第 124—126 页。
② 参《汉书》卷一四《诸侯王表》,北京:中华书局,1962 年,第 422 页;卷八〇《宣元六王传》,第 3319 页。
③ 见高村武幸:《前漢末屬吏の出張と交際費について——尹灣漢墓簡牘'元延二年日記'と木牘七、八から》,《中国出土资料研究》第 3 号(1999 年),第 56—59 页。

报。如学者所指出的，同墓出土的名谒就有若干为周边郡国的守相，如楚国的相、琅琊大守与沛郡大守，遣吏送给墓主师饶的，显示了双方的密切往来。① 由于传世文献主要是从朝廷的立场出发组织叙述的，更多注意的是朝廷及其与郡国的纵向的关系，对于郡国之间的联系很少记载，因此这种联系亦长期没有引起学者的关注。这批材料则提示了当时官场生活的另一侧面。

尹湾汉简木牍 16 反云："琅琊大守贤迫秉职不得离国谨遣吏奉谒再拜。"这告诉我们当时郡守不得随意离开自己的辖区，"二千石行不得出界"②，确是当时的规定，此外，诸侯与中朝官也不能随意出界③，因此，郡国之间的沟通与联系，除了文书往来以外④，人员的交往主要由属吏承担，《日记》的主人师饶便屡膺此任。

如果我们相信汉王朝境内遵循统一的律令，具有相当的划一性的话，无论是在本郡，还是外郡，师饶白天在传舍享用"传食"与夜宿传舍都应持有由东海郡守及/或郡丞颁发的介绍信——"传"。尹湾汉简中没有这方面的记载，敦煌悬泉汉简中却保留了许多"传"或"传信"抄件，有助于了解当时传舍使用的手续。如下简：

> 初元二年四月庚寅朔乙未，敦煌太守千秋、长史奉憙、守部候修仁行丞事，谓县，遣司马丞禹案事郡中，当舍传舍，从者如律令。
> 四月乙巳东。　　卩　　　　　　　　　　　Ⅱ0213②：136⑤

① 高村武幸：《前漢末屬吏の出張と交際費について——尹灣漢墓簡牘"元延二年日记"と木牘七、八から》，《中国出土資料研究》第 3 号（1999 年），第 57 页。
② 《后汉书》卷七七《酷吏·李章传》，第 2493 页。
③ 程树德《九朝律考》卷一《汉律考五·律令杂考下》"出界"条收录了六条相关记载，可参（北京：中华书局，1963 年，第 118 页）。
④ 文书往来可参《释粹》例 109（Ⅴ1611③：308）、例 221（Ⅵ91F3C①：25），第 91、155 页，并参张俊民《〈敦煌悬泉汉简释粹〉校读》（2007 年 2 月刊发在简帛研究网 http：//www.jianbo.org/admin3/2007/zhangjunmin001.htm）。
⑤ 《释粹》，第 41 页，并据张俊民《〈敦煌悬泉汉简释粹〉校读》改订释文。

这是前 47 年农历四月六日，即汉元帝时，敦煌郡太守等联署发给一位名叫"禹"的司马丞的"传"的抄件。这位司马丞被派到郡所辖各县查案，执行公务，需要在属县的传舍住宿，因而太守签发了上述介绍信。而悬泉置出土的是禹及其随从经过悬泉置并在该置享用传食或住宿其中时，由置的小吏抄录的"传"的副本，禹等离开后还在副本尾部注明离开的时间与方向。最后的符号"卩"属于钩校符，表示某种行为已施行①，在此应指此事已经做过核对，这当是其他官吏核校此件"传"文书与相关"传食"账目时留下的记录。汉代在管理传舍使用上的严格与严密可见一斑。同在汉家天下担任郡吏的师饶，离开东海郡治所外出公务，自然也要持"传"。师饶一年中郡内外公出至少有 13 次，得到 13 枚"传"。他仕郡为吏多年，因公出得到的"传"的数量一定相当可观，或许公务完成返回郡府时要缴回用过的"传"②，且"传"太过平常了，墓主没有有意保存副本，置于墓中。而该郡的诸"传舍"当时也应保留过类似的记录，可惜亦化为尘土了。

还应指出的是，据《日记》，该年中师饶亦曾有 29 晚在亭住宿，涉足的亭有 17 个，另有两天分别住在"邮"与"置"，这些机构，尤其是"亭"亦具有一定的食宿设施。如此看来，似乎传舍与上述三机构间无甚区别，甚至后人观念中确有"传舍谓邮亭传置之舍"这样的说法③，以为这四类机构均有舍，总称为"传舍"。准确地说，此说扩大了"传舍"的外延，并

---

① 参李均明、刘军：《简牍文书学》，第 84—88 页。

② 汉制不详，由唐制可略见其仿佛。《唐律·职制》"用符节稽留不输"条规定："诸用符节事讫应输纳而稽留者，一日笞五十，二日加一等，十日徒一年。"疏议解释说："其传符通用纸作，乘驿使人所至之处，事虽未讫，且纳所司，了欲还，然后更请，至门下送输。既无限日，行至即纳。违日者，既非铜鱼之符，不可依此科断，自依纸券，加官文书稽罪一等。"见刘俊文：《唐律疏议笺解》上册，北京：中华书局，1996 年，第 833 页。可见，唐代乘驿所持的纸制传符也需要及时缴还官府，而且到达出使地要缴还出使所持的传符，回程时另行申请回程的传符，返京后亦要送到门下省。

③ 《史记》卷四九《外戚世家》"与我决于传舍中"索隐曰，北京：中华书局，1959 年，第 1973—1974 页。

不确切。邮、亭、传、置各有分工与职责主次，传舍接待使者官吏，亭主治安，邮、置传递文书①，内地郡县应是分别设置，西汉末东海郡即是如此②，在提供住食宿一点上又可相互补充。不过，传舍设施齐全③，为主，其余只是辅助性的，为次。《日记》与文献中之所以出现不少在"亭"食宿的记载，当与"亭"分布广泛有关——亭有城内的都亭与散布各地的乡亭之别，西汉平帝时全国有县级机构1587个，亭29 635个④，平均每县18.7个。而成帝时东海郡有县邑侯国 38 个，亭 688 个⑤，平均一县18.1个。东海郡下邳县则有亭长 46 人，当有亭 46 个，广布县境，最少的县级单位也有 2 个亭长，即 2 个亭，而传舍仅一所，如前文提到的下邳传舍，在治所。且亭亦为官设机构，有亭长等小吏。县以下无传舍，一旦官吏公出因各种原因无法抵达县治，只能投宿亭中。而师饶亦曾在若干城内的都亭住宿，如九月九日宿开阳都亭、十二月十三日宿高广都亭，原因待考。"邮""置"主要分布在邮路上——邮路往往与交通线重合，数量无法与亭比，但也具备简单的食宿设施，可临时投宿。因而后人产生邮、亭、传、置均有舍的印象并不奇怪。

三、官吏的外繇与传舍使用

除了郡国属吏到属县或附近郡国公干需要使用传舍外，官吏承担"吏

---

① 参前引《二年律令与奏谳书：张家山二四七号汉墓出土法律文献释读》"行书律"，第 199 页。"律"规定邮要有席、井磨等设施，邮亦有责任为路过的没有随从的公出吏做饭，临时提供住宿亦属正常。

② 参前引《尹湾汉墓简牍》一号、二号木牍，图版，第 13、14 页；释文，第77—84 页。该郡有亭 688 个，卒2972人；邮 34 个，邮人 408 人。据"亭长"数量看，多的54 人（海西），少的 2 人（不明县国），各县国"亭"数量不等。邮则集中在少数县国。

③ 彭卫称传舍为汉代设备最为完整的旅舍，当不为过，见《汉代旅舍蠡说》，王子今、白建钢、彭卫主编：《纪念林剑鸣教授史学论文集》，第 297 页。

④ 《汉书》卷一九上《百官公卿表上》，第 743 页。

⑤ 《尹湾汉墓简牍》一号木牍，图版，第 13 页；释文，第 77 页。

軨"时亦要到郡国以外的地区，此时亦离不开传舍。对此尹湾汉简同样提供了宝贵的资料。

尹湾汉简木牍5正记录了西汉某年东海郡官员不在位的情况，其中十三人注明"軨"，具体情况如下：

郯狱丞司马敞正月十三日送罚戍上谷

郯左尉孙严九月廿一日送罚戍上谷

胸邑丞杨明十月五日上邑计

费长孙敞十月五日送卫士

开阳丞家圣九月廿一日市鱼就财物河南

即丘丞周喜九月廿一日市□弭就□□

况 其邑左尉宗良九月廿三日守丞上邑计

厚丘丞王恁十月廿(?)日□□邑□

厚丘右尉周并三月五日市材

平曲丞胡毋钦七月七日送徒民敦(?)煌(?)

司吾丞北宫宪十月五日送罚戍上谷

建阳相(?)唐汤十一月三日送保官□

山乡侯相□□十月……

• 右十三人軨

在"軨"之前另有九位官员"输钱都内"或"齐服官"：

郯右尉郎(?)延年九月十三日输钱都内

海西丞周便亲七月七日输钱齐服官

兰陵右尉梁樊于九月十二日输钱都内

曲阳丞朱博七月廿五日输钱都内

承丞庄戍九月十二日输钱都内

良成丞宣圣九月廿一日输钱都内

南城丞张良九月廿一日输钱都内

干乡丞□□九月十二日输钱都内

南城尉陈顺九月廿一日输钱都内

·右九人输钱都内①

官吏的"繇"与"输钱都内"属于"吏繇",学者已经做了不少研究②,简言之,繇包括送各类服兵役人员、到外地购买物品、向都城的邑主汇报年度工作(上邑计),郡每年向朝廷的上计亦属于此类③,只是此处无载。唯"繇"中三次提到"送罚戍上谷",前人多以为相当于秦的"赀戍"或秦汉的"谪戍",据张家山汉简《二年律令》,官员失职以及百姓有违反律令的行为而不属于刑事犯罪的,常常罚"戍(边)二岁"④,悬泉汉简所出

①　前引《尹湾汉墓简牍》图版,第16页,释文,第96—97页。

②　如邢义田:《尹湾汉墓木牍文书的名称和性质——江苏东海县尹湾汉墓出土简牍读记之一》,《大陆杂志》第95卷第3期(1997年9月),第7—8页;高敏:《尹湾汉简〈考绩簿〉所载给我们的启示——读尹湾汉简札记之三》,原刊《郑州大学学报(哲学社会科学版)》1998年第3期,收入所著《秦汉魏晋南北朝史论考》,第109—114页;廖伯源:《〈东海郡下辖长吏不在署、未到官者名籍〉释证》,原刊李学勤、谢桂华主编:《简帛研究2001》,后收入所著《简牍与制度:尹湾汉墓简牍官文书考证》(增订版),桂林:广西师范大学出版社,2005年,第181—206页;廖伯源:《汉代县丞尉掌杂考》,收入前引《长沙三国吴简暨百年来简帛发现与研究国际学术讨论会论文集》,第438—448页。关于秦汉吏役问题,早期的研究见高敏:《试论汉代"吏"的阶级地位和历史演变》,收入所著《秦汉史论集》,郑州:中州书画社,1982年,第226—228页;王新邦:《论秦汉的吏役制》,《贵州大学学报(社会科学版)》1993年第2期,第34—37页;金秉骏:《汉代小吏的吏繇及充员》,中国社会科学院简帛学国际论坛论文,2006年11月;广濑熏雄:《更繇辨》,收入所著《简帛研究论集》,上海:上海古籍出版社,2019年,第476—491页。

　"繇使"随着郡县制与官僚制的建立就应出现,里耶秦简就已有此说法,如简8—179"居吏被繇使及",见陈伟主编:《里耶秦简牍校释》第一卷,武汉:武汉大学出版社,2012年,第108页。

③　悬泉简有载:"阳朔二年十一月丁卯,遣行丞事守部候疆奉上阳朔元(年)计最行在所,以令为驾,乘传,载卒史吏所奉上者。敦煌太守贤、长史谭,以次为驾,如律令。五月☐。"(Ⅱ90DXT0112②:108)何双全《简牍》(兰州:敦煌文艺出版社,2004年)第240页引,可参。

④　彭浩、陈伟、工藤元男主编:《二年律令与奏谳书:张家山二四七号汉墓出土法律文献释读》"捕律"简143、144,第149、150页;"杂律"简186,第165页;"置吏律"简210,第172页;"户律"简323,第221页。

《兵令十三》云"当占缗钱，匿不自占，（占）不以实，罚及家长戍边一岁"①，实亦属于违法而非犯罪的行为，上述"罚戍上谷"或许与此类人员有关。简中提到的"繇"属于官吏的公差，输钱都内其实从广义上讲也是一种公差。官吏为郡县出公差同样要利用沿途的传舍，尹湾汉简无载，西北出土的汉简则提供了这方面的证据。

悬泉汉简中所保存的"传"文书抄件就有几份涉及类似的工作。如下面四简：

> 1. 神爵四年十一月癸未，丞相史李尊，送获（护）神爵六年戍卒河东、南阳、颍川、上党、东郡、济阴、魏郡、淮阳国诣敦煌郡、酒泉郡，因迎罢卒送致河东、南阳、颍川、东郡、魏郡、淮阳国，并督死卒传槩（槽），为驾一封轺传。御史大夫望之谓高陵，以次为驾，当舍传舍，如律令。　Ⅰ 90DXT0309②：237

> 2. 建始二年三月戊子朔乙巳，𡎑池长延寿移过所，遣传舍佐普就为诏送徒民敦煌郡，乘轺车一乘，马一匹，当舍传舍，从者如律令。/掾长、令史临、佐光。四月乙亥过，西。　Ⅰ 90DXT0210①：63

> 3. 河平元年八月戊辰朔壬午，敦煌太守贤、丞信德谓过所县、道，遣广至司空啬夫尹猛收流民东海、泰山，当舍传舍，从者如律令。八月庚寅过，东。　Ⅱ 90DXT0315②：36A

> 4. 永始四年九月辛丑朔戊辰，平阴阴虞侯守丞漤行丞事，移过所，丞庆辅为郡输钱敦煌，当舍传舍，从者如律令。

> Ⅰ 90DXT0114①：1②

这四件"传"所注明的官吏公务的内容分别为接送戍卒、送徒民至敦煌、接收流民与输钱至敦煌，与上举东海郡官吏的"繇"与"输钱都内"活动颇为类似，时间则从神爵四年（前58年）至永始四年（前13年）。尤其是例2

---

① 《释粹》例8（Ⅱ90DXT0114③：54），第11页。
② 分别见《释粹》例40、37、39、32，第45、42、44、38页。

为送徒民至敦煌，而尹湾简的"繇"中亦有送徒民至敦煌，目的基本一致；例4亦为"输钱"，从河南郡送到敦煌，与尹湾简"输钱都内"性质一致，时间也颇为接近，惟"输钱"目的地不同。自垂池送徒民至敦煌与自河南输钱至敦煌要"舍传舍"，自东海郡送徒民至敦煌与输钱至都内或齐服官亦应如此。据此，尹湾简中所见服各种"繇"的官吏一旦到郡以外地区，自然也会持有"传"文书，亦需要在沿途传舍食宿。

值得注意的还有官员"繇"与"输钱都内"的时间。上述22位官员外出执行公务，其中17位是在九、十月，余下七月3位，正月、三月与十一月各1位。输钱的9人中九月占7位，七月2位，简中记载的时间应是出发时间①，而上引悬泉汉简例4亦是九月自河南郡向敦煌输钱，通常以为汉代的财政年度是以九月底为断的②，在财政年度即将结束时从郡县征调钱，或许与临近年底，开支出现亏空有关，《续汉书·百官志三》"大司农"条本注云："掌诸钱谷金帛诸货币。郡国四时上月旦见钱谷簿，其逋未毕，各具别之。边郡诸官请调度者，皆为报给，损多益寡，取相给足。"（后汉书志26/3590）此虽为东汉制度，然应是袭自西汉。据此，朝廷随时掌握郡国钱物动态，一旦个别郡国或朝廷钱物不足，便可及时调拨。上述九月输钱诸例应与此制有关。

必须指出的是，汉代"官繇"并非偶见的差使，而是相当频繁的日常事务。如学者所指出的，当时各郡应上缴朝廷的钱物一部分上交朝廷，余下的都存放在各县，郡府根据朝廷的指示安排属县运送到指定地点。③朝廷需要不断从各地郡国调运钱币与各类物资，以维持朝廷的开支，包

---

① 具体考证见廖伯源：《简牍与制度》，第192页。
② 参张荣强：《从计断九月到岁终为断——汉唐间财政年度的演变》，《北京师范大学学报（社会科学版）》2005年第1期，第80—84页。
③ 关于汉代物资调运的一般情况，参渡边信一郎：《汉代的财政运作和国家物流》，徐世虹译，收入刘俊文主编：《日本中青年学者论中国史·上古秦汉卷》，上海：上海古籍出版社，1995年，第389、392—396页；东海郡的情况参前引廖伯源：《简牍与制度》，第193页。各县运送钱财物资依然是以郡的名义进行，上引悬泉简Ⅰ90DXT0114①：1就是"为郡输钱敦煌"，可为证。

括中朝官的俸禄，以及经济上无法自我维持的郡国的开销（如居延地区）——陈梦家在研究汉简中的官吏俸禄问题时便指出边郡屯戍官吏的月俸，来自内地的赋钱，因内郡财政支绌，赋钱有时不到，不能发俸，并举出若干例子①，即是证据。前引例4则是从内郡向边郡运送钱的直接证据。边地屯戍长期存在，相应地自内郡"输钱"的工作频繁而持续进行。同时亦需要每年从各地征发百姓到边地戍守，类似的差事一定是经常性的，如果不能说年年都会有的话。为了完成这些任务，官吏均需要远赴本郡本县以外的地区。

其实，如果看看长沙走马楼三国吴简的内容，就不难发现，晚至孙吴初年，官府依然沿用这种调运物资的方式。黄龙、嘉禾年间，孙吴政权派潘濬率兵五万攻打武陵蛮，军队所需粮食便是就近由长沙郡临湘县调运去的，而临湘的州中仓贮存的不止是临湘县的米，还包括附近连道县的米，可能是郡级仓。② 每年这种运送钱物的工作应不少，特别是那些富庶的郡国。此外，每年征发戍卒与卫士亦要差遣官吏送至服役地，顺带再接回以前的戍卒，这亦是年年不可少的工作。其他临时性的外出亦会有一些。③ 西汉中期成书的《盐铁论》中贤良指出：

> 今小吏禄薄，郡国繇役，远至三辅，粟米贵，不足相赡，常居则匮于衣食，有故则卖畜粥业。非徒是也，繇使相遣，官庭摄追，小计权吏，行施乞贷，长吏侵渔，上府下求之县，县求之乡，乡安

---

① 参陈梦家：《汉简所见奉例》，收入《汉简缀述》，北京：中华书局，1980年，第143页；佐原康夫持同样观点，见所著《居延汉简月俸考》，徐世虹译，收入刘俊文主编：《日本中青年学者论中国史·上古秦汉卷》，第563页。

② 参侯旭东：《吴简所见"折咸米"补释——兼论仓米的转运与吏的职务行为过失补偿》，收入长沙简牍博物馆、北京吴简研讨班编：《吴简研究》第二辑，武汉：崇文书局，2006年，第176—185页。

③ 一些临时或突发性的情况亦需要官吏外出。西汉武帝时动用十多万人修建并戍守朔方，"转漕甚辽远，自山东咸被其劳"（《史记》卷三〇《平准书》，第1421—1422页）；元帝初元元年（前48年），关东十一个郡国大水，朝廷"转旁郡钱谷以相救"（《汉书》卷九《元帝纪》，第280页），自然也要差发官吏押送。

取之哉?①

文中提到的"上府"指的应是郡府②,根据这段描述,至西汉中叶,原本是郡的工作,摊派给县,县则下派给乡,如此逐级摊派,小吏的繇使就已经相当沉重。

之所以出现这种情况,除了外出公务常常还肩负着押运人员或物资的重任,费力不讨好以外,另一个重要原因是当时外出长途旅行是件艰苦且充满危险的事情,秦汉"日书"类文献中关于出行的宜忌规定、仪式相当多,正体现了此点。③ 因此长吏多半会将这类苦差使转嫁到属吏头上。

这些官吏一旦公务外出都需要使用传舍,不难想见,汉王朝道路上来往运送物资的队伍一定络绎不绝,特别是每年九、十月,相应地,通往京城的各条道路沿线的传舍中也挤满了负责押运的各地官吏。"传舍"在维持官府间联系、王朝生存上的作用与价值不容小视。

此外,为执行皇帝的诏书所要求的临时性工作,如抓捕罪犯、送施刑、送徒民、买马等,郡县官吏亦可使用传舍。县道如果有急事,如追捕杀人贼或其他罪犯至县外的地区,或向朝廷上书言变事,亦可使用传舍,敦煌悬泉发现的汉简中有因此类事由而签发的"传",并注明"当舍传舍"。这些临时性的任务未必算是繇使,对此已另文讨论,兹不详述。

---

① 桓宽:《盐铁论·疾贪》,见王利器校注:《盐铁论校注(定本)》,北京:中华书局,1992年,第415页。

② 严耕望:《中国地方行政制度史甲部——秦汉地方行政制度》,第216页。

③ 一般论述见江绍原:《中国古代旅行之研究》,影印本,上海:上海文艺出版社,1989年,第5页。睡虎地秦简《日书》425枚简中内容为行归宜忌的多达151枚,参王子今:《睡虎地秦简〈日书〉所见行归宜忌》,《江汉考古》1994年第2期,第45—49页;刘增贵:《秦简〈日书〉中的出行礼俗与信仰》,《史语所集刊》第72本第3分(2001年),第532页。西汉长沙马王堆帛书中亦有"出行占",江苏尹湾汉简中亦有"行道吉凶",均与出行宜忌有关,可参刘乐贤《简帛数术文献探论》有关章节(武汉:湖北教育出版社,2003年)。

四、外地官吏出差与传舍使用

如果从"县"的角度观察，外地官吏出差而使用传舍的情形大体分为三种类型。一是上面分析过的本郡官吏的巡行，除了上文提到的郡吏到属县巡视外，郡守亦要定期"行县"，下到各县检查工作。此外，汉武帝设置"刺史"分部负责监察后，刺史及其属吏亦需不时"行部"，督促郡县工作，纠察违法行为。① 二是朝廷派来到郡县办事的官员以及各类使节。三是过路的官员与使节，包括朝廷下派的，其他郡县派出的官吏，西北边地还有外国使节，这些官吏均要使用"传舍"，一些时候也要利用"亭"来解决食宿问题。前面分析尹湾汉简《日记》中师饶到郡外出差使用传舍的情况实际就是上面提到的第三种类型之一种，下面仅就前文未及的情形做些补充。

首先讨论郡守"行县"与刺史"行部"。行县与行部是上级官员对县道或郡国长吏工作的日常巡视与监督，是随着官僚制度的建立而建立的对地方官员的监督机制。上古时期原本就有天子"巡狩"制度，战国时期郡县制建立后进一步发展成为"行县"制度，秦汉时期得到继承与发展。汉初《二年律令·赐律》有一条就规定"吏各循行其部中，有疾病ヲ者收食，寒者段（假）衣，传诣其县"（简286）②，所谓"吏"不仅指郡县长官，亦包括县以下的小吏，看来日常开展巡行的官员很多，具体内容不仅有监督工作，还有抚恤患病者与生活贫苦者，涉及面很广，表明西汉初年这一制度已经相当成熟。就官员巡行而言，不仅有郡守对属县的"行县"，朝廷对郡国亦时时进行监察，武帝时形成刺史制度，这种监察亦落实为刺

---

① 刘太祥：《试论秦汉行政巡视制度》，《郑州大学学报（哲学社会科学版）》第37卷第5期（2004年9月），第16—18页。

② 彭浩、陈伟、工藤元男主编：《二年律令与奏谳书：张家山二四七号汉墓出土法律文献释读》，第209页。

史每年八月对所部郡国的"行部"视察。①

《续汉书·百官志》说"诸州常以八月巡行所部郡国，录囚徒，考殿最"；郡守则"常以春行所主县，劝民农桑，振救乏绝"。② 这种巡视已然成为刺史、郡守的惯例，如果不巡视，反而要受到属吏的敦促。《汉书·韩延寿传》载，宣帝时期延寿做左冯翊一年多，"不肯出行县"，丞掾数白："宜循行郡中，览观民俗，考长吏治迹。"要求延寿行县，延寿不过一年多没有行县，可见每年行县已成惯例。延寿回答说："县皆有贤令长，督邮分明善恶于外，行县恐无所益，重为烦扰。"认为有县令治理，又有督邮监督，行县恐是烦扰属县，没有益处，属吏却一再坚持，"丞掾皆以为方春月，可壹出劝耕桑"。延寿顶不住压力，"不得已，行县至高陵"（76/3213）。又如《后汉书·崔骃传》载王莽时期"（崔）篆为建新（千乘郡）大尹，……遂单车到官，称疾不视事，三年不行县。门下掾倪敞谏，篆乃强起班春"（52/1704）。以上两例说明行部与行县已成惯制，如果不进行，常常会遭到属吏的反对。

州郡地方千里至数千里③，南北、东西界距离各在数百里至千里以上，属郡与属县数量不少，巡视一遍绝非一日可完成。无论刺史行部还是郡守行县均要离开治所，在外食宿，亦离不了"传舍"乃至亭。此时"传舍"不但是住地，也是临时办公场所。前引《汉书·韩延寿传》说到延寿行县至高陵，遇到兄弟两人争田，延寿颇为伤心，于是"移病不听事，因入卧传舍，闭阁思过"（76/3213），害得该县官吏不知所措。此事说明郡守

---

① 参杨宽：《战国秦汉的监察和视察地方制度》，原刊《社会科学战线》1982年第2期，后收入所著《杨宽古史论文选集》，上海：上海古籍出版社，2003年，第94—112页。

② 《后汉书》志第二十八《百官志五》，第3617页；《后汉书》卷三三《郑弘传》注引《续汉志》，第1155页。

③ 据新近研究，文献中常见的"地方××里"是指东西里数＋南北里数，如尹湾汉简一号木牍正面记西汉东海郡"界东西五百五十一里，南北四百八十八里，如前"（前引《尹湾汉墓简牍》第77页），换成"地方"则是一千三十九里。参邱进春：《"地方某里"新解》，《中国史研究》2007年第2期，第155—159页。

行县是在传舍住宿。另据《汉书·何武传》，武为扬州刺史，"行部必先即学官见诸生，试其诵论，问以得失，然后入传舍，出记问垦田顷亩，五谷美恶"(86/3483)，先摸底了解情况，再听二千石汇报。刺史行部不但要住宿传舍，还在其中召见当地官员，传舍则成了临时办公室。东汉章帝时谢夷吾为荆州刺史行部，途中遇到章帝巡狩，章帝令荆州刺史"入传录见囚徒"，章帝在西厢南面观察，谢夷吾在东厢处理一县三百余事，意见与章帝相合①，这亦是在传舍处理政务。《后汉书·刘宽传》亦说宽为太守，"每行县，止息亭传"(25/887)。悬泉汉简中也有郡守等行县、行部的记载。②

其次，皇帝与朝廷派出的各种使者，一旦离开京师，亦需要在传舍解决食宿问题。正如学者所指出的，秦汉统一中国，皇帝君临天下，但皇帝深居宫中，与各级行政官员，尤其是郡国官员甚少见面的机会，上下隔膜，不能亲临指导。为加强对各级官员的领导控制，以使其确实执行政策与诏令，皇帝常常派出使者，向各级官员传达皇帝的旨意，或调查其执行政策的情形，或观察其治迹，或采探民隐，或有某些特殊事件，为贯彻皇帝意志，特遣使者办理。③ 皇帝差遣的使者从事的工作概括而言有六类：1. 干预司法、治狱诛杀；2. 封爵拜官、贬免赏罚；3. 沟通上下、征召说降；4. 视察救灾、监督官吏；5. 发兵监军、领护外族；6. 出使外国、祭神求书。④ 此外，中朝的诸机构，如丞相府、御史大夫

---

① 《后汉书》卷八二上《方术·谢夷吾传》注引谢承《后汉书》，第2714页。

② 如《释粹》例96(Ⅰ0309③：236A)："神爵二年三月丙午朔甲戌，敦煌太守快、长史布施、丞德谓行县郡库：太守行县道，传车被具多敝，坐为论，易□□□□到，遣吏迎受输敝被具，郡库相与校计，如律令。"(第80页)例222(Ⅱ0215③：83)："护羌使者方行部，有以马为遣，长必坐论。过广至，传马见四匹，皆瘦，问厩吏，言十五匹送使者，太守用十匹。"(第156页)并据张俊民《〈敦煌悬泉汉简释粹〉校读》改订释文。

③ 廖伯源：《使者与官制演变：秦汉皇帝使者考论》，台北：文津出版社，2006年，第3—4页。

④ 参廖伯源：《使者与官制演变》卷二至卷七。

府、廷尉府、大司农府等，亦常常派遣属吏到郡县处理各种事务，如由丞相史去护送诸郡戍卒至边地，并接回完成任务的"罢卒"，还要将在戍守期间死去的戍卒的棺材送回家乡①，到郡县调查各种案件②，等等。中朝官府遣吏至郡县文献所见不多，但在当时实际统治中应颇为频繁，这里仅举过去很少留意的祭祀一项为例。

悬泉汉简发现的"失亡传信册"保存了西汉元帝永光五年（前39年）御史大夫下发全国的追查使者遗失传信的文书，其中抄录了传信原件的内容。具体如下：

> 永光五年五月庚申，守御史李忠监尝麦祠孝文庙，守御史任昌年，为驾一封轺传，外百卌二。御史大夫弘谓长安长，以次为驾，当舍传舍，如律令。　　　　　　　　Ⅱ90DXT0216②：866③

孝文帝的霸陵在长安城东南七十里，孝文庙亦在陵园附近。④ 尽管如此，朝廷派遣官吏去监督祭祀亦需"舍传舍"。更值得注意的是，按时制，对先帝庙的祭祀一年要进行25次。⑤ 诸先帝均如此，且各庙多在陵墓附近，不在城内，亦需"舍传舍"。故立国越久，祭祀越多，"舍传舍"的情况会越频繁。其他祭祀如果地点在长安以外，若由朝廷派遣官吏主祭，亦应循此持"传信"而"舍传舍"。汉高祖二年（前205年）开始恢复山川等祭祀，

---

① 《释粹》例40"神爵四年传"Ⅰ90DXT0309②：237，第45页。
② 如成帝时王商为丞相，杨肜为琅邪太守，其郡接连有灾害，王商便"部属案问"，见《汉书》卷八二《王商传》，第3371页。同是成帝时的孙宝为丞相司直，帝舅王立占南郡荒田，后上书表示愿意献给官府，皇帝下诏受田并按价予钱，超过时价一亿钱以上，孙宝得知"遣丞相史按验，发其奸"，并"劾奏"两人怀奸罔上，见《汉书》卷七七《孙宝传》，第3258—3259页。
③ 《释粹》例26，第29页，并据张德芳《悬泉汉简中的"传信简"考述》引谢桂华说改订释文，见中国文物研究所编：《出土文献研究》第七辑，第78页。
④ 具体考证参侯旭东：《西汉长安"孝文庙"位置考》，卜宪群、杨振红主编：《简帛研究2006》，第206—209页。
⑤ 《汉书》卷七三《韦贤传附韦玄成传》，第3115—3116页。

要求祠官"各以其时礼祠之如故"①，文帝十五年(前165年)再次重申，并令有关部门"以岁时致礼"，武帝建元二年(前139年)又重申了这一命令②，到宣帝以后"五岳、四渎皆有常礼。……皆使者持节侍祠"，有的是一年五祠，有的四祠，更多的只有一祷三祠。③这些祭祀常常是为百姓祈求丰年，亦是当时治国的重要手段。《汉旧仪》则明确指出："祭五岳，……乘传车，称使者。"④年复一年，因祭祀而使用传舍的情况也相当频繁。不唯朝廷如此，郡内祭祀地点如果不在郡治，前去时祀可能也要利用传舍，祭祀华山或是一例。⑤总而言之，由于日常祭祀而使用传舍的情形无论在朝廷还是郡都是十分常见的。敦煌悬泉汉简中之所以没有发现因祭祀而发的"传"，大概与这些郡为新设立的，官方认可的地方性山川祭祀尚不发达有关。

因此，无论使者由中央哪个机构派出，只要是公出(即《二年律令》所说的"官使人")，均要依靠传舍提供食宿，有些还要使用传舍中的传车作为交通工具。《史记·陈丞相世家》载，高祖刘邦派陈平与周勃取代樊哙为将时说"陈平亟驰传载勃代哙将"，结果二人"既受诏，驰传"而去(56/2058)，所谓"驰传"是传舍中的一种车，拉车的马为"四马中足"⑥，需要在传舍换乘，一站一站接力⑦，将使者送到目的地。由于存在上述情况，

---

① 《史记》卷八《高祖本纪》，第372页；卷二八《封禅书》，第1378页。

② 《汉书》卷四《文帝纪》，第127页；卷六《武帝纪》，第157页。

③ 《汉书》卷二五下《郊祀志下》，第1249页。

④ 《太平御览》卷五二六《礼仪部五》引，影印本，北京：中华书局，1960年，第2388页。

⑤ 东汉延熹八年(165年)所立《西岳华山庙碑》说："建武之元，事举其中，礼从其省，但使二千石以岁时往[祠]。"见永田英正编：《漢代石刻集成》(圖版·釋文篇)，京都：同朋舍，1994年，第154—155页。华山位于华阴县境内，东汉时隶属于弘农郡，弘农郡治所在弘农县，位于华山以东七八十公里处。太守往祀华山自然也要使用传舍。

⑥ 《汉书》卷一《高帝纪下》五年"横惧，乘传诣洛阳"下如淳注引《律》，第57页。

⑦ 接力的具体形式参侯旭东：《西北汉简所见"传信"与"传"》，《文史》2008年第3辑(总第84辑)，第14—17页。已收入本书。

地守要道，即汉代所谓"空道"的传舍接待过往使者颇为频繁。悬泉汉简中这方面的记载颇多。

根据元康四年(前62年)十二月悬泉置下辖的厨的负责人名叫"时"的"厨啬夫"所写的一份向上级汇报的该年正月至十二月得到及消费鸡的账目(鸡出入簿)，该年经过悬泉置(亦即悬泉传舍)且享用过"鸡"的官吏中就有"使者王君"，"大司农卒史田卿、冯卿"，"丞相史范卿"，"刺史及从事史"等①，这些官吏都属于使者，多数是朝廷各官府差遣的。这只是元康四年一年享用过"鸡"的官吏的统计，并非该年路过并使用该置(传舍)的设施与食物的全部官吏的名单。尽管如此，亦可想象其他年份过往使者利用传舍的频繁。此外，悬泉接待外国使节相当多，这应是长安以西的郡县传舍(置)才有的特殊现象。

附带指出，官员赴任、卸任，军吏往返屯戍地与永久驻地亦可使用传舍，文献记载无多，尹湾汉简亦不曾涉及，而敦煌悬泉汉简发现的不少"传信"与"传"与此有关，这些事由多关系到王朝公职人员的迁转调动，公职人员是王朝在各地统治的直接执行者，亦与维持统治密不可分。对此已另文讨论，兹不赘述。此外，传舍亦是表示郡县长吏离任、赴任交代的重要地点，因与本文主旨无关，不拟涉及。

五、结论

综上所述，无论是朝廷、刺史与郡守对属县的日常管理与监督，外出祭祀祖宗、山川，还是郡国间的往来，官吏外出押运物资与人员以及公职人员迁转调动，一旦远离治所，食宿多离不开"传舍"。所有这些工作均是日常性的，不断重复或定期发生的，同时也是相当琐碎的事务，并非重大事件，属于汉王朝上下日常反复进行的治国活动的一部分。上对下的监督与巡视是维护王朝有效管理与正常运转的重要手段；人员与

---

① 简Ⅰ0112③：113—131，见《释粹》例95，第77—78页。

物资的调动，无论自郡县至朝廷，或在朝廷安排下由甲地运至乙地，则是维系王朝持久存在的物质保证。两类活动日复一日，平淡无奇，却对王朝的生存至关重要。

在维护这两类关键工作上，"传舍"均发挥了"纽结"的支撑作用。如果说文书的传递犹如人体的血脉神经，须臾不可或缺[①]，传舍则如同血脉上的"加油站"，各地的传舍构成一个网络，维持血脉的畅通，进而保证王朝的持续存在与统治的有效展开。没有"传舍"，皇帝意志的执行情况无从监督，官吏无法外出，王朝所需的物资与人员亦无法调运。邮驿与传舍两者相辅相成，缺一不可，实际运作中职责有时会有重叠——如内地邮置，还有亭亦可为官吏提供住宿。这种作用看来并不起眼，古人亦无意识，但缺少了它，王朝却无法运转与维持。

因此，尽管"传舍"及管理传舍的官吏地位低微，文献中也乏正面论述，似乎无足轻重，但它却是支撑王朝存在与正常运转所不可缺少的机构。过去研究"传舍"者不少，可惜主要关注的是"传舍"本身，没有将其置入王朝统治的脉络中加以考察，因而对其作用与潜在意义未能措意。广言之，贯穿帝制时代历史的恰恰主要是这类带有高度重复性的日常琐事，过去掌记述的史家更多地聚焦于各种变动或非同寻常的现象，对此几乎是不屑一顾。当目光投射到这类日常活动时，我们也就被引入朝廷生活的常态中，于此可以从更深的层面了解过去的生活，亦有助于更准确地认识各种变化的意义。至于朝廷如何管理传舍使用，将另文讨论。

谨以此文纪念谢桂华先生。本文是北京大学历史系陈苏镇教授主持的教育部重大课题"东汉至明中叶政治文化与政治演进、制度变迁关系研究"成果之一，得到教育部人文社会科学重点研究基地基金资助。写作中

---

① 李均明：《张家山汉简〈行书律〉考》，中国政法大学法律古籍整理研究所编：《中国古代法律文献研究》第二辑，第30页。

东京大学人文社会系研究科仓本尚德先生惠示有关资料，并先后得到本所马怡先生、台湾史语所邢义田先生、本院民族所陈勇先生、北京师范大学历史系王子今先生以及匿名审稿人的指教。2007 年 7 月 17 日将此文提交本所第 72 次"中古史沙龙"，得到同人的不少帮助，谨此一并致谢。

2006 年 11 月—2007 年 6 月

原刊《中国史研究》2008 年第 1 期，第 61—82 页，并收入陈苏镇主编：《中国古代政治文化研究》，北京：北京大学出版社，2009 年 11 月，第 40—71 页。2021 年 3 月略有补充。

西北汉简所见"传信"与"传"：兼论汉代君臣日常政务的分工与诏书、令的作用

汉代官吏外出执行公务时通过关隘、河津以及免费乘车、住宿"传舍"并享用"传食"的凭证，当时称为"传信"或"传"（以下简称"传文书"），相当于现代的介绍信与通行证。以往只能就文献对"传信"的签发与使用略知一二。西北地区发现的汉简，尤其是 20 世纪 90 年代敦煌出土的悬泉汉简，包含了相当数量的"传信"与"传"的抄件①，湖北江陵张家山出土的汉初的《二年律令》则包含了不少与"传"的使用有关的律令，这些均为进一步研究"传信"与"传"奠定了必要的基础。这里仅就西北所出汉简中的"传信"与"传"的类型、内容等做一初步分析，并基于此探讨传文书所见君臣在日常事务处理上的分工及诏书与律令的作用。

目前能够搜集到的传文书，包括"失传信册书"所涉及的传文书，共114 件，其中 107 件出自敦煌悬泉置遗址，时间从公元前 94 年到公元 27 年，属于西汉武帝末到东汉光武帝初年。当然，悬泉汉简的资料还没有全部公布，居延地区肩水金关（A32）多年前也出土了不少传文书，同样没有刊布，因此，这 114 件绝非已知传文书的全部。尽管如此，这批资料依然值得研究。前人也做过不少工作。胡平生、张德芳首先刊布了不

---

① 传信实物，据初世宾介绍，1974 年在居延甲渠候官第四隧遗址西坞门内确有发现，具体描述见初世宾：《悬泉汉简拾遗》，中国文物研究所编：《出土文献研究》第八辑，上海：上海古籍出版社，2007 年，第 95 页。

少传文书，并逐条做了句读、考释①，解决了不少基础问题。最近，张俊民则对这批资料的释文做了进一步的校订②，此前，他撰文研究悬泉汉简所见人名时亦披露了不少传文书③。此外，张德芳撰文刊布了悬泉简中所有"传信"简的图版与释文，并探讨了传信制度，按照加封的数量对"传信"分类并逐条加以研究，提供了大量颇有价值的信息。此前他在另一篇论文中亦披露了若干新的传文书。初世宾新作亦涉及传信问题。④

　　研究传文书并非始于悬泉汉简出土之后，20 世纪初以来就有学者涉及。迄今王国维、劳榦、陈直、大庭脩、陈槃、李均明、薛英群、唐晓军、汪桂海、程喜霖、王树金等均涉猎或撰文讨论过。⑤ 由于当时出土

① 胡平生、张德芳：《敦煌悬泉汉简释粹》(以下简称《释粹》)，上海：上海古籍出版社，2001 年。

② 张俊民：《〈敦煌悬泉汉简释粹〉校读》，2007 年 2 月刊发在简帛研究网，http://www.jianbo.org/admin3/2007/zhangjunmin001.htm。

③ 张俊民：《敦煌悬泉置出土汉简所见人名综述(一)》，《陇右文博》2006 年第 2 期，后收入所著《简牍学论稿——聚沙篇》，兰州：甘肃教育出版社，2014 年，第 329—343 页。

④ 张德芳：《悬泉汉简中的"传信简"考述》，中国文物研究所编：《出土文献研究》第七辑，上海：上海古籍出版社，2005 年，第 65—81 页，图版 3—13 页；张德芳：《悬泉汉简中若干纪年问题考证》，西北师范大学文学院历史系、甘肃省文物考古研究所编：《简牍学研究》第四辑，兰州：甘肃人民出版社，2004 年，第 46—60 页；初世宾：《悬泉汉简拾遗》，第 94—95、97—99 页。

⑤ 王国维：《简牍检署考》，1912 年初刊，此据《简牍检署考校注》，胡平生、马月华校注，上海：上海古籍出版社，2004 年，第 53、57—58、98—99 页；王国维：《流沙坠简补遗·考释》，1916 年初刊，收入罗振玉、王国维：《流沙坠简》，影印本，北京：中华书局，1993 年，第 263—265 页；吕思勉：《秦汉史》第十七章"秦汉时人民生活·交通"，1947 年初版，此据上海：上海古籍出版社，2005 年，第 549—550 页；劳榦：《居延汉简考释》"符券"，1959 年初刊，后收入所著《劳榦学术论文集甲编》，台北：艺文印书馆，1976 年，第 266—271 页；陈直：《汉晋过所通考》，《历史研究》1962 年第 6 期，第 145—148 页，后收入《居延汉简综论》，见《居延汉简研究》，天津：天津古籍出版社，1986 年，第 35—41 页；大庭脩：《汉代的关所与通行证》，收入所著《秦汉法制史研究》，林剑鸣等译，上海：上海人民出版社，1991 年，第 475—501 页；陈槃：《汉晋遗简识小七种》"符传""汉符传六寸本(转下页)

的传不多，多见于关的遗址，基本一致的看法是当时人们通过关津均需要凭证，凭证有多种，如符、缯、棨等，传只是其中一种，根据持有人身份与外出事由的不同可分为私事用传与公务用传两类。悬泉的发现表明关津以外，使用传车马、传舍、厩亦需持传。本文所讨论的传文书均属于"公务用传"。

一、出土地点

本文收集的出自悬泉的 107 件传文书，具体的出土探方具有较强的关联，根据简号注明的探方号，制成下表（简便起见，本表及后文引用诸简除非必要，均仅注明文末附表一中的顺序号，原出土编号请参附表一。探方Ⅱ0112 至 0116 自南向北排列，0113 至 0313 自东向西分布）①：

（接上页）古制"与"过所"三条，台北：史语所，1975 年，第 21—23、42、107 页；李均明：《汉简所见出入符、传与出入名籍》，中华书局编辑部编：《文史》第 19 辑，北京：中华书局，1983 年，第 27—35 页；薛英群：《汉代的符与传》，《中国史研究》1983 年第 4 期，第 159—161 页，后收入所著《居延汉简通论》，兰州：甘肃教育出版社，1991 年，第 410—444 页；唐晓军：《汉简所见关传与过所的关系》，《西北史地》1994 年第 3 期，第 87—90 页；汪桂海：《汉代官文书制度》，南宁：广西教育出版社，1999 年，第 61—63 页；李均明、刘军：《简牍文书学》，南宁：广西教育出版社，1999 年，第 272—276 页；程喜霖：《秦汉传棨缯与过所制度的形成》，收入《唐代过所研究》，北京：中华书局，2000 年，第 7—38 页；李均明：《汉简所反映的关津制度》，《历史研究》2002 年第 3 期，第 26—35 页；王树金：《秦汉邮传制度考》，硕士论文，西北大学历史系，2005 年 6 月，第 25—27、33—35 页；张德芳：《悬泉汉简中的"传信简"考述》，中国文物研究所编：《出土文献研究》第七辑；等等。20 世纪有关研究的基本情况可参高荣：《本世纪秦汉邮驿制度研究综述》，《中国史研究动态》1999年第 6 期，第 2—10 页；黄兆宏：《过所制度研究述略》，《甘肃社会科学》2003 年第 6期，第 145—146 页。

① 关于探方的方位与具体位置，得到了甘肃省文物考古研究所张俊民先生的指教。悬泉置遗址发掘布方表及出土汉简的探方图，详见郝树声、张德芳：《悬泉汉简研究》彩色插页，兰州：甘肃文化出版社，2009 年。上述探方位于发掘区最西侧。

敦煌悬泉置遗址航拍照片（由北向南拍摄，张德芳提供）

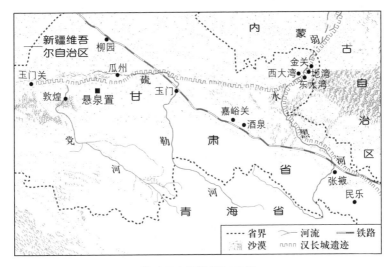

敦煌悬泉置位置示意图

表 1　悬泉所见部分传文书出土探方分布

探方号	简顺序号	探方号	简顺序号	探方号	简顺序号
				Ⅱ0112	74
Ⅱ0313	36、51、85、97	Ⅱ0213	1、30、35、44、46、47、48、49、50、63、64	Ⅱ0113	2、92、105、106、113
Ⅱ0314	59、72、80、88	Ⅱ0214	4、5、37、58、60、75、76	Ⅱ0114	7、23、33、77、103、107
Ⅱ0315	61	Ⅱ0215	16、79、84、95、100	Ⅱ0115	10、18、22、31、32、34、42、57
		Ⅱ0216	9、24、102		

在上述 11 个探方内共出土传文书 55 件，超过目前已知悬泉出土的 107 件传文书的一半。这一区域或是距离传舍所在地不远①，过时废弃的传文书多丢弃在这 1100 平方米的区域中，尤其Ⅱ0114、0115、0213、0214、0215 这 500 平方米最为集中，共出土 36 件。

目前悬泉发现的传文书多出土在悬泉置遗址外，属于废弃物，大多已经散乱，不少更是残断，但当初应是编连为册书。观察传信图版，多数应是先写后编，只有附表一中的 13、14 字间留有空白，似为先编后写。而此两简内容均为官员赴任而签发的传信，或许此类传信的保管另有规矩。其他的传文书当是随到随录副，接待任务完成后，在录副的空白处（如 6 就写在两文书之间，多数是写在传文书的文尾，即简的左下角）注明离开的月份、日期的干支乃至时辰（如 22）与去向，然后编入册书存档。估计册书的编排以时间为序，至于是否要按照传文书的性质、内容分类，尚不清楚。

114 件传文书中悬泉以外出土的 7 件中，78 出自敦煌 T14N，是西汉玉门都尉治所，其余 6 件均出自居延。27 出自 A35，被认为是肩水都尉

---

①　发掘简报推测遗址西侧房址 F9 可能为传舍用房。见甘肃省文物考古研究所：《甘肃敦煌汉代悬泉置遗址发掘简报》，《文物》2000 年第 5 期，第 8 页。

府；62 出自 A32，是肩水金关；87 出自 A22 布肯托尼，91 出自 A21，是卅井候官某隧，居延都尉所辖的悬索关大约就在附近①；93、94 出自 A8 破城子，是甲渠候官所在地（上述各出土地的位置，见本书插页图一）。

如果说悬泉发现的传文书是持传者途经悬泉在传舍逗留时，由接待官吏抄录的副本（录副）而残存至今的，那么悬泉之外的 7 件中 78 为玉门都尉签发而发现于玉门都尉治所，或是当时存档的传。27 为代行酒泉太守事的酒泉库令与丞签发的传，持传者要到金城、张掖、酒泉与敦煌四郡办事，此传或是持传者在肩水都尉府办事时留下的抄件（录副）。62 为居延城司马行都尉事所签发，当是持传者南行经过金关查验时所留的抄件。87 可能是居延丞签发的，亦应是南行过关时留下的抄件。91 亦为居延县令及丞签发，应是持传者自居延南行通过关口查验时留下的抄件。93 与 94 分别为甲渠守候和候签发，发现于甲渠候官，与 78 一样，应是存档的传。

二、传文书的分类与特点

这 114 件传文书，按照签发机构可分为三大类：由御史大夫、郡级或县级官员签发。御史大夫签发的文书又可细分为承制签发与非承制签发两小类，郡级签发的又可细分出"以令为驾"一类，一共 5 小类。文末附表一所收的传文书数据就是按照这种分类标准排列的，每类编排则依签发时间先后，时间不详的殿后。下表则从五类中各取相对完整的一例，依原有格式移录，以见其仿佛（见下页）。

这五件文书中 4、19 与 89 有图版，61、69 无图版，据笔者 2007 年 9 月 27 日在甘肃省文物考古研究所查看两简实物确定行款。

比较五类文书，具体行文上有不少细微的差别：

1. 时间表述。御史大夫签发的传文书不书"月朔"直接记日子干支，

---

① 吴礽骧：《河西汉塞调查与研究》，北京：文物出版社，2005 年，第 146 页。

表 2　五类传文书示例

	御史大夫签发（承制）	御史大夫签发（非承制）	郡级官府签发	郡签发（以令为驾）	县级官府签发
顺序号	4	19	61	69	89
内容	甘露二年十一月丙戌，富平侯臣延寿光禄勋臣显承制诏侍御史曰，穿治渠军猥候丞□万年漆光王充诣校尉作所，为驾二封轺传载从者各一人轺传二乘。 传八百卌四。 御史大夫定国下扶风厩，承书以次为驾当舍传舍如律令（A）	神爵四年十一月癸未，丞相史李尊送获（护）神爵六年戍卒河东、南阳、颍川、上党东郡济阴、魏郡淮阳国并督死卒传莱椁为驾一封轺传。 酒泉郡因迎罢卒送致河东南阳颍川东郡魏郡淮阳国诣敦煌郡、 御史大夫望之谓高陵以次为驾，当舍传舍如律令。	河平元年八月戊辰朔壬午，敦煌太守贤丞信德谓过所县道遣广至司空啬夫尹猛收流民东海泰山当舍传舍从者如律令。 八月庚寅过东（A）	使乌孙长罗侯惠遣斥候恭上书诣行在所以令为驾一乘传 甘露二年二月甲戌敦煌骑司马充行大守事库令贺兼行丞事谓敦煌以次为①当舍传舍如律令。	永始二年三月丙戌朔庚寅添涫长崇守丞延移过所遣□佐王武逐杀人贼朱顺敦煌郡中当舍传舍从者如律令。

① 依同类文书，"为"字下当脱一"驾"字。

而郡县签发的则先书月朔再记干支。检114件传文书，保存了记时部分的简中，只有8(御史发)、62(郡发)、69、74、75、76、77(以上均为郡"以令为驾"发)与91、94(县、候官发)是例外。

2. 文书构成。观察图版，御史大夫签发的传文书实际分为上、下间隔的两件文书(以下称为文书A与文书B)，承制的在书写上还要对"制"字换行平抬，官员要称臣，有"承制诏侍御史曰"云云，表示接受皇帝的命令，并给侍御史下命令；而非承制的无此类格式。郡县签发亦分为两类，一类是守令直接签发的，则是一件文书，另一类是"以令为驾"由郡守、都尉签发的，为两件文书。似乎要动用传车马的传文书均为上、下两件文书，文书A明示要调用传车，文书B是对沿途有关机构提供传车与传舍服务的命令。

3. 文书的用语。承制的文书御史大夫用的是"下"某厩，并要"承书以次为驾"，命令的口吻很强烈，而非承制的则杂用"下"(18、22)或"谓"(如19、23、24)，并无"承书"一词。郡签发的均说"谓"，而县签发的则说"移"，显示了级别的差异。"移"用于平级官府间的文书。

郡县签发的传文书常有"谓"或"移""过所县(道、置、河津)"，有时亦简称为"过所"(如34、85、86、94)，全称或是"过所县道河津关"(91)。有学者据此认为西汉武帝或西汉时就出现"过所"类文书①，似过匆忙。传文书中出现的"过所"实际表示经过的地点，即在注释《汉书·匈奴传下》"汉遣车骑都尉韩昌迎(呼韩邪)，发过所七郡，郡二千骑"中"过所"时颜师古所说的"所过之郡"②，并不是个名词，亦没有成为一类文书的名称。目前传文书所见的"过所"最晚是94号，东汉建武三年(27年)。大体西汉一代，"过所"在向名词发展，但主要还是个缩略语，且用法并

---

① "武帝说"如陈直：《汉晋过所通考》，《历史研究》1962年第6期，第145—148页；程喜霖：《唐代过所研究》，第25—31页。"西汉说"如陈槃：《汉晋遗简识小七种》，第107页。

② 可参于豪亮：《居延汉简丛释》"在所"条，《于豪亮学术文存》，北京：中华书局，1985年，第190—191页。

不固定，更不是一类文书。用语上的简繁不同似与实际经过的机构类别无对应关系，如45为自敦煌郡去长安送诏狱囚，61为自敦煌去东海、泰山收流民，前者云"过所河津"，后者则是"谓过所县道"。其实两人旅行的路线在至长安以前是一致的，如果是对应的，后者亦应包含"河津"才对。"过所"成为文书当在东汉乃至三国以后。[①]

4. 御史大夫签发的传文书常有编号，如4的"传八百卌四"，15的"御七十六"，20的"外百卌五"。带有"外"字编号的最多，除了20外尚有22、23、24三件。而"传""御"与"外"的具体含义与分工，待考。郡县签发的均未见。

目前所见传文书均属抄件，如果相信抄件基本反映了原件的面貌，则可推定不同类别的传文书本身就存在上述种种微小的差异。这些差异有助于鉴定内容残损的传文书，并予以分类。附表一中所列的一些残损传文书便是根据上述特点来区分的。下面分别对各类传文书做进一步的分析。

三、传文书的分类考察

传文书是官府文书作业中的一个环节，需要将其置入文书流程中予以研究。首先讨论御史大夫签发的传信。

(一)御史大夫签发的"传信"

张德芳撰文对这类传信做了全面介绍，披露材料较多，并附有图版，便于研究。张德芳探讨了内容相对完整的文书的具体背景，这里则对文

---

① "东汉说"始见王国维：《流沙坠简补遗·考释》，罗振玉、王国维：《流沙坠简》，第263—264页。更详尽的分析见李均明：《汉简所见出入符、传与出入名籍》，中华书局编辑部编：《文史》第19辑，第32—33页；李均明、刘军：《简牍文书学》，第274—275页。汪桂海曾引居延新简中莽新与光武帝时简，论证"过所"已成为名词乃至文书名称，见《汉代官文书制度》，第62页。应该说证据依然不够充分。

书形成过程与文书用语及背后所显示的官府运作流程略做考察。

如张德芳所说，这类传文书时称"传信"。① 使者或官员持"传信"外出多属日常的琐事，但要安排此事需要若干机构的配合，并形成相关的若干文书。这里先讨论"传信"的签发。

前文将"传信"分为承制与非承制签发两类，并指出御史大夫签发的传信实际是由两件文书组成，这两件文书当是通过不同途径分别形成的。先考察承制签发的"传信"。上面的文书 A 是由秩次为六百石以上的中朝官根据皇帝的"制"下达给侍御史，告知外出公务的官吏官职、姓名②、具体事由、目的地及调用传车的类型、有无随从。出现的官员有各种名号的中朝将军(1、15)、使主客(2、3)、诸侯(4、6)、光禄勋(4、6)、光禄大夫(8)、典属国(8)、给事中、侍谒者(7)、御史中丞(14)、代行御史中丞职权的符节令(13)、少傅(15)、使臣(7)等，多数为两官员共同诏侍御史，涉及朝廷的多种二千石官员、御史大夫的属吏与临时负责某事而秩次低于二千石的官员(使臣、使主客)，前两类官员应为常态。其中均有"承制诏侍御史曰"一句，且"制"字提行以示尊重，官员均称臣，表明是秉承皇帝的意见来下达指示。据此，这些官员事先定已将遣下属外出公务一事通过文书上奏皇帝，并得到批准(制曰可)，上奏官员根据皇帝的认可给侍御史下令，此即诏书中行下之词所常见的"承书从事下当用者"的具体体现。上述过程是否如其他奏请文书一样，需要二千石官员等先将文书上呈丞相御史，由丞相御史奏请皇帝，获得皇帝制可后亦先由御史下发丞相，再由丞相下发有关官员，尚不清楚。

侍御史在接到其他二千石官员等根据皇帝旨意下达的书面命令后，将命令上呈其长官御史大夫，御史大夫接到文书后根据其中描述的外出路线及使用传车的类别给有关厩下达书面命令(文书 B)，准备车马。不

---

① 张德芳：《悬泉汉简中的"传信简"考述》，中国文物研究所编：《出土文献研究》第七辑，第65—66页。

② 有时则仅书官吏的"名"而无姓，具体规矩待考。

过，还有另一种可能：所谓"承制诏侍御史曰"实际就是直接下达给御史大夫的命令，由于御史大夫秩亦为二千石，且位次先于其他二千石官员，其他二千石官员移御史大夫的文书不能直接称名，而采取给其下属下命令的曲折方式来表达，就如同太守给都尉移文但称"敢告部都尉卒人"，而不称都尉具体人名一样。① 下达给有关厩的命令应抄录侍御史（或御史大夫）接到的与御史大夫签发的两件文书（文书 A、B），同时，御史大夫亦将两件文书（文书 A、B）抄录于一尺五寸长的简上，并根据传车的类别加封，作为"传信"授予外出的官吏作为凭证。② 不过，悬泉出土的完整传信抄件的长度均是 23 厘米左右，合汉代一尺。③ 同时，御史府保存两件文书作为"案"以备核查。一旦传信不慎遗失，御史大夫则根据存案的传信文书再抄录副本下发文书追查，如悬泉所发现的"遗失传信记录"（107—114）。

非承制签发的传信形成过程大体相同，只是缘起无须经过皇帝的批准，相对简单。其流程大体是具体办事官吏需要外出公务，向长官奏记提出请求，长官将请求移文御史大夫，御史大夫据事由与路线给有关厩下令备车马，并为外出官吏准备传信。同时，御史大夫亦留文书备案。根据官吏隶属关系推断涉及的长官分别为丞相（19、21）、廷尉（23）、御史大夫（24）、光禄勋（22、26 详下）。

"传信"为何由御史大夫签发？这当与其负责律令并实际主管官厩马有关。《宋书·百官志下》"侍御史"条："二汉员并十五人。掌察举非法，受公卿奏事，有违失者举劾之。凡有五曹，一曰令曹，掌律令；二曰印曹，掌刻印；三曰供曹，掌斋祠，四曰尉马曹，掌官厩马；五曰乘曹，

---

① 具体例子见悬泉简 Ⅱ 0314②：315、Ⅰ 0309③：222，《释粹》例 20、21，第 22—23 页，并参第 23 页注释[1]。

② 《汉书》卷一二《平帝纪》"在所为驾一封轺传"注引如淳曰，北京：中华书局，1962 年，第 359 页。

③ 张德芳：《悬泉汉简中的"传信简"考述》，中国文物研究所编：《出土文献研究》第七辑，第 67—80 页。

掌护驾。魏置御史八人，有治书曹，掌度支运……"这条记载不见于两汉文献，当是南朝史家据当时尚存的前代史料写成的，结合其他文献，可知御史大夫掌管律令一说确实有据①，而它为何能签发传信，给长安诸厩下命令，此条亦提供了线索。

此外，非承制签发的传信与郡级官府签发的传中多次出现"有请诏"，亦是申请传文书的一种程序。因其手续涉及君臣分工问题，详见下节，兹不赘述。

以上讨论了传信签发环节，下面转向"传信"的格式化内容。几乎所有由御史大夫签发的传信都要动用"传车"，或是"为驾二封轺传"，或是"为驾一乘传"，传信文书 B 均有"下某厩，（承书）以次为驾"的内容。因此，其次讨论"下某厩"所见传车调用与迎送方式。

"传信"提到的"厩"主要有"扶风厩"（2、3、4、5、6、10）、"右扶风厩"（11、18），另有"高陵"（19）、"渭城"（20、21、23、25）与"长安"（14、24）三县，其中以"渭城"为多。扶风厩当是右扶风厩的简称。传信下发给何地，取决于两个因素，一是持传信者出行的路线。

若自长安东行，则下长安，如 24。如果自长安向西，则下渭城或扶风厩。这类传信最多，因出土传信的敦煌位于长安以西。唯 23 是例外，原因不明。悬泉所出Ⅱ90DXT0214②：556 是为各类马匹增加饲料的诏书，其中提到"长安、新丰、郑、华阴、渭成（城）、扶风厩传马加食，匹日粟斗一升"，正如学者所说，前面四县属于东线，即三川东海道，后两县为西线，即陇西北地道。② 尽管西汉时不存在扶风县，而右扶风的治所亦在长安城内③，却有扶风厩。该简东线的四县自西向东依次排列，

① 有关讨论，可参侯旭东：《西汉御史大夫寺位置的变迁：兼论御史大夫的职掌》，《中华文史论丛》2015 年第 1 期，第 193—195 页，已收入本书。
② 《释粹》例 5，第 5、7 页。关于该简的分析，参初世宾：《悬泉汉简拾遗》，第 97—99 页。道路问题并参王子今：《秦汉交通史稿》，北京：中共中央党校出版社，1994 年，第 28—30 页。
③ 《汉书》卷一九上《百官公卿表上》服虔及颜师古注，第 737 页。

据此，西线两县应自东向西排列，扶风厩应在渭城以西某处。①

而 19 是下给高陵，原因或是丞相史李尊首先要去位于长安东北方向的河东郡（郡治安邑县，即今山西夏县西北），故取道渭河北岸，长安东北的高陵。此线是通往太原的主要干道，周勃等铲除诸吕之后迎请代王刘恒为帝，刘恒即自中都沿此路至长安，入长安前"至高陵休止"，派宋昌先入长安观察时局。② 至唐代犹循此至太原、安邑。③ 秦以来自长安出发主要有六条道路通向四方④，其中东北至河东、太原线的繁忙程度大概不如东、西两线，故不在增加传马饲料之列。

西行的传信为何有些下给扶风厩，有些则给渭城？这涉及影响传信下发的第二个因素：持传信者所驾车的规格。承制签发的"传信"所调用的多为"二封轺车（传）"（2、3、4、6），即便是"一封轺传"，驾车的马则有"八乘"（5）。而非承制签发的则多数为"一封轺传"（19、20、23、24、26）。"一封轺传"乃一匹马拉的车，"二封轺车"是由二匹马拉的车⑤，乘传则是四马下足拉的车。⑥ 马多速度快，在相同时间、相同负重情况下，跑得远，故下发给距长安更远的扶风厩。各种"传车"使用的规则，目前

① 初世宾推测在右扶风右辅都尉治所郿县，即今扶、眉之间渭水北岸，可备一说。见初世宾：《悬泉汉简拾遗》，第 98 页。

② 《史记》卷一〇《孝文本纪》，北京：中华书局，1959 年，第 413—414 页。

③ 严耕望：《唐代交通图考》第一卷，台北：史语所，1985 年，图二及第 91—92 页。

④ 具体名称与走向参王子今：《秦汉交通史稿》，第 28—30 页。

⑤ 《晋书》卷二五《舆服志》云："轺车，古之时军车也。一马曰轺车，二马曰轺传。"（北京：中华书局，1974 年，第 763 页）从传信看，汉代似尚无此类区分。关于汉代的轺车与驾用马的关系，参马先醒：《汉代轺车马数与其价格》，（台湾）《简牍学报》第 1 期，1974 年 6 月，第 47—51 页。

⑥ 参张德芳：《悬泉汉简中的"传信简"考述》，中国文物研究所编：《出土文献研究》第七辑，第 65 页。此处尚有疑问的是一匹马与两匹马拉的车系辕的数量与方法不同，前者双辕，后者单辕，而悬泉所见"传车簿"（如 I 0208②：1—10、II 0114③：461、I 0110①：53，分见《释粹》例 102、103、255，第 85—86、87、172 页）的描述并没有注明，究竟是根据传信的要求临时改装车辕，还是各传舍备有不同的车，不得而知。

尚不清楚。可以肯定，与使者的身份高下以及使命的紧急程度分不开，故文献中有所谓"急者，乘一乘传"的说法。①

至于14，目的地是敦煌玉门关，命令却下达给了长安厩。或许是因为高级官员赴任需动用四马拉的乘传，此种车也许是由长安厩统一管理。这是否构成影响传信下发的第三个因素，犹待更多的资料。

传信中习见的"以次为驾"，意思是"按照（远近）次序为（持传信者）驾车"，应是以一站一站的接力方式完成。具体如何操作，涉及汉代"传车"使用的制度，史书无载，兹据悬泉汉简做些考察。

传信要求调动传车马为持传者服务，大体有送、迎两种方式。一是由前一置或传舍派官吏马匹乃至传车将使者送至下一置或传舍②，另一种则是后一置或传舍根据通知派官吏持传马及传车去前一置迎接使者。有关文书中常见"送"与"迎"之说，正是代表了这两种不同的方式。前后站的距离则取决于传车的类型及速度。级别高的传车，如乘传为四马驾车，日行里程远，两站可能间隔若干置或传舍。具体情况比较复杂。

根据悬泉汉简，我们知道置内设有"厩"，按规定应有传马四十匹，另有传车十至十五乘③，厩有厩佐与御等。简中亦有数枚记录了悬泉及附近的置派遣官吏持传车马迎送过往使者的内容。如以下三简：

例1. 永光三年正月丁亥朔丁未，渊泉丞光移县（悬）泉置，遣厩佐贺持传车马迎使者董君、赵君所将客柱（住）渊泉。留禀茭，今写券墨移书，受薄（簿）入，二月报，毋令谬。如律令。Ⅰ0111②：3

例2. 甘露二年二月庚申朔丙戌，鱼离置啬夫禹移县（悬）泉置，遣佐光持传马十四，为冯夫人柱，廪穧麦小卅二石七斗，又茭廿五

① 《汉书》卷一《高帝纪下》如淳注引律曰，第57页。
② 秦末夏侯婴为沛厩司御，"每送使客还，过沛泗上亭，与高祖语"（《史记》卷九五《夏侯婴列传》，第2663页），看来秦代就已经出现这种方式了。
③ Ⅱ90DXT0115③：79—82等，见张德芳：《悬泉汉简中的"悬泉置"》，收入郝树声、张德芳：《悬泉汉简研究》，第21、33—34页。

石二钧。今写券墨移书到，受薄（簿）入，三月报，毋令缪（谬），如
律令。　　　　　　　　　　　　　　　　　　　Ⅱ 0115③：96

　　例 3. 甘露三年十月辛亥朔，渊泉丞贺移广至、鱼离、县（悬）
泉、遮要、龙勒，厩啬夫昌持传马送公主以下过，稟穧麦各如牒。
今写券墨移书到，受薄（簿）入，十一月报，毋令缪（谬），如律令。
　　　　　　　　　　　　　　　　　　　　　Ⅱ 0114③：522①

渊泉为敦煌郡属县，具体位置尚有争论，大致位于今敦煌市东北，西出
长安经敦煌至西域的大道途经渊泉，然后西南行至敦煌。据例 3 及其他
邮书简，渊泉与敦煌之间自东向西依次为广至县—鱼离置—悬泉置—遮
要置—龙勒县。②上面三例是悬泉以外的县或置派遣官吏持传车马或传
马，连同口粮，去悬泉或沿线多个县、置迎接过路使者、客人而给悬泉
或沿线有关各县、置的移文，告知被派官吏携带了"稟穧"，要求接待方
将"稟穧"列入收到物资的账目中（受薄入），并在次月上报，不得有误。
"穧"指干刍或干草③，是马的粗饲料。三件文书的主旨是通知接待方来
者已经携带了人马的口粮，大概他们要在悬泉等置用餐。例 2、3 只提到
"持传马"，例 1 则是"持传车马"，连车带马，沿途的县、置及厩提供马
匹是一定需要的，车只是特殊情况下才会提供，当然实际运作中也是根
据车马的类别及日行里程决定在何处换乘，并非途经每一厩或传舍都要
更换马匹。具体规定，尚待研究。

　　悬泉出土的简的Ⅴ 1610②：11—20 是西汉建始二年（前 31 年）三月

---

①　《释粹》例 83、200、202，第 72、141、142—143 页。Ⅰ0111②：3 的断句做
了改动。

②　参郝树声：《敦煌悬泉里程简地理考述》，收入《释粹》，第 207—221 页；宫
宅洁：《悬泉置及其周边——敦煌至安西间的历史地理》，李力译，收入卜宪群、杨
振红主编：《简帛研究 2004》，桂林：广西师范大学出版社，2006 年，第 412 页。

③　《史记》卷二九《河渠书》"民穧牧其中耳"司马贞索隐，第 1411 页；《汉书》卷
六九《赵充国传》"穧薁二十五万二百八十六石"颜师古注，第 2985 页。关于"穧"，可
参王子今：《汉代西北边地的"穧"》，收入所著《秦汉时期生态环境研究》，北京：北
京大学出版社，2007 年，第 271—281 页。

传马名籍，其中四匹注明"驾"，两匹注明"骖"，前者或是指用于驾辕的马，后者则为两边的马。① 这些马是用来驾车的。同时，这些马多注明"乘"，或许表示兼作骑乘。

此外，下面五简均是与上引三简有关的文书：

例 4. 出粟三石，马十匹，送大昆弥使者，都吏张掾。阳朔四年二月戊申，县（悬）泉啬夫定付遮要厩佐常。 Ⅴ1812②：58

例 5. 出粟十八石，骑马六十匹，乌孙客。都吏王卿所送。元延四年六月戊寅，县（悬）泉啬夫䜣付敦煌尉史褒马。 Ⅱ0114③：454

例 6. 出麦四斗，已。建平五年闰月□□，县（悬）泉啬夫　付宜禾书佐王阳，给食传马二匹，迎昆弥。 Ⅱ0114④：53

例 7. 神爵二年正月丁未朔己酉，县（悬）泉置啬夫弘敢言之：遣佐长富将传迎长罗侯，敦煌禀小石九石六斗，薄（簿）入十月，今敦煌书言不薄（簿）入，谨问佐长富禀小石九石六斗，今移券致敦煌□…… Ⅰ0309③：215

例 8. 广至移十一月谷薄（簿），出粟六斗三升，以食县（悬）泉厩佐广德所将助御效谷广利里郭市等七人，送日逐王，往来三食，食三升。校广德所将御故禀食县（悬）泉而出食，解何？ Ⅰ0309③：167—168②

例 4—6 是悬泉出粟及马付给其他厩、县以迎送使者的记录，例 7 是悬泉啬夫向上级的汇报，内容涉及同类事情，只是收到"禀"的敦煌没有将禀计入账目，敦煌方面来书追查"禀"的下落，悬泉因此向上级报告。例 8 亦是调查出食问题的，悬泉厩佐广德带领助御郭市等一共七人送日逐王东至广至县厩，来回吃三顿饭，每顿一人三升，共食粟六斗三升，是从

① 《释粹》例 97，第 81—83 页。

② 见《释粹》例 206、207、210、212、214，第 144、145、147、150 页。后两简个别文字据张俊民《〈敦煌悬泉汉简释粹〉校读》改订。

广至出的粟，计入广至十一月的谷簿中，可核校广德所带来文书，口粮由悬泉出，等于广德将从悬泉带来的口粮私吞了，广至发来移文调查此事。此文书表明某置的官吏迎送使者时，可自带口粮，亦可由接待方出口粮，但均要有文书交代清楚。不过，目前悬泉所公布的有关传食文书记录的均是使者及其从者消费食品的数量，未见其他置或厩官吏的消费记录，因此，自带口粮可能更为多见。

沿途的置厩不但负责提供传马乃至传车，也要提供驾车的御者。秦末夏侯婴任沛厩司御，常常要"送使客"①，汉代情形当相去不远。此外，御史大夫下发的传信中仅注明随从人数、身份，如"载从者一人"（1、4、6、13、14、17、22），有时是"得别驾载从者二人"（15），表示从者另乘一车，还有"载奴一人"（18），均未提到"御"。而悬泉所发现的传食文书也只注明使者及从者，如《释粹》例85（Ⅱ0216③：57）、86（Ⅱ0213②：112），特别是例95（Ⅰ0112③：113—131）等，均未见御者。凡此种种，可知御者并不计入使者及随从之内。而悬泉置内附设的厩有御，如简Ⅱ90DXT0215④：36 出现"☐送使渠犁校尉莫府掾，还会大风，折伤盖☐十五枚，御赵定伤……"，简Ⅱ90DXT0213②：33"出粟六斗，马三匹，送史曹卫卿、书佐宋卿。绥和二年八月壬辰，遮要置啬夫嘉付县泉御忘"②，御赵定与御忘大概就是负责驾车迎送过往官员、使者，并隶属于各置、厩的。而他们的口粮是计入另外的廪食账目（谷簿？）中，不列入传食账目。

上引例1为何跳过中间的广至县、鱼离置而直接由渊泉县移文给悬泉置，大概又与传车的规格、速度及预计的行程有关。悬泉发现的简中Ⅴ1611③：39 亦是一里程简，记录了以悬泉为中心，距离张掖、冥安、

① 《史记》卷九五《夏侯婴列传》，第 2663 页。

② 见《释粹》例 153，第 117 页，并据张俊民《〈敦煌悬泉汉简释粹〉校读》改定；张德芳：《悬泉汉简中的"悬泉置"》，郝树声、张德芳：《悬泉汉简研究》，第 26 页引简 34。

武威、安定高平、金城允吾、天水平襄、刺史与长安八个地点的里程①，表明各置乃至各县清楚附近置、县间的相对距离。同时，置、县的官吏也熟悉各种传车的行驶速度，张家山汉简《二年律令·徭律》中就有"传送重车、重负日行五十里，空车七十里，徒行八十里"的规定②，不论这里提到的是牛车还是马车，车日行里程是有一定之规的，类似的数据官吏一定心知肚明。因此可以计算出将在哪里享用传食，而发移文通知。简Ⅰ0309③：134 正是一例。简文云："各有数，今使者王君将于阗王以下千七十四人五月丙戌发禄福，度用庚寅到渊泉。"③便是推算到达渊泉的时间，为迎接做准备。

结合悬泉汉简，《汉书·朱买臣传》的一段记载能为我们提供更多的信息。该传说：

> 拜为(会稽)太守，买臣衣故衣，怀其印绶，步归郡邸。

此时正值上计之时，朱买臣在郡邸中遇到会稽郡的计吏，因其身份突然变化，计吏对买臣的态度随之由轻视到恭敬。传文传神地描述完这一幕，复云：

> 有顷，长安厩吏乘驷马车来迎，买臣遂乘传去。会稽闻太守且至，发民除道，县吏并送迎，车百余乘。④

朱买臣在未央宫前殿接受皇帝的制书任命⑤，获得印绶后走回郡邸，而

---

① 《释粹》例 61，第 59—60 页。宫宅潔以为是以敦煌为中心到各处的里程，见《悬泉置及其周边》，卜宪群、杨振红主编：《简帛研究 2004》，第 409 页，恐不确。

② 张家山二四七号汉墓竹简整理小组：《张家山汉墓竹简(二四七号墓)》(释文修订本)，北京：文物出版社，2006 年，第 64 页。

③ 《释粹》例 145，第 110 页。

④ 《汉书》卷六四上《朱买臣传》，第 2792—2793 页。

⑤ 拜太守仪见《汉书》卷五〇《汲黯传》，第 2321 页；制书任命郡太守见《汉书》卷八九《循吏·黄霸传》，第 3629 页，以及卫宏：《汉官旧仪》卷上，收入孙星衍等辑：《汉官六种》，周天游点校，北京：中华书局，1990 年，第 35 页，并参汪桂海：《汉代官文书制度》，第 31 页。

他将赴会稽上任，需要凭传信，乘传车，附表一中的传信简 13、14 就是秩次亦为二千石的都尉"之官"的传信，需要承制。朱买臣赴任亦应如此。具体细节是他回到郡邸后一段时间，长安厩吏乘车来郡邸迎接朱买臣。朱买臣是出守会稽郡，需要自长安东出，沿三川东海道至会稽，故御史大夫根据制书将书面命令下达给负责东线传送任务的长安厩，长安厩派遣吏驾车前去迎接，首站要出车马及御者送至下一站，且需要赴官员住所迎接，采用的是第一种方式。相应地，朱买臣在获得任命后亦应得到御史大夫签发的传信，形制应如第一类承制签发的传信，同时告知住所所在。唯如此，他与厩吏才能顺利接洽。所谓"驷马"应是指四马下足的"乘传"，简 13、14"之官"的传信持有者乘坐的亦是此种传车。而朱买臣未到，会稽地方就已经预知，并提前准备，表明另有途径提前将其赴任的信息通报会稽。悬泉简 Ⅱ0114④：340 便是效谷长、丞提前通知遮要与悬泉置，破羌将军率部来，要求准备各种物资，不得玩忽怠慢①，性质与此相类。朱买臣于武帝元狩元年（前 122 年）自会稽太守转任主爵都尉②，出任会稽太守的时间则应在元朔中（前 128 年—前 123 年），因而，这套制度至少在武帝前期就已经成形了。

御史大夫在传信中只简单地注明"以次为驾"，实际操作中则相当复杂而具体，上面仅是就悬泉简与文献所见的初步分析。简言之，御史大夫签发的"传信"通过文书中的"以次为驾"与"当舍传舍"实际传达了两方面的命令：一是沿途的厩等要依次提供车马换乘，二是沿途的传舍要为持传者及随从提供食宿。具体行程、换乘地点直接取决于路线与传车等级、速度，等级、速度则与事由、紧急程度以及持传者身份有关。

（二）郡级官府签发的传

目前所见郡签发的"传"57 件（附表一 27—83），多于御史大夫签发的

---

① 《释粹》例 238，第 164 页。现释文有改动，参张俊民《〈敦煌悬泉汉简释粹〉校读》。
② 《汉书》卷一九下《百官公卿表下》，第 773—774 页。

传信，显示了郡在传文书运用上的重要性。这类"传"通常由郡守与长史、丞三人联署签发，某位不在，则由其他官员兼行其职而参与签发。兼行太守事的有库令、长史与骑司马，长史则由守部千人、守部候与库令兼行，丞的情况亦近似。有时亦由太守与长史或丞两者之一联署签发，一些派遣官吏去属县的传甚至由郡太守一人签发，详见文末附表二。此外，都尉亦可签发，如 53、62 与 78 分别是由敦煌郡中部都尉、行（居延）都尉事的居延城司马与酒泉玉门都尉签发的，看来不止是一般的郡都尉，连同关都尉亦有签发"传"的权限，58 中出现的敦煌玉门司马褒亦应是代行关都尉的职权。[①] 农都尉是否也有此权力，尚不清楚。

承担公务任务的则为郡府的属吏或下辖诸县的官吏。具体情况见下表：

表 3　郡府差发属吏情况

官吏	守属	□官	□史	助府佐	敦煌令史	敦煌□丞	守卒史	重候丞	仓佐	行丞事守部候	司马丞
简顺序号	30、34、51、54、67、71、75、76	27	28	35、70、44	43	47	48、63、77	49	53	74	50

表 4　郡府差发属县官吏情况

官吏	龙勒左尉	屋兰隧长	亭长	日勒守尉	广至长	广至司空啬夫
简顺序号	29	32	33（浩亹）、46、55（渊泉）	40	45	61

郡府差发属吏，亦常常派遣下属诸县的官员乃至亭长从事各种"吏繇"，这种现象至少秦末就已出现，刘邦在做泗水亭长时就常常做繇使被

---

① 司马是都尉府的属官，详见陈梦家：《汉简所见居延边塞与防御组织》，《汉简缀述》，第 44、64、69 页。

派遣至咸阳。①江苏尹湾汉简5号木牍所见西汉末年东海郡中13位官员因"繇"，9位因"输钱都内"而不在岗，就与表4中龙勒县左尉与广至长、司空啬夫外出公务一样，只是出差目的不同。

此类传根据文书形式可分为两类：一是郡级官员直接签发的"传"（27—66），二是郡级官员根据"令"签发的"传"（67—83）。

第一类从形式上看，是一件文书，亦应是一系列文书运作中的一件。例行事务可能先经属吏申请，由太守、都尉签发。遗憾的是目前还没有找到类似的文书，这里只能以向县级官员申请"传"的文书来窥见其仿佛。

居延甲渠候官所出简EPT 53：46云："初元三年六月甲申朔癸巳，尉史常敢言之，遣守士吏泠临送罢卒大守府，与从者居延富里徐宜马……毋苟留止，如律令，敢言之。"尽管简文残缺，从文称"敢言之"看，是上行文书。尉史是候官或塞尉官府中的属吏②，这里当是甲渠候官的属吏，"常"姓"郭"，居延简中常见③，郭常向候报告派遣守士吏泠临等送服役期满的戍卒至太守府，候据此签发"传"类文书。此文书或属于签发传的申请。从甲渠候官至张掖太守府所在的觻得县至少360公里④，折成汉里当在一千里左右，途经若干候官与县，绝非一日可及，亦需要"舍传舍"。此简涉及的送罢卒事应是年度性的工作，前文提到丞相史至诸郡送来年戍卒并接罢卒的"传信"（19），居延新简EPT65：37云："宪等卒当以四月旦交代，故事候长将当罢卒诣官。"此故事或是罢卒离开戍所前至候官处拜别候，遣送罢卒亦应先送到候官所在地。结合三者，遣送罢卒程序

---

① 《史记》卷八《高祖本纪》云："高祖常繇咸阳。""高祖以亭长为县送徒郦山。"（第344、347页）

② 陈梦家：《汉简所见居延边塞与防御组织》，收入《汉简缀述》，第49页。

③ 李振宏、孙英民：《居延汉简人名编年》，北京：中国社会科学出版社，1997年，第131页。

④ 陈梦家《汉简考述》中给出了A8至A22、A33至张掖西北的距离，分别为45、200公里，再据该文第12页附图一"额济纳河流域汉代亭障分布图"提供的亭障位置、编号与比例尺，可知A22至A33的直线距离是114.6公里，三者合计为360公里。见《汉简缀述》，第32页。

大体是自下而上逐级遣送：先由各候长将罢卒送至所属候官处，各候官再将罢卒送到郡集中，再由丞相史或本郡官吏接回①，候官向太守府遣送时则需要给负责护送的属吏签发"传"类文书。或许每年定时各候的属吏就会如此安排。居延肩水金关出土的简 37.56 云："元康☐☐令史昌敢言之，遣亭长宋建☐☐☐☐☐太守府，与从者☐里王。"这当是申请传。类似的文书还有同出土于金关的 218.3、出土于地湾肩水候官府的 346.40、出土于 A22 的 163.18 等。为郡办事（如 28），流程应近于此。

非日常的临时事务（32、33、40、45）盖是郡或都尉根据上级指示，临时差遣下级官吏去完成。例如，33"以诏书送施刑伊循"便是郡府在接到诏书后根据要求派遣属县的一个亭长去完成，在签发"传"之前，郡府一定先下府记类文书将任务安排给浩亹县，县里又委派给亭长，并令亭长至郡府接受任务——西北汉简中常见时称为"记"的文书，含有召官吏"诣府"或"诣官"的内容，可见其仿佛②——同时领取"传"。另一些则是突发事务，如 53，"逐捕贼杀人亡施刑士"，事发而随时差遣官吏。汉代郡的职能经历了由弱渐强的变化过程③，在很大程度上决定着属吏与属县官吏的前途，因而，原本应由郡承担的工作很多都转嫁给属吏或属县，后者无力拒绝，《盐铁论·疾贪》中贤良对此已提出过批评，但在实践中却渐成惯例。

这类传仅要求沿途传舍为持传者连同随从、马匹提供食宿服务，不需要提供车马等交通工具。其中 37 与 60 比较特殊，涉及的事务均为军吏在西域完成屯戍任务后返回长安的北军，有"为驾一封轺传"的内容，

---

① 具体细节参李均明：《"车父"简考辨》，甘肃省文物考古研究所、西北师范大学历史系编：《简牍学研究》第二辑，兰州：甘肃人民出版社，1998 年，第 81 页。

② 参永田英正：《试论居延汉简所见的候官——以破城子出土的"诣官"簿为中心》，孙言诚译，收入中国社会科学院历史研究所战国秦汉史研究室编：《简牍研究译丛》第一辑，北京：中国社会科学出版社，1983 年，第 197—222 页，特别是第 213—214 页；李均明、刘军：《简牍文书学》"官记"，第 266—267 页。

③ 参周长山：《汉代地方政治史论——对郡县制度若干问题的考察》，北京：中国社会科学出版社，2006 年，第 46—76 页。

同时亦注明"有请诏",签发机构似为敦煌太守,也许另是一种新的类型。不过,两传均不完整,详情难定,暂附于此类中。

第二类"传"均含有"以令为驾"传车内容的,悉由上下两文书构成。应是先移文郡守,列出人员、具体行程、目的与要求,郡长吏①接到移文后行文签发,同时将移文要点抄录在"传"的上部,而将自己的签发文书置于其下。这类传文书与上面不同之处在于要动用传车,应属于任务比较紧急的一类。而按照"律"的规定,传车只有朝廷的御史大夫通过签发"传信"才能调用,郡守一级本无权调用传车,最晚在宣帝时又在"令"中补充规定郡守、都尉在某些特定情况下拥有此权力,等于扩大了郡守、都尉的权限。不过,内容决定形式,因要动用传车,文书的形式也仿自御史大夫签发的传信,采用上下两文书的格式。

此类传的事由包括出使外国使者遣人上书(69)、护送外国使者奉献长安(67、73、75、76、77、81?)、派遣属吏到郡内催促军粮(71)以及遣吏上计(74)等,或多属于紧急事务。不妨比照一下唐代的规定。唐代律令规定"诸州有急速大事,皆合遣驿"②,紧急时州可动用驿。唐代为州、县两级,"州"即相当于汉代的"郡"。唐代的"驿"包含了汉代传舍与置的功能③,所以颜师古常用"驿"来解释《汉书》中的"传"④。所谓"急速大事",唐代另一规定称驿使耽误了"军务要速"要加三等处罚,"军务要速"包括"征讨、掩袭、报告外境消息及告贼之类"⑤,仿此,汉代使臣遣人

---

① 关于汉代"长吏"的含义,参邹水杰:《秦汉"长吏"考》,《中国史研究》2004年第3期,第41—46页。

② 《唐律》卷一〇《职制》"诸文书应遣驿而不遣驿"条疏议引《公式令》,见长孙无忌等撰:《唐律疏议》,刘俊文等点校,北京:中华书局,1983年,第209页,并参仁井田陞:《唐令拾遗》,栗劲等编译,长春:长春出版社,1989年,第519页。

③ 参孟彦弘:《唐代的驿、传送与转运——以交通与运输之关系为中心》,荣新江主编:《唐研究》第12卷,北京:北京大学出版社,2006年,第27—36页。

④ 如《汉书》卷一下《高帝纪下》"乘传诣雒阳",师古曰"传者,若今之驿"云云(第58页)。

⑤ 《唐律》卷一〇《职制》"诸驿使稽程"条疏议曰,见长孙无忌等撰:《唐律疏议》,第208页。

上书似乎也是紧急事务。上计朝廷时间是固定的，不得延误[①]，为了按时抵达，故动用传车。目前此类"传"只见到敦煌郡级官员及玉门都尉签发的，而上计朝廷是每年各郡均要完成的工作，催促军粮亦是诸郡要务，故可能所有郡守均有此权力。至于护送外国使者为何亦调发传车，或许与尊重外国宾客有关。调动传车亦有级别高下之别，护送外国使者、上计多为驾乘传，而在郡内催促军粮则只能用轺传。

第二类"传"与前述"传信"一样，实际包含两方面的内容：一是使用传车，要求沿途依次提供；二是使用传舍，亦要求沿途保证供应。

(三)县级官府签发的传

这类"传"(附表一 84—94)或由县令长(86)或丞(84、87)、守丞(90)单独签发，或由县令、长、守长与丞联署签发(85、88、89、91)，此外，边境屯戍军队中相当于县一级的候或守候亦可签发传，如 92、93 与 94。据 92、93、94 与上面提到的 38、39、53、58、62 与 78，军事系统中相当于郡县级别的官员均有权签发"传"，这一点过去并不清楚。

此类"传"数量不多，一些是因为县内突发情况而签发的，如追捕杀人贼(84、87 与 89)，86 与 91 则是根据诏书而签发的，还有是为郡的工作而签发的，如 90。按照律令的规定，私事用传由县签发，而公事主要由御史及郡级官府签发，"县"级官府通常不能签发"传"，西汉初《二年律令·传食律》规定："丞相、御史及诸二千石官使人，若遣吏、新为官及属尉、佐以上征若迁徙者，及军吏、县道有尤急言变事，皆得为传食。"[②]律令仅规定"尤急"与"言变事"两种情况下才能为县道官吏提供传食，说明县道一级官吏通常不能享用传食。享用传食须持传，因此，县

---

① 如《唐律》卷一〇《职制》就规定："诸公事应行而稽留，及事有期会而违者，一日笞三十，三日加一等；过杖一百，十日加一等，罪止徒一年半。"疏议指出："'及事有期会'谓若朝集使及计帐使之类，依令各有期会。"见长孙无忌等撰：《唐律疏议》，第 213 页。汉代可能已有类似的规定。

② 《张家山汉墓竹简(二四七号墓)》(释文修订本)，第 40 页。

道长官一般是不能签发"传"的。

所谓"尤急"常见的或是追捕严重刑事犯。《二年律令·捕律》规定出现群盗杀伤人、贼杀伤人与强盗，县令与县尉必须立即率吏徒追捕，并且要"以穷追捕之，毋敢□界而环（还）"①，为此常常要追赶至其他郡县。而"逐杀人贼"属于"尤急"，无法通过正常手续申请"传"。《二年律令·户律》规定里门要定时开闭，禁止出行时又列举了一些例外情况，其文云："其献酒及乘置乘传，以节使，救水火，追盗贼，皆得行。"②显然"逐杀人贼"作为"追盗贼"之一种，属于紧急事务，不得延误，故赋予"县"应急签发传的权限，因而产生上述三传。

至于"言变事"，文献与简牍中均有相关记载。③《汉书·梅福传》中，成帝时福"数因县道上言变事，求假轺传诣行在所条对急政"，结果"辄报罢"，据传文载梅福上奏，他是"数上书求见，辄报罢"，他的上书是借助县里使者递到皇帝处，只是他希望皇帝能批准他乘轺传至长安面见皇帝对策而遭到拒绝，此种情况下不需要"传"。"上言变事"有时是由县道遣专人送到长安，此时需要持有传，并非要上书者亲至；有些情况下则由上书者直接乘传至长安，如汉初贲赫所为④，此时亦需要县道签发传，签发的根据就是类似上述的律令。此外，《传食律》中还有"以诏使及乘置传，不用此律"的规定，为奉皇帝诏书出使预留了活动空间。86 与 91 均是县长吏依据诏书所开具的传，根据或即在此。

县级官府所遣官吏多为下级属吏，如亭长（84、91、92）、传舍佐（86）、令史（87）、□佐（89）与隧长（93、94），惟 90 比较特殊，派遣的是丞，而签发的却是守丞。

这类"传"有些是缘于属下的申请，这可由"符"文书获得旁证。"符"

① 《张家山汉墓竹简（二四七号墓）》（释文修订本），第 27—28 页。
② 《张家山汉墓竹简（二四七号墓）》（释文修订本），第 51 页。
③ 参大庭脩：《"上言变事书"册书的复原》，收入《秦汉法制史研究》，第 253—255 页；李均明、刘军：《简牍文书学》，第 244—245 页。
④ 《史记》卷九一《黥布列传》，第 2603—2604 页。

亦是一种出入关津的通行证，多长六寸，分为左右两半，有刻齿，合符后方予通过，主要用于关津、边塞地区。① 出于 A8 破城子甲渠候官遗址的居延旧简 286.11 云："临之隧长威为部市药诣官封符，八月戊戌平旦入。"威当是为所在甲渠候官所辖某候长买药而至候官所在地申请"封符"。药大概就近便可购到，因此只需要申请"符"，如果任务无法就近完成，恐怕就要申请"传"了，手续亦应相近吧。类似的简还有新简中的 EPT59：173"第三候长樊隆为社市诣官，九月乙酉蚤食入"。樊隆诣官的目的就是"诣官封符"，另见新简 EPT11：9A、B：

> ☑第十七守候长诩敢言之☐☐☐☑
> ☑☐隆乃癸亥诣官封符为社☑

此简证明诣官申请封符亦需要上行文书，此简就是申请文书。② 文末附表中的带有"敢言之"的文书(附 1、2、3、4、6、8、10、11、12)应是此类文书残件。

不同于御史大夫签发的传信，郡县官府签发的"传"，除了"以令为驾""有请诏"者可动用传车外，其余外出官吏自备马(如 27、28、29、45、58、84、86)，个别的也备有车(如 58、86)，主要在沿途传舍解决饮食与住宿，故"传"中只注明"当舍传舍，如律令"，如有随从，则云"当舍传舍，从者如律令"，意思是住宿传舍与接待随从均要依照律令的规定。"传"所针对的也只是"过所县河津"(27)、"过所县道官"(33)、"过所河津关"(42)之类泛指的沿途有关机构，并不确指某个具体的机构。由此

---

① 参李均明：《汉简所见出入符、传与出入名籍》，第 27—29 页；李均明、刘军：《简牍文书学》，第 418—421 页；王树金：《秦汉邮传制度考》，第 23—25 页。关于到"候官"封符，可参永田英正：《试论居延汉简中所见的候官——以破城子出土的〈诣官簿〉为中心》，收入所著《居延汉简研究》，张学锋译，桂林：广西师范大学出版社，2007 年，第 388—389 页。

② 参谢桂华：《西北汉简所见祠社稷考补》，卜宪群、杨振红主编：《简帛研究2004》，第 260、269 页。

可见"传车马"主要服务于朝廷使者，"传舍"则无论朝廷、郡县使者均可利用。另有县级机构签发的"传"云"毋苛留止"，如85、93、附2、附3，此类行文是否表示一种特殊类型或施用范围的"传"，限于资料，尚不清楚。

总之，朝廷、郡国与县道三级签发的"传"在调用传车马、使用传舍的权限上有明显区分，大体呈现递减状态，级别越低，权限越小。详见下表：

表5　三类机构调用传车马权限对比

权限	级　　别		
	朝廷	郡国（含诸都尉）	县道（含候、曲候）
调用传车马	可以	个别情况下依令	否
使用传舍	可以	可以	紧急情况下，或奉诏

其中律令与诏书可以调整权限。一旦动用传车，传车级别、事务性质与行程、速度有密切关系。

四、传文书事由所见君臣日常政务的分工与诏书、律令的作用

上文主要分析了传文书中属于"形式"的文句。下面转而考察文书所记录的持传事由，并基于此，对于君臣在处理官吏公出持传这一日常事务上的分工以及诏书、律令的作用做些探讨。

关于帝制时代君臣处理政务时的关系，迄今关注不多。不过，越来越多的学者相信政务中直接由皇帝处理的不多，多数是通过君臣合作的形式完成，另有一些则由中枢机构自行处理。至于这种分工的具体细节，如君臣责权的边界以及边界变动的情形与背景，唐宋以后资料稍多，可能容易说清，秦汉六朝时期文献寡少，记录的多是以皇帝为中心的活动，难得见到后两种情形，有必要做进一步的揭示。况且这种分析对于认识帝制时期君臣关系的变化发展趋势，进而认识王朝运行机制的演变与形态都是有意义的。

王朝统治的基调是各种例行事务的处理，具体则落实到各种文书的来往处理上，分类剖析文书内容或许更能显见日常政务中君臣关系的一般状态。汉代官员，无论中朝官吏还是郡县官吏，外出公务的情况相当频繁①，签发"传"文书则是朝廷与地方官员针对此而反复处理的一项例行工作。目前发现的汉代行政文书很多，但具体到某一类或数量有限，或数量虽多而牵连的机构有限。同一类文书中涉及上至皇帝，下及郡县官吏的很少，传文书则是其中罕见的牵涉自朝廷到郡县多个机构，同时出土数量较多的文书，它们自是窥见君臣关系不可多得的一扇窗户。通过分析传文书的签发分工与外出事由的关系，可以略见君臣在处理外出事务中的分工，进而有助于深化对君臣日常政务中的职责分工与双方关系的认识。同时，签发程序、传文书所调用的资源以及相关机构接待持传官吏亦有一定之规，从中亦可了解诏书、律令在处理此种日常政务中的作用。

表面看来，持传外出的事由相当繁杂，观察事由处理程序，则可分为三类。第一类事由是需要经过皇帝批示后才能签发"传信"，目前所见，具体有如下五种情况：

1. 军吏诣部与返回驻地，如 1、4、6、8、9，"有请诏"中的 22、26、37 亦应归入此类，5 或许亦是，文残，未计。这是西汉宣帝设西域都护，在西域驻兵戍守后出现的事由。西域都护为加官，由朝廷派遣的骑都尉、谏大夫担任，元帝时增设了戊校尉与己校尉。② 这些官员均隶属于朝廷的光禄勋③，与郡国无关，所统领的军队则出自驻守长安的北

---

① 详见侯旭东：《传舍使用与汉帝国的日常统治》，《中国史研究》2008 年第 1 期，第 74—81 页。已收入本书。

② 参《汉书》卷一九上《百官公卿表上》，第 738 页。原文作"戊己校尉，元帝初元元年置"，根据悬泉汉简，"戊己校尉"实际为两校尉：戊校与己校。参孟宪实：《汉代的西域经营与高昌屯田》"西域戊己校尉"，收入所著《汉唐文化与高昌历史》，济南：齐鲁书社，2004 年，第 48—55 页。

③ 张金龙：《魏晋南北朝禁卫武官制度研究》，北京：中华书局，2004 年，第 58 页。

军，所以传文书中有"罢诣北军"(26)，"更终，罢诣北军"(37)之说。而到了西汉中后期，中朝将军常常典兵①，所典之兵当包括北军。传文书中出现的"军吏"②详见下表：

表6 传文书所见军吏秩次

简顺序号	军吏名称	秩次
1	军司马、校尉	比千石、比二千石③
4	穿治渠军猥候丞	二百石④
6	营军司马	比千石？
8	都护西域校尉军司马令史	佐史以下⑤
9	将田车师司马令☐	佐史以下
22	郎中	比三百石、比二百石⑥
26	西域都护守史、司马令史	佐史、佐史以下
37	屯田渠犁斥候丞	二百石

这些"军吏"从比二千石的高官至最低级的佐史以下的司马令史，外派西

---

① "中朝将军"系廖伯源先生提出的概念，说见廖伯源：《试论西汉诸将军之制度及其政治地位》，收入所著《历史与制度——汉代政治制度试释》，台北：台湾商务印书馆，1998年，第140、141页。

② 关于"军吏"的一般情况参黎虎：《说"军吏"——从长沙走马楼吴简说起》，《文史哲》2005年第2期，第98—104页。

③ 《汉书》卷一九上《百官公卿表上》，第738页。

④ 汉简中出现的"候丞"虽多，但涉及秩次的少，"候"为比六百石，候丞最高不过五百石，而《二年律令·秩律》云："中候，郡候，骑千人，卫将军候，卫尉候，秩各六百石，有丞者二百石。"(简446)则候丞为二百石。见《张家山汉墓竹简(二四七号墓)》(释文修订本)，第71页。

⑤ 陈梦家：《汉简所见奉例》，《汉简缀述》，第141、145—147页。陈文分析的是张掖地区都尉下属的候望、屯戍系统官吏的秩次，而表中所列属于西域都护所辖，尽管所属不同，但相同职位官吏的秩次应一致。

⑥ 《汉书》卷一九上《百官公卿表上》，第727页。郎中秩比二百石的记载，参《史记》卷一二一《儒林列传》"序"索隐引如淳云(第3120页)，以及尹湾汉简的实例，参看李解民：《〈东海郡下辖长吏名籍〉研究》，收入连云港市博物馆、中国文物研究所编：《尹湾汉墓简牍综论》，北京：科学出版社，1999年，第68页；阎步克：《品位与职位——秦汉魏晋南北朝官阶制度研究》，北京：中华书局，2002年，第198页。

域驻防均需皇帝下"制"批准，服役期满返回长安也需要以"请诏"的形式
获得传文书。比二千石的高官外派需要皇帝批准并不奇怪，倒是区区令
史等最低级军吏外出亦须牵涉皇帝，颇不寻常，显示了汉廷对中央军队
控制之严密。申请传信的文书均由两位，甚至三位（如 1）中朝官奏请，
具体身份几乎都是不同名号的将军以及光禄勋或其下属。西域都护为光
禄勋的属下，而都护所统领的军队则来自中朝将军所掌管的北军，因此
当派遣北军军吏至西域屯戍时，需要双方的上司联署奏请，说明官吏的
统属关系在汉代公务运作中的重要性。悬泉所出这类传文书不少，但从
全国情况来看，只是西域都护一处是由朝廷派遣官员、军队驻守，军吏
调动需经皇帝批准，此类传文书应算是特例。有学者以为"传"用于无军
籍的吏和民①，看来是不对的。

与此相对，张掖郡内屯戍军队的小吏基本上由张掖本郡人担任，并
非出自中央②，相应地，其除授迁转亦无须朝廷过问，这反映了朝廷控
制西域驻防军队与一般边地屯戍军队的重要区别。

2. 送外国客，如 2、3、7、15。"有请诏"中的 21 亦可归入此类。这
是武帝时张骞通西域后长安以西的诸厩、置独有的事由。

3. 官员赴任，如 13、14。持传赴任的官员为敦煌中部都尉（13）与
敦煌玉门都尉（14），中部都尉治步广候官，为敦煌郡下的部都尉，玉门
都尉为玉门关的关都尉③，秩次大约是比二千石。④ 因是赴任之官而持传
的情形应当多见。《汉官旧仪》卷下载旧制：令（吏）六百石以上，尚书调；
拜迁四百石长相至二百石，丞相调；除中都官百石，大鸿胪调；郡国百

① 薛英群：《汉代的符与传》，《中国史研究》1983 年第 4 期，第 159 页。

② 参劳榦：《居延汉简考释》"内郡人与戍卒"，收入《劳榦学术论文集甲编》，第
394 页；何双全：《简牍》，第 131—133 页。于振波研究居延汉简中隧长与候长的地
域构成，亦发现这一现象，见《居延汉简中的燧长和候长》，收入李学勤、谢桂华主
编：《简帛研究 2001》，桂林：广西师范大学出版社，2001 年，第 304—309 页。

③ 参陈梦家：《西汉都尉考》，收入《汉简缀述》，第 128、131 页。

④ 《汉书》卷一九上《百官公卿表上》，第 742 页。并参陈梦家：《汉简所见奉
例》，《汉简缀述》，第 144、145 页。

石，二千石调。这表明至少二百石的官吏就要由朝廷来选任，此处所谓"旧制"所指具体时间不详，但为西汉制无疑。西汉晚期的尹湾汉简3、4号木牍中所显示的由朝廷调任的具体情形与此规定并不相违。牍中有从日南郡象林候长（比百石）以功迁为东海郡建陵侯家丞（比三百石），亦有自西域戊校前曲候令史（斗食）以功迁为东海郡建阳丞（二百石）的。① 象林在汉朝最南端，戊校则在西陲，而东海则位于王朝东部，相距甚远，显然是在丞相的安排下才出现上述迁转行为的，因而，官员赴任而持传当屡见不鲜，张家山简《二年律令·置吏律》中对此亦有规定："吏迁徙、新为官，……皆得为驾传。"②是否所有官吏迁徙都可动用传车，是有疑问的，不过，几乎所有赴任官吏可免费享受传食应是有保证的。《传食律》称："新为官及属尉、佐以上征若迁徙者，……皆得为传食。"③其中需要皇帝出面下"制"的应限于六百石以上的官员。

4. 刺史行部奏事（17）。简文尽管残缺，但奏事的制度见于文献，可相互发明。《续汉书·百官志五》讲到刺史的职责时云："初，岁尽诣京都奏事，中兴但因计吏。"胡广在注释中说："岁尽，赍所状纳京师，名奏事。"又曰："（中兴）不复自诣京师。"西汉刺史奏事长安，文献有载。何武为扬州刺史，"每奏事至京师"④；翟方进为朔方刺史，"再三奏事"⑤；谷永迁凉州刺史，"奏事京师讫，当之部"云云⑥。据简17，刺史从所部奏事京师亦需要传信，从残存格式推断，要承制签发，这亦表明刺史的身份依然是由朝廷派出的使者，而非地方官员。当然，此类传信仅此一件，且残损不全，难以窥测具体签发步骤。

---

① 参《尹湾汉墓简牍》，图版，第15—16页，释文，第85—95页；廖伯源：《简牍与制度——尹湾汉墓简牍官文书考证》（增订版），桂林：广西师范大学出版社，2005年，第27—28页。
② 《张家山汉墓竹简（二四七号墓）》（释文修订本），第37页。
③ 《张家山汉墓竹简（二四七号墓）》（释文修订本），第40页。
④ 《汉书》卷八六《何武传》，第3482—3483页。
⑤ 《汉书》卷八四《翟方进传》，第3412页。
⑥ 《汉书》卷八五《谷永传》，第3458页。

　　以上四类主要来自御史大夫承制签发的传信，这里需要进一步解释的是皇帝批准的派遣使者外出的文书或皇帝任命官员的制书的内容，即传信中屡屡出现的承"制"中的"制"是否包含了调用传车？换言之，传车调动是否也要皇帝过问？从现存汉代遣使巡行及拜任类诏书看，其中并无涉及调动传车的内容①，现存北齐武成帝与后主"除拜"类敕旨亦无类似内容②。唐代所见此类诏书，绝大多数亦无"给驿"内容。③据此推测，调动传车应是承制从事的官员为实施皇帝的诏书而下达给侍御史（或御史大夫）的命令，并非皇帝诏书中包含此类内容。因此，皇帝处理的主要是事情是否可行，是否该行，以及人事任命本身。

　　具体到与传信有关的事务，属于皇帝处理的事务包括军吏调动的批准、高级官员的任命、委派官吏护送外国使者回国等，偏重于人事。至于如何操作，则由官员办理，官员处理的依据应是律令。这些均属于日常事务，体现了皇帝与官员的分工。当然，这只是常态，与此相对，在一些征召类诏书中会出现调发传车的内容，如汉昭帝时韩福以德行被征至长安，后被遣归，皇帝特地下诏要求："行道舍传舍，县次具酒肉，食从者及马。"④规定沿途提供食宿。韩福本是一介平民，依律令（详下），

① 如严可均辑《全汉文》卷三至卷九所集汉武帝至哀帝时所发遣使巡行的诏书与任命郡守的诏书（《全上古三代秦汉三国六朝文》，北京：中华书局，1958年，第140—177页）。

② 见罗国威整理：《日藏弘仁本文馆词林校正》，北京：中华书局，2001年，第412、413页。

③ 检宋敏求《唐大诏令集》（北京：中华书局，2008年）卷五三、五四、五七至五九、一〇三、一〇四、一一五至一一七及李希泌主编《唐大诏令集补编》（上海：上海古籍出版社，2003年）卷八、一三、一六、二三、三一中出镇、贬降、命将、除授诸使、郡牧、外县令、慰抚、命使与按察诸类所收各类诏书中，除"贬降（贬黜）"类常见"驰驿发遣"或"驰驿赴任"外（如《唐大诏令集》卷五七、五八，第303—306页；《补编》卷一六，第692—707页）其余各类诏书仅有个别提到"驰驿赴任"，分见《唐大诏令集》卷一一五《遣杨虚受江东道安抚敕》，第601页，《补编》卷一三《授成善威等刺史制》《授张元福胜州都督府长史制》《授樊偘益州司马制》《授冯光嗣扬州都督府司马制》《授李承嘉并州太原县令制》，第530、564、571—572、573页。这说明"给驿"通常并非由皇帝安排。

④ 《汉书》卷七二《两龚传》，第3083页。

原本无法享受传舍的食宿招待，因皇帝的诏书而获此殊荣。① 类似的又如汉平帝元始五年(5 年)"征天下通知逸经、古记、天文、历算、钟律、小学、《史篇》、方术、《本草》及以《五经》、《论语》、《孝经》、《尔雅》教授者，在所为驾一封轺传，遣诣京师"②，这些应征者多半没有乘传车的资格，皇帝特地发诏准许。此事亦见皇帝诏书与律令在处理调用传车一事上的不同。

5. 奉诏处理事务。这类事由较多，内容亦复杂，常见的有"为诏狱，有逮捕诸郡"(23)，"送诏狱囚"(40、45)，"杂治诏狱"(111)，另有一例是"以诏书送施刑士"(32)。余下的有"为诏送徒民"(86)、"以诏书买骑马"(91)、"以诏书诣太医"(96)。"诏狱"指皇帝下诏追查的特别案件③，由于皇帝已经对有关案件的处理做过指示，官吏在具体办理与该案件有关的事务时，如廷尉派遣部下到诸郡抓捕涉案人员(23)，与郡守处理案件(111)，或郡县官吏将涉案人员押解到指定地点，如敦煌郡(40)、长安(45)，均无须再经皇帝批准，可由御史大夫或郡的长吏直接签发"传信"或"传"，故《汉官旧仪》卷上有"其以诏使案事，御史为驾一封"之说。其余四例均是有诏书为依据的，96 或是成帝永始四年下诏征召医者，李音应选而得传诣太医。文献不载此诏，然上引平帝元始五年(5 年)曾经"征天下通知逸经、古记、天文、历算、钟律、小学、《史篇》、方术、《本草》及以《五经》、《论语》、《孝经》、《尔雅》教授者，在所为驾一封轺传，遣诣京师"，结果"至者数千人"④，成帝时亦与此相仿佛。《汉书·两龚传》引龚胜语："窃见国家征医巫，常为驾。""常为驾"当是常为驾传之简称。据此，西汉皇帝征召各地医巫来长安，下诏动用传车为常态，但毕

---

① 于豪亮亦曾论及此事，可参，见所著《居延汉简丛释》"在所"，《于豪亮学术文存》，第 191 页。

② 《汉书》卷一二《平帝纪》，第 359 页。

③ 参余行迈：《西汉诏狱探析》，《云南师范大学学报(哲学社会科学版)》1986年第 3 期，第 32 页。作者指出"诏狱"的第二种含义是"奉诏审查那种罪犯的特别法庭和特别案件"，不甚确切。

④ 《汉书》卷一二《平帝纪》，第 359 页。

竟医巫不是官吏，他们要乘坐传车只能由皇帝专门下诏特许。"马"在汉代是重要的战略物资，朝廷控制甚严，《二年律令·津关令》不少令文就反映了这一点①，据91，直到汉末成帝时期依然如此，故有居延令以诏书遣亭长买骑马而发遣的情况出现。这类奉诏处理事务而取得"传"的情况当比较常见，必须指出的是，在有诏书的情况下，无论是中朝派遣的官吏，还是郡县的官吏，"传"的签发本身并不再需要皇帝批准。

据以上分析，当时的事务分类中有一些特定事务需要皇帝认可才能办理，上面涉及的五类均属于此种，不过，不少经由皇帝批准以诏书形式下达的文书实际是起自朝廷或地方各机构官吏的"请诏"，皇帝在处理这类事务中似乎主要扮演了一个被动的核准者的角色，其中只是在人事任命上能够更多地体现出自己的意志。同时亦应看到，皇帝还可以利用诏书突破律令的规定，给予原本无权享用传舍食宿与车马的人员以相应的待遇，则显示出皇帝在这类事务中所具有的积极、主动的一面。皇帝的两种侧面并存显现了其地位与作用的复杂性。此外，还可以见到一些情况下皇帝的批准也并非必要的条件，表明其权力亦可被预支。这里需要注意的是传文书中常见的"有请诏"。

御史大夫非承制签发的传信中有四件注明"有请诏"，分别为20、21、22、26，此外，郡、县官府签发的"传"与性质不明的"传"中亦有标明"有请诏"或"以请诏"的（37、60?、99、105）。从时间上看，这类传文书见于宣帝（20、21、22、37）、成帝（60）与平帝（26）时期，另，105出土于Ⅱ90DXT0113②，该探方同层位出土有元始六年（6年）的简（Ⅱ90DXT0113②∶4）②，105或亦属于西汉末年的传。"有请诏"至少见于三个御史大夫及若干郡守签发的传信或传中，并非偶然现象。

裘锡圭先生曾结合文献、碑刻研究了居延肩水金关出土的《甘露二年

---

① 参陈伟：《张家山汉简〈津关令〉涉马诸令研究》，《考古学报》2003年第1期，第29—44页；臧知非：《张家山汉简所见汉初马政及相关问题》，《史林》2004年第6期，第71—73页。

② 据张德芳：《悬泉汉简中若干纪年问题考证》，《简牍学研究》第四辑，第60页。

丞相御史册书》中的"以请诏"，认为含义如《汉书·宣帝纪》颜注引如淳曰的理解，是"请求皇帝批准"①，可从，不过具体细节还需补充。最近张俊民先生披露了悬泉出土的一枚觚，涉及"请诏"，对于认识请诏的含义颇有帮助。该觚云：

> 以请诏择天水郡传马付移金城、武威、张掖、酒泉、敦煌太守。
> 诏书择天水郡置传马八十匹付敦煌郡置，县次传牵马，卒☒　A
> 　得，如律令。七月丙子，敦煌大守步、长奉憙、丞破胡谓县泉，
> 移檄到□□使☒　B
> 　遮要、县泉置，写移檄到，毋令使檄到不辨，如律令。C
>
> Ⅱ T0112②：157②

此觚下残，但意思大体清楚，涉及从天水郡向附近五郡的置调拨传马事。因是申请将天水郡的传马调至金城等五郡，最终向皇帝"请诏"者应不是其中某郡的长吏，而应是级别高于郡且负责传马事务之机构的官员，或为朝廷负责马匹管理的官员，如太仆或其属吏。不过，最初提议"请诏"的可能是诸郡的官员。"请诏"经皇帝批准则变成"诏书"下发有关郡执行，觚的 A 面下半部分"诏书择天水郡"云云即是。具体到敦煌郡，则得到天水郡的 80 匹传马。B、C 面是敦煌太守给遮要、悬泉等置的下行文书。③文书的时间应在汉宣帝五凤三至五年(前 55—前 53 年)间④，表明这次调动天水郡的传马是源于官吏向皇帝的"请诏"，并得到批准。此文书宝贵

---

① 裘锡圭：《汉简零拾》"请诏"，中华书局编辑部编：《文史》第 12 辑，北京：中华书局，1981 年，第 14—15 页。

② 录文据张俊民：《悬泉汉简马匹问题研究》，收入所著《敦煌悬泉置出土文书研究》，兰州：甘肃教育出版社，2015 年，第 311 页引简 69。

③ 张俊民认为 B 面为郡发文到县，C 面为县再发到置，似不确，见同上书，第312 页。B 面为太守等"谓县泉"，应直接下发到置，没有经过效谷县。A 面诏书明确说"择天水郡置传马八十匹付敦煌郡置"，因此无须经过"县"。

④ 据张俊民：《悬泉汉简马匹问题研究》，《敦煌悬泉置出土文书研究》，第312 页。

之处在于"请诏"与"诏书"并存，证明"请诏"的含义确如裘先生所论。简牍中有"有请诏"与"以请诏"(99)两种不同的说法，两者的异同，犹待日后研究。居延旧简有一枚云：

> 守大司农光禄大夫臣调昧死言：守受簿丞庆前以请诏使护军屯食，守部丞武□☑
>
> 以东至西河郡十一、农都尉官二、调物钱谷漕转糴为民困乏储，调有余给□☑　　　　　　　　　　　　　　　　　　214.33A

该简出土于 A8 破城子甲渠候官治所，此文书显系从朝廷下发至边地。简中的"调"全名为"非调"，时间在元帝永光二年或三年。[1] 此简尽管下部残断，但大意尚明。现存内容从用语看，应是最终形成为诏书的文书中大臣上奏部分，亦被称为"请诏书"。[2] 据守大司农调所云，"使护军屯食"一事是守受簿丞庆先前"以请诏"形式提出的，调本人则将其转呈皇帝，后应得到批准成为诏书[3]，并下发到居延。因此，"请诏"也有由低级官吏提出逐级上报的情形。上引悬泉出土的瓯可能经过诸郡官吏分别请诏，后由中朝官吏汇总再请诏上报皇帝。

　注明"有请诏"的传文书出自承制签发的传信之外的多类传文书，其格式、用语与其他未标"有请诏"的传文书并无区别，可证所谓"有请诏"类传文书签发时实未获得皇帝诏书的批准。比较第 2、3、7 及 15 与 21 号传信，持传者外出的目的是送西域来的外国"客"(2、3、7)或"侍子"(15)，或前去护送回国的乌孙公主(21)，任务性质相近，而前面四传信均为承制签发，后一则为"有请诏"。"有请诏"均出现在传信的文书 A 的尾部(21、26)或编号前(20、22)，应是公出官吏的长官给御史大夫的移

---

①　劳榦：《居延汉简考释》"农都尉"，《劳榦学术论文集甲编》，第 388 页。

②　关于"请诏书"，参李均明、刘军：《简牍文书学》，第 217—222 页。

③　此简为木牍，两行书写，残长 20.5 厘米，宽 1.9 厘米，厚 0.3 厘米，图版见简牍整理小组编：《居延汉简(叁)》，台北：史语所，2016 年，第 15 页。

文中的标注。根据上文对签发传信程序的推断,"有请诏"表示公出官吏的长官已经向皇帝奏请外出事宜,即上奏"请诏书",却一时没有得到奏可的情况,因此在移文时注明"有请诏"。

请诏过程可能经过多道程序,其间无论文书递送或处理均可能出现耽搁与延误。文书即便按时送到皇帝那里,理论上皇帝应及时处理上奏文书,但也有"不报""未报"或"留中不下""寝"等多种情形[①],武帝时朱买臣就曾"诣阙上书",结果"书久不报,待诏公车,粮用乏"[②]。不过,奏请为公出官吏签发传信应多属于日常事务,请而未报可能更多的是皇帝因出行、生病等而无法视事,或外出的事务紧急等技术性原因,由于史书记载简略,现已无从确知上述几件注明"有请诏"的传信签发时皇帝的行踪与工作状况。

更应当指出的是尽管没有皇帝"制曰可",还是由御史大夫签发了传信(如20、21、22、26),看来无论是御史大夫还是出差官吏的长官均确信奏请之事一定能得到皇帝的批准,因而直接签发了传信。可见,一些本需要皇帝批准的公出,在履行了向皇帝奏请的必要手续后,尽管暂时没有得到皇帝的批准,也可以通过注明"有请诏"的形式提前签发传信。而御史大夫之所以能够确信移文中"有请诏"的真实性并签发传信,是因为御史大夫负责文书的上奏[③],他可以了解是否履行了上奏的手续。此其一。

其二,上述传文书均发现于悬泉,悉非申请传的官吏之任职地或始发地。20、21、22均由御史大夫签发,应是发自长安;26虽亦为御史大夫签发,但持传军吏却发自今新疆轮台附近的西域都护驻地;37、60亦是自西域出发,表明有关官吏确实持此传外出,并得到沿途机构的接待。可见此种"传信"具有实际的效力,沿途各机构接待官吏亦认可此种传文书之效力。综观此两点,带有"有请诏"的传文书能够在帝国上下畅行无

---

① 关于"留中不下"及"寝",参汪桂海:《汉代官文书制度》,第182—183页。
② 《汉书》卷六四《朱买臣传》,第2791页。
③ 大庭脩:《御史大夫及其日常工作》,收入《秦汉法制史研究》,第34—37页。

碍，证明其至少已成为一种为各方所接受的做法。

进言之，如学者所指出的，"请诏"不仅见于传文书的申请签发中，亦存在于其他多种文书中，如果上述分析可通，"有请诏"的存在表明在既有的制度框架下，一些原本需要皇帝处理的事务，只要履行了向皇帝呈报的手续，即便尚未得到批准，御史大夫与郡太守也拥有一定自主决定的空间，同时各级官府亦认可此种做法的合法性，执行因此程序而发出的指令。"有请诏"似已经成为一种得到从朝廷到基层各级官府遵从的固定化的程序（故事），这种处理事务的方式或许属于汉代常见的"故事"之一种吧①，这种"故事"得到皇帝认可，且亦为大臣乃至下级官吏所了解，并允许使用，与擅假天子号令而便宜行事的"矫制""矫诏"等自然有别②。这种情形下皇帝的批准实则已演变成一种可以预期的例行公事，就此一侧面，皇帝实际上已降为官僚机构中不具有个人色彩与个人意志、且固定履行特定职责的一员而已。这亦表明君臣分工的界线在一定情形下可以突破，皇帝的某些权限可以被臣下预支，皇帝角色的这一侧面在其统治实践中究竟占有何种地位值得今后更进一步的研究。

"请诏"的存在亦证明在当时政务处理中身为臣下的各级官吏对于君臣在事务处理上的分工是相当清楚的，尽管生于千年之后的我们对于这种分工相当茫然与模糊。

附带指出，尹湾汉简 3 号、4 号木牍《东海郡下辖长吏名籍》中有若干官员"以请诏除"③，李解民、廖伯源先生认为："所谓以请诏除，盖其

---

① 关于汉代的"故事"，参邢义田：《从"如故事"和"便宜从事"看汉代行政中的经常与权变》，收入所著《秦汉史论集》，台北：东大图书公司，1987 年，第 366—381 页。

② 关于"矫制"与"矫诏"，早期的研究可见沈家本：《历代刑法考·汉律摭遗》卷四"矫制"，北京：中华书局，1985 年，第 1449—1452 页；邢义田：《从"如故事"和"便宜从事"看汉代行政中的经常与权变》，《秦汉史论集》，第 333—366 页；孙家洲、李宜春：《西汉矫制考论》，《中国史研究》1998 年第 1 期，第 53—61 页，后收入孙家洲：《两汉政治文化窥要》，济南：泰山出版社，2001 年，第 87—101 页。

③ 参《尹湾汉墓简牍》，图版，第 15、16 页；释文，第 85、86、90、92、93 页。

迁除之条件不符合法令，长官特为请诏除官。"①所言甚是。这里可以补充文献中的一个例证。《史记·张释之列传》载，释之"以訾为骑郎，事孝文帝，十岁不得调，无所知名。释之曰：'久宦减仲之产，不遂。'欲自免归。中郎将袁盎知其贤，惜其去，乃请徙释之补谒者"。张释之能够补为谒者，完全靠的是其长官袁盎向皇帝的请求，这实际就是"请诏除"。而尹湾简中通过这一途径除官的五个人中，一为侍郎，二为郎中骑，一为廷史，另一不详。郎中骑亦是一种郎官②，故多数以此途径升迁者是朝廷各部门的下级官吏，以郎为多③，其长官为中朝官，与皇帝见面的机会很多，亦有向皇帝上奏的职责，可以绕过丞相直接向皇帝奏请，为属吏"请诏"而申请职位，无须考虑是否有资格，如袁盎为张释之所为。这种"以请诏除"官与传文书中的"有请诏"手段相同，目的不同。用今天的话讲，前者类似于走后门特批，只不过走的是皇帝的后门。这种除官的途径至少孝文帝时已经出现，在后代依然存在，如南朝的特发诏授官④，唐代的特敕斜封⑤。传文书中的"有请诏"则是处理公务时得到皇帝认可的正常处理方式。

以上两种"请诏"体现了君臣关系中相反的两种倾向。前者经由"请诏"反映了大臣对皇帝权力的预支；而后者则突出了皇帝对大臣人事权的侵蚀，显示了皇帝权力的扩张。这两种现象是否同时存在是今后需要关注的问题，透过两者应该如何认识君臣关系亦是需要努力思考的方向。

除了上述各种形式的需要皇帝奏准、下诏批准或报批而签发"传信"

① 廖伯源：《汉代仕进制度新考》，收入所著《简牍与制度》，第 30 页。

② 参陈勇：《郎中骑考》，《文史》2005 年第 3 辑（总第 72 辑），第 65—72 页。

③ 廖先生认为"廷史"是县廷属吏，不确，见廖伯源：《简牍与制度》，第 25 页。廷史是廷尉的属吏，《汉书·刑法志》有"今遣廷史与郡鞠狱"，如淳注曰："廷史，廷尉史也。"（第 1102 页）。悬泉汉简中也出现了廷史，见Ⅱ90DXT0114③：447，《释粹》，第 35—36 页。李解民亦已指出此点，见《〈东海郡下辖长吏名籍〉研究》，收入前引《尹湾汉墓简牍综论》，第 66 页。

④ 参《隋书》卷二六《百官志上》，北京：中华书局，1973 年，第 748 页。

⑤ 《通典》卷一五《选举三》，点校本，北京：中华书局，1988 年，第 364 页。

或"传"外，还有不少事务无须皇帝出面，而直接由御史大夫或郡县长吏签发，这些可归并为第二类。事务比较琐碎，大体可归纳为如下：

1. 迎送郡县的戍卒(19)、骑士(34)。事由相近而无法确定签发机构性质的有 97、112 与 113。

2. 运送物资，如转输(44)、输钱(90)。

3. 案事(50)。事由相近而签发机构难定的有 107、108、109、110。

4. 祭祀(24)。

5. 上计(35、48、57、74①)。

6. 杂事，逐材(29)、市药(42)、收流民(61)、迎天马(18)、办军粮(54)与逐杀人贼(53、84、89)。

所谓"逐材"应是"求"大木材。市药、收流民与迎天马均是偶一为之的事务。追捕杀人犯是紧急事务，面临此种紧急情形，可以由县道签发"传"，无须请示上级。这显示了县道长官具有律令所赋予的一定的自主行为空间。

第三类是郡守、都尉"以令为驾"传车而签发"传"，签发此类传亦无须皇帝出面，只要符合"令"的规定即可。

以上三类传文书在当时日常统治中的比重，需要结合其他文献做更进一步的分析。具体说来，当时统治实践中，由朝廷直接派遣军队驻守边地大致只有西域都护一处，因而军吏调动而由皇帝制可、御史大夫签发传信的情形仅见于西域。护送外国使者回国亦局限在汉朝与西域诸国，并非全国性事务。而因官员赴任而下制签发传信的情形亦不会太多，这与官员的任期有直接联系。西汉武帝以前，郡县官员的任期多较长，有的达十年以上，武帝以后则出现以三年为期的现象，而到西汉后期，任期则更短，多数只有一年左右，东汉前期则又恢复到久任的局面。② 这是全国范围的观察，就西北边地而言，通过排比汉简中出现郡县级别的官员的文书的时间，可看出大致的任职期限。悬泉汉简的资料没有全部

---

① "74"为"以令为驾"而签发"传"，与前三次不同，原因不详。

② 参周长山：《汉代地方政治史论》，第96—109页。

公布①，居延简中关于居延都尉，特别是甲渠候的任职时间，学者已做过分析。其中首尾时间可知的两汉时期居延都尉任职最少 4 年，甲渠候西汉时任职多在 6 年以上，王莽与东汉初年任期较短。两职分别为二千石与六百石，均由朝廷任免。② 这些仅是根据文书推断的最短任期，即便如此，任期至少也有 4 年。这或与张掖、敦煌地处边境地区，条件艰苦，任务烦剧——后者更是犯人流放之地③——无人愿意承担有关。无论如何，因官员赴任下制签发传信应是不太常见的情形。刺史奏事只是每年一次，全国不过有刺史十三人左右，此类传信显然数量很有限。中下级官员赴任亦需持"传"，但任命无须皇帝过问，签发传更是如此。至于奉诏从事，事务较杂，可能比较多。

第二类，即朝廷与郡县无须经过皇帝而签发的"传信"与"传"应该说占据了传文书的主体。这类传文书所处理的事务多是年复一年各地需要不断重复进行的工作，如送迎戍卒、骑士，运送物资以及祭祀等。从全国范围看，汉代百余郡国每年都要送迎戍卒、骑士与卫士，分别至边地与京师长安，有时改由各县完成，如尹湾汉简 5 号木牍所见。输钱至都城长安大司农的都内或指定地点亦是内地收支有结余的郡每年要完成的任务。祭祀则是朝廷与郡国一项日常工作，西汉规定每年对先帝庙祭祀 25 次，还不包括对五岳、四渎等的祭祀。这些亦均需要持"传信"前往行礼。④ "上计"亦是郡国每年要赴朝廷履行的职责。"案事"，应是郡府派官吏下到属县追查各类事务，有时为调查某件事务上书朝廷，则由朝廷派官吏下到郡县"案问"追查。至于需要官吏离开治所下到郡国或属县，

① 根据已刊资料，情况亦大体相同，参李永平：《汉简所见西汉敦煌太守及相关事迹考》，中国文物研究所编：《出土文献研究》第八辑，第 372—377 页；侯旭东：《西汉中后期敦煌郡长吏考》，待刊。

② 李均明、刘军：《居延汉简居延都尉与甲渠候人物志》，中华书局编辑部编：《文史》第 36 辑，北京：中华书局，1992 年，第 131、141—142 页。

③ 关于此，参大庭脩：《秦汉法制史研究》，第 141—145 页。

④ 以上详参侯旭东：《传舍使用与汉帝国的日常统治》，《中国史研究》2008 年第 1 期，第 80 页。

或其他郡县的杂事更多，上面所举只是目前所见的，实际当会更多，其中追捕杀人犯应是常见的事由，且县亦可根据律令发"传"。附表一所见黄龙二年(初元元年，前48年)与初元二年(前47年)两年中由敦煌太守千秋一人与长史等签发的此类传就有9件之多(45—52、72)，这当非他所发传之全部。如此推算，全国百余郡，再加上都尉，一年中所发的传的数量一定相当惊人。

第三类，即郡守与都尉依令调动"传车"并签发"传"，仅限于特定或紧急事务。附表一中54是遣守属"办军食郡中"，而71是使守属"趣军食郡中"，工作内容仅一字之差，但有缓急之分，后者就可"以令"调动传车，并使用传舍，而前者却只能使用传舍。涉及上计的四件"传"中，35、48、57与74间亦有此种分别，原因不详。不过，此类数量应不会很多。总体观察，不需要皇帝制可而直接由朝廷与郡县签发的"传"为数居多。

以上分析表明在涉及官员外出的各类事务的处理上君臣有相应的分工。其中至少朝廷所辖军吏的调动与罢归、外国使者回国、高级官员赴任、刺史奏事需皇帝制可，相应地签发传信要根据皇帝的"制"。这些或是皇帝职权范围内的事务。不过，这些事务也逐渐日常化，皇帝的制可成为可以预期的结果，因而出现了"有请诏"现象，仅向皇帝上奏请求批准而实际未得到批准情况下就签发"传信"或"传"。此外，根据皇帝诏书需从各地调动人员(如诏狱、征召特需人才等)与物资(如马匹)，也可由相关机构签发"传信"或"传"，由此而出现的"传"不少。

皇帝诏书可超越律令，具体说来，一是县级机构可据诏书签发"传"，而正常非紧急情形下无此权限，二是一些本无资格使用传舍乃至乘传的人亦可因诏书而享受其服务，如各地的医巫、《汉书》所载元始五年诏书所提到的那些人。奉诏而签发"传"亦无须再经皇帝批准，亦显示了诏书以及诏书背后的皇帝意志所拥有的突破律令的权力。不过，具体执行中对于官吏使用传舍、享用传食的待遇等还须依照律令行事，至于百姓一旦奉诏使用传舍与传车，享受何种待遇，则可能需要在诏书中规定。

另外，仔细分析，诏书所针对的多是一些偶发的临时性活动，或许是律令中没有涉及的，属于特例；而针对不断反复出现的日常事务，如涉及物资与钱财的调运、戍卒与卫士的迎送、日常祭祀、郡内事务的处理等，朝廷与郡县自行签发的"传信"与"传"依据的则是律令。

湖北江陵张家山汉简中的西汉初年《二年律令》对于乘传车与享用传食者的范围均有规定。关于传车，《置吏律》中有：

> 郡守二千石官、县道官言边变事急者，及吏迁徙、新为官，属尉、佐以上毋乘马者，皆得为驾传。①

西汉初年的律规定郡守与二千石官可调用传车，同时赋予县道官府特定情况下可调用传车的权限，但如上文所见，出土的西汉中期以后的实际传文书所遵从的与此有别，当是律令后来做了更改。尽管如此，至少可以认定，汉代律令对哪些官员有权调用传车是有具体规定的。关于传食，亦是如此。《传食律》有：

> 丞相、御史及诸二千石官使人，若遣吏、新为官及属尉、佐以上征若迁徙者，及军吏、县道有尤急言变事，皆得为传食。
>
> 诸吏乘车以上及宦皇帝者，归休若罢官而有传者，县舍食人、马如令。②

规定相对还是较笼统，实际事务的内容随着时间推移应会不断增多，卫宏《汉官旧仪》卷上有"（刺史）传食比二千石所传"之说，当是武帝设刺史后新增的规定。不过，纵使律令不断增加，势必也难以一一涵盖，其关键当在于由官府差遣的官吏，从事的是公务。这类"传信"与"传"应数量最多。而"令"则是一调节因素，特殊情况下郡级官府可依令获得调用"传车"的权限。依上引律，汉初已有关于传食的"令"，但对象是特定的官员。悬泉汉简中发现的《厩令》残文云：

---

① 《张家山汉墓竹简（二四七号墓）》（释文修订本），第37页。
② 《张家山汉墓竹简（二四七号墓）》（释文修订本），第40页。

马以节，若使用传信，及将兵吏边言变□以惊闻、献□写驾者

匹，将以……以除候，其以教令及……孝武皇帝元鼎六年九月辛巳

下。凡六百一十一字。厩令。　　　　　　　　　　87—89C：9①

尽管简残断，文意欠明，但与使用传信及驾传有关应无疑问，且属于"令"，字数亦颇多，当是形成于武帝元鼎六年以前，此后颁下施行。前述"以令为驾"类传文书或许就是根据此令。汉代君臣在签发"传信"与"传"上的分工是否存在于其他事务中还需要更多的研究。

　　彰显律令作用的又一标志是每件传文书末尾的"如律令"。各类传文书均以"如律令"结尾，而汉代官文书中出现"如律令"者极多，自宋代以来学者已做过不少研究，按照最新的研究，"如律令"在秦及汉初尚有实际内容，武帝前后逐渐成为一种固定的文书格式，与具体的法令无关。②不过，辨别"如律令"的含义需要结合汉代的律令与其他有关文书。传文书结尾处的"如律令"尽管已经成为固定的文书格式，却依然具有实际内容。就传文书而言，判断接待是否"如律令"，必须将传食文书纳入视野。

　　悬泉所出的传食文书详细记载了路过悬泉并享用传食的官吏消耗的米粟数量、时间、传食的次数等，如Ⅱ0216③：57云："出米一斗二升，有传，五月丙午以食金城允吾尉骆建，从者一人，人再食，西。"③据该文书，骆建及一名随从在悬泉吃两顿饭，每人每顿用米三升。无论官员还是奴婢，一顿用米三升是通行的标准，几乎所有享用传食的过客都是如此。④ 这一标准应是律令规定的，汉初《二年律令·传食律》中对传食

　　① 《释粹》例4，第4页，又见甘肃省文物考古研究所编：《敦煌汉简》1298号简，图版见上册，图版一一六，释文见下册，第268页，北京：中华书局，1991年。后者释文小异，当从前者。分析参初世宾：《悬泉汉简拾遗》，第94—95页。

　　② 参张伯元：《"如律令"的再认识》，收入所著《出土法律文献研究》，北京：商务印书馆，2005年，第268—284页。

　　③ 《释粹》例85，第73页。

　　④ 《释粹》例86，第74页，Ⅱ0213②：112中奴婢三人与金城枝杨长张君夫人四人一顿亦用米一斗二升，可证。

有规定："车大夫粺米半斗、参食，从者粝米，皆给草具。车大夫酱四分升一，盐及从者人各廿二分升一。"①汉初规定的具体数额为米一餐 5 升、一餐3⅓升，而且尽管使者与从者给的米品质不同，但均高于西汉中后期一餐米 3 升，其间应做过修改与简化，尽管未见到汉代中后期的有关规定，但可肯定律令对此类琐事亦有明确的说法。对于从者的数量，根据使者身份的高下，汉初的律令也有明确的规定。据此，传文书结尾的"如律令"并非徒为文书格式，而应有具体的含义，即按照《传食律》之类律令的规定为官吏及随从提供车马、住宿与饮食，换言之，传文书的签发环节可能会出现超越律令的情况，如因皇帝的诏书而下发的特例，而在沿途诸机构接待问题上，则几乎均需依据律令进行。所以在县级官府奉诏签发的传文书末尾同样要注明"如律令"。实际上，官府还要定期核查传舍接待使者情况，包括传食的消耗、传车的使用与状态、传马的情况、死亡传马处理情况等，这些均根据律令进行。可以说，在签发传的问题上，较之更多地体现皇帝一时之意志与想法的诏书，律令更多地关注的是事务的日常性、连续性与处理的稳定性，这是传文书得以运转与执行的基本依据与保证。

汉代许多官吏，上至御史大夫，下及边塞的候长、隧长，任职均要求须"明法""明习律令"或"知律令"②，官员亦保存有律令的抄本③。还应提到的是，郡县属吏基本是由本郡人出任，与一年一换的戍卒不同，张掖郡屯戍军队中的小吏亦多出自本郡，可长期为吏④，悬泉的情况应相近，因此他们应对与其所处理事务有关的律令比较熟悉。传文书是公出

---

① 《张家山汉墓竹简（二四七号墓）》（释文修订本），第 40 页。"参食"的含义应为一斗的 1/3，而非一日三餐，考证参于振波：《"参食"考辨》，中国文物研究所编：《出土文献研究》第八辑，第 25—32 页。

② 邢义田：《秦汉的律令学——兼论曹魏律博士的出现》，收入《秦汉史论集》，第 280—285 页。

③ 湖北江陵张家山二四七号墓出土的汉简中包含有《二年律令》就是一例；西北边塞出土的简牍中亦常见律令残简，亦是一证。

④ 参劳榦：《劳榦学术论文集甲编》，第 394 页。

官吏的介绍信，一方面用来证明持有者的身份，另一方面亦是下达给沿途有关机构的书面命令，置或传舍的官吏多年负责接待过往的官吏，自然熟谙相关律令的规定，故传文书无须具体注明律令条文，只是简单提示按照律令行事即可。如果不将传文书置入相关文书及事务的网络与官吏的知识背景中，很难辨认出"如律令"的切实意义。

这些传文书不仅帮助我们认识君臣政务上的分工，亦可窥见汉帝国通过律令在统治上所达成的号令统一。御史大夫签发的传信姑且不论，不少郡县级官府签发的传文书的持有者要到距离签发地相当遥远的地区处理公务：如 34 是自上郡至敦煌郡迎接从军的将士，上郡治所在今陕西榆林南，两地相距 1500 公里以上；61 则是自敦煌去东海、泰山郡收流民，自西向东横跨帝国，两地的直线距离更在 2000 公里以上，来回所需时间至少数月；90 是从河南郡平阴县送钱至敦煌，直线距离亦在 1700 公里以上。尽管路途遥远，且沿途众多置、传舍、关、津与签发"传"的郡、县并无直接的统属关系，却凭借一枚"传"与上面官长的封泥便能通行无碍，并得到食宿供应，显示了汉帝国日常管理的统一与高效，且这种体制持续运行了数百年，其基础就是汉代的律令。在汉代简陋的物质条件下，在如此广袤的地域内，帝国日常统治运作所达到的如此客观化的程度令人惊叹。

在赞叹汉帝国制度的客观统一的同时，我们也应看到，制度设计与运作上尽管已达到相当的水平，但由于生活在这一制度下的官吏的思想世界却远未达到如此境地，而是处在神怪鬼魅交织的状态，而且人们日常的活动空间也是相当狭小的，缺乏对比较遥远的地区的了解，一旦外出履及陌生地区，常常充满恐惧，因此，东汉文献中常常见到有关"亭传"中的鬼怪故事，体现了制度与人们心理上的紧张与冲突。①

---

① 古人旅行的一般情况，参江绍原：《中国古代旅行之研究》，上海：商务印书馆，1935 年，第 5 页。角谷常子指出汉代的"亭"负责尸体的管理与处理，详见所著《漢代畫像石研究ノート》，《泉屋博古館紀要》7 号(1991 年)。这或是"亭"中多发生鬼怪故事的原因之一吧。

五、结语

综上所述，通过分析西北出土的 114 件汉代传文书，可以看出从朝廷的御史大夫到地方的郡守乃至同级的都尉均可为外出公干的官吏签发介绍信与通行证——传信或传，以备查验并作为沿途传舍、厩与置提供免费食宿的凭据，而县与同级的候官只有紧急情况或奉诏才能签发。郡县签发传通常需要副职的联署。其中御史大夫所发的传还可调用沿途厩、置的传车马以接力方式载运持传官吏，郡级官府所发的传只有个别情况下，依据"令"规定才能调用沿途厩、置的传车马，县级官府则无此权限。需动用传车马时，驾车的御者亦由相关厩、置提供，具体采用迎、送两种方式载运持传官吏。传车马有不同等级，速度有快慢，迎送官吏时沿途停经的置、厩与传舍亦不同。从这一制度不难看出汉帝国统治所达到的统一与高效程度。

从持传公出涉及事由分析，朝廷所辖北军军吏调动、送外国使者、高级官员赴任等少数事务需经皇帝批准才能签发传信，有时亦可以"请诏"形式奏请皇帝备案，未经皇帝批准情况下提前获得传文书，此种情形下皇帝的批准成为可以预期的符号，君臣分工的原有界线则可被臣下跨越。其余大量日常事务，如迎送戍卒卫士、运送物资、调查案件、祭祀与上计等，朝官经由御史大夫，地方由郡，紧急情况下县亦可直接签发，无须皇帝过问，它们显示了君臣政务处理上的分工。这类传文书最多。

而"诏书"则可突破既有律令的规定，赋予原先无权发传的机构相应权力，让无资格使用传舍者使用传舍，体现了皇帝个人意志在事务处理中的突出地位。不过奉诏情形并不多见。签发途径尽管有区别，但以源于律令规定为主，而传文书均要求沿途厩、置与传舍按照"律令"接待，从现存传食记录看亦基本依律令行事，均显示了汉代日常事务处理中"律令"的规范作用。

透过传文书，亦可认识到汉代皇帝角色的不同侧面。既有发挥个人意志突破律令的一面，又有例行公事的一面，在特定情况下，其权力甚至亦可被臣下预支。

附表一 传文书分类汇总表

1. 御史大夫签发的"传信"

A. 承制签发

顺序号	时间	内容	出土地点	编号、出处	备注
1	前63年	元康三年四月戊寅，前将军臣增、后将…… 臣舜、长罗侯臣惠承制诏侍御史曰：军司马熹与校尉马襃…… 为驾二封轺传，载从者一人	悬泉	Ⅱ90DXT0213 ③：5；张德芳2005，第72页，简二一，图版二一	
2	前54年	五凤四年六月丙寅，使主客散骑光禄大夫□扶群承制诏御史曰：使云中大守安国、故教未央仓龙屯卫司马苏于武强，使送车师王、乌孙诸国客，与军候周充国载屯俱，为驾二封轺传，二人共载。御史大夫延年下扶风厩，承书以次为驾，当舍传舍，如律令。(A)	悬泉	Ⅱ90DXT0113 ③：122；释粹215；张德芳2005，第71—72页，简一九，图版一九；张俊民2007	出钱五十、出钱廿、出钱十、出钱十八、出钱卅、出钱百。(B)
3	前52年	甘露二年三月丙午，使主客郎中臣超承制诏侍御史曰：顷都内令霸、副候忠，使送大月氏诸国客，与斥候张寿、侯尊俱。为驾二封轺传，二人共载。 御属臣弘行御史大夫事，下扶风厩，承书以次为驾，当舍传舍，如律令。	悬泉	Ⅴ92DXT1411 ②：35；张德芳2005，第73页，简二四，图版二四	
4	前52年	甘露二年十一月丙戌，富平侯臣延寿、光禄勋臣显，承制诏侍御史曰，穿治渠军猥候丞□万年漆光、王充诣校尉作所，为驾二封轺传，载从者各一人，轺传二乘。传八百册四。 御史大夫定国下扶风厩，承书以次为驾，当舍传舍，如律令。(A)	悬泉	Ⅱ90DXT0214 ③：73；释粹35；张德芳2005，第72—73页，简二二，图版二二；张俊民2007	□□□都尉□□书一封，十一月壬子人定时受遮要……(B)

顺序号	时间	内容	出土地点	编号、出处	备注
5	前52—前51年	制诏侍御史曰：都护□□骑都尉书佐薪温邮田□□□赏库车□□□□□□□为驾一封軺传，驾八乘。御史大夫定国下扶风厩，承书以次为驾，当舍传舍，如律令。	悬泉	Ⅱ90DXT0214 ③：70；张德芳2005，第70页，简十二，图版十二	
6	前51年	甘露三年四月己未，富平侯臣延寿、光禄勋臣显承制诏侍御史曰：营军司马王章诣□，为驾二封軺传，载从者一人。御史大夫定国下扶风厩，承书以次为驾，当舍传舍，如律令。五月丙午过，东。	悬泉	Ⅴ92DXT1312 ③：2；张德芳2005，第73页，简二三，图版二三	
7	前49年	黄龙元年六月壬申，使臣宏，给事中侍谒者臣荣……。制诏侍御史曰：使送康居诸国客、卫侯盖与副、羌……为驾一封軺传，三月辛□……	悬泉	Ⅱ90DXT 0114 ④：277；释粹149；张俊民2007	
8	前44年	初元五年十一月，左将军光禄大夫臣嘉、右将军典属国臣奉世承制诏侍御史曰：都护西域校尉军司马令史窦延年、武党、充国、良诣部，为驾一封。御史大夫万年下……☐当舍传舍，如律令。	悬泉	Ⅴ92DXT1512 ③：11；张德芳2005，第66页，简一，图版一	
9	前43年	☐永光元年二月庚子，右将军☐☐侍御史曰：将田车师司马令☐☐驾一封軺传，驾六乘传☐	悬泉	Ⅱ 90DXT0216 ②：805；张德芳2005，第70页，简十三，图版十三	
10	前43年	☐☐☐☐☐奉世承……御史大夫玄成下扶风厩，承书以次……	悬泉	Ⅱ 90DXT0115 ③：211；张德芳2005，第76页，简三四，图版三四	考证为前43年

续表

顺序号	时间	内容	出土地点	编号、出处	备注
11	前37—前36年	☑□臣商承······ 御史大夫衡下右扶风厩，承书以次为驾，当舍传舍，如律令。卩	悬泉	Ⅴ 90DXT1510 ②：161；张德芳 2005，第 66 页，简二，图版二	考证为前37—前36年
12	前37—前36年	······御史大夫衡下右扶风厩，承书以次为驾，······	悬泉	Ⅴ 92DXT1712 ②：55；张德芳 2005，第 77 页，简三六，图版三六	考证为前37—前36年
13	前13年	永始四年五月壬子，符节令臣放行御史☑ 制诏侍御史曰：敦煌中部都尉晏之官☑ 为驾一乘传，载从者一人。☑	悬泉	Ⅰ90DXT0114 ②：1；张德芳 2005，第 75 页，简二九，图版二九	
14	前3年	建平四年五月壬子，御史中丞臣宪，承制诏侍御史曰：敦煌玉门都尉忠之官，为驾一乘传，载从者。 御史大夫延下长安，承书以次为驾，当舍传舍，如律令。六月丙戌过，西。	悬泉	Ⅰ90DXT0112 ②：18；释粹 33；张德芳 2005，第 74—75 页，简二八，图版二八；张俊民 2007	
15	2年	元始二年二月己亥，少傅左将军臣丰、右将军臣建承制诏御史曰，候旦发送乌孙归义侯侍子，为驾一乘轺传，得别驾载从者二人。御七十六。大······如······	悬泉	Ⅰ90DXT0116；S.14；释粹 211；张德芳 2005，第 69 页，简十，图版十；张俊民 2007	
16	不详	······ 制诏侍御史曰：将田车师☑ □□二封轺传一乘	悬泉	Ⅱ 90DXT0215 ②：198；张德芳 2005，第 74 页，简二六，图版二六	
17	不详	□□月壬午，凉州刺史☑ 侍御史曰：赏使行部奏事 驾一乘传，载从者□得	悬泉	Ⅴ 92DXT1309③：29；张德芳 2005，第 76 页，简三三，图版三三	

B. 非承制签发

顺序号	时间	内容	出土地点	编号、出处
18	前74年	元平元年十一月己酉，□司□使户籍民迎天马敦煌郡。为驾一乘传，载奴一人。御史大夫广明下右扶风，以次为驾，当舍传舍，如律令。	悬泉	Ⅱ90DXT0115④：37；释粹138；张德芳2005，第75页，简三十，图版三十；张俊民2007
19	前58年	神爵四年十一月癸未，丞相史李尊送获（护）神爵六年戍卒河东、南阳、颖川、上党、东郡、济阴、魏郡、淮阳国诣敦煌郡、酒泉郡。因迎罢卒送致河东、南阳、颖川、东郡、魏郡、淮阳国，并督死卒传枈（槥）。为驾一封轺传。御史大夫望之谓高陵，以次为驾，当舍传舍，如律令。	悬泉	Ⅰ91DXT0309③：237；释粹40；张德芳2005，第70页，简十一，图版十一
20	前59—前57年	……陇西、天水、金城、武威、张掖、酒泉、敦煌、□□□□□东来（莱）、勃海、济南、涿、常山、辽西、上谷郡，为驾一封轺传，有请诏。外百卌五。御史大夫望之□渭成（城），以次为驾，当舍传舍，如律令。	悬泉	Ⅰ91DXT0309③：135；张德芳2005，第68页，简五，图版五
21	前51年	甘露三年十月辛亥，丞相属王彭护乌孙公主及将军、贵人、从者，道上传车马为驾二封轺传，有请诏。御史大夫万年下谓（渭）成（城），以次为驾，当舍传舍，如律令。	悬泉	Ⅴ92DXT1412③：100；释粹195；张德芳2005，第73—74页，简二五，图版二五
22	前50年	甘露四年六月辛丑，郎中马仓使护敦煌郡塞外漕作仓穿渠，为驾一乘传，载从者一人，有请诏。外卅一。御史大夫万年下谓（成），以次为驾，当舍传舍，从者如律令。七月癸亥食时西。	悬泉	Ⅱ90DXT0115④：34；张德芳2005，第67页，简三，图版三
23	前49年	黄龙元年四月壬申，给事廷史刑（邢）寿为诏狱，有逑（逮）捕弘农、河东、上党、云中、北地、安定、金城、张掖、酒泉、敦煌郡，为驾一封轺传。外二百卌七。御史大夫万年谓胃成，以次为驾，当舍传舍，如律令。（A）护郡使者视事史治，承合檄诣使者治所，张掖鞮得吏马行。（B）	悬泉	Ⅱ90DXT0114③：447；释粹31；张德芳2005，第67页，简四，图版四，张俊民2007

续表

顺序号	时间	内容	出土地点	编号、出处
24	前39年	永光五年五月庚申，守御史李忠监尝麦祠孝文庙，守御史任昌年，为驾一封轺传。外百册二。御史大夫弘谓长安，以次为驾，当舍传舍，如律令。	悬泉	Ⅱ90DXT0216②：866；释粹26；张德芳2005，第77—78页，简三八，图版三八，张俊民2007
25	前33—前31年	……史大夫谭下渭成以次为驾，当☐☐☐☐☐☐敦煌、张掖属国、武威、金城☐	悬泉	Ⅴ90DXT1610②：60；张德芳2005，第77页，简三七，图版三七
26	2年	元始二年二月癸未，西域都护守史猲、司马令史赵严，罢诣北军，为驾一封轺传，有请诏。御……律……	悬泉	Ⅰ90DXT0112①：58；张德芳2005，第69页，简八，图版八

　　2. 郡级官府直接签发

顺序号	时间	内容	出土地点	编号、出处	备注
27	前78年	元凤三年十月戊子朔戊子，酒泉库令安国以近次兼行大守事，丞步迁谓过所县河津：马田闸守卒史解悉与大司农部丞从事金城、张掖、酒泉、敦煌郡，乘家所占畜马二匹，当（舍）传舍，从者如律令。/掾胜胡卒史广	A35（大湾）	居延汉简303.12A	肩水都尉府，吴礽骧《河西汉塞调查与研究》第167—169页
28	前57年	五凤元年十二月乙酉朔戊申，敦煌大守千秋、长史奉憙、库丞捐之兼行丞事谓过所河津：遣□史诣道上书，乘用马一匹，当舍传舍，如律令。正月甲寅过，西。	悬泉	ⅤT1312③：38，张俊民2006	
29	前53年	五凤五年二月丁酉朔庚申，敦煌太守少、长史奉憙、库丞捐之兼行丞事谓过所置：龙勒左尉张义为郡逐材酒泉郡中，乘用马二匹，当舍传舍，从者如律令。卩　七月乙卯一食，东。	悬泉	Ⅵ92DXT1222②：2；张德芳2004，第51页	

续表

顺序号	时间	内容	出土地点	编号、出处	备注
30	前52年	甘露二年正①月辛卯朔壬辰，敦煌大守千秋谓县：遣守属李众逐事敦煌，当舍传舍，从者如律令。	悬泉	Ⅱ T0213③：25，张俊民2006	
31	前52年	甘露二年三月庚寅朔庚戌，敦煌大守千秋、丞破胡□□二匹，当舍传舍，从者如律令。/掾禹助府佐□□	悬泉	ⅡT0115③：204，张俊民2006	
32	前52年	甘露二年十二月丙辰朔壬戌，张掖大守谓、长史建、丞勋谒（谓?）过所：遣屋兰隧长尊以诏书送施刑士玉门关，乘所占用马，当舍传舍，从者如律令，西。	悬泉	Ⅱ90DXT0115④：21；陈玲2001，第369—370页	
33	前51年	甘露三年四月甲寅朔庚辰，金城太守贤、丞文谓过所县、道官：遣浩亹亭长李（漆）贺，以诏书送施刑伊循。当舍传舍，从者如律令。	悬泉	Ⅱ90DXT0114④：338；释粹34	
34	前51年	甘露三年九月壬午朔甲辰，上郡太守信、丞欣谓过所：遣守属赵称逢迎吏骑士从军乌孙罢者敦煌郡，当舍传舍，从者如律令。十月，再食。	悬泉	Ⅱ90DXT0115③：99；释粹216	
35	前51年	甘露三年十一月辛巳朔乙巳，敦煌大守千秋、长史奉憙、丞破胡谓过所县河津：遣助府佐杨永视事上甘露三年计最丞相御史府，乘用马一匹，当舍传舍，从者如律令。十月丙辰，东。	悬泉	Ⅱ0213②：139，张俊民2006	
36	前50年	☑……露四年闰月己卯朔庚寅，敦煌大守千秋、长□☑……守部候贤行丞事谓……当传舍，如律令。☑	悬泉	Ⅱ T0313②：9，张俊民2006	
37	前50年	屯田渠犁斥候丞王常、赵忠更终，罢诣北军，诏为驾一封轺传，一人共载，有请。甘露四年五月□□朔庚子使都护西域……□候	悬泉	Ⅱ90DXT0214③：67；释粹157；张俊民2007	

① 原释文作"三"月，据历谱，当为"正"月，据改。

续表

顺序号	时间	内容	出土地点	编号、出处	备注
		谓敦煌以……①			
38	前50年前后	□敦煌，伊循都尉大仓谓过所县……传舍，从者如律令……	悬泉	Ⅰ0111②：73；释粹163	释粹162大仓甘露四年上书
39	前50年前后	……伊循城都尉大仓谓过所县……传舍。从者如律令。	悬泉	Ⅴ1312③：6；释粹165	
40	前49年	甘露五年正月甲辰朔甲子，张掖太守福、守部千人武强行丞事谓过所：□日勒守尉业拓送诏狱囚敦煌郡，当舍传舍，从者如律令，二月辛卯，西。	悬泉	Ⅴ92DXT1411②：19；张德芳2004，第52页	
41	前49年	甘露五年正月甲辰朔丙寅，张掖太守福、守部千人□强行丞事□□□敦煌郡中，当舍传舍，从者如律令……	悬泉	Ⅴ92DXT1412③：97；张德芳2004，第51—52页	
42	前49年	黄龙元年三月癸卯朔壬戌，敦煌大守千秋、长史奉憙谓过所河津关☑，肥市药安定郡中，乘用马二匹，当舍传舍，从者如律令。 十月辛丑☑	悬泉	ⅡT0115③：346A，张俊民2006	
43	前49年	黄龙元年十一月己亥朔己亥，敦煌大守如意、库令□仓长史、祖厉长弘行丞事谓过所：遣敦煌令史□□以诏书……诣敦煌……将作治渠，当舍传舍，从者如律令。 十月己巳，东。	悬泉	ⅤT1311③：125，张俊民2006	
44	前48年	黄龙二年正月戊戌朔戊戌，酒泉库令长寿以近□☑谓过所县，遣助府佐薛定国将转输敦煌，当舍☑	悬泉	Ⅱ90DXT0213②：96；张德芳2004，第52页	
45	前48年	黄龙二年正月戊戌朔癸卯，敦煌太守千秋、长史奉喜、守部千人车行丞事，过所河津：遣广至长唐充国送诏狱囚长安，乘用马二匹，当舍传舍，从者如律令。正月戊申，东。	悬泉	Ⅴ92DXT1310③：213；张德芳2004，第52页	

① 此释文格式疑有误，当属"有请诏"类。

续表

顺序号	时间	内容	出土地点	编号、出处	备注
46	前48年	初元年闰月癸巳朔丙申，敦煌大守千秋、长史奉憙、丞破胡谓过所县津：遣渊泉亭长韩长逐命三辅、陇西、上郡、西河郡。乘用马二匹，当舍传舍、郡邸，从者如律令。　三月癸亥，西。	悬泉	ⅡT0213②：140，张俊民2006	
47	前48年	初元年闰月癸巳朔乙卯，敦煌大守千秋、长史奉憙、丞□□谓过所河津：遣敦煌□丞□传送□□河东、弘农郡，乘用马二匹，当舍传舍，从者如律令。/掾安世、守属段、守书佐敝	悬泉	ⅡT0213③：126，张俊民2006	
48	前48年	初元年十一月癸亥朔庚辰，敦煌大守千秋、守部千人章行长史事、丞破胡谓过所河津：遣守卒史……上狱计最边县□，乘用马二匹，当舍传舍，从者如律令。　正月癸丑，东。	悬泉	ⅡT0213③：114，张俊民2006	
49	前47年	初元二年正月壬戌朔丁卯，敦煌大守千秋谓县，遣重候丞□□□县乡中，当舍传舍，从者如律令。正月丁亥，西。	悬泉	ⅡT0213②：138，张俊民2006	
50	前47年	初元二年四月庚寅朔乙未，敦煌太守千秋、长史奉憙、守部候修仁行丞事谓县，遣司马丞禹案事郡中，当舍传舍，从者如律令。四月乙巳，东。卩	悬泉	Ⅱ90DXT0213②：136，释粹36；张俊民2007	
51	前47年	初元二年四月庚寅朔癸丑，敦煌大守千秋、长史奉憙、丞破胡谓县：遣守属□□昌行□□□，当舍传舍，从者如律令。　五月壬戌，西。	悬泉	ⅡT0313①：5，张俊民2006	
52	前47年	初元二年十一月丁巳朔甲戌，敦煌大守恭、守部候修仁行长□吕安移簿使者凉州刺史治所，乘用马二匹，当舍传舍，从者如囗	悬泉	ⅤT1311③：37，张俊民2006	

续表

顺序号	时间	内容	出土地点	编号、出处	备注
53	前44年	初元五年□　中部都尉弘谓过所县、邑、侯国、河津，仓佐□□国逐捕贼杀人亡施刑士赵广亡□□，当舍传舍，从者如律令。十一月辛丑过，东。	悬泉	T1311③：15，陈玲2001，第372页	
54	前42年	永光二年二月癸巳朔庚子，敦煌大守千秋、长史章、守部候修仁行丞事谓县：遣守属张充办军食郡中，当舍传舍，从者如律令。	悬泉	ⅤT1510②：84，张俊民2006	
55	前41年	永光三年正月丁亥朔癸丑，敦煌长史①千秋、丞延寿谓过所县道河津：遣渊泉亭长李猛为郡治传车长安。乘用马二匹，当舍传舍，从者如律令。　□月□□□东。	悬泉	ⅤT1211③：4，张俊民2006	
56	前41年	永光三年正月丁亥朔癸丑，敦煌大守千秋□属陈孝辟诏狱囚单武证大三辅、大常界。乘用马二□□	悬泉	ⅤT1309③：17，张俊民2006	
57	前40年	……朔己未，敦煌大守千秋、守部候修仁□□□、丞破胡谓□与守丞俱上永光三年计丞相府，乘用马二匹，当舍传舍，从者如律令。掾光书佐顺　　二月甲□	悬泉	ⅡT0115③：205，张俊民2006	
58	前28年	建始五年二月辛未朔壬辰，敦煌玉门司马褒□□乘用马二匹，轺车一乘，当舍传舍□(A)市药三辅界中，乘用马二匹，轺车一乘□(B)	悬泉	Ⅱ90DXT0214②：31，张德芳2004，第54页	
59	前28年	建始五年三月辛丑朔癸卯，敦煌□当舍传舍，如律令。	悬泉	Ⅱ90DXT0314②：125，张德芳2004，第54页	

---

① "长史"疑为"太守"之误。

顺序号	时间	内容	出土地点	编号、出处	备注
60	前28年	建始五年……□田车师左部中曲候令史礼调罢将□ 候行丞……□□□驾诣北军，为驾一封轺传，有请当□（A） 敦煌太守府吏（B）	悬泉	Ⅱ90DXT0214②：137，张德芳2004，第54页	
61	前28年	河平元年八月戊辰朔壬午，敦煌太守贤、丞信德谓过所县、道，遣广至司空啬夫尹猛，收流民东海、泰山，当舍传舍，从者如律令。八月庚寅过，东。（A）	悬泉	Ⅱ90DXT0315②：36A，释粹39	佐高卿三石，官奴子真一石二斗。（B）
62	前14年	永始三年三月辛亥，居延城司马谭以秩次行都尉事。□」当舍传舍，从者如律令。□□□□□	A32（肩水金关）	居延汉简140.2	
63	不详	□□□□□□□□朔己丑，敦煌大守千秋、长史奉憙、丞破胡谓过所河津：遣守卒史盖延寿奉上捕亡乘用……乘马二匹，当舍传舍、郡邸，从者如律令。　四月丁巳，西。	悬泉	ⅡT0213③：120，张俊民2006	
64	不详	□□□年□月庚戌朔□□，敦煌大守千秋、守部千人章行长史事、守部候修仁行丞事，谓县：遣□□□□光陈广徙民田当□，当舍传舍，从者如律令。　二月丙午，西。	悬泉	ⅡT0213③：121，张俊民2006	
65	不详	□大守千秋、长史奉憙谓□ □舍如律令。　……□	悬泉	ⅤT1311③：181，张俊民2006	
66	不详	□大守千秋、长史奉憙、守部□ □□乘用马二匹。　舍□	悬泉	ⅤT1510②：29，张俊民2006	

3. 郡级官府签发的"以令为驾"传

顺序号	时间	内容	出土地点	编号、出处	备注
67	前60年	敦煌太守快使守属充国送牢羌、斥候羌侯人十二。琅何羌□君弥藏奉献诣行在所，以令为驾二乘传，十一月辛未皆罢。 神爵二年十一月癸卯朔……为驾，当舍传舍，从者如律令。	悬泉	Ⅰ0210③：6；释粹234；张俊民2007	
68	前56年	⟦校⟧尉候千人令史王时，五凤二年九月庚辰朔壬辰，敦煌太守常乐、丞贤谓敦煌□□□为驾，承书从事，如律令。(A) /□□宫(B)	悬泉	87—89C：15；释粹44；张俊民2007	
69	前54年	使乌孙长罗侯惠遣斥候恭上书诣行在所。以令为驾一乘传。甘露二年二月甲戌，敦煌骑司马充行大守事，库令贺兼行丞事，谓敦煌以次为，当舍传舍，如律令。	悬泉	Ⅴ1311③：315，释粹201；目验原简	
70	前50年	甘露四年六月丁丑朔丁丑，敦煌大守千秋、长史奉憙谓县：遣助府佐敞罢卒郡中， 以令为驾……　如律令。　六月□□西。	悬泉	ⅤT1410④：1，张俊民2006	
71	前49年	敦煌大守使守属吕辅趣军食郡中，以令为驾一封轺传。甘露五年□□癸酉朔甲申，敦煌大守千秋、长史奉熹谓□□以次为驾，当舍传舍，如律令。二月丁亥，东。丙申，西。(A) 婢一人奴一人为一人□一人。(B)	悬泉	V92DXT1412③：1，张德芳2004，第52页。目验原简	
72	前48年	☑□□□　□轺传□　初元年七月乙亥朔甲辰，敦煌大守千秋……当舍传舍，如律令。　七月乙卯，东。	悬泉	ⅡT0314③：63，张俊民2006	

顺序号	时间	内容	出土地点	编号、出处	备注
73	前43年	使大月氏副右将军史柏圣忠将大月氏双靡翎候使者万若山，副使苏赣皆奉献言事诣在所，以令为驾一乘传。永光元年四月壬寅朔壬寅，敦煌大守千秋、长史章、仓长光兼行丞事，谓敦煌以次为驾，当传舍，如律令。四月丙午过，东。	悬泉	Ⅴ T1210 ③：132AB，张俊民 2006	
74	前23年	阳朔二年十一月丁卯，遣行丞事守部候疆奉上阳朔元（年）计最行在所，以令为驾乘传，载卒史吏所奉上者。敦煌太守贤、长史谭，以次为驾，如律令。五月☐	悬泉	Ⅱ 90DXT0112②：108；何双全 2004，第240 页	
75	前18年	鸿嘉三年正月壬辰，遣守属田忠送自来鄯善王副使姑蠡、山王副使乌不脓，奉献诣行在所，为驾一乘传。敦煌长史充国行大守事、丞晏谓敦煌，为驾，当舍传舍、郡邸，如律令。六月辛酉，西。	悬泉	Ⅱ 0214 ②：78，释粹 143	
76	前18年	鸿嘉三年三月癸酉，遣守属单彭送自来乌孙大昆弥副使者薄游、左大将掾使敞单，皆奉献诣行在所，以令为驾一乘传，凡二人。三月戊寅东。敦煌长史充国行大……六月，以次为驾，如律令。	悬泉	Ⅱ0214②：385，释粹 194；张俊民 2007	
77	前2年	建平五年十一月庚申，遣卒史赵平送自来大宛使者侯陵奉献，诣在所，以☐（A）	悬泉	Ⅱ0114④：57，释粹 148；张德芳 2004，第58 页	B 文字似与正面无关
78	不详	☐长　　酒泉玉门都尉护众、候畸兼行丞事谓天陁以次（?）马驾，当舍传舍，诣行在所☐☐传信☐事如律令。	T14N（西汉玉门都尉治所）	T14N3，《居延汉简（肆）》附录	吴礽骧《河西汉塞调查与研究》第67—68 页

续表

顺序号	时间	内容	出土地点	编号、出处	备注
79	不详	以令为驾二封诏传☐	悬泉	Ⅱ 90DXT0215②：372；张德芳 2005，第 74 页，简 二 七，图版二七	
80	不详	使大宛车骑将军长史尊使斥侯☐ 行在所，以令为驾一乘传☐	悬泉	Ⅱ 90DXT0314②：121；张德芳 2005，第 75 页，简 三 一，图版三一	
81	不详	尉头蒲离匿皆奉献诣☐ 行在所，以令为驾四乘传☐	悬泉	Ⅴ 92DXT1311③：146；张德芳 2005，第 76 页，简 三 二，图版三二	
82	不详	☐敦煌大守千秋、长史昌、丞忠谓敦煌 ☐次为驾……传舍、郡邸，如律令。 　三（A） 广校候印 六月丙子寺门徒旁以来（B）	悬泉	ⅡT0111①：461，张俊民 2006	
83	不详	☐□朔壬寅敦煌大守千秋、长史☐ ☐丞事谓敦煌以次 ☐舍，如律令	悬泉	Ⅴ T1210③：50，张俊民 2006	

4. 县级官府签发

顺序号	时间	内容	出土地点	编号、出处
84	前34年	建昭五年三月丙午朔丙寅，敦煌丞尊移过所县道河津，遣亭长枉杜诩逐杀人贼赵弘酒泉、张掖、武威、三辅郡中，乘用马二匹，当舍传舍，从者如律令。	悬泉	Ⅱ 90DXT0215 ③：56；何双全 2004，第 240 页

顺序号	时间	内容	出土地点	编号、出处
85	前32年	□元年九月辛酉朔甲申，浩亹长 、丞忠移过所，遣□□□□□□……毋苛留，当……	悬泉	Ⅱ0313S：160，释粹43；张俊民2007
86	前31年	建始二年三月戊子朔乙巳，垫池长延寿移过所，遣传舍佐普就，为诏送徒民敦煌郡，乘轺车一乘，马一匹，当舍传舍，从者如律令。/掾长，令史临，佐光。·四月己亥过，西。	悬泉	Ⅰ0210①：63；释粹37
87	前30年	☑□年二月壬午朔己酉，奉捷丞胜移过所县道守河津，遣令史李宝逐杀人☑ ☑赏李子威金城、武威、张掖、居延界中，从者如律令(A) □[捷]丞印(B)	A22（布肯托尼）	居延汉简81.4，年份系推定
88	前29年	建始四年闰月癸酉朔丁丑，榆中守长、允街尉守丞贺……武威、张掖、酒泉、敦煌界中，当舍传舍，从者如律令……(A) 太守贤、长史福、丞 意……如律令。/掾登、属元、助谭(B)	悬泉	Ⅱ0314②：220；释粹42；张俊民2007
89	前15年	永始二年三月丙戌朔庚寅，泲涓长崇、守丞延移过所，遣□佐王武逐杀人贼朱顺敦煌郡中，当舍传舍，从者如律令。	悬泉	Ⅰ0110①：5；释粹38
90	前13年	永始四年九月辛丑朔戊辰，平阴阴虞侯守丞遫行丞事移过所，丞庆辅为郡输钱敦煌，当舍传舍，从者如律令。	悬泉	ⅠT0114①：1；释粹32
91	前11年	元延二年七月乙酉，居延令尚、丞忠移过所县道河津关，遣亭长王丰以诏书买骑马酒泉、敦煌、张掖郡中。当舍传舍，从者如律令。/守令史诩、佐褒 七月丁亥出。	A21（卅井候官某隧）	居延汉简170.3A
92	前5年	建平二年三月丁亥朔甲辰，戊校左曲候永移过所，遣□陵亭长……县次续食给□□□□如律令。	悬泉	Ⅱ0113③：34；释粹174，张俊民2007
93	1年	元始元年九月丙辰朔乙丑，甲渠守候政移过所，遣万岁隧长王迁为隧载坞门亭坞辟市里，毋苛留止，如律令。 /掾☑	A8（破城子）	居延新简EPT50：171

续表

顺序号	时间	内容	出土地点	编号、出处
94	27年	建武三年十月乙亥，甲渠候君移过所，遣城北隧长。	A8（破城子）	居延新简 EPT26：1

5. 签发机构不明的"传"或"传信"

顺序号	时间	内容	出土地点	编号、出处
95	前54年	五凤四年二月癸亥☒ 大司农延□始行趣☒ 为驾二封轺传。　外十一。	悬泉	Ⅱ90DXT0215S：399；张德芳2005，第68页，简六，图版六
96	前13年	永始四年九月甲子，医能治病。守部候李音以诏书诣太医，为驾二封轺传。载从者……	悬泉	Ⅱ90DXT0111①：51；张德芳2005，第72页，简二十，图版二十
97	前12年	永始五年二月甲戌朔丁亥□☒ 戍卒敦煌郡，当舍□☒	悬泉	Ⅱ90DXT0313S：58；张德芳2004，第57页
98	前12年	永始五年三月癸卯朔辛亥，敦煌玉☒ 从者如律令。☒	悬泉	Ⅰ90DXT0109②：51；张德芳2004，第57页
99	不详	将田渠犁校尉史移安汉书佐王武，军司令史田承明敦煌望长里罢诣北军，以请诏，为驾一封轺传，传乘为载。	悬泉	91C：59；释粹159；张俊民2007
100	不详	车师已校候令史敞、相、宗、禹、福置诣田所，为驾一封轺传，驾六乘。·传百八十八。	悬泉	Ⅱ0215③：11；释粹186；张德芳2005，第71页，简十六，图版十六
101	不详	……师已校候令史敞∨相∨宗∨禹福置诣田所。为驾，当舍传舍，从者如律令。	悬泉	Ⅰ0116②：125；释粹187；张德芳2005，第71页，简十七，图版十七
102	不详	车师已校尉书佐褒☒ 为驾一封轺传，驾□□☒	悬泉	Ⅱ90DXT0216②：405；张德芳2005，第71页，简十八，图版十八

续表

顺序号	时间	内容	出土地点	编号、出处
103	不详	☑☑轺传。　外二百☑☑	悬泉	Ⅱ90DXT0114⑥：32；张德芳2005，第68页，简七，图版七
104	不详	为驾一封轺传二☑	悬泉	Ⅰ90DXT0116S：1；张德芳2005，第69页，简九，图版九
105	不详	为驾一封轺传，有请诏。	悬泉	Ⅱ90DXT0113②：49；张德芳2005，第70页，简十四，图版十四
106	不详	为驾一封轺传二乘，二人共载☑	悬泉	Ⅱ90DXT0113④：108；张德芳2005，第71页，简十五，图版十五

6. 遗失传信记录

顺序号	时间	内容	出土地点	编号、出处
107	前94年	☑国。大始三年五月乙卯，假一封传信，案事，亡传信☑	悬泉	Ⅱ90DXT0114④：19；释粹27；张德芳2005，第80页，简四八，图版四八
108	前92年	御史☑☑常山平☑☑并，大始五年五月甲寅，假一封传信，案上书事，☑亡传信。外三百五十五。	悬泉	Ⅰ90DXT0114③：50；张德芳2005，第80页，简四九，图版四九
109	前92年	丞相守少史护之，征和元年八月辛巳，假一封传信，案上书事。盗，传失亡。外七十五。	悬泉	Ⅰ90DXT0112④：2；释粹28；张德芳2005，第79页，简四三，图版四三。
110	前92年	守御史少史☑☑☑☑，征和元年九月甲寅，假三封传信，案事，亡传信。外十二。	悬泉	Ⅰ90DXT0112④：5；张德芳2005，第79页，简四四，图版四四
111	前91年	☑☑☑☑留当市里王定德，征和二年九月丁酉，假三封传信，与郡太守杂治诏狱☑	悬泉	Ⅰ90DXT0112④：4；张德芳2005，第79页，简四五，图版四五

续表

顺序号	时间	内容	出土地点	编号、出处
112	前90年	□□为琅琊尉庞舜,征和三年十一月壬寅,假二封传信,送迎戍田卒。盗传失亡。外□百二十。	悬泉	Ⅰ90DXT0112④:3;张德芳2005,第79页,简四六,图版四六
113	前85年	□□□史冯贵元,始元二年四月,假一封传信,迎罢戍田卒,溺死,亡传信。外传第十一。	悬泉	Ⅱ90DXT0113⑥:4;释粹29,张德芳2005,第80页,简五十,图版五十;张俊民2007
114	前80年	御史守属大原王凤,元凤元年九月己巳,假一封传信,行历日诏书,亡传信。外二百七十九。	悬泉	Ⅰ90DXT0112④:1;释粹30;张德芳2005,第79页,简四七,图版四七

7. 内容与性质无法断定的"传"或类似残简

顺序号	时间	内容	出土地点	编号、出处
附1	前65—前62年	元康☑令史昌敢言之,遣亭长□建□□□□□大守府,与从者□里任	A32(金关)	居延汉简37.56
附2	前51年	甘露三年六月癸丑朔庚辰,佐赦之敢言之,遣令史安世移簿□□☑一编,移过所县、道、河津、金关毋苟留止,如律令,敢言☑(A)□□□候长印(B)	A32(金关)	居延汉简43.12
附3	前46年	初元三年六月甲申朔癸巳,尉史常敢言之,遣守士吏泠临送罢卒大守府,与从者居延富里徐宜马……毋苟留止,如律令,敢言之。	A8(破城子)	居延新简 EPT 53:46
附4	不详	☑汤兼丞事,谓过所县官,遣守卒史奉□☑	A32(金关)	居延汉简37.21
附5	不详	☑金关当舍传舍,如律令,敢言□☑鱳得□令☑	A33(地湾)	居延汉简183.16B

续表

顺序号	时间	内容	出土地点	编号、出处
附6	不详	☑□令史光敢言之，遣中部坞长始昌送诏狱所逮□☑	A32（金关）	居延汉简 218.3
附7	不详	☑过所，遣士吏孙习为☑	A8（破城子）	居延新简 EPT50：217
附8	不详	□□为传□肶記谨移所过县侯国邑 津 ☑当为传，敢言之，八月戊子，匽师丞熹移县邑☑（A）章曰匽师丞印（B）	A32（金关）	居延汉简 334.40
附9	不详	敢言之，遣亭长延年□ □□□□□□□	A33（地湾）	居延汉简 346.40
附10	不详	临封传，即日遣诣府，敢言之☑	A8（破城子）	居延新简 EPT59：398

注释

释粹：胡平生、张德芳：《敦煌悬泉汉简释粹》，上海：上海古籍出版社，2001 年。

陈 玲 2001：陈 玲：《试论汉代边塞刑徒的输送及管理》，《简帛研究 2001》，桂林：广西师范大学出版社，2001 年，第 369—376 页。

何双全 2004：何双全：《简牍》，兰州：敦煌文艺出版社，2004 年。

张德芳 2004：张德芳：《悬泉汉简中若干纪年问题考证》，《简牍学研究》第四辑，兰州：甘肃人民出版社，2004 年，第 46—60 页。

张德芳 2005：张德芳：《悬泉汉简中的"传信简"考述》，《出土文献研究》第七辑，上海：上海古籍出版社，2005 年，第 65—81 页，图版 3—13 页。

张俊民 2006：张俊民：《敦煌悬泉置出土汉简所见人名综述（一）》，《陇右文博》2006 年第 2 期，引自简帛网，http：//www. bsm. org. cn/show_ article. php? id=555。

张俊民 2007：张俊民：《〈敦煌悬泉汉简释粹〉校读》，2007 年 2 月刊发在简帛研究网，http：//www. jianbo. org/admin3/2007/zhangjunmin001. htm。

居延汉简：简牍整理小组编：《居延汉简》（壹）—（肆），台北：史语所，2014—2017 年。

居延新简：张德芳主编，孙占宇等著：《居延新简集释》（一）—（七），兰州：甘肃文化出版社，2016 年。

附表二　郡级官府签发"传"官吏汇总表

简顺序号	27	28	29	30	31	32	33	34	35	36	37	40	41	42	43	44	45	46	47	48	49	50
郡	酒泉	敦煌	敦煌	敦煌	敦煌	张掖	金城	上郡	敦煌	敦煌	敦煌	张掖	张掖	敦煌	敦煌	酒泉	敦煌	敦煌	敦煌	敦煌	敦煌	敦煌
太守	库令	○	○	○	○	○	○	○	○	?	○		○		○	库令	○	○	○	○	○	○
长史	×	○	○	×	×	○	×	○	○	?	×	○		库令?		?	○	○	○	守部千人	×	○
丞	○	库丞	库丞	×	○	○	○	○	○	守部候	?	守部千人	守部千人	×	祖厉长	?	守部千人	○	○	×	○	守部候

简顺序号	51	52	54	55	56	57	61	63	64	65	66	68	69	70	71	72	73	74	75	76	82	83
郡	敦煌	敦煌	敦煌	敦煌	敦煌	敦煌	敦煌	敦煌	敦煌	敦煌	敦煌	敦煌	敦煌	敦煌	敦煌	敦煌	敦煌	敦煌	敦煌	敦煌	敦煌	敦煌
太守	○	○	○	○ ?	○	○	○	○	○	○	○	○	骑司马	○	○	○	○	○	长史	长史	○	○
长史	守部候	○	×	?	守部候	×	守部千人	○	○	×	×	×	○	?	○	○	×	?	○	○	?	○
丞	○	?	守部候	○	?	○	○	○	守部候	×	守部	○	库令	×	×	?	仓长	×	×	?	○	○

68以下为郡府"以令为驾"类的传文书。"○"：参与签发；"×"：未参与；"?"：残缺不详。"库令"等文字表示签发时此官员"兼行"相应职务。中间编号缺的或是文残无法确定，或是由都尉签发，未计。

本文写作过程中得到台湾史语所邢义田先生，本所马怡先生，甘肃省文物考古研究所张德芳、张俊民先生与杨眉小姐的惠助；2008年4月

15 日将此文提交本所第 76 次中古史研讨会，得到马怡、杨振红、宋艳萍、赵凯、孟彦弘、黄正建、胡宝国等先生的指教，谨此一并致谢。

2007 年 4—10 月初稿

2008 年 3—5 月修订

2008 年 11 月 15 日修订

2009 年 9 月 1 日修订

原刊《文史》2008 年第 3 辑（总第 84 辑），第 5—54 页。本文撰写时悬泉汉简与玉门关简尚无系统公布，金关简、地湾简均未公布。此后也有不少学者对此问题加以研究，如杨建《西汉初期津关制度研究》（上海：上海古籍出版社，2010 年）、藤田胜久《中国古代国家と情报传达——秦汉简牍の研究》（东京：汲古书院，2016 年）、鹰取祐司先生《肩水金関遗址出土の通行证》（收入鹰取先生主编的《古代中世东アジアの関所と交通制度》，东京：汲古书院，2017 年），畑野吉则《秦汉文书递伝システムの研究》（日本关西大学博士论文，2018 年）、富谷至先生的《文书行政的汉帝国》中也有所涉及。迄今悬泉汉简只公布了两卷，还有六卷待刊，其中还会有不少相关资料。关于金关简中的各类通行证，鹰取先生做过系统整理，郭伟涛也在开展这方面的研究。有鉴于此，本文一仍其旧，没有补充新刊资料，只是订正了引文，论著略做增补。

汉代律令与传舍管理

一般以为，汉朝属于专制帝国，似乎是事无大小皆决于上，皇帝的权力无所不及，无所不管，具体到王朝的日常统治也会极自然地推演出这样的结论。这种印象多少是受了传世史料的蒙蔽。传世史料的核心是基于朝廷档案编撰的正史，叙述的主角自然是皇帝，由此而生的观感自然是皇帝是统治舞台的中心角色，皇帝的诏书是推动帝国运作的最重要的力量。但是，近年来大量出土的不同性质的简牍文书为我们打开了另一扇窗户，使我们有可能触及王朝的日常统治，帮助我们认识律令在其中的作用。传舍管理就是具体揭示这一问题的一个很好的例子。

关于汉代传舍使用与王朝日常统治的关系，以及使用传舍所需凭证的颁发流程、权限等，笔者已分别撰文讨论。[①] 其中多次提到使用传舍，包括附属的传马与传车，均是按照律令来管理，至于律令的具体内容，并未正面涉及。兹钩辑资料，特别是汉简中的有关内容，对此做一考察。

一、汉代律令中涉及传舍使用的规定

传舍乃是汉朝日常统治中频繁使用的机构，按照当时的做法，就必会制定律令来加以管理，早在秦代便是如此，《岳麓书院藏秦简（伍）》中

---

① 侯旭东：《传舍使用与汉帝国的日常统治》，《中国史研究》2008 年第 1 期，第 61—82 页；《西北汉简所见"传信"与"传"——兼论汉代君臣日常政务的分工与诏书、律令的作用》，《文史》2008 年第 3 辑（总第 84 辑），第 5—53 页。均收入本书。

有关于设"舍"的廷令，当与此制的创设有关。其文云：

> □县为候馆市旁，置给吏（事）具，令吏徒守治以舍吏殿（也）。
> ·自今以来，诸吏及都大夫行往来者，皆得舍焉，它」【不】得。·有
> 不当舍而舍焉及舍者，皆以大犯令律论之˪。令、丞弗得，赀各一
> 甲。　　　·廷甲　　廿　　　　　　　　　　　　　　1696、1708①

据令文的语气，当是初置此类"舍"时颁布的。睡虎地秦简就包含了《传食
律》，主要涉及的是人员饮食标准与喂养传马的饲料标准。湖北江陵张家
山汉简《二年律令》中不仅包含《传食律》，其他律文亦有不少涉及"传"与
"传舍"，对于使用"传舍"，包括享用"传食"及传舍附属的传车、传马均
有细致的规定。就是《传食律》的内容也远比秦律丰富，尽管并非有关律
令均囊括其中，但至少轮廓已大体可辨，对于认识律令在传舍使用上的
作用提供了必要的基础。下面先对有关律令条文做一解释与分析。

通观张家山汉简《二年律令》以及悬泉汉简、敦煌汉简与文献，与传
舍使用有关的律令条文不仅见于《传食律》，亦见于《置吏律》《縣律》等律
中，"令"的情况则更模糊。就这些已知的律令条文的内容而言，主要涉
及了以下十个方面：

1. 规定"乘传"人的范围

《二年律令·置吏律》中有：

> 郡守二千石官、县道官言边变事急者，及吏迁徙、新为官，属
> 尉、佐以上毋乘马者，皆得为」驾传。　　　　　简213—214②

此条规定哪些官员可以使用传舍提供的马车。具体分为三种情形：一是

---

① 陈松长主编：《岳麓书院藏秦简（伍）》，上海：上海辞书出版社，2017年，
第138—139页。

② 彭浩、陈伟、工藤元男主编：《二年律令与奏谳书：张家山二四七号汉墓出
土法律文献释读》（以下简称《二年律令与奏谳书》），上海：上海古籍出版社，2007
年，第174页。

郡守与秩在二千石的官员，如果按照汉初《二年律令·秩律》的规定，二千石官除了郡守，还有 16 种，均属于高级官员。汉武帝以后"二千石官"队伍增加，在二千石之外又分出"中二千石"与"比二千石"。① 按时制，"郡守"亦属于二千石，这里为何特别强调"郡守"，而与其他二千石并列，原因不详。二是在特殊情况下，即有紧急情况要汇报，县与道的长官亦可使用。三是官员升迁或调任他职，新任官、尉或佐以上的属官而没有乘马的，也可使用马车。这里所说的"吏"升迁、调任与新任官而能够动用"驾传"，恐怕也要达到二千石一级才够格。官府提供的"驾传"究竟是哪种，还需要研究。《二年律令》中同时出现了"乘置"与"乘传"，两者当有别。此条律文表明传车服务于官府公务。

2. 乘传凭证的颁发与传车规格

《汉书·平帝纪》元始五年"在所为驾一封轺传"注引如淳曰引"律"：

> 诸当乘传及发驾置传者，皆持尺五寸木传信，封以御史大夫印章。其乘传参封之。参，三也。有期会累封两端，端各两封，凡四封也。乘置驰传五封也，两端各二，中央一也。轺传两马再封之，一马一封也。"诸乘轺传者，乘一封。及以律令乘传起□☒"②

这段注释恐怕不只是律文，还夹杂有如淳的解释，如"参，三也""两端各二，中央一也"之类，改用小字来区分。此条律规定乘各种传车需要有由御史大夫颁发的相应规格的凭证——"传信"，当时是以"传信"上封泥槽的数量来显示可调用传车的级别。结合《汉书·高帝纪下》五年"(田)横

---

① 参廖伯源：《汉初之二千石官》，武汉大学简帛研究中心主办：《简帛》第一辑，上海：上海古籍出版社，2006 年，第 369—378 页。

② 引号内文字并非如淳注所引"律"，而是出自金关简 73EJT23：623 的后半部分，见甘肃省简牍保护研究中心等编：《肩水金关汉简(贰)》中册，上海：中西书局，2012 年，第 191 页。具体研究见曾磊：《肩水金关汉简中的〈厩律〉遗文》，邬文玲等主编：《简帛研究 2019(秋冬卷)》，桂林：广西师范大学出版社，2020 年，第 263—282 页，特别是第 263—265 页。

惧，乘传诣雒阳"注引如淳注对传车规格的具体说明：

> 律：四马高足为置传，四马中足为驰传，四马下足为乘传，一
> 马二马为轺传。急者乘一乘传。①

以上规定可用下表表示：

传信"封"数量	传车类型
一封	一马驾的轺传
二封	二马驾的轺传
三封	四马下足驾的乘传
四封	乘传而有时间限制（期会）
五封	四马高足驾的置传或四马中足驾的驰传②

3. 规定享用"传食"者的范围

《二年律令·传食律》中规定：

> 丞相、御史及诸二千石官使人，若遣吏、新为官及属尉、佐以
> 上征若迁徙者，及军吏、县道有尤急」言变事，皆得为传食。
>
> 简 232—233
>
> 诸吏乘车以上及宦皇帝者，归休若罢官而有传者，县舍食人、
> 马如令。
> 简 237
>
> 为传过员，及私使人而敢为食传者，皆坐食臧（赃）为盗。
>
> 简 230③

---

① 《史记》卷一〇《孝文本纪》二年十二月文帝令"太仆见马遗财足，余皆以给传置"句，索隐引如淳云亦引此律，但对各种传车的称呼不同（北京：中华书局，1959年，第 422—423 页）。

② 可参王国维原著，胡平生、马月华校注：《简牍检署考校注》，上海：上海古籍出版社，2004 年，第 98—99 页注②的解说。

③ 《二年律令与奏谳书》，第 184、183 页。

这三条规定了哪些官吏可以享用"传食"。与乘传者比较，有异有同，总的来看，能够享用传食的官吏范围要广于能乘传者，简 232 所说的"丞相、御史及诸二千石官使人"不仅包括这些官员派遣的使者，亦应包含这些官员本身，这就比乘传者的范围要广。还有军队系统的官吏"军吏"[1]等。此外，简 237 中乘车以上的吏，即百六十石以上的吏[2]，"宦皇帝者"指的是皇帝的侍臣，具体包括中大夫、中郎、外郎、谒者、执楯、执戟、武士、驸、太子御骖乘、太子舍人等[3]，不过强调的是这些官员要享用传食需持有"传"，否则也不行，这说明并非所有的官员休假回家或罢官时，连人带马均可享用传食。这里还出现了"令"，表明关于这类的官员"传食"待遇另有补充规定，可惜具体内容无考。

4. 人与马享用传食的标准与管理

对于人，《传食律》规定口粮标准：

> 车大夫粺米半斗，参食，从者粝米，皆给草具。车大夫酱四分升一，盐及从者，人各廿二分升一。　　　　　　简 233

对于享用传食的时间，《传食律》规定：

> 使者非有事其县道界中也，皆毋过再食。其有事焉，留过十日者，禀米令自」炊。以诏使及乘置传，不用此律。　　简 234—235

---

① 关于汉代"军吏"的具体所指，参黎虎：《说"军吏"——从长沙走马楼吴简说起》，《文史哲》2005 年第 2 期，第 99—100 页。

② 参《二年律令·秩律》简 470、471，见张家山二四七号墓竹简整理小组编著：《张家山汉墓竹简(二四七号墓)》(释文修订本)，北京：文物出版社，2006 年，第 80 页；邢义田：《张家山汉简〈二年律令〉读记》，2003 年初刊，收入所著《地不爱宝：汉代的简牍》，北京：中华书局，2011 年，第 153 页。

③ 阎步克：《论张家山汉简〈二年律令〉中的"宦皇帝"》，2003 年初刊，后收入所著《从爵本位到官本位：秦汉官僚品位结构研究》下编第四章，北京：生活·读书·新知三联书店，2009 年，第 370—407 页。曹旅宁又有补充，见《论张家山汉律中"宦皇帝"的性质及地位》，收入所著《张家山汉律研究》，北京：中华书局，2005 年，第 41—54 页。

对于享用传食的随从数量，《传食律》规定：

> 食从者，二千石毋过十人，千石到六百石毋」过五人，五百石以
> 下到三①百石毋过二人，二百石以下一人。使非吏，食从者，卿以
> 上比千石，五大夫以下到官大夫比五百石，」大夫以下比二百石；吏
> 皆以实从者食之。　　　　　　　　　　　　　　　　简 235—237

对于马的饲料标准，《传食律》规定：

> 食马如律，禾之比乘传者马。　　　　　　　　　　　　简 234

具体规定见《金布律》：

> □□马日匹二斗粟、一斗叔（菽）。传马、使马、都厩马日匹叔
> （菽）一斗半斗。　　　　　　　　　　　　　　　　　简 425

悬泉汉简Ⅱ0214②：556 云：

> 制曰：下大司徒、大司空，臣谨案：令曰：未央厩、骑马、大
> 厩马日食粟斗一升、叔（菽）一升。置传马粟斗一升，叔（菽）一升。
> 其当空道日益粟，粟斗一升。长安、新丰、郑、华阴、渭成（城）、
> 扶风厩传马加食，匹日粟斗一升。车骑马，匹日用粟、叔（菽）各一
> 升。建始元年，丞相衡、御史大夫谭。②

官府对传食的管理，《二年律令·传食律》规定：

> 使非有事，及当释驾新成也，毋得以传食焉，」而以平贾（价）责

<hr>

① 原简作"二"，此据周波说改，见朱红林：《张家山汉简〈二年律令〉集释》，北京：社会科学文献出版社，2005 年，第 155 页引。
② 胡平生、张德芳：《敦煌悬泉汉简释粹》（以下简称《释粹》）例 5，上海：上海古籍出版社，2001 年，第 5 页。

　　钱。非当发传所也，勿敢发传食焉。　　　　　　　简 229—230

　　县各署食尽日，前县以谁（推）续食。　　　　　　简 235①

　　这一标准规定得十分具体细致。据释文注释，使者（即简中的车大夫）与随从每顿饭的口粮品种、数量，包括盐与酱的标准都有详细说明。所谓"酱"，在汉代可以指不同的调味品，这里当指用食盐腌制的肉酱。② 此外，在某一传舍享受传食的顿数亦与使者的任务有关。如果是路过，而非在该县或道公干，则不能超过两顿，即一天的传食；若在该县或道公干，停留超过十天，则需给米使者自行做饭，言下之意是十天内则由传舍供应传食。此条应是承自秦代的规定。《岳麓书院藏秦简（伍）》的"内史仓曹令第丙卅六"条规定："诸乘传、乘马、傅（使）马傅（使）及覆狱行县官，留过十日者，皆勿食县官，以其传稟米，叚（假）鬻甑炊之，｜其｜【有】走、仆、司御偕者，令自炊。其毋走、仆、司御者，县官叚（假）人为炊而皆勿给薪采。它如前令。　　・内史仓曹令"（1663、1779）这条秦代的规定，包含各类外出公干的官吏，恐怕是汉代《传食律》关于使者在某县逗留超过十天如何接待的源头。此外，还有一条令文规定："诸以传食稟賨者，人马牛羊有死亡厮∟及别者，将吏辄自言县官，县官以实署当稟者数于传，其。"（1691）此条后有缺简，不清楚归属何令。③ "厮"，《尔雅・释言》释为"离"，令文指途中人马牛羊发生了死、逃亡与离开等情况，要求将吏要报告县官，并在"传"上注明变动后实际享受稟食的人及马牛的数量。此条规定，目前所见的汉代律令未见。而享受传食的随从数量则与使者的官秩或爵位成正比，所谓的"使非吏"包括宦皇帝者及其

---

　　①　以上诸条分见《二年律令与奏谳书》，第 183、184、252 页。

　　②　关于先秦秦汉食物中的各种"酱"，详参王子今：《汉代人饮食生活中的"盐菜""酱""豉"消费》，收入所著《秦汉社会史论考》，北京：商务印书馆，2006 年，第 283—291 页。

　　③　两条分见陈松长主编：《岳麓书院藏秦简（伍）》，第 183、194 页。

他有爵位而未担任"吏"者。[①] 另外规定因诏书出使并驾乘置传的，不按照该律处理，这种使者的传食待遇可能要高一些。

关于马，《传食律》没有详说，《二年律令·金布律》有具体规定，为每天菽一斗半。张家山汉简中的《算数书》有一道题亦是计算传马的饲料，云："传马　传马日二(三)匹共刍藁二石，令刍三而藁二。今马一匹前到，问予刍藁各几何。曰：予刍四斗、藁二斗泰(大)半斗。术曰：直(置)刍三藁二并之，以三马乘之为法，以二石乘所直(置)各自为实。"[②]这对于了解当时的传马饲料亦有帮助。悬泉简发现的诏书中所引述的关于为各种马增加饲料的诏书，"斗一升"大概是一斗一升的简称，最初的"令"规定置马、传马每天的饲料是粟一斗一升，菽一升，相比汉初《金布律》的规定，饲料种类、数量均有所不同。后于成帝建始元年(前32年)，丞相匡衡与御史大夫张谭提出为特定地区的马增加饲料，其中包括长安东西邻近县的"传马"，每匹每天增加粟一升。这些县在帝都附近，位于交通干线上，传马任务繁重，可能死亡率高，因此增加饲料以保证完成运送工作。据研究，这道制书则颁于西汉平帝元寿二年(前1年)以后，大概是将增加饲料的规定扩大到敦煌地区。

最后几条涉及官府对传食的管理，简229—230强调使者如果不是有公务，不得用"传"获取免费传食，而要以平价付费。[③] 只有有权拆开"传"的机构，即传舍一类，才能提供传食。简234的意思是每县传舍在"传"上注明持传者享用完传食的时日，前面的县则在这一时日后继续提供传食。这几条体现了"传食"唯服务于官府公务出差的性质，以及官府管理的严密。

---

① 参阅步克：《论张家山汉简〈二年律令〉中的"宦皇帝"》，《从爵本位到官本位》，第396—400页。

② 《张家山汉墓竹简(二四七号墓)》(释文修订本)，第139页。

③ "新成"，整理小组注释认为是"刚调教好的马匹"，曹旅宁则认为指的是"人"或"物"，而非"马"，将"释新成"解释为"发放新的通行凭证"，见《张家山汉简〈传食律〉"释新成"献疑》，收入《张家山汉律研究》，第196—199页。两说均难得通解，"及当释驾新成也"句语意不明，上文未做解释，姑置此以待高明。

5. "传"内容对持传者的约束

《二年律令·置吏律》规定：

> 诸使而传不名取卒、甲兵、禾稼志者，勿敢擅予。　　简 216①

这条规定限制了持传使者的权力，如果"传"没有注明使者可以查看有关士卒、甲胄兵器与粮食的文书，不要随便给予，亦说明了"传"内容规定了持有者的具体使命，超出其外的要求应予以拒绝。此条上面一句云"官各有辨，非其官事勿敢为，非其所听勿敢听"，强调的是官员各有分工，各司其职，下面则是这条专门对持传使者的规定，看来汉廷对于使者在外的活动颇不放心。② 岳麓秦简中的秦代《具律》规定："诸使有传者，其有发征、辟问具殹（也）及它县官事，当以书而毋□欲（?）□□者，治所吏」听行者，皆耐为司寇。"（1385、1390）③亦规定持传使者到了诸县的任务，要有文书为凭。没有文书，当地官吏不能听任使者作为。这条未必是上文的直接源头，但两者理念上颇多一致性。

6. 传车使用时间的规定

《二年律令·行书律》规定：

> 发征及有传送，若诸有期会而失期，乏事，罚金二两。非乏事也，及书已具，留弗行，行书而留过旬，皆」盈一日罚金二两。
>
> 简 269—270④

---

① 《二年律令与奏谳书》，第 176 页。此条亦见于敦煌汉简第 2325 号，但"志"字作"簿"，见甘肃省文物考古研究所编：《敦煌汉简》下册，北京：中华书局，1991年，第 311 页。大庭脩对此做过分析，见《秦汉法制史研究》，林剑鸣等译，上海：上海人民出版社，1991 年，第 71 页。高恒《汉简中所见汉律论考》论及此条，见李学勤主编：《简帛研究》第二辑，北京：法律出版社，1996 年，第 234 页。

② 参三国时代出土文字资料の研究班：《江陵張家山漢墓出土'二年律令'譯注稿その（二）》，《東方学報》第 77 册（2005 年），第 45—46 页。

③ 陈松长主编：《岳麓书院藏秦简（肆）》，上海：上海辞书出版社，2015 年，第 143—144 页。

④ 《二年律令与奏谳书》，第 202 页。

该条涉及的是递送文书与使用传车送使者或物资，如果有约定的时限而耽误了期限导致误事，要罚金二两，没有误事，也要受到较轻的处罚。传送而有期会或指运送物资，或是如第 2 条所指出的"传信"有四封的情形："乘传"而有期会，应属于比较紧急的出使。

7. 传车出入城门的时间的规定

《二年律令·户律》规定：

> 自五大夫以下，比地为伍，以辨□为信，居处相察，出入相司。有为盗贼及亡者，辄谒吏、典。田典更挟里门篝（钥），以时开；」伏闭门，止行及作田者；其献酒及乘置乘传，以节使，救水火，追盗贼，皆得行。不从律，罚金二两。　　　　　　　　　　简 305—306

此条主要规定爵位在五大夫以下的百姓要伍伍为保，相互监督，并且居住的"里"要定时开闭里门，只有若干情况可以不受里门开闭时间的限制，其中就包括"乘置乘传，以节使"，说明传车出入的特殊性。

8. 调用传车运送物资的规定

《二年律令·繇律》规定：

> 发传送，县官车牛不足，令大夫以下有訾（赀）者，以訾（赀）共出车牛，及益，令其毋訾（赀）者与共出牛食，约载具。吏及宦皇帝者不」与给传送事。委输传送，重车重负日行五十里，空车七十里，徒行八十里。　　　　　　　　　　　　　简 411—412①

此条规定用"传车"与"牛"运送物资时，如果官府的传车、牛不足，调用百姓的车、牛的原则。大夫以下的达到一定资产标准的人家，按照财产多少提供车、牛，并命财产未达目标的人家出牛饲料、绳索与装载工具，而担任官吏或宦皇帝的人家则不必承担传送任务。承担传送任务时装满

---

① 以上两条分见《二年律令与奏谳书》，第 215、248 页。

物资的重车一天走五十里，空车一天走七十里，徒步走八十里。

此条与传舍使用本身关系不大，但"传车"亦是传舍的附属设备，故列于此。

9. 管理传马的规定

目前见到三条，均出自悬泉汉简。第一条明确注明是"令"，有缺文，另一未详，性质不明。第一条内容如下：

> 令曰：县官马牛……丞与□□☑剧卖，复以其钱买马牛。

第二条：

> ·告县、置食传马皆为□札，三尺廷令齐壹三封之。①

第三条注明是律。文云：

> 律曰：诸乘置，其传不为急及乘传者驿驾□令葆马三日，三日
> 中死，负之。　　　　　　　　　　　　Ⅱ T0115③：80②

第一条令规定了对于死掉的官府马牛的处理原则，即将其卖掉，得到的钱再买马牛。这是对秦代规定的继承。第二条则要求用简册向上级汇报县置饲养传马的情况。第三条规定了使用传马者的责任，强调要爱惜马的生命，防止滥用传马。

---

① 前一条据悬泉汉简Ⅰ91DXT0309③：227与Ⅰ91DXT0309③：277复原，见张德芳：《悬泉汉简中若干纪年问题考证》，收入西北师范大学文学院历史系、甘肃省文物考古研究所编：《简牍学研究》第四辑，兰州：甘肃人民出版社，2004年，第49页所引。后一条见《释粹》例13，简Ⅱ0114S：36，第18页。

② 张俊民：《敦煌悬泉汉简所见人名综述（三）》，卜宪群、杨振红主编：《简帛研究2005》，桂林：广西师范大学出版社，2008年，第125页引；亦见张德芳：《悬泉汉简中的"悬泉置"》，卜宪群、杨振红主编：《简帛研究2006》，桂林：广西师范大学出版社，2008年，第171页引。

10. 关于传舍形制与传食的规定

悬泉汉简：

> 羌，备城坞垣，时当增治厨传，当式。　　　　　Ⅱ0111①：279
>
> ·右使者到，县置共舍第一传大，县异传食如式　堂上置八尺床卧一，张皁若青帷
>
> 龟兹王=（王）夫人舍次使者传　　　　　　　阁内共上四卧，皆张帷，床内置
>
> 传舍门内张帷可为贵人坐者
>
> 吏二人道　　　　　　　　　　　　　Ⅰ90DXT0114①：112A①

两简中的"式"应是汉代律、令、品、式、科、比中的"式"，是汉制及法令的一部分。"式"的原意是标准与规范，《说文·工部》："式，法也。"汉简中出现过"铁式""木式"（《敦煌汉简》1309）。② 前一简所说则是要求扩大并修缮厨与传舍，以符合"式"的规定。据此，关于"传舍"的形制，汉代也是有具体标准的。后一简分上中下三栏书写，"吏二人道"字迹左侧残，当有折损，原本应是一更宽的木牍。逐栏自右向左抄写，由上而下记录了接待龟兹王的具体要求，所谓"县异传食如式"是当时针对西域使者制定的超出原来律令的传食标准。

必须指出的是，上述十方面只是据已知简牍与文献钩辑出来的关于"传舍"使用的律令，并非涉及"传舍"的律令的全部。湖北云梦龙岗秦简、

---

① 两简分别见《释粹》例248，第170页；甘肃省文物考古研究所等编：《悬泉汉简（壹）》，上海：中西书局，2019年，第193页。

② 参邢义田：《从简牍看汉代的行政文书范本——"式"》，收入李学勤、谢桂华主编：《简帛研究》第三辑，南宁：广西教育出版社，1998年，第305—306页。新近研究见南玉泉：《秦汉式的类别与性质》，收入徐世虹等：《秦律研究》，武汉：武汉大学出版社，2017年，第106—125页。

《二年律令》与悬泉汉简①中尚有一些残简，内容涉及"传"或"传食"，因语义不明，没有收入。

这些律令除了张家山汉简《二年律令》中出现的之外，均是在处理具体事务的文书中被引用而呈现的，常常只是简单地称为"律曰"或"令曰"，而没有指明篇题。由于对汉代律令条文归类情况了解不够，目前我们还难以仅据内容确定这些佚名的律令的篇名，因而也就难以将其复原到汉律的原有位置。

上面以湖北江陵出土的汉初《二年律令》为主勾勒（也可以说是"拼凑"）出了这样一幅关于传舍及其附属设施的使用的制度画面。概括而言，律令对于使用传车、享用传食的官吏以及在哪些情况下可以使用都做出了明确的界定，此外，对于传车的级别、传食的标准（包括人与马）与时间、享用的随从数量、使用传车的时间期限、调用传车的原则、死亡传马的处理等均有具体的规范，可以说涉及了传舍及其附属设施的使用的诸多方面，如果不能说各个方面的话。换言之，通过具体规定哪些人在哪些情况下可以使用传车、传舍与传食，以及如何使用，相应地也就区别出哪些人在哪些情况下不能使用，律令由此设立了若干界限，从而构建出"使用传舍与调用传车、传马"这样一种例行事务的基本自足的制度空间，在这一空间内，符合律令的行为亦是基本无须皇帝过问，而是有关官吏们活动与掌控的舞台。不过，这幅图画是否可以代表整个汉代情况？毕竟依据的资料主要出自西汉初年。

---

① 如《龙岗秦简》有"詐（诈）伪假人符传及袭人符传者，皆与阑入门同罪"（4/36/36/255），"门关合符及以传书阅入之，及诸佩（佩）入司马门久"（5/6/6/186），见陈伟主编：《秦简牍合集：释文注释修订本（叁）》，武汉：武汉大学出版社，2016年，第13、14页。又如《释粹》中的例4："马以节，若使用传信，及将兵吏边言变□以惊闻，献□写驾者匹将以……以除候，其以教令及……孝武皇帝元鼎六年九月辛巳下，凡六百一十一字。厥令。"（87—89C：9）（第4页）。

二、汉代律令的演变与行用

要解决上述疑问，必须分别考察汉代律令演变与行用问题。首先，应当考虑的是，《二年律令》作为西汉初年的法规，能否解释整个汉代的情况，换言之，它是否通行于汉代。其次，汉代的律令究竟是普遍受到遵行还是一种具文？下面先来讨论第一个问题。

关于张家山出土的《二年律令》的性质，自 20 世纪 80 年代介绍这批简开始，学界就一直在讨论，迄今没有达成一致意见。不过，有一点学界都是承认的，即《二年律令》反映的是西汉初年的律令，至于"二年"所指，以及律令条文形成时间，异说纷纭。最晚的说法是"吕后二年（公元前186年）"，亦有认为应称作"少帝二年"的。① 这当然还是西汉初年。《二年律令》的性质各家意见亦不一。比较有理据的看法是其为与墓主生前工作有关的律令的摘抄，并非当时朝廷律令的全部，亦非完整的法典。② 其实，《二年律令》内容本身也显示它并非当时律令的全部，上引第3点关于享用传食者的范围的规定中第237简云"诸吏乘车以上及宦皇帝者，归休若罢官而有传者，县舍食人、马如令"，最后一句提到的"令"，《二年律令》中并没有发现，或许就是墓主生前使用的抄本中没有抄录。因此，尽管其中涉及传舍使用的条文已有不少，但可以肯定此外还有一些具体规定没有抄录下来，这些或许与墓主生前的工作关系不大，或许他很熟悉，无须抄录。

① 廖伯源：《汉初之二千石官》，武汉大学简帛研究中心主办：《简帛》第一辑，第369页注1语。
② 关于《二年律令》形成时间与性质的讨论极多，无法细举，综合性的讨论请参李力：《关于〈二年律令〉题名之再研究》，收入卜宪群、杨振红主编：《简帛研究2004》，桂林：广西师范大学出版社，2006年，第144—157页；徐世虹：《近年来〈二年律令〉与秦汉法律体系研究述评》，中国政法大学法律古籍整理研究所编：《中国古代法律文献研究》第三辑，北京：中国政法大学出版社，2007年，第215—225页；张忠炜：《〈二年律令〉年代问题研究》，《历史研究》2008年第3期，第147—163页。

如果《二年律令》明确为西汉文帝以前的律令摘抄，随之而来的问题就是这些律令是否通行于整个汉代。限于资料，目前无法全面回答，不过，根据其他地区发现的汉代中晚期的律令条文与文献，可以肯定，汉代的律令处在一个不断积累的过程中，其中不乏修订删削，但主流是继承与累积。

关于秦汉至魏晋法律体系的演变，学界关注甚多，成果也相当丰富，特别是随着张家山汉简《二年律令》的刊布而形成热潮。不过，研究所注目的主要是律令篇章的数量、名称、分类与前后的因循变化，律令的来源、律令关系以及如何形成明确的分工等[1]，涉及前后朝代在律令上的承袭损益时，主要关注的是篇章结构，至于具体条文则言之不详[2]。对本文涉及的问题而言，后一方面更为重要，这里可以举出三个例子。

一是关于《杂律》中对于"和奸"的规定。湖北江陵张家山出土的西汉初年《二年律令》中的《杂律》有一条规定：

> 诸与人妻和奸，及其所与皆完为城旦舂。其吏也，以强奸论之。
> 简192[3]

此条律文又出现在了数千里之外的敦煌悬泉置遗址，简文作：

① 如冨谷至：《晋泰始律令への道——第一部 秦汉の律と令》，《東方学報》第72册（2000年），第79—131页；冨谷至：《晋泰始律令への道——第二部 魏晋の律と令》，《東方学報》第73册（2001年），第49—84页；孟彦弘：《秦汉法典体系的演变》，《历史研究》2005年第3期，第19—36页；杨振红：《从〈二年律令〉的性质看汉代法典的编纂修订与律令关系》，《中国史研究》2005年第4期，第27—57页；杨振红：《秦汉律篇二级分类说——论〈二年律令〉二十七种律均属九章》，《历史研究》2005年第6期，第74—90页；王伟：《论汉律》，《历史研究》2007年第3期，第4—19页；杨振红：《汉代法律体系及其研究方法》，《史学月刊》2008年第10期，第17—34页。
② 如杨振红：《从〈二年律令〉的性质看汉代法典的编纂修订与律令关系》，《中国史研究》2005年第4期，第48—53页。
③ 《二年律令与奏谳书》，第166页。不过，"完为城旦舂"误作"完成城旦舂"，不从。

　　•诸与人妻和奸，及所与□为通者，皆完为城旦舂；其吏也以

强奸论之。其夫居官……　　　　　　　　　　Ⅱ90DXT0112②：8①

两相比较，文字几乎没有差别，只是悬泉所出在条款最后增补了"其夫居官"情形下的惩罚措施。②

　　悬泉遗址出土的纪年简牍最早为西汉武帝元鼎六年（前111年），最晚为东汉安帝永初元年（107年）③，目前所知该探方中地层①出土有鸿嘉五年（前16年）的纪年简（Ⅱ90DXT0112①：3、8），地层④亦有鸿嘉五年的简（Ⅱ90DXT0112④：14）。地层②，即此简所在的地层则有元延五年（前8年）的简（Ⅱ90DXT0112②：76）④，该层还出土了河平二年（前27年）与阳朔二年（前23年）的简（Ⅱ90DXT0112②：78、108）⑤，可以大体推断该地层所出的简应属于西汉成帝前后。因此，此条律文也可约略判定为西汉后期使用的规定，而其内容则是汉初相应规定的沿袭与增补。

　　二是关于《置吏律》。前面引用过其中与"传"使用有关的一条，即"诸使而传不名取卒、甲兵、禾稼志者，勿敢擅予"（简216），同样的条文又

　　①　《释粹》例7，第9页。简影见甘肃省文物考古研究所：《敦煌悬泉汉简释文选》，《文物》2000年第5期，第31页图四之2。

　　②　张忠炜据《奏谳书》简193—194认为此增补在秦或汉初已出现，见《〈二年律令〉年代问题研究》，《历史研究》2008年第3期，第148页。恐不确。《奏谳书》此处出现的是廷史申假设的一种情形，并非引用律令条文，不能断定当时已有此规定。参邢义田：《秦或西汉初和奸案中所见的亲属伦理关系——江陵张家山二四七号墓〈奏谳书〉简180—196考论》，收入柳立言主编：《传统中国法律的理念与实践》，台北：史语所，2008年，第120—125页。日本学者在译注《二年律令》此条时亦注意到《奏谳书》中的案件与悬泉置出土的类似律文，但亦没有提到秦或西汉初已存在关于"其夫居官"的条款，见三国时代出土文字资料の研究班：《江陵張家山漢墓出土'二年律令'譯注稿その（二）》，《東方学報》第77册，第29—30页。

　　③　甘肃省文物考古研究所：《甘肃敦煌汉代悬泉置遗址发掘简报》，《文物》2000年第5期，第13页。

　　④　见张德芳：《悬泉汉简中若干纪年问题考证》，收入《简牍学研究》第四辑，第55、56页引例4、9、18与第57页。

　　⑤　张俊民：《敦煌悬泉汉简所见人名综述（三）》，卜宪群、杨振红主编：《简帛研究2005》，第132—133页引例92、96。

出现在数千里以外的甘肃玉门市疏勒河流域发现的汉简中。《敦煌汉简》2325 号简文云："律曰：诸使而传不名取卒、甲兵、禾稼簿者，皆勿敢擅予。"两条唯一的不同是"志"字变成了"簿"。此简出土于当时酒泉郡西部都尉所管辖的烽燧中，编号是 Y26（斯坦因编号 T.43.h）。该烽燧利用一风蚀台地为基座，烽燧上采集到一枚王莽时的残铜钱，烽燧土墙下灰堆中发现 20 余枚简，其中一枚有"永光五年（前 39 年）"，一枚有"始建国五年（13 年）"的年号①，上述信息表明该烽燧一直使用到王莽时期。这可证明上举律文至少到王莽时期还在使用。

三是关于《贼律》中"伪写皇帝信玺"的条款。汉初《二年律令·贼律》规定：

> 伪写皇帝信壐（玺）、皇帝行壐（玺），要（腰）斩以匀（徇）。　　简 9
> 伪写彻侯印，弃市；小官印，完为城旦舂☒　　　　　　　简 10②

类似的律文又在湖南省张家界市城西的古人堤遗址发现。该遗址出土的第 14 号木牍正面分栏抄录《贼律》正文，其文云：

> 贼律曰：伪写皇帝信玺、皇帝行玺，要（腰）斩以□。伪写汉使节、皇大（太）子、诸侯、三列侯及通官印，弃市。小官印，完为城旦舂。敢盗之及私假人者若盗，重以封及用伪印，皆各以伪写论。

以下则是关于"伪皇大（太）后玺印"与"诈伪券书"等条款③，文残，不录。

---

① 吴礽骧：《河西汉塞调查与研究》，北京：文物出版社，2005 年，第 120 页。

② 《二年律令与奏谳书》，第 93、94 页。

③ 湖南省文物考古研究所、中国文物研究所：《湖南张家界古人堤简牍释文与简注》，《中国历史文物》2003 年第 2 期，第 76 页，据张春龙《湖南张家界市古人堤汉简释文补正》订正释文，见西北师范大学历史文化学院等编：《简牍学研究》第六辑，兰州：甘肃人民出版社，2015 年，第 5—6 页。此条律目又见湖南长沙尚德街出土东汉简牍第 254 号木牍正面第 2 栏"伪写皇帝信尔，要斩"，见长沙市文物考古研究所《长沙尚德街东汉简牍》，长沙：岳麓书社，2016 年，第 172 页。"伪"字原作"为"，据李洪财《〈长沙尚德街东汉简牍〉补释》，简帛网 http://www.bsm.org.cn/show_article.php? id=2737，2017 年 2 月 23 日首发，2021 年 3 月 30 日访问。

两相比较，古人堤遗址发现的《贼律》条文显然是在汉初规定的基础上又有补充和丰富，关于伪写皇帝玺的条款完全照录，后一条只是增加了伪写官印的具体种类，但其骨架还是沿袭了汉初的律文。① 至于关于盗用及将印私借他人的条款，是否为后世所补，尚不能断定。

据介绍，从年号及书法看，古人堤遗址出土简牍为东汉时期的遗物②，其中的《贼律》当是东汉时期使用的法律条款，其具体内容则是西汉相应条款的补充与完善。而其中经缀合的第29＋33＋34号木牍分栏抄录了《盗律》与《贼律》诸条的律目，可能还有《关市律》；第3栏3条以及第6栏各列所记诸条次序，分别与睡虎地汉简《关市律》《贼律》诸条相符。③ 从中不难窥见两汉在律令条文层面上的延续与变化。

以上只是举出了个别律令条文，来说明汉初与其后时期在律令内容上的延续性，还无法证明律令总体上的延续性。如果看看《汉书·刑法志》，尽管其中谈的主要是刑法，并不全面，但班固所记述的与刑罚有关的汉代律令日积月累，趋于繁芜的情况也适用于"行政法"。这种情形一直持续到魏晋时期，曹魏时朝廷在修订律令时指出秦汉律令陈陈相因，罕加改动时作为例证的就是有关传舍、置与驿的规定。故《魏律序》称：

> 秦世旧有厩置、乘传、副车、食厨，汉初承秦不改，后以费广

---

① 此条的增补或与武帝时期淮南、衡山与江都易王谋反有关，详参刘少刚：《汉律伪写玺印罪与西汉的政治斗争》，中国文物研究所编：《出土文献研究》第六辑，上海：上海古籍出版社，2004年，第235页。水间大辅曾仔细比较过湖南张家界古人堤出土的汉律与张家山汉简"二年律令"间的关系，不过，他侧重于西汉到东汉律令上的变化，没太注意延续的一面，见所著《湖南張家界古人堤遺址出土漢簡に見える漢律の賊律、盗律について》，收入所著《秦漢刑法研究》，东京：知泉书馆，2007年，第445—477页。

② 湖南省文物考古研究所、中国文物研究所：《湖南张家界古人堤遗址与出土简牍概述》，《中国历史文物》2003年第2期，第68—69页。

③ 最新释文见张春龙、杨先云：《湖南张家界市古人堤汉简释文补正续（上）》，西北师范大学历史文化学院等编：《简牍学研究》第七辑，兰州：甘肃人民出版社，2018年，第148—152页。亦可能包含了《关市律》的条目、次序相合的看法，均见陈伟：《秦汉简牍所见的律典体系》，《中国社会科学》2021年第1期，第114—115、119页。

稍省，故后汉但设骑置而无车马，而律犹著其文，则为虚设，故除《厩律》，取其可用合科者，以为《邮驿令》。①

在曹魏律家看来，西汉初年在厩置与传舍、传车等制度上完全继承了秦代，后因费用太大而有所裁省，到了东汉则只设立了"骑置"，即负责紧急文书传递的机构，不再保留传车与车马，但是在律令中依然保留了西汉时期涉及所有各种设施的内容，成为空文，而直到曹魏时才删去"厩律"，选取其中依然行用的，编入"邮驿令"中。根据曹魏时代人的观察，汉代实际行用的厩置邮驿制度已发生变化，而律令并未相应进行调整，可证汉初的律令通行两汉，尽管后来不断有补充。曹魏律家所接触的汉代律令一定多于今人，从中择出此律为证，当是其中显现的律令规定与实际脱节的现象极为突出。这自然可以从反面说明律令，尤其是与邮驿有关的律令，保持了相当的延续性，却脱离了当时的制度实践。两者并观，不应否认汉初至汉末，乃至魏晋以后在律令篇章与具体规定上的延续性。

至于现实中，传舍、传车与传马的使用是否遵用律令，笔者曾就传食文书与"如律令"做过初步的分析②，还应补充的是，上文搜集到的律令有一些是通过文书中的引用而保存下来的，如第九方面管理传马的规定中的第一、第三两条，均是见于悬泉简中的文书，这亦从另一侧面证明了律令在实际发挥作用。

第一条见于元康五年(前61年)的一份传马病死爰书，在陈述了这匹名叫"海山"的传马的病状后，引用此令，接着云"即与令史延年、佐安、厩佐禹√长富杂诊都吏丑危、丞舒国前，病狂终不可用，以令剧(剥？)卖，它如爰书，敢言之☐"③，"以令剧卖"明确表示对这匹马的处理是遵

① 《晋书》卷三〇《刑法志》引，北京：中华书局，1974年，第924—925页。
② 侯旭东：《西北汉简所见"传信"与"传"——兼论汉代君臣日常政务的分工与诏书、律令的作用》，《文史》2008年第3辑(总第84辑)，第34—35页。
③ Ⅰ91DXT0309③：277，见张德芳：《悬泉汉简中若干纪年问题考证》，《简牍学研究》第四辑，第49页引。

照"令"的规定进行的，显然，此条令文当时依然有效约束着官吏对病马的处置。此外，悬泉汉简中还出土若干依令处理马的文书，如Ⅱ90DXT0314①：1"出传马二匹，皆牡，以令剥卖"，Ⅱ90DXT0114④：288"出传马一匹，以令剥卖，八月癸未尽九月丙辰卅四日积卅四匹"，Ⅱ90DXT0216②：90"出传马一匹，以令剥卖"①，均是根据"令"文处理无法工作或死去的传马，可见该令在处置病死传马上的效力。

第三条见于悬泉遗址发现的一份宣帝甘露二年（前52年）文书。此文书由4枚简组成，发现于同一地点，编号相连，原本应是一册书，其中第1简与后3简间有缺简。兹引后三简如下：

> 甘露二年七月戊子朔壬寅，敦煌大守千秋、长史惠、丞破胡谓县：**律曰：诸乘置，其传不为急及乘传者驿驾□令葆马三日，三日中死，负之。**郡当西域空道，案厩置九所，传马员三百六十四。计以来死者三百六十八匹，过员八匹。令、长、丞不忧亲严教主者吏，马饮食不得，度病不以时医治，马死者以故众多，甚毋状，县泉置尤剧，已论丞、啬夫。书到，案赦以来当负马者，趣责马齿五岁以上至十二岁、高五尺八寸以上丰厚任用者。守丞行县见所偿马如律令。　　　　　　　　　　　　Ⅱ90DXT0115③：80—82②

该文书内容是敦煌太守下发的针对郡内诸厩置饲养的传马死亡数量多于规定的情况，予以批评，并根据"律"的规定，要求承担马匹死亡责任的官吏（即文中所说的"当负马者"）要用马予以补偿，并提出了马具体的年龄、身高与体态上的要求，同时指示守与丞在巡视属县时查看补偿的马是否合乎要求。其中引用"律"文乃是划定哪些人为"当负马者"的依据，

---

① 张俊民：《对汉代悬泉置马匹数量与来源的检讨》，中国秦汉史研究会第十一届年会暨国际学术研讨会论文，长春：2007年7月，后收入所著《简牍学论稿——聚沙篇》，兰州：甘肃教育出版社，2014年，第467页引例60、63、64。

② 张德芳：《悬泉汉简中的"悬泉置"》，卜宪群、杨振红主编：《简帛研究2006》，第171页引，标点略有改动。

足见此律条当时确实是在发挥作用。

上文已指出，前述十方面涉及传舍使用的律令，除了《二年律令》中出现的诸条可知属于何种律或令之外，其他均不清楚其所属，目前亦难以臆断。这种情况一方面与出土简牍册书散乱有关，另一方面则与时人引用律令的习惯有关。如上引两例所见，时人引用律令基本不出现具体的律令章名，而只简单作"律曰"或"以令"如何，可以想见，对官吏而言，重要的是律令的规定，至于出自哪种律或哪章哪条倒在其次。[①] 当然，接受文书的一方反复处理类似的事务，加之多习律令，必定明白这些律令的出处，也无须具体注明。就此而言，时人遵循的是所有的律，尚未在诸律之间，以及律令间区分出上位法与下位法。这种习惯也为朝廷眼中的不法官吏上下其手提供了机会，《汉书·刑法志》指出过量刑中的类似情形，行政事务中亦难以避免。

三、结论

根据以上两方面的分析，可以确认汉初制定的有关传舍、传马与传车使用的种种律令在汉代，尤其是西汉时期并非具文，确实规范着围绕三者使用而产生的种种行为。从这个角度看，汉代已经存在通过"律令"管理政务行为的体制，以往学界多是根据唐代律令格式，认为唐代是律令制国家[②]，这种律令制国家论和日本学者所说的贵族制之间有某种呼应关系，背后有时代分期论的影子。现在不断出土的秦汉律令简牍

---

① 徐世虹对此有所讨论，见所著《秦汉法律的编纂》，收入徐世虹等：《秦律研究》，第 153 页。

② 关于这一问题的来龙去脉，参池田温：《律令法》，收入谷川道雄主编：《魏晋南北朝隋唐时代史の基本問題》，东京：汲古书院，1997 年，第 256—260 页。或认为可以上溯到魏晋时期，见高明士：《律令法与天下法》"自序"，上海：上海古籍出版社，2013 年，第 1—2 页。两者关键是是否以律令的明确分工为标志，另外就是是否存在法典。

则显示，自秦代建立官僚制王朝起，中国就开始了"律令制国家"的建设。① 如果说秦汉与唐代有什么区别的话，或许主要表现在律与令的分工上，以及律内部的分类上，秦汉时期的划分不如魏晋以后整齐明晰。传舍使用不过是透视汉代律令管理王朝日常事务的一扇窗口。

　　感谢阿部幸信、张文昌、游逸飞先生的指教以及匿名审稿人的意见。

2009 年 4 月修订

9 月再次修订

　　　　原刊卜宪群、杨振红主编：《简帛研究 2007》，桂林：广西师范大学出版社，2010 年，第 151—164 页。2021 年 3—4 月增订。

---

　　① 甘怀真与阎步克均有类似的看法，分见甘怀真：《从唐律反逆罪看君臣关系的法制化》，《皇权、礼仪与经典诠释：中国古代政治史研究》，台北：喜马拉雅研究发展基金会，2003 年，第 345 页；阎步克：《帝国开端时期的官僚政治制度——秦汉》，收入吴宗国主编：《中国古代官僚政治制度研究》，北京：北京大学出版社，2004 年，第 44 页。

　　现在学者根据新出土的汉律篇题，发现汉文帝时，已知的汉代各种"律"存在《□律》与《旁律》的区分，认为当时已存在"律典"，见陈伟：《秦汉简牍所见的律典体系》，《中国社会科学》2021 年第 1 期，第 104—121 页；张忠炜：《汉律体系新论》，2020 年初刊，收入所著《秦汉律令法系研究续编》，上海：中西书局，2021 年，第 77—112 页。关于律令关系，可参南玉泉：《秦令的性质及其与律的关系》，收入徐世虹等：《秦律研究》，第 57—105 页。

皇帝的无奈

——西汉末年的传置开支与制度变迁

自嬴政创制，迄溥仪退位，前后二千余年，无论朝代隆替更迭，疆域一统分裂，皇帝稳居元首至尊之位，相沿未改。这种君主制早在 19 世纪末 20 世纪初就被国人痛诋为专制政体，几为毋庸置疑的常识，妇孺皆知。20 世纪 40 年代虽有钱穆力驳此说，但独木不成林，应和者无几，声讨者却不绝如缕。时至今日，对中国历代皇帝乃至皇帝制度的中外研究，早已是汗牛充栋。诸家的探讨角度各异，或是通贯性的分析①，或是就某一时期或某个皇帝，皇帝制度某个方面的专题研究②，后者更是

---

① 如白钢：《中国皇帝》（修订版），北京：社会科学文献出版社，2008 年；徐连达、朱子彦：《中国皇帝制度》，广州：广东教育出版社，1996 年；周良霄：《皇帝与皇权》（第三版），上海：上海古籍出版社，2014 年；梅原郁：《皇帝政治と中国》，东京：白帝社，2003 年；张分田：《中国帝王观念——社会普遍意识中的"尊君—罪君"文化范式》，北京：中国人民大学出版社，2004 年；王毅：《中国皇权制度研究——以 16 世纪前后中国制度形态及其法理为焦点》，北京：北京大学出版社，2007 年。

② 如雷海宗：《皇帝制度之成立》，《清华学报》9 卷 4 期（1934 年），后改名《中国的元首》，收入所著《中国文化与中国的兵》，上海：商务印书馆，1940 年，此据重排本，北京：商务印书馆，2001 年，第 78—100 页；沈巨尘：《秦汉的皇帝》，《文化建设》1 卷 8 期（1935 年），第 11 页；西嶋定生：《皇帝支配の成立》《漢代における即位儀礼》，均收入所著《中国古代国家と東アジア世界》，东京：东京大学出版会，1983 年，第 51—113 页；尾形勇：《中国古代の"家"と国家——皇帝支配下の秩序構造》，东京：岩波书店，1979 年；渡边信一郎：《天空の玉座：中国古代帝国の朝政と儀礼》，东京：柏书房，1996 年；渡边信一郎：《中国古代的王权与天下秩序：从日中比较史的视角出发》，徐冲译，北京：中华书局，2008 年；管东贵：《从秦皇到汉武历史急遽震荡的深层含义——论中国皇帝制的生态》，燕京研究院编：（转下页）

不胜枚举。

值得注意的是，纵观中外学界，很多研究，自觉不自觉，都是在专制政体论下展开的。带有此种先入之见，难免遮蔽掩盖某些现象，影响我们的研究，形成某种论证的循环。此外，一种常见的思路是将皇帝与臣民分门别类加以考察，讨论皇帝时往往不涉及或很少涉及官僚与百姓，反之亦然。析而论之的做法，有焦点集中、深入细致之长，但也伴生割裂联系、静态孤立之弊。

近年来，中外学界已提出另辟蹊径的呼吁①，亦出现一些别开生面的研究，如渡边信一郎从年度性的元会与纳贡礼仪角度观察中央与地方关系的维系，甘怀真从礼制角度对中古君臣关系的研究，平田茂树从政治空间与政治过程的角度对宋代皇帝与大臣之间互动的分析，王瑞来从皇帝与宰相关系的角度对皇权的再认识，渡边将智对东汉政治空间的分

(接上页)《燕京学报》新十四期，北京：北京大学出版社，2003 年，第 1—18 页，收入所著《从宗法封建制到皇帝郡县制的演变》，北京：中华书局，2010 年，第 127—143 页；阎步克：《论张家山汉简〈二年律令〉中的"宦皇帝"》，《中国史研究》2003 年第 3 期，第 73—90 页；阿部幸信：《皇帝六玺的成立》，《中国出土資料研究》8 号（2004 年），第 63—87 页；罗新：《从可汗号到皇帝尊号》，荣新江主编：《唐研究》第十卷，北京：北京大学出版社，2004 年，第 283—295 页；金子修一：《即位儀礼から見た皇帝権力》，《唐代史研究》8 号（2005 年 8 月），第 70—86 页；米田健志：《前漢後期における中朝と尚書：皇帝の日常政務との関連から》，《東洋史研究》64 卷 2 号（2005 年 9 月），第 1—34 页；邢义田：《中国皇帝制度的建立与发展》《秦汉皇帝与圣人》，收入所著《天下一家》，北京：中华书局，2011 年，第 1—49、50—83 页；Yuri Pines, *The Everlasting Empire：The Political Culture of Ancient China and Its Imperial Legacy*, Princeton：Princeton University Press，2012，pp. 44-75；等等。

① 如甘怀真：《皇帝制度是否为专制?》，《钱穆先生纪念馆馆刊》第 4 期（1996 年 9 月），后收入所著《皇权、礼仪与经典诠释：中国古代政治史研究》附录，台北：喜马拉雅研究发展基金会，2003 年，第 511—524 页；王爱和：《中国古代宇宙观与政治文化》，金蕾、徐峰译，上海：上海古籍出版社，2011 年，第 200—201、240 页；小岛毅：《中国的皇权——〈礼治和政教〉导论》，收入沟口雄三、小岛毅主编：《中国的思维世界》，孙歌等译，南京：江苏人民出版社，2006 年，第 344—349 页；侯旭东：《中国古代专制说的知识考古》，《近代史研究》2008 年第 4 期，第 28 页；马克垚：《封建经济政治概论》，北京：人民出版社，2010 年，第 295—304 页；Yuri Pines, *The Everlasting Empire：The Political Culture of Ancient China and Its Imperial Legacy*, pp. 45-46。

析等。① 这些研究拓宽了皇帝研究的视野，启益良多。不过，其中一些研究依然栖息在"专制国家论""皇帝独裁论"或"皇帝支配论"之类的成说中，不无功亏一篑之叹。其实，这些成说本身应该成为研究论辩的对象，而非分析的出发点。

最近若干年，笔者试图在传统政治史与政治制度史之外，从君臣关系、日常统治等角度对秦汉六朝国家的运行机制与形态做进一步的研究，其中一项重要内容是对皇帝的重新考察。这些探讨以汉代皇帝为例，关注其不同面向：指出在支配性之外，皇帝亦是建议的接受者，并带有符号性与象征性②；其职权实际可以拆分，皇帝把持不放的是对六百石以上官员的任免与对中央军的控制，日常性部分甚至在尚未得到皇帝同意情况下便可被臣下提前预支③。

此外，同样不能忽视的是皇帝命令的实现程度。④ 传世正史的叙述是以皇帝为中心，沿着自上而下的单一视角展开，纳入眼帘的更多的是皇帝如何发号施令、统御天下，至于这些命令是否得到有效的贯彻，缺

①　王瑞来：《论宋代皇权》，《历史研究》1989 年第 1 期，第 144—160 页；渡边信一郎：《天空の玉座：中国古代帝国の朝政と儀礼》；甘怀真：《中国中古时期"国家"的形态》《中国中古时期的君臣关系》，收入所著《皇权、礼仪与经典诠释：中国古代政治史研究》，第 199—298 页；平田茂树：《宋代政治结构研究》，林松涛、朱刚等译，上海：上海古籍出版社，2010 年；王瑞来：《宰相故事：士大夫政治下的权力场》，北京：中华书局，2010 年，特别是第 295—379 页；渡边将智：《後漢政治制度の研究》，东京：早稻田大学出版部，2014 年。

②　侯旭东：《後漢"乙瑛碑"における卒史の增置に見える政務処理について——"請"、"須報"、"可許"、"書到言"を中心に》，收入藤田胜久编：《東アジアの資料学と情報伝達》，东京：汲古书院，2013 年，第 235—271 页；中文版见《东汉〈乙瑛碑〉增置卒史事所见政务处理：以"请"、"须报"、"可许"与"书到言"为中心》，收入《中国中古史研究》第四卷，北京：中华书局，2014 年，第 43—69 页。已收入本书。

③　侯旭东：《西北汉简所见"传信"与"传"——兼论汉代君臣日常政务的分工与诏书、律令的作用》，《文史》2008 年第 3 辑（总第 84 辑），第 26、27—30 页。已收入本书。

④　白钢曾涉及皇权的界限问题，见《中国皇帝》（修订版），第 179—186 页，但作者提出的制约皇帝的三种因素——经济因素、统治阶级的内部矛盾与阶级矛盾，均过于宏观抽象，难以落实。

乏来自实际施行角度的反馈，产生皇帝支配论、独裁论与专制论之类强调皇帝作用的论断也就不足为怪了。如果我们能换个角度，自下而上地观察皇帝诏令能否贯彻、如何贯彻，对丰富关于皇帝作用的认识应有不小的推进。

本文继续关注汉代的传舍与置，尝试透过分析传置接待费用的使用与皇帝的要求、制度变迁间的互动，观察皇帝的命令能否落实、如何落实。这一问题，恰好因为张家山汉简《二年律令》以及甘肃敦煌悬泉汉简的出土与刊布，提供了不少宝贵资料，既可以了解朝廷的相关具体规定，又可以窥见具体机构如何实际操作，加上传世文献，足以勾勒出一幅相对完整的画面，管中窥豹，看看执行皇帝命令上所遭遇的困境以及解决的出路。

一、上计结束前的叮咛：皇帝牧民关切的转达

战国以来，郡县每年年末要派人向上级汇报一年的工作，是为上计。西汉时期，郡国每年年末派人到朝廷上计，在长安负责受计的是丞相（西汉末改称大司徒）与御史大夫，只有武帝时曾四次亲自受计，其余朝并无皇帝受计的惯例。[①] 两府在受计结束前，要分别召见郡国计吏，并各自宣敕，告诫一番。两府召见的顺序，应是御史大夫在先，丞相在后。计吏在听罢丞相的敕之后，就要打道回府了。

西汉末年两府接见计吏的仪式与宣敕的内容，东汉初年卫宏的《汉旧仪》有详细记载。不过，《汉旧仪》全书最晚明代已经亡佚，现存实际只有一个来源，即四库馆臣从《永乐大典》辑录的二卷本与补遗一卷。孙星衍的辑本则是基于四库聚珍版的《永乐大典》辑本，并以两《汉书》、唐宋类

---

① 参侯旭东：《丞相、皇帝与郡国计吏：两汉上计制度变迁探微》，《中国史研究》2014年第4期，第99—119页。已收入本书。

书中的遗文校、补而成。① 两本内容大同小异。其他辑本或袭用孙辑，或在孙辑基础上再加补遗而已。②

关涉本文的部分最早见于《续汉书·百官志一》"司徒"条刘昭注补引《汉旧仪》③，此外，北宋孙逢吉（11 世纪后半期）《职官分纪》卷二《司徒》"建武二十七年去大"条注亦引此条④，明朝梅鼎祚（1549—1615 年）编《西汉文纪》卷四亦收录此敕，复见于《四库全书》所收《永乐大典》本《汉官旧仪》。有关仪式则见于《北堂书钞》卷七九《上计》⑤、洪咨夔（1176—1236年）《两汉诏令总论》⑥。

兹以点校本《后汉书·百官志一》"司徒"条刘昭注补引《汉旧仪》为底本，校以他书文字，底本无误则不出校，录文如下：

---

① 见孙星衍辑：《汉旧仪》叙录，收入孙星衍等辑：《汉官六种》，周天游点校，北京：中华书局，1990 年，第 61 页。

② 见周天游：《点校说明》，第 4—6 页，见孙星衍等辑：《汉官六种》。

③ 严可均辑《全汉文》卷九《哀帝》收有此敕，出处亦是《续汉书·百官志》，见严可均辑：《全上古三代秦汉三国六朝文》，北京：中华书局，1958 年，第 175 页。

④ 《职官分纪》是在咸平（998—1003 年）中谏议大夫杨侃所撰《职林》基础上扩充而成。据《职官分纪》秦观序与《玉海》卷一一九（扬州：广陵书社，2003 年，第 2200页）所言，《职林》集历代沿革，明道（1032—1033 年）中胡昉又加入唐代内容，元祐（1086—1093 年）中孙逢吉补充了宋代的内容，其中所引《汉旧仪》应该是录自杨侃《职林》，参罗祎楠：《孙逢吉〈职官分纪〉成书史事考略》，《史学月刊》2002 年第 9 期，第42—46 页。

⑤ 孙星衍《续古文苑》卷五辑录的《汉丞相遣郡国计吏敕》（影印本见《石刻史料新编》第四辑第二册，台北：新文丰出版公司，2006 年，第 72 页），则分别抄自《北堂书钞》卷七九与《汉旧仪》。此《汉旧仪》应是《四库》所收的永乐大典本，并据《后汉书》等核校过，文字与其所辑《汉官六种》中的《汉旧仪》只有两处不同，一为"论"讹作"谕"，一为"所治"误乙作"治所"。据《清史稿》本传，孙星衍乾隆五十二年（1787 年）以进士授翰林院编修，充三通馆校理，至五十四年。此间应有机会查阅《四库》。

⑥ 此《总论》出自洪氏所编《两汉诏令揽钞》，而被后人抄缀置于宋人林虙与楼昉编的《两汉诏令》篇首，见《四库全书总目提要》"两汉诏令"，《两汉诏令总论》之名亦出自《提要》。感谢马楠示知此点。王应麟（1223—1296 年）《玉海》卷六四"汉诏令总叙"（第 1200—1201 页）则基本抄自洪咨夔的《总论》。

哀帝元寿二年，以丞相为大司徒。郡国守丞①长史上计事竟，
遣。公②出③庭上，亲问百姓所疾苦。记室掾史一人大音④读敕，
毕，遣。⑤

敕曰："诏书数⑥下，禁吏无苛暴。丞史⑦归告二千石，顺⑧民
所疾苦，急去残贼，审择良吏，无任苛刻。治狱决讼，务得其
中。明诏忧百姓困于衣食，二千石帅劝农桑，思称⑨厚恩，有以
赈赡之，无烦扰⑩夺民时。今日公卿以下，务饬俭恪，奢侈⑪过制
度以益甚⑫，二千石身帅⑬有以化之。民冗食者请谨⑭以法，养视
疾病，致医药务治之。诏书无饰厨传增养食⑮，至今未变，又更

———————————

①　原作"守"，《职官分纪》卷二（《景印文渊阁四库全书》，台北：台湾商务印书
馆，1983年，第923册，第29页，下同）、《西汉文纪》卷四［据《景印文渊阁四库全
书》，第1396册，第267页，下同，核以北京大学图书馆藏明崇祯六年（1633年）刻
本，卷四第29页上—下，两者文字全同］同，据永乐大典本《汉官旧仪》卷上补"丞"
字（孙星衍等辑：《汉官六种》，第38页，下同）。

②　"公"，《汉官旧仪》卷上作"君侯"。

③　"出"，《汉官旧仪》卷上作"出坐"。

④　"大音"，《汉官旧仪》卷上作"大音者"。

⑤　此段标点有改动。

⑥　"数"，原作"殿"，《职官分纪》卷二、《西汉文纪》卷四同，据《汉官旧仪》卷
上改。

⑦　"史"，《西汉文纪》卷四同，《汉官旧仪》卷上作"长史"，《职官分纪》则无"丞史
归告二千石顺民所疾苦急去残贼审择良吏无任苛刻治狱决务得其中明诏忧"一段。

⑧　"顺"，《西汉文纪》卷四同，《汉官旧仪》卷上作"凡"。

⑨　"称"下《职官分纪》卷二有"德"字。

⑩　"扰"，原作"挠"，《西汉文纪》卷四同，据《职官分纪》卷二、《汉官旧仪》卷
上改。

⑪　"奢侈"，《汉官旧仪》卷上作"今俗奢奓"。

⑫　"以益甚"，《汉官旧仪》卷上作"日以益甚"。

⑬　"身帅"，《汉官旧仪》卷上作"务以身帅"（孙星衍等辑：《汉官六种》，第39
页，下同）。

⑭　"请谨"，《西汉文纪》卷四作"请谕"，《汉官旧仪》卷上作"谨"。

⑮　"厨传增养食"，原作"厨养"，《职官分纪》卷二、《西汉文纪》卷四同，据《汉
官旧仪》卷上改。

过度①，甚不称。归告二千石，务省约如法。且案不改者，长吏以
〔闻〕。官寺乡亭漏败，墙垣阤坏不治，无办护者，不胜②任，先自
劾不应法。归告二千石听。"

关于丞相召见上计吏的仪式，《北堂书钞》卷七九《设官部·上计》"大声上
答"条：

> 《汉书》：哀帝元寿二年郡国计竟发遣，司徒出迎，亲问百姓疾
> 苦。所计掾吏各一人音声大者上答。又读五条诏书，读敕毕，罢。③

此段记载与《续汉志》所引《汉旧仪》出入不少，其中提到各地计吏要选大
声者回答司徒的提问，正与司徒亲问相应，当是为《续汉志》引文所省略
掉的内容。而所读的敕为《五条诏书》，亦是《续汉志》所引忽略的一点。
此敕的内容应是诏书，尚有旁证。宋人洪咨夔《两汉诏令总论》在讲到"奉
行之序"时云：

> 郡国长史上计，丞相御史记室大音读敕毕，遣以诏书。④

此说当是对《汉旧仪》有关内容的概括，"遣以诏书"即指发遣仪式上大声
宣读的敕。其内容摘自诏书，且涉及五个方面，故称"五条诏书"。西汉
刺史行部"以六条问事"，循吏好为"条教"，以及王莽执政时颁布的"诏书
四时月令五十条"⑤，均是其比。孙星衍《续古文苑》卷五便根据《北堂书

---

① "又更过度"，《职官分纪》卷二、《西汉文纪》卷四同，《汉官旧仪》卷上作"或
更尤过度"。

② "胜"，《职官分纪》卷二、《西汉文纪》卷四同，《汉官旧仪》卷上作"称"。

③ 《汉书》误，当为《汉旧仪》。据《北堂书钞》卷七九，影印本，光绪十四年
南海孔氏刊本，北京：中国书店，1989年，第291页。孙星衍《续古文苑》卷五据影
宋本《北堂书钞》引此段，文字颇有出入。

④ 《景印文渊阁四库全书》第426册，第975页。

⑤ 详参中国文物研究所、甘肃省文物考古研究所编：《敦煌悬泉月令诏条》，北
京：中华书局，2001年，第4—8页。

钞》的记载将上引敕文细分为五条，兹依校订后的文字，按照孙氏的区分，分条列于次：

1. 诏书数下，禁吏无苛暴。丞史归告二千石，顺民所疾苦。急去残贼，审择良吏，无任苛刻。治狱决讼，务得其中。

2. 明诏忧百姓困于衣食，二千石帅劝农桑，思称厚恩，有以赈赡之，无烦扰夺民时。

3. 今日公卿以下，务饬俭恪，奢侈过制以益甚，二千石身帅有以化之。民冗食者请谨以法，养视疾病，致医药务治之。

4. 诏书无饰厨传增养食，至今未变，又更过度，甚不称。归告二千石，务省约如法。且案不改者，长吏以〔闻〕。

5. 官寺乡亭漏败，墙垣陁坏不治，无办护者，不胜任，先自劾不应法。归告二千石听。[①]

孙氏的划分基本可从，只是最后一句"归告二千石听"或许是整个五条诏书的结尾，要求将以上内容转告二千石，而不属于具体哪一条。

此五条诏书的内容涉及郡国治理的很多方面。第一条要求去残贼、择良吏、狱讼平，关注的是治理方针、用人与司法。第二条具体围绕如何治民，强调劝农桑、保证民时，出现灾荒要赈济。第三条强调公卿以下要俭朴恭敬，不得奢侈逾越制度，二千石要身体力行，以此劝化百姓。百姓有疾病要提供医药救治。第四条强调诏书要求不得整饬厨、传舍，增加饮食，至今未改，而实际上反复超过标准，很不相符，要求计吏回去转告二千石，务必依法节约减省。追查不加改正者，长吏要向上汇报。第五条涉及官府设施的维护，官寺、乡亭设施出现漏雨、破败，墙体毁坏不加修治，负责官员便是不胜任其职，要先自己举劾自己没有按照法

---

① 魏斌亦将此敕区分为五条，但第 3、4、5 条的划分与孙星衍略有不同，见所著《五条诏书小史》，武汉大学中国三至九世纪研究所编：《魏晋南北朝隋唐史资料》第 26 辑(2010 年)，第 13 页。

令行事。

以上内容，较之西晋以后皇帝接见计吏后颁布的"五条诏书"显得不那么系统化，更缺乏思想上的连贯性①，更多地体现了对郡国实际治理中暴露的问题的关注，带有更多的针对性。

这些内容虽然是以皇帝未驾临，仅司徒在场，并由记室掾史宣读"敕"的形式来传达的，其内容则是皇帝诏书的摘录与重申无疑，其中几次出现了"诏书"与"明诏"，代表了皇帝的一贯立场与想法。

此外，如学者指出的，《汉旧仪》的这段记载，实际是大司徒主持的敕戒上计吏仪式单，而敕文可能是某一时期固定使用的礼仪性戒敕。②此说很有道理。类似的礼仪性诏书《汉旧仪》还有保留，如神爵三年丞相初拜策与五凤三年正月御史大夫初拜策③，具体内容如下：

惟神爵三年十月甲子，丞相受诏之官，皇帝延登，亲诏之曰："君其进，虚受朕言。朕郁于大道，获保宗庙，兢兢师师，夙夜思过失，不遑康宁，昼思百官未能绥。於戏！丞相，其帅意无怠，以补朕阙。於戏！群卿大夫，百官慎哉，不勖于职，厥有常刑，往悉乃心，和裕开贤，俾之反本义民，广风一俗，靡讳朕躬。天下之众，受制于朕，丞相可不慎欤？於戏！君其诫之。"	大夫初拜，策曰："惟五凤三年正月乙巳，御史大夫之官，皇帝延登，亲诏之曰：'御史大夫其进，虚受朕言。朕郁于大道，获保宗庙，兢兢师师，夙夜思己失，不遑康宁，昼思百姓未能绥。於戏！御史大夫，其帅意尽心，以补朕阙。於戏！九卿、群大夫，百官慎哉！不勖于厥职，厥有常辟，往悉乃心，和裕开贤，俾贤能反本义民，靡讳朕躬。天下之众，受制于朕，以法为命，可不慎欤？於戏！御史大夫，其诫之。'"

两者文辞仿《尚书》体，与《史记·三王世家》中册封武帝三子的文辞相类，属策书无疑。两者内容几乎完全一致，差异除了称呼，基本限于个别字

---

① 关于此问题，参魏斌：《五条诏书小史》，《魏晋南北朝隋唐史资料》第 26 辑（2010 年），第 13—15 页。

② 魏斌：《五条诏书小史》，《魏晋南北朝隋唐史资料》第 26 辑（2010 年），第 8 页。

③ 两策名称据孙星衍：《续古文苑》卷五，《石刻史料新编》第四辑第二册，第 71、72 页。

词，上面用阴影标出，不难分辨，有实质性区别的一句是策御史大夫时提到"以法为命"，此应与其职掌有关。① 而据《汉旧仪》，两者分别是神爵三年(前59年)十月与五凤三年(前55年)正月对即将赴任的丞相与御史大夫颁布的策书，内容可以说是没有什么差别，具体是不是丙吉拜丞相，以及杜延年拜御史大夫时所用，并不清楚。两者均未出现丞相与御史大夫的姓名，与《三王世家》中实际的策书不同，更可能是某个年份之后，每次丞相与御史大夫之官时皇帝颁授的通用之词②，神爵三年与五凤三年或是初次行用的年份。③ 两者与上文所讨论的"五条诏书"可以为比。

五条诏书若是礼仪性戒敕，可能是某段时间内每年上计结束前反复宣读用的文本，其内容体现了这一时期内皇帝关于二千石治理郡国的要点。要想考证出此诏书最早究竟何时出现，可能性不大。也许它经历了一个不断丰富、调整的过程。至少我们知道，第三、四条在宣帝时均曾专门下过诏书④，加之宣帝本人十分重视二千石对郡国的治理，常称"庶民所以安其田里而亡叹息愁恨之心者，政平讼理也。与我共此者，其唯良二千石乎!"并拔擢重用循吏⑤，现在系于哀帝元寿二年的五条诏书很可能最后定型于宣帝时期，一直使用到哀帝朝。

这里令人感兴趣的是诏书第四条。在这样一个重要的场合，为何会

---

① 关于此问题，参侯旭东：《西汉御史大夫寺位置的变迁：兼论御史大夫的职掌》，《中华文史论丛》2015年第1期，第193—194页。已收入本书。
② 类似例子见《汉书》卷八三《朱博传》，朱博以御史为丞相，赵玄以少府为御史大夫，"并拜于前殿，延登受策"(北京：中华书局，1962年，第3409页)，即是如此。
③ 查徐锡祺《新编中国三千年历日检索表》(北京：人民教育出版社，1992年，第93页)与饶尚宽《春秋战国秦汉朔闰表》(北京：商务印书馆，2010年，第174页)，两表神爵三年十月朔日均为戊辰，核以甘肃敦煌悬泉汉简Ⅰ91DXT0309③：275出现了"元康五年三月癸未朔癸未"，Ⅱ91DXT0213③：71出现了"神爵五年二月庚寅朔"，与今人复原的历日相合，见郝树声、张德芳：《悬泉汉简研究》，兰州：甘肃教育出版社，2009年，第43页例7、第45页例2。据此，十月不应有"甲子"日，此诏的日期有误，原因不明，待考。
④ 参魏斌：《五条诏书小史》，《魏晋南北朝隋唐史资料》第26辑(2010年)，第13页。
⑤ 《汉书》卷八九《循吏传》序，第3624页。

专门提到"无饰厨传增养食"，涉及这样一类具体机构及其工作？

所谓"厨传"，《汉书·王莽传中》记载始建国二年冬，莽复下书曰："不持(布钱)者，厨传勿舍，关津苛留。"颜注云："厨，行道饮食处。传，置驿之舍也。"(99 中/4122)当时皇帝分布各地的行宫内亦有厨或共厨，主要为帝王提供祭祀用品和饮食①，诏书针对的当然不是这类厨，而是泛指分布帝国各地的负责接待公务外出官吏，为其提供饮食与住宿的设施。例如，位于敦煌郡效谷县境内的悬泉置，就下辖有"悬泉厨"与"悬泉传舍"，为过往官吏、使者以及西域诸国入汉贡献的使者提供食宿服务，附近的鱼离置、遮要置、龙勒置、广至置与渊泉置亦设有"厨"②，这类设施当时遍及全国。传舍的分布亦如此。③ 这些机构数量虽多，但规模不大，官吏秩次甚低，一般主管者官不过啬夫，秩级也就百石甚至更低④，在帝国整个官吏队伍中微不足道，以至《汉书·百官公卿表》《续汉书·百官志》等论述官制时并未正面提及。

"养食"中的"养"指做饭或做饭之人⑤，"养食"连用，当指饭食。"厨

---

① 一些汉代铜器铭文中出现了"某某共厨""某某厨"或"某某共"，所铭器物以鼎为主，考铭文出现的地名，多集中在三辅，亦有见于河东郡、弘农郡和陇西郡的，这些共厨是为帝王提供祭祀用品与饮食所需，亦被认为"也许其他地方亦有厨官"，见徐正考：《汉代铜器铭文综合研究》，北京：作家出版社，2007 年，第 226—231 页。

② 参张德芳：《悬泉汉简中的悬泉置》，收入郝树声、张德芳：《悬泉汉简研究》，第 28—29 页。

③ 参王子今：《秦汉交通史稿》(增订本)，北京：中国人民大学出版社，2013 年，第 455—457 页；侯旭东：《传舍使用与汉帝国的日常统治》，《中国史研究》2008 年第 1 期，第 65—69 页，已收入本书。

④ 参裘锡圭：《啬夫初探》，收入所著《古代文史研究新探》，南京：江苏古籍出版社，1992 年，第 444 页。张家山汉简《二年律令·秩律》规定"长安厨长，秩各三百石"(简 465—466)，一般"都市亭厨有秩者……秩各百廿石"(简 471—472)。

⑤ 参沈刚：《居延汉简语词汇释》"养"条，北京：科学出版社，2008 年，第 188 页；孟建升：《西北出土汉简中所见的"养"及其相关问题的研究》，硕士论文，何海龙指导，桂林：广西师范大学历史文化与旅游学院，2012 年，第 20—21 页；张新俊：《张家山汉简〈奏谳书〉中的"养"及相关问题》，甘肃简牍博物馆、西北师范大学历史文化学院编：《简牍学研究》第五辑，兰州：甘肃人民出版社，2014 年，第 66—77 页。

传"与"养食"指是西汉时期官办的公务接待机构及其主要花费。如前所述，此条意在强调实际运转中，或整饬/装饰厨传，或增加饭食的做法一直没有改变，花费超标，要求务必节俭行事。诏条中所谓"诏书无饰厨传增养食，至今未变，又更过度，甚不称"，指此前曾颁下要求整改此类行径的诏书，但没能得到严格执行，如学者所言，宣帝元康二年（前64）五月诏，其中就提到：

> 或擅兴繇役，饰厨传，称过使客，越职逾法，以取名誉，譬犹践薄冰以待白日，岂不殆哉！（汉书8/256）

宣帝已然对此类现象提出批评。这里针对的主要是擅自兴发繇役，整饬/装饰厨传，来满足接待使者过客，逾越职分与律令，以邀取名誉，没有提到提高饭食标准。① 能引发皇帝下诏专门就此问题加以批评约束，说明此时此风蔓延以及危害都已达到相当严重的地步。

这一告诫相当具体乃至细碎，显非治理郡国的原则，无法与五条诏书中前面三条相提并论。如此内容却收入针对计吏的敕，与为政方略一道年年宣读，并要求转告府主，是小题大做吗？一定不是。在皇帝与丞相心目中，此弊恐怕已经滋长到危害国政的程度，无法容忍，不得不在如此重要场合当众再三叮嘱。同时，随着这一内容变成礼仪性戒敕的一部分，似乎也在暗示问题并没有随着丞相反复宣读皇帝的诏书而明显改善，暴露出皇帝自身的力不从心。

皇帝为何对厨传与养食的花费如此关注？我们不能不顺着皇帝的目光，去看看这些无足轻重的机构及其开销。

---

① 颜师古在《汉书》卷八《宣帝纪》此诏的注释中引韦昭注称"厨谓饮食，传谓传舍"（第256页），释厨为饮食，不甚确切。杨树达指出："过使客谓经过其地之使者与客。此言整洁饮食及传舍以称经过其地之使者与宾客之意耳。颜说非。"见所著《汉书窥管》卷一，上海：上海古籍出版社，2006年，第72页。实际上杨树达的解释亦不尽正确，"过"应作动词"接待"解。

二、西汉末年传置年度招待开支的估算

秦汉帝国建立后，为维持有效的统治，均设立了遍及境内各地的邮传系统，以保证文书传递与人员往来的顺畅进行。[①] 就现有资料看，从秦到汉，这一系统经历了分化与完善的过程，时间可能是在西汉初年。

秦代各地主要设邮亭与县舍（传舍），开始设立部分驿、厩与置[②]；西汉初，则发展为邮（亭）、驿、置、厩与县传舍并存，分布上也更合理。

———————

① 参陈伟：《秦与汉初的文书传递系统》，原刊藤田胜久、松原弘宣主编：《古代東アジアの情報伝達》，东京：汲古书院，2008年，收入所著《燕说集》，北京：商务印书馆，2011年，第362—382页；侯旭东：《传舍使用与汉帝国的日常统治》，《中国史研究》2008年第1期，第61—82页；胡平生：《评"传置与行书无关"说》，收入所著《胡平生简牍文物论稿》，上海：中西书局，2012年，第253—259页；王子今：《秦汉交通史稿》（增订本），第449—464页。秦代沿途县乡为出差官吏提供食宿的制度，可参里耶秦简5-1、8-110＋8-669、8-169＋8-233＋8-407＋8-416＋8-416＋8-1185，见陈伟主编：《里耶秦简牍校释》第一卷，武汉：武汉大学出版社，2012年，第1、64、102页。相关研究见邬文玲：《里耶秦简所见"续食"简牍及其文书构成》，《简牍学研究》第五辑，第1—8页。

② 秦代"传舍"封泥，见刘瑞编著：《秦封泥集存》上册，北京：中国社会科学出版社，2020年，第148页。陕西临潼秦始皇陵西侧赵背户村秦代居赀墓地13号墓出土的瓦文出现了"平阳驿"，见秦始皇陵秦俑坑考古发掘队：《秦始皇陵西侧赵背户村秦刑徒墓》，《文物》1982年第3期，第7页；陕西省考古研究所、临潼县文物工作队编：《秦陵徭役刑徒墓》，西安：陕西旅游出版社，1992年，第28、31页。睡虎地秦简《厩苑律》与秦代出土的封泥中有不少与"厩"有关的内容，如"泰厩丞印""章厩丞印""宫厩""都厩""中厩""左厩丞印""小厩丞印""御厩丞印""官厩丞印""下厩"等。见周晓陆、路东之：《秦封泥集》，西安：三秦出版社，2000年，第183—198页；傅嘉仪：《秦封泥汇考》，上海：上海书店出版社，2007年，第29—45页。这些均是服务于皇帝或中央官署的厩。地方上亦开始建立"厩"，夏侯婴在秦代就曾担任过"沛厩司御"（《史记》卷九五《夏侯婴传》，第2663页），但普及的程度与范围尚不清楚。关于秦代的"置"，高荣搜集到一些文献中的证据，可参，见所著《论秦汉的置（上）》，《鲁东大学学报（哲学社会科学版）》29卷5期（2012年9月），第60—61页。

岳麓书院秦简《三十四年质日》三月己巳日注"治传舍"，里耶秦简8-801始皇卅年"作徒簿"，提到两位仗城旦"治传舍"，应该就是"某县舍"。分别见朱汉民、陈松长主编：《岳麓书院藏秦简（壹）》，简0633，上海：上海辞书出版社，2010年，第14页；陈伟主编：《里耶秦简牍校释》第一卷，第229页。

随着帝国疆域的四下扩展，这几套机构亦不断向外延伸，具体设置上亦有为节省开支而并置一处承担多种功能者，亦有分别设立者。①

从里耶秦简的地名里程木牍看，当时里程远近均是以两个县之间的距离来累计的②，其时尚没有普遍在县治所之外的道路沿线设有专门保障人员食宿的机构——如汉代的置——距离较远的两县之间会设有若干"邮"或亭，但其主要任务是负责传递文书，供应往来官吏食宿只是附带为之，条件应该有限。③为外出官吏提供食宿主要应由沿途的县与乡来完成④，因而，里耶秦简所见类似西汉传文书的木牍上注明的均是"谒告过所县乡以次续食"（秦二世元年七月，简5-1），普遍设立专门保障往来官吏使者等的食宿与交通的"置"应该主要是西汉的发明。

这些官办机构中的人员多半为官吏，有些，如邮人，则是征发当地

---

① 河西四郡便是统一设"置"，下辖多个机构，承担多重任务，东海郡传舍、置与邮则是相互有别的机构，参侯旭东：《传舍使用与汉帝国的日常统治》，《中国史研究》2008年第1期，第63页。

② 参张春龙、龙京沙：《里耶秦简三枚地名里程木牍略析》，武汉大学简帛研究中心主办：《简帛》第一辑，上海：上海古籍出版社，2006年，第265—274页。

③ 另可参北京大学藏秦简中的《道里书》，见辛德勇：《北京大学藏秦水陆里程简册的性质和拟名问题》，武汉大学简帛研究中心主办：《简帛》第八辑，上海：上海古籍出版社，2013年，第20—21页。如秦代南郡治江陵县到竟陵县之间就有"黄邮"可供住宿，湖北荆州周家台三十号墓出土的《秦始皇三十四年历谱》二月丁未、戊申与己酉三天的记录，见湖北省荆州市周梁玉桥遗址博物馆编：《关沮秦汉墓简牍》，北京：中华书局，2001年，简11—13第三栏，图版，第12页，释文，第93页。并参《二年律令·行书律》简267，西汉初年犹是如此。

④ 湖北荆州周家台三十号墓出土的《秦始皇三十四年历谱》中，墓主人宿的地点除了江陵、竟陵两县与若干难考位置的小地名之外，还有两个乡，如二月丁酉"宿井韩乡"，同月"庚戌宿都乡""甲寅宿都乡"，另外，二月"戊申宿黄邮"，还有一晚宿铁官，二月辛亥日，就没见到"置"，见湖北省荆州市周梁玉桥遗址博物馆编：《关沮秦汉墓简牍》，图版，第11—17页，释文，第93—96页。关于这些地点的今址，目前多无定论，新近的研究可参郭涛：《周家台30号秦墓竹简"秦始皇三十四年质日"释地》，《历史地理》第26辑，上海：上海人民出版社，2012年，第242—248页。另，岳麓书院秦简《三十五年私质日》中墓主人自南郡往返咸阳的行程中"宿"的地点亦是如此，未见"置"，只有县（如当阳、销、邓、丽、析、戏等）、乡（如杏乡、箬乡、博望乡、高平乡）与邮（如临沃邮、康口邮），还有一"关"。见朱汉民、陈松长主编：《岳麓书院藏秦简（壹）》，第19—24页。

百姓来充任，而其花销则依靠当地官府的供应。这是为维护统一帝国的持久存在所不得不付出的代价。至于每年这些机构的实际花费，现在已无从知晓，当时恐怕也没有专门的统计。不过，我们可以根据汉代的情况作一粗略的推算。如果能够知道汉代传、置的数量以及每个传、置一年的基本开支，就可以估算出一年此类机构的花费。张家山汉简《二年律令》、江苏东海县的尹湾汉简以及甘肃敦煌悬泉汉简提供了不同侧面的资料，加上《汉书·地理志》的基本数据，这一推算的基本条件已经具备。以下就此问题作一探讨。①

首先，估算采用的年代是西汉末年，大体以《汉书·地理志》所载资料的年代为准，即元延年间。其他资料不少亦是西汉末年的，相互之间亦大体吻合。

其次，关于汉代全国传、置的数量。《汉书·地理志下》云："讫于孝平，凡郡国一百三，县邑千三百一十四，道三十二，侯国二百四十一。"县级机构一共1587个，与《百官公卿表上》的说法一致。从东海郡看，当时县级机构均应设有传舍②，全国应有1587个传舍。此外，同一交通线上相距较远的两邻县治所之间还会居间另设"置"，以保障来往官吏的食宿与交通。③

据居延新简 EPT59：582"里程简"，从长安出发西北行，在茂陵与

① 郭浩曾讨论过此问题，不过，并没有推算出具体的费用，见所著《汉代地方财政研究》第四章二"地方邮传费用"，济南：山东大学出版社，2011年，第180—195页。
② 侯旭东：《传舍使用与汉帝国的日常统治》，《中国史研究》2008年第1期，第68页。悬泉汉简中亦出现了多个传舍，有效谷传舍、悬泉传舍、遮要传舍、鱼离传舍、冥安传舍、敦煌传舍、渊泉传舍、氐池传舍、觻得传舍和高平传舍等，见张俊民：《悬泉汉简所见传舍及传舍制度》，《鲁东大学学报（哲学社会科学版）》27卷6期（2010年11月），第83页引诸简。
③ 河西四郡常常是"传舍"附属于置，即便是设于县治所时亦如此，所以在悬泉简中出现了"渊泉置"与"渊泉传舍"，两机构均应设在"渊泉县"治所所在地，甚至很可能如悬泉置一样，传舍属于置的下属机构。这应是为节约开支而作出的安排。此外，西汉边郡都尉所属的屯戍系统下还有不少候官，驻守帝国的万里边陲，与县秩级相当，数量亦可观。不过，候官障城设有"邸"，可临时住宿，且沿途有烽燧，亦可借宿栖身，无须专门设立"置"。这类候官未计入以下的统计。

好止(畤)之间就有"茯置",好止再向西北七十五里,另有"义置";在安定郡境内,泾阳县与高平县之间则有"平林置";张掖郡内,媪围与觻里之间有"居延置",日勒县与屋兰县之间有"钧耆置"。敦煌悬泉出土的里程简Ⅱ90DXT0214①:130中张掖郡的昭武县到酒泉郡的表是县之间有"祁连置",酒泉郡县置十一,共六百九十四里。而敦煌郡内从东到西有九个置,知其名者七所,四个位于县治所,即渊泉置、广至置、效谷置与龙勒置,三个居间,即鱼离置、悬泉置与遮要置。① 不仅人烟稀少的帝国西陲如此,百姓辐辏的东部发达地区亦如此。尹湾汉简《元延二年日记》中十月辛卯(3 日)立冬"从卿之羽,宿博望置"②,《汉书·地理志上》"东海郡·祝其"县条下注云"《禹贡》羽山在南,鲧所殛"(28/1588),羽或许就是指羽山。谭图将其标注在郯县东。此置当在附近,但不在羽本地,因为墓主师饶二月三、四日二晚均宿过羽。此例表明东部地区同样会因两县距离过远,居间设立专门的"置"提供住宿。

考居延与悬泉汉简提供的设"置"所在两地之间的距离,从 100 汉里到 180 汉里不等③,酒泉郡则是平均 63 汉里一置,两县距离平均为 126 汉里。取其居中的数据,如果两县之间距离超过 130 汉里(1 汉里＝415.8 米④,合 54.054 公里),其间就应设一个置。⑤ 以此距离为标准,

<hr>

① 参郝树声、张德芳:《悬泉汉简研究》,第 20—22、106 页。名称不详的两个置很可能是敦煌置与冥安置。

② 竹简 48,见连云港市博物馆、东海县博物馆、中国社会科学院简帛研究中心、中国文物研究所编:《尹湾汉墓简牍》,北京:中华书局,1997 年,图版,第 64 页,释文,第 141 页。

③ 具体如下:昭武—表是,131 里;茂陵—好止,110 里;泾阳—高平,140 里;媪围—觻里,180 里;日勒—屋兰,100 里。高荣认为汉代设置不存在统一的道里标准,的确如此,见所著《论秦汉的置(下)》,《鲁东大学学报(哲学社会科学版)》29 卷 6 期(2012 年 11 月),第 64 页。这里使用的 130 里不过是个估算的拟值。

④ 1 西汉尺＝23.1 厘米,据丘光明:《中国历代度量衡考》,北京:科学出版社,1992 年,第 54 页。

⑤ 据高村武幸估算,尹湾汉墓主人师饶平均日行距离为 30—40 公里,居延地区则为 30 公里,见所著《漢代の地方官吏と地域社会》,东京:汲古书院,2008 年,第 163—164、166 页。

观察《中国历史地图集》第二册中西汉部分各刺史部的详图，再结合主要
交通线的位置，可以发现：中原地区，郡县位置亦不平均，有些相距较
远，不得不居间另设住宿机构；而中原以外的边郡，郡县更为分散，相
距甚远，很多地区都需要另设"置"。

水路，据新披露的北京大学藏秦水陆里程简，规定了四季不同时节
在江、汉、涢水与其他小水上每日行船的距离，还要区分上水与下水、
重船与空船。[①] 如研究者所言，这些应是录自官方规定，可以视为秦代
关于南方水路日均行程的标准。不过，对水路而言，可不必另外沿水
道设立接待设施，船舱本身就可以附带提供住宿。[②] 如果沿陆路，则需
要相应的配套接待设施。而据里耶秦简，当时是水陆并用；湖南郴州
出土的西晋简亦记载了不少当时桂阳郡下各县邮、亭与驿，以及相邻
县界间的陆路里程，还数次出现"不在正路，依己卯诏书省"（如简1-6、

---

① 兹据辛德勇文转录具体规定如下：

类别			季节		
			夏	春秋	冬
江水汉水涢水	重船	上水	80里	70里	60里
		下水	140里	120里	100里
	空船	上水	100里	85里	70里
		下水	160里	140里	120里
它小水	重船	上水	60里	45里	40里
		下水	80里	60里	53里
	空船	上水	70里	50里	50里
		下水	110里	80里	74里

以上据辛德勇：《北京大学藏秦水陆里程简册的性质和拟名问题》引简 04—211、
04—219、04—052、04—054、04—053、04—046（见《简帛》第八辑，第 17—18 页），
未见图版，释文未做校正。
② 关于南方水路交通情况，可参金秉骏：《中国古代南方地域の水運》，藤田胜
久、松原弘宣编：《東アジア出土資料と情報伝達》，东京：汲古书院，2011 年，第
169—204 页。

2-359)①，说明当地存在陆上交通线，尽管当地北有耒水，南达溱水。时代稍晚的《宋书·州郡志》中，很多州郡下均记录了至京都建康的水、陆路的里程，可见即便是立足江南水乡的政权，也还要水陆兼顾，汉代江南恐怕也是如此。其实，北大藏秦简《里程书》就分别记载了南郡周边的水陆两途的里程②，《汉书》注引用过的《茂陵书》记载了若干南方郡至长安的里程③，应该是陆路的道里。《续汉书·郡国志》各郡条下多半记录了距离洛阳的里程，其中包括很多南方的郡，恐怕均属陆路的距离。④还有很多水路早年未必能行船，河道要经过较长时间的整治，如排除礁石等，才堪使用。⑤

　　基于以上考虑，本文以谭图为依据⑥，按照刺史部分别具体估算一下在县级治所之外设立"置"的数目。

　　与此密切相关的是汉代国内道路的分布。考虑到诏书之类文书的下达是逐级进行的，即在皇帝制曰可之后，经御史大夫下达给丞相，丞相下发给朝中的将军、二千石官员以及郡国的守、相，再由守、相向下属

---

① 见湖南省文物考古研究所、郴州市文物处：《湖南郴州苏仙桥遗址发掘简报》，湖南省文物考古研究所编：《湖南考古辑刊》第 8 集，长沙：岳麓书社，2009年，第 98—102 页。

② 参辛德勇：《北京大学藏秦水陆里程简册初步研究》，《出土文献》第四辑，上海：中西书局，2013 年，第 177—279 页。

③ 如"象郡治临尘，去长安万（"万"字恐衍——引者注）七千五百里"（《汉书》卷一下《高祖纪》"五年春正月"师古注引臣瓒曰，第 54 页），"珠崖郡治瞫都，去长安七千三百一十四里"，"沈黎治筰都，去长安三千三百三十五里，领县二十一"（《汉书》卷六《武帝纪》"元鼎六年"注引臣瓒曰，第 188、189 页），等等。

④ 关于到战国时代，水路运输的局限性，参陈彦良：《战国迄汉初区域交通和市场网络》，《台湾师大历史学报》第 34 期（2005 年 12 月），第 14—16 页。

⑤ 武帝时淮南王刘安上书谏伐闽越时就曾指出"水道上下击石""领水之山峭峻，漂石破舟"（《汉书》卷六四上《严助传》，第 2779、2781 页）；唐蒙上书谈到通往南粤的水路时，亦说"今以长沙、豫章往，水道多绝，难行"（《史记》卷一一六《西南夷列传》，第 3839 页）。应不仅是进入闽越的水道如此，其余未经长时间开发整治的水道均面临此类问题。

⑥ 2013 年 12 月请教复旦大学历史地理研究中心李晓杰教授，目前尚无更新、更准确的汉代县级机构位置的地图资料，姑且依据谭图。

的县、道、邑与侯国下发，同时还要下发给诸都尉。① 另，郡国的长吏每年春天要"行县"，巡视属县，郡吏也会随时到属县公干，县级机构每年末还要向郡上计，汇报工作②，郡治所所在一定有道路（无论水陆）连通下属各个县级机构以及都尉的治所。当然，因山形水势的限制，郡内的道路未必均会呈现以郡治为中心的环状放射布局，其中，各地的大小河谷往往是地区间交通的重要孔道。还有，道路一旦修通，往往会沿用数百甚至上千年，因此，后代记载较详的道路，往往早年已经出现。这里也可借用唐代，乃至更晚一些的资料来帮助确认汉代的道路走向。

根据上述前提与条件，具体测算结果是至少需要另外设"置"470 个（以郡为单位的详细分布与统计，见文末附录一），与县邑侯国合计为2057 个。

进言之，为了更准确地估算西汉末年传置的接待费用，还需要根据传、置与交通线的关系做出进一步的区分。重要交通孔道沿途的传、置日常接待过往官吏、使者任务繁重，开销更大，郡治所在县亦是如此，两者均应单独核算。根据历史交通地理与考古学的研究，现在可以大致复原出西汉时期国内主要交通线③，详见文末附录二。沿途经过的县、置一共 519 个。

---

① 大庭脩：《秦汉法制史研究》第三篇第二章"居延出土的诏书册"，林剑鸣等译，上海：上海人民出版社，1991 年，第 202—210 页；张俊民：《悬泉汉简诏书分类研究》，"中国古文书学国际研讨会"论文，北京：中国社会科学院历史研究所，2014 年 10 月 30—31 日，第 6 页。上行则沿相反的途径，秦代便是如此。迁陵县与洞庭郡之间的文书往来，见藤田胜久：《里耶秦简所见秦代郡县的文书传递》，《简帛》第八辑，第 179—194 页。

② 河南平舆县北的古城村（汉代汝南郡治）最近发现的汝南郡秦汉封泥就是一证，出土地点为东汉时期的汝南郡治所官府所在，封泥则包括了几乎所有汝南郡所属县级机构，还有朝廷与其他郡、县的封泥，可见其间存在文书往来，必然有相互连通的道路，亦确证平舆为汝南郡治，见王玉清、傅春喜编著：《新出汝南郡秦汉封泥集》，上海：上海书店出版社，2009 年。

③ 最系统详尽的研究见谭宗义《汉代国内陆路交通考》（香港：新亚研究所专刊，1967 年），一共考证出 22 条陆路交通线。不过，当时考古资料有限，亦无谭图作参考，一些具体地点与路线走向的考订不尽准确。其后的相关研究很多，随文出注。

传、置的接待任务与花费，亦可据文献以及出土简牍做些估算。

据考，官吏与使者外出的目的主要包含如下内容：到郡或朝廷上计；守、相的行县、刺史行部以及郡吏的视察、案事、追捕案犯；人员（戍卒、卫士、徭役、系囚、证人、外国使者）的迎送与物资（钱、粮食与贡品、工官的产品）的调运，因公购买物品；朝廷官吏到各地祭祀、案事郡县、过路军队、使者经过、官员军吏的迁徙调动、官吏的縣使、外国贡献等①；还有刑徒因赦免还乡，按照律令规定，亦需沿途提供口粮②。

其中一些，如郡国或朝廷官吏案事、郡吏视察、追捕案犯、迎送系囚与证人、因公购买物品、使者路过、官员的迁徙调动、官吏的縣使，反复发生，时间却非固定，属于随机出现的日常事务；还有一些限于某些地区与道路的事务，如军吏的迁徙调动、外国贡献与迎送外国使者，恐怕集中出现在边郡以及边郡通往长安的道路，尤其是西域与长安之间；余下的则是定期发生的日常事务。

这些事务加在一起，按年度计算究竟有多少，无以确知，只能利用各种线索做些推测。

一般郡县的情况，使用县传舍与置的频率和次数，只能利用个别资料加以估计。据尹湾汉简《元延二年（前 11 年）日记》，墓主人师饶该年中曾先后有 80 晚在传舍（37 晚）、亭（29 晚）、置（1 晚）、邮（1 晚）等官办机构中住宿。③ 这些天的活动应该属于公务，至少是打着公务的旗号。其中九次为郡内出差，六次是到郡外——周边的楚国、琅琊郡（途经城阳国）出差，仅楚国就去过四次，彭城传舍一处就至少先后居住过 19 晚。若按照郡内、郡外出差的划分，郡内出差曾在外住宿 17 晚，余下的 63

---

① 参侯旭东：《传舍使用与汉帝国的日常统治》，《中国史研究》2008 年第 1 期，第 69—81 页；《西北汉简所见"传信"与"传"》，《文史》2008 年第 3 辑（总第 84 辑），第 23—27、31—33 页。

② 据肩水金关简 73EJT3：55，见甘肃简牍保护研究中心等编：《肩水金关汉简（壹）》上册，上海：中西书局，2011 年，第 67 页。

③ 住宿在以上四类机构的天数合计为 68 晚，另外还有 12 晚，因简文残缺，不明，但据前后日子的行程推定应住宿在此类机构中，最终合计为 80 晚。

晚（其中 13 晚在东海郡内的机构，50 晚在外郡的相应机构）则是因出差郡外而致。①

据尹湾汉简的名谒以及悬泉简中的邮书记录、郡县签发的传信，郡与其他郡县间的公务及官吏间的私人往来颇多②，而当时长吏不能随意出界③，这些往来任务均由属吏完成。因此，郡吏要到外郡出差，是其正常工作。

不过，师饶此年到外郡，特别是在楚国逗留的时间有些长，如二月十五日—三月六日到楚国，至少 9 晚宿南春亭，三月廿五日—六月三日之间到楚国出差，先后在彭城传舍住宿了 15 晚（另外宿南春宅 23 晚，未计在 80 晚内），并不寻常，所以他一年中出差外郡所致的 63 晚住宿不能算是正常情况。其他 4 次到郡外出差在外住宿的日期分别为 11、6、5（?）、7 晚。④ 若以一次 5 晚计，6 次合计 30 晚来体现一年中一般到外郡出差住宿的天数，与郡内的 17 晚合计，一年中因公务外出住宿的天数为 47 晚（其中在东海郡的机构住宿天数为 17＋13＝30 晚）更接近正常情况。

以此为基准，来计算一下东海郡所有郡吏一年公务外出住宿的天数。按木牍 2 正，太守府员吏 27 人，都尉府 12 人，除去太守、都尉及丞，则分别为 25 人及 10 人。不过，这只是编制内的人数，据木牍 5 反，当时太守府实际在职的府吏为 93 人。这些府吏职掌繁杂，是否都会外出公务？从上引《日记》看，此年中师饶先后担任过法曹（七月十五日）、□曹

---

① 《尹湾汉墓简牍》，图版，第 61—66 页，释文，第 138—144 页；侯旭东：《传舍使用与汉帝国的日常统治》，《中国史研究》2008 年第 1 期，第 65—74 页。

② 文书往来可参胡平生、张德芳：《敦煌悬泉汉简释粹》例 109（Ⅴ1611③：308）、例 221（Ⅵ91F13C①：25），第 91、155 页，并参张俊民《〈敦煌悬泉汉简释粹〉校读》（2007 年 2 月刊发在简帛研究网 http://www.jianbo.org/admin3/2007/zhangjunmin001.htm）。

③ 《后汉书》卷七七《酷吏·李章传》，第 2493 页。程树德《九朝律考》卷一《汉律考五·律令杂考下》"出界"条收录了六条相关记载，可参（北京：中华书局，1963 年，第 118 页）。

④ 参侯旭东：《传舍使用与汉帝国的日常统治》，《中国史研究》2008 年第 1 期，第 72 页表。

书佐(八月廿八日)与功曹(十月十九日),此前担任职务不明,任四职期间均曾出公差。另据笔者对悬泉简中郡签发传信的分析,实际承担外出工作的属吏类型亦颇多[1],因此,假定太守与都尉两府的属吏均如师饶一样承担类似的公务外出任务,则所有郡吏一年外出住宿的天数为(93＋10)人×47晚＝4841晚,其中在东海郡机构住宿的天数为(93＋10)人×30晚＝3090晚。

东海郡有38个县邑侯国,则有38个传舍,外加1个置(博望置),减去郡治郯县的传舍,平均在每个传舍住宿的天数为3090晚÷38个＝81.3晚/个≈81晚/个,这只是郡吏一年中住宿在该郡传舍的平均天数。[2] 此外,还有属县的县吏以及朝廷与其他郡县官吏路过或到该郡公干住宿该郡的传舍,假定这几种情况下住宿传舍的天数与郡吏使用的天数相当,则东海郡的传舍一年中的接待任务为81×2＝162晚。

关于东海郡内的交通路线,根据尹湾汉简木牍1与2,该郡设"邮"34,并在6个县级机构设"邮佐"(下邳2、郯2、费2、利成1、临沂2、兰旗1[3]),途经此6个县级机构的道路应是主要邮路,故设有邮佐。从地图看,此六处形成以郯县为中心的环状布局,仅郯县正东方向没有主要邮路。到彭城的邮路则是南下经过下邳,西转经吕县。此条南北走向

---

[1] 侯旭东:《西北汉简所见"传信"与"传"》,《文史》2008年第3辑(总第84辑),第18页。

[2] 据《元延二年日记》,师饶外出还有29晚在亭、1晚在邮中住宿。这里为简化计算,将两者的天数归并到"传舍"中统一计算。这些机构亦分别归属相应的县邑侯国管辖,所需费用亦由属地负担,因而这里的简化并不影响以县为单位的最终计算结果。

[3] 《尹湾汉墓简牍》,图版,第13、14页,释文,第77、79—84页;"临沂"原释文作□□,据张显成、周群丽《尹湾汉墓简牍校理》补(天津:天津古籍出版社,2011年,第11页)。谭图未标注"兰旗"的位置,据郑威研究,极有可能位于山东枣庄市台儿庄区兰城店乡的兰城城址,附近并发现有汉墓,见所著《西汉东海郡的辖域变迁与城邑分布》,《历史地理》第25辑,上海:上海人民出版社,2011年,第178—179页,此说可从。从陆路交通看,此地处于郡治郯城西通鲁国、山阳郡的交汇处,设有邮佐正当其处。马孟龙的看法同此,见所著《西汉侯国地理》,上海:上海古籍出版社,2013年,第475页。

的邮路恐怕亦是经利成，北达琅琊郡、高密国，南连临淮郡与广陵国的大道。①

值得注意的是，据《元延二年日记》，该年师饶四次赴彭城，只有一次循此路，其他三次均未经过下邳，或是经武原，或是直接从郯县至吕县。② 看来，在平原地区，尽管存在朝廷设置的邮路，但因县级设置多、道路交错，大道之外，还有各种间道、便道，各种接待机构密布，官吏出行道路往往有不同选择，未必一定取道交通干线或邮路，因此，在估计东部平原地区传舍接待任务时，不再依据是否位于交通线来划分接待任务的数量与等级。山区、丘陵或人迹罕至的边地，则继续考虑与交通线的关系。

如果将附录二所收的交通线绘制在西汉时期的历史地图上（见本书附图），可以看到当时以长安为中心的路网分布情况，同时，根据具体道路是由多少条路汇聚而成，可以推知其承担的交通与接待任务的多少。如果将交通线之外的郡、县的接待任务量视为 1，起始段的交通线，如西南地区的邛都（越嶲郡治）—江原段（成都的前一个县）的 11 个传、置的接待任务量应为 2，同样属于此路另一分支的味县—武阳段（成都的前一县）的 20 个传、置的接待任务量亦为 2。两条分支在成都汇合后，到下一汇合点葭明之前的"某置"，共 8 个传、置，接待任务为（2＋2）＋1＝5。而江州（巴郡治）—某置（葭明前一置）的 11 个传、置的接待任务亦为 2，葭明至"某置"（渭河道上的西边起第二置，与褒斜道汇合前一置）的 11 个传、置，接待任务量则为（5＋2）＋1＝8。长安以西的渭河道西通西域，时称"空道"，任务繁多，其接待任务多于一般的要道，任务量计为 4，

———————————

① 1980 年发掘的江苏邗江胡场 5 号汉墓出土木牍中的"日记牍"中就记载了堂邑与高密之间的往来，见扬州博物馆、邗江县图书馆：《江苏邗江胡场五号汉墓》，《文物》1981 年第 11 期，第 17、18 页。有关研究见高村武幸：《漢代の地方官吏と地域社会》，第 174—176 页。

② 师饶六次赴外郡的具体路线图，参高村武幸：《漢代の地方官吏と地域社会》，第 138 页图 I。

则龙勒—小张掖的 29 个传、置任务量为 4。自小张掖始，此道分作南北两途，北线经安定郡至长安[揗(偱)次—茂陵的 23 个传、置]，南线经金城郡、陇西郡至长安(鸾鸟—虢县的 22 个传置)，每线所经传、置的接待任务则为 2＋1＝3。其中南线虢县以东某置至槐里的道路(4 个传、置)，则汇聚了来自西域与巴蜀的两条道路，以及褒斜道，其接待任务量为 8＋2＋1＋1＝12。

其他地区的接待任务亦依此类推，唯一有别的是，若当地有数条道路时，接待任务量则平均到各条上，如从番禺(广州)北上至长沙的道路，中间分为三途，则具体根据分支情况计算：

番禺经郴县(桂阳郡治)—耒阳(酃县前一县)的 12 个传、置为 1。

番禺—某置(广信的前一置)的 8 个传、置为 1。

广信经始安至某置(泉陵的前一县)的 14 个传、置为 1.5＋1＝2.5

某置(广信后一置)经经富川至某置(泉陵的前一置)的 11 个传、置亦为 1.5＋1＝2.5。

泉陵—钟武(酃县的前一县)的 5 个传、置则为(2.5＋2.5)＋1＝6。

酃县—棘阳(宛县的前一县)的 22 个传、置则为 6＋1＝7。

到宛县后复分为三途，不过，经武关至长安一线最为近便，亦使用最多，余下取道洛阳的道路应使用较少。前者计为 5，后两途各计为 1。

宛县(南阳郡治)经武关至蓝田(霸陵的前一县)的 12 个传、置则为 5＋1＝6。

宛县经鲁阳至某置(洛阳的前一置)的 6 个传、置则为 1＋1＝2。宛县至襄城(阳翟的前一县)的 6 个传、置[①]亦为 1＋1＝2。

以上仅是示例。所有各线内各段的接待任务量均标注在附录二中，按接待量统计的传、置数量则见下表。

根据附录三的计算结果，可以将西汉末年全国范围内的传、置，按

---

① 宛县已经算过两次，合计接待量为 7，故此处减去了宛县，计为 10 个传、置。

照接待任务的比例划分为七等①，每等的接待量不同，各等的传、置的
数量详见下表(初值)：

传置等级	接待量	传、置的数量统计(个)	年度接待粮食支出(米/石)
七	1	1655	1655×162×0.09 石＝24 129.9 石
六	2	138	138×162×2×0.09 石＝4 042.08 石
	2.5	25	25×162×2.5×0.09 石＝911.25 石
五	3	45	45×162×3×0.09 石＝1 968.3 石
四	4	58	58×162×4×0.09 石＝3 382.56 石
三	5	12	12×162×5×0.09 石＝874.8 石
	6	49	49×162×6×0.09 石＝4 286.52 石
二	7	26	26×162×7×0.09 石＝2 653.56 石
	8	30	30×162×8×0.09 石＝3 499.2 石
	9	4	4×162×9×0.09 石＝524.88 石
一	12	4	4×162×12×0.09 石＝699.84 石
	13	1	1×162×13×0.09 石＝189.54 石
	23	13	13×162×23×0.09 石＝4 359.42 石
	35	1	1×162×35×0.09 石＝510.3 石
	53	1	1×162×53×0.09 石＝772.74 石
合计			52 804.89 石

如果以上文推算出的东海郡元延二年每个传舍、置接待任务 162 晚为一

---

① 唐代的驿，按照任务轻重区分为七等，马匹数量不等，见《唐六典》卷五《尚
书兵部》"驾部郎中"注，北京：中华书局，1992 年，第 163 页，汉代恐怕亦是如此。

般传舍、置的年度接待任务①，视为 1，则可以根据上表，计算出全国传置接待任务量与花费。

接待花费主要包括饭食开支以及提供运送服务的传马饲料开支。据悬泉汉简的出米记录，在传舍享用饭食的过往官吏，一餐的用米标准一般是 3 升②，多在一处吃两餐。当时人一般每日只吃两餐。③ 一行或两人，或一人④，则按平均 1.5 人计。因此，一次单程的接待任务至少需要支出粮食 3 升×2 餐×1.5 人＝0.09 石。具体估算结果见上表。

以上数量只能说是个初值，原因是此处仅是从郡县的角度来估算的，没有顾及因朝廷的活动而带给长安及其周边郡县的接待任务。据悬泉简 Ⅱ0216②：866—870 元帝永光五年（前 39 年）的"失亡传信册"，朝廷遣官吏到先帝陵前宗庙祭祀，因路途远，亦需持传信，并在途中县、置食宿。而这种祭祀每年有 25 次之多。⑤ 这只是一项工作而已，还有更多为

① 《汉书》卷九九《王莽传下》提到，地皇元年（20 年）"乘传使者经历郡国，日且十辈，仓无见谷以给，传车马不能足，赋取道中车马，取办于民"（第 4158 页）。可见一般郡国传置通常的接待任务不多。

② 参胡平生、张德芳：《敦煌悬泉汉简释粹》例 64、85、140、192、214、229、233（有肉）、257，第 62、73、106、136、150、159、161、174 页；《悬泉置厨食簿》，见郝树声、张德芳：《悬泉汉简研究》，第 261—262 页。亦有一餐食四升者，这似乎针对的是西域诸国使者，如《释粹》例 204、205，第 143 页，并参赵岩：《论汉代边地传食的供给——以敦煌悬泉置汉简为考察中心》，《敦煌学辑刊》2009 年第 2 期，第 143—145 页，郭志勇：《秦汉传食制度考述》表 4.8 与 4.9，硕士论文，袁延胜指导，郑州大学历史学院，2013 年，第 52—54 页。

③ 于振波：《"参食"考辨》，原刊《出土文献研究》第八辑，后收入所著《简牍与秦汉社会》，长沙：湖南大学出版社，2012 年，第 345—354 页。

④ 一行两人的，如上引胡平生、张德芳《敦煌悬泉汉简释粹》例 64、85、229、233，见该书第 62、73、159、161 页；一行一人的，如上书例 192、257（第 136、174 页）和《悬泉置厨食簿》中的简 Ⅰ90DXT0112③：79、81（见郝树声、张德芳《悬泉汉简研究》，第 261—262 页）。

⑤ 参郝树声、张德芳：《悬泉汉简研究》，第 155—159 页。关于此册书的最新研究，参邢义田：《敦煌悬泉〈失亡传信册〉的构成》，收入张德芳主编：《甘肃省第二届简牍学国际学术研讨会论文集》，上海：上海古籍出版社，2012 年，第 5—16 页。其说可从。

今人所不知的任务。由此不难想见长安周边传置接待任务之多。具体数量，可以根据甘肃敦煌悬泉发现的由御史大夫签发的传信编号做一估算。

先就悬泉发现的遗失传信记录来看看朝廷签发传信的数量。这类记录最后往往带有编号，如"外三百五十五""外七十五"之类，相关资料见下表：

时间	内容	编号、出处
前 94 年	☑国。大始三年五月乙卯，假一封传信，案事，亡传信☑	Ⅱ90DXT0114④：19；释粹27；张德芳2005，第80页，简四八，图版四八
前 92 年	御史□□常山平□□并，大始五年五月甲寅，假一封传信，案上书事，□亡传信。外三百五十五。	Ⅰ90DXT0114③：50；张德芳2005，第80页，简四九，图版四九
前 92 年	丞相守少史护之，征和元年八月辛巳，假一封传信，案上书事。盗传失亡。外七十五。	Ⅰ90DXT0112④：1；释粹28；张德芳2005，第79页，简四三，图版四三
前 92 年	守御史少史□□□□，征和元年九月甲寅，假三封传信，案事，亡传信。外十二。	Ⅰ90DXT0112④：2；张德芳2005，第79页，简四四，图版四四
前 91 年	☑□□□留当市里王定德，征和二年九月丁酉，假三封传信，与郡太守杂治诏狱☑	Ⅰ90DXT0112④：3；张德芳2005，第79页，简四五，图版四五
前 90 年	□□为琅琊尉庞舜，征和三年十一月壬寅，假二封传信，送迎戍田卒。盗传失亡。外□百二十。	Ⅰ90DXT0112④：4；张德芳2005，第79页，简四六，图版四六
前 85 年	□□□史冯贵元，始元二年四月，假一封传信，迎罢戍田卒，溺死，亡传信。外传第十一。	Ⅱ90DXT0113⑥：4；释粹29，张德芳2005，第80页，简五十，图版五十；张俊民2007
前 80 年	御史守属大原王凤，元凤元年九月己巳，假一封传信，行历日诏书，亡传信。外二百七十九。	Ⅰ90DXT0112④：5；释粹30；张德芳2005，第79页，简四七，图版四七

张德芳2005：张德芳：《悬泉汉简中的"传信简"考述》，《出土文献研究》第七辑，上海：上海古籍出版社，2005年，第65—81页，图版3—13页。

释粹：胡平生、张德芳：《敦煌悬泉汉简释粹》，上海：上海古籍出版社，2001年。

张俊民2007：张俊民：《〈敦煌悬泉汉简释粹〉校读》，2007年2月刊发在简帛研究网，http://www.jianbo.org/admin3/2007/zhangjunmin001.htm。

"大始五年"实际就是"征和元年"，《汉书·武帝纪》未记载此年何月改元及其原因，但最早也应在六月。[①] 或以为此类简属于遗失传信记录，为事后的追述[②]，但所谓事后，亦不会相距太远。传信为重要凭证，一旦发现遗失会即刻追查。[③] 而发现遗失传信必在案事期间，一般案事不会拖延时间过久，追查会立即展开。因此，下达追查文书的时间与实际遗失不会相隔很久。值得注意的是"大始五年（征和元年）"的三枚传信抄件末尾的编号，透露出御史大夫签发同类传信的数量。

三枚传信相关信息如下：

编号	简牍出土编号	签发月日干支	对应日期	末尾编号
1	Ⅰ90DXT0114③：50	大始五年（前92年）五月甲寅	五月四日	外三百五十五
2	Ⅰ90DXT0112④：1	征和元年（前92年）八月辛巳	八月二日	外七十五
3	Ⅰ90DXT0112④：2	征和元年（前92年）九月甲寅	九月六日	外十二

三枚传信末尾的编号同为"外"，应属一类，另外至少还见到"传"字（Ⅱ90DXT0214③：73）、"御"字（Ⅰ90DXT0116S：14）编号。对比签发日期与编号的数字，可以肯定其间编号并非连续的流水号。是否按四时来累计？答案亦是否定的。按四时，七、八、九三个月作为秋季，应连续累

---

① 辛德勇《建元与改元：西汉新莽年号研究》未及此点（北京：中华书局，2013年，第401页）。若此简释文无误，则征和改元应发生在太始五年六七月。

② 张德芳：《悬泉汉简中若干纪年问题》，收入郝树声、张德芳：《悬泉汉简研究》，第37页。

③ 悬泉发现的失亡传信册即是一例。永光五年五月庚申（十九日）签发的传信，使用中丢失，御史大夫在六月丁亥（三日）便签发文书追查。当然，此事发生在御史少史持传信赴霸陵附近的孝文庙祭祀途中，消息传到御史大夫处较快。其他情况下应会慢一些，但也不会拖延太久。

计，最后一枚的编号应大于前一枚才对。看来这些编号只能是逐月或逐日分别累计的，这恐怕是与汉代文书行政中编制"月言簿"或"日言簿"的做法相一致的。

究竟是按"月"还是"日"统计？将上述三例以外所有已知末尾编号为"外"的传信签发日期汇总于下表：

编号	简牍出土编号	签发月日干支	对应日期	末尾编号	出处
4	Ⅰ90DXT0112④：4	征和三年（前90年）十一月壬寅	疑干支有误	外□百二十	张德芳2005，第79页，简四六，图版四六
5	Ⅱ90DXT0113⑥：4	始元二年（前85年）四月	不详	外传第十一	释粹29，张德芳2005，第80页，简五十，图版五十；张俊民2007
6	Ⅰ90DXT0112④：5	元凤元年（前80年）九月己巳	九月一日	外二百七十九	释粹30，张德芳2005，第79页，简四七，图版四七
7	Ⅱ90DXT0215S：399	五凤四年（前54年）二月癸亥	二月廿二日	外十一	张德芳2005，第68页，简六，图版六
8	Ⅱ90DXT0115④：34	甘露四年（前50年）六月辛丑，	六月廿五日	外卅一	张德芳2005，第67页，简三，图版三
9	Ⅱ90DXT0114③：447	黄龙元年（前49年）四月壬申	四月一日	外二百卅七	释粹31；张德芳2005，第67页，简四，图版四，张俊民2007
10	Ⅱ90DXT0216②：866	永光五年（前39年）五月庚申	五月十七日	外百卅二	释粹26；张德芳2005，第77—78页，简三八，图版三八，张俊民2007

若以上释文无误，分析例6—9末尾的编号，这些数字恐怕更可能是按"日"累计而成的流水号。若是按月累计，应不会如例7与8，到当月下

旬，才签发到十一或卅一号传信，平均每天仅1件上下，对控御广土众民的汉廷而言，少得有些不可思议。①

当然，这些传信的编号一定是据文书送达御史府的时间，特别是实际签发的先后顺序随机给予的，单纯据数字的大小来蠡测每日的签发数量并不可靠，亦不能依数字多寡来判断不同日子的签发量。但是，从例1、4、6、9与10来看，每天的签发量相当可观，恐要以百计。持朝廷签发传信外出的官吏与使者无不取道自长安辐射各地的道路，无怪乎成帝建始元年(前32年)朝廷出台为交通孔道上的长安、新丰、郑、华阴、渭成与扶风厩的传马增加饲料的规定②，这些分布在长安东、西与北方要道上的厩置乃各方人员集散之地，其中传马承担的迎送任务最为繁重。这些持传者外出目的地与途经道路不可能一一落实，恐怕自中央向周边由多到少渐减，应该大致无误。将长安周围的传、置设定为使用最为频繁的设施，应该不成问题。

具体接待任务量，可据上表中御史大夫每日签发的传信"外"字编号数做些估算。假定这些传信编号是当日的最终数字，可用这些编号的算术平均数来获得御史大夫日均签发传信数。计算结果取其整数是128次/日。当然，这只是从朝廷外出的人员次数。一年则为 $128 \times (360-10^{③})$ 天＝44 800次。若以此作为上引成帝建始元年规定增加饲料的六县所承担的朝廷外出人员的年度接待任务，则所需粮食数为 0.09 石 $\times 44\ 800$ 次 $\times$

---

① 《汉书》卷六八《霍光传》录尚书令宣读的罢黜昌邑王上奏中说："受玺以来二十七日，使者旁午，持节诏诸官署征发，凡千一百二十七事。"(第2944页)平均下来，一天约42事，频发中使，是作为刘贺一项罪状。对皇帝而言，派遣使者须慎重，故此可算作罪状，对公卿而言，则是正常的工作。

② 悬泉简ⅡO214②:556，见胡平生、张德芳：《敦煌悬泉汉简释粹》例5，第5页。

③ 减去的10天是夏至与冬至时各五天的官吏休假不视事。关于此问题，参尚秉和：《历代社会风俗事物考》卷三九《岁时伏腊》"两汉时所行之节令"，1938年初版，此据点校本，北京：中国书店，2001年，第415页；彭卫、杨振红：《中国风俗通史·秦汉卷》，上海：上海文艺出版社，2002年，第635、638—639页；廖伯源：《汉官休假杂考》，收入所著《秦汉史论丛》，台北：五南图书出版公司，2003年，第339—340页。

6＝24 192石。连同前表估算所得，全国县、置一年的接待粮食消费一共
为52 804.89石＋24 192石＝76 996.89石。

粮食之外，见于悬泉简的还有肉食消费。最集中的莫过于元康四年
(前62年)的《鸡出入簿》，兹将涉及鸡支出的诸简列于次：

> 出鸡一枚，以食长史君，一食，东
> 出鸡一只(双)，以食使者王君所将客，留宿，再食，东
> 出鸡二只(双)，以食大司农卒史田卿，往来四食，东
> 出鸡一只(双)，以食丞相史范卿，往来再食，东
> 出鸡二只(双)，以食长史君，往来四食，西
> 出鸡一枚，以食大医万秋，一食，东
> 出鸡一只(双)，以食刺史，从事吏一人，凡二人，一食，东
> 出鸡一只(双)，以食大司农卒史冯卿，往来再食，东
> 出鸡一枚，以食使者王君，一食，东①

如学者所云，此处的"只"实指"双"，表示两只，一只则称"一枚"。② 消
费鸡的几乎都是朝廷派出的大小官吏或使者，只有"长史"可能属于敦煌
郡的官员，因此，恐怕只有一定品秩以上的官吏才有资格在传舍享受食
"鸡"，标准均是一次一枚，当为通例。③ 学者已注意到此简册并不完
整④，按简129云"最凡鸡卅四只"，而简128云"今毋余鸡"，当年应消费
了44只(88枚)鸡，现存出鸡记录只涉及了10只(20枚)，相差甚远，并

---

① 简Ⅰ0112③：113—121，见胡平生、张德芳：《敦煌悬泉汉简释粹》例95，
第77页；并据郝树声、张德芳《悬泉汉简研究》第263页释文校订，简113中原释作
"只"，现改为"枚"。
② 胡平生、张德芳：《敦煌悬泉汉简释粹》例95按语，第79页。
③ 元康五年(前61年)正月悬泉置接待出使乌孙的长罗侯军吏时，亦曾出鸡十
只一枚，"以过长罗侯军长史二人，军侯丞八人，司马丞二人，凡十二人。其九人再
食，三人一食"(Ⅰ0112③：68)，见《敦煌悬泉汉简释粹》例213，第148页。平均下
来，亦是一人一食一枚鸡。
④ 胡平生、张德芳：《敦煌悬泉汉简释粹》，第78页注释。

非当年全部资料可以肯定。

据睡虎地秦简《秦律十八种》与张家山汉简《二年律令》的《传食律》，传置提供的食材均无"鸡"，似非全国范围内普遍供应的肉食。不过，从行文与移文内容看，此《鸡出入簿》乃是基于"定期簿书"制作的年度性"定期文书"①，说明对过往使者官吏供应"鸡"并非偶一为之的举措，而是固定化的安排，尽管能享用此待遇的不是所有的过客。的确，数百里外的甘肃金塔县的肩水金关遗址，当时隶属张掖郡肩水都尉府下的肩水候官，出土的汉简中亦发现了为过客提供鸡的记录：

> 出粟小石二石为御史张卿置豚二、鸡一只，南北食
>
> 73EJT10：69
>
> 出粟小石三石为廷史田卿买豚二、鸡一只，南北食73EJT10：70②

两简出土时毗邻，字迹一整齐一略草，用笔方式多有相同之处，似为一人所书，或属同一册书。两次所出的粟用来买猪与鸡，价格不同，原因不详。廷史指廷尉史，两人均为朝廷派来的官吏。看来虽然律令中没有规定，现实中"鸡"已成为招待官吏，尤其是朝廷派遣的官吏时常见的肉食，且鸡的饲养遍布各地③，供应容易，因此，有必要将其消费计入开支中。

若以此年的数据为准，可以以此为标准，推算出全国第四等传、置中一年消费鸡的数量88枚×58＝5104枚。

第四等的传、置中648晚的接待任务中（648晚×2餐＝1296餐）有44

---

① 关于"定期簿书"与"不定期簿书"的区分，见侯旭东：《西北所出汉代簿籍册书简的排列与复原——从东汉永元兵物簿说起》，《史学集刊》2014年第1期，第61—65页。

② 甘肃简牍保护研究中心等编：《肩水金关汉简(壹)》中册，上海：中西书局，2011年，第246页。

③ 参中国社会科学院考古研究所编著：《中国考古学·秦汉卷》第九章第七节"三 家畜及家禽的饲养"，北京：中国社会科学出版社，2010年，第602—605页。

次提供了鸡，消费 88 枚，比例为 88/1296≈6.8％，若以此作为第二至七等县、置接待任务中供应鸡的一般比例，可以推算出一年中鸡的消费量。一等传、置在长安附近，承担任务的以朝廷官吏为多，可以享用鸡的比例应更高，姑且以其 3 倍，20％计算。结果如下表：

传置等级	接待量	传、置的数量统计(个)	年度接待消费鸡支出(枚)
七	1	1655	$1655 \times 162 \times 2$ 餐 $\times 6.8\% = 36\ 462.96$
六	2	138	$138 \times 162 \times 2$ 餐 $\times 6.8\% = 6\ 080.832$
	2.5	25	$25 \times 162 \times 2.5 \times 2$ 餐 $\times 6.8\% = 1377$
五	3	45	$45 \times 162 \times 3 \times 2$ 餐 $\times 6.8\% = 2\ 974.32$
四	4	58	$58 \times 162 \times 4 \times 2$ 餐 $\times 6.8\% = 5\ 111.424$
三	5	12	$12 \times 162 \times 5 \times 2$ 餐 $\times 6.8\% = 1\ 321.92$
	6	49	$49 \times 162 \times 6 \times 2$ 餐 $\times 6.8\% = 6\ 477.408$
二	7	26	$26 \times 162 \times 7 \times 2$ 餐 $\times 6.8\% = 4\ 009.824$
	8	30	$30 \times 162 \times 8 \times 2$ 餐 $\times 6.8\% = 5\ 287.68$
	9	4	$4 \times 162 \times 9 \times 2$ 餐 $\times 6.8\% = 793.152$
一	12	4	$4 \times 162 \times 12 \times 2$ 餐 $\times 20\% = 3\ 110.4$
	13	1	$1 \times 162 \times 13 \times 2$ 餐 $\times 20\% = 842.4$
	23	13	$13 \times 162 \times 23 \times 2$ 餐 $\times 20\% = 19\ 375.2$
	35	1	$1 \times 162 \times 35 \times 2$ 餐 $\times 20\% = 2268$
	53	1	$1 \times 162 \times 53 \times 2$ 餐 $\times 20\% = 3\ 434.4$
		6	$44\ 800$ 次 $\times 6 \times 20\% = 53\ 760$
合计			152 686.92 枚

以上七等合计，全国传、置一年消耗的鸡为 152 686.92 枚。

其他肉食消费，见于已刊资料的不多，如：

> 七月十一日庚申，主羌史李卿过西，从史一人，用米六升，肉一斤

出钱六十，买肉十斤，斤六钱，　以食羌豪二人……

Ⅱ90DXT0213②：106①

似乎肉并非普遍可以消费的食材②，加上缺乏足够的资料，姑且不计入开支。至于酱、豉、酒与蔬菜，相关的记载亦不多，均暂不列入。

综合上述推算，可以大略估计出西汉末期一年全国各类县传舍与置接待过往官吏使者的粮食与鸡的支出：口粮 76 996.89 石，鸡152 686.92枚。

此外，另一项更为沉重的开支是传舍与置中配备的马匹的饲料。其消耗量甚至要比过往人员的粮食消费都多。

各地传置的马匹数量并不一样，亦与任务多寡直接有关。西域孔道上的传置因往来人员多，运送任务重，配置马匹的数量多。据悬泉汉简，甘露二年(前 52 年)，敦煌郡一共有厩置九所，有马 360 匹，平均每个置有传马 40 匹。③ 河西四郡恐怕均是如此配备。帝国境内其他重要的交通干道不同路段，根据附录三得出的接待任务量，可以区分出多寡，相应地配备的马匹数量亦有差。大体可以利用唐代的标准做个参照。到了唐代，仍是根据任务多寡为"驿"配备马匹，分为 7 等，最多的 75 匹，最少

---

① 胡平生、张德芳：《敦煌悬泉汉简释粹》例 233、252，第 161、171 页。

② 关于汉代一般肉食消费，见徐海荣主编：《中国饮食史》卷二第六编"秦汉时期的饮食"(彭卫撰)，北京：华夏出版社，1999 年，第 429—448 页；彭卫：《汉代人的肉食》，《中国社会科学院历史研究所学刊》第七集，北京：商务印书馆，2011 年，第 61—135 页。西北边塞吏卒的肉食消费，见赵宠亮：《行役戍备：河西汉塞吏卒的屯戍生活》，北京：科学出版社，2012 年，第 210—231 页。

③ 悬泉汉简Ⅱ90DXT0115③：80—82 上有："甘露二年七月戊子朔壬寅，敦煌大守千秋、长史喜、丞破胡谓县：律曰：诸乘置，其传不为急及乘传者驿驾□令葆马三日，三日中死，负之。郡当西域空道，案厩置九所，传马员三百六十匹。计以来死者三百六十八匹，过员八匹。令、长、丞不忧亲严教主者吏，马饮食不得度，病不以时医治，马死者以故众多，甚毋状，县泉置尤剧，已论丞、啬夫，书到，案赦以来当负马者，趣责马齿五岁以上至十二岁、高五尺八寸以上、丰厚任用者，守丞行县见所偿马如律令。"见张德芳：《悬泉汉简中的"悬泉置"》，卜宪群、杨振红主编：《简帛研究 2006》，第 171 页引，后收入所著《悬泉汉简研究》，第 21—22 页，标点略有改动。据张德芳研究，悬泉置的传马数量并不固定，多的时候有 50 多匹，少的时候 20 多匹，见《悬泉汉简研究》，第 34—36 页。

的 8 匹。[1] 长安及其周边的传舍与置，任务最繁，配备的马匹应该最多，姑且是每个机构 70 匹来核算。这是第一等。最少的第七等传置，可参考《二年律令·津关令》对西汉初年长沙国规定，配传马 10 匹而已。[2] 各等以 10 匹为差，从最多的 70 匹到最少 10 匹不等，其中悬泉置所在的西域空道为第四等，40 匹，具体划分见上表最左边一栏。

马匹每日的饲料标准，《二年律令·金布律》有规定：

> □□马日匹二斗粟、一斗叔（菽）。传马、使马、都厩马日匹叔（菽）一斗半斗（简 425）

此处的传马、使马与都厩马的饲料量应是每日粟二斗，再加上菽一斗半。这恐怕是与这三类马经常要承担各种任务，体力消耗较多有关。随后的建始元年（前 32 年）还曾专门为不同用途的官府马匹加食。[3] 实际传马每日的饲料消耗，悬泉汉简中有一些记载，详见文末附录四。一般的日饲

---

① 见《唐六典》卷五"驾部郎中员外郎"注略，第 163 页；清本《唐令·厩牧令》第 33 条，天一阁博物馆、中国社会科学院历史研究所天圣令整理课题组：《天一阁藏明钞本天圣令校证》下册，北京：中华书局，2006 年，第 403 页。

② 《二年律令·津关令》："十六、相国上长沙丞相书言，长沙地卑湿，不宜马，置缺不备一驷，未有传马，请得买马十，给传，以为恒。·相国、御史以闻，请许给置马。·制曰：可。"（简 516—517）见彭浩、陈伟、工藤元男主编：《二年律令与奏谳书：张家山二四七号汉墓出土法律文献释读》，上海：上海古籍出版社，2007 年，第 321 页。陈伟认为"买马十"的"十"应是"中"字，或是关中的简称，或脱一"关"字，见所著《张家山汉简〈津关令〉中的涉马诸令研究》，《考古学报》2003 年第 1 期，收入所著《燕说集》，第 397 页。笔者对照了作者提供的 6 例证据，并补充了简 479 以下数例，有些是"五十""六十"合文，制成下表。放大简 516 图版，的确此字的横划左边中间有空，但右边没有，与"中"字不同，此空当是运笔时笔尖分叉所致。"十"字横划的位置亦有偏上的，如几个合文。此字还是应释为"十"。

简号	516	504	513	520	475	485	486	479	474	471	470	438	431
图像	十	十	十	十	十	卅	卅	十	十	十	卄	十	卌

③ 见悬泉汉简 II 0214②：556，胡平生、张德芳：《敦煌悬泉汉简释粹》例 5，第 5 页。

料量应为粟或麦二斗，外加荚一钧。以此实际饲料量为标准，可以推算出全国所有传舍与置中的传马一年所耗饲料数量：

传、置等级	数量（个）	传马一年饲料消耗量（粟或麦，石）
一	20	0.2 石×360 天×70 匹×20＝100 800
二	60	0.2 石×360 天×60 匹×60＝259 200
三	62	0.2 石×360 天×50 匹×62＝223 200
四	58	0.2 石×360 天×40 匹×58＝167 040
五	45	0.2 石×360 天×30 匹×45＝97 200
六	163	0.2 石×360 天×20 匹×163＝234 720
七	1655	0.2 石×360 天×10 匹×1655＝1 191 600
合计	2063[①]	2 273 760

这些均是未经去壳的原粮。若折算成米，以 60％的出米率计算，折合米 1 364 256 石。[②] 如果全吃粮食，马的饲料消耗，远高过人员。

全国传置一年的马匹饲养与接待过往使客的原粮消费为 2 273 760＋76 996.89×10/6＝2 402 088.15 石，据《汉书·地理志下》，西汉末统计，全国"定垦田八百二十七万五百三十六顷"，以亩产 3 石[③]，田租为三十税一计算，一年的田租收入为 827 053 600 亩×3 石×1/30＝82 705 360 石。传置一年的粮食消费占国家田租收入的比例约为 2.9％。

---

① 此数目多于前文提到的县、置数 2057，是因为有些县为数条道路的交汇处，如番禺、宛县，计算接待量时要除以道路数，取其平均值，加在不同方向的道路上，所以会出现数次，在按县、置数统计时就会增加。

② 此处涉及汉代的"大石"与"小石"问题，自上世纪 40 年代以来中外学界对此问题研究颇多，意见亦未取得一致，这里不拟涉及，只是将人所食用的米折算成未去壳的粟或麦来统一计算。关于大、小石研究的综述与最新进展，参马彪：《试论汉简所见"大石""小石"的问题》，收入中共金塔县委等编：《金塔居延遗址与丝绸之路历史文化研究》，兰州：甘肃教育出版社，2014 年，第 79—88 页。

③ 参林甘泉主编：《秦汉经济史》上，北京：经济日报出版社，1999 年，第 243 页；于琨奇：《战国秦汉小农经济研究》，北京：商务印书馆，2012 年，第 64—65 页。

换个角度来对照。据《史记·平准书》，武帝时"下河漕度四百万石，及官自籴乃足"；《汉书·食货志上》载，宣帝时大司农中丞耿寿昌在五凤（前 57—前 54 年）中奏言："故事，岁漕关东谷四百万斛以给京师，用卒六万人。"一年中传置消费的粮食相当于武帝时期一年关东地区向关中运送漕粮的 60.1%，相当于六成。

最后一项开支是传、置中传车的日常购置与维护费用。悬泉置大约有传车 10—15 辆，且要定时清点、统计传车的状况。① 汉代车辆种类繁多，但几乎均为木制②，道路主体乃泥土修治，不曾硬化，崎岖颠簸，车辆使用中损耗极为常见。越是接待朝廷官员繁忙的传、置越是如此③，悬泉简中有关记载很多。另外，修治车辆似乎亦非各地工匠均能完成，悬泉简中便出现了"为郡治传车长安"而签发的"传信"④，证明了此点。凡此种种，均需要相当的花费，统计起来，亦应颇为可观。可惜，目前资料尚无有关的费用可供推算，暂付阙如。

李锦绣曾计算过唐前期各项交通费的支出，并折合成钱，为 589.95 万贯，超过了可计算的官吏待遇（558.2 万贯），认为其数额之大，费用之广，堪称支出之最。⑤ 汉代的数额虽然难以折算成钱，但仅就粮食数量而言，亦不算少。当然，这些恐怕还只是正常的消费，实际支出应不止于此。

不过，即便能够准确推算出当时传、置年度接待费用开支，亦只能

---

① 见郝树声、张德芳：《悬泉汉简研究》，第 33—34 页引简 75—90。

② 详参孙机：《汉代物质文化资料图说》（增订本），上海：上海古籍出版社，2011 年，第 111—136 页。

③ 关于汉代动用传车的规定，见侯旭东：《西北汉简所见"传信"与"传"》，《文史》2008 年第 3 辑（总第 84 辑），第 22 页。

④ 永光三年正月，ⅤT1211③：4，见张俊民：《悬泉汉简所见人名综述（一）》例 62，收入所著《简牍学论稿——聚沙篇》，兰州：甘肃教育出版社，2014 年，第 337 页。

⑤ 李锦绣：《唐代财政史稿》（1995 年初版）第三册，北京：社会科学文献出版社，2007 年，第 224 页。

说是今人之见。就已刊简牍看,当时除传置机构及其上级县邑道国外,郡国一级应无针对此类费用开支的专门簿籍①,皇帝自然也无从掌握实际花销的数额。皇帝之所以会关注此问题,要求厉行节约,恐怕主要是源于其个人的"感觉主义"。

三、皇帝的告诫为何失灵?

上面具体估算了西汉末年全国置传一年的招待开支,下面转而依次分析为何会出现招待费用膨胀以及皇帝的诏书为何失灵。单从悬泉汉简看,就可以发现若干现象的端倪。

首先,当时已经出现用官府粮食超范围接待个人的情况。敦煌悬泉遗址发现的西汉出米记录中就有这样的事例:

> 出米一斗二升,十月乙亥,以食金城枝阳长张君夫人、奴婢三
> 人,人一食,东。　　　　　　　　　　　　Ⅱ90DXT 0213②:112②

此简无年号,但从已刊资料看,本探方地层②所出的纪年简最早为甘露三年(前51年)十一月(Ⅱ90DXT0213②:139),最晚为绥和二年(前7年)八月(Ⅱ90DXT0213②:33)③,该简的年代应不出此范围,基本应是在元帝、成帝时期。此次招待对象是金城郡枝阳县县长的妻子与奴婢一行四人,或是至官舍就夫,或是自枝阳外出,无论哪种,均不是什么公

---

① 参李均明:《秦汉简牍文书分类辑解》,第247—391页,尹湾汉简中的"集簿"。此后出版的《肩水金关汉简》(壹)至(伍)中亦未发现有关的簿籍。尹湾汉简的"集簿"只是提供了东海郡某一年钱、谷出入的总数,并无分项细目。《续汉书·百官志三》"大司农"条本注云"郡国四时上月旦见钱谷簿"(《后汉书》第3590页),亦应是总簿性质。

② 胡平生、张德芳:《敦煌悬泉汉简释粹》例86,第74页。

③ 分别见张俊民:《敦煌悬泉置出土汉简所见人名综述(一)》,《陇右文博》2006年第2期,引自简帛网 http://www.bsm.org.cn/show_article.php?id=555;郝树声、张德芳:《悬泉汉简研究》,第26页引简34。

务，而是私人或家庭事务。

当时女性除去公主之类外，几乎均无公务身份。① 汉代官员妻子通常与官员同居于国家供给的官舍②，不过，这种做法尽管流行，很可能并非出于朝廷的制度安排，而是官员们在任官实践中逐步争取来的，且不为时人所认可。《汉书·何并传》载，哀帝时何并任颍川太守，"性清廉，妻子不至官舍"，挑选"妻子不至官舍"来表示"清廉"（77/3268），看来在时人心目中，妻子至官舍虽是惯例③，却常常和贪腐纠缠在一起。时人的这种印象当是来自其接触、听到的众多官员妻子至官舍及随后发生的事实，这一印象及背后的事实是推断张君夫人的出行性质时不能无视的。

此次张君夫人带着奴婢外出，并不符合《二年律令·传食律》中由官府提供传食的范围④，《二年律令》虽是西汉初年的律令，且非全部，不过，从西汉后期的情况看，置传的支出不断增加，皇帝反复要求加以控制，对享受传食者的范围只会越发予以限制，而不会放松。因此，按西汉初年的规定，张君夫人及其奴婢不应享用传食，到了后期更应如此。⑤

---

① 亦有个别例外，如悬泉汉简Ⅱ0115③：96与Ⅴ1311④：82中出现的"冯夫人"冯嫽。她作为解忧公主的侍者，担任使者，访西域诸国，并往返长安与乌孙，见胡平生、张德芳：《敦煌悬泉汉简释粹》例199、200，第140—141页；《汉书》卷九六《西域传下》，第3907页。多谢审稿专家提示。

② 参廖伯源：《汉代官吏之休假及宿舍若干问题之辨析》，收入所著《秦汉史论丛》，第357—358页。

③ 到东汉后期，情况似乎有所变化，仲长统《昌言》中提到："在位之人，……有妻、子不到官舍者矣，……莫不称述以为清邵。"但仲长统却认为"非不清邵，而不可以言中也"，应该"人享其宜，物安其所"，视之为过激的行为，见崔寔、仲长统：《政论校注　昌言校注》，孙启治校注，北京：中华书局，2012年，第369、370页。

④ 具体规定见《二年律令·传食律》简232—237，参侯旭东：《汉代律令与传舍管理》，卜宪群、杨振红主编：《简帛研究2007》，桂林：广西师范大学出版社，2010年，第151—164页。已收入本书。

⑤ 王裕昌认为此次接待为正常任务，并称："从给金城枝阳长张君夫人及其奴婢均供应食看，其他简中所见的'从者'也不一定是公家给专派的，也可能是官吏的奴仆。"见所著《汉代传食制度及相关问题研究补述》，《图书与情报》2010年第4期，第150页。作者未提供证据，不从。

实际上，她们享受到传置的接待，恐怕原因就在于她那县长夫人的身份。说不定县长张君事先已经和沿途的接待机构打好招呼，或许这类事情已经成为官场上心照不宣的潜规则。我们知道，到西汉末年，官场上交往请托潜滋暗长，已渐成风气，文献中的记载已经不少，敦煌这样的边鄙之地也难以免疫。[1] 这种情况能够出现，并堂而皇之地记录在悬泉置的账目中，说明直接经手的传舍与厨的小吏，以及上级负责核查的官吏都默认这种做法。

这一行 4 人享受官方饮食招待，等于白占国家的便宜。西汉的金城郡枝阳县在今天甘肃兰州市西北不远处。恐怕来的时候从枝阳一路走到敦煌，相当于从今天的兰州走到敦煌，一路上都是如此，粮食开销亦可推算出来。根据文末附录二，可知从枝阳出发到悬泉要经过 30 个传舍或置，若在每处都享用一食计算，来回一共耗费米 30 处×1 食×0.12 石×2 次＝7.2 石，等于增加支出了 3.6 人一个月的廪食。如果是自乡里至官舍就夫，则是单程，所费的米为 3.6 石，相当于 1.8 人一个月的廪食。一次挖朝廷墙脚的行为增加的粮食开支不多，但若此类行为蔓延开来，搭便车的人数不断膨胀，积少成多，累加起来，多出的粮食消耗一定不是个小数目，现在悬泉汉简刊布有限，随着全部资料的发表，一定还会发现更多类似的情况。

无独有偶，数百里外的肩水金关出土的汉简中的确看到类似的情形：一枚残牍记载了为接待到来的"居延都尉夫人"，"使守阁熹取二斗"（以下残，73EJT30：208B），而简 73EJT7：98 为一残签牌，A 面载："永始二年正月以来居延都尉夫人及吏、吏从者。"B 面年号不存，尾部在"吏从者"后还有"库吏奴婢名"五字。[2] 熹所取的可能是米，用来招待都尉夫

---

① 西北地区出土的简牍中，文书之外夹杂不少私信。除去远方亲友间的，不少为下级对上级的私信，多少都带有此类用意，详见杨芬：《出土秦汉书信汇校集注》，博士论文，李天虹指导，武汉：武汉大学历史学院，2010 年，第 41—97 页。

② 甘肃简牍博物馆等编：《肩水金关汉简（叁）》中册，上海：中西书局，2013 年，第 201 页；甘肃简牍保护研究中心等编：《肩水金关汉简（壹）》中册，第 164—165 页。

人，据后一枚签牌，这种接待活动似已常态化，因而会形成记录的簿籍与专门的签牌。这是金关接待经过的上级官员夫人的记录，当然也超出律令的规定。一个置如此，全国两千多个传舍与置多少都面临此问题，一叶知秋，这类额外的粮食支出汇集在一起，数目自然不会少，虽然当时不可能有此类统计。

文献中也有相类的记载。《汉书·魏相传》载，昭帝时魏相任茂陵令，有"御史大夫桑弘羊客诈称御史止传，丞不以时谒，客怒缚丞"，结果魏相发现有奸，收捕，案致其罪(74/3133)。该客诈称御史的目的亦是贪图传舍的免费食宿加上车马服务，之前一定成功过多次，故敢于虚张名号，胆大妄为，此次因魏相洞察秋毫而将其逮捕治罪。类似问题不可能因一次被法办便销声匿迹，且亦不可能仅见于此地此时，尽管文献没有更多的记载。

以上种种做法手段不同，目的亦不同，一致之处是扩大了享受传食者的范围，成为导致置传开支膨胀的原因之一。

其次，置传的马匹消耗亦常常超过律令规定，这亦是造成开支不断上涨的又一原因。

透过悬泉简，不难看到官府对于马匹的管理相当严格。不仅每匹马都有名字，还要专门为马造籍，称为"传马名籍"，详细记录每匹马的毛色、性别、标记、体貌特征、年齿、高度、用途与名字等[1]，定期汇报传马的数量。饲料供应亦要编制文书记录。一旦传马死亡，置传还要专门集合官吏数人一起查验死因，并写成"传马病死爰书"详细说明死因与勘验情况。上级亦不时查看马匹情况。有时丞相要专门过问马匹情况。悬泉简出土了宣帝时丞相黄霸下发的文书：

> 五凤四年二月壬寅朔庚戌，丞相霸告中二千石、二千石、郡太

---

① 悬泉简Ⅴ1610②：11—20，见胡平生、张德芳：《敦煌悬泉汉简释粹》例97，第81—82页。参徐莉莉：《敦煌悬泉汉简词义札记》"乘"，华东师范大学中国文字研究与应用中心编：《中国文字研究》第4辑，南宁：广西教育出版社，2003年，第142—143页。

守、诸侯相，上五凤三年置传官用员马课府书。案：所剥卖马或不署初病缺年月日、负得算数，又不上官，无蓄积、马以苦死，告劾。

90DXTⅡ0114④：335①

这是针对全国各地的置、传，要求以郡国为单位，上报前一年此机构编制内马匹情况的考核文书②，并罗列了一些应该起诉官吏的情况，其中就包括马因苦死亡。从"置传官用员马课府书"看，此类文书可能是郡国每年都需要编制的，故有固定的名称，但是否一定要上报丞相，或许未必。此年可能是特例，故需要丞相专门下文书。朝廷对养马颇为关注，太仆寺下专设机构管理全国的马政。马匹不仅与对匈奴战事关系密切，亦与维护国家正常运转息息相关，有时甚至要削减宫廷用马来补充边郡与三辅的传马。③

上文提到，置传为喂养马匹所耗费的粮食远远超过接待过往官吏使者的需求，另一常见的现象是马匹死亡常常超过律令的规定，据甘露二年（前52年）敦煌太守下发的一份文书，敦煌郡有厩置9所，传马编制360匹，一年中死掉的马则有368匹，等于全部死掉一次，还多出8匹，因此太守发文严词督责，文中概括的原因是"马饮食不得度，病不以时医治，马死者以故众多"。④ 当时对马匹喂养与管理，建立了严格的责任制，并规定了具体的赔偿标准："·传马死二匹，负一，匹直（值）万五千，长、丞、掾、啬夫负二，佐负一。"（Ⅰ0205②：8）规定传置所在的县的长、丞与掾以及传置或厩的啬夫各承担二成，而厩佐负担一成。此规

---

① 何双全：《简牍》，兰州：敦煌文艺出版社，2004年，第239页引，并据张俊民《悬泉汉简诏书分类研究》第9—10页所引校改。

② 关于"课"，见李均明：《秦汉简牍文书分类辑解》，第425—428页。

③ 如文帝二年（前178年）十二月，文帝下令："太仆见马遗财足，余皆以给传置。"见《史记》卷一〇《文帝纪》，第422页（《汉书》卷四《文帝纪》则作"十一月"，第116页）。又如昭帝元凤二年（前79年）六月诏，见《汉书》卷七《昭帝纪》，第228页。

④ Ⅱ90DXT0115③：80—82，见郝树声、张德芳：《悬泉汉简研究》，第21页引，标点略有改动。

定可能是法令中的一条①，赔偿的数额相当不少，即便是最少的佐也要交纳 1667 钱，传舍佐的月俸不过 600 钱，益俸后才 720 钱②，厩佐的俸禄亦应相同。为赔偿一匹马，要花掉两个多月的俸禄。县丞为二百石，月俸 2000 钱③，而应纳的赔偿是 3333 钱，亦超过一个半月的俸禄。如此高的赔偿额度，只会导致官吏另想办法，规避惩罚。悬泉简的传马病死爰书恐怕也不能排除有不少是他们合伙编造出来对付赔偿的文书，县里也乐得如此，不然他们也要分担赔偿。上级对于马匹状况也颇为关注，使者行部，亦会专门查看马匹情况，悬泉简中有：

> 护羌使者方行部，有以马为盗，长必坐论。过广至，传马见四匹，皆瘦，问厩吏，言十五匹送使者，太守用十匹。
>
> Ⅱ0215③：83④

这应是一份文书册书中的一枚，时间不详，涉及护羌使者视察厩置，见到传马不仅数量很少，且体态瘦弱，追问下落与缘由。传马赢弱，一方面是使用过度，另一方面应是上面敦煌太守下发文书所说的“饮食不得度”，喂养上未按标准足额供应，与生病不能及时医治所致。悬泉简Ⅱ0214②：556 载：

> 制曰：下大司徒、大司空。臣谨案：令曰：……置传马粟斗一升，叔一升。其当空道日益粟，粟斗一升。长安、新丰、郑、华阴、渭成、扶风厩传马加食，匹日粟斗一升。……建始元年，丞相衡、御史大夫谭。⑤

---

① 见胡平生、张德芳：《敦煌悬泉汉简释粹》例 14，第 18 页，标点与解释有改动。
② 陈梦家：《汉简所见奉例》，收入所著《汉简缀述》，北京：中华书局，1980 年，第 135—147 页。
③ 同上，另参悬泉简Ⅱ0214②：45，见胡平生、张德芳：《敦煌悬泉汉简释粹》例 55，第 54 页。
④ 见胡平生、张德芳：《敦煌悬泉汉简释粹》例 222，第 156 页。
⑤ 见胡平生、张德芳：《敦煌悬泉汉简释粹》例 5，第 5 页。

此令当为建始元年(前 32 年)制订，哀帝时在一份诏书中引用。这里仅引用与置传马相关的部分。所谓"日益粟，粟斗一升"，应指增加马匹每天的粮食供应，一斗粟增加一升，若日定量为粟二斗，则增加为粟二斗二升。若按此令来核查地当孔道的悬泉置的传马口粮供应，见文末附录四，并没有达标。此前恐怕也是如此，所以太守才会有"饮食不得度"的责问。克扣下来的粮食用来做什么，现在还不清楚，或许随着悬泉简的全部公布，会发现线索。

马匹喂养打折，加上任务繁重，死亡率高并不奇怪。为满足置传的正常运转，就需要额外调配或购买马匹，甚至会征调私人马匹[①]，相应地都会增加地方的开支，甚至会成为个人的负担。一旦这种情况扩大蔓延，对各地乃至朝廷而言，开支压力不会小。

复次，悬泉简中的文书还显示当时已经出现了官吏狐假虎威，打着上级的旗号，利用传置资源来满足个人私欲的情况。这亦是导致置传开支增加的又一原因。如以下三简：

> 建昭二年二月甲子朔辛卯，敦煌太守强，守部候修仁行丞事，告督邮史众√欣、主羌史江曾、主水史众迁，谓县，闻往者府掾、史、书佐往来繇案事，公与宾客所知善饮酒传舍，请寄长丞。食或数……　　　　　　　　　　　　　Ⅱ0216②：246[②]

> 食毋过一月。监史以传廪米者毋给肉，皆务以省为故，敢不变更而县享杀食两肉饮酒与宾客会传舍，请寄长、丞；征发非法，乘吏车马，致案。长、丞阿党听请不言，必坐。　　Ⅱ T0214②：551

> 各戒慎不可忽，如律令。

> 三月癸巳效谷守长建、丞光谓遮要、县泉置：写移书到，如府

---

　　① 详参张俊民：《对汉代悬泉置马匹数量与来源的检讨》，收入所著《简牍学论稿——聚沙篇》，第 468 页引例 66，简Ⅱ T0115④：13；例 70，简Ⅱ T0313S：1；第 469 页引例 72，简Ⅱ T0112②：157 等。

　　② 见胡平生、张德芳：《敦煌悬泉汉简释粹》例 232，第 161 页，标点有改动。

书律令　　　／掾武佐辅　　　Ⅱ T0214②：552①

此三简恐属同一册书，为元帝时下发，在传达到悬泉后存档时与其他文
书编联，后散乱，出土时仅首简与另外五枚简编在一起，编绳尚存，余
下两枚出土地仅隔一个探方，且地层相同。首简与其他四简的照片见下：

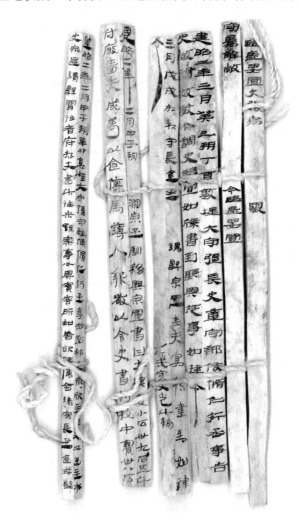

①　以上两简见张俊民：《悬泉汉简所见传舍及传舍制度》，《鲁东大学学报（哲学
社会科学版）》27 卷 6 期（2010 年 11 月），第 86 页引例 29。

就内容看，敦煌太守风闻郡府的各种属吏外出案事时在传舍中有不法举动，而下文书约束。这些人离开郡治到属县案事过程中，公然与所亲近的宾客在传舍喝酒，喝完之后，还将消费的酒记在所在县的县长或丞名下的账上，即算是县长、丞消费的。太守只是对负责监督诸置的监吏重申了要求，如在传舍享用传食不得超过一个月，依传信提供廪米的不给肉，务行节省，并要求所在县长与丞不得纵容此类行径，否则要依法处理。文书的言辞看上去还是颇为严厉的，却缺乏切实可行的督察措施，只是说"各戒慎不可忽"，等于是要官吏自我约束、自我把控。效谷县接到文书后也只是例行公事地抄送属下的两置，缀上两句无关痛痒的套话①，亦无具体落实办法。初次收到这类文书，置吏可能还真的要加以"戒慎"，约束举止，日久天长，这种缺乏实际措施的文书，其效力能有多大，就很难说了。

当时传舍提供的传食根据过客的秩次高下，有所不同。酒应非一般过客所能享受的，故郡属吏想出此种办法来一饱口腹之欲。不清楚太守是如何了解到这一现象的，或许是监置之类的官吏搜集到的。名列收文方的几位吏，很可能就是有过此种做法的属吏，这几位均属经常要出差的小吏。与此简同编在一册的前面 4 枚简正是一份更换监遮要置人选的册书，时间是在该年三月，晚于此文书。这几份文书编联在一起，事务上应该有些内在的联系。或许便是围绕此事的相关文书。

这种现象应该是下级官吏利用制度与管理上的漏洞，以上级名义来满足自己的私欲。而太守下文督察，力戒此风并强调节俭，最终的动力也许就是来自前引上计时丞相转达的皇帝的叮咛。这究竟能否有效遏制此风？未见相关资料，不过从全国情况看，成效并不理想。

---

① 关于汉代文书中的套语，见冨谷至：《文书行政的汉帝国》，刘恒武、孔李波译，南京：江苏人民出版社，2013 年，第 148—151、151—153、159—160、182—183 页；《汉代文书行政的常套句》，收入角谷常子编：《东亚木简学的构建》，奈良：奈良大学，2014 年，第 27—34 页。

　　究其原因，不能不看到官吏，尤其是下级官吏，官俸收入微薄[1]，生活艰苦，工作繁重，出差更是辛苦，加上很多原应由上级承担的工作被逐渐转嫁给属吏[2]，加剧了小吏的负担，同时他们均熟悉律令，不难发现律令的漏洞，上下其手，利用机会钻空子，为自己谋些好处。此文书所针对的只是借机蹭公家的油水而已。从另一角度看，这种活动亦可以看作小吏不满于体制的一种反抗。

　　最后，导致置传开支增长的另一原因是接待过往高官费用过高。悬泉简出土了一册"过长罗侯费用簿"（Ⅰ0112③：61—78），由18枚简构成，记载了元康五年（前61年）正月接待出使西域的长罗侯常惠及其部下的食物账目。列入清单的食材除了米、粟之外，还有羊5头、鱼10条、鸡21枚、牛肉180斤、酒18石、豉1.2石。此使团人员不少，有军吏20人、斥候50人，还有300名施刑士。从简中看，丰富的副食都是为军吏、斥候等准备的，地位越高，副食越丰富，鸡、鱼和羊都仅供应长史等高级军吏，只有牛肉、酒是面向所有军吏与斥候的[3]，而这其中并不包含对招待长罗侯常惠本人所用食物的记录。如此规格的接待，究竟是按照律令规定，还是当地自作主张安排的，尚无线索。

　　一旦有此类重要任务，沿途的官府也会悉心安排，提前准备。破羌

---

　　① 汉代小吏的俸禄，宣帝神爵三年（前59年）八月的诏书就已经注意到："今小吏皆勤事而奉禄薄，欲其毋侵渔百姓，难矣。"见《汉书》卷八《宣帝纪》，第263页。东汉崔寔《政论》亦一再批评汉廷给官吏的俸禄薄，指出"其（指群臣）奉禄甚薄，仰不足以养父母，俯不足以活妻子"，而且还有具体的估算，见崔寔、仲长统：《政论校注　昌言校注》，第146、149—150页。仲长统亦指出"夫选用必取善士，善士富者少而贫者多，禄不足以供养，安能不少营私门乎？"见同前书，第297页。研究见黄惠贤、陈锋主编：《中国俸禄制度史》（修订版）第二章，武汉：武汉大学出版社，2005年，第29—72页，特别是第38页的表。西汉时三公月俸为350斛，最低一级的佐史为8斛，百石为16斛，斗食11斛。而当时一个成年人每月的口粮为2斛（大石），月俸8斛仅够4个成年人的口粮。关于吏俸薄，可参马大英：《汉代财政史》，北京：中国财政经济出版社，1983年，第182页。

　　② 如上计，原先是遣长史守丞来完成，后来就逐渐交付给计掾、计吏来承担。

　　③ 见胡平生、张德芳：《敦煌悬泉汉简释粹》例213，第148—149页。

将军辛武贤曾两次率兵到敦煌，其中一次到达之前，效谷县县长就部署
下去，要求遮要与悬泉两置调运物资，抓紧时间准备。文书云：

> 效谷长禹、丞寿告遮要、县泉置：破羌将军将骑万人从东方来，
> 会正月七日，今调米、肉，厨、乘假自致受作，毋令客到不办与，
> 毋忽，如律令。
>
> 掾德成、尉史广德　　　　　Ⅱ0114④：340AB①

此事具体年代还需要考证，不过事情原委很清楚，就是要调集食物等来
提前做好接待大军的准备工作，不得轻忽大意。前引《元康四年鸡出入
簿》中消费鸡的过客几乎是朝廷派来的使者，亦暗示官吏品秩越高，所需
接待开销亦越高。

"过长罗侯费用簿"只是偶然保存下来的一个册书②，其记录的内容应
该可以反映此类接待任务的一般情况。总之，精心款待朝廷高官，对于郡
县而言，花费虽多，但于当地的长吏本人，一定不会是坏事。食材如此丰
富，如此下来，接待一次高官使团的花费要比仅提供粟、米主食的一般的
过往小吏要高出很多。考虑到当时的制度与官场风气，这类高规格的接待
恐怕是律令规定与自作主张两者结合的产物，甚至也不能排除出使一方主
动要求提高接待标准。这种假公济私的做法，对双方都有好处，遭受损失
的只有官府的财政，最终遭殃的是提供物资的当地百姓与朝廷的律令。

或许还有其他原因，但至少从目前已刊的悬泉汉简能够发现上面四
种因素，都会增加置、传的开销。不过，这四点的实质效果与产生的作
用大小有所不同。最后一点的作用恐怕是局部的，不会长期持续性地导
致增加开支，毕竟高官外出，无论是出使西域，还是在境内各地的巡行，

---

① 见胡平生、张德芳：《敦煌悬泉汉简释粹》例238，第164页，标点有改动。
② 悬泉简中出现了"迎戊己罢校尉，置客往来食如牒"云云的内容，亦是一例，
可惜详情不明。见简Ⅰ0112①：27，胡平生、张德芳：《敦煌悬泉汉简释粹》例185，
第132页。

并不常见，担负出差任务的主力还是朝廷与郡国的属吏。因此，前三点当是导致开销增长的主要原因。

对照宣帝的诏书、丞相的敕，与上文的分析，不难发现皇帝眼中厨传开支的增加原因是整饬厨传与提高传食标准，而笔者的分析则认为此点并非主要原因。如何看待这种不一致？这种不一致亦反映了历史的真实。透过简牍与文献归纳的问题自然是现实中存在的，不过，这些往往属于"跑冒滴漏"式的隐性开支膨胀，远没有一次性接待如长罗侯那样的高官及其随从的花费那么集中和显眼，后者任务完成后还会形成专门的文书如"过长罗侯费用簿"，亦便于传置等在应对上级督促节省费用时来搪塞。如此逐级上报，到皇帝那里，开支增加的原因便只剩下这最为显豁的整饬厨传与提高标准了。

更需要注意的是，前三种情形是各地官吏为谋求自己的私利而产生或习得的做法，寄生在置传系统中，广而言之，亦可谓是官僚体系的伴生品，只能暂时压制，无法根除。秦代以来官吏中就建立了看起来相当严格的物资出入管理、会计与钩校、差错补偿制度①，很多簿籍文书的编制与这些制度密切相关。悬泉简中亦不乏此类内容，并包含一些发现差错而追查的文书。②制度上，钩校一方面在本机构内进行，另一方面，

---

① 详见睡虎地秦墓竹简《效律》《仓律》等，参永田英正：《居延汉简研究》上册，第308—322页；李均明：《汉简"会计"考（上）》，中国文物研究所编：《出土文献研究》第三辑，北京：中华书局，1998年，第119—128页；李均明：《汉简"会计"考（下）》，中国文物研究所编：《出土文献研究》第四辑，北京：中华书局，1998年，第44—51页；李均明：《秦汉简牍文书分类辑解》"簿籍类"附"簿籍与题示、合计、钩校"，第395—398页；李均明：《里耶秦简"计录"与"课志"解》，《简帛》第八辑，第157—159页；朱德贵：《汉简与财政管理新证》，北京：中国财政经济出版社，2006年，第265—266页；黄今言：《居延汉简所见西北边塞的财物"拘校"》，《史学月刊》2006年第10期，第18—24页；侯旭东：《吴简所见"折咸米"补释——兼论仓米的转运与吏的职务行为过失补偿》，长沙简牍博物馆、北京吴简研讨班编：《吴简研究》第二辑，武汉：崇文书局，2006年，第176—191页。

② 如简Ⅰ0309③：20、Ⅱ0115③：96、Ⅱ0114③：522、Ⅰ0309③：215、Ⅰ0309③：167—168，见胡平生、张德芳：《敦煌悬泉汉简释粹》例144、200、202、212、214，第109、141、142—143、147、150页。

上级亦通过对下级上呈的簿籍类文书加以钩校来实现对下级工作的监督。在金字塔式的官吏组织结构下,上级总是面临以少御多的难题。面对众多的下属机构,以及这些机构不断编制的按月、四时与年的定期文书与临时产生的不定期文书①,上级官府的人员、精力总是有限的,再加上计算手段原始和低效,官吏算术水平不高,要想长年坚持不懈、不留死角地全部予以核校,恐怕很不容易,这实际就为下级官吏利用制度谋取私利、钻空子创造了可能。② 相关文书中不断出现的"毋令谬"提醒正是在诉说着实际工作中的漫不经心与懈怠。经历了若干年文书工作之后③,下级官吏捕捉到制度漏洞恐非难事,为上述现象的滋生提供了温床。

---

① 据《汉书·地理志下》,平帝时有郡国 103 个,县道邑侯国 1587 个(第 1640 页),平均 1 个郡国辖县级机构 15.4 个;据《汉书·百官公卿表上》,全国有乡 6622 个(第 743 页),平均每个县级机构下辖乡 4.2 个。以居延都尉府为例,管辖殄北、甲渠、居延、卅井四个候官,每个候官下辖若干部,出土资料最丰富的甲渠候官下有 10 个部、70 余个烽燧,据李均明:《汉代甲渠候官规模考(下)》,中华书局编辑部编:《文史》第 35 辑,北京:中华书局,1992 年,第 91 页。边塞自烽燧一级始,均要编制各种簿籍文书逐级上报。屯戍机构编制的文书类别,可参李天虹:《居延汉简簿籍分类研究》,北京:科学出版社,2003 年。

② 宣帝时黄霸便曾注意到地方上长吏交代时容易出现此类"奸吏缘绝簿书盗财物"的情况,见《汉书》卷八九《循吏·黄霸传》,第 3631 页;莽新时设令士监督五均六斡,有些人"因与郡县通奸,多张空簿",致使"府臧不实,百姓俞病",见《汉书》卷二四下《食货志下》,第 1183 页。这些均是见于记载的事例。具体例子可见《汉书》卷九〇《酷吏·田延年传》,第 3665—3666 页。这种情况甚至蔓延到郡国向朝廷呈交的"上计簿",其中亦存在"具文""务为欺谩"的现象,早在武帝元狩二年(前 121 年),上谷太守郝贤便因"入戍卒财物上计谩"而被免职,见《汉书》卷一七《景武昭宣元成功臣表》,第 647 页。宣帝时曾专门下诏清查,见《汉书》卷八《宣帝纪》黄龙元年(前 49 年)二月诏,第 273 页。江苏东海县尹湾汉简 1 号木牍"集簿"中一些数字亦不实,此为学界所熟知,无须赘述。

③ 负责文书工作的隧长、候长以及郡县属吏,基本都是出自本地,且长期为吏,正为此创造了条件,关于边塞情况的新近研究参于振波:《居延汉简中的燧长和候长》,收入所著《简牍与秦汉社会》,第 74—81 页;赵宠亮:《行役戍备:河西汉塞吏卒的屯戍生活》,第 36—42、75—78 页。内地一般郡县参严耕望:《中国地方行政制度史甲部——秦汉地方行政制度》,第 3 版,台北:史语所,1990 年,第 351—353 页。

同时，加上部分官员对自身升迁前途的关注，官场交往的兴起，以及官吏外繇导致不同地域间官吏的沟通交流，都会加速这类现象的蔓延。还有，随着官吏日益看重自身的利益与仕途，上下级之间的共同利益不断增加，也会使得上级官吏放松对下级的拘校与监督，因为在属地提高接待标准与扩大接待范围，对长吏的仕进亦绝无坏处。上述情况不过是这种背景下出现的诸般现象中偶然暴露出来的三种而已。仔细分析这类个案，不难管中窥豹，想见其他地区的情形，尽管各地萌生的弊病类别、程度一定参差不齐。

到东汉顺帝时，虞诩在推荐左雄的上疏中指出，"方今公卿以下，类多拱默，以树恩为贤，尽节为愚，至相戒曰'白璧不可为，容容多后福'"，便已看出当时高官已经变得热衷为自己未来考虑而同流合污，并广施恩泽，不肯为国尽节。这种"大臣懈怠"局面的盛行对于执行律令，自然会打折扣。左雄任尚书令后在上疏中亦说，"汉初至今，三百余载，俗浸雕敝，巧伪滋萌，下饰其诈，上肆其残"，概括了随着时间推移，弊端丛生的情形。其中乡官部吏"职斯禄薄，车马衣服，一出于民，廉者取足，贪者充家，特选横调，纷纷不绝，送迎烦费，损政伤民"①，就揭露出基层官吏因俸禄微薄而往往鱼肉百姓的生存状况。高官与小吏的不同表现，适可与上文的分析相对照。虞诩时为尚书仆射，历任郎中、朝歌长、怀令、武都太守、司隶校尉等职②；左雄举孝廉后逐渐迁升，曾任冀州刺史、议郎。两人所言是基于各自多年官场生涯得出的印象，应有相当的普遍性。这里说的是东汉中期的官场，冰冻三尺，非一日之寒，弊病乃是自西汉初年以来日积月累所致。③ 两人上疏并非针对传置，但这种官场病实际随处可见。

西汉元帝时任司隶校尉的诸葛丰在上书中就已指出："今以四海之

---

① 《后汉书》卷六一《左雄传》，第 2015、2017 页。

② 《后汉书》卷五八《虞诩传》，第 1865—1871 页。

③ 东汉后期的崔寔便指出："自汉兴以来，三百五十余岁矣。政令垢玩，上下怠懈，风俗雕敝，人庶巧伪。"见崔寔、仲长统：《政论校注　昌言校注》，第 38 页。

大，曾无伏节死谊之臣，率尽苟合取容，阿党相为，念私门之利，忘国家之政。"哀帝初立，王嘉上疏论时政，针对官员说，"中材苟容求全，下材怀危内顾，壹切营私者多"；不久，鲍宣上书亦抨击公卿守相"志但在营私家，称宾客，为奸利而已，以苟容曲从为贤，以拱默尸禄为智"。①三人为官经历各异，均注意到官场盛行的牟取私利，迎合他人以求安身，放弃原则的现象，足见这类现象蔓延的程度。

按照时人观察，此种情形最早出现于西汉武帝时期。《盐铁论·救匮》中贤良说："文、景之际，建元之始，大臣尚有争引守正之义。自此之后，多承意从欲，少敢直言面议而正刺，因公而徇私。……故公孙丞相、倪大夫侧身行道，分禄以养贤，卑己以下士，……而葛绎（公孙贺）、彭侯（刘屈氂）之等，隳坏其绪，……廉耻陵迟而争于利矣。"

当然，仔细分析，确如虞诩与左雄所言，官吏中高官与一般小吏都在谋取私利，但动因与目的并不相同。后者职繁禄薄，更多关注自身的生存，企图通过各种方式来改善自己的处境；而品秩较高的官员，生计无忧，更多地考虑的是自身，乃至后人的仕途与官运。两类人在利用制度谋求个人利益上有相同的追求，不难达成默契与共谋，形成上下兼容的局面。

这类弊病并非个案，而是此起彼伏，反复出现，制造者是无名的官吏群体，且常属不谋而合的举动。皇帝所遭遇的，是散布于不同机构、不同地域的众多中下级官吏乃至部分高官，在制度之中谋求自身利益的自发行为，这些不约而同的行为，就局部而言，可能并不严重，但点点滴滴汇合进皇帝的眼帘，并引起其注目，就不再是个小问题。更为棘手的是，看到的问题很明显，却找不到明确的施政对象：既不是某个个人、家族，亦非集团或朋党，无法凭借威权、刑罚乃至杀戮来解决，亦无从撤换。皇帝只是感到问题泛滥，无法下手根除，只得自己出面或透过丞

① 分别见《汉书》卷七七《诸葛丰传》、卷八六《王嘉传》、卷七二《鲍宣传》，第3249、3490、3088页。

相，无可奈何地反复叮嘱，效果当然可想而知。最终的结果只能是当开销增加到国家财政无法支撑的一刻，这一机构轰然倒地。这一变化显现出来是在东汉。当时朝廷已经无法承受这方面的开销，只好大量裁减这类机构。《晋书》卷三〇《刑法志》引《魏律序》称：

> 秦世旧有厩置、乘传、副车、食厨，汉初承秦不改，后以费广稍省，故后汉但设骑置而无车马，而律犹著其文，则为虚设，故除《厩律》，取其可用合科者，以为《邮驿令》。（924—925）

其中提到"费广稍省"，即费用增加而逐渐简省，至于费用增加的具体原因并未说明。就此而言，皇帝本人最终是博弈的失败者，制度则是牺牲品。

《汉书·王莽传下》"地皇元年"提到"乘传使者经历郡国，日且十辈，仓无见谷以给，传车马不能足，赋取道中车马，取办于民"（99 下／4158），官府财力已无法维持传置的运转。不久，翼平连率（即太守）田况在上言中甚至建议王莽"宜尽征还乘传诸使者，以休息郡县"，居延新简 EPF22：304 云："□东部五威率言：厨传食者众，费用多，诸以法食者皆自斋（齍），费不可许。"[1]五威率是王莽所设特使，分部巡行全国[2]，此简亦是王莽时期的，此人也抱怨厨传的开支大，难以支撑。看来，这很可能是压死骆驼的最后一根稻草。

从上文的具体探讨中，可见不同层级的官吏为不同的追求，走到一起，在体制中挖墙脚的低沉而持续的力量；亦可以看到皇帝个人力量的极限及其无奈，还有众多官吏作用汇聚成的力量与制度的变迁之间的关系。当然不能否认正常开支同样存在增加的可能，公允地讲，应该是两

---

① "诸"字原释为"皆"，对比下面的"皆"字，字形有别，当为"诸"，据改，见张德芳主编，张德芳著：《居延新简集释》第七册，兰州：甘肃文化出版社，2016 年，第 269 页。

② 见李均明：《新莽简辑证》，台北：新文丰出版公司，1995 年，第 127—129 页。

者的合力摧毁了这一制度，皇帝或许只注意到置传用度铺张浪费的一面，忽视了正常接待费用的增长。

此前流行的说法"政令不出×××"，并非独特的现象。早在两千多年前，面对众多官吏不约而同产生的违法行为，乃至正常的费用增长时，皇帝的反复叮咛犹如螳臂当车，难以回天，东汉人说当时的地方官吏"得诏书，但挂壁"，就反映了这种尴尬。

同时，还应看到，朝代鼎革，却又无不重新设立此类机构，如唐代的馆驿、宋代的驿馆（与递铺）、元代的站赤、明清两代的驿站，一旦制度持续运行，上述现象则如影随形，反复出现，朝廷三令五申，亦无济于事。① 仅从某一朝代的范围内观察，很容易将这些现象归结为具体朝代制度漏洞与官场腐败之类所致；通观秦汉以降的历朝历代，注意到不同朝代中此类制度一再重建，尽管名称前后多有变化，具体规定亦并不全然相同，流弊却反复出现，则会更进一步引导我们探讨其背后的结构性因素。

　　①　参《唐六典》卷五《尚书兵部·驾部郎中》，第 163 页；《唐会要》卷六一《御史台中·馆驿使》，上海：上海古籍出版社，1991 年，第 1247—1256 页；李锦绣：《唐代财政史稿》第三册，第 175—180 页；荒川正晴：《ユーラシアの交通、交易と唐帝国》第Ⅱ部第 4 章"唐代公用交通システムの構造"，名古屋：名古屋大学出版会，2010 年，第 157—225 页；曹家齐：《宋代交通管理制度研究》，开封：河南大学出版社，2002 年，第 33—67 页；曹家齐：《南宋对邮传之整饬与更张述论——兼谈朝廷与岳飞军前诏奏往来问题》，《中山大学学报（社会科学版）》2003 年第 6 期，第 37—44 页；党宝海：《蒙元驿站交通研究》第六章第四节"元朝乘驿秩序的混乱"，北京：昆仑出版社，2006 年，第 272—277 页；苗冬：《元代使臣扰民问题初探》，《云南社会科学》2009 年第 3 期，第 133—136 页；王毓铨：《明朝勋贵兴贩牟利，怙势豪夺》，《莱芜集》，北京：中华书局，1983 年，第 298—301 页；杨正泰：《明代驿站考》（增订本）"一、综述"，上海：上海古籍出版社，2006 年，第 3—4 页；刘文鹏：《清代驿传及其与疆域形成关系之研究》第六章"清代驿传系统的困境及其近代变革"，北京：中国人民大学出版社，2004 年，第 259—275 页。史景迁《王氏之死：大历史背后的小人物命运》（英文 1978 年初刊）提到撰写《郯城县志》的冯可参便是因为管理该县南部的驿站不力而被免职，其中就包括克扣马匹的粮草，获利甚多，见中译本，李孝恺译，桂林：广西师范大学出版社，2011 年，第 57—58 页。

帝国时代的历史，一方面显示了这套机构与帝国维系之间的依存关系，广土众民的格局下，朝廷要有效控御四方，文书的上传下达与朝廷和各地之间人员往来流动必不可少，这种信息与人员的流动本身就是帝国存在的一部分，若流动停止，帝国便名存实亡。为供给并维持这种流动，历朝历代必须建立并维护此类机构，无论花费多大，弊端多少。另一方面，机构运作中，管理与使用的官吏日久则会发现漏洞，借机搭便车，利用此制来谋取自己的私利，间接增加官府的开支、民力负担，降低了公务的效率。更不幸的是，这类现象寄生在此制度之中，如影随形，无法消除。此制能否顺利运行，取决于官吏是否依规行事，要杜绝违规行为，或是靠官吏的自觉，或是依仗上级的审核监督，当上级监督逐渐变得松懈与低效时，要想根除违规就难上加难了，除非改变机构的运营与监督方式。在维持官办、上级监督不变的情况下，皇帝诏令与制度规定面对潜滋暗长的官吏侵渔时，开始尚可震慑一时，日久天长，随着此类现象的蔓延，相关官吏从中多少收获好处，而变得对其熟视无睹，乃至暗中默许、纵容与共谋，诏令与制度的实际效力则逐步衰减，最终沦为一道道堂皇却乏力的具文，此时，制度与帝国往往也就离末日不远了，容身其中的官吏自然随之无处栖身，各方同归于尽。

对于认识皇帝，上述现象亦不无意义。它们的不断出现，体现的是皇帝、制度规定与官吏群体实践之间的反复博弈与较量，暴露出起伏的波涛之下近乎静止的潜流，借助潜流不难反观到皇帝诏令与朝廷控御力量的限度。有如此不同角度的观察，便不会为传世文献单一视角中呈现出的强势皇帝形象所蒙蔽。反复下达的诏令，与其说传达出皇帝的威严与意志，不如说折射出皇帝的无奈与无力。

20世纪以降，受到进化论的深刻影响，学界普遍关注的是中国数千年历史中的变化，对于王朝时期，则有汉魏革命、唐宋变革之说，亦有强调宋元变革、明清变革等，几近无朝不有变革论。这些变革论或风行已久，或方兴未艾，吸引了无数中外学人。我想，在注重变革之外，亦需体察其中的反复、延续与不变，否则我们会迷失在变革与线性进化的叙述中，掩盖其下的连续或反复，丧失对王朝时代的全面把握。

阎步克先生在研究古代官阶制度时引入了"自利取向"与"服务取向"两个概念来把握官僚的政治取向与皇权强弱的关系，并对周代以来的皇帝(天子)、官僚与贵族三者关系的演进趋势做出了宏观概括。[①] 他的观察是将整个中国历史作为一个过程，此外，我们也应注意到，那些享国久远的朝代内部，皇帝与官吏群体间的博弈中，官吏逐渐占据上风，到王朝末叶，即便是励精图治的皇帝(如明末的崇祯皇帝)，面对"自利取向"膨胀的官吏，亦处处碰壁，经历类似的过程。这便是本文所说的"反复"，这种"反复"本身，内在于中国历史，是其延续与不变的一部分。

反复与延续的存在，应与自古以来形成的以情境为中心的思维传统与行为方式有直接的关系。[②] 相近的制度架构下，面临相似的情境，身在其中的人，这里则是各级官吏与皇帝，会采取相近的对策，出现"新瓶装旧酒"的现象，形成反复与延续。

四、结 论

综上所述，《汉旧仪》所录西汉末年大司徒向计吏宣读的"敕"又被称为"五条诏书"，其中多涉及郡国治理的大政方针，却包含了要求控制厨、传等机构改善条件、增加接待膳食标准的内容，表明此问题已引起朝廷与皇帝的高度重视。以此为线索，根据出土简牍与文献，推算出西汉末

---

① 阎步克：《中国古代官阶制度引论》，北京：北京大学出版社，2010 年，第 355—362 页。

② 关于此问题，可参郝大维(David L. Hall)、安乐哲(Roger T. Ames)：《期望中国——中西哲学文化比较》，施忠连等译，上海：学林出版社，2005 年，第 150—151、273—338 页，特别是第 328—334 页；《汉哲学思维的文化探源》，施忠连译，南京：江苏人民出版社，1999 年，中文版作者自序，第 4 页；翟学伟：《人情、面子与权力的再生产》(第 2 版)，北京：北京大学出版社，2013 年，第 65—69、290—291 页。

年全国传舍与置的总数为 2057 所，并以尹湾汉简《元延二年日记》的记载为标准，根据各县、置在交通线中的位置，对不同县、置的接待量进行了细分与统计，具体估算出一年使客住宿的日子数量与消费的粮食、鸡的数量，还有其中饲养的马匹所耗粮食的总量。合计为鸡152 686.92枚，折合原粮2 402 088.15石，相当于全国一年田租额的 2.9%，一年漕运粮食量的 60.1%。

这样的数额并不算高，为何皇帝还要求控制接待开销？据悬泉汉简，当时导致额外开销的主要有四点：扩大享受官府免费接待者的范围，如官员的家属与奴婢；不精心照料和喂养马匹，导致死亡量超过规定；上级属吏在置传中大肆吃喝，而将消费寄名于当地长吏；还有对过往高官的高标准接待。前三项应是主要原因。

上述现象难以遏制，原因在于它们是置传机构，广言之，是官吏制度的寄生品，且与官员的生活与前途，简言之，自身利益相关。在实际主要由上级监督的体制下，接待开支很难保证得到及时、有效与全面的监督，加上上级官员甚至有可能成为受益者而暗中加以放纵，造成屡禁不止。因此，皇帝面对的是官吏队伍的日常抵抗，除去三令五申，亦别无良策，凸显了其无奈。日久天长，传置制度亦不堪其负，最终和帝国一道走向末日。广土众民格局下继之而起的帝国还要重建类似的机构，遭遇类似的经历，如此反反复复，直到清末。其中体现了官吏群体与皇帝、帝国体制之间的长期博弈。格局与体制不变，此类机构必不可少，而其基本运作方式复因循不改，重复的剧目不断上演，皇帝的诏书则逐步沦为无用的呻吟，一定时空内官吏群体或是胜者，但最终的下场则是全无赢家。这种"反复"构成中国历史中延续与不变的一个侧面。

观察皇帝如何统御四方，需要放在帝国君—臣—民的格局下，多角度地加以把握，专注个别朝代之外，亦需要能跨越朝代的限制，长时段地对照，仅有自上而下单向度的分析是远远不够的。

附录一　西汉时因两县距离过远而推定设"置"的统计表①

刺史部	郡国	设"置"位置	数量	该郡国设"置"小计	校正后该郡国小计	该刺史部设"置"合计
司隶	京兆尹	峣关	1	1	1②	
	左冯翊	翟道—郃县/粟邑间	1			
		重泉—徵县间	1	2	2	
	右扶风	郿县—虢县间	1			
		汧县—郡西北界	1			
		茂陵—好畤间	1			
		好畤—漆县间③	1			
		漆县—谷口间	1			
		好畤—杜阳间	1			
		武功—故道间	3			
		某置—郡南界④	2	11	11	

---

① 两县之间的距离，根据谭其骧《中国历史地图集》第二册西汉部分（以下简称"谭图"，北京：地图出版社，1982 年，第 15—36 页）西汉时期各图测量，并据比例尺折算。县的方位，据周振鹤《汉书地理志汇释》（合肥：安徽教育出版社，2006 年）以及中国历史地理信息系统（CHGIS）西汉元始二年的县级单位的位置信息核对。刺史部的先后顺序亦依谭图，并参考《甘肃省地图集》等"中国分省系列地图集"（北京：星球地图出版社，2009 年）以及谷歌地图。确定交通路线的走向，参考了郭沫若主编《中国史稿地图集》上册"西汉盐铁工官商业城市及交通"（北京：地图出版社，1979 年，第 35—36 页）、王子今《秦汉交通史稿》（增订版）、严耕望《唐代交通图考》第一至六卷、杨正泰《明代驿站考》以及历史地理学对具体郡县位置的考订、考古发掘资料等。
具体计算方式：两县之间的图上距离（一般为直线，山区则考虑地形与河道）×比例尺÷(54 054÷2)。得出的数字大于 2 小于 2.5，则计为 1；大于等于 2.5 小于 3.5，则计为 2。以此类推。
② 此数字是减去谭图中该郡"无考县"的数目后得出的，若没有"无考县"，则与前一数字相同。
③ 据居延新简 EPT59：582，长安至茂陵七十里，茂陵至获置卅五里，获置至好止七十五里，好止至义置七十五里。以上两置便是表中所列。
④ 指褒斜道的北段。

刺史部	郡国	设"置"位置	数量	该郡国设"置"小计	校正后该郡国小计	该刺史部设"置"合计
	弘农郡	函谷关	1			
		商县—析县间①	3			
		丹水—武关道间	1			
		卢氏—宜阳间	3			
		弘农—卢氏间	1			
		卢氏—商县间②	2	11	11	
	河东郡	安邑—垣县间	1			
		垣县—濩泽间	1			
		绛县—端氏间	2			
		安邑—汾阴间	1			
		蒲反—汾阴间	1			
		北屈—平阳间	1			
		蒲子—虒县间	1	8	8	

① 其间首先经过的是"武关"。关于汉代"武关"的位置，有两种看法：一说认为位于今陕西丹凤县东南的武关乡武关村，武关河畔；一说以为是在今商南县城西南，丹江北岸的过风楼。持前说的有郭沫若主编：《中国史稿地图集》上册，第27—28、35—36页；侯甬坚：《论唐以前武关的地理位置》，《陕西师范大学学报（哲学社会科学版）》1986年第3期，第82—88页；刘树友：《武关考——关中要塞研究之七》，《渭南师范学院学报》17卷3期（2002年5月），第44—49页。持后说的有谭其骧主编：《中国历史地图集》第二册，第15—16页；余方平、王昌富：《武关早期位置探索新论》，《商洛学院学报》22卷1期（2008年2月），第27—31页。白洋亦认同后说，见所著《战国秦汉武关道军事地理论述》，硕士论文，宋杰指导，首都师范大学历史学院，2011年，第9、11页。观察谷歌地形图，此道应以设在今天的商南、西峡县一路更便于通行，武关应在此道的途中，故前说更可取。据岳麓书院秦简《三十五年质日》中墓主人自南郡往返咸阳途经地点的考察，秦代的武关亦应在商县、析县一路，应从前说。查《中国文物地图集·陕西分册》（西安：西安地图出版社，1998年）丹凤县文物图（上册，第354—355页）及丹凤县文物单位简介（下册，第1187、1188、1189页），武关村附近有汉代的武关墓群、西河源墓群、汉代的武关窑址，武关乡还有西北村汉墓，均说明汉代这里长期有人居住。汉代的武关位于今天的武关村，应无疑义。相关研究还可见王子今：《武关·武候·武关候：论战国秦汉武关位置与武关道走向》，2018年初刊，收入所著《芝车龙马：秦汉交通文化考察》，西安：西北大学出版社，2020年，第26—33页。

② 王莽末年，赤眉军起兵后西攻长安，樊崇、逢安所率一部便是自武关入，后至弘农，与另一路汇合，见《后汉书》卷一一《刘盆子传》，第478—479页。武关道上必有经过卢氏至弘农的大道与供应设施存在，足以保证日常通行，大军也才得以循此北上。

续表

刺史部	郡国	设"置"位置	数量	该郡国设"置"小计	校正后该郡国小计	该刺史部设"置"合计
	河内郡		0	0	0	
	河南郡	雒阳—梁县间	1	1	1	34
并州	太原郡	榆次—上艾间	1			
		上艾—郡东界	1			
		盂县—原平间	1			
		晋阳—汾阳间	3	6	5	
	上党郡	涅县/襄垣—沾县间	2			
		潞县—郡东界①	1	3	3	
	雁门郡	马邑—中陵间	1	1	1	
	代郡		0	0	0	
	定襄郡	成乐—武城间	1	1	0	
	云中郡		0	0	0	9
朔方	西河郡	广衍—虎猛间	2			
		虎猛—大成间	1			
		平定—圜阴间	3			
		阴山—隰成间	5			
		中阳—平周间	1	12	0	
	朔方郡	广牧—临河间	1			
		广牧—沃野间	2			
		呼遒—修都间	2	5	5	
	五原郡	河阴—曼柏间	2			
		曼柏—南舆间	2	4	0	
	北地郡	略畔—直路间	2			
		方渠—归德间	2			
		方渠—富平间	7			
		某置—昫衍间	2	13	10	
	上郡	阳周—独乐间	1			
		阳周—奢延间	2			
		龟兹—高望间	3			
		白土—桢林间	2			
		肤施—鸿门间	1	9	3	18

---

① 沿浊漳水东行。

续表

刺史部	郡国	设"置"位置	数量	该郡国设"置"小计	校正后该郡国小计	该刺史部设"置"合计
兖州	东郡	观县—东武阳间	1	1	0	
	陈留郡		0	0	0	
	淮阳国		0	0	0	
	定陶国		0	0	0	
	山阳郡	昌邑—城都间	1	1	0	
	泰山郡	牟县—盖县间 蒙阴/南武阳—华县间	1 1	2	1	
	东平国		0	0	0	
	城阳国		0	0	0	1
豫州	颍川郡		0	0	0	
	汝南郡	平舆—阳安间 平舆—新蔡间 新蔡—期思间 寝县—女阴间	1 1 1 1	4	3	
	沛郡	萧县—沛县间	1	1	0	
	梁国		0	0	0	3
徐州	琅琊郡	皋虞—长广间	1	1	0	
	东海郡	博望置①	1	1	1	
	楚国	彭城—武原间	1	1	1	
	临淮郡	东阳—堂邑间 富陵—射阳间 射阳—海陵间	1 1 3	5	0	
	泗水国		0	0	0	
	广陵国		0	0	0	
	鲁国		0	0	0	2

① 《尹湾汉墓简牍》竹简 48，图版，第 64 页；释文，第 141 页。

续表

刺史部	郡国	设"置"位置	数量	该郡国设"置"小计	校正后该郡国小计	该刺史部设"置"合计
青州	平原郡		0	0	0	
	济南郡		0	0	0	
	千乘郡		0	0	0	
	齐郡		0	0	0	
	甾川郡		0	0	0	
	北海郡		0	0	0	
	高密国		0	0	0	
	胶东国		0	0	0	
	东莱郡	东牟—不夜间	1	1	1	1
荆州	南阳郡	宛县—析县间	3	4	4	
		春陵—随县间	1			
	南郡	若县—当阳间	1			
		华容—州陵间	4			
		江陵—夷道间	1			
		夷陵—秭归间	1			
		秭归—巫县间	2			
		枝江—临沮间	2	11	11	
	江夏郡	西陵—沙羡间	2			
		鄂县—蕲春间	1			
		西陵—安陆间	2			
		云杜—竟陵间	1			
		西陵—西阳间	4	10	9	
	武陵郡	辰阳—沅陵间	1			
		沅陵—西阳间	1			
		沅陵—临沅间	4			
		酉阳—零阳间	4			
		某置—充县间	1			
		零阳—屏陵间	3			
		屏陵—索县间①	3			
		义陵—镡成间	6	23	23	

① 据里耶秦简 16-52，屏陵到索二百九十五里。

刺史部	郡国	设"置"位置	数量	该郡国设"置"小计	校正后该郡国小计	该刺史部设"置"合计
	长沙国	临湘—益阳间	1			
		临湘—罗县间	2			
		罗县—下隽间	2			
		湘南—连道间	2			
		连道—承阳间	1			
		临湘—酃县间	4			
		某置—茶陵间	1			
		茶陵—安成间	2	15	15	
	零陵郡	夫夷—洮阳间	3			
		洮阳—泉陵间	1			
		零陵—始安间	1			
		泉陵—营浦间	2			
		营浦—郡南界	1			
		洮阳—都梁间	2			
		钟武—泉陵间	3			
		始安—郡南界	1	14	14	
	桂阳郡	郴县—临武间	1			
		郴县—曲江间	1			
		曲江—浈阳间	2			
		南平—桂阳间	2	6	6	82
扬州	六安国	六县—安风间	1	1	1	
	九江郡	东城—建阳/全椒间	1			
		成德—合肥间	1	2	2	
	庐江郡	合肥—舒县间	1			
		舒县—龙舒间	1			
		松兹—寻阳间	1			
		龙舒—金兰间	3	6	6	
	丹阳郡	泾县—陵阳间	1			
		宛陵—故障间	2			
		某置—于晋间	2			
		丹阳—溧阳间	1	6	6	

刺史部	郡国	设"置"位置	数量	该郡国设"置"小计	校正后该郡国小计	该刺史部设"置"合计
	会稽郡	吴县—由拳间	1			
		由拳—钱唐间	2			
		乌程—由拳间	1			
		乌伤—大末间	2	6	6	
	豫章郡	南昌—建成间	1			
		南昌—余汗间	1			
		新淦—宜春间	3			
		新淦—庐陵间	4			
		庐陵—赣县间	3			
		赣县—雩都间	1			
		南昌—南城间	5			
		南昌—鄡阳间	1	19	19	40
冀州	常山郡	郡西界—真定间	1	1	0	
	赵国	邯郸—襄国间	1	1	1	
	魏郡	邺县—涉县间	2			
		邺县—魏县间	1	3	3	
	中山国		0	0	0	
	真定国		0	0	0	
	巨鹿郡		0	0	0	
	广平郡		0	0	0	
	清河郡		0	0	0	
	信都郡		0	0	0	
	河间国		0	0	0	4
幽州	上谷郡		0	0	0	
	渔阳郡		0	0	0	
	右北平郡	某置—白狼间	1			
		平刚—徐无间	4			
		某置—郡东界	2	7	2	
	辽西郡	狐苏—文成间	1	1	1	

刺史部	郡国	设"置"位置	数量	该郡国设"置"小计	校正后该郡国小计	该刺史部设"置"合计
	辽东郡	无虑—险渎间	1			
		襄平—候城间	1			
		候城—高显间	1			
		文县—平郭间	1			
		平郭—沓氏间	4			
		居就—武次间	2			
		西安平—番汗间	3	13	13	
	玄菟郡	高句骊—上殷台间	2			
		高句骊—候城间	3			
		高句骊—西盖马①间	4	9	9	
	乐浪郡	朝鲜—不而间	5			
		前莫—蚕台间	1	6	6	
	涿郡		0	0	0	
	广阳国		0	0	0	
	勃海郡		0	0	0	31
益州	武都郡	故道—嘉陵道间	3			
		嘉陵道—郡南界	1	4	4	
	汉中郡	襃中—郡北界间	2			
		成固—西城间	5			
		旬阳—锡县间	2			
		锡县—武陵间	1			
		上庸—房陵间	1			
		郧关	1	12	12	
	广汉郡	郡北界—葭明间	2			
		葭明—梓潼间	2			
		雒县—郪县间	2			
		白水—阴平道间	2			
		涪县—刚氏道间	3	11	11	

---

① 周振鹤指出治所具体位置在今朝鲜慈江道古丰、三乐里一带，见周振鹤：《汉书地理志汇释》，第 421 页。

刺史部	郡国	设"置"位置	数量	该郡国设"置"小计	校正后该郡国小计	该刺史部设"置"合计
	巴郡	葭明—阆中间	1			
		阆中—安汉间	3			
		安汉—垫江间	2			
		垫江—江州间	1			
		江州—枳县间	2			
		枳县—涪陵间	2			
		枳县—临江间	2			
		临江—朐忍间	3			
		朐忍—鱼复间	2			
		垫江—宕渠间	4	22	22	
	蜀郡	绵虒道—汶江道间	1			
		蚕陵—湔氏道间	2	3	3	
	越巂郡	阑县—旄牛间	1			
		邛都—卑水间	1			
		卑水—灊街①间	2			
		邛都—会无间	4			
		某置—定莋间	1			
		会无—三绛间	2			
		三绛—青蛉间	1			
		大莋—姑复间	2	14	14	
	犍为郡	武阳—南安间	2			
		南安—僰道间	4			
		僰道—江阳间	2			
		资中—江阳间	5			
		僰道—南广间	1			
		南广—朱提间	3			
		朱提—堂琅间	2			
		朱提—郁鄢间	3			
		朱提—汉阳间	3	25	25	

---

① 位置在今四川雷波县境,见周振鹤:《汉书地理志汇释》,第318页。

刺史部	郡国	设"置"位置	数量	该郡国设"置"小计	校正后该郡国小计	该刺史部设"置"合计
	牂柯郡	故且兰①—鳖县间	6			
		某置—毋敛间	3			
		故且兰—平夷②间	4			
		夜郎—谈稿间	3			
		夜郎—谈指间	1			
		谈指—漏卧间	4			
		漏江—宛温间	1			
		都梦—进桑间	1			
		宛温—句町间	1	24	24	
	益州郡	味县—郁鄹间	3			
		弄栋—秦臧间	4			
		云南—叶榆间	2			
		叶榆—比苏间	1			
		律高—贲古间	1			
		邪龙—不韦间	3			
		双柏—秦臧间	2			
		牧靡—谷昌间	2			
		贲古—来唯间	4	22	22	135
凉州	陇西郡	安故—临洮间	2			
		临洮—羌道间	2	4	3	
	金城郡	安夷—临羌间	2			
		仓松—令居间	2			
		令居—枝阳间	1			
		河关—允吾间	1	6	6	
	天水郡	平襄—勇士间	4	4	2	

① 具体位置，谭图推定在贵州贵定以东，周振鹤认为在福泉市境，确址不详，见《汉书地理志汇释》，第330页。考古学家根据汉墓聚集与分布、窑址、出土遗物等，推定郡治故且兰当在今天安顺市西秀区的宁谷一带，见张合荣：《夜郎地理位置解析：以滇东黔西战国秦汉时期考古遗存为主》，四川大学博物馆等编：《南方民族考古》第7辑，北京：科学出版社，2011年，第244页。后说更有根据，兹从之。各县间的距离则改以安顺为中心计算。

② 位置在今贵州毕节市以东与大方县以北交界处一带，见周振鹤：《汉书地理志汇释》，第331页。

续表

刺史部	郡国	设"置"位置	数量	该郡国设"置"小计	校正后该郡国小计	该刺史部设"置"合计
	安定郡	高平—三水间	3			
		三水—朐卷间	1			
		高平—祖厉间①	5			
		高平—泾阳间②	1	10	10③	
	武威郡	媪围—扑剿间	3	3	3	
	张掖郡	居延置	1			
		祁连置	1	2	2	
	酒泉郡	置二	2	2	2	
	敦煌郡	鱼离置、悬泉置、遮要置④	3	3	3	31
交趾	郁林郡	潭中—郡东北界	1			
		潭中—中留间	2			
		潭中—定周间	2			
		中留—布山⑤间	1			
		布山—领方间	2			
		领方—临尘间	5			
		增食—广郁间	4	17	17	

---

① 汉武帝元鼎五年(前112年)曾西行到过祖厉河,见《汉书》卷六《武帝纪》,第185页。"祖厉"的位置,谭图标在今甘肃靖远县与会宁县之间的祖厉河西,周振鹤的意见相同,见《汉书地理志汇释》,第370页。陈守忠根据《水经注》认为西汉的祖厉城在今靖远城西和靖乡的黄河南岸,附近有河包口,现在谭图所标位置是东汉时期的祖厉县,当从,见所著《允吾、金城、榆中、勇士等古城址考》,《历史地理》第11辑,上海:上海人民出版社,1993年,第199页。

② 即"平林置",据居延新简EPT59:582,图版见肖从礼:《居延新简集释》第五册,第192页。

③ 谭图无法确定位置的三县安俾、复累与卤县,据实地调查与研究,分别位于今甘肃镇原县三岔乡与新集乡古城(蒲河旁)、崇信县西的刘家沟遗址(汭河旁),尤其是刘家沟、王河湾等地出土的42件秦代陶器上有"卤"或"卤市"戳记(陶荣:《甘肃崇信出土的秦戳记陶器》,《文物》1991年第5期,第90—94页),更是明证,见张多勇:《泾河中上游汉安定郡属县城址及其变迁研究》,硕士论文,李并成指导,西北师范大学历史学院,2007年,第86—87、93—94页。

④ 郝树声、张德芳:《悬泉汉简研究》,第21页。

⑤ 郡治"布山县"的位置,久有争论,或云在今广西桂平西,或说在贵县(今贵港市)。谭图从前说,周振鹤从之(《汉书地理志汇释》,第429页)。从考古发掘的汉墓与城址看,应该在贵县,参蓝日勇:《桂林郡早期治地不在今桂平之我见》,广西文物考古研究所编著:《广西考古文集》第三辑,北京:文物出版社,2007年,第555—559页。这里取"贵县"说。

续表

刺史部	郡国	设"置"位置	数量	该郡国设"置"小计	校正后该郡国小计	该刺史部设"置"合计
	苍梧郡	封阳—广信间	1			
		广信—端溪间	1			
		端溪—高要间	2			
		荔浦—富川间	3			
		谢沐—富川间	2	9	9	
	南海郡	高要—番禺间	2			
		浈阳—番禺间	3			
		番禺—四会间	1			
		番禺—博罗间	3			
		博罗—揭阳间	6			
		博罗—龙川间	4	19	19	
	交趾郡	雍鸡—龙编间	5	5	5	
	合浦郡	高凉—合浦间	9			
		合浦—徐闻间	6	15	15	
	九真郡	无编—咸驩间	1			
		咸驩—比景间	6	7	7	
	日南郡	朱吾—西卷间	2			
		卢容—象林间	3	5	5	77
合计	103				470	470

附录二 西汉时期全国主要交通线

A. 长安(京兆尹、左冯翊、右扶风)(53)—霸陵(35[1])—〔新丰—郑县—武城—华阴—船司空—湖县—弘农(弘农郡治)—陕县—黾池—新

---

[1] "53""35"是统计得出的长安与霸陵县的接待任务量,计算方法见第159—160页。

安—函谷关（置）—谷成—雒阳（河南郡治）①〕（23②）—〔平阴（过黄河）—

河阳—温县〕（7）—〔平皋—怀县（河内郡治）—武德—修武—获嘉—汲

县—朝歌—荡阴—邺县（魏郡治）—梁期—邯郸（赵国治）—某置—襄国—

柏人—柏乡—房子—元氏（常山郡治）—石邑—真定（真定国治）—新市—

卢奴（中山国治）—新处—曲逆—北新成—范阳—涿县（涿郡治）—广阳—

蓟县（广阳国治）〕（6）—〔安乐—渔阳（渔阳郡治）〕（2）／〔昌平—军都—沮

阳（上谷郡治）③—下落—潘县—桑干—代县（代郡治）〕④（1）

途经县、置 55，郡国治 16

　　B. 蓟县⑤（广阳国治）—〔路县—无终—徐无—卢龙塞（某置）—某

置—某置—某置—平刚（右北平郡治）／某置—某置—某置—柳城—

临渝—交黎—且虑（辽西郡治）／交黎—无虑—某置—险渎—襄平（辽东

---

　　①　据谭宗义：《汉代国内陆路交通考》第三章四"函谷崤黾道"，第 128—140 页；辛德勇：《崤山古道琐证》，收入所著《古代交通与地理文献研究》，北京：中华书局，1996 年，第 17—45 页；王文楚：《唐代两京驿路考》《西安洛阳间陆路交通的历史发展》，《古代交通地理丛考》，第 46—103 页；严耕望：《唐代交通图考》第一卷《京都关内区》"长安洛阳驿道"，台北：史语所，1985 年，第 17—89 页。县、置名称带方框，表示为两条以上道路的交汇处，下同。

　　②　"23"是前面六角括号内的新丰—雒阳 13 个县、置的接待任务量，下同。

　　③　雒阳至幽州参谭宗义：《汉代国内陆路交通考》第三章二"孟津邯郸道"，第 106—120 页；严耕望：《唐代交通图考》第五卷《河东河北区》"太行东麓南北走廊驿道"，台北：史语所，1986 年，第 1513—1550 页；王文楚：《唐代洛阳至魏州幽州驿路考》，《古代交通地理丛考》，第 200—236 页。

　　④　查《中国文物地图集·河北分册》（北京：文物出版社，2013 年），从张家口市的阳原县、蔚县、怀来县、涿鹿县的遗址，文物图中汉代的遗址与墓葬的分布来看，汉代墓葬与遗址主要分布在桑干河沿线，即便是代郡所在地，亦要通过沿壶流河北上到桑干河东，经涿鹿到上谷郡（沮阳县），见上册，第 170—171、172—173、174—175、198—199、206—207 页；中册，第 119、121—122、127—128、130—132、207—208、210—212、241—244、250 页。这一区域治所与聚落主要分布在桑干河、沧头河及其主要支流附近的阶地上，见孙靖国：《晋冀北部地区汉代城市分布的地理特征》，《中国社会科学院历史研究所学刊》第七集，第 223—231 页。

　　⑤　带阴影的县指道路的分岔处与重合处，不计入本线的县、置数量统计中，下同。

郡治)①—某置—候城—某置—某置—某置—高句骊（玄菟郡治）〕(2)

途经县、置24，郡国治4

C. 温县—〔野王—某置—高都—泫氏—长子（上党郡治）—屯留—壶关—襄垣—涅县—祁县〕②(1)③　　　　途经县、置9，郡国治1

D. 榆次—〔某置—上艾—某置〕(1)—真定（真定国治）④　途经县、置3

E. 霸陵—〔蓝田—峣关（置）—上雒—商县—武关（置）—某置—某置—析县—某置—某置—某置—宛县（南阳郡治）〕⑤(6)—〔棘阳—育阳—

---

①　辛德勇：《论宋金以前东北与中原之间的交通》，收入所著《古代交通与地理文献研究》，第1—3页；陈业新：《"载纵载横"与无远弗近——秦汉时期燕蓟地区交通地理研究》，《社会科学》2010年第8期，第106—107页。查《中国文物地图集·河北分册》宽城满族自治县文物图（上册，第222—223页）及该县文物单位简介（中册，第304页），在瀑河沿线，北通平泉县的路上发现多处汉代遗址，如沟门庄遗址（战国—汉）、药王庙南遗址（战国—汉）、大块地遗址（战国—汉）、药王庙东遗址（战国—汉）、东冰窑遗址（汉）。查平泉县遗址文物图（上册，第218—219页）、平泉县墓葬、古建、石刻、近现代文物图（上册，第220—221页）及平泉县文物单位简介（中册，第298页），在瀑河沿线发现多处汉代遗址，如东道遗址、桥南梁遗址、瀑和沿北遗址、东水泉城址；在平泉县北，通往老哈河流域的路上发现有汉代的"北五十家子墓群"（中册，第301页），可证汉代瀑河沿线是重要的交通线。这些汉代遗址很可能就与保障道路交通有关。陈业新文还提到了"无终道"与"傍海道"（第107—110页），但迄今沿途很少发现汉代城址及墓群，表明当时并无大规模人群的持续生活，应该并非东北与中原的主要孔道。

②　前田正名：《平城历史地理学研究》，李凭等译，北京：书目文献出版社，1994年，第170页；严耕望：《唐代交通图考》第一卷《京都几内区》"洛阳太原驿道"，第129—162页。严耕望指出唐代过潞州（今长治）后分为东西两道，西道又分为东西两线，西线经铜鞮。汉代在西道的东线置县多，或是过往的通途，西道的西线有铜鞮一县，需另设"置"，行政成本更高。这里姑取东线。

③　此线的接待量定为"1"是因为它为长安通往太原与长安至洛阳、蓟县两线间的联络线。

④　前田正名：《平城历史地理学研究》，第170—172页；严耕望：《唐代交通图考》第五卷《河东河北区》"太行井陉承天军道"，第1441—1458页。

⑤　参谭宗义：《汉代国内陆路交通考》第一章三"武关南阳道"，第20—28页；辛德勇：《西汉至北周时期长安附近的陆路交通——汉唐长安交通地理研究之一》，收入所著《古代交通与地理文献研究》，第119—122、124—126页；严耕望：《唐代交通图考》第三卷《秦岭仇池区》"蓝田武关驿道"，1985年初刊，影印一版，台北：史语所，1998年，第637—660页。

新野—邓县—襄阳—邸县—若县—某置—当阳—枝江—江陵（南郡
治）①—孱陵—某置—某置—某置—索县②—益阳—临湘（长沙国治）—某
置—某置—某置—某置— 酃县 〕（7）—〔耒阳—便县—郴县（桂阳郡
治）—某置③—曲江—某置—某置—浈阳—某置—某置—某置—番禺（南

---

①　谭宗义：《汉代国内陆路交通考》第四章二"襄阳江陵道"，第183—188页；
王文楚：《唐代长安至襄阳荆州驿路考》，《古代交通地理丛考》，第134—164页。岳
麓书院秦简《三十五年质日》(朱汉民、陈松长主编：《岳麓书院藏秦简(壹)》，第19—
24页)中有一段从南郡往返咸阳的旅行记录，走的便是此路，一些地名的考释，见该
简的注释，第91—106页；陈伟：《岳麓秦简〈三十五年质日〉地名小考》，《历史地
理》第26辑，第442—445页。

②　江陵至索段的路线据里耶秦简J1⑯52，湖南省文物考古研究所等：《湖南龙
山里耶战国—秦代古城一号井发掘简报》，《文物》2003年第1期，第34页。

③　此置的位置很可能是在今天广东乐昌市南郊，这里有洲仔秦汉城址与先秦
至两汉的墓地，出土的秦汉时代的墓葬数量最多(130座)，其中有元帝初元五年
(前44年)的陶罐刻文，还有王莽时期的货币"大泉五十"，见广东省文物考古研究
所、乐昌市博物馆、韶关市博物馆：《广东乐昌市对面山东周秦汉墓》，《考古》
2000年第6期，第37—61页。此城或许就是《元和郡县图志》卷三四《岭南道·韶
州》提到的"任嚣故城"。在往南的韶关市亦发现了西汉晚期与东汉中期的墓葬，杨
豪：《广东韶关西河汉墓发掘》，《考古》编辑部编：《考古学集刊》第1辑，北京：中
国社会科学出版社，1981年，第143—157页。另外，在湖南郴州东面的资兴旧市
(西汉时属郴县)亦发掘出不少西汉墓。比较资兴旧市、乐昌市对面山西汉晚期墓
葬形制以及随葬品的组合与器型，与广州出土的同期汉墓之间存在相当多的一致
性，见湖南省博物馆、湖南省文物考古研究所：《湖南资兴西汉墓》，《考古学报》
1995年第4期，第500页；中国社会科学院考古研究所编著：《中国考古学·秦汉
卷》，第470页；广东省文物考古研究所、乐昌市博物馆、韶关市博物馆：《广东乐
昌市对面山东周秦汉墓》，《考古》2000年第6期，第59页。这表明西汉时期这三
地居民之间存在长期稳定的往来，三地之间连通的孔道就是沿武水经北江沟通广
州与郴州的道路，亦即今天京广铁路途经的路线。由此可知，自郴州沿武水南下，
经北江至番禺的交通线应该亦是当时的要途之一。《中国文物地图集》之《湖南分
册》与《广东分册》标注的汉代遗址与墓葬的分布地点亦支持此点，分别见《中国文
物地图集·湖南分册》，长沙：湖南地图出版社，1997年，第26—27、92—93、
98—99页；《中国文物地图集·广东分册》，广州：广东省地图出版社，1989年，
第22—23、293页等。第三次全国文物普查中亦在郴州市苏仙桥区邓家塘村一组
(折岭头自然村)及宜黄县城关镇、沙坪乡一带发现了湘粤古道遗迹，被认为是始
建于秦代，后代递经修缮而成，见国家文物局主编：《2008年第三次全国文物普查
重要新发现》，北京：科学出版社，2009年，第21页；《2009年第三次全国文物普
查重要新发现》，北京：科学出版社，2010年，第13页。

海郡治)〕①(1) 　　　　　　　　　　　　途经县、置 47，郡国治 5

F. 鄙县—〔钟武—某置（祁阳?）②—某置—某置— 泉陵 〕(6)—〔某置—某置—某置—零陵（零陵郡治）—某置（秦城）③—始安—某置—某

---

① 屏陵以下参谭宗义：《汉代国内陆路交通考》第四章五"长沙岭南道"，第203—212 页；王元林：《秦汉时期南岭交通的开发与南北交流》，《中国历史地理论丛》23 卷 4 期（2008 年 10 月），第 45—49 页。后文作者所画的地图中跨越南岭的交通线，按最细部区分，有 8 条（第 48 页图），这些均是文献中提到的，不过，在西汉时期长期持续通行的只有 3 条，即从郴州经曲江、浈阳至番禺的东线（沿武水、北江），以及经广西的灵渠道与潇贺道，其余各线很少持续使用。据高成林《商周时期湖南与岭南的交通——以出土铜器为中心》（湖南省文物考古研究所编：《湖南考古辑刊》第 12 集，北京：科学出版社，2016 年，第 240—257 页），这三条道路商周时期便已存在。此三线沿途发现不少汉墓乃至城址，是其明证，见中国社会科学院考古研究所编著：《中国考古学·秦汉卷》，第 482 页；广西壮族自治区文物工作队、兴安县博物馆：《广西兴安县秦城遗址七里圩王城城址的勘探与发掘》，《考古》1998 年第 11 期，第 34—35 页。而其他各线沿途至今尚未发现数量较多、持续年代较长的西汉墓地以及城址。如江西南部，特别是樟树以南沿赣江及其上游的章水南下，经横浦关，过大庾岭，沿浈水至曲江一路，至今很少发现西汉的墓葬，见中国社会科学院考古研究所编著：《中国考古学·秦汉卷》，第 463 页（感谢江西省赣州市博物馆韩振飞先生示下相关信息）。这说明西汉时这里尚无较大规模的人群长时间在沿途定居生活，可见此路当时的利用程度不高。"中国考古网"报道，2014 年 7 月 30 日，在江西赣州中心城区发现一座古墓葬，初步判断为东汉至南北朝时期所建，详见 http://www.kaogu.cn/html/cn/xianchangchuanzhen/2014/0801/47029.html. 其他四条路线亦是如此。不过，王元林认为"虽然，南岭东部桂阳郡的局部交通有所改善（指东汉建武十五年卫飒凿山通道一事），但两汉大部分时间内，岭南的政治、经济中心皆偏重在西部，故岭南西部从越城岭或萌渚岭的灵渠道或潇贺道仍为重要"（前引第 47 页）。类似说法亦见刘建军、胡庆生：《萌渚岭峤道贺州段汉代交通网络复原》，《经济与社会发展》2012 年第 6 期，第 86 页。此说不确，理由见上。此三条道路应同样发挥作用。

② 祁阳县东北下马渡镇云盘町谭家湾村蒋家山西北坡发现新莽至东汉中期的墓地，见中国考古学会编：《中国考古学年鉴 2010》，北京：文物出版社，2011 年，第 332 页。这说明此地西汉中期以来已有人定居此地，或许与维护道路交通有关。

③ 广西兴安县城西南 20 公里的灵渠与大溶江汇合处的七里圩王城，据勘探与发掘，认为始建于西汉中期，东汉时曾进行过加筑，魏晋时废弃。发掘者认为这里是一军事色彩较浓的古城，见《广西兴安县秦城遗址七里圩王城城址的勘探与发掘》，《考古》1998 年第 11 期，第 46 页。从远近位置看，此城居零陵至始安之间，设"置"于此的可能性很大。

置—某置—某置—某置—某置—某置—广信（苍梧郡治）〕(2.5)—〔某置—端溪—某置—某置—高要—某置—某置—番禺（南海郡治）〕①(1)

途经县、置26，郡国治2

G. 泉陵—〔某置—某置—营浦—某置—谢沐—某置—某置—富川—临贺—封阳—某置〕(2.5)—广信（苍梧郡治）②

途经县、置11

H. 雒阳—〔某置—梁县—鲁阳—雉县—西鄂—宛县（南阳郡治）〕(2)／—偃师(13)—〔缑氏—崇高—阳城—阳翟（颍川郡治）〕(9)—〔襄城—昆阳—叶县—堵阳—博望—宛县（南阳郡治）〕③(2)

途经县、置15，郡国治1

I. 霸陵—〔高陵—栎阳—莲勺—重泉〕(6)—〔临晋—蒲反—解县—猗氏—安邑（河东郡治）—左邑—闻喜—绛县—临汾—平阳—杨县—冀县—界休—邬县—中都—京陵—祁县—阳邑—榆次—晋阳（太原郡治）—狼孟—盂县—某置—原平—广武—阴馆〕(4)—〔马邑—中陵—善无（雁门郡治）〕(2)／—汪陶(2)—〔剧阳—班氏—平邑—氏—阳原—桑干—当城〕(1)—代

---

① 据《中国文物地图集·广东分册》"广东省已发掘的古遗址、古墓葬"（第23页），自广西梧州市以下至广州的西江流域战国至南北朝的墓葬颇多，其中德庆、肇庆与高要最为集中，说明沿此江是当时一条重要的交通线。不过，此地图出版太早，没有反映最近四分之一世纪的考古进展。

② 参陈乃良：《潇贺沟通跨越五岭：论秦汉往返岭南的最佳途径》，《历史地理》第16辑，上海：上海人民出版社，2000年，第240—247页；韦浩明：《秦汉时期的"潇贺古道"》，《广西梧州师范高等专科学校学报》21卷1期(2005年3月)，第86—89页；刘建军、胡庆生：《萌渚岭峤道贺州段汉代交通网络复原》，《经济与社会发展》2012年第6期，第88—89页。

③ 谭宗义：《汉代国内陆路交通考》第四章一"颍川南阳道"，第174—182页；王文楚：《唐代洛阳至襄州驿路考》，《古代交通地理丛考》，第117—133页。关于南出洛阳后道路的走向，两人看法不同，谭宗义认为分为向西与向南两途，王文楚认为到汝州梁县后，始分为两路。核汉代史实，当从谭说。参严耕望著，李启文整理：《唐代交通图考》第六卷《河南淮南区》"洛阳郑汴南通汉东淮上诸道"之"洛阳伊阙南取鲁阳三鸦通邓襄道""洛阳郑汴南取宛叶走廊通襄阳汉东道"，台北：史语所，2003年，第1854—1869、1887—1903页。

县(代郡治)/—〔繁峙—崞县—平舒—代县〕①(1) 途经县、置 44，郡国治 3

J. 偃师—〔巩县—成皋—荥阳〕(4)—〔故市—中牟—浚仪—陈留（陈留郡治）—雍丘—襄邑—宁陵—睢阳（梁国治）—虞县—祁乡—下邑—杼秋—萧县—彭城（楚国治）—某置—武原—容丘—郯县（东海郡治）/—吕县—下邳—良成—郯县②—开阳—阳都—莒县（城阳国治）—折泉—诸县—东武（琅邪郡治）/利成—临沂—高广—东武〕③(1)④

途经县、置 33，郡国治 6

---

① 参谭宗义：《汉代国内陆路交通考》第三章一"临晋太原道"，第 95—105 页；辛德勇：《西汉至北周时期长安附近的陆路交通——汉唐长安交通地理研究之一》，《古代交通与地理文献研究》，第 126—127 页；严耕望：《唐代交通图考》第一卷《京都关内区》"长安太原驿道"，第 91—128 页；王文楚：《唐代太原至长安驿路考》，《古代交通地理丛考》，第 165—199 页；前田正名：《平城历史地理学研究》，第 161—163 页；严耕望：《唐代交通图考》第五卷《河东河北区》"太原北塞交通诸道"之一与三，第 1336—1358、1366—1375 页。杨丽认为自平城至代县"沿恒山山脉北侧东行，经马邑、山阴、应县、浑源、广灵境，到达代县（今河北省蔚县）"，见所著《秦汉时期雁门郡的交通及其军事战略价值》，《内蒙古社会科学（汉文版）》34 卷 4 期（2013 年 7 月），第 70 页。查《中国文物地图集·山西分册》（北京：文物出版社，2006 年）应县文物图（上册，第 182—183 页）及文物单位简介（中册，第 172—173、175—176 页）、浑源县文物图（上册，第 170—171 页）及文物单位简介（中册，第 122、125 页）、广灵县文物图（上册，第 166—167 页）及文物单位简介（中册，第 111—113 页），此路沿线汉代遗存很多，可证应是当时重要道路。

② 雒阳至彭城，据谭宗义《汉代国内陆路交通考》第三章五"荥阳彭城道"，由彭城经下邳至郯，见同前书第三章六"东海琅邪道"，第 145—154、155—157 页。自彭城经武原、容丘至郯城，据尹湾汉简《元延二年日记》正月十九日、廿日、廿一日与廿七、廿九日、卅日，自彭城经吕县、下邳、良成至郯县，据《元延二年日记》二月十七日、十八日及三月廿六日、廿七日，分别见《尹湾汉墓简牍》竹简 28、39—41、62、63、37、39，图版，第 62、63、65 页，释文，第 140—141、143 页。

③ 郯县至东武，据《元延二年日记》十一月廿六—卅日、十二月九—十一日，见《尹湾汉墓简牍》竹简 38—41、54—56，图版，第 63、64—65 页，释文，第 140—141、142 页；谭宗义：《汉代国内陆路交通考》第三章六"东海琅邪道"，第 157—159 页。汉代今山东中部、南部与江苏北部地区的陆路交通线实际还有若干条，详参卜庆华：《秦汉时期鲁中、南和苏北地区陆路交通地理初探》第一、二章，硕士论文，陈伟指导，武汉大学历史系，2001 年，第 4—26 页及附录二图 1。感谢郑威兄寄下此文。

④ 平原地区交通网络密集，通行选择多，干线的作用并不明显，故均计为"1"。

K. 荥阳—〔卷县—原武①—酸枣—燕县—白马—濮阳(东郡治)—观县—某置—东武阳—东阿—临邑—卢县—祝阿—历城—东平陵(济南郡治)—土鼓—于陵—昌国—临淄(齐郡治)—剧县(甾川国治)②—营陵(北海郡治)〕(1)

途经县、置21,郡国治5

L. 阳翟(颍川郡治)—〔颍阴—临颍—灈强—召陵—阳城—女阳—博阳—南顿—平舆(汝南郡治)—鮦阳—寝县—某置—女阴—慎县—下蔡—寿春(九江郡治)—成德—某置—合肥〕(8)—〔某置—舒县(庐江郡治)〕(2)/〔浚道—橐皋—阜陵—历阳—石城〕(5)—〔芜湖—宛陵(丹阳郡治)〕(2)—〔丹阳—秣陵—胡孰—句容—曲阿—毗陵—无锡—吴县(会稽郡治)〕③(2)

途经县、置36,郡国治5

M. 舒县—〔居巢—皖县—松滋—寻阳—柴桑—历陵—海昏—南昌(豫章郡治)〕(2)

途经县、置8,郡国治1

N. 长安—〔槐里—盩厔—武功—某置〕(10)—〔某置—某置—故道—某置—某置—某置—嘉陵道—某置—某置—某置—葭明〕④(8)—〔某置—某置—梓潼(广汉郡治)—涪县—绵竹—雒县—新都—成都(蜀郡治)〕(5)—〔江原—临邛—青衣—严道—莋都—牦牛—某置—阑县—台

---

① 雒阳至原武,据班昭:《东征赋》,《六臣注文选》卷九,杭州:浙江古籍出版社,1999年,第166—167页。不过,赋中提到"到长垣之境界,察农野之居民",陈留在平丘以南,不清楚班昭为何北至长垣,或许其夫不是出任陈留长。

② 谭宗义:《汉代国内陆路交通考》第三章七"历下临淄道",第160—167页。

③ 历阳至吴,据谭宗义:《汉代国内陆路交通考》第四章四"吴中钱唐道",第196—199页。

④ "葭明县"的遗址,据调查,可能位于四川广元市元坝区昭化古城西南的苟家坪遗址,见四川省文物考古研究院等:《蜀道广元段考古调查简报》,《四川文物》2012年第3期,第64页。

登—苏示—邛都（越嶲郡治）〕①(2)　　　　　　途经县、置 34，郡国治 3

O.　某置—〔某置—某置（今太白县）—某置—某置—褒中②—南郑—
成固—某置—某置—某置—某置—某置③—西城（汉中郡治）〕(1)

途经县、置 13，郡国治 1

P.　成都—〔武阳—某置—某置—南安—某置—某置—某置—某置—僰
道（犍为郡治）④—某置—南广—某置—某置—某置—朱提—某置—某置—

---

①　黄盛璋：《川陕交通的历史发展》，《地理学报》23 卷 4 期（1957 年 11 月），第
419—424、429—430 页；谭宗义：《汉代国内陆路交通考》第一章四"南郑武都道"、
五"南郑成都道"、六"蜀郡越嶲道"，第 29—37、38—44、45—53 页；严耕望：《唐
代交通图考》第三卷《秦岭仇池区》"通典所记汉中通秦川驿道：散关凤兴汉中道"，第
755—799 页；辛德勇：《西汉至北周时期长安附近的陆路交通——汉唐长安交通地理
研究之一》，《古代交通与地理文献研究》，第 119 页。

②　此即"褒斜道"。据《中国文物地图集·陕西分册》太白县文物图（上册，第
190—191 页）及太白县文物单位简介（下册，第 334 页），自北向南依次为：北瓦窑坡
遗址（汉代），对岸是楚家坪遗址（汉代）、南瓦窑坡遗址（西周、汉代），太白县城附
近有李家沟遗址（西周），再向南，至县南境，为王家埭遗址（汉代）。此道沿线汉代
遗址与墓葬较多，应为当时沟通汉中与关中的主要道路。子午道沿线汉代遗址与墓
葬较少，如该道的长安县的子午道沿线除栈道、栈桥外，未发现汉代居住类遗址及
墓葬，宁陕县段只发现了三元院墓群（沙坪乡三元院村，汉代），未见汉代遗址，见
长安县文物图（上册，第 150—151 页）、文物单位简介（下册，第 102 页），宁陕县文
物图（上册，第 348—349 页）、文物单位简介（下册，第 1159—61 页），另外两处汉
代墓葬分布在汶水河流域，属于另一条道路。这表明汉代两地交通更倚重褒斜道，
故上表仅列此道。

③　从《中国文物地图集·陕西分册》"陕西省秦汉遗存图"（上册，第 62—63 页）
看，秦汉遗存在石泉、汉阴、安康一线更为密集，看来当时自南郑到郡治所在的西
城，多应取道月河谷地，并非沿汉水南下至今紫阳，复东北行，至西城。详参石泉
县文物图（上册，第 346—347 页）及文物单位简介（下册，第 1153—1154、1155 页）、
汉阴县文物图（上册，第 344—345 页）及文物单位简介（下册，第 1146—1148 页）、
紫阳县文物图（上册，第 342—343 页）及文物单位简介（下册，第 1135、1137 页）。

④　成都至僰道，据谭宗义：《汉代国内陆路交通考》第一章"成都至僰道通夜
郎"，第 57—62 页。

某置—郁鄢—某置—某置—某置—味县〕①(2)　　　途径县、置23，郡国治1

　　Q. 葭明—〔某置—阆中—某置—某置—某置—安汉—某置—某置—
垫江—某置—江州(巴郡治)〕②(2)　　　　　途经县、置11，郡国治1

　　R. 长安—〔茂陵—茮置—好畤—义置—漆县—阴盘—安定(临
泾③)—月氏—乌氏④—泾阳⑤—平林置⑥—高平(安定郡治)⑦—某置—某

---

① "西南夷道"的具体走向，据张合荣：《夜郎地理位置解析：以滇东黔西战国秦汉时期考古遗存为主》，四川大学博物馆等编：《南方民族考古》第7辑，第243、246页。

② 西汉时期巴郡在嘉陵江沿线设置的县最多，应是开发与控制的关键流域，当时的交通线当循此江至郡治江州(今重庆)。

③ 据研究，谭图上所标注的西汉安定县，应是当时的临泾县，见张多勇：《泾河中上游汉安定郡属县城址及其变迁研究》，第12—19页。

④ 月氏与乌氏两处的具体位置可能在今天甘肃省平凉市崆峒区白水乡与花所乡交会的瘴家沟遗址与平凉市东十里铺一带，据张多勇：《从居延E. P. T59.582汉简看汉代泾阳县、乌氏县、月氏道城址》，《敦煌研究》2008年第2期，第68、70页。关于"乌氏县"的位置，王北辰认为在今三关峡谷以北，瓦亭河谷，见《三水、乌氏、他楼城考》，收入《王北辰西北历史地理论文集》，北京：学苑出版社，2000年，第240—241页；郑炳林、吴炯炯则进一步指出该县西汉末年有过迁移，王莽始建国三年之前，在宁夏固原市原州区瓦亭一带，后迁到平凉市东十里铺，见所著《乌氏考》，《中国历史地理论丛》27卷4期(2012年12月)，第38—39页。瓦亭则与张多勇推定的平林置地点相邻。

⑤ 具体位置在今天甘肃省平凉市崆峒区安国镇油坊庄遗址，据张多勇：《从居延E. P. T59.582汉简看汉代泾阳县、乌氏县、月氏道城址》，《敦煌研究》2008年第2期，第65—66页。

⑥ 学者考察后推断此置可能位于今宁夏原州区大湾乡政府所在地，同上，第68页。

⑦ 据班彪《北征赋》，从长安至安定郡治高平还可以走云阳、栒邑、泥阳、彭阳、安定、朝那而至高平，见《六臣注文选》卷九，第163—166页，此路被学者称为"茹河道"。西汉的安定县址亦不在谭图所标泾水北，今泾川县北，而位于茹河河谷，具体考订为镇原县东南7公里的祈家川遗址，见张多勇：《泾河中上游汉安定郡属县城址及其变迁研究》，第22—23页(但此地西距作者考证的西汉彭阳县所在地镇原县彭阳遗址不足10公里，疑非是。作者提到的镇原县西北的开边乡张庄遗址亦在茹河河谷，与彭阳相距较远，更可能是西汉安定县址)。谭宗义《汉代国内陆路交通考》第二章二"九原云阳道"(第93—94页)亦有考证，但不够准确。班彪此次为避难北行，所走的路线应避开通衢大道，恐属于相对迂远冷僻的"间道"。前半程是长安至北地郡的驿路，过泥阳后转沿茹河谷地。

置—某置—某置—某置—祖厉—鹯阴①—媼围②—居延置—觻里—揟（偦）次〕③(3)—〔小张掖④—姑臧（武威郡治）—显美—删丹—日勒—钧耆置—屋兰—氐池—觻得（张掖郡治）—昭武—祁连置—表是—乐涫—绥弥⑤—禄福（酒泉郡治）—某置—某置—玉门—沙头—乾齐—渊泉—冥安—广至—鱼离置—悬泉置—遮要置—效谷置⑥—敦煌（敦煌郡治）—龙勒〕(4)

途经县、置 52，郡国治 5

---

① "鹯阴"的今址，谭图与周振鹤无确指，陈守忠认为在甘肃靖远县陡城堡东北的黄河东岸，见《允吾、金城、榆中、勇士等古城址考》，《历史地理》第 11 辑，第 200 页。

② 高平—媼围间路线可能经过的地点，刘再聪利用考古资料进行过研究，见所著《居延里程简所记高平媼围间线路的考古学证据》，收入张德芳主编：《甘肃省第二届简牍学国际学术研讨会论文集》，第 119—128 页。

③ 关于"媼围"至"揟（偦）次"四地的实际位置，李并成有具体考订，见《河西走廊东部新发现的一条汉长城——汉揟次至媼围县段长城勘察》，《敦煌研究》1996 年第 4 期，第 130 页；《汉代河西走廊东段交通路线考》，《敦煌学辑刊》2011 年第 1 期，第 60—61 页。不过，对于"居延置"的具体位置，学者有不同看法，李并成认为在今甘肃景泰县寺滩乡白茨水，而高启安、沈渭显则认为是在景泰县红水镇红墩子村南的老婆子水遗址，见所著《汉"居延置"所在置喙——以居延里程简 E. P. T59：582 为中心》，收入中共金塔县委等编：《金塔居延遗址与丝绸之路历史文化研究》，第 587—598 页。孰是孰非，需要实际考古发掘才能判定。

④ 据李并成调查并考证，具体位置在今天武威市东河乡王景寨村，与谭图、周振鹤推定的位置（古浪县西北，见所著《汉书地理志汇释》，第 355 页）不同，见所著《汉代河西走廊东段交通路线考》，《敦煌学辑刊》2011 年第 1 期，第 61—62 页；郝树声推定的位置在今武威市南谢河乡武家寨子一带，见郝树声、张德芳：《悬泉汉简研究》，第 112—113 页。初世宾亦赞同郝树声的推定，见《汉简长安至河西的驿道》，卜宪群、杨振红主编：《简帛研究 2005》，桂林：广西师范大学出版社，2008 年，第 101 页。后说的问题在于没有找到地面残存的遗址。两地实际距离不远。此地有一镇名"古城镇"，并有一村庄名"下古城"，不知是否与张掖县有关。无论如何，两地均在谭图标注的张掖县（洪水城，今民乐县城）的西北。

⑤ 汉代乐涫县的位置当在今天甘肃肃南裕固族自治县明花乡内之明海古城，而绥弥县则在其西，今下河清乡的皇城古城，具体考证参王北辰：《河西明海子古城考》，收入《王北辰西北历史地理论文集》，第 130—138 页。

⑥ 初世宾认为"效谷县"不当大道，约在悬泉以北，见所著《汉简长安至河西的驿道》，卜宪群、杨振红主编：《简帛研究 2005》，第 103 页。此说不确。悬泉简中出现了"效谷置"，见简Ⅱ90DXT0113④：72："七月辛巳，徒复作廿一人，入六人受效谷置。其三人养，三人病，凡廿七人。定作廿一人，积……"见郝树声、张德芳：《悬泉汉简研究》，第 22 页引例 12，据此，效谷亦应在驿道上。另，悬泉发现的邮书记（转下页）

S. 小张掖—〔鸾鸟—仓松—某置—某置—令居—允街—枝阳—金城①—狄道（陇西郡治）—安故—首阳—襄武—獂道—冀县—望垣—上邽②—戎邑道—陇县—某置—汧县—隃麇—虢县〕(3)……长安③

途经县、置 22，郡国治 1

（接上页）录如简ⅠDXT0112②：141 上云："入西书三封、合檄一。其一封酒泉农都尉诣从事李掾治所；板檄一广至长印，诣敦煌；一封冥安长印，诣府；一封广至长印，诣府；　板檄一，广至长印，诣效谷；☑一录福丞印，诣使者索庐君。板檄一冥安尉印，诣府。"简ⅡDXT0215②：136 上云："出　东书四封板檄二　　一封效谷长印诣广至　　一封库令印诣冥安　一封效谷丞印诣鱼泽候　　一封丞长印　　一封檄太守章各写枱至渊（削衣）。"还有简Ⅱ0214③：154，亦可证其位置在遮要以西，而非悬泉以北，见胡平生、张德芳：《敦煌悬泉汉简释粹》例 50，第 51 页。李并成考证认为具体位置在今敦煌市郭家堡乡墩湾村北的墩墩湾古城，文中云"效谷置位于遮要置北略偏西 7 公里"，见所著《汉敦煌郡效谷县城考》，《敦煌学辑刊》1991 年第 1 期，第 60—61 页；《汉敦煌郡境内置、骑置、驿等位置考》，《敦煌研究》2011 年第 3 期，第 71、75 页。关于酒泉郡内 11 置的具体位置，李并成有考证，见所著《汉酒泉郡十一置考》，《敦煌研究》2014 年第 1 期，第 115—120 页。

①　此道所经过的"金城"为金城县（今甘肃兰州市），非金城郡治所允吾，后者在金城县以西的湟水南岸，乃宣帝以后从羌人手中夺取的，非当长安通西域的大道上。谭宗义据《汉书·赵充国传》"充国至金城，须兵满万骑，欲渡河"（第 2975 页），认为此金城指郡治所在的允吾县，见《汉代国内陆路交通考》，第 77—78 页，误。从此役充国子印"为支兵，至令居"可知，此时该郡治尚在金城县，详见周振鹤：《西汉政区地理》下篇第三章第三节，北京：人民出版社，1987 年，第 173—174 页。因此，此路并不经过允吾县。

②　一般认为汉代的上邽县位于今天水市，《中国文物地图集·甘肃分册》（北京：测绘出版社，2011 年）清水县文物图（上册，第 166—167 页）及文物单位简介（下册，第 143 页）则认为上邽故城在今清水县城北，若此，则不经过戎邑道。

③　谭宗义：《汉代国内陆路交通考》第二章一"咸阳高平道"、二"天水河西道"，第 63—66、72—79 页；严耕望：《唐代交通图考》第二卷《河陇碛西区》"长安西通安西驿道上：长安西通凉州两驿道"，台北：史语所，1985 年，第 366—368 页；吴礽骧：《河西汉代驿道与沿线古城小考》，李学勤、谢桂华主编：《简帛研究 2001》，桂林：广西师范大学出版社，2001 年，第 336—337 页。此道沿渭水两岸通行，出长安西门后过便桥，沿渭水北岸西行，经槐里、牦县或美阳、郿县、虢县循汧水西北行，越陇山，入天水郡。《中国文物地图集·陕西分册》"陕西省秦汉遗存图"（上册，第 62—63 页）显示汧水沿线秦汉遗存甚多。而宝鸡市以西的渭河沿线则遗存极少。《中国文物地图集·甘肃分册》天水市秦州区、麦积区文物图（上册，第 162—163 页）及文物单位简介（下册，第 116—141 页）显示两区汉代的遗存很少，而天水市北的清水县，汉代遗存不少，见清水县文物图（上册，第 166—167 页）及文物单位简介（下册，第 143—144、145 页），可证当时人们活动主要利用的是汧水谷地及牛头河谷地，而（转下页）

T. 长安—〔渭城—安陵—谷口—某置—漆县①—弋居—大要—略畔道—郁郅—马领（北地郡治）〕(2)　　　　　途经县、置 9，郡国治 1

U. 长安……重泉—〔某置—征县—衙县—某置—浅水—雕阴—高奴—平都—阳周—某置—肤施（上郡治）—某置—鸿门—白土—某置—某置—平定（西河郡治）—谷罗—美稷—曼柏—某置—稒阳—九原（五原郡治）〕(2)　　　　　　途经县、置 23，郡国治 3

以上共途经县（传）、置 519，内含郡国治 65

附录三　西汉境内不同接待任务量的传、置数量统计

传置等级	接待量	道路的具体段落及相应的传、置数量	传、置的数量（个）
七	1	(1587＋470)－519＝1538；A. 沮阳—昌平(3)、沮阳—代县(5)；C. 野王—祁县(10)；D. 某置—某置(3)；E. 番禺—耒阳(12)；F. 番禺—某置（广信前一置）(8)；I. 剧阳—当城/繁峙—代县(11)；J. 东武—故市(31)；K. 营陵—卷县(21)；O. 西城—某置(13)	1655

（接上页）非渭水谷地。

悬泉出土的由御史大夫签发的传信中有多件是给扶风厩或右扶风厩，见侯旭东：《西北汉简所见"传信"与"传"》，《文史》2008 年第 3 辑（总第 84 辑），第 37—40 页附表中的例 2—6、10—12、18。该厩应在长安以西通往西域的要道上，具体位置无考。不过，长安西北方向道路上首站分别是茂陵与渭成，则右扶风厩应该在出长安沿渭水西行的孔道上，可能位于槐里至牦县/美阳之间。初世宾推测该厩可能在右辅都尉治所郿县，见所著《悬泉汉简拾遗》，中国文物研究所编：《出土文献研究》第八辑，第98 页。图测郿县与长安城西的直线距离为 90 公里，合 214 汉里，恐一天难以到达。该厩当在郿县以东，更靠近长安的某地。谭宗义考证此路在上邽与冀县间要经过陇西郡西城（西县），见《汉代国内陆路交通考》，第 75—76 页，据谭图，不确。作者引东汉初年隗嚣败亡奔西城事并不能证明该县位于此道上。

① 此道沿泾水与马莲河至北地郡治。甘肃敦煌悬泉置遗址出土的西汉御史大夫签发的"传信"中有数件是给"渭成（城）"的，如Ⅰ91DXT0309③：135、Ⅱ90DXT0114③：447 等，见侯旭东：《西北汉简所见"传信"与"传"》，《文史》2008 年第 3 辑（总第84 辑），第 40—41 页附表中的例 20—23、25。使者途经的当是此道，到漆县后转入通往西域的"泾河道"。

传置等级	接待量	道路的具体段落及相应的传、置数量	传、置的数量（个）
六	2	A. 渔阳—安乐(2)；B. 高句骊—路县(23)；H. 宛县—鲁阳—某置(雒阳前一置)(6)、宛县—襄城(6)；I. 善无—马邑(3)、汪陶(1)；L. 吴县—丹阳(8)、宛陵—芜湖(2)、舒县—某置(2)；M. 南昌—居巢(8)；N. 邛都—江原(11)；P. 味县—武阳(23)；Q. 江州—某置(葭明前一置)(11)；T. 马领—渭城(9)；U. 九原—某置(重泉前一置)(23)	138
	2.5	F. 广信—始安—某置(泉陵前一置)(14)；G. 某置(广信后一置)—富川—某置(泉陵前一置)(11)	25
五	3	R. 揟(偦)次—茂陵(23)；S. 鸾鸟—虢县(22)	45
四	4	I. 阴馆—临晋(26)；J. 荥阳—巩县(3)；R. 龙勒—小张掖(29)	58
三	5	L. 石城—浚遒(5)；N. 成都—某置(葭明前一置)(8)	13
	6	A. 蓟县—平皋(28)；E. 宛县—武关—蓝田(12)；F. 泉陵—钟武(5)；I. 重泉—高陵(4)	49
二	7	A. 温县—平阴(3)；E. 郾县—棘阳(23)	26
	8	L. 合肥—颍阴(19)；N. 葭明—某置(故道后二置)(11)	30
	9	H. 阳翟—缑氏(4)	4
一	10	N. 某置—槐里(4)	4
	13	J/H. 偃师(1)	1
	23	A. 雒阳—新丰(13)	13
	35	A/E/I. 霸陵(1)	1
	53	长安	1

附录四　悬泉汉简中的传马每日饲料实际消耗量统计[①]

编号	简文	时间	日均饲料量	出土编号与出处
1	·右令史以下百二人，马百二匹，匹一斗五升，用粟十五石三斗。（下略）	不详	粟1斗5升	Ⅱ 0214 ①：48，释粹76页
2	出麦四斗，以食戊校莫府史张卿所乘广至马一匹，再食，食二斗。都吏石卿监。	不详	麦2斗	Ⅱ 0216②：359，释粹130页
3	入粟一石，食马五匹，茭五斗。元延五年三月癸巳，冥安骑士马年受县泉啬夫庆	元延五年（前8年）	粟2斗茭1斗	Ⅱ 0111①：317，悬泉汉简研究61页
4	出麦四斗，已。建平五年闰月□□，县泉啬夫付　宜禾书佐王阳，给食传马二匹，迎昆弥。	建平五年（前2年）	麦2斗	Ⅱ 0114 ④：53，释粹145页
5	出茭三百一十五石，以食传马卌二匹，十一月己卯尽戊申卅日，积千二百六十匹，匹一钧	五凤二年（前56年）	茭1钧（30斤）	Ⅱ0113③：69，张俊民2007，5页例12
6	出穬麦四斗以食渊泉传马二匹永光四年十二月癸酉县泉置啬夫付渊泉厩佐郭欣	永光四年（前40年）	麦2斗	ⅤDXT1511②：013

基于附录二绘制的西汉末年主要交通线示意图见本书插页图二

致谢：文中使用的悬泉简照片是张德芳先生提供的，写作中地图方面得到李晓杰先生的帮助，交通线图依据的底图是复旦大学历史地理研

---

①　森鹿三分析了马一天的饲料量，认为有传马、驿马一斗二升甚至更少，与官员的马日食二斗的区别，见《论居延简所见的马》，收入中国社会科学院历史研究所战国秦汉史研究室编：《简牍研究译丛》第一辑，北京：中国社会科学出版社，1983年，第92—95页。从悬泉简看，基本是日食二斗。李天虹《居延汉简簿籍分类研究》第64—65页亦涉及此问题。

究中心张莉同学提供的，使用的 CHGIS 西汉元始二年县级机构位置的资料得到方诚峰先生的惠助，江西省的考古资料方面得到刘昌兵、韩振飞先生的指点。4 月 17 日将此文提交清华大学历史系第 18 次学术沙龙讨论，得到王彬、方诚峰、屈涛、祁萌、刘力耘、马楠、王天然、郭伟涛、王振华、夏虞南、张呈忠、管俊玮、黄振萍先生的指教。5 月 25 日复将此文提交首都师范大学历史学院举办的"中古中国的政治与制度"学术研讨会，得到与会的徐冲、林昌丈、游逸飞、陈侃理、张荣强等先生的指正。7 月 15 日将此文提交香港中文大学历史系中国历史研究中心"秦汉政治与社会工作坊"，得到卜永坚、马怡先生的指点。修改中先后得到孙正军、刘乐贤、李晓杰、邢义田先生的匡正，并承郑威兄惠寄相关资料；审稿专家亦纠正了若干错误，谨此一并致谢！

2013 年 11 月—2014 年 4 月初稿

4—9 月修订

原刊《文史》2015 年第 2 辑（总第 111 辑），第 5—66 页，收入本书时略有增补。

从朝宿之舍到商铺

——汉代郡国邸与六朝邸店考论

一、前言

当今中国，上至各省、直辖市与自治区，下到不少县市，乃至企业学校，都在首都北京设立"驻京办事处"一类机构[1]，派人常驻北京，2010年国务院下令撤销大部分驻京办。[2] 这类机构看似是1949年以后新出现的，其实至迟在秦汉时期已经存在，这就是京师乃至郡治所存在的各种"邸"。用唐人的解释，即"郡国朝宿之舍，在京师者率名邸"。[3]

关于邸，宋人王应麟初步整理了有关资料，指出汉代有刺史邸、郡国邸与县邸[4]，清初大儒顾炎武曾经说过"邸如今京师之会馆"[5]，此说颇有影

---

① 据不完全统计，裁撤前北京副省级以上单位的驻京办有52家，市级单位驻京办520家，县级单位驻京办5000余家。如果加上各级（主要是省）政府职能部门及各类开发区管委会设的联络处（或办事处）、各种协会、国有企业和大学的联络处，各种驻京机构超过1万家。见杨琳、李松：《驻京办迎来大撤销》，《瞭望》2010年第4期（2010年1月25日），第14页。

② 杨琳、李松：《驻京办迎来大撤销》，《瞭望》2010年第4期（2010年1月25日），第14—15页。

③ 《汉书》卷四《文帝纪》"至邸而议之"颜师古注，北京：中华书局，1962年，第107—108页。

④ 王应麟：《玉海》卷一七二"邸驿"，影印本，扬州：广陵书社，2003年，第3159—3162页。

⑤ 顾炎武：《日知录集释》卷二七"汉书注"条，黄汝成集释，长沙：岳麓书社，1994年，第963页。

响，然其实并不准确，早有学者辨其非。① 20 世纪初，王国维开启了对
"邸阁"的研究，中日学者多有涉猎，1996 年湖南长沙走马楼三国吴简中
出现的大量"关邸阁"，使"邸阁"再次成为讨论的热点之一。② 关于汉代
的郡邸，学者考察渊源，探讨功能，分析管理，描述演变，解决了大量
问题。③ 特别是裘锡圭先生利用简牍与文献，区分了汉代"邸"与"阁"的
功能，确认了"县邸"的存在。④ 谢桂华先生则利用居延新简进一步指出汉
代西北屯戍区中"邸"与"阁"均设在候官所在地，两机构每天都要派一名障
卒或省卒轮流看守，称为"守邸"或"守阁"，并详细讨论了"阁"的用途。⑤

　　不过，以往研究或专注于边境地区的邸与阁，或仅限于从住宿机
构⑥、同乡关系的依托甚至结社等角度去认识"邸"⑦，系统的讨论也已

　　① 如朱国桢：《涌幢小品》，北京：中华书局，1959 年，第 86—87 页；何炳
棣：《中国会馆史论》，台北：学生书局，1966 年，第 12 页；王日根：《乡土之链：
明清会馆与社会变迁》，天津：天津人民出版社，1996 年，第 21、30 页。

　　② 详情参王素：《中日における長沙吳簡研究の現段階》，收入《長沙吳簡研究
報告》第 3 集，东京：长沙吴简研究会，2007 年，第 72—78 页。新近的研究见伊藤
敏雄：《長沙走馬樓吳簡中の"邸閣"再檢討——米納入簡の書式と併せて》，太田幸
男、多田狷介编：《中国前近代史論集》，东京：汲古书院，2007 年，第 301—348 页。

　　③ 吴昌廉：《两汉郡邸初探》，胡健国主编：《中华民国史专题论文集第五届讨
论会》（第一册），台北："国史馆"，2000 年，第 143—156 页。

　　④ 裘锡圭：《汉简零拾》"邸阁"，中华书局编辑部编：《文史》第 12 辑，北京：
中华书局，1981 年，第 5—8 页。

　　⑤ 谢桂华：《居延汉简所见邸与阁》，中国文物研究所编：《出土文献研究》第三
辑，北京：中华书局，1998 年，第 129—144 页。

　　⑥ 如谢桂华：《居延汉简所见邸与阁》，中国文物研究所编：《出土文献研究》第
三辑，第 129—144 页；彭卫：《汉代旅舍蠡说》，收入王子今、白建钢、彭卫主编：
《纪念林剑鸣教授史学论文集》，北京：中国社会科学出版社，2002 年，第 304 页；
张积：《汉代旅舍探析（上）》，《北京联合大学学报（人文社会科学版）》第 5 卷 4 期
（2007 年 12 月），第 56—60 页。黎虎在讨论汉代大鸿胪的属官与职掌时亦有涉及，
见所著《汉唐外交制度史》，兰州：兰州大学出版社，1998 年，第 56、59 页。

　　⑦ 邢义田：《汉代的父老、僤与聚族里居——汉侍廷里父老僤买田约束石券读
记》，收入所著《天下一家：皇帝、官僚与社会》，北京：中华书局，2011 年，第 446
页；刘增贵：《汉魏士人同乡关系考论》，《大陆杂志》第 84 卷 1、2 期（1992 年），后
收入邢义田、林丽月主编：《社会变迁》（"台湾学者中国史研究论丛"），北京：中国
大百科全书出版社，2005 年，第 142—144 页。

出现①，但犹限于孤立地加以考察。这里有必要从国家统治运转的角度对汉代"邸"的功能做一番考察，到唐代，"邸店"成为综合性商业经营场所的代称，"邸"如何从官府的机构发展为商业机构，演变的背景也值得探讨。

在具体论述之前，尚需对汉代"邸"的沿革与类型做些补充说明。

首先，"郡邸"秦代已经出现。② 20 世纪 90 年代陕西西安北郊相家巷，即秦代甘泉宫遗址，出土的不晚于秦末的封泥中就发现了多枚"郡左邸印""郡右邸印"③，可能是朝廷统一管理各郡设于咸阳的郡邸的机构。④这些封泥各被分为两式，究竟是前后相继，还是同时各有两印、两机构，尚不清楚。云梦睡虎地秦简《秦律十八种·工律》云："邦中之繇（徭）及公事官（馆）舍，其叚（假）公，叚（假）而有死亡者，亦令其徒、舍人任其叚（假），如从兴戍然。"这里出现的"舍"是泛称，大概就包括了"郡邸"。这类设施西周时期应就已存在。诸侯为朝见天子，在畿内的落脚处就是秦汉"邸"的前身。《仪礼·觐礼》"天子赐舍"，《礼记·王制》"方伯为朝天子，皆有汤沐之邑于天子之县内"，说的均是此类设施。

邸的类型，秦代应该只有郡邸，汉代京师有刺史邸、国邸与夷蛮邸，是否如王应麟所言，有州邸，尚无强证。王应麟最早据扬雄《答刘歆书》指出汉代有县邸⑤，裘锡圭先生复从《水经注》卷二二《渠水》检出陈县城

① 张功：《汉代邸之研究》，硕士论文，首都师范大学历史系，2002 年。此文探讨了各种邸设立的原因、邸的功能与影响、西汉长安邸的位置等。作者认为两汉存在列侯邸，见该文第 5—6、13—17、30—31 页，确证不多。

② 张积说，"目前还没有直接的材料可以证明秦朝已经出现了邸"，见所著《汉代旅舍探析（上）》，《北京联合大学学报（人文社会科学版）》第 5 卷 4 期（2007 年 12 月），第 56 页，不确。

③ 周晓陆、路东之分别收集了 15 枚与 30 枚，见周晓陆、路东之编著：《秦封泥集》，西安：三秦出版社，2000 年，第 155—157 页；傅嘉仪各收集到一枚，见《新出土秦代封泥印集》，杭州：西泠印社，2002 年，第 22—23 页。

④ 周伟洲：《新发现的秦封泥与秦代郡县制度》，《西北大学学报（哲学社会科学版）》1997 年第 1 期，第 82 页。

⑤ 扬雄《答刘歆书》云："雄始能草文，先作《县邸铭》、《王佴颂》、《阶闼铭》及《成都城四隅铭》。"见《方言校笺》附录，周祖谟校笺，北京：中华书局，1993 年，第 93 页。

内汉相王君造《四县邸碑》。此外，据江苏连云港东海县尹湾汉简《元延二年日记》，墓主师饶在该年二月六日"旦发，夕谒，宿邸"①，此邸亦是东海郡下的属县邸。② 上述三资料显示两汉时期郡治所在地设有属县邸，如果不是制度，至少也是很常见的情形。另外，如裘、谢两位先生所论，西北边地，甚至在相当于县级的候官亦设有邸。或缘于辖区广阔，下属往来不便。此外，有时在皇帝驻跸的"行在所"也会临时设立"邸"。③

文献之外，保存至今的一些汉代铜器为各类邸所用，可见当时的称呼。④ 这些邸，除了诸侯国邸以国名，如"河内邸""清河邸"外，一般郡邸恐均称为"郡邸"，县邸似亦无专称，泛称为"县邸"或"邸"。

东汉初年，沿设郡邸，中期一度不存，后期复立，似集中在一地，名为百郡邸。

郡国邸的主要用途是住宿。使用者包括各地赴京朝请的官吏，年终上计例行来京的官吏，各地选送京师的孝廉秀才亦可居住，在京求官者也能留宿其中，管理则是由各郡出资，并派人负责。⑤ 其一定程度上发挥了凝聚乡人的作用。⑥

---

① 连云港市博物馆、东海县博物馆、中国社会科学院简帛研究中心、中国文物研究所编：《尹湾汉墓简牍》，北京：中华书局，1997年，图版，第64页，释文，第141页。

② 具体分析可参高村武幸：《秦漢代地方官吏の"日記"について》，收入作者《漢代の地方官吏と地域社会》，东京：汲古书院，2008年，第155—156页。

③ 《史记》卷一二《孝武本纪》载，武帝因封禅泰山，下诏曰："古者天子五载一巡狩，用事泰山，诸侯有朝宿地。其令诸侯各治邸泰山下。"后"天子又朝诸侯甘泉，甘泉作诸侯邸。"（北京：中华书局，1959年，第476、482页）

④ 徐正考汇集了相关资料，可参，见所著《汉代铜器铭文综合研究》上卷第八章，北京：作家出版社，2007年，第235—236页。有关铭文分见上卷附录二《汉代铜器铭文汇集》中的"河间邸鼎"（第328页）、"清河第五鼎"（第332页）、"山阳邸镫（灯）"、"山阳邸雁足长镫"、"山阳邸雁足短镫"（第400—401页）等。

⑤ 吴昌廉：《两汉郡邸初探》，胡健国主编：《中华民国史专题论文集第五届讨论会》（第一册），第151—152页；彭卫：《汉代旅舍蠡说》，王子今、白建钢、彭卫主编：《纪念林剑鸣教授史学论文集》，第304页；张积：《汉代旅舍探析（上）》，《北京联合大学学报（人文社会科学版）》第5卷4期（2007年12月），第58—59页。

⑥ 刘增贵：《汉魏士人同乡关系考论》，邢义田、林丽月主编：《社会变迁》，第144页。

二、郡国邸的用途：从敦煌悬泉汉简说起

以上关于汉代郡国邸的概括并没有利用悬泉汉简。甘肃敦煌悬泉遗址出土的西汉的"传"，即汉代官吏出公差所持的通行证与介绍信中也发现了一些涉及"郡邸"的资料，对于进一步认识郡国邸的用途颇有价值，不妨先罗列于次：

1. 初元年闰月癸巳朔丙申，敦煌大守千秋、长史奉憙、丞破胡谓过所县津：遣渊泉亭长韩长逐命三辅、陇西、上郡、西河郡。乘用马二匹，当舍传舍、郡邸，从者如律令。　三月癸亥，西。　ⅡT0213②：140

2. □□□□□□□朔己丑，敦煌大守千秋、长史奉憙、丞破胡谓过所河津：遣守卒史盖延寿奉上捕亡乘用……　乘马二匹，当舍传舍、郡邸，从者如律令。　四月丁巳，西。　ⅡT0213③：120

3. ☑敦煌大守千秋、长史昌、丞忠谓敦煌☑次为驾……传舍、郡邸，如律令。　三　　　　　　　A

　　广校候印

　　六月丙子寺门徒旁以来。　　　　B　　　ⅡT0111①：461

4. 鸿嘉三年正月壬辰，遣守属田忠送自来鄯善王副使姑嬢、山王副使鸟不脒，奉献诣行在所，为驾一乘传。敦煌长史充国行太守事、丞晏谓敦煌，为驾，当舍传舍、郡邸，如律令。六月辛酉，西。

　　　　　　　　　　　　　　　　ⅡT0214②：78①

---

① 前3例见张俊民：《敦煌悬泉置出土汉简所见人名综述（一）》所引简40、44和27，原刊《陇右文博》2006年第2期，后收入所著《简牍学论稿——聚沙篇》，兰州：甘肃教育出版社，2014年，第335、333页；例4见胡平生、张德芳：《敦煌悬泉汉简释粹》（以下简称《释粹》）例143，上海：上海古籍出版社，2001年，第108页。

此外，肩水金关出土的汉简中亦出现了"郡邸"，如"一矢五十　逐命长安舍郡舨（邸）吏"（73EJT4：18），"占用马二匹当舍郡邸从者"（73EJT9：153），见甘肃简牍保护研究中心等编：《肩水金关汉简（壹）》上册，上海：中西书局，2011年，第81、215页；又如简73EJT22：64，见甘肃简牍保护研究中心等编：《肩水金关汉简（贰）》上册，上海：中西书局，2012年，第102页。这些均应是传信抄件，因过于残缺，具体内容不详，这里不做讨论。

以上四枚传均出土于悬泉遗址，分别为敦煌太守千秋与代行太守事的长史充国签发，时间分别在西汉元帝与成帝时，从初元元年（前48年）到鸿嘉三年（前18年）。例2、例3两件时间不详，根据张俊民推断太守千秋任职时间集中在甘露二年（前52年）至初元二年（前47年）与永光元年（前43年）至永光四年（前40年）①，例2、例3两件传的时间应不出这两个时段。

上述四件传中，例3、例4两件是依令签发，可调用传车马；另两件则仅能使用传舍，享用传食。② 此四件不同于其他传文书，结尾均注明"当舍传舍、郡邸、（从者）如律令"，较一般郡级官府签发的传文书多出了"郡邸"两字，表明持传的官吏可以使用京师长安的敦煌郡的郡邸。③ 略感遗憾的是，四件传仅两件完整，事由清楚。例1是派亭长到包括三辅在内的许多郡国追逐逃犯，例4是护送西域鄯善国使者到长安。余下例2事由残缺，可能是送抓捕到的朝廷的逃犯。无论如何，这些官吏是要到长安公干，所以可以使用郡邸。还可看出，西汉时使用郡邸是有条件的：要有郡级官员签发的传文书为依据。

不过，值得注意的是，一般认为负责郡国年度上计任务的官吏到都城后亦是在郡邸下榻，悬泉出土的传文书中对此却没有提供积极的证据。已刊传文书中颇有几件的事由是上计，如下列诸简：

> 5. 甘露三年十一月辛巳朔乙巳，敦煌大守千秋、长史奉熹、丞破胡谓过所县河津：遣助府佐杨永视事上甘露三年计最丞相御史府，乘用马一匹，当舍传舍，从者如律令。十一月丙辰，东。 Ⅱ0213②：139
>
> 6. 初元年十一月癸亥朔庚辰，敦煌大守千秋、守部千人章行长

---

① 张俊民：《敦煌悬泉汉简所见人名综述（三）》附表，卜宪群、杨振红主编：《简帛研究2005》，桂林：广西师范大学出版社，2008年，第142—144页。

② 具体细节参考侯旭东：《西北汉简所见"传信"与"传"——兼论汉代君臣日常政务的分工与诏书、律令的作用》，《文史》2008年第3辑（总第84辑），第5—37页。已收入本书。

③ 有学者认为这里出现的"郡邸"是设在郡治所的邸舍，误。说见朱慈恩：《汉代传舍考述》，《南都学坛》2008年第3期，第9页。

史事、丞破胡谓过所河津：遣守卒史……上狱计最边县□，乘用马

二匹，当舍传舍，从者如律令。　　正月癸丑，东。　Ⅱ T0213③：114

　　7. ……朔己未，敦煌大守千秋、守部候修仁□□□、丞破胡谓☑

　　　　与守丞俱上永光三年计丞相府，乘用马二匹，当舍传舍，从

者如律令。掾光、书佐顺　二月甲□　　　　　　Ⅱ T0115③：205①

　　8. ☑河平元年十一月丁未朔己未，敦煌大守贤、守部骑千人爱

行丞事☑

　　　　☑友上计丞相府，当舍传舍，从者如律令。　　六升

　　　　　　　　　　　　　　　　　　　　Ⅱ T0313②：1、10②

　　9. 阳朔二年十一月丁卯，遣行丞事守部候疆奉上阳朔元年计最

行在所，以令为驾，乘传，奏卒史所奉上者。五月□☑

　　敦煌太守贤、长史谭☑

　　以次为驾，如律令。　　　　　　　Ⅱ 90DXT0112②：108③

以上五件传的时间是从宣帝甘露三年（前 51 年）至成帝阳朔二年（前 23

年），时间与前引 4 例出现"郡邸"的传大体重叠，且同为敦煌太守与属吏

签发。其中仅例 9 尾部残缺，其余 4 例"当舍传舍"句前后完整，可证文

书中未见"郡邸"并非简文缺损所致。根据例 1 至例 4，此间长安的敦煌郡

的郡邸还在正常运转，可为敦煌郡进京的官吏提供住宿服务。特别是例

1 与例 6 同为初元元年（前 48 年）敦煌太守千秋签发，日期前后只相差 44

天，更可证明此点。究竟为何这 5 例为进京上计的敦煌郡官吏签发的传

---

　　①　以上 3 例出自张俊民：《敦煌悬泉置出土汉简所见人名综述（一）》引简 39、

43 和 34，引自《简牍学论稿——聚沙篇》，第 335、334 页。

　　②　张俊民：《敦煌悬泉汉简所见人名综述（三）》例 90，卜宪群、杨振红主编：

《简帛研究 2005》，第 132 页。查徐锡祺《新编中国三千年历日检索表》（北京：人民教

育出版社，1992 年），此年十一月为"丁酉朔"。

　　③　张俊民：《敦煌悬泉汉简所见人名综述（三）》例 96，卜宪群、杨振红主编：

《简帛研究 2005》，第 133 页。查徐锡祺《新编中国三千年历日检索表》，此文书纪时

亦有误，或应为"阳朔元年"。

文书中没有注明"当舍……郡邸，如律令"？难道是当时上计的官吏在长安另有住处？或以为居在大鸿胪官寺[1]，不确。另外一种可能是，至少西汉时期，上计京师的各郡官吏一律要在郡邸住宿，因此，无须每次在传中特别注明，反而是其他官吏临时到长安出差，若需要使用郡邸，须专门注明。我们知道，汉代有所谓"上计律"[2]，因名求义，应包含与上计有关的法律规定，或许就有入住长安郡邸的规定吧。迄今还有不少秦汉律令简牍资料待刊，或许其中就有与此相关的内容。

从以上资料可以看出，汉代，特别是西汉时期，除了年度性的上计官吏到长安住宿郡邸可能是定制，无须另外单独批准，其他官吏使用郡邸恐怕均要由郡太守等签发传核准。除文献中提到的事由外，郡吏追捕罪犯(例1)、递送囚犯(例2)与护送外国使者(例4)到达长安，亦可在郡邸居住。不过，护送西域诸国使者入京是帝国西陲的敦煌郡特有的事务，南北个别边郡或许也有类似的工作，绝大多数郡则无。

一些事由类似的传，除去尾部残缺者[3]，并没有注明"当舍""郡邸"：

---

① 陈直说见所著《居延汉简综论》"上计制度通考"，收入《居延汉简研究》，北京：中华书局，2009年，第62页。

② 《周礼·春官·大宗伯》"典路""大丧大宾客亦如之"郑注，见《周礼注疏》卷二七，收入阮元校刻：《十三经注疏》上册，影印本，北京：中华书局，1980年，第825页下。参程树德：《九朝律考》卷一《汉律考》"律名考"中的"上计律"条(北京：中华书局，1963年，第18—19页)。王应麟云："汉卫宏《汉旧仪》曰：'朝会上计律，常以正月旦受群臣朝贺。'"(《玉海》卷六五《诏令·律令上·汉上计律》，第1236页，又见卷一八五《食货·会计·汉上计律》，第3386页)，查现存《汉旧仪》，未见，或为佚文。渡边信一郎对此有讨论，见《天空の玉座——中国古代帝国の朝政と儀礼》，东京：柏书房，1996年，第127页。

根据学者对迄今发现的各种西汉律令简所见律名的梳理，尚未见到"朝会上计律"，仅见"朝律"，此律的详情待考。有关研究见张忠炜：《汉律体系新论》，2020年初刊，收入所著《秦汉律令法系研究续编》，上海：中西书局，2021年，第89—91页。

③ 如Ⅱ0114④：57，《释粹》例148，第113页；Ⅱ90DXT0314②：121，见张德芳：《悬泉汉简中的"传信简"考述》，中国文物研究所编：《出土文献研究》第七辑，上海：上海古籍出版社，2005年，第75页，简31，图版三一；Ⅴ92DXT1311③：146，见张德芳：《悬泉汉简中的"传信简"考述》，中国文物研究所编：《出土文献研究》第七辑，第76页，简32，图版三二。

如永光元年(前43年)四月壬寅朔壬寅，敦煌大守千秋等为在使大月氏副右将军史带领下到长安奉献言事的大月氏双靡翎候使者签发的传；鸿嘉三年(前18年)三月癸酉，敦煌长史充国行太守事为护送到长安奉献的乌孙大昆弥副使者的守属单彭签发的传。[①] 考其原因，前者在于带领大月氏使者进京的为自朝廷派出的使者，出使前应在长安任职，自有居所，此番入京是返回住所，无须寄居"郡邸"。后者护送乌孙使者入长安的是敦煌郡的属吏，到长安后应在郡邸居住，不过，悬泉发现的传均为抄件，传舍官吏在抄写时率多马虎潦草，常有脱误：例4中"以次为驾"便作"为驾"；例9文书尾部作"以次为驾，如律令"，脱去"当舍"一句。

此外，根据例2，还可对西汉"郡邸狱"的用途做些新的推测。郡邸狱仅见于《汉书·宣帝纪》。巫蛊之狱后，宣帝于襁褓中收系"郡邸狱"，得到丙吉保护而幸免于难。注释引如淳曰："谓诸郡邸置狱也。"师古则说："据《汉旧仪》，郡邸狱治天下郡国上计者，属大鸿胪。此盖巫蛊狱繁，收系者众，故曾孙寄在郡邸狱。"[②]学界一般依据《汉旧仪》的说法，认为"郡邸狱"是关押计吏中触犯律令的罪犯，属于"中都官狱"。[③] 此种解释恐有望文生义之嫌。例2所见由各地向朝廷解递囚犯应很常见，黄龙二年(前48年)正月戊戌朔癸卯，敦煌太守千秋等就因派遣"广至长唐充国送诏狱囚长安"而签发了一份传[④]，

---

① V T1210③：132AB，见张俊民：《敦煌悬泉置出土汉简所见人名综述(一)》引简61，收入《简牍学论稿——聚沙篇》，第342页；Ⅱ0214②：385，见《释粹》例194，第138页；张俊民：《〈敦煌悬泉汉简释粹〉校读》，2007年1月，简帛研究网，http：//www.jianbo.org/admin3/2007/zhangjunmin001.htm，具体内容见侯旭东：《西北汉简所见汉代的"传信"与"传"》例73、76，《文史》2008年第3辑(总第84辑)，第46页。

② 《汉书》卷八《宣帝纪》注，第236页。

③ 如沈家本：《历代刑法考·狱考》，北京：中华书局，1985年，第1157—1172页；宋杰：《西汉的中都官狱》，《中国史研究》2008年第2期，第81页。张功则认为是郡邸长丞官寺中的监狱，不是设在郡邸中，见《汉代邸之研究》，第24页。

④ V92DXT1310③：213，见张德芳：《悬泉汉简中若干纪年问题考证》，西北师范大学文学院历史系、甘肃省文物考古研究所编：《简牍学研究》第四辑，兰州：甘肃人民出版社，2004年，第52页；又见郝树声、张德芳：《悬泉汉简研究》，兰州：甘肃文化出版社，2009年，第50页例2。

郡邸狱大概主要是临时收押送到长安的各地囚犯。

三、郡国官吏赴京师公干与郡国邸

这里有必要据上述传文书的线索，对郡国官吏赴京师公干的内容做些考察，从而可以对使用郡国邸的情况有更全面的认识。

王充《论衡·别通篇》指出："汉所以能制九州者，文书之力也。以文书御天下，天下之富，孰与家人之财？"强调了文书在汉帝国统治中的重要地位，这自然不错。不过，我们也不能因此而忽视了汉帝国统治中其他手段与方式。文书之外，人员与物资的流动亦是维持汉帝国存在与运转的重要途径，对此前人已有论述①，笔者在讨论传舍时亦曾涉及。② 不过，既有的研究偏重于地方与边地，没有对都城长安在人、物流动中的关键地位给予足够的重视，以下结合郡国邸，对此做些探讨。

先暂时搁下郡国邸，具体看看汉代郡国官吏什么情况下到京师出差。《汉书·盖宽饶传》提到宽饶为司隶校尉执法严格，特别举出"公卿贵戚"与"郡国吏繇使至长安"，称"皆恐惧莫敢犯禁"，到长安公干的郡国官吏能与居住在京师的公卿贵戚对举，可见此类活动之频繁。具体情形如何，不妨还是从江苏东海县尹湾六号墓出土汉简的五号木牍说起。此木牍正面记录了汉末成帝时期某年东海郡官员不在位的情况，提供了一个郡的年度个案。首先，是九位县级官员"输钱都内或齐服官"：

> 郯右尉郎？延年九月十三日输钱都内
> 海西丞周便亲七月七日输钱齐服官

---

① 渡边信一郎：《汉代的财政运作和国家物流》，收入刘俊文主编：《日本中青年学者论中国史·上古秦汉卷》，上海：上海古籍出版社，1995 年，第 373—405 页；杨际平：《析长沙走马楼三国吴简中的"调"——兼谈户调制的起源》，《历史研究》2006 年第 3 期，第 39—58 页。

② 侯旭东：《传舍使用与汉帝国的日常统治》，《中国史研究》2008 年第 1 期，第 74—81 页。已收入本书。

兰陵右尉梁樊于九月十二日输钱都内

曲阳丞朱博七月廿五日输钱都内

承丞庄戉九月十二日输钱都内

良成丞宣圣九月廿一日输钱都内

南城丞张良九月廿一日输钱都内

干乡丞□□九月十二日输钱都内

南城尉陈顺九月廿一日输钱都内

・右九人输钱都内

其次，有十三名县级官吏注明"繇"，具体情况如下：

郯狱丞司马敞正月十三日送罚戍上谷

郯左尉孙严九月廿一日送罚戍上谷

胸邑丞杨明十月五日上邑计

费长孙敞十月五日送卫士

开阳丞家圣九月廿一日市鱼就财物河南

即丘丞周喜九月廿一日市□乩就□□

况 其邑左尉宗良九月廿三日守丞上邑计

厚丘丞王恁十月廿？日□□邑□

厚丘右尉周并三月五日市材

平曲丞胡毋钦七月七日送徒民敦？煌？

司吾丞北官宪十月五日送罚戍上谷

建阳相？唐汤十一月三日送保宫□

山乡侯相□□十月……

・右十三人繇①

余下与本文主旨无关，不录。六号墓的墓主名叫师饶，生前做过东海郡的功

① 《尹湾汉墓简牍》，图版，第16页，释文，第96—97页。

曹,手中掌握该郡官员的人事档案自不奇怪。这些木牍或许是用作明器的抄件,然其内容应是录自实物①,可用来分析成帝时期东海郡的情况。五号木牍正面抄录的该郡官员不在岗情况对认识郡国官吏外出(包括到京师长安出差)与物资流动,均具有重要价值。

概括而言,除去1人原由残缺外,该年东海郡属县21名官员外出主要有七种情况:1. 输钱都内,包括输钱齐服官,共9人;2. 送罚戍上谷,共3人;3. 上邑计,2或3人;4. 送卫士,1人;5. 市物,3人;6. 送徒民敦煌,1人;7. 送保宫□,1人。②

再看外出的目的地。七种情况中的1(除去输钱齐服官)、3、4、7均是要到京师长安;2与6地点明确,或是北边的上谷,或是西陲的敦煌;5有可能到长安。③

到长安的几种情况中,有些是年度性的任务,如1、3、4,其余或许是临时性的差使。输钱都内是指根据朝廷大司农的命令,将东海郡贮存的钱运送到长安的国库。据尹湾汉简一号木牍《集簿》,东海郡在财政上有盈余。平时盈余储存在郡下各县,一旦朝廷需要,下发文书由郡派遣属县官吏运送到长安或其他指定地点。这类到长安的差事对于东海郡这种财政上有盈余的郡来说若非年度性的,至少也是经常性的。

上邑计,如滕昭宗与廖伯源先生所论,指的是皇太后或公主所食的封邑的官员到京师向邑主上计。④ 送卫士,卫士指京师卫尉手下的士卒,负责守

---

① 对此问题的讨论见邢义田:《从出土资料看秦汉聚落形态和乡里行政》,收入黄宽重主编:《中国史新论:基层社会分册》,台北:联经出版事业有限公司,2009年,第84—85页。

② 廖伯源先生亦有统计,略有差别,见《东海郡下辖长吏不在署、未到官者名籍〉释证》,收入《简牍与制度:尹湾汉墓简牍文书考证(增订版)》,桂林:广西师范大学出版社,2005年,第181页。

③ 关于目的地的具体考察,参廖伯源:《〈东海郡下辖长吏不在署、未到官者名籍〉释证》,《简牍与制度:尹湾汉墓简牍文书考证(增订版)》,第182—206页。

④ 滕昭宗:《尹湾汉简所见上邑计》,《中国文物报》1998年7月8日第3版;廖伯源:《〈东海郡下辖长吏不在署、未到官者名籍〉释证》,《简牍与制度:尹湾汉墓简牍文书考证(增订版)》,第199—200页。

卫皇宫外围墙与陵庙园寝。① 卫士每年更换，由郡县派遣正卒番上替换。② 这两项工作也是年度性的。不仅东海郡如此，王国之外的一般内郡亦要承担此类工作。③

送保宫□。如廖伯源先生所示，保宫盖宫中暂时安置宫外人之场所。此种到京师外出恐是临时性的任务。

其他几种情况目的地并非京师，无关主旨，姑不论。

这些远赴京师公干的官员多半是替郡出差，肯定持有郡守及佐官签发的"传"，沿途得以使用传舍与亭等官方设施。④ 抵达京师后住宿何处？上邑计的官员可能入住太后或公主的府邸。和每年到京师上计的官员一样，其他官员大概多半要住在各自的郡邸或国邸吧。

除了学者提及与尹湾汉简所揭示的工作之外，西汉时刺史向皇帝奏事也要回到京师，并在邸中安顿。《汉书·何武传》载，成帝时何武为扬州刺史，"奏事在邸"，何武过去的府主何寿时任大司农，具酒食招邀何武弟与故人，并令其兄子与客人见面，意在为提拔其兄子疏通请托。在何武弟与故人的强迫下，何武不得已召见了何寿的兄子，后来果然受到提携。何武召见自然也是发生在"邸"。本传师古注称："刺史每岁尽，则入奏事于京师也。"若此，每年岁末13部刺史回到京师奏事也应下榻于邸，至于是所部诸郡国的哪个邸，尚不清楚，或许是住在后来成为刺史治所的郡的邸。

再者，遣送各地刑徒到京师服役恐怕也是一项常见的差事，自然也会因此而入住京师的郡邸。《史记·高祖本纪》载，秦末，刘邦便曾"以亭长为县送

① 廖伯源：《西汉皇宫宿卫警备杂考》，收入《历史与制度——汉代政治制度试释》，台北：台湾商务印书馆，1998年，第7页。
② 记载见《汉书》卷七七《盖宽饶传》，第3244页。参黄今言：《秦汉军制史论》，南昌：江西人民出版社，1993年，第58—66页。
③ 《汉书》卷七二《两龚传》云"王国人不得宿卫"，第3080页。
④ 参侯旭东：《传舍使用与汉帝国的日常统治》，《中国史研究》2008年第1期，第74—78页。

徒郦山"，秦代郡、县尚未确立统属关系①，县亦可直接遣送刑徒。汉代以后当由郡，或郡差遣属县官吏承担，所以《汉书·高帝纪》注引应劭曰："秦始皇葬于骊山，故郡国送徒士往作。"《汉书·惠帝纪》三年（前 192 年）六月"发诸侯王、列侯徒隶二万人城长安"亦是沿袭旧制。上引尹湾汉简五号木牍正面有"平曲丞胡毋钦七月七日送徒民敦煌"，就是送刑徒与平民到敦煌郡②，类似的送刑徒到两汉首都的情况更常见。统计 1964 年发掘所得的洛阳南郊东汉刑徒墓的 823 块墓砖，死去的刑徒来自 11 个州，51 个郡国与 229 个县，这些郡县应是刑徒来洛阳前被囚禁的郡县③，自此不难觇测当时各地向洛阳输送刑徒之普遍。从发现的墓砖看，墓地使用时间是从汉明帝至灵帝，前后 111 年④，这一任务持续时间之长亦可想见。押送刑徒至京师亦是郡县官吏的重要任务，到京师后，郡国邸当是官吏首选的落脚地。

此外，上引何武的逸事透露出京外的官员到京师公干，也是官员之间私下交际、往来，甚至请托的机会，"郡邸"也就成为实现这一目的的重要场所或依托。何武的经历是朝官请托刺史以提携其亲戚，还有不少事例是地方官员利用自己入京，特别是利用属吏进京的机会笼络朝官。

前引尹湾汉简中的一枚名谒：

> 进长安令
> 兒君　　（正面）
> 东海大守功曹史饶谨请吏奉谒再拜

---

① 参邹水杰：《两汉县行政研究》，长沙：湖南人民出版社，2008 年，第 62—66 页。

② 廖伯源：《〈东海郡下辖长吏不在署、未到官者名籍〉释证》，《简牍与制度：尹湾汉墓简牍文书考证（增订版）》，第 203 页。

③ 冨谷至著：《秦汉刑罚制度研究》第二编第一章《刑徒墓的概要与分析》，柴生芳、朱恒晔译，桂林：广西师范大学出版社，2006 年，第 63—64 页；中国社会科学院考古研究所编著：《汉魏洛阳故城南郊东汉刑徒墓地》，北京：文物出版社，2007 年，第 48 页。

④ 中国社会科学院考古研究所编著：《汉魏洛阳故城南郊东汉刑徒墓地》，第 48 页；附表六《刑徒死亡年号统计表》，第 139—140 页。

请

威卿足下　　　　　　　　　　　师君兄　　　　　（背面，YM6D23）①

尹湾汉墓出土的名谒字迹相同，可能是作为明器放入墓中，不过，应是抄录的死者生前收到或使用过的名谒。② 此件是师饶作为东海郡功曹委托"吏"谒见长安令儿君，即儿威卿时所持的名谒的抄件。同墓出土的名谒一般作"遣吏"或"使吏"，体现了上下关系，而这里用的是"请"字，估计"吏"与师饶并无上下级的统属关系，而是受师饶之托去谒见儿君。此次谒见的目的不详，不排除是觐见东海乡贤，联络感情。

儿威卿有可能来自东海郡昌虑县。《元和姓纂》卷三"倪"姓条云："邾武公封次子于郳，是为小邾。后失国，子孙为邾（当为"郳"）氏，避仇改为倪，郳城在东海。""倪"又作"儿"。③《左传·庄公五年》"秋，郳犁来来朝"，杜预注曰：东海昌虑县东北有郳城。两汉至西晋惠帝时期前昌虑县的位置没有变化④，郳城亦是在西汉东海郡昌虑县的东北。当地姓倪或儿者一定不少，儿威卿也许是其中之一。汉代"同乡"是混迹官场中的官吏以及试图跻身官场者可利用一种重要的关系资源。⑤ 师饶以官方身份

① 《尹湾汉墓简牍》，图版，第 34 页，释文，第 137 页。
② 关于该墓出土名谒的性质，学界尚有分歧。程志娟认为是实用本的实录，用做明器，有告地策的功能；胡平生认为用做从阳间至阴间的报告。分别见程志娟：《〈尹湾汉墓简牍〉反映汉代葬俗中的几个问题》，连云港市博物馆、中国文物研究所编：《尹湾汉墓简牍综论》，北京：科学出版社，1999 年，第 202 页；胡平生：《长江流域出土简牍与研究》，武汉：湖北教育出版社，2004 年，第 497 页。蔡万进则认为是墓主在日常公私交往中形成的文书，是生前遗物，见《尹湾汉墓简牍论考》，台北：台湾古籍出版有限公司，2002 年，第 154—159 页。笔者赞同程、胡两位的观点。
③ 如《汉书》中的"儿宽"在《盐铁论·刺复》中便写作"倪宽"或"倪大夫"，见王利器：《盐铁论校注（定本）》，北京：中华书局，1992 年，第 130 页。关于"儿"读作 ní，见宗福邦等主编：《古音汇纂》，北京：商务印书馆，2019 年，第 124 页。
④ 《宋书》卷三五《州郡志一》"徐州·兰陵太守"条，北京：中华书局，1974 年，第 1049 页；乐史撰：《太平寰宇记》卷一五《徐州·滕县》，王文楚等点校，北京：中华书局，2007 年，第 302 页。
⑤ 刘增贵对此有详细的分析，见《汉魏士人同乡关系考论》，邢义田、林丽月主编：《社会变迁》，第 139—150 页。

遣吏谒见儿君，突显他是东海郡的功曹，是否也带有这类意图呢？而被
遣的吏恐怕也是利用赴长安公干的机会私下干谒儿威卿。① 东海郡的郡
邸或许再次成为实现此次官场交际的空间依托。

四、从郡国邸到邸店

郡国邸不仅存在于秦汉，亦多见于六朝。此间一个重要的变化是邸
逐渐发展成为商业设施，到了唐代，"邸店"甚至成了商店的代名词。关
于六朝的邸与唐代的邸店，学界有不少研究②，不过，对于"邸"为何发
展成为商店，并没有很好的解释。这里略作探讨。

唐先生认为南朝的屯与邸都与开发山泽有关，屯不限于屯田，邸亦
不限于市中邸舍。③ 实际上，根据《礼记·王制》郑玄注"廛，市物邸舍"，
将邸视为市中的邸舍并不准确，南朝反复见于记载的"邸"或"邸店"还是
从汉代的郡国邸发展出来的，基本的含义仍指宗室在京师的宅第。曹魏
沿用汉制，所以任城王曹彰黄初四年(223 年)"朝京都，疾薨于邸"④。
《晋书·食货志》：

> 及平吴之后，有司又奏："诏书'王公以国为家，京城不宜复有

---

① 蔡万进推测此牍系师饶至长安后请吏奉谒拜请儿君之时所书，并可能与同
墓出现的八号木牍"赠钱名籍"有关，因后者有"之长安"吏送奉钱事，见作者《尹湾汉
墓简牍论考》，第 120、153—154 页。恐不确。

② 如唐长孺：《南朝的屯、邸、别墅及山泽占领》，《历史研究》1954 年第 3 期，
后收入所著《山居存稿》，北京：中华书局，1989 年，第 4—8 页；王大建：《东晋南
朝的传、屯、邸、冶》，《烟台大学学报(哲学社会科学版)》1991 年第 3 期，第 36—
38 页；顾琳：《试论六朝时期的邸》，《史学月刊》2005 年第 3 期，第 121—124 页；中
村圭尔：《六朝江南地域史研究》第二编《江南の開発と地域性》，东京：汲古书院，
2006 年，第 242、255 页；日野开三郎：《唐代邸店の研究》上、下，作者自印，
1978、1980 年。

③ 唐长孺：《南朝的屯、邸、别墅及山泽占领》，《山居存稿》，第 8 页。

④ 《三国志》卷一九《魏书·任城威王彰传》，北京：中华书局，1959 年，第
556 页。

田宅。今未暇作诸国邸，当使城中有往来处，近郊有刍藁之田'。今
可限之，国王公侯，京城得有一宅之处。近郊田，大国田十五顷，
次国十顷，小国七顷。城内无宅城外有者，皆听留之。"

可证西晋统一南北后恢复了旧制，继续在京师为封君设立国邸，郊外置
田。东晋时大体延续了此制，桓温废黜废帝，迎立会稽王司马昱便是"奉
迎帝于会稽邸"[1]，萧齐竟陵王萧子良开西邸延学士更是熟知的故事。这
类邸，或称为邸第，是王公在京师的住所。而在南朝与"屯""传"与"冶"
一道广为诟病的"邸"，应是王公乃至官员利用其身份在京师与州郡设立
的名义上的住宅或办事处，实际往往用来经商牟利。[2] 邸阁自三国以后
已经成为一种仓库，与此并无关系。

除了王公，官员亦可立邸。南齐永明四年(486年)，湘州蛮动，朝
廷遣柳世隆出任湘州刺史，率军讨伐，"世隆至镇，以方略讨平之。在州
立邸治生，为中丞庾杲之所奏，诏原不问"。[3] 南齐武帝时的佞臣，山阴
人吕文度"有宠于齐武帝，于余姚立邸，颇纵横。宪之至郡，即表除
之"。[4] 萧梁重臣徐勉在诫子书中讲到自己对经营产业的态度时说："显
贵以来，将三十载，门人故旧，亟荐便宜，或使创辟田园，或劝兴立邸
店，又欲舳舻运致，亦令货殖聚敛。若此众事，皆距而不纳。非谓拔葵
去织，且欲省息纷纭。"[5]文中举出了三种逐利途径作为例子：开辟田园、
兴立邸店与航运货殖。三者均应是当时流行的兴利方式。

立邸地点，会稽较多，亦见于建康与远在湖南的湘州，如《南史·临

① 《晋书》卷九《简文帝纪》，北京：中华书局，1974年，第220页。
② 置邸经商的一般分析，见唐长孺：《南朝的屯、邸、别墅及山泽占领》，《山
居存稿》，第6页；王大建：《东晋南朝的传、屯、邸、冶》，《烟台大学学报(哲学社
会科学版)》1991年第3期，第36—38页。
③ 《南齐书》卷三《武帝纪》、卷二四《柳世隆传》，北京：中华书局，1972年，
第52、452页。
④ 《梁书》卷五二《顾宪之传》，北京：中华书局，1973年，第759页。
⑤ 《梁书》卷二五《徐勉传》，第384页。

川王宏传》与上引柳世隆的经历所示。尽管资料有限，恐怕此类"邸"可能散见各地。

文献中或称为"邸"，或称为"邸舍"，或称为"邸店"，名称并不统一，却均少不了"邸"字，可以说，这类机构与"邸"有直接的联系。从立邸者的身份看，不是王公，就是显宦，除去诏书中泛指，没有见到普通百姓立邸的记载。

为何立邸会成为王公大臣治生牟利的流行途径？唐先生注意到立邸与垄断山泽所出的物资的联系，进而认为与山泽开发产生了关系。[①] 这一点不无道理，不过，此说并不能解释为何具体采用了"邸"这种形式。想弄清其原委，还要从汉代使用"邸"的制度说起。

如上所述，"邸"在汉代是官办的机构，要使用它，需要郡守开具介绍信——传。有了"传"，不仅到达京师后可入住郡邸，而且沿途关津一路绿灯，还可使用传舍，享用官府提供的免费食宿，一些特殊情况下甚至可调用官府的传车马接力运送持传的官吏。相形之下，普通商人长途贩运货物，无法使用官方的设施，更谈不上免费的食宿，沿途通过关津还不时要交纳关税[②]，成本高昂。一旦有官吏觉察到外出公干的种种便利，并借机夹带私货时，便开发出"邸"的商业用途。

发现的具体途径，至少有两种。敦煌郡的官吏通过护送西域诸国到

---

① 唐长孺：《南朝的屯、邸、别墅及山泽占领》，《山居存稿》，第 7 页。

② 关于汉代关税，学界看法不一。一致观点是战国时就已出现关税，对汉代征收情况则有分歧。一说认为西汉初年可能没有关税，武帝时复征。张家山汉简《算数书》与《九章算术》中均有征收关税的题目，但征收的税率并不统一，下限可能是10%，参林甘泉主编：《秦汉经济史》下册，北京：经济日报出版社，1999 年，第685—689 页。另一说则认为西汉时期基本不存在关税。武帝时仅武关征收，且属于人员通过税，并非针对财物与商品的财政关税，《九章算术》中关于关税的题目不能排除是战国时期形成的可能性，东汉安帝以后因羌乱财政困难而征收"关税"，见山田胜芳：《秦漢财政收入の研究》，东京：汲古书院，1993 年，第 446—458 页。西汉通过津关的手续与律令规定，参李均明：《汉简所反映的关津制度》，《历史研究》2002 年第 3 期，第 26—35 页；杨建：《西汉初期津关制度研究：附〈津关令〉简释》第四至六章，上海：上海古籍出版社，2010 年，第 85—152 页。

长安奉献的使者就不难发现西域物品在长安受欢迎的程度，同时也会捕捉到假公济私的窍门。其他各郡国的官吏通过上计时带到京师的贡品亦不难捕捉到商机。我们知道，每年岁末计吏入京上计，除了汇报工作，还要奉献贡品。[①]

卫宏《汉旧仪》引《朝会上计律》云："常以正月旦受群臣朝贺，天下郡国奉计最贡献。"[②]每年岁末郡国上计于朝廷，不但要呈交记录上年工作业绩之文书(计簿)，还要向天子进贡。《后汉纪·光武帝纪》载建武十三年正月诏："往年敕郡国，勿因计吏有所进献，今故未止，非徒劳役，道途所过未免烦费。已敕太官勿复受。其远方食物乘舆口实可以荐宗庙者，即如旧制。"[③]因计吏进贡各地异味食物等，至少东汉初年已然，且沿途运输动用劳力很多。

贡品为当地特产，详细名单要到唐代才见于记载。《唐六典·户部》与《通典·食货·赋税下》对各地的天下常贡分别有详载，此前仅存零星的资料。里耶秦简已见端倪(如简 8-769)。东汉时，太山郡要通过计吏向朝廷献药，如茯苓、紫芝、鹿茸之类，末年因战乱道路阻塞而不行，到应劭为太守时，道路稍通，则又"计吏发行，辄复表贡"[④]，便是一例。

---

① 关于这一问题，鎌田重雄最早涉及，王毓铨、高恒略有讨论，渡边信一郎做了深入分析。分别见鎌田重雄：《秦汉政治制度の研究》，东京：日本学术振兴会，1962 年，第 400—403 页；王毓铨：《"民数"与汉代封建政权》，《莱芜集》，北京：中华书局，1983 年，第 36—37 页；高恒：《汉代上计制度论考——兼评尹湾汉墓木牍〈集簿〉》，收入连云港市博物馆、中国文物研究所编：《尹湾汉墓简牍综论》，第 130 页；渡边信一郎：《天空の玉座——中国古代帝国の政殿と仪礼》，第 200—211 页。

② 《玉海》卷一八五《食货·会计·汉上计律》，第 3386 页。此句今本《汉旧仪》无，当为佚文。

③ 《后汉书》卷一下《光武帝纪下》"建武十三年正月"条亦载此诏，但文字与《后汉纪》颇有出入，其中为《后汉纪》所无的一句作"异味不得有所献御"(北京：中华书局，1965 年，第 60—61 页)。

④ 《太平御览》卷九八四《药部·药》引应劭表，影印本，北京：中华书局，1960 年，第 4359 页。

贡品奉献给皇帝或宗庙之外，亦可多带一些另作他用。《汉书·循吏·文翁传》载，文翁为蜀郡太守，选拔小吏送到京师，"受业博士，或学律令"，并"减省少府用度，买刀布蜀物，赍计吏以遗博士"。文翁便是利用到长安的计吏携带蜀郡特产给博士。《后汉书·宦者·曹腾传》载："时蜀郡太守因计吏赂遗于腾，益州刺史种皓于斜谷关搜得其书，上奏太守，并以劾腾。"蜀郡太守亦是利用计吏携带物品贿赂宦官，只是此次不巧被发现，未能得逞。但当时类似情形恐并不罕见。值得注意的是，刺史作为证据搜得的是蜀郡太守给曹腾的书信，并非物品，盖仅据贡品本身难以分清接受者。这当是利用计吏夹带物品的好处。[①]

谚曰："百里不贩樵，千里不贩籴。"长途贩运，稀有之物才能赢得暴利。贡物均是各地特产，将多余或多带的特产拿到市上出售恐怕自然之事，此时，郡邸或国邸乃至夷蛮邸不但用作住所，亦均成为贮物乃至贩卖的场所。东汉明帝时为解决谷贵，朝廷经用不足的难题，尚书张林建议仿照武帝时采取的均输法，"因交趾、益州上计吏往来，市珍宝，收采其利"，并曾一度实行过[②]，便已在利用上计吏在输送殊方异物与谋取经济利益上的作用。更值得注意的是，各地特产借用免费的官方渠道运到京师，又无关税成本，价格优势明显，颇具竞争力，因而成为获利的佳途。王公显贵群起效仿亦是自然。在各地竞相以"邸"的名义设立从事买卖的机构来降低成本，增加盈利亦不意外。

从汉代的制度看，诸侯王在京师的住宅称为"邸"，郡在京师的办事处为邸，郡治所亦有属县立的邸，甚至县一级的候官也会设邸，用作下属官吏到候官处办事时的临时住所。西晋初年郡治亦设有属县的邸，湖南郴州出土的西晋时期简牍中记"耒阳、便、晋宁、临武、南平县氏五

---

① 最近修改文稿中发现葛剑雄先生三十年前的论文中已经注意到此点，此前翻检不周。见所著《秦汉的上计和上计吏》，《中华文史论丛》1982 年第 2 辑（总 22 辑），第 195 页。

② 《后汉书》卷四三《朱晖传》，第 1460 页。

所"(简 2-68)①，表明桂阳郡所辖的五个县在郡治郴县都建立了"邸"。东晋南朝军人、士人与二品清官长期不必缴纳关市之税②，减少运输费用可能是利用"邸"的主要目的。

不过，王公为封爵，世代承袭，立邸后，后代亦可享用。牧守为流官，出掌州郡有任期，在任立邸有时限，更无法传诸子孙，立邸的积极性没有王公高不难想见，文献中立邸经商者以王公为多亦属自然。

当然，实际利用"邸"来贩运、囤积货物者，并不限于官吏，只要有相当的背景，至少能与王公显宦拉上关系均可沾光。手段无非只有一个：获得官府签发的因公出差的文书。有此文书，即便是普通百姓也可以享受途中官方各种免费的待遇，进而可以以相当低廉的成本将货物送到城市的"邸"中来渔利。③敦煌悬泉遗址发现的西汉出米记录中就有这样的事例——身非官吏的县长夫人与奴婢却享受官府提供的口粮④，无怪乎西汉时每年上计完毕都要重复同样的敕，其中就有"诏书无饰厨传增养食，至今未变，或更尤过度，甚不称。归告二千石，务省约如法。且案不改者，长吏以闻"⑤，要求依法提供传食，不得招待过度。西汉官府管

---

① 见湖南省文物考古研究所、郴州市文物处：《湖南郴州苏仙桥遗址发掘简报》，湖南省文物考古研究所编：《湖南考古辑刊》第 8 集，长沙：岳麓书社，2009年，第 100 页。该简照片又见郑曙斌、张春龙、宋少华、黄朴华编著：《湖南出土简牍选编》，长沙：岳麓书社，2013 年，第 371 页。

② 见《南史》卷七七《恩倖·沈客卿传》引旧制，北京：中华书局，1975 年，第 1940 页。

③ 唐长孺先生曾宏观地论述过这一问题，见《南朝寒人的兴起》，收入《魏晋南北朝史论续编》，北京：生活·读书·新知三联书店，1959 年，第 93—123 页。这里则补充了细节。

④ 如简 Ⅱ90DXT 0213②：112："出米一斗二升，十月乙亥，以食金城枝阳长张君夫人、奴婢三人，人一食，东。"见《释粹》例 86，第 74 页。

⑤ 卫宏：《汉官旧仪》卷上，收入孙星衍等辑：《汉官六种》，周天游点校，北京：中华书局，1990 年，第 39 页。

理相当严格①，尚且如此，皇权低落的南朝时就更可想见。②

更应注意的是，如果意识到利用官方运输设施与官方机构的名义可以牟利，岂止是一年一度的上计，只要能够获得相关文书，任何情况下，均可夹带货物。

附带指出，梁大同七年（541 年）十二月诏提到：

> 又复公私传、屯、邸、冶，爰至僧尼，当其地界，止应依限守视；乃至广加封固，越界分断水陆采捕及以樵苏，遂致细民措手无所。凡自今有越界禁断者，禁断之身，皆以军法从事。

四年后，又下诏曰："四方所立屯、传、邸、冶，市埠、桁渡，津税、田园，新旧守宰，游军戍逻，有不便于民者，尚书州郡各速条上，当随言除省，以舒民患。"③此外，贺琛陈事中也提到："凡京师治、署、邸、肆应所为，或十条宜省其五，或三条宜除其一；及国容、戎备，在昔应多，在今宜少. 虽于后应多，即事未须，皆悉减省。应四方屯、传、邸、冶，或旧有，或无益，或妨民，有所宜除，除之；有所宜减，减之。"④贺氏上启，《通鉴》系于大同十一年十二月。三者在提到"邸"之外，均包括了

---

① 西汉法律特别规定："为传过员，及私使人而敢为食传者，皆坐食臧（赃）为盗。"见彭浩、陈伟、工藤元男主编：《二年律令与奏谳书：张家山二四七号汉墓出土法律文献释读》，上海：上海古籍出版社，2007 年，第 183 页。参侯旭东：《汉代律令与传舍管理》，卜宪群、杨振红主编：《简帛研究 2007》，桂林：广西师范大学出版社，2010 年，第 151—164 页，已收入本书。

唐代亦有规定。《唐律·诈伪律》有"诈乘驿马"条，《杂律》有"应给传送剩取""不应入驿而入"与"乘官船违限私载"条，分见长孙无忌等撰：《唐律疏议》卷二五、二六、二七，刘俊文点校，北京：中华书局，1983 年，第 470、491—492、506—507 页。

② 后代亦是如此，如元代就常见进贡时夹带私人马匹、动物，滥索驿站供给的情况，见《元典章》卷一六《户部·分例》"差札内开写分例草料〈1〉"，陈高华、张帆、刘晓：《〈元典章·户部·分例〉校释》，《中国社会科学院历史研究所学刊》第四集，北京：商务印书馆，2007 年，第 461—463 页。明代则更为突出，见王毓铨：《明朝勋贵兴贩牟利，怙势豪夺》，《莱芜集》，第 284—305 页，特别是第 298—301 页。

③ 《梁书》卷三《武帝纪下》，第 86、89 页。

④ 《梁书》卷三八《贺琛传》，第 545 页。

"传"，胡三省在注贺琛上启时云："传，驿传也。"这是正确的。他们所说的"传"可以追溯到汉代的传舍，它发展成为妨害百姓的民患，应该与"邸"类似，均是官员利用其官方机构的特权与便利来谋取私利。① 台传与其同源，性质并不相同。② 南齐初年，萧赜为太子时，亲任左右张景真，景真"度丝锦与昆仑舶营货，辄使传令防送过南州津"③，利用传送文书的官吏护送丝锦通过关津与外商交易，即是一例。

这类机构被王公官员滥用，假公济私在南朝蔚为风气，与南朝皇权不振，控御无力分不开。

上述做法不仅见于南方，至晚北齐末期北方应已广泛存在。因而武平之后，国用窘迫，齐后主先是"料境内六等富人，调令出钱"，而颜之推"奏请立关市邸店之税，开府邓长颙赞成之，后主大悦"。于是"以其所入，以供御府声色之费"④，此时北方一定已邸店林立，不然无法迅速增加朝廷的收入。其出现究竟是自发还是效仿南朝，还待考察。此后，南方的陈后主亦因"府库空虚"，经沈客卿提议，开始"不问士庶，并责关市

---

① 唐长孺先生指出"传"是传舍，亦指出同时是贸利的机构，和邸的性质相同，并认为台传是中央政府在各地设立的传舍，实际没有将其牟利的方式说透，见《南朝的屯、邸、别墅及山泽占领》，《山居存稿》，第 8 页。王大建亦讨论了"传"与经商的关系，亦未中肯綮，见《东晋南朝的传、屯、邸、冶》，《烟台大学学报（哲学社会科学版）》1991 年第 3 期，第 34—35 页。

② 彭神保认为这些"传"是台传，即朝廷尚书台在州郡设置的机构，见《南朝的台传》，《复旦学报（社会科学版）》1980 年第 3 期，第 102—105 页。"台传"与"传"恐是不同的机构，中村圭尔在唐长孺研究基础上对驿传与台传做了区分，认为台传的主管机构是御史台而非尚书台，承担朝廷主要财政工作，见《臺傳——南朝における财政機構》，收入《六朝江南地域史研究》附编，第 557—575 页。关于台传的主管机构，容有疑问，此不赘述。

③ 《南齐书》卷三一《荀伯玉传》，第 573 页。

④ 《隋书》卷二四《食货志》，北京：中华书局，1973 年，第 679 页。此前，北魏末年战乱迭起，财用窘迫，亦曾征收市税，包括"店舍"分为五等，"收税有差"，见《魏书》卷一一〇《食货志》，北京：中华书局，1974 年，第 2861 页。此处说的"店舍"也许就是邸店，若此，其特权被剥除的时间则更早。

之估"①，士人原有的免除关市税的特权不复存在，邸店之类亦不会幸免。

既然税收竞相落到南北邸店头上，预示其原有的特殊身份与地位开始受到侵蚀。加之隋朝统一南北，皇纲重振，对驿马使用、王公显要经商，包括开设邸店的限制执行有力②，最后到唐初"邸店"沦为各类商铺的通称，形成"居物之所为邸，沽卖之所为店"③也就水到渠成了。尽管唐代开元之前几乎没有关市之税，但邸店的特权地位不存，自然风光难再。

五、结论

以上利用敦煌悬泉出土的传文书讨论了西汉时期郡邸的使用情况，认为除上计之外，临时赴京师公干要下榻郡邸需要在传文书上标注。年末上计时计吏入住其中可能有律令规定，无须每次在文书上注明。平时郡县官吏因向朝廷运送钱物、各种人员，刺史因年末奏事等会经常到京师公干，入住郡邸当是常态。郡邸不止是官吏进京的住所，亦是官吏私下交往的重要舞台。

南朝时期邸从王公住所发展成为渔利的商铺，称为邸店或邸舍，是与邸的特殊地位，使用者可以利用官方渠道与机构免费运送货物分不开的。这种假公济私的做法蔓延南北，南北朝末年南北竞相开始向邸店课税，加上唐代以后法网渐严，其特权地位受到挑战，邸店逐渐沦为一般商铺的通称。

---

① 《南史》卷七七《恩倖·沈客卿传》，第 1940 页。
② 有关规定可见《唐律·诈伪律》"诈乘驿马"条，《杂律》"应给传送剩取""不应入驿而入"与"乘官船违限私载"条，分见长孙无忌等撰：《唐律疏议》卷二五、二六、二七，第 470、491—492、506—507 页；仁井田陞：《唐令拾遗》"杂令 22"，栗劲等译，长春：长春出版社，1989 年，第 792 页；《天圣令·杂令》宋 30、宋 38，见天一阁博物馆、中国社会科学院历史研究所天圣令整理课题组：《天一阁藏明钞本天圣令校证：附唐令复原研究》下册，北京：中华书局，2006 年，第 431 页。
③ 《唐律·名例律》"平赃"条疏议，长孙无忌等撰：《唐律疏议》，第 91—92 页。

隋开皇六年(586年)设立朝集使时,仍在长安立郡邸,不过,到唐初,却已要租赁房屋,太宗贞观中曾下令为诸州朝集使造邸第三百余所,但四十年后,便"渐渐残毁",多数朝集使入京恐怕又要赁屋而居了。[①] 到唐后期"道"的作用加大后,各道驻京的机构则称为"进奏院"。"邸"不再成为地方在京师办事或住宿机构的正式称呼,当然,习惯上人们还是常常使用它;此外,"邸"成为王公官僚住所的泛称。这种所指对象的演变,以及同类机构称呼的变迁,均与上面所论有千丝万缕的联系。不难看到官员在制度框架下反复的"搭便车"行为所引发的变化,亦可以说是"私欲"推动制度变化的一个例子吧。

查阅资料中得到孟彦弘、蔡万进先生的惠助,修订中得到井上幸纪小姐、广濑薰雄先生的细心指正,谨此一并致谢。

原刊《清华大学学报(哲学社会科学版)》2011年第5期,第32—43页。因版面有限,刊发时注释有删节,此次恢复原貌,并有增补与修改。本文曾由井上幸纪翻译,名为《"朝宿の舍"かち"商铺"へ——漢代の郡国邸と六朝の邸店についての一考察》,收入大阪市立大学大学院文学研究科东洋史学专修研究室编:《中国都市論への挑動》,东京:汲古书院,2016年,第97—132页。

---

① 详参雷闻:《隋唐朝集制度研究——兼论其与汉上计制之异同》,荣新江主编:《唐研究》第七卷,北京:北京大学出版社,2001年,第289—290、295—296页。

下　编

西汉"君相委托制度"说剩义：
兼论刺史的奏事对象

一、引言

秦汉乃是中国两千多年帝制时代的创始时期，当时的很多制度与做法为后代所因袭，还有不少则是名称变化，内涵依旧，认识秦汉时代，对于理解中国整个帝制时代颇有意义。关于秦汉时代，中外学者的看法表述不同，实际近似。中国学界的流行观点认为其是专制主义的中央集权统治，日本学界则有专制国家论与皇帝支配论。[①] 这些观点影响下的具体研究涉

① 有关论述见毛泽东：《中国革命和中国共产党》，1939年初刊，收入《毛泽东选集》(合订本)，北京：人民出版社，1966年，第618页；王亚南：《中国官僚政治研究》第三篇，1948年初刊，此据北京：中国社会科学出版社，1981年，第39页；安作璋、熊铁基：《秦汉官制史稿》上册"绪论"，济南：齐鲁书社，1984年，第3—15页；白寿彝总主编：《中国通史》第一卷《导论》，上海：上海人民出版社，1989年，第221—224页；林剑鸣：《秦汉史》，1989年初刊，此据上海：上海人民出版社，2003年，第5—7、88—107页；田昌五、安作璋主编：《秦汉史》"绪论"，北京：人民出版社，1993年，第2、13页。

日本学者这方面的研究很多，具体观点亦颇有不同，大致分属于国家论与国制史两个领域。一个比较明快的区分与概括，可以参考渡边信一郎：《中国古代社会論》绪论"中国古代社会論の現状と課題"，东京：青木书店，1986年，第3—15页。渡边在此区分了四种观点，支撑这些观点的有"世界史の基本法則"以及进化论、不同的时代分期论，只是各自侧重不同。另外，饭尾秀幸对此问题有一系列的梳理，可参《中国古代国家発生論のための前提：時代区分の第一の画期として》，《古代文化》48卷2号(1996年)，第16—25＋65页；《戰後の"記録"としての中国史研究——(转下页)

及诸多领域,具体到官职研究上,成果同样丰富,有大量针对具体官职及其演变的研究,亦产生了以官阶制度为对象的整体分析。关于皇帝与丞相、御史大夫的关系,以及皇帝与尚书、中朝关系,既存在影响颇广的"定论",亦不断萌发新的看法。

　　颇为流行的看法是,西汉一朝以武帝为界,之前丞相权力颇重,武帝开始,则中朝(尚书)权力渐起,侵夺了丞相的权力。[①]近来,亦有从不同角度附和此说的,如比较丞相与御史大夫的权力,而强调丞相是理念化的存在,御史大夫才是政务的实际承担者。[②]当然,挑战此说者亦时有所见,最早的似乎是钱穆。他比较了汉代皇帝和宰相的秘书处的组织与大小后,指出:

(接上页)続・中国古代国家発生論のための前提》,《中国——社会と文化》11(1996年6月),第47—59页,特别是第53—56页;《戦後日本における中国古代国家研究をめぐって》,《専修史学》60号(2016年3月),第39—56页;《中国史における初期国家論をめぐって》,《専修史学》62号(2017年3月),第154—172页。太田幸男先生将中国秦汉隋唐帝国的国家支配形态概括为"亚洲的专制国家",参《中国古代国家形成史論》序章,东京:汲古书院,2007年,第12—19页,说见第19页;进一步的解说见太田幸男:《国家についての若干の理論的問題——〈中国古代国家形成史論〉余論》,收入多田狷介、太田幸男主编:《中国前近代史論集》,东京:汲古书院,2007年,第9—26页,特别是第20—23页。

　　关于国制史,晚近研究可参大栉敦弘:《国制史》,收入松丸道雄等编:《殷周秦漢時代史の基本問題》,东京:汲古书院,2001年,第231—254页;高村武幸:《日本における近十年の秦漢國制史研究の動向——郡縣制、兵制、爵制研究を中心に》,《中国史学》第18号(2008年),第101—120页。

①　如劳榦:《论汉代的内朝与外朝》,1945年初刊,后收入《劳榦学术论文集甲编》上册,台北:艺文印书馆,1976年,第548—551页;增渊龙夫:《漢代における国家秩序の構造と官僚》,1952年初刊,后收入所著《中国古代の社会と国家》,新版,东京:岩波书店,1996年,第289—295页;西嶋定生:《武帝の死——〈盐铁论〉の政治史的背景》,1965年初刊,收入《中国古代国家と東アジア世界》,东京:东京大学出版会,1983年,第197—202页;安作璋、熊铁基:《秦汉官制史稿》上册,第29—47页;林剑鸣:《秦汉史》,第310—317页;孟祥才:《中国政治制度通史》第三卷《秦汉》,北京:人民出版社,1996年,第158—159页。

②　鹰取祐司:《秦漢官文書の基礎的研究》第二部第一章"漢代の詔書下達における御史大夫と丞相",东京:汲古书院,2015年,第203—242页。

　　我们只根据这（宰相秘书处）十三曹名称，便可想见当时全国政
务都要汇集到宰相，而并不归属于皇帝。……可见汉代一切实际事
权，照法理，该在相府，不在皇室，宰相才是政府的真领袖。①

　　当然，钱穆只简单比较了机构与人员的多少，没有涉及具体事务，看法
仍较笼统，且没有考虑两汉四百年间皇帝与宰相间的关系是否存在变动，
更没有考虑尚书崛起的影响。1990 年，祝总斌对此问题做过系统的分
析，作者强调了皇帝与丞相之间的合作，但是依然认为武帝以后，皇帝
在和宰相议政上逐渐占据主动，且指出三公只有建议权，而没有决定权，
决定权在皇帝。② 冨田健之则提出与主流观点相反的看法，认为武帝时
丞相与御史大夫的权力在增大。③

　　显然，如何看待汉武帝以后丞相在统治中的作用，便成为需要解决
的问题。与此相关联的，则是如何看待丞相与皇帝、御史大夫以及中朝
的关系。此外，基于什么前提来观察这些关系，亦颇为关键。学界常常
是不假思索地根据线性进化论来看待皇帝与丞相，乃至其他大臣之间的
关系。武帝一度强势便意味着其后的所有皇帝均如此，甚至变本加厉，
全然无视皇帝与丞相个人因素的作用，且将权力视为一个确定的量，只

　　① 钱穆：《中国历代政治得失》，第二版，北京：生活·读书·新知三联书店，
2005 年，第 4 页。
　　② 祝总斌：《两汉魏晋南北朝宰相制度研究》，1990 年初刊，此据北京：中国
社会科学出版社，1998 年，第 30—31、40 页。
　　③ 见冨田健之：《前漢武帝期の側近政治と"公卿"》，《新潟大学教育人間科学
部紀要人文、社会科学編》第 8 卷 1 号（2005 年），第 14—20 页。赞同其说的又见渡
边将智：《両漢代における公府、将軍府——政策形成の制度の変遷を中心に》，《史
滴》28 号（2006 年 12 月）初刊，第 30—47 页，后收入所著《後漢政治制度の研究》，
东京：早稻田大学出版部，2014 年，第 172—211 页；福永善隆：《前漢武帝期にお
ける中央支配機構の展開——所謂御史大夫と御史中丞の分化をめぐって》，《日本
秦漢史學會會報》第 9 卷（2008 年 12 月），第 1—27 页，特别是第 18—21 页。福永善
隆又注意到郡府門下同様に壮大，与内朝、丞相掾属的发展同步，见《漢代における
尚書と内朝》，《東洋史研究》71 卷 2 期（2012 年 9 月），第 219—249 页。

能此消彼长，而无其他的可能。① 凡此种种，均有反思的空间。

1970 年，劳榦曾撰文指出：

> 秦汉的皇帝诚然掌握着国家最高的权力，但一般政务还是在原则上完全交给丞相去办，皇帝只是责成丞相。再由丞相把地方的政务信托给郡太守，由太守全权处理郡内的事。

劳榦进而将这种统治方式概括为"君相委托制度"，并认为"汉代到了武帝以后，虽然可以说还是信托式的传统，可是被扰乱的不纯。等到东汉时代就更进一步的破坏，一直到晚清尚不能恢复旧时的原则"②，和他对西汉一朝的认识一致。"信托政权"的说法最早出自钱穆。1941 年 10 月，他提出相对于西方的"契约政权"，中国政权乃是一种"信托政权"。③ 劳榦指出秦汉时期丞相原本在统治中占有突出地位，但其作用时常会受到皇帝的侵蚀，十分有见地。是否到了武帝以后丞相的作用便"被扰乱"，东汉以后更是遭到破坏，究竟是否如此，还需做进一步的探讨。严耕望尽管未涉及皇帝与丞相关系，却归纳史事，指出"（西汉）地方政府直辖于丞相府甚明"④，与劳说相互呼应，并提供了证据；鹰取祐司又从文书下

① 如美国史家林恩·亨特所说："权力不是某个派系所拥有的一个有限量（finite quantity），而是一个由各种创造了意外资源的活动与关系组成的综合体。"见所著《法国大革命中的政治、文化和阶级》第 2 章（1984 年英文初刊），汪珍珠译，北京：北京大学出版社，2020 年，第 76 页。

② 劳榦：《汉代政治组织的特质及其功能》，原刊《清华学报》新第 8 卷第 2 期（1970 年 8 月），收入《劳榦学术论文集甲编》下册，第 1239、1240 页；具体分析见劳榦：《居延汉简考证》"诏书一"，收入《居延汉简·考释之部》，台北：史语所，1960 年，第 8 页。

③ 钱穆：《中国传统政治与儒家思想》，《思想与时代》1941 年第 3 期，后收入《政学私言》下卷，《钱宾四全集》第 40 卷，台北：联经出版事业有限公司，1998 年，第 133—135 页。

④ 严耕望：《中国地方行政制度史甲部——秦汉地方行政制度》，第四版，台北：史语所，1990 年，第 269—270 页；增渊龙夫亦持此说，见《漢代における国家秩序の構造と官僚》，《中国古代の社会と国家》，第 276 页。

达的角度证明了此点①。祝总斌指出宰相职权之一是监督百官执行权，某种程度上亦可以说与劳榦的看法相应和，只是劳说侧重于丞相对地方的管理，而祝说关注宰相与中央百官的关系。关于东汉时期"三公形骸化"说的问题，渡边将智在前人基础上做过充分的分析②，而对于武帝以后西汉后半期历史中丞相的作用，冨田健之与福永善隆多少有涉及，但两位关注的中心或是尚书与中朝，或是以丞相司直为中心的监察③，冨田健之注意到宣帝亲政后到西汉末，丞相与御史大夫不少曾任内朝官，指出内朝与外朝相连的现象④。两人均没有正面分析丞相的作用，仍有必要专门加以研究。

丞相开展工作无法脱离丞相府及其属吏，丞相府的工作可以说是丞相实际职责的具体体现，所以下文会将两者并观。同时，丞相议政问题，前人讨论已多⑤，不再专门讨论。

与此相关的是武帝时设立的刺史制度，前人对此研究颇多，很多方

① 鹰取祐司：《秦汉官文书の基礎的研究》第二部第一章"漢代の詔書下達における御史大夫と丞相"，第203—242页。

② 渡边将智：《後漢政治制度の研究》第三章，第133—170页。

③ 冨田健之：《前漢武帝期以降における政治構造の一考察——いわゆる内朝の理解をめぐって》，《九州大学東洋史論集》9(1981年)，第33—53页；《内朝と外朝——漢朝政治構造の基礎的考察》，《新潟大学教育学部紀要》27卷2号(1986年)，第85—98页；《漢時代における尚書體制の形成とその意義》，《東洋史研究》45卷2号(1986年)，第212—240页；《前漢中期の政治構造と"霍氏政権"》，《新潟史学》35号(1995年)，第1—22页。福永善隆：《前漢における中央監察の実態——武帝期における整備を中心として》，《東洋學報》88卷2号(2006年9月)，第33—63页；《前漢における丞相司直の設置について——丞相制の展開と関連して》，《九州大学東洋史論集》第34号(2006年)，第27—49页。

④ 冨田健之：《内朝と外朝——漢朝政治構造の基礎的考察》，《新潟大学教育学部紀要》27卷2号(1986年)，第93—94页。

⑤ 如徐天麟：《西汉会要》卷四〇《集议上》、卷四一《集议下》，北京：中华书局，1955年，第409—426页；永田英正：《漢代の集議について》，《東方學報》43册(1972年)，第97—136页；祝总斌：《两汉魏晋南北朝宰相制度研究》，第26—31页；廖伯源：《秦汉朝廷之论议制度》，1995年初刊，后收入所著《秦汉史论丛》，台北：五南图书出版公司，2003年，第169—176页。

面已无须再费心力，只是关于刺史回京奏事的对象，前人或语焉不详，或见解有误，不能不再加辨析。此问题实际与前一问题内蕴相通。过去常常是就刺史论刺史，或是将其放在监察制度下来考虑，实际有必要放在整个朝廷运转的背景下来认识，故文中一并讨论。

二、西汉武帝以后丞相作用再探

武帝以后，丞相依然负责郡国事务，此问题史书中并无专门的论述，透过若干事例，可见一斑。据《汉书·丙吉传》，宣帝时，吉为丞相，善待属吏：

> 于官属掾史，务掩过扬善。吉驭吏耆酒，数逋荡，尝从吉出，醉欧丞相车上。西曹主吏白欲斥之，吉曰："以醉饱之失去士，使此人将复何所容？西曹地忍之，此不过污丞相车茵耳。"遂不去也。此驭吏边郡人，习知边塞发奔命警备事，尝出，适见驿骑持赤白囊，边郡发奔命书驰来至。驭吏因随驿骑至公车刺取，知虏入云中、代郡，遽归府见吉白状，因曰："恐虏所入边郡，二千石长吏有老病不任兵马者，宜可豫视。"吉善其言，召东曹案边长吏，琐科条其人。未已，诏召丞相、御史，问以虏所入郡吏，吉具对。御史大夫卒遽不能详知，以得谴让。而吉见谓忧边思职，驭吏力也。（74/3146）

本传记载此事，意在颂扬丙吉为人宽厚，无意中却透露出皇帝与丞相、御史大夫之间的分工。据《汉书·百官公卿表下》，丙吉任丞相在宣帝神爵三年（前59年）四月戊戌至五凤三年（前55年）正月癸卯间，其间以五凤二年（前56年）八月为界，此前任御史大夫的是萧望之，后为黄霸。不能确定此事具体时间与任职的御史大夫。按云中与代郡的位置，这里所谓的"虏"指的应是匈奴。此时正值匈奴内乱，五单于争立，相互厮杀。①

---

① 《汉书》卷九四《匈奴传上》，北京：中华书局，1962年，第3789—3791页；《匈奴传下》，第3795—3799页。

此事关涉本文主旨的有两点，一是外敌入侵的情报，驿骑要直接送到公车府，上报给皇帝，再次证明皇帝本人对于军事行动与军队要直接掌控。二是边郡长吏的人事资料，如能力与年龄等（包括上引文提到的"老病不任兵马者"），却并不为宣帝所掌握，保存在丞相与御史大夫手中。驭吏的作用就体现在提前给丙吉通风报信，让他能准备好遭到入侵的边郡长吏的人事信息，以备皇帝垂询。这是他对前次在丙吉车内坐垫（茵）上呕吐而没有遭斥免的报答。

上文提到，丞相府的东曹能够"琐科条其人"，按师古注引张晏的解释："琐，录也。欲科条其人老少及所经历，知其本以文武进也。"丞相府保存了边郡二千石及长吏的人事档案，故可以查看并抄录。① 因西北汉简的发现与研究，我们已经大致清楚当时官吏人事档案的基本内容②，可知张晏所言无误。《汉旧仪》卷下说："旧制，令六百石以上，尚书调拜迁；四百石长相至二百石，丞相调除；中都官百石，大鸿胪调；郡国百石，二千石调。"③《汉书·张敞传》云，宣帝时，张敞拜胶东相，平定境内盗贼，有功的官吏"上名尚书调补县令者数十人"（76/3220），可知，至晚此时，该分工已然出现。根据这一规定，丞相所掌握的全国官吏的人事资料颇为可观，从江苏东海县出土的尹湾汉简的 3、4 号木牍可见一斑。东海郡及下属 38 个县级机构中，六百石以上的官员不过 11 位，余下的 119 位长吏都要由丞相来任命。管中窥豹，西汉末年全国 103 个郡国，1587 个县级机构的情况当仿此。丞相府掌握的官吏人事档案的规模

---

① 祝总斌亦注意到此点，见《两汉魏晋南北朝宰相制度研究》，第 45 页。此段记载，籾山明先生亦注意到，不过，他是从边境向朝廷传递匈奴入侵的情报的角度来讨论的，见所著《秦漢出土文字史料の研究》第八章，东京：创文社，2015 年，第 329 页注释 3。

② 具体研究可参邢义田：《从居延简看汉代军队的若干人事制度——读〈居延新简〉札记之一》，收入所著《治国安邦》，北京：中华书局，2011 年，第 536—567 页。

③ 卫宏：《汉旧仪》卷下，见孙星衍等辑：《汉官六种》，周天游点校，北京：中华书局，1990 年，第 82 页。标点有改动。

亦由此可见。① 郡国二千石名义上要由尚书调,实则由皇帝任命,但其人选多半应由丞相提供②,相关官员的人事档案,亦保存在丞相府中。

相比之下,因无人事先通风报信,时任的御史大夫则不那么走运,没能提前有所准备而遭到宣帝的批评。显然,这不是首发或偶发情况,而是遇到类似情形时的惯例,所以来自边郡的驭吏习知该如何处理,故能提醒丙吉要有所准备。对丙吉而言,倒有可能是首次遭遇,由此,或可推测此事发生于丙吉为丞相之初。宣帝手边,包括身边的尚书与中书处,并无相关资料,需要召见丞相与御史大夫商讨如何应对。霍光死后,宣帝亲政,励精图治,管理郡国颇为用心,自《汉书·循吏传》可知。看来确如该传序所言,宣帝的改革,是增加了召见刺史与郡守国相的环节,并未改变丞相主导郡国的旧有格局。

另一事见《汉书·于定国传》。元帝永光元年(前 43 年)"春霜夏寒,日青亡光",春天出现霜冻,夏天寒冷,气候异常,太阳光线亦不正常。《汉书·五行志》两处更详细地记述了异乎寻常的天象与持续时间(27 中之下/1427、27 下之下/1507),《元帝纪》亦载该年三月"雨雪,陨霜伤麦稼"(9/287),笃信天人感应的汉人见此,自然颇为紧张。元帝因此下诏条责备丞相于定国:

> 郎有从东方来者,言民父子相弃。丞相、御史案事之吏匿不言邪?将从东方来者加增之也?何以错缪至是?欲知其实。方今年岁未可预知也,即有水旱,其忧不细。公卿有可以防其未然,救其已然者不?各以诚对,毋有所讳。(71/3044—3045)

元帝因身边担任侍从的郎官从东方了解到的情况,而向丞相于定国下诏提出一串的责问。郎官大概是因休假回家,返回关东,了解到父子相弃

---

① 东汉时期太尉属吏中,东曹"主二千石长吏迁除及军吏"(见《后汉书·百官志一》,北京:中华书局,1965 年,第 3559 页),恐怕就是承自西汉的丞相。

② 具体例子见《汉书》卷八九《循吏·龚遂传》:"宣帝即位,久之,渤海左右郡岁饥,盗贼并起,二千石不能禽制。上选能治者,丞相御史举(龚)遂可用,上以为渤海太守。"(第 3639 页)感谢孙梓辛君检示此条资料。

的情况，回到京城后向元帝汇报。但丞相与御史大夫并未向皇帝报告此事，元帝感觉受到蒙蔽，心生不满，要求丞相如实上奏。元帝由天象异常与百姓"父子相弃"联想到阴阳不调，担心田作收成不好，令丞相与御史大夫提供防备水旱之灾的预案。若非担任宿卫的郎官向元帝报告见闻，恐怕元帝不会知晓东方的民情。此事亦暴露出丞相控制信息上传下达的枢纽作用。

于定国拜为丞相，在宣帝甘露三年（前 51 年）五月[1]，至此任职已八年光景，久经历练，绝不是个新手。他当时已 70 岁左右，年高德劭，本传说"元帝立，以定国任职旧臣，敬重之"（71/3043），作为元帝父亲宣帝时的旧臣，于定国遭到元帝责问，恐亦不多见，甚至极有可能是头一次，吓得他赶紧上书自劾，打算辞职回家。元帝在给于定国的回复中抚慰了一番，并引述《论语·尧曰》所言"万方有罪，罪在朕躬"，将责任揽在自己身上。最后实质性的部分则说：

> 其勉察郡国守相群牧，非其人者毋令久贼民。永执纲纪，务悉聪明。（71/3045）

要求于定国去用心督察郡国守相，发现不称职者及时撤换，不能长期危害百姓。定国恐怕是感觉难称上意，坚持"乞骸骨"，元帝只好赐他安车驷马，罢相就第。一道乞骸骨并获准的还有御史大夫薛广德和大司马车骑将军史高（71/3048）。元帝为何将落实监督郡国守相的任务交给丞相，而不是由自己直接了解郡国守相的表现？背景就在于当时依然实行的由丞相负责督导郡国的惯例。

此外，成帝时丞相王商弹劾失职的琅邪太守杨肜，而不顾领尚书事的大将军王凤的阻拦，亦显示丞相对于郡国守相拥有直接管理的职权，前人已有分析，无须赘述。[2]

---

① 据《汉书》卷一九下《百官公卿表下》，第 811—812 页。

② 相关分析，见祝总斌：《两汉魏晋南北朝宰相制度研究》第四章第二节"西汉的尚书、领尚书事制度"，第 91 页。

　　以上只是文献中偶然保留的事例，涉及武帝之后的宣帝、元帝与成帝三帝。透过这三个例子，应该说，丞相并非作为理念的存在出现在现实政治中，《汉书》中这类例子不多（原因详后），难以详尽展示各朝丞相如何开展工作，及其与皇帝的关系。但可以从其他角度，间接了解丞相在当时统治中的作用。

　　首先，从丞相府属吏的机构设置与编制，可以窥见其作用。如钱穆所指出的，对比一下西汉丞相与尚书的编制。《汉旧仪》卷上载：

> 　　武帝元狩六年（前117年），丞相吏员三百八十二人：史二十人，秩四百石；少史八十人，秩三百石；属百人，秩二百石；属史百六十二人，秩百石。皆从同秩补。①

四类吏员数相加是 362 人，较总数少了 20 人，或是属史的"百六十二人"中的"六"原为"八"，原因待考。② 随后又说"丞相典天下诛讨赐夺，吏劳职烦，故吏众"，"诛讨"看上去涉及的是军事活动，实际丞相通常并不领兵，从文献看，"诛讨"亦针对个人，实带有惩处意③，赐夺，其宾语应是功劳，指对官吏的考核。四字相连，恐怕指对官吏的奖惩，这应该是丞相负责的核心工作之一，可惜，不清楚这四个字的根据为何？"吏劳职烦"倒是点出了丞相府吏员众多的原因。人员多少，与其工作多寡成正比。《续汉书·百官志二》云："（太常）其署曹掾史，随事为员，诸卿皆然。"《百官志五》复云："使匈奴中郎将一人，比二千石。本注曰：主护南单于。置从事二人，有事随事增之，掾随事为员。护羌、乌桓校尉所置亦然。"上述并非东汉一代设置属吏的原则，联系《汉旧仪》关于丞相府吏

---

①　孙星衍等辑：《汉官六种》，第 68—69 页。

②　赵光怀认为吏员是二百六十二人，他所引的《汉旧仪》作"属史六十二人"，见所著《吏员制度与秦汉政治》，济南：山东人民出版社，2012 年，第 26 页引。参考文献未列，不详所据。

③　见《汉书》卷八二《王商传》成帝时太中大夫张匡对史丹言："尤宜诛讨不忠，以遏未然。"此处不忠指的是丞相王商（第 3373 页）。

多的解释，西汉亦是如此。① 过去在分析丞相的作用时，往往忽略丞相府的吏员问题。

与丞相府相对，整个西汉时代，尚书的编制（员）却很少。成帝以前，一直只有四人，到了成帝建始四年（前 29 年），才增加一人到五人。即便按照最多的估计，不过 11 人。东汉以后，才逐渐膨胀。② 平时工作中若人手不足，则通过郎官给事来临时分担其工作③，这种做法一直沿用到东汉，显示了尚书灵活与不稳固的特点。即便昭帝以后出现了"领尚书事"之类的中朝官员，真正不经过丞相而直接由官民上奏公车司马，经由尚书拆封并处理的文书，相比丞相收到的文书，还是要少很多，尽管现在已无从知道具体的收文数量。

其次，武帝以后，直至王莽新朝，丞相（或改名后的司徒）府依然是诏书下发京师与郡国的发出机构，因而也是文书实际处理的中枢。即便原先并非通过丞相上达天听的奏章，得到皇帝批准后，若要成为诏书颁布全国，亦要由上奏者将诏书转给丞相府来下发，如居延汉简 18.5：

---

① 福永善隆亦注意到此点，见《前漢武帝期における中央支配機構の展開——所謂御史大夫と御史中丞の分化をめぐって》，《日本秦漢史學會會報》第 9 卷（2008 年 12 月），第 19—21 页。

② 《汉书》卷一〇《成帝纪》建始四年（前 29 年）春"罢中书宦官，初置尚书员五人"（第 308 页），卷一九上《百官公卿表上》标点作"成帝建始四年更名中书谒者令为中谒者令，初置尚书，员五丞"（第 732 页），恐当作"初置尚书员五人"，镰田重雄下引文便如此断句。关于尚书的人员变化情况的扼要概括，可参《通典》卷二二《职官四·尚书省》，点校本，北京：中华书局，1988 年，第 587—588 页；劳榦：《论汉代的内朝与外朝》，《劳榦学术论文集甲编》上册，第 585—586 页；镰田重雄：《漢代の尚書官——領尚書事と録尚書事とを中心として》，《東洋史研究》26 卷 4 期（1968 年），第 113—127 页；安作璋、熊铁基：《秦汉官制史稿》上册，第 261—262 页；杨鸿年：《汉魏制度丛考》"尚书"，第 2 版，武汉：武汉大学出版社，2005 年，第 107—112 页；祝总斌：《两汉魏晋南北朝宰相制度研究》第四章第二节"西汉的尚书、领尚书事制度"，第 81—88 页。祝总斌认为成帝时尚书 5 人，加上令、仆射与丞，一共有 11 人，与其他学者的看法不同。

③ 严耕望：《秦汉郎吏制度考》，1951 年初刊，收入《严耕望史学论文选集》下册，北京：中华书局，2006 年，第 299—300 页。

永光四年闰月丙子朔乙酉，大医令逐、丞襃下少府中常方，承
书从事下当用者如诏书。闰月戊子少府余、狱丞延请」□□□□□□
丞相府，承书从事下当用者如诏　/掾未央、属顺、书佐临

☑府骑将军、御史、中二千石、郡大守、诸侯相承书从事下当
用者，书到言/ 掾 □□、令史相①

此简左上侧残缺，中间有一圆孔，出土于 A8 甲渠候官遗址。对照元康
五年诏书，可知最初裁可的诏书是下达给原先上奏的太医令，太医令将
其上呈给自己的上级少府，由少府转呈丞相府来颁下各地。这只是偶存
的一例，联系文献中常见的上书"待报"与待诏，可知此乃常见的情况。
两者均属等待皇帝对自己上奏的批复②，如果得到批复，且需全国执行，
则要由丞相府来执行。鹰取祐司汇集了文献与出土的资料，时间则从西
汉前期一直到王莽时期，可以看出前后的连续性。

不过，鹰取祐司认为丞相只是形式上的存在，现实中主要是御史大
夫在发挥作用。此说实有偏差，换个角度看，本文可以说也是在回答这
一问题。

简牍中的情况亦与文献记载相吻合。《汉书》卷五九《张汤传附张安世
传》云：

（宣帝时）每定大政，已决，辄移病出，闻有诏令，乃惊，使吏
之丞相府问焉。自朝廷大臣莫知其与议也。（2649）

这一记述意在揭示张安世为人如何低调，不希望群臣知道他在禁中参与
大政决策，不经意中透露出更多的信息，包括诏令要经由丞相府下发。

---

① 释文据简牍整理小组：《居延汉简（壹）》，台北：史语所，2014 年，第 60
页；研究见鹰取祐司：《秦汉官文書の基礎的研究》，第 218—220 页。

② 侯旭东：《东汉〈乙瑛碑〉增置卒史事所见政务处理：以"请"、"须报"、"可
许"与"书到言"为中心》，收入《中国中古史研究》第四卷，北京：中华书局，2014 年，
第 55—62 页。已收入本书。

安世深度参与内朝政治始于地节二年(前 68 年)三月霍光死后，至元康四年(前 62 年)八月死①，前后六年。并观张安世的例子以及元康五年诏书的下发途径，宣帝朝无论涉及大政还是日常事务，如要下发诏书给内外诸官，都是要通过丞相府来进行的。

此外，丞相亦是郡国与长安各官寺上行文书的主要接受者，很多需要转呈皇帝的文书亦需经过丞相来转交。② 此前笔者曾分析过两汉时期郡国每年到都城上计的受计机构，西汉时期是丞相与御史大夫。③ 著名的"元康五年诏书"的形成过程，亦是大(太)史丞定→大(太)常昌→丞相(魏)相→御史大夫(丙)吉→皇帝④，由朝廷某机构草拟，皇帝只批示"可"的诏书恐怕都遵循这种方式。郡国上书一般也是呈送到丞相府，若需要由皇帝裁决或丞相认为事务重大需要皇帝定夺的，则转呈皇帝。最终得到皇帝批示，成为诏书下发的，不过是其中的部分，悬泉汉简中的ⅠT0309③：221 便是如此，简文云："御史中丞臣强、守侍御史少史臣忠，昧死言：尚书奉御史大夫吉奉丞相相上酒泉太守武贤、敦煌太守快书，言二事，其一事，武贤前书穬麦皮芒厚，以廪当食者，小石三石少不足，丞相请郡当食廪穬麦者石加……"⑤这应是一道关于穬麦皮厚，去皮后所得少，请求增加廪食供应的上书，丞相魏相应该是同意了这一请

---

① 《汉书》卷一九下《百官公卿表下》，第 803—806 页。据该表，张安世在昭帝元凤元年(前 80 年)便担任右将军、光禄勋，元平元年(前 74 年)迁车骑将军、光禄勋(第 795—796、798—799 页)，参与机要，但此时霍光在世，他实际发挥主要作用，要到地节二年(前 68 年)三月霍光死后。

② 此问题承审稿人提示，谨谢。

③ 侯旭东：《丞相、皇帝与郡国计吏：两汉上计制度变迁探微》，《中国史研究》2014 年第 4 期，第 101—108 页。已收入本书。悬泉出土的传文书中有若干便是敦煌郡的上计吏使用的，其中多有"上××年计丞相府"的表述，如ⅡT0115③：205 等，见张俊民：《悬泉汉简所见人名综述(一)》引例 34，收入所著《简牍学论稿——聚沙篇》，兰州：甘肃教育出版社，2014 年，第 334 页。

④ 参大庭脩：《秦汉法制史研究》第三篇第二章"居延出土的诏书册"，1961 年初刊，此据中译本，徐世虹等译，上海：中西书局，2017 年，第 163—180 页。

⑤ 胡平生、张德芳：《敦煌悬泉汉简释粹》例 52，上海：上海古籍出版社，2001 年，第 52—53 页。

求，不过需要皇帝最终批准，因此将文书转呈宣帝批准。目前所见，应是批准后下发到敦煌的诏书残简。《二年律令·津关令》中相国上××书言类的"令"文便是如此，《置吏律》中有相关规定，到西汉后期依然如此。

综合而言，丞相府应该是整个王朝文书上传下发的中枢。

复次，丞相本人亦可以直接对郡国下发文书，安排工作。边地的屯戍系统同样要接受丞相的领导。甘肃敦煌悬泉置遗址发现的一件西汉宣帝时丞相黄霸下发的文书：

> 五凤四年二月壬寅朔庚戌，丞相霸告中二千石、郡太守、诸侯相，上五凤三年置传官用员马课府书。案：所剥卖马或不署初病缺年月日、负得算数，又不上官，无蓄积、马以辜死，告劾。

> II 90DXT0114④：335①

宣帝五凤四年，即前54年，这是丞相黄霸给朝中的二千石以及郡国下达的命令，要求上报前一年官府所辖的接待机构——置与传中因公而使用机构中的官有马匹情况的审查报告，原因是发现这些机构中并没有按照规定来出卖死马，有人在马生病后亦不在文书上注明生病时间，以及何人对此问题负责，同时，这些情况亦不向上级汇报，更没有准备备用马匹，等等。因悬泉简没有全面公布，是否还有后续文字见于其他简，以及是否还有涉及此事的简牍，均待考。但此为丞相下发的文书，应无疑问。

丞相下发的文书或称为"丞相府书"。居延新简EPT53：63是一件武威库令的上行文书，其文云：

> 元康二年五月己巳朔辛卯，武威库令安世别缮治卒兵姑臧，敢言之：酒泉大守府移丞相府书曰：大守☑」迎卒受兵。谨被鎜持与将卒长吏相助，至署所。毋令卒得擅道用弩射禽兽斗。已前关书☑」

---

① 见何双全：《简牍》，兰州：敦煌文艺出版社，2004年，第239页引，释文复据张俊民论文改订。简号格式据现行格式调整。

三。居延不遣长吏逢迎卒，今东郡遣利昌侯国相力、白马司空佐梁将成卒☐①

此木牍分三行书写，字迹工整，出土于 A8 甲渠候官遗址，下端略残，事涉迎接新到役所的成卒。文书起草人安世的官职（武威库令）与工作地点（姑臧，武威郡治，武库所在），与文书中提到的酒泉太守府移丞相府书，以及出土地点（A8，甲渠候官驻地，隶属于张掖郡的居延都尉府）之间各自不统属，且相距遥遥，该文书为何出土于 A8，颇难索解。或许因为居延（都尉？）没有按规定派人迎接新来的成卒，而给居延都尉发文，但从用"敢言之"看，应该是给武威库令上级的文书，但此文书却出土于距离武威郡甚远的 A8 甲渠候官遗址。尽管该简难解处颇多，其中"酒泉太守府移丞相府书"十个字还是很清楚的。此外，敦煌悬泉简 V1812②：120：

> 九月甲戌，效谷守长光、丞立，谓遮要、县（悬）泉置：写移。书到，趣移车师戊己校尉以下乘传，传到，会月三日，如丞相史府书律令。/掾昌、啬夫辅。②

此处的"史"字疑为抄写产生的衍文，本应作"如丞相府书律令"。这可能主要是根据丞相府书下达的命令，因无年号，此简是附在下行文书后面的移文。

西北简中除了"丞相府书"，更多见的是"太守府书"或"都尉府书"：前者如居延旧简 10.35A、居延新简 EPT51：79、金关简 73EJT5：76、金关简 73EJT37：743；后者见于居延新简 EPT56：363、金关简 73EJT30：26、金关简 73EJT37：1421。还有不少简称的"府书"，所指亦应不出上述两类。文书中常可见到"如太守府书律令"或"它如府书律令"之类的语句，如 EPT57：9A，EPT57：48，EPF22：160，73EJT3：

---

① 释文、图版据张德芳主编，马智全著：《居延新简集释》第四册，兰州：甘肃文艺出版社，2016 年，第 14、154 页。

② 胡平生、张德芳：《敦煌悬泉汉简释粹》例 168，第 127 页。标点有改动。

60、73，EJT37：743 等。"如××府书律令"的表达方式与"如诏书律令"相同，恐怕"府书"与"诏书"一样，是对某些具体问题提出处理意见，构成相关律令规定的补充或调整，需要接受文书的机构遵照两者来执行。这类府书均属太守或都尉本人（或临时代行其职务者）下发的文书，应无疑问。由此逆推，丞相府书亦应代指丞相本人下发的文书。

此外，丞相还会下发一些"条"，如居延新简中的"楬"：

释文(背面)	释文(正面)	图版(背面)	图版(正面)
EPT56：77A/B 移丞相御史刺史条 阳朔五年正月尽十二月府	移丞相御史刺史条 阳朔五年正月尽十二月府		

这是成帝时的简牍，简首半圆形，有网格，中间有孔，形制属典型的签牌，出土于 A8 甲渠候官遗址。阳朔五年改元鸿嘉，为前 20 年。此年改元于何月，史书无载，从西北简推测，可能是在四五月间，六月以后的简牍改用鸿嘉年号。① 此楬当系于该年甲渠候官收到的都尉府抄送的丞相、御史大夫与刺史的"条"。类似的还有另外一例：

释文(背面)	释文(正面)	图版(背面)	图版(正面)
EPT52：470A/B 府移大司农部掾条 阳朔三年正月尽十二月	府移大司农部掾 阳朔三年正月尽十二月		

① 见李均明：《居延汉简编年——居延编》，台北：新文丰出版公司，2004 年，第 100—101 页；辛德勇：《建元与改元》"（附）改定西汉新莽历史纪年表"，北京：中华书局，2013 年，第 405 页。

亦是一枚楬，短而略宽，形制与上件一致，是甲渠候官收到的自居延都尉府发来的大司农部掾的"条"的标签。两相对照，很可能每年都会有类似的"条"要汇总存留。这里的所谓"条"或属于"诏条"或"条教"类的文书，形式上体现为敦煌悬泉发现的《诏书四时月令五十条》那样以"·"区分开的命令或要求。所谓"丞相条"，应源于皇帝的诏书，为丞相所摘录作为管理的依据。金关简中有如下三简：

建始元年七月癸酉肩水关啬夫赏以小官印行候事，移橐他、广

地　　　　　　　　　　　　　　　　　　　　　　　　73EJC：589

候官。案丞相板诏令第五十三：过塞津关独以传致籍出入

73EJC：590

金关。往者令史歆以檄书为吏卒遣出入，关止不内还道□

72EJC：9＋61

前两枚简编号相连，应是采集时相邻。从字迹、笔道与用笔看，两简相同，特别是分见于两简的"官""候"与"关"三字，两简当原属同一文书。另检得采集简中的 72EJC：9＋61，释文见上，此简中的"关""令""以""出入"诸字的字迹、结构与前两简相同，"板"与"檄"字左边的"木"旁的写法亦一致。三简的长度亦相差无几，分别为 22.7、22.8 与 22.9 厘米，书写方式相同，均未留编绳空间。三简原同属一个册书，应可断定。文书的时间是前 32 年，成帝即位的次年。

第二枚简出现的"丞相板诏令第五十三"内容应该就是后文的"过塞、津、关，独以传、致籍出入金关"，是一条涉及金关出入的具体规定，当为此前某位皇帝针对出入金关问题专门下发的诏书，被纳入令中持续行用，编入丞相板诏令第五十三条。类似说法又见金关简 73EJT31：142"中御府板诏令第卌四"，据照片，是枚标题简，下残。又，居延汉简 553.1"□版诏令男子狗六勿论毋辄上廷尉以为常"，此简出自 A3 遗址，上残，查图版，字迹清晰，书写工整。内容当与断案有关，可能出自廷尉版诏令。

这种某个机构的"板（版）诏令"恐怕就是文献与简牍中出现过的、前

人多有探讨的某机构"挈令"的别称。①《汉书·张汤传》注引韦昭的解释"在板挈也",《后汉书·应劭传》出现过"《廷尉板令》",两者实无不同。进言之,地方官府引用的丞相板诏令,很可能就是以丞相条的形式下发到郡国相关机构的。

　　丞相板诏令恐是要长期遵行的规章②,而丞相府书则是具体针对某件特定事务而下发的文书,两者反映了丞相职能的不同侧面。某种意义上讲,皇帝的诏书能否得到持续的贯彻,与其能否成为令,进入各种机构的"板诏令"(挈令)有直接关系,其中最为重要、辐射面最广的当属丞相板诏令。如何进入其中,恐怕需要皇帝诏书中"具为令"或"定著令"之类的指示或臣下请许之后的"制曰可"。③ 丞相府有众多的属吏与手段来持续督促执行诏令,皇帝本身能直接调动来深入地方的人员,原本反而只有偶一为之巡行郡国的使者。④ 西汉中后期每年上计结束前,丞相(或

---

　　① 相关研究颇多,不备引,较为重要的有沈家本:《汉律摭遗》卷一"目录",收入《历代刑法考》第三册,北京:中华书局,1985年,第1381—1383页;李均明、刘军:《武威旱滩坡出土汉简考述——兼论"挈令"》,《文物》1993年第10期,第38—39页;凡国栋:《"挈令"新论》,武汉大学简帛研究中心主办:《简帛》第五辑,上海:上海古籍出版社,2010年,第457—466页;籾山明:《秦汉出土文字史料の研究》第二部第五章"王杖木简再考",第181—187页;徐世虹:《百年回顾:出土法律文献与秦汉令研究》,《上海师范大学学报(哲学社会科学版)》40卷5期(2011年9月),第74—76页;徐世虹:《出土简牍法律文献的定名、性质与类别》,《古代文明》11卷3期(2017年7月),第80页。沈家本就明确提出"板令即挈令,韦昭所谓在板挈也。此与唐、宋之敕令相似"(《历代刑法考》第三册,第1383页)。

　　② 甘肃武威旱滩坡所出《王杖断简》中有"坐臧为盗,在公令弟十九,丞相常用弟三▯",图版见武威地区博物馆:《甘肃武威旱滩坡东汉墓》,《文物》1993年第10期,第29页。此处"丞相常用",或许就是东汉时期对"丞相板诏令"的称呼。感谢孙梓辛君示知此条资料。

　　③ 相关研究见大庭脩:《秦汉法制史研究》第三篇第四节,第185—189页;广濑薰雄:《秦漢律令研究》第三章"四 秦漢時代における令の保管と整理",东京:汲古书院,2010年,第105—108页;徐世虹:《百年回顾:出土法律文献与秦汉令研究》,《上海师范大学学报(哲学社会科学版)》40卷5期(2011年9月),第69—79页。

　　④ 有关研究见廖伯源:《使者与官制演变:秦汉皇帝使者考论》卷五,台北:文津出版社,2006年,第105—132页。

司徒)见计吏,并由记室掾史大声宣读的"敕"(五条诏书)亦属此类"板诏令"。① 甚至可以认定,丞相府的记室便是保存这类板(版)诏令的具体机构。

最后,从地方的角度看,丞相府派遣到郡国,乃至边塞的属吏(丞相史),亦是丞相伸向郡国的触角,间接体现了丞相的作用。以往只能从文献中略知丞相史的存在,至于其如何工作,则难晓详情。西北汉简的持续出土,提供了了解其活动的窗口,尽管也只能算是管中窥豹。

其一,汉简中所见丞相史承担的一项日常工作是到边地核查兵器保管情况。这类丞相史当时称为"行边兵丞相史",如居延汉简7.7正面:

> 地节二年六月辛卯朔丁巳,肩水候房谓候长光:官以姑臧所移卒被兵本籍为行边兵丞相史王卿治卒被兵以校阅亭隧卒被兵,皆多冒乱不相应,或」易处不如本籍。今写所治亭别被兵籍并编,移书到,光以籍阅具卒兵。兵即不应籍,更实定此籍。随兵所在亭,各实弩力、石、射步数,」令可知。赍事诣官,会月廿八日夕。须以集,为丞相史王卿治事。课后不如会日者致案,毋忽。如律令。②

这是前68年,宣帝在位时肩水候房给属下候长光的命令,出土于A33地湾遗址。内容是为应对行边兵丞相史王卿核对戍卒武器装备,肩水候房对照姑臧武库移来的被兵本籍与候官手中的被兵簿,发现问题多多,而要求候长光核对卒被兵籍与兵器的实际配发地点与状况,以求两者相符,来迎接丞相史的检查。同样的行边兵丞相史又见金关简73EJT37:782:

> 五凤四年十一月戊辰朔己丑,居延都尉德、丞延寿谓过所县道津关:遣属常乐与行边兵丞相史杨卿从」……

---

① 记室即是保存文书档案的部门,职能相当于皇帝身边的尚书。相关分析可参侯旭东:《皇帝的无奈——西汉末年的传置开支与制度变迁》,《文史》2015年第2辑(总第111辑),第7—10页。已收入本书。

② 释文据简牍整理小组:《居延汉简(壹)》,第23页。

此简出土于金关门道旁边的房址，是居延都尉签发的"传"残简，左侧缺，具体外出任务不详，同样是宣帝朝，时间是前54年。另有一枚出土于金关遗址的残简73EJT34：34：

> ☑□移簿行边兵丞相史　　A
> ☑卒史通、书佐护　　　　B

时间不详。据背面属吏，当是太守或都尉的下属[1]，因涉及核查兵器，更可能是某位都尉发出的文书。以上三简尽管数量不多，特别是最后一枚亦不能排除与前两简有关，如果考虑到西北汉简中大量存在按月、按年编制的各种"被兵簿"或"永元兵物簿"之类的簿书，以及从隧到都尉府逐级上报的制度[2]，恐怕行边兵丞相史到边郡检查武器装备，即便不是定期的，也是经常发生的。

其二，敦煌悬泉置出土的传信中有一枚是御史大夫为护送戍卒到边地的丞相史所发，内容如下：

> 神爵四年十一月癸未，丞相史李尊送获（护）神爵六年戍卒河东、南阳、颍川、上党、东郡、济阴、魏郡、淮阳国诣敦煌郡、酒泉郡。因迎罢卒送致河东、南阳、颍川、东郡、魏郡、淮阳国，并督死卒传棐（椁），为驾一封轺传。御史大夫望之谓高陵，以次为驾，当舍传舍，如律令。　　　　Ⅰ 90DXT0309③：237[3]

神爵四年为前58年，亦在宣帝朝，是由御史大夫萧望之签发的传信。丞

---

① 陈梦家：《汉简所见太守、都尉二府属吏》，收入所著《汉简缀述》，北京：中华书局，1980年，第105页。

② 参赵沛：《居延汉简〈兵簿〉〈被兵簿〉——兼论居延边塞兵器配给》，《西北史地》1994年第4期，第20—29页；李天虹：《居延汉简簿籍分类研究》第四章，北京：科学出版社，2003年，第90—120页；乐游：《汉简"折伤兵物楬"试探——兼论汉边塞折伤兵器的管理》，武汉大学简帛研究中心主办：《简帛》第十一辑，上海：上海古籍出版社，2015年，第207—216页。

③ 胡平生、张德芳：《敦煌悬泉汉简释粹》例40，第45页。

相史李尊此番出差目的是护送诸郡戍卒到敦煌与酒泉两郡，迎接罢卒，并将死去戍卒的棺椁迎回故里。传信中并没有提及此次迎送工作的背景，亦没有上奏皇帝，而直接由御史大夫签发了传信，很可能是日常性的任务。迎送戍卒当属每年均要进行①，其他年份若亦如此的话，丞相史少不了要往来内郡与边郡。

以上只是可以分辨出具体目的的工作。西北汉简中不时浮现丞相史的身影，无论是在元康四年(前62年)的鸡出入簿中②，还是其他不甚清楚的场合③。这些也都应纳入丞相职能的延长线中去认识。

综上所述，不难看出，即便是武帝以后，丞相及其属吏，依然在王朝统治中发挥重要作用，将其视为日常统治的中枢，恐非夸大之辞。

对于这样一个庞大的日常统治枢纽，皇帝如何加以监管，不能不说是个难题。武帝以后设立的刺史，某种意义上，便是应对此局面的产物。

三、刺史奏事对象考

汉武帝元封五年(前106年)立刺史，依六条问事郡国，国内外学界研究颇丰，无须详论。只是一些问题尚存歧见，其中之一是与本文有关的刺史所属及奏事对象。

关于所属，至少两说并存：一是认为由丞相派出，或强调前身为丞

---

① 一般情况参赵宠亮：《行役戍备：河西汉塞吏卒的屯戍生活》，北京：科学出版社，2012年，第48—74页。

② 丞相史范卿，见Ⅰ0112③：116，见胡平生、张德芳：《敦煌悬泉汉简释粹》例95，第77页。

③ 如居延汉简10.14"取司马监关调书·取善札三四十绳可为丞相史对者"，居延新简EPT51：32"☐丞相史离卿"，EPT53：107A"☐相史丞相史杨卿"，金关简73EJT3：91为"传"残简，上云："朱督亭罢卒薄，诣丞相史狄卿在所，当舍传舍，从者如律令。"73EJT23：1059上云："……从御史周卿治所一封诣荥阳罢戍田谓☐丞相史治所·七封居延令印二封诣☐·☐食行。"73EJT30：208为食物出入账目，背面有"又丞相史☐卿及居延都尉夫人来，使守阁熹取二斗"，73EJH1：4为历谱简，"戊子"日下记"丞相史陈卿从居延来"，等等。

相史，在监察地方之外，尚有部分行政职能；二是认为隶属御史中丞（或御史大夫），是皇帝派出的使者。劳榦、周长山认同前说，论证最为细致的则是王勇华①，福永善隆则认为是由武帝时设立的丞相司直来统辖。②后说最早为王鸣盛提出，樱井芳郎、安作璋与熊铁基、林剑鸣、孟祥才、廖伯源、汪清、史云贵、楼劲与刘光华亦持此说，熊伟有所涉及。③ 严耕望的看法实则前后不一，一方面认为其后督察州刺史之职任似仍落在御史府，由中丞主其事，另一方面后文则又说"今别置专员，直辖于丞相府"④，王勇华认为刺史行政上隶属于丞相，与御史中丞之间没有组织关系，但刺史的监察业务受到中丞的监督，一方面，刺史的奏事簿要呈送丞相府，以便考核地方官吏的能否，另一方面，皇帝要通过御史中丞查看刺史的奏事簿，他并推测奏事簿亦如计簿，分为正本与副本，分别呈送丞相府与中丞。⑤ 楼劲、刘光华则认为隶属关系先是丞相，武帝后改为御史中丞。⑥

相形之下，刺史岁尽回京奏事的对象，学界少有明确的揭示，往往

---

① 见劳榦：《两汉刺史制度考》，1944 年初刊，后收入所著《劳榦学术论文集甲编》，第 481、486 页；周长山：《汉代地方政治史论：对郡县制度若干问题的考察》，北京：中国社会科学出版社，2006 年，第 76—82 页；王勇华：《秦漢における監察制度の研究》第六、七章，京都：朋友书店，2004 年，第 180—249 页。

② 福永善隆：《前漢における丞相司直の設置について——丞相制の展開と関連して》，《九州大学東洋史論集》第 34 号（2006 年），第 41 页。

③ 见王鸣盛：《十七史商榷》卷一四"刺史隶御史中丞"条，黄曙辉点校，上海：上海书店出版社，2005 年，第 100 页；樱井芳朗：《御史制度の形成（下）》，《東洋學報》23 卷 3 期（1936 年），第 130—131 页；安作璋、熊铁基：《秦汉官制史稿》上册，第 57—59 页，下册，第 19 页；林剑鸣：《秦汉史》，第 318 页；孟祥才：《中国政治制度通史》第三卷《秦汉》，第 162、305、307、316 页；廖伯源：《使者与官制演变：秦汉皇帝使者考论》，第 273—278 页；汪清：《两汉魏晋南朝州、刺史制度研究》，合肥：合肥工业大学出版社，2006 年，第 23、26—27 页；史云贵：《外朝化、边缘化与平民化：帝制中国"近官"嬗变研究》第五章第一节"汉代刺史之地方官化"，上海：上海人民出版社，2009 年，第 103、106 页；楼劲、刘光华：《中国古代文官制度》（修订本），北京：中华书局，2009 年，第 267 页；熊伟：《秦汉监察制度史研究》，天津：天津人民出版社，2011 年，第 160 页。

④ 严耕望：《中国地方行政制度史甲部——秦汉地方行政制度》，第 272、275 页。

⑤ 王勇华：《秦漢における監察制度の研究》，第 191—206、211、241—243 页。

⑥ 楼劲、刘光华：《中国古代文官制度》（修订本），第 274—275 页注释 26。

笼统称为"京师"或"中央"。京师机构众多，丞相、御史大夫与诸卿，还有皇帝，相对于郡国，都可以归为中央，显然不可能指所有上述机构，只是其中一个或几个而已。究竟是哪个机构，前后是否有变化，仍需做出具体的澄清。钱穆认为部刺史上属于御史丞，实际却要报告御史大夫与丞相，跨越两说，但最终还是认定是对丞相负责。①纸屋正和简略提到御史与刺史向天子汇报，并未详论②，王勇华的分析最为细致，指出具体时间与持有的文书的名称、内容等，强调了与郡国上计簿之间的对应关系。③在此问题上，既有的看法不无冲突，还需要进一步的澄清。

关于武帝所设刺史与丞相之间的联系，除了《汉书·百官公卿表上》"监御史"条将两者前后相连叙述之外，再就是唐人杜佑《通典·职官十四》"州牧刺史"条袭用此说。今人则以刺史承担部分行政职能为由，推定是由丞相派出，实际并无直接证据证明刺史与丞相在工作上的统属。④

---

① 见钱穆：《中国历代政治得失》，第 10 页。

② 纸屋正和：《漢代刺史の設置について》，《東洋史研究》33 卷 2 期（1974 年 2 月），第 211 页。

③ 王勇华：《秦漢における監察制度の研究》，第 234—244 页。

④ 审稿人提醒笔者注意《汉旧仪》卷上的记述："丞相初置，吏员十五人，皆六百石，分为东、西曹。东曹九人，出督州为刺史。"（孙星衍等辑：《汉官六种》，第 68 页）此条明言"丞相初置"，当是西汉初年情况。东曹九人出为刺史，正是《汉书》卷一九上《百官公卿表上》在陈述武帝元封五年初置部刺史之前所说的"监御史，秦官，掌监郡。汉省，丞相遣史分刺州，不常置"（第 741 页）中由丞相派遣的刺史，这种刺史与武帝以后设立的"部刺史"名同实异，虽然后代史家乃至今人常常惑于名而将两者并观，但其间的差别尤需注意。

尽管刺史与丞相之间并无统属关系，但亦存在事务上的往来，如刺史所举秀（茂）才，需要移名丞相，由丞相来召考，决定取舍，见《汉旧仪》卷上，孙星衍等辑：《汉官六种》，第 68 页。感谢审稿人提示此条史料。这类分属不同"系统"或平行的机构之间的事务往来，是颇为常见的，不能因此就反推两者之间存在统属关系。

应劭《汉官仪》卷上云："元帝时，丞相于定国条州大小，为设吏员，治中、别驾、诸部从事，秩皆百石，同诸郡从事。"（孙星衍等辑：《汉官六种》，第 150 页）因钱谷收支要由丞相和大司农筹，安排刺史属吏的编制（员）要由丞相来操持并不奇怪，但这只是一次性的规定而已。笔者曾研究过，东汉时鲁国要为孔庙设立一个百石卒史的编制，亦要经过司徒、司空乃至皇帝批准，但编制获准后的任用，除了首任外，续任的便无须朝廷过问，见侯旭东：《东汉〈乙瑛碑〉增置卒史事所见政务处理：以"请"、"须报"、"可许"与"书到言"为中心》，《中国中古史研究》第四卷，第 43—69 页。

此种看法可无须再论。

对于刺史与御史中丞的关系，确切记载仅两处，一是《汉书·百官公卿表上》：

> 御史大夫，秦官，位上卿，银印青绶，掌副丞相。有两丞，秩千石。一曰中丞，在殿中兰台，掌图籍秘书，外督部刺史，内领侍御史员十五人，受公卿奏事，举劾按章。(19/725)

另一处见《汉书·薛宣传》：

> 成帝初即位，宣为中丞，执法殿中，外总部刺史。(83/3386)

均明确提到在殿中兰台的御史中丞"外督部刺史"或"外总部刺史"，学界一般据此来推定中丞管辖刺史，并负责奏事。后一条资料还有具体时间。

此外，《汉书·陈万年子陈咸传》提到："万年死后，元帝擢咸为御史中丞，总领州郡奏事，课第诸刺史，内执法殿中，公卿以下皆敬惮之。"(66/2900)所谓"州郡奏事"中的"州"即指刺史无疑，下面更明言"课第诸刺史"，故《薛宣传》中所谓"外总部刺史"与此处所说的"总领州郡奏事，课第诸刺史"含义应该是相当的。据《百官公卿表下》，陈万年宣帝甘露三年(前51年)五月任御史大夫，七年卒，元帝初元五年(前44年)贡禹继任。陈咸任御史中丞当在该年之后。至晚此后，中丞一直承担"总部刺史"或"督刺史"的职责。

这种被概括为"督"/"总"/"领"/"课第"的职责，究竟何指？亦未见前人有探讨。继续看《汉书·薛宣传》后面的记载："外总部刺史"之后转录了他的上疏，对刺史工作中的问题提出批评。薛宣指出：

> "陛下至德仁厚，哀闵元元，躬有日仄之劳，而亡佚豫之乐，允执圣道，刑罚惟中，然而嘉气尚凝，阴阳不和，是臣下未称，而圣化独有不洽者也。臣窃伏思其一端，殆吏多苛政，政教烦碎，大率咎在部刺史，或不循守条职，举错各以其意，多与郡县事，至开私

门，听谗佞，以求吏民过失，谴呵及细微，责义不量力。郡县相迫促，亦内相刻，流至众庶。是故乡党阙于嘉宾之欢，九族忘其亲亲之恩，饮食周急之厚弥衰，送往劳来之礼不行。夫人道不通，则阴阳否鬲，和气不兴，未必不由此也。《诗》云：'民之失德，干糇以愆。'鄙语曰：'苛政不亲，烦苦伤恩。'方刺史奏事时，宜明申敕，使昭然知本朝之要务。臣愚不知治道，唯明主察焉。"上嘉纳之。(83/3386)

薛宣眼中，造成当时阴阳不和的原因是臣下不称职，使得圣化未能遍及各地，具体说来，主要要归咎于刺史。有的刺史不遵循职责，各据个人意志来行事，干预郡县事务，甚至立私门，听谗言，搜集吏民细微过失加以处罚，使得郡县乃至百姓的举止背离人道，导致阴阳隔离，和气不兴。他的建议是当时恰逢刺史回京奏事之时，应明确告诫，让刺史知晓本朝的关键工作所在。成帝欣然接受这一建议。所谓"明申敕"，是皇帝自己来做，还是由身边贵臣来转达，薛宣没有明确说明。[1] 不过，他是希望将皇帝的旨意传达给刺史，并无疑问，显然，刺史另有渠道接受皇帝关于本朝要务的说明。

据薛宣上疏，他身为御史中丞，可以明察刺史工作中产生的弊端，至于如何消除，却无法自行出面处理，需要说服皇帝出面来解决。此上疏被班固置于"外总部刺史"之后，在班固眼中，当是很好地体现了中丞"总"部刺史的职责。本传中上疏之后还写道"(薛)宣数言政事便宜，举奏部刺史郡国二千石，所贬退称进，白黑分明，繇是知名"(83/3387)。不难看出，中丞只是对刺史工作行监督之责，若发现问题，需求助于皇帝；

---

[1] 转达亦颇为常见。每年上计结束前，丞相接见计吏，由记室撩大声者宣读的五条诏书，实际就是转达皇帝的旨意，具体分析见侯旭东：《皇帝的无奈——西汉末年的传置开支与制度变迁》，《文史》2015年第2辑(总第111辑)，第8—13页。西晋时期则改为每年皇帝接见计吏后宣读内容有所变化的"五条诏书"，见魏斌：《五条诏书小史》，《魏晋南北朝隋唐史资料》第26辑(2010年)，第1—21页。

另外，中丞还要"课第诸刺史"，即负责对刺史工作进行考核，评定高下。课第的依据，主要是问事的六条，以及相关的律令，所以会选用"明习文法"者来担任御史中丞，如薛宣。这与御史大夫本来的职责分不开。① 进行监督的具体方式，当是通过"领州郡奏事"来实现。

"领州郡奏事""领尚书事"以及走马楼三国吴简中常见的"右吉阳里领吏民卅六户口食一百七十三人"[《竹简（壹）》·10397]之类的"领"相当，意为"记录"②，并非"兼领"意。薛宣之所以能发现刺史工作中的诸多问题，并非亲自到地方巡行获得的线索，而是自刺史提交的奏事文书中觉察到的。御史中丞能够看到刺史的奏事，是否意味着中丞是刺史奏事的对象？

笔者以为御史中丞不过是能够看到刺史奏事的副本，刺史奏事的直接对象通常则是尚书，并有机会面见皇帝。最为生动的例子，莫过于此前元帝时围绕京房试图进行的考功法改革而展开的人事安排上的争夺。涉及的问题包括是任京房的弟子为刺史，还是以京房为郡守，以及京房能否通籍殿中，随时与元帝见面而不被"壅塞"。当时擅权的中书令石显、尚书令五鹿充宗等则是想方设法，切断京房直接与元帝见面的渠道。京房在这场争夺战中，处于下风，步步后退，最终落得被杀的下场。争执的焦点之一，就是刺史奏事。

《汉书·京房传》载京房提出"考功课吏法"，讨论多次，未能为大臣接受，元帝令京房提供通晓该法的弟子名单，欲试用之：

> 房上中郎任良、姚平，"愿以为刺史，试考功法，臣得通籍殿

① 参侯旭东：《西汉御史大夫寺位置的变迁：兼论御史大夫的职掌》，《中华文史论丛》2015年第1期，第193—194页。已收入本书。

② 侯旭东《走马楼竹简的限米与田亩记录——从"田"的类型与纳"米"类型的关系说起》中做过讨论，见长沙简牍博物馆、北京吴简讨论班编：《吴简研究》第二辑，武汉：崇文书局，2006年，第165—166页。董志翘亦有类似看法，详见《中土佛教文献词语零札》"簿领"条，收入所著《中古近代汉语探微》，北京：中华书局，2007年，第190—191页。

中，为奏事，以防雍塞"。石显、五鹿充宗皆疾房，欲远之，建言宜试以房为郡守。元帝于是以房为魏郡太守，秩八百石，居得以考功法治郡。房自请，愿无属刺史，得除用它郡人，自第吏千石已下，岁竟乘传奏事。天子许焉。(75/3163)

京房本希望让自己的弟子出任刺史，在外试行考功法，自己能够"通籍殿中"，随时进入殿中，面见元帝，汇报试行的结果，以免信息被阻断，无法上达天听。不过，因为石显与五鹿充宗嫉恨京房，不希望京房在元帝侧近，故建议元帝直接任用京房为太守，亲自实行考功法。京房无法扭转局面，只好退而求其次，请求不要隶属于刺史，并能任用外郡人，对千石以下的官吏自行考课，且年底可以乘坐传车入朝奏事。元帝开始是同意了京房的请求，不过，很快就又收回了成命。因与石显、五鹿充宗有矛盾，京房早就预料到会有此结局，所以建昭二年(前 37 年)二月朔，拜为太守后便上封事，利用卦象提醒元帝：

> 辛酉以来，蒙气衰去，太阳精明，臣独欣然，以为陛下有所定也。然少阴倍力而乘消息。臣疑陛下虽行此道，犹不得如意，臣窃悼惧。守阳平侯(王)凤欲见未得，至己卯，臣拜为太守，此言上虽明下犹胜之效也。臣出之后，恐必为用事所蔽，身死而功不成，故愿岁尽乘传奏事，蒙哀见许。乃辛巳，蒙气复乘卦，太阳侵色，此上大夫覆阳而上意疑也。己卯、庚辰之间，必有欲隔绝臣令不得乘传奏事者。

据该封事，京房拜太守的日期应该是二月己卯(十六日)，并非二月朔(甲子日)，到辛巳(十八日)，他复算卦，发现"气复乘卦，太阳侵色"，认为己卯、庚辰(十七日)两天中必有人想不让他乘传回长安奏事。果然，他还没有离开长安，元帝便"令阳平侯(王)凤承制诏房，止无乘传奏事"(75/3164)，收回了原先赋予的特权。京房大概是不甘心，东出长安，到了弘农郡的陕县，再次上封事，揭露了一定要将他外放任太守的隐情：

> 臣愿出（弟子）任良试考功，臣得居内，星亡之异可去。议者知
> 如此于身不利，臣不可蔽，故云使弟子不若试师。臣为刺史又当奏
> 事，故复云为刺史恐太守不与同心，不若以为太守，此其所以隔绝
> 臣也。（75/3165）

元帝朝试行考功法上的争夺，实际是京房与石显、五鹿充宗双方围绕皇帝获取信息渠道的争夺，焦点便是刺史奏事。石显与五鹿充宗为了彻底隔绝京房与元帝之间的信息往来，连刺史也不能让京房担任，而只让他去做太守，京房本想从元帝那里获得太守奏事的特权，结果最终也被否决，可见"奏事"本身依然有面见皇帝的可能，尽管也并非必然，所以京房一开始应元帝要求提供弟子名单时，是希望由弟子外出任刺史，自己则能通籍殿中，随时出入宫禁，面见元帝，传递讯息。

《京房传》详述的考功法上的拉锯战，显示"奏事"在为皇帝提供信息上作用关键，因而双方激烈争夺。刺史乃是每年年底要来长安奏事的官员，太守则无此职责，只能靠皇帝下诏特许。京房只是在占据刺史职位上不成，才退而求其次，希望赋予太守特权，最终亦折戟落败。不过，刺史年底奏事京师，皇帝召见却非制度化的程序，并没有保障，所以京房才渴望拥有"通籍殿中"的资格。制度上刺史奏事的对象当是尚书。关于此点，比较明确的记载见《汉书·游侠·陈遵传》：

> （哀帝末或平帝时，陈）遵耆酒，每大饮，宾客满堂，辄关门，取
> 客车辖投井中，虽有急，终不得去。尝有部刺史奏事，过遵，值其方
> 饮，刺史大穷，候遵沾醉时，突入见遵母，叩头自白当对尚书有期会
> 状，母乃令从后阁出去。遵大率常醉，然事亦不废。（92/3710）

据本传，陈遵住在长安，"列侯近臣贵戚皆贵重之。牧守当之官，及郡国豪杰至京师者，莫不相因到遵门"，陈遵家可以说是长安城里各地官员云集之地。"当对尚书有期会状"，"期会"指约定好具体日期，即汉代文书简中常见的"会×日"一类，换言之，就是已经定好了见尚书的日期。此

理由能为陈遵之母接受，特意让他从后阁离开，显然无论是陈遵母亲，还是在场的其他官员，都清楚此事耽误不得。另外，见尚书，亦是众人，包括身非官员的陈遵之母，都了解的刺史到长安后要履行的公务，且已积淀为官场上尽人皆知的常识，足以成为一个无法拒绝的理由。这件轶事至少表明，到哀帝末或平帝时，刺史见尚书已经不是临时性的偶然安排，而是一种每年反复出现的常态化活动。哀帝在位前后仅六年，此事发生于何时已不可考，如果仅是哀帝时方开始的做法，每年不过一次，恐怕难以扩散到连陈遵母亲都了解的地步。刺史回京奏事见尚书应该并非始于此时，亦可知也。的确，《汉书·谷永传》载：

> （王）音薨，成都侯商代为大司马卫将军，永乃迁为凉州刺史。奏事京师讫，当之部，时有黑龙见东莱，上使尚书问永，受所欲言。（85/3458）

据《百官公卿表下》，王商代为大司马卫将军在成帝永始二年（前15年），这次成帝令尚书询问谷永灾异，是奏事之后临时之举，通常接受刺史奏事的，亦应是尚书。《汉书·成帝纪》建始四年（前29年）"初置尚书员五人"注引《汉旧仪》云："尚书四人为四曹：常侍尚书主丞相御史事，二千石尚书主刺史二千石事，户曹尚书主庶人上书事，主客尚书主外国事。成帝置五人，有三公曹，主断狱事。"（10/308）①尚书分曹时间虽已不可考，但从里耶秦简看，秦代洞庭郡迁陵县里便已开始出现了各种"曹"②，朝廷中作为皇帝收发室的尚书，平时处理的文书远比作为县级机构的迁

---

① 类似说法又见《后汉书》卷一上《光武帝纪上》更始二年（24年）"更始亦遣尚书仆射谢躬讨（王）郎"注引《汉官仪》，北京：中华书局，1965年，第15页。祝总斌对此条记载颇有疑问，并有不少推断，见《两汉魏晋南北朝宰相制度研究》，第86—88页。班固之所以郑重其事记录此事，恐怕在于增加了尚书的编制（员），乃是尚书作为一个机构规模扩大、地位加重的标志。

② 郭洪伯：《稗官与诸曹——秦汉基层机构的部门设置》，卜宪群、杨振红主编：《简帛研究2013》，桂林：广西师范大学出版社，2014年，第101—127页。

陵县多很多，绝不可能晚到成帝时才分曹，很可能秦代以来便如此。这里的"事"指文书①，其中负责"刺史二千石事"的二千石尚书，当即每年负责接受刺史奏事的官员。从名称与职掌上看，其很可能早在武帝设刺史之前便已存在，只是负责二千石的文书，故名为"二千石尚书"，武帝设刺史后，则增加了接收刺史奏事之职，名称依旧。

刺史岁尽回京奏事，除了将文书上呈尚书，并与尚书见面外，亦有可能受到皇帝的召见。《汉书·京房传》提到，元帝时"部刺史奏事京师，上召见诸刺史，令(京)房晓以课事，刺史复以为不可行。唯御史大夫郑弘、光禄大夫周堪初言不可，后善之"(75/3161)，但这种召见恐怕并非常态，这次很可能是元帝为了了解京房的考功法是否适用于郡国，临时进行的。

皇帝即便不召见回京奏事的刺史，对于尚书得到的刺史奏事，恐怕也要及时过目。据上引《谷永传》，成帝之所以知道谷永在长安，一方面和日期有关，即恰逢刺史回京奏事之时，另一方面，应该也是看到了谷永作为凉州刺史的奏事吧。

刺史奏事如何既上呈尚书，由皇帝过目，同时又要接受御史中丞的"课第"？具体方式当是刺史的奏事抄录两份，一份为"正"，一份为"副"，分别上呈尚书与御史中丞。《汉书·魏相传》提到"故事诸上书者皆为二封，署其一曰副，领尚书者先发副封，所言不善，屏去不奏"，魏相因许伯白宣帝，"去副封以防雍蔽"，宣帝"从其议"(74/3135)。此事发生在地节二年(前68年)霍光死后，霍禹、霍山执政时。魏相的建议是为了削弱担任领尚书事的霍山的权力，由此建立了"封事"制度。② 不过，如学者所言，普通奏章，上书者仍须送呈正副两本，经尚书处理后上奏皇帝，

---

① 参见周一良：《魏晋南北朝史札记》"《南史》札记·事"，北京：中华书局，1985年，第456—460页。自出土秦汉三国文书简牍观之，周先生此说洵为不移之论。

② 相关研究可参廖伯源：《汉"封事"杂考》，1995年初刊，修订稿收入所著《秦汉史论丛》，第233—235页；马怡：《皂囊与汉简所见皂纬书》，《文史》2004年第4辑(总第69辑)，第37—38页。

封事则仅须送呈一本，不经尚书。① 这种抄录副本的做法在秦汉文书行政中颇为常见。② 刺史每年的奏事，并非封事，要由尚书经手，上奏前便抄录一份，形成正副各一本，副本给御史中丞，来接受考课，亦不意外。

据以上考察，大致可知，刺史岁尽回京奏事的对象是尚书，另外一份奏事则上呈御史中丞。皇帝亦可自尚书处看到刺史奏事的内容，有时也会召见刺史，尽管并未形成固定的制度。刺史工作重点是对守相的监管，依据是六条问事，奏事的内容是监督中发现的问题。郡国的工作主要通过上计来向丞相与御史大夫汇报，刺史奏事通过尚书可以上达天听，事实上构成对丞相工作的变相监督与牵制，这乃是过去研究刺史时所未

---

① 廖伯源：《汉"封事"杂考》，《秦汉史论丛》，第 235 页。

② 汪桂海指出，东汉时便出现了"奏疏移副公府"的制度，认为郡国官员或京都官上书皇帝，只要不是特殊的章奏（如封事一类的密奏），都要在正本之外另抄几份副本送到公府，作者认为西汉时尚无此制。见所著《汉代官文书制度》，南宁：广西教育出版社，1999 年，第 126—128 页；邢义田：《汉代简牍文书的正本、副本、草稿和签署问题》，《史语所集刊》82 本 4 分（2011 年 12 月），第 649—652 页。吕静则认为春秋以降盟誓的流行是副本产生的重要背景，此时开始萌芽的郡县制体制下，各级官署成为副本使用最密集的场所，见所著《中国古代文书副本之考察——兼论先秦社会汉字使用场的扩大》，《史林》2010 年第 5 期，第 44—50 页。此说更符合实际。里耶秦简中出现过"课上金布副"（8-454）、"☑□课副及当食人口数"（8-704＋8-706）；《二年律令·户律》则规定，户籍以及民宅园户籍、年细籍等均要"副藏其廷"或"副上县廷"（简 328、331）；西北汉简中发现的传或传信，基本都是使用"置"（如悬泉置）或通过关口（如金关）时抄录的副本，金关简中尚发现了"■橐他吏家属符真副"（73EJC：310B）、"元始三年十二月吏民/出入关传副券"（73EJT35：2）这样的签牌，以及"·酒泉居延仓丞葆建始三年十一月传副"（73EJC：617）这样的标题简。西北边地屯戍系统中的候在任命了兼行候事的官吏后，也要向上级、平行机构与下级移送通知，这些亦基本属于"副"。秦汉以来地方文书中"副"已很常见，呈送朝廷的文书中出现"副"就更不奇怪了，且亦应不是东汉时才在朝廷中产生的。此外，亦不乏正本呈送公府，副本呈送尚书或皇帝的情形，据《后汉书》卷六一《左雄传》，左雄改革孝廉选拔，提出阳嘉新制，要求"请自今孝廉年不满四十，不得察举，皆先诣公府，诸生试家法，文吏课笺奏，副之端门，练其虚实，以观异能"云云，"帝从之，于是班下郡国"（2020）。据此，察举的应答正本由公府审查，副本则要送到端门，即尚书处。此处端门指代尚书，据杨鸿年：《汉魏制度丛考》"尚书设在宫内"条，第 79—81 页；亦可参《资治通鉴》卷五一"阳嘉元年"条胡三省注，北京：中华书局，1956 年，第 1659—1660 页。

尝措意的，亦是笔者所希望提醒读者留意的。①

　　前节分析了西汉时期丞相乃是王朝统治的中枢，皇帝如何对丞相工作进行监督呢？武帝以后设立的刺史，便是常态化的手段。《史记·平准书》载，武帝巡行郡国，"东度河，河东守不意行至，不辨，自杀。行西逾陇，陇西守以行往卒，天子从官不得食，陇西守自杀"，到了新秦中，发现"新秦中或千里无亭徼，于是诛北地太守以下"（30/1438），数年后，武帝之所以设立刺史，恐怕与他在巡行中发现的郡国管理上的问题不无关系。通过刺史在郡国的巡行，了解长吏的治绩与问题，年底回京奏事尚书，相关情况进而为皇帝所掌握，从而防止丞相壅蔽皇帝。刺史自身工作优劣，则由御史中丞来考核。这样相互制约，保证了统治的有效展开。

　　其实即便如此，亦难以杜绝皇帝乃至丞相受到属下蒙蔽。前引元帝的遭遇即是一例，而宣帝时丞相魏相恐怕也面临此问题，所以他"敕掾史案事郡国及休告从家还至府，辄白四方异闻，或有逆贼风雨灾变，郡不上，相辄奏言之"（汉74/3141）。

四、余论

　　如学者所指出的，中国正史背后实际是由一套"皇帝制度叙述"②来

---

　　①　当然，刺史的活动也受到其他官员的监督，如丞相司直，见《汉旧仪》卷上，孙星衍等辑：《汉官六种》，第73页。关于丞相司直的职掌，可参王勇华：《秦漢における監察制度の研究》第三章，第75—105页；《后汉书》卷三三《朱浮传》云："旧制，州牧奏二千石长吏不任位者，事皆先下三公，三公遣掾史案验，然后黜退。"（第1143页）感谢审稿人提醒此点，这种相互牵制，正是古代政制设计中很重要的一种安排。

　　②　甘怀真说："中国的朝廷所撰写的正史所呈现的是一种皇帝制度政体下的史观，或者说是'皇帝制度论述'。作为一种论述，正史（及其他相关典籍、史料）当然记录了许多事实，但其整体的历史像是为了制定皇帝制度的规范而虚构了许多真实。这些规范包括'大一统'、'移动官僚支配定居农民'与'以农立国'。……而当代的史家却以'史料'为由，直接继承了正史的虚构观点。"见所编《东亚历史上的天下与中国概念》"导论：重新思考东亚王权与世界观"，台北：台湾大学出版中心，2007年，第50—51页。

支撑，这种叙述的主线与核心是皇帝，加上传纪以人为线索的叙事方式，其他机构与职位则被虚化与片断化，由此勾画出的史像呈现了部分历史事实，同时亦遮蔽了不少事实，不免会与实际的历史过程产生偏差与错位，丞相及其作用由此被排挤到边缘。劳榦先生数十年前提出的"君相委托制"颇有眼光，受到此说的启示，结合不断出土的新资料，让我们有机会校正传世史像。通过并置与对照不同来源的史料，重审过去，反观史书，重新接近历史现场中的丞相及其与皇帝的关系。

经过此番审视，可以发现西汉时期，即便武帝以后，丞相依然是朝政的核心。无论是丞相府的规模与尚书人员的对比，还是诏书的颁下渠道，以及丞相本人亦可对郡国下发文书，丞相还可从皇帝颁下的诏书中整理出"丞相板诏令"作为日常行政的依据，丞相府派出的丞相史更是活跃在边郡的不同场合，均从不同侧面显示了丞相在王朝统治中的枢纽作用。皇帝管理郡国，除了任命守相，平时依然需要经过丞相的过滤。可以说，劳榦概括的君相委托制，武帝以后依然没有多少变化。

武帝元封五年设立的刺史，可以说是针对丞相管辖的郡国的监督，刺史年底回京奏事的直接对象是尚书，亦不时会受到皇帝的召见，而奏事亦需提交给御史中丞，来考核刺史工作的高下。相互牵制的设计，使得刺史成为皇帝监督丞相管理郡国的得力工具，同时刺史又要受到御史中丞的考课，如此互相防范与督察，帮助西汉王朝持久统治了一百多年。

学棣张琦费心检核史料，摘谬正误；孙梓辛君来信提供资料与论著，订正误解。2017 年 12 月 14 日将此文提交清华大学历史系第 46 次史学沙龙讨论，得到与会的孙梓辛、郭伟涛、祁萌、孟献志、刘力耘、王彬、吴天宇、李倩天、屈涛、石洋、方诚峰等先生的指正，会后王偲亦寄来意见，一并谨此致谢。

两位匿名审稿人提出不少修改意见，提示有关资料，一并致谢。

2017 年 10 月初稿

12 月修订

2018 年 9 月再次修改

本文承阿部幸信兄推荐，请大原信正君译为日文，发表在《中央大学アジア史研究》第 42 号（2018 年），第 1—43 页；中文修订稿刊发在《中国中古史研究》第七卷，上海：中西书局，2020 年，第 1—29 页。收入本书时略有补充。

西汉御史大夫寺位置的变迁：
兼论御史大夫的职掌

　　御史大夫作为秦、西汉时期地位仅次于丞相的官员，在朝政中发挥了重要作用，自然也颇受学界的关注。宋代以降，就开始有学者概括汉代御史的职掌与沿革①，20 世纪 30 年代以来中外学界对御史大夫的研究更趋丰富，主要涉及设置沿革、职掌、名称的变化与属吏等②。除去利

　　① 如章如愚：《群书考索续集》卷三六"台谏"，扬州：广陵书社，2008 年，第 1079 页；赵翼：《陔余丛考》卷二六"御史"，石家庄：河北人民出版社，1990 年，第 515—516 页；纪昀等撰：《历代职官表》卷一八，影印本，上海：上海古籍出版社，1989 年，第 342—347 页。

　　② 如陈世材：《西汉监察制度考》，《东方杂志》32 卷 20 期（1935 年 10 月），第 77—87 页；樱井芳朗：《御史制度の形成》（上、下），《東洋學報》23 卷 2、3 号（1936 年），第 272—304、436—461 页；周匡：《西汉的监察制度》，《真知学报》2 卷 4 期（1942 年 12 月），第 36—45 页；直人：《汉代的御史大夫》，《大公报》1949 年 11 月 2 日；芮和蒸：《西汉时代之御史中丞》，《大陆杂志》19 卷 9、10 期（1959 年 11 月），第 22—24、22—29 页；严耕望：《中国地方行政制度史甲部——秦汉地方行政制度》，1961 年初版，此据台北：史语所，1990 年，第 270—272 页；芮和蒸：《西汉御史制度》，台北：嘉新水泥公司文化基金会，1964 年；林陆朗：《御史大夫と納言》，《國學院雜志》67 卷 6 号（1966 年 6 月），第 13—29 页；苏俊良：《试论秦汉御史制度》，《北京师范学院学报（社会科学版）》1981 年第 2 期，第 84—90 页；安作璋、熊铁基：《秦汉官制史稿》（上），济南：齐鲁书社，1984 年，第 47—69 页；张金龙：《御史大夫职掌辨》，《北京大学学报（哲学社会科学版）》1985 年第 4 期，第 127 页；罗义俊：《秦汉的御史官制》，《江汉论坛》1986 年第 12 期，第 72—77 页；魏向东：《西汉御史大夫二丞考辨》，《徐州师范学院学报（哲学社会科学版）》1988 年第 3 期，第 116—119、157 页；祝总斌：《两汉魏晋南北朝宰相制度研究》，北京：中国社会科学出版社，1990 年初版，此据 1998 年第 2 版，第 31—40 页；陈仲安、王素：《汉唐职官制度研究》，北京：中华书局，1993 年，第 3、138—140 页；王勇华：《秦汉御（转下页）

用传世文献之外，60 年代以后便有学者注意利用出土简牍来重新归纳御史大夫的职掌，并开始突破文献记载的束缚。[①]

尽管不少研究是将御史大夫置于监察制度范围内加以研究，很多学者还是注意到御史大夫职掌的前后变化，即从战国以来带有君主秘书性质、保管律令图书的近侍，到侧重监察，西汉成帝时则改名大司空，最终成为三公之一，主管水土。对于这一变化轨迹，学界基本没有歧义，关于变化产生的原因，却少有关注。

笔者以为，西汉时期御史大夫职掌的变化，与其办公地点的变化直接相联，办公地点的变动，又与朝臣间的政治斗争纠缠在一起。本文试图对此问题做一探讨。

御史大夫寺的位置，《汉官旧仪》有明确的表述："御史、卫尉寺在宫中，亦不鼓。"[②]又云："御史大夫寺在司马门内，门无塾，门署用梓板，不起郭邑，题曰御史大夫寺。"[③]将其办公地点称为"御史大夫寺"，所谓"司马门"是未央宫的外墙门，贾谊《新书·等齐》云："天子宫门曰司马。"[④]

（接上页）史大夫的职能》，《首都师范大学学报（社会科学版）》1995 年第 1 期，第 91—99 页；孟祥才：《中国政治制度通史》第三卷《秦汉》，北京：人民出版社，1996 年，第 159—163、305—310 页；王勇华：《秦漢における監察制度の研究》，京都：朋友书店，2004 年，第 30—34、43—74 页；福永善隆：《前漢武帝期における中央支配機構の展開——所謂御史大夫と御史中丞の分化をめぐって》，《日本秦漢史學會會報》第 9 卷（2008 年 12 月），第 1—27 页；楼劲、刘光华：《中国古代文官制度》（修订本），北京：中华书局，2009 年，第 264—265 页；熊伟：《秦汉监察制度史研究》第一章，天津：天津人民出版社，2011 年，第 19—68 页。

① 如大庭脩：《御史大夫及其日常工作》，见《秦汉法制史研究》第二章第三节"四"，林剑鸣等译，上海：上海人民出版社，1991 年，第 34—37 页；大庭脩：《元康五年（前 61 年）诏书册的复原与御史大夫的业务》，《齐鲁学刊》1988 年第 2 期，第 3—8 页；林剑鸣：《秦汉时代的丞相和御史——居延汉简解读笔记》，《兰州大学学报（社会科学版）》1983 年第 3 期，第 10—15 页；米田健志：《前漢の御史大夫小考——〈史記〉三王世家と元康五年詔書册の解釈に関して》，《奈良史学》27 号（2010 年），第 56—73 页。

② 孙星衍等辑：《汉官六种》，周天游点校，北京：中华书局，1990 年，第 39 页。

③ 孙星衍等辑：《汉官六种》，第 41 页。

④ 贾谊撰：《新书校注》，阎振益、钟夏校注，北京：中华书局，2000 年，第 47 页。

据此，御史大夫寺一定是在未央宫内。不过，史书中又常出现"御史府"的说法，出土的封泥中也至少能见到数枚"御史府印"封泥。[1] 或是缘此，杜佑在概述御史的沿革时说，"（御史）所居之署，汉谓之御史府，亦谓之御史大夫寺"，小注则大体沿用了《汉官旧仪》的说法："汉御史大夫寺，在大司马门内，无塾，其门署用梓板，不藻色，题曰'御史大夫寺'。"[2] 今人在涉及御史大夫办公地点时，均认为是在未央宫中，即司马门内。[3] 殊不知，后来御史大夫寺迁到未央宫外，并改称"御史府"，所以才会有"御史府印"的封泥流传至今。杜佑是将两者混为一谈，今人则多未注意到其办公地点及官府名称的前后变化；或是怀疑前后有变化，却没有深究。[4]

一、西汉后期御史大夫府在宫外考

《续汉书·百官志三》叙述御史中丞的沿革时说："御史中丞一人，千

---

① 陈介祺、吴式芬《封泥考略》卷一就收有三枚，为吴式芬旧藏（影印本，北京，中国书店，1990 年，第 9—10 页），陈直早已指出此点，见所著《汉书新证》，第 2 版，天津：天津人民出版社，1979 年，第 84 页。

② 《通典》卷二四《职官六·御史台》，北京：中华书局，1988 年，第 658 页。关于官府称"寺"的来历，可参王献唐：《五灯精舍印话》"官名官署印制之变迁"条，青岛：青岛出版社，2009 年，第 317 页。

③ 如陈世材：《西汉监察制度考》，《东方杂志》32 卷 20 期（1935 年 10 月），第 85 页；严耕望：《中国地方行政制度史甲部——秦汉地方行政制度》第九章"监察"，第 271 页；魏向东：《两汉御史大夫二丞考辨》，第 118 页；祝总斌：《两汉魏晋南北朝宰相制度研究》，第 33—34 页；山田胜芳：《前漢謁者、中書、尚書考》，《集刊東洋学》65 号（1991 年 5 月），第 63、64 页；楼劲、刘光华：《中国古代文官制度》（修订本），第 264 页；熊伟：《秦汉监察制度史研究》，第 46—50 页；丁佳伟：《从政治空间看汉初御史系统的内外之别》，《黑龙江史志》2014 年第 16 期，第 76 页。

④ 如陈启云认为宣帝时御史大夫府当已不在宫中，见所著《略论两汉枢机职事与三台制度之发展》，《新亚学报》4 卷 2 期（1960 年），后收入《儒学与汉代历史文化——陈启云文集二》，桂林：广西师范大学出版社，2007 年，第 217 页。廖伯源曾说："御史大夫府终西汉之世都在宫内，抑是中叶以后迁出宫外，不得而知。"见《汉代官吏之休假及宿舍若干问题之辨析》，收入所著《秦汉史论丛》，台北：五南图书出版股份有限公司，2003 年，第 354 页注 20。代国玺亦注意到此一变化，并未详考，见所著《说"制诏御史"》，《史学月刊》2017 年第 7 期，第 40—41 页。

石。本注曰：御史大夫之丞也。旧别监御史在殿中，密举非法。及御史大夫转为司空，因别留中，为御史台率。"[1]"因别留中"一句，尽管很是含混[2]，却暗示此时御史大夫已不在"中"。所谓"中"，汉代基本是指皇帝起居生活的区域，但有宫中、殿中、禁中（省中）等不同的说法[3]，所指的范围也不同。这里所说的"中"就难以确定所指，且认为迁出的时间是在改名为司空时，即汉成帝绥和元年（前 8 年）[4]，亦偏晚。

关于西汉后期御史大夫办公地点迁到未央宫外，《汉书·酷吏·严延年传》的一段描述提供了有力的证据。该传云：

> 宣帝初即位，延年劾奏（霍）光……后复劾大司农田延年持兵干属车，大司农自讼不干属车。事下御史中丞，谴责（严）延年何以不移书官殿门禁止大司农，而令得出入宫。于是覆劾（严）延年阑内罪人，法至死。延年亡命。会赦出，丞相御史府征书同日到，延年以御史书先至，诣御史府，复为掾。宣帝识之，拜为平陵令，坐杀不辜，去官。[5]

---

[1] 《后汉书》，北京：中华书局，1965 年，第 3599 页。

[2] 此段在《晋书》卷二四《职官志》（北京：中华书局，1974 年，第 738 页）中表述不同，祝总斌有考证，见《关于汉代御史中丞的"出外"、"留中"问题》，原刊《中国历史大辞典通讯》1983 年第 4 期，后收入《材不材斋史学丛稿》，北京：中华书局，2009 年，第 95—99 页。作者将《晋书·职官志》"（西汉）元寿二年（前 1 年）又为大司空，而中丞出外为御史台主"中的"出外"理解为"中丞出宫外"（第 95 页），或许还可斟酌。亦可解释为离开殿中，而非宫中。

[3] 曲柄睿则认为"省中"与"禁中"有别，汉代实际存在一四重宿卫体系，说见所著《汉代宫省宿卫的四重体系研究》，《古代文明》6 卷 3 期（2012 年 7 月），第 51—58 页。

[4] 纪昀等四库馆臣则认为："御史中丞……所居在殿中兰台，为宫掖近臣，……至成帝以后中丞出居外台，其职始视今之都察院矣。"其理解似有问题，见《历代职官表》卷一八，第 343 页。

[5] 《汉书》卷九〇，北京：中华书局，1962 年，第 3667 页。《汉纪》卷八《宣帝纪》神爵四年作："初，上即位。延年为御史。劾奏霍光'擅废立主上，无人臣礼，大不道。'奏虽寝，朝廷肃然敬惮之。"（《两汉纪》上册《汉纪》，张烈点校，北京：中华书局，2002 年，第 340 页）

严延年劾奏大司农田延年事当发生在宣帝元平元年（前 74 年）七月即位到本始二年（前 72 年）春之间。据《汉书·宣帝纪》，二年春"大司农阳城侯田延年有罪，自杀"。① 严延年因此反遭御史中丞的劾奏亦在本始二年春之前，他随后逃亡。史载"会赦出"，据《宣帝纪》，当指本始四年三月（前 70 年），立皇后霍氏，赦天下。② 丞相府与御史府征召他的文书同日到达，而因御史书先到，延年到御史府为掾。

仔细考订严延年这段经历发生的时间，延年应征御史府一事足以证明，至晚到宣帝本始四年三月之前，御史大夫寺已经自未央宫的司马门内迁到宫之外，并改称御史府。

得出这一结论，关键在于西汉时期入宫的门籍制度。东汉初卫宏的《汉官旧仪》云：

> 皇帝起居仪：宫司马内，百官案籍出入。营卫周庐，昼夜谁何。殿外门署属卫尉，殿内郎署属光禄勋。

东汉胡广的《汉官解诂》"卫尉"条则有更细致的记述：

> 凡居宫中者，皆施籍于门，案其姓名。若有医巫偶人当入者，本官长吏为封启传，审其印信，然后内之。人未定，又有籍，皆复有符。符用木，长二寸，以当所属两字为铁印，亦太卿炙符，当出入者，案籍毕，复齿符，乃引内之也。其有官位得出入者，令执御者官，传呼前后以相通。从昏至晨，分部行夜，夜有行者，辄前曰"谁！谁！"若此不解，终岁更始，所以重慎宿卫也。③

与后一条类似的记载又见于《续汉书·百官志二》"卫尉"条。概括而言，

---

① 《汉书·宣帝纪》，第 242 页。《汉书》卷一八《外戚恩泽侯表》"阳城侯田延年"条云："（本始元年）八月辛未封，二年坐为大司农盗都内钱三千万，自杀。"（第 695 页）

② 《汉书》卷八《宣帝纪》，第 245 页。

③ 孙星衍等辑：《汉官六种》，第 30、14 页。前一段的标点有改动。

那些"居宫中者"在宫门处要有"籍"和"符"，当时称为"引籍"或"门籍"，将某人的姓名记录于籍上称为"著籍"或"通籍"，相反则为除籍。"符"有刻齿，并剖分为两半，由宫门守卫与居宫中者分持，入宫时要合符来验证。按照《汉旧仪》的说法，能够出入宫中的百官亦要有籍，出入当要核对。而《汉官解诂》并没有提到针对"有官位的出入者"的籍，两文略有不同。

上引虽为东汉人的记载，揆以西汉的史实，却也相吻合。这里仅举一例。《汉书·董贤传》载，哀帝宠幸董贤，贤侍宫中，"每赐洗沐，不肯出。常留中视医药。上以贤难归，诏令贤妻得通引籍殿中，止贤庐，若吏妻子居官寺舍"①，便是通过下诏将董贤之妻的姓名列于可进入殿中者的引籍上，从而使他们可以在殿中团聚。而非在宫内当差且有事入宫者，则由其上司主管长官发给"启传"作为凭证。一定级别以上的官员，入宫时则由驾车者宣呼其官职来通过。②

无籍、符或启传而入宫为"阑入"，轻则为城旦，严重的甚至会被处死。③ 而官员一旦遭到劾奏，也被禁止入宫。上引《严延年传》中，御史中丞就是以他没有及时通报宫门与殿门，禁止田延年出入宫殿为由，转

---

①　《汉书》卷九三，第3733页。

②　以上详参祝总斌：《两汉魏晋南北朝宰相制度》，第240—242页；廖伯源：《西汉皇宫宿卫警备杂考》，收入所著《历史与制度——汉代政治制度试释》，台北：台湾商务印书馆，1998年，第16—24页。张云华的看法略有不同，她认为："引籍即通籍，指本无资格进入宫的人，经皇帝特许，可著籍于门，并经人引领在一段时间内可以随时入宫的凭证。"见《汉代皇宫宿卫运作制度》，《南都学坛》2006年第3期，第9—10页。

③　见《新书校注·等齐》，第47页。《汉书》卷九七《外戚传上·孝昭上官皇后》太医监充国"阑入殿中，下狱当死"，后因鄂邑盖长公主用二十四马为他赎罪，才换得以减死论（第3959页）。其他证据可参程树德《九朝律考·汉律考》卷一"无籍入宫殿门""阑入宫掖"与"失阑"条所引（第2版，北京：中华书局，2006年，第118—120页）。

而劾奏严延年，并迫使他逃亡的。①

正是因为有如此严格的制度，严延年在遭到御史中丞的覆劾，并畏罪亡命后，自然会从出入宫殿的引籍中除名，两年后，依赦令免罪为庶人，因无官职且无入宫资格，亦不会恢复其籍。此种情况下，如果御史府仍在宫中，他是无法进入的，只有御史府迁到宫外，才可以顺利应征入府为掾。

这是一证。此外，《汉书·霍光传》云：

> （霍）光薨，上始躬亲朝政，御史大夫魏相给事中。（霍光夫人）显谓禹、云、山："女曹不务奉大将军余业，今大夫给事中，他人壹间，女能复自救邪？"后两家奴争道，霍氏奴入御史府，欲躏大夫门，御史为叩头谢，乃去。人以谓霍氏，显等始知忧。（68/2951）

魏相与霍氏两家的家奴争道，后者的家奴进入御史府，甚至要踢御史大夫府的门，且此事开始并不为主人所知，显然是众家奴在主人不在场情况下狐假虎威所为。依时制，此事应发生在宫外。宫中有很多官奴婢②，但大臣的家奴一类人通常不应有资格入宫。《汉书·王莽传中》天凤元年，"公卿入宫，吏有常数，太傅平晏从吏过例，掖门仆射苛问不逊"③，跟

---

① 类似例子还有若干，见廖伯源《西汉皇宫宿卫警备杂考》所引（《历史与制度》，第 25—26 页）。张云华将此类归入"严禁忌者入宫"，见《汉代皇宫宿卫运作制度》，《南都学刊》2006 年第 3 期，第 8—9 页。束景南、余全介对严延年的事迹做了细致的考订，否定了前人所说的当时存在两个严延年的说法，这是正确的。不过，作者又推定严延年在劾田延年时任执金吾，则是错误的。仅从职掌上看，执金吾负责京师的保卫，宫门则由卫尉负责，《汉书·百官公卿表上》云："卫尉，……掌宫门卫屯兵。"（第 728 页）《汉旧仪》卷上："司马、掖门、殿门屯卫士，皆属卫尉。"（孙星衍等辑：《汉官六种》，第 65 页）此时严延年仍为侍御史。关于严延年因赦返回政坛的时间，束、余则认为是在清除霍党势力的地节四年（前 66 年）之后，可备一说。见束景南、余全介：《严延年新考》，《江南大学学报（人文社会版）》第 4 卷第 5 期（2005 年 10 月），第 47—50、94 页。

② 见《汉官旧仪》卷下，孙星衍等辑：《汉官六种》，第 47 页。

③ 《汉书》卷九九中，第 4135 页。

随公卿入宫的吏的人数都有限制，地位更低且不具有官吏身份的公卿家奴就更没有资格了，他们更不可能离开主人自行进宫。① 此外，御史大夫原为皇帝身边的近臣，就在宫中办公，无须再靠加官来获得出入宫禁的资格，而魏相这时却被授予"给事中"的加官，亦是其已不在皇帝身边的明证。② 霍光死于宣帝地节二年（前68年）三月，因此，至晚此时御史大夫府已在宫外无疑。

第三证见《汉书·萧望之传》：

> （神爵）三年（前59年），代丙吉为御史大夫。五凤中（前57—54年）匈奴大乱，议者多日匈奴为害日久，可因其坏乱举兵灭之。诏遣中朝大司马车骑将军韩增、诸吏富平侯张延寿、光禄勋杨恽、太仆戴长乐问望之计策，望之对曰……（78/3279）

此时御史大夫应已迁到宫外，所以宣帝要问计于当时的御史大夫萧望之，只能委派身边的中朝大臣到宫外御史府。若当时犹在宫中，完全无须派此四人去，宣帝直接面询萧望之即可。

再有一证与上计制度有关。甘肃敦煌悬泉置遗址出土的一件西汉宣帝时期的传文书：

---

① 个别情况下亦有例外，《汉书》卷六八《霍光传》载，霍光死后，其子孙为非作歹，其中就包括"（霍）云当朝请，数称病私出，……使苍头奴上朝谒，莫敢谴者"（第2950页）。《汉书》卷五九《张汤传附张放传》载，成帝对张放"宠爱殊绝"，放亦因之肆意妄为，丞相与御史大夫奏称，"放骄蹇纵恣，奢淫不制"，所列数事中有"以县官事怨乐府游徼莽，而使大奴骏等四十余人群党盛兵弩，白昼入乐府攻射官寺，缚束长吏子弟，斫破器物，宫中皆奔走伏匿"（第2654、2655页）。此乃张放恃宠所为，故被概括为"奢淫不制"，一般官吏显然无法如此胆大妄为。多谢黄怡君小姐提示后一条资料。《汉书》卷二七《五行志下之上》（第1474—1475页）亦记录了成帝时两次百姓阑入禁中与殿中的情况，当是极为偶然的意外，故被列入"下人伐上之痾"，属于不祥之兆。

② 陈启云亦注意到此点，见《略论两汉枢机职事与三台制度之发展》，1960年初刊，后收入所著《儒学与汉代历史文化》，第223页。

甘露三年(前51年)十一月辛巳朔乙巳，敦煌大守千秋、长史奉
憙、丞破胡谓过所县河津：遣助府佐杨永视事上甘露三年计最丞相
御史府，乘用马一匹，当舍传舍，从者如律令。十一月丙辰，东。

Ⅱ0213②：139①

此文书是由敦煌太守等为前往长安的丞相御史府进行上计的助府佐杨永
及其从者签发的。当时全国100多个郡国，年底都要派遣官吏到长安上
计。这些临时到京的各地计吏有数百人之多，显然不会在宫门的引籍上
留有姓名，因此，若如此文书所言，他们要到御史府上计的话，此时御
史府一定已经迁到宫外。《汉旧仪》卷上提到"大夫见孝廉、上计丞、长
史，皆于宫司马门外，比丞相掾史白录"②，应是御史大夫的办公地点迁
到宫外之前的做法。之所以如此，亦是因来自各地的孝廉与上计吏没有
通引籍，无法入宫，只好在宫外相见。

根据以上三证，可以推定，最晚从宣帝本始四年(前70年)起，御史
大夫寺已经自未央宫内迁到宫外，并改名御史府。

另外，文献中"御史府"的提法亦多次出现。除上引三例外，复见于
《汉书·丙吉传》"掖庭令将则诣御史府以视(丙)吉"与《朱博传》③，两例分
别为宣帝与成帝末年事。敦煌悬泉汉简中至少还有五处出现了"御史府"：

1. 上印绶，谨牒书印章谓上御史府，请为更刻，移中二千□
   相布告属县、官，毋听亡印，如律令，敢言之。

ⅤT1311③：294

2. □□□□□所亡传同封第者，辄捕系，上传信御史府。如

① 上例出自张俊民：《敦煌悬泉置出土汉简所见人名综述(一)》，《陇右文博》2006年第2期，后收入所著《简牍学论稿——聚沙篇》，兰州：甘肃教育出版社，2014年，第335页引例39。
② 孙星衍等辑：《汉官六种》，第73页。《汉官旧仪》卷上亦有，但"于宫"误作"放官"，见同前书，第41页。
③ 《汉书》卷七四，第3144页；卷八三，第3405页。

律令。　　　　　　　　　　　　　　　　　　ⅠT0309③：255

　　3.☑令史周生宗上印绶御史府，从者一人，凡二人，人再食，
食三升，东☑　　　　　　　　　　　　　　ⅡT0115③：318①

　　4.☑御史治所，一封诣武都郡上禄。十二月辛未，日出一干，
新民卒青肩

　　　　☑御史府，一封遽诣武都下辨☑　　　　Ⅱ0114④：268②

例5见于永光五年（前39年）的"失亡传信册"，其中有"莫传有与所亡传
同封弟者，辄捕系，上传信御史府，如律令"（Ⅱ0216②：868—869）。③
例1应是某位太守交代前上缴印绶给御史府，并请求为新太守另刻印章
的上书。例2与例5一样，是御史大夫下令追查失亡传信的文书。例3
则是承担上缴印绶任务的官吏在悬泉置享用传食的记录。例4是邮书刺。
其中仅例5时间明确。据整理者介绍，悬泉简中出现的纪年简最早为西
汉武帝，最晚为东汉安帝永初元年（107年），但武帝时的或为后来编定
的施行诏书目录（元鼎六年），或为失亡传信后御史大夫发出的追查文书
（太始与征和年间），为事后的追述。整理者认为确切的纪年简始于昭帝
始元二年（前85年）。④ 其实若据永光五年的"失亡传信册"，追查文书的
下发距签发传信的时间不会太久。若这些并非追查文书，而是失亡传信
的记录，就当另论了。统计整理者提供的悬泉纪年简的时间分布表，以
昭帝至王莽时期为主⑤，上述4例属于此时段的可能性最高。

---

　　① 见张俊民：《敦煌悬泉汉简所见人名综述（三）——以敦煌太守人名为中心的
考察》，卜宪群、杨振红主编：《简帛研究2005》，桂林，广西师范大学出版社，2008
年，第120—121页。
　　② 郝树声、张德芳：《悬泉汉简研究》第二章"纪年与时称"，兰州：甘肃文化出
版社，2009年，第73页引简11。
　　③ 胡平生、张德芳：《敦煌悬泉汉简释粹》例26，上海：上海古籍出版社，
2001年，第29页。
　　④ 见郝树声、张德芳：《悬泉汉简研究》第二章"纪年与时称"，第37页。
　　⑤ 2086枚纪年简中，只有27枚早于或晚于此时段，仅占1.3%，余下98.7%
的纪年简为昭帝至王莽时期的，见郝树声、张德芳《悬泉汉简研究》第二章"纪年与时
称"第38页的列表。统计是据表做出的。

又如学者所言，约在昭宣时期出现了"两府""二府"的说法，分指丞相府与御史府。① 而前引《汉官旧仪》指出其在宫内时称为"御史大夫寺"。称呼上仅一字之差，但称"府"的出现与上述考证其外迁出宫的时间大体相同，两者之间恐不会没有联系。②

御史大夫寺迁到宫外后的位置，西汉文献全无记载，但据东汉三公府的位置以及西汉丞相府的位置③，大致可以推定是在未央宫东司马门外，丞相府附近，应在武库以南，长乐宫以西。《汉书·刘屈氂传》载，征和二年春，武帝制诏御史，拜屈氂为左丞相、封侯，并云"分丞相长史为两府，以待天下远方之选"④，要求是将丞相府分为两个，来安置右丞相。实际直至西汉末丞相均只有一人，此时分出的另外一府未曾派上用场，或许成为御史大夫迁出后的办公地点。《汉书·朱博传》载，成帝时"御史府吏舍百余区井水皆竭；又其府中列柏树，常有野乌数千栖宿其上，晨去暮来，号曰'朝夕乌'，乌去不来者数月，长老异之"。这便是迁出后的御史府景象。⑤

---

① 王勇华：《秦汉御史大夫的职能》，《首都师范大学学报（哲学社会科学版）》1995 年第 1 期，第 96—97 页。桓宽《盐铁论·杂论》最后说，"若夫群丞相、御史，不能正议，以辅宰相，成同类"云云［王利器校注：《盐铁论校注（定本）》，北京：中华书局，1992 年，第 614 页］，班固《汉书》卷六六"赞"引此段时则改作"若夫丞相、御史两府之士，不能正议，以辅宰相"（第 2904 页）。看来桓宽编写《盐铁论》时尚无"两府"之说。两府的说法的考证，渡边将智指出《史记》未见，《汉书》武帝以前的记述中未见，形成于宣帝后半期，见所著《両漢代における公府、將軍府——政策形成の制度的變遷を中心に》，《史滴》28 号（2006 年 12 月），第 40—41 页。
② 颇有学者对两者不加区分，简单视为"又称""或称"，如樱井芳朗：《御史制度の形成（上）》，《東洋學報》23 卷 2 号（1936 年），第 283 页；芮和蒸：《西汉御史制度》，第 23 页；罗义俊：《秦汉的御史官制》，《江汉论坛》1986 年第 12 期，第 72 页；熊伟：《秦汉监察制度史研究》，第 27、39、47 页。应属失察。
③ 西汉长安丞相府的位置，可参宋杰：《西汉长安的丞相府》，《中国史研究》2010 年第 3 期，第 38—42 页。
④ 《汉书》卷六六，第 2879 页。
⑤ 《汉书》卷八三，第 3405 页。

二、御史大夫寺外迁时间考

以上只是找到了御史大夫寺迁到宫外的下限，究竟是什么时间迁出的，还要进一步研究。

目前能找到的御史大夫犹在未央宫内工作的时间下限是武帝元鼎二年（前 115 年）。《史记·酷吏·张汤传》记官员间的争斗如何致张汤于死地，叙述深得张汤宠信的属吏（史）鲁谒居被告发，事下廷尉，结果：

> 谒居病死，事连其弟，弟系导官。汤亦治他囚导官，见谒居弟，欲阴为之，而详不省。

致使谒居弟心生误解，而使人诬告张汤与谒居谋划告发他人。[①] 文书转到与张汤有矛盾的官员之手，再加上其他一连串的矛盾，使得与汤有隙的官员联手向皇帝告发张汤，终动摇了武帝对张汤的信任，迫使汤自杀。据《汉书·武帝纪》，元鼎二年（前 115 年）十一月，御史大夫张汤有罪，自杀。[②]

按《汉书·百官公卿表上》，导官为少府的下属，具体职掌，史书说法不一。[③] 汉景帝的阳陵 15 号外藏坑粮食遗存表面出土了"导官令印"封泥，据研究，原先应是封于内置粮食的木箱上[④]，可知武帝初导官负责皇室日常粮食供应无疑，自然应位于未央宫内，具体位置不详。另据未

---

① 《史记》卷一二二，北京：中华书局，1959 年，第 3141 页。

② 《汉书》卷六，第 182 页。

③ 《史记》卷一二二《酷吏·张汤传》集解引如淳曰："太官之别也，主酒。"（第 3142 页）《汉书》卷一九上《百官公卿表上》"少府"条颜师古注称："太官主膳食，汤官主饼饵，导官主择米。"（第 732 页）《汉书》卷五九《张汤传》颜师古注称："导，择也。以主择米，故曰导官。"（第 2644 页）

④ 见陕西省考古研究院：《汉阳陵帝陵东侧 11—21 号外藏坑试掘简报》，《考古与文物》2008 年第 3 期，第 14、31 页。此外，"导官之印"及"导官丞印"封泥有传世品，见庞任隆：《汉阳陵新出土印章封泥考述》，《唐都学刊》26 卷 4 期（2010 年 7 月），第 18 页。

央宫遗址的考古发掘，少府应位于未央宫前殿以北，皇后居住的椒房殿以西的区域。对少府或其所辖官署（未央宫四号遗址）的发掘中，在F10内出土不少"汤官饮监章"封泥，且许多房屋遗址中普遍发现有木炭灰带，推测原先应在地面上搭建木板，有的房间，如F4与F5，还设有两条通气道，F11的房内堆积中发现不少兽骨。① 这些房间多数应属于储存易腐物品的空间，加上出土了"汤官饮监章"封泥，这里至少部分空间要用来保存食物。因汤官所用的粮食应由导官提供，导官很可能就在四号遗址内，甚至就在F10附近。导官负责为皇室提供粮食，事关皇帝健康与生命安全，其机构所在自然属于宫禁重地，一般人难以进入。②

导官狱属于西汉中都官狱的一种③，羁押的恐怕应是宫内，特别是与少府有关的案件的嫌犯与证人。鲁谒居及其弟之所以会被关押于此，应与谒居身为御史大夫的属吏，在宫内工作有关。该狱亦应非一般外朝官员所能踏入，更不要说在此审理此中的案件，除非得到皇帝特别的命令。而御史大夫张汤犹要在此治囚，表明其时御史大夫依然是宫官，在未央宫内办公。

以上是目前所见御史大夫在宫内办公的下限，至于外迁的下限，则是上文引用的宣帝本始四年（前70年）三月，两者相距45年。是否还可以进一步确定外迁的时间？

据《汉书·百官公卿表下》，张汤之后到宣帝本始四年间，担任御史大夫的依次为以下14位：

---

① 中国社会科学院考古研究所汉城工作队：《汉长安城未央宫第四号遗址发掘简报》，《考古》1993年第11期，第1002—1011页；中国社会科学院考古研究所编著：《中国考古学·秦汉卷》，北京：中国社会科学出版社，2010年，第184、190—195页。四号遗址被认为是少府（或其管辖官署）遗址。

② 少府机构的宿卫情况，可见《汉书》卷二七《五行志下之上》，"成帝建始三年陈持弓入句盾禁中"条，第1474—1475页。

③ 颜师古不认为导官是狱所，见上引《汉书·张汤传》注，第2644页。不过，后人一般均认为是狱所，参宋杰：《汉代监狱制度研究》，北京：中华书局，2013年，第76页。

石庆：武帝元鼎二年（前 115 年）二月—元鼎五年（前 112 年）九月，迁丞相。

卜式：元鼎六年（前 111 年），贬为太子太傅。

兒宽：元封元年（前 110 年）—太初二年（前 103 年）十二月，卒。

延广：太初三年（前 102 年）正月—太初四年（前 101 年）。

王卿：天汉元年（前 100 年）—天汉三年（前 98 年）二月[1]，有罪自杀。

杜周：天汉三年（前 98 年）—太始二年（前 95 年），卒。[2]

暴胜之：太始三年（前 94 年）三月—征和二年（前 91 年）七月[3]，下狱自杀。

商丘成：征和二年（前 91 年）九月—后元元年（前 88 年）六月[4]，祝诅自杀。

桑弘羊：后元二年（前 87 年）二月—元凤元年（前 80 年）九月[5]，谋反诛。

王欣：元凤元年（前 80 年）九月—元凤四年（前 77 年）二月，迁丞相。

杨敞：元凤四年（前 77 年）二月—元凤六年（前 75 年）十一月，迁丞相。

蔡义：元凤六年（前 75 年）十一月—元平元年（前 74 年）九月，迁丞相。

---

① 时间据《汉书》卷六《武帝纪》补，第 204 页。

② 《汉书》卷六〇《杜延年传》第 2666 页载："五凤中，（杜延年）征入为御史大夫。延年居父官府，不敢当旧位，坐卧皆易其处。"（感谢黄怡君小姐提示此条资料）据《百官公卿表下》，延年任御史大夫在五凤三年（前 55 年）六月（第 810 页）。按照通常的推断，会认为至晚在武帝太始二年，御史大夫府便已迁到宫外。不过，这几年政局安稳，文献中尚未发现导致外迁的线索。换一个角度看，因当时人颇为重视房屋的方向与开门的位置，睡虎地秦简日书甲种中就有《相宅篇》《置室门篇》，《汉书·艺文志》收有"《宫宅地形》二十卷"，即便在杜周死后御史大夫府外迁，新建府第的方向、布局亦应该与旧府无差，故能使杜延年触景生情。

③ 时间据《汉书》卷六《武帝纪》补，第 209 页。

④ 时间据《汉书》卷六《武帝纪》补，第 211 页。

⑤ "九月"，据《汉书》卷七《昭帝纪》补，第 226 页。

田广明：元平元年（前 74 年）九月—宣帝本始三年（前 71 年）秋[①]，为祁连将军。

魏相：本始三年（前 71 年）六月—地节三年（前 67 年）六月，迁丞相。[②]

以上诸人中，值得注意的是商丘成与桑弘羊。商丘成在平定戾太子刘据起兵中立功，延（征）和二年（前 91 年）七月被封为秅侯，同日受封的还有两位在此事件中立功者。[③] 两个月后，商丘成由大鸿胪拜为御史大夫。不过，随着武帝对巫蛊之祸的反省与平反，这些因此立功受封者均以各种理由被杀或自杀，商丘成亦没有逃脱此命运。[④] 此后，直到武帝临终，御史大夫一职空缺达 8 个月，颇为罕见。这应与武帝晚年多病有直接关系。考虑到武帝身体状况，临终前一年，政务上并无积极举措，即便没有御史大夫，汉朝已有成熟的"行""守"制度，主官空阙，机构依然可以正常运作，文书可照旧处理。此间外迁御史大夫寺的可能性很小。

最引人注意的是武帝临终前任命桑弘羊为御史大夫，参与辅政，终弘羊卷入燕王、盖主、上官桀父子的谋反被杀，此事很可能是导致外迁的直接导火索。

桑弘羊是武帝重用几十年的兴利之臣，对于保证武帝一朝财政稳定，发挥了关键作用，深得武帝信任，因而临终前将其指定为辅政人选，并出任空缺多时的御史大夫，如下文所论，御史大夫掌管律令，对于维护统治的连续性颇为重要，同时，弘羊又擅长兴利，可以保证昭帝朝财政收入。可以说，武帝对身后的人事安排，考虑得颇为周到。

不过，计划赶不上变化，武帝临终的精心安排很快就因各种因素而

---

① "秋"，据《汉书》卷八《宣帝纪》补，第 243 页。

② 参考万斯同：《汉将相大臣年表》，收入梁玉绳等撰：《史记汉书诸表订补十种》，吴树平等点校，北京：中华书局，1982 年，第 445—451 页。

③ 《汉书》卷一七《景武昭宣元成功臣表》，第 663 页。

④ 参田余庆：《论轮台诏》，收入所著《秦汉魏晋史探微（重订本）》，北京：中华书局，2004 年，第 42—43 页。

产生问题。首先是金日磾一年后便死去，而上官桀父子与霍光间因争权逐渐产生矛盾，加上燕王、盖长公主等加入其中，最终导致你死我活的斗争，上官桀等在元凤元年九月试图谋杀霍光，废帝，立燕王，计划泄露而被捕，并以谋反罪被处死，桑弘羊亦卷入，一同获罪被杀，桑弘羊整个宗族亦全部被诛。①

关于此次谋反，桑弘羊是否参与，今人尚有不同看法。② 从《霍光传》所载"尽诛"弘羊宗族，以及《杜延年传》中对藏匿桑弘羊之子桑迁案的处理看，极为严厉，至少霍光认为弘羊参与其中。据《食货志》与《盐铁论》，在治国方针究竟是在德化还是兴利上，桑弘羊与霍光间产生分歧，这或是两人矛盾的根源。③ 元帝时，张临亦谦俭，"每登阁殿，常叹曰：'桑、霍为我戒，岂不厚哉！'且死，分施宗族故旧，薄葬不起坟"，师古注曰："桑，桑弘羊也。霍，霍禹也。言以骄奢致祸也。"④看来，元帝时人亦认为桑弘羊是前车之鉴，恐怕与其参与谋反不无关系。三国时期流传的说法是："上官桀、桑弘羊与霍光争权，几成祸乱。"⑤

此次谋反恐是导致御史大夫办公地点外迁的直接原因。前引《汉书·严延年传》说明，西汉时大臣遭到劾奏，便不能进入宫殿门，若是谋反重罪，更是要严加防范，且会连及其下属与荐举的官员。《汉书·杜业传》云："故事，大逆朋友坐免官。"⑥居延新简 EPT65：301"☐臣请免其所荐用在宫司马、殿中者，光禄勋、卫（尉）"⑦，便是在居延甲渠候官发现的

---

① 《汉书》卷六八《霍光传》，第 2934—2936 页。

② 关于桑弘羊是否参与了谋反，今人有不同的看法，见晋文：《桑弘羊谋反考实》，《河南科技大学学报（社会科学版）》25 卷 1 期（2007 年 2 月），第 23—29 页。

③ 劳榦亦曾提出类似的看法，见《霍光当政时的政治问题》，收入所著《古代中国的历史与文化》（上），北京：中华书局，2006 年，第 140 页。

④ 《汉书》卷五九，第 2654 页。

⑤ 《三国志》卷一四《魏志·孙资传》注引《资别传》，第 459 页。

⑥ 《汉书》卷六〇，第 2679 页。

⑦ 红外图版见张德芳主编，张德芳、韩华著：《居延新简集释》第六册，兰州：甘肃文化出版社，2016 年，第 155 页。

受某大臣牵连而免除其所荐举的宫官与侍卫的上奏抄件（后当成为诏书下发各地），即是一例。

这次谋杀生于内，主谋者或与霍光有姻亲关系，或是昭帝的兄、姊，颇为亲近，对霍光个人心理打击颇大，因而倍加小心。《汉书·萧望之传》载：

> 先是左将军上官桀与盖主谋杀光，光既诛桀等，后出入自备。吏民当见者，露索去刀兵，两吏挟持。望之独不肯听，自引出阁曰："不愿见。"吏牵持匈匈。光闻之，告吏勿持。望之既至前，说光曰："将军以功德辅幼主，将以流大化，致于洽平，是以天下之士延颈企踵，争愿自效，以辅高明。今士见者皆先露索挟持，恐非周公相成王躬吐握之礼，致白屋之意。"于是光独不除用望之，而仲翁等皆补大将军史。①

谋反弭平后，霍光严加戒备，广及所有要拜见者。从萧望之的经历看，霍光显然对其谏言颇为不满，折射出霍光对个人生命安危的极端小心，与对他人的极端防备，他对参与谋反者的痛恨亦可想而知。

整个西汉一朝，御史大夫在位时被处死或自杀的例子很多，不过，因谋反而坐诛的仅此一例。谋反是极为严重的罪行，后被列为"十逆"之首②，此案处理中亦是尽诛上官桀、安、桑弘羊与丁外人宗族，穷尽党羽，加上桑弘羊已在任七年，党羽故吏一定不少，朝廷虽下了宽大诏书，但实际上不会轻易放过。此一重罪，必成为清洗桑弘羊党羽，并将其机构迁出宫外的关键借口。

---

① 《汉书》卷七八，第3271—3272页。
② 长孙无忌等撰：《唐律疏议》卷一《名例律》，刘俊文点校，北京：中华书局，1983年，第6—7页。

三、御史大夫寺出宫的背景与影响

处理谋反案是霍光执政道路上的转折点，靠他人告密侥幸平定了谋反，武帝临终安排的辅政大臣，在宫中仅剩霍光一人，他借助对谋反者家属的处理，打击了丞相田千秋，从而进入了一人擅权的时期。

事后处理谋反首恶的家人以及窝藏者上，霍光毫不手软，甚至对于没有贯彻其意旨的大臣亦不放过。《汉书·杜延年传》载，谋反案发，桑弘羊子桑迁逃亡，为桑弘羊故吏侯史吴所匿，后桑迁被捕，伏法，侯史吴入狱。适逢有赦令，廷尉与少府力图从宽，欲以赦令免除侯史吴罪，侍御史重核此案，认为不得赦，并因此劾廷尉与少府宽纵谋反者，因少府徐仁为丞相田千秋女婿，丞相召集中二千石、博士会议侯史吴当定何罪，"议者知大将军指，皆执吴为不道"，霍光因此认为丞相擅召中二千石以下，并将廷尉、少府下狱，"朝廷皆恐丞相坐之"，赖杜延年争辩得以没有牵连到丞相，不过，廷尉与少府还是因此丧命。卷入此案，亦遭腰斩的还有左冯翊贾胜胡，时间是在元凤三年(前78年)四月[1]，上距谋反事发已近两年。班固用此例来说明"光持刑罚严，延年辅之以宽"。[2]孟坚的看法不免皮相，霍光此时持刑罚严，自是要根除与谋反有牵连者，并借此警告他人。此事当是霍光执政中颇为关键的一举，借此沉重打击了丞相田千秋，使得自己成为朝政的实际主宰。霍光死后，任宣对霍禹论霍光在世"持国权柄，杀生在手中"时，举以为例的主要就是此三人"坐逆将军意下狱死"。[3]

同时，这一事件也成为霍光借以清除异己，扶植亲信，壮大势力的

① 《汉书》卷七《昭帝纪》，第229页。关于桑迁案的处理，晋文有类似的看法，见《桑弘羊谋反考实》，《河南科技大学学报(社会科学版)》25卷1期(2007年2月)，第25页。

② 《汉书》卷六〇，第2662页。

③ 《汉书》卷六八《霍光传附霍禹传》，第2953页。

契机。《霍光传》云："事发觉，光尽诛桀、安、弘羊、外人宗族。燕王、盖主皆自杀。"这只是初步的处置①，随后还有进一步的动作，前人对此事件措意不多，在霍光执政历程中，此事的意义不可低估。

此次谋反为内外勾结，居中者多长期活动于宫内。昭帝姐姐鄂邑长公主是"共养省中""居禁中，共养帝"②，上官桀武帝末就任侍中，逐渐迁至太仆③，昭帝即位后辅助霍光领尚书事，"光时休沐出，桀辄入代光决事"④。上官安担任的骑都尉掌羽林，亦可出入宫省。据《昭帝纪》平定谋反后所下诏书，参与此事的还有"谒者杜延年"，而桑弘羊武帝时亦曾任侍中，自后元二年(前87年)担任御史大夫，至事发，出入宫中也已经七年，羽翼颇多。追随这些人的党羽一定不少，上官桀妻父所宠爱的充国，便是"太医监"⑤，不过是见于记载的一例。事后所颁诏书称"其吏为桀等所诖误，未发觉在吏者，除其罪"⑥，除罪或非虚言，但不等于放任与诸首恶有各种牵连的人员继续在宫中活动。霍光在铲除首恶之后，必定对宫省人员做过一番彻底的清洗，桑弘羊盘踞七年之久的御史大夫寺自是重点之一。

据《盐铁论》，桑弘羊手下的御史与他的政见一致，坚持盐铁官营与酒榷、均输，为国兴利，霍光最终部分采纳了贤良文学的意见，"罢榷酤

---

① 《汉书》卷六八，第2936页。《汉书》卷七《昭帝纪》元凤元年十月诏称："(燕)王及公主皆自伏辜。其赦王太子建、公主子文信及宗室子与燕王、上官桀等谋反父母同产当坐者，皆免为庶人。"(第227页)这道赦令只是限于卷入其中的宗室成员，对于上官与桑家就没那么宽容，详见《汉书·杜延年传》，第2662页。《盐铁论·杂论》亦说，"桑大夫……处非其位，行非其道，果陨其性，以及厥宗"，见王利器校注：《盐铁论校注(定本)》，第614页。班固《汉书》卷六六"赞"亦引用此段(第2903—2904页)。

② 《汉书》卷七《昭帝纪》、卷九七《外戚传上·孝昭上官皇后传》，第217、3958页。

③ 《汉书》卷九七《外戚传上·孝昭上官皇后传》，第3957页。

④ 《汉书》卷六八《霍光传》，第2934页。

⑤ 见《汉书》卷九七《外戚传上·孝昭上官皇后传》，第3959页。

⑥ 《汉书》卷七《昭帝纪》元凤元年(前80年)十月诏，第227页。

官，令民得以律占租，卖酒升四钱"①，自然会与桑弘羊产生分歧。这当是促成桑弘羊加入反霍光队伍的一个重要原因②，再加上霍光亲信杨敞占据了桑弘羊长期把持的大司农一职。③ 两人的矛盾在盐铁会议前后集中显现。事发后霍光将御史大夫寺连同大部分御史逐出宫，亦是消除异己势力影响的一招。

《汉书·张安世传》云："会左将军上官桀父子及御史大夫桑弘羊皆与燕王、盖主谋反诛，（霍）光以朝无旧臣，白用安世为右将军光禄勋，以自副焉。"④其职任，用后来昭帝褒奖他的诏书原话，是"辅政宿卫"。所谓"朝无旧臣"就是霍光借此事件重新洗牌后所出现的局面。

武帝临终前，安排霍光、金日磾、上官桀、桑弘羊与田千秋五人辅佐昭帝。⑤ 金日磾早亡，田千秋虽为丞相，职在治外，但对霍光言"唯将军留意，即天下幸甚"，公卿朝会"终不肯有所言"，听任霍光处置，霍光亦"以此重之，每有吉祥嘉应，数褒赏丞相"。⑥ 因此，元凤元年谋反事发前，主持朝政的只有霍光与上官桀、桑弘羊三人而已。后两人反逆

---

① 《汉书》卷七《昭帝纪》始元六年七月条，第 224 页；并见《盐铁论·取下篇》，王利器校注：《盐铁论校注（定本）》，第 463—464 页。

② 参张小锋：《西汉中后期政局演变探微》，天津：天津古籍出版社，2007 年，第 48 页。西嶋定生据《汉书·杜延年传》认为贤良文学背后有霍光的支持，见所著《武帝之死》，李开元译，收入刘俊文主编：《日本学者中国史论著选译》第三卷，北京：中华书局，1993 年，第 602 页。西嶋之说有一定道理，但此次议题是问民疾苦，议罢盐铁榷酤（《汉书·昭帝纪》，第 223 页），既然议题如此，贤良文学自然会从自己的立场畅所欲言，未必实际得到霍光的明确授意或支持。关于霍光并非盐铁会议中贤良文学的幕后支持者的看法，亦见黑琨：《霍光与盐铁会议之关系辨》，《晋阳学刊》2005 年第 4 期，第 76—79 页。

③ 关于此点，西嶋定生有分析，见《武帝之死》，刘俊文主编：《日本学者中国史论著选译》第三卷，第 604 页。霍光与桑弘羊之间的矛盾，辛德勇亦有揭示，见所著《建元与改元：西汉新莽年号研究》，北京：中华书局，2013 年，第 193—196 页。

④ 《汉书》卷五九，第 2647 页。

⑤ 武帝任命的辅政大臣人数，《汉书》各处记载不一，具体分析参张小锋：《西汉中后期政局演变探微》，第 41—44 页。

⑥ 《汉书》卷六六《车千秋传》，第 2886 页。

丧命，便只有霍光一人独力支撑朝政。所谓"朝无旧臣"的一层含义当指此。

另据《汉书·百官公卿表下》，元凤元年，诸卿变动颇多，前人略有提及，但乏深论。[①] 具体说有"光禄勋并右将军"张安世，告发谋反的功臣谏大夫杜延年任太仆，太中大夫刘德任宗正，壶信为执金吾，中郎将赵充国为水衡都尉，贾胜胡为左冯翊。而此时已经在任的有大司农杨敞、廷尉王平、太常江德、卫尉田广明、少府徐仁。[②] 诸卿一级的官员均由皇帝拜授，依当时情势，人选当是出自霍光胸臆。

诸人中事迹可考者，或为霍光故吏，或与霍光立场一致。杨敞是霍光的故吏，曾入霍光幕府，做过军司马，史称"霍光爱厚之"。[③] 而"首发大奸"的杜延年，原先亦是霍光的属吏，不仅因此裂土封侯，擢为太仆，还获"右曹给事中"加官[④]，得以出入禁中。赵充国此前曾任车骑将军长史，昭帝时"武都氏人反，充国以大将军护军都尉将兵击定之"[⑤]，车骑将军当是金日磾，而大将军则是霍光。《汉书·百官公卿表上》说："护军

---

① 如西嶋定生指出："由于桑弘羊之清除，外朝几乎完全改换一新。"见所著《武帝之死》，刘俊文主编：《日本学者中国史论著选译》第三卷，第 606 页。作者的观察敏锐，可惜没有深论。又，将桑弘羊归为外朝的首领，不尽准确。祝总斌亦云："在上官桀等事件平定后，霍光先后引进张安世、杜延年、田延年为侍卫之臣，作为自己的助手与顾问。"见所著《西汉宰相制度变化的原因》，原刊《历史研究》1986 年第 2 期，后收入《材不材斋史学丛稿》，第 91 页。冨田健之亦泛泛提及此点，但未深论，见《大司马大将軍霍光》，《新潟大学教育学部纪要》第 35 卷第 2 号（1994 年），第 325 页。

② 《汉书》卷一九下《百官公卿表下》，第 793—795 页。据《汉书·昭帝纪》"始元四年""五年"条，田广明击益州持续到五年秋，本传亦说"广明将兵击益州，还，赐爵关内侯，徙卫尉"（卷九〇，第 3664 页），因此他不可能在始元四年改任卫尉，《百官公卿表下》此处记载有误，应列在次年。按《百官公卿表下》还有"守京兆尹樊福"，而据卷六七《胡建传》（第 2911—2912 页），樊福在谋反事发前已为丁外人的奴客所射杀。

③ 《汉书》卷六六《杨敞传》，第 2888 页。

④ 《汉书》卷六〇《杜延年传》，第 2662 页。

⑤ 《汉书》卷六九《赵充国传》，第 2971—2972 页。

都尉，秦官，武帝元狩四年属大司马，成帝绥和元年居大司马府比司直。"大司马改为大将军时当属之①，故赵充国亦是霍光故吏。刘德虽非霍光故吏，但亦是霍光信任并极力拉拢的对象，谋反事平后，参与"杂案上官氏、盖主事"，盖长公主的孙子曾向刘德申诉，"德数责以公主起居无状"，显然，对此案的态度与霍光一致。刘德妻死，"大将军光欲以女妻之"，遭到拒绝，因此刘受到弹劾，并被免为庶人。② 霍光笼络同党，排斥异己之心十分明显。

而田广明能历经此事而任卫尉不改，掌未央宫守卫要职，一定是与霍光同心同德。王平任廷尉前为军正，负责军中执法，隶属将军幕府③，当时有大、左、右三将军，究竟属于哪一位，已难分辨。不过，谋反事平后，他仍任廷尉，应受到霍光信任。事后有不少相关案件，均需要廷尉审理。

值得注意的是，谋反平定后，担任御史大夫的是王欣，此人《汉书》卷六六有传，但对其御史大夫任上的活动，未置一词，恐非无意，御史大夫寺当在其任上外迁出宫。的确，在处理谋反的后续案件中，史书中两度出现了侍御史④，恐不能说是巧合。"侍"与"御"含义有相同的一面，古人常说"御，侍也"⑤，有时两字甚至可互换。⑥ 文献中"侍御"亦常连

---

① 《资治通鉴》卷二三"元凤三年冬"胡注便说"此时盖属大将军也"（北京：中华书局，1956 年，第 770 页）。

② 《汉书》卷三六《刘德传》，第 1927 页。关于刘德与霍光间的亲密关系，见张小锋：《西汉中后期政局演变探微》，第 75—76 页。

③ 参《史记》卷一一一《卫将军传》，第 2927—2928 页。关于军正，参廖伯源：《试论西汉诸将军之制度及其政治地位》，收入《历史与制度》，第 156—157 页注释 19；郭利：《汉代军正初探》，《江西师范大学学报（哲学社会科学版）》38 卷 4 期（2005 年 7 月），第 72—76 页。

④ 分见《汉书》卷三六《刘德传》，第 1927 页；卷六〇《杜延年传》，第 2971 页。

⑤ 如《小尔雅·广言》："御，侍也。"见黄怀信撰：《小尔雅汇校集释》，西安：三秦出版社，2003 年，第 301 页。经书中相同的解释颇多，不赘举。

⑥ 如《韩非子·外储说左下》"孔子御坐于鲁哀公"，见《韩非子集释》，陈奇猷校注，上海：上海人民出版社，1974 年，第 689 页。《艺文类聚》卷八五"黍"、八六"桃"引此条则作"侍坐"（上海：上海古籍出版社，1999 年，第 1449、1468 页）。

用，表示动作或一类职事。① 侍御史当是御史大夫寺外迁后，针对留在宫中的御史而采用的称呼。②

《汉书·霍光传》云：

> 自昭帝时，光子禹及兄孙云皆中郎将，云弟山奉车都尉侍中，领胡越兵。光两女婿为东西宫卫尉，昆弟诸婿外孙皆奉朝请，为诸曹大夫，骑都尉，给事中。党亲连体，根据于朝廷。③

霍氏亲党遍布朝廷的局面自然并非一蹴而就，必经长期的经营。其中平定了燕王盖主谋反，清除政敌，霍光独揽中朝大权，乃是加速这一局面形成的关键契机。而且不仅是霍氏子弟与姻亲，如上文所示，其故吏、亲信亦开始把持诸多关键职位。班固所说的"自昭帝时"的决定性年份恐怕就是元凤元年（前80年）。④

还有一件蹊跷事，《汉书·昭帝纪》元凤二年（前79年）四月，"上自建章宫徙未央宫，大置酒"。⑤ 前文不载昭帝何时迁到建章宫。

御史大夫寺迁到宫外，仅留御史中丞与十五名侍御史在宫中，对后

---

① 如《史记》卷五五《留侯世家》，商山四皓说建成侯吕泽"今戚夫人日夜侍御，赵王如意常抱居前"（第2045页）。《汉书》卷六八《霍光传》云："太后被珠襦，盛服坐武帐中，侍御数百人皆持兵。"（第2939页）东汉后期甚至出现了"侍御之臣"的说法，见《汉书》卷七《昭帝纪》注，伏俨引蔡邕语（第218页）。

② 櫻井芳朗提出此种解释，增渊龙夫亦表示赞同，见《漢代における国家秩序の構造と官僚》，收入所著《中国古代の社会と国家》，1960年初刊，此据新版，东京：岩波书店，1996年，第271页。

③ 《汉书》卷六八，第2948页。

④ 西嶋定生与冨田健之均认为经历此事件，成功扫除反对势力，并深得昭帝信任的霍光巩固其辅翼皇帝的侧近大臣地位，并将此后霍氏当政时期，以霍光为中心的政治体制概括为"霍氏政权"，分见西嶋定生：《武帝之死》，刘俊文主编：《日本学者中国史论著选译》第三卷，第606—608页；冨田健之：《大司馬大将軍霍光》，《新潟大学教育学部紀要》第35卷第2号（1994年），第324页；冨田健之：《前漢中期の政治構造と"霍氏政権"》，《新潟史学》第35号（1995年10月），第1—22页。此一概括值得玩味。

⑤ 《汉书》，第228页。

来整个机构职掌演变的走向有相当大的影响。

一些学者注意到，战国、秦与汉初，御史的主要工作并非后世所习见的监察，而是君主或皇帝的亲信近臣①或曰秘书长②，职掌上和西汉末年以后的尚书接近。③ 其具体掌管文书、档案，包括皇帝的诏书、律令，臣下的奏章等，并负责起草诏令与颁下。④

常用作证据的是文献中出现颇多的以"制诏御史"开头的诏书。对这

---

① 如劳榦：《两汉刺史制度考》，原刊《史语所集刊》第 11 本（1944 年 9 月），后收入《劳榦学术论文集甲编》上册，台北：艺文印书馆，1976 年，第 479 页；安作璋、熊铁基亦认为御史大夫是由天子左右亲信发展起来的，和皇帝的关系更密切些，见《秦汉官制史稿》上册，第 49 页；陈仲安、王素：《汉唐职官制度研究》，第 19 页；王勇华亦强调了御史与君主的亲近关系，见所著《秦汉御史大夫的职能》，《首都师范大学学报（社会科学版）》1995 年第 1 期，第 94 页。

② 李玉福：《秦汉制度史论》，济南：山东大学出版社，2002 年，第 120 页。

③ 具体论述见劳榦：《两汉刺史制度考》，《劳榦学术论文集甲编》上册，第 479 页；大庭脩：《御史大夫及其日常工作》，见《秦汉法制史研究》第二章第三节"四"，第 34—37 页；大庭脩：《元康五年（前 61 年）诏书册的复原与御史大夫的业务》，《齐鲁学刊》1988 年第 2 期，第 7—8 页；陈启云：《略论两汉枢机职事与三台制度之发展》，1960 年初刊，后收入《儒学与汉代历史文化》，第 216、220—222 页；严耕望：《中国地方行政制度史甲部——秦汉地方行政制度》第九章"监察"，第 271 页；永田英正：《文书行政》，收入佐竹靖彦主编：《殷周秦汉史学的基本问题》，北京：中华书局，2008 年，第 229 页；米田健志：《前漢の御史大夫小考——〈史記〉三王世家と元康五年詔書册の解釈に関して》，《奈良史学》27 号（2010 年），第 70 页；熊伟：《秦汉监察制度史研究》第一章，第 56 页。代国玺甚至认为其作用在尚书之上，见《说"制诏御史"》，《史学月刊》2017 年第 7 期，第 40 页。

④ 参大庭脩：《秦汉法制史研究》，第 36 页；安作璋、熊铁基：《秦汉官制史稿》上册，第 49—51 页；祝总斌：《两汉魏晋南北朝宰相制度研究》，第 32—35 页；徐世虹：《西漢前期の詔書の草creator者について》，《史泉》73 号（1991），第 22—30 页；山田胜芳：《前漢謁者、中書、尚書考》，第 66—67 页；王勇华：《秦汉御史大夫的职能》，《首都师范大学学报（社会科学版）》1995 年第 1 期，第 95 页；汪桂海：《汉代官文书制度》，南宁：广西教育出版社，1999 年，第 113—114 页；阎步克：《帝国开端时期的官僚政治制度——秦汉》，收入吴宗国主编：《中国古代官僚政治制度研究》，北京：北京大学出版社，2004 年，第 30、50 页；金庆浩：《汉代文书行政和传递体系》，卜宪群、杨振红主编：《简帛研究 2006》，桂林：广西师范大学出版社，2008 年，第 189 页；黄怡君：《从张家山汉简〈二年律令·秩律〉谈汉初的尚书》，《史原》（复刊）第一期（总 22 期，2010 年 9 月），第 25—26、33 页。各家看法略有不同，兹不备列。

些诏书理解不一：或认为是皇帝通过制书向"御史"指示方针时，命令御史按照实行方案的计划进行①；或认为体现御史负责颁布与审核诏书②；或认为是御史起草、御史大夫审核并颁下的证据③。这些观点，连同使用的证据的确切意义，均需要再做检讨。

　　首先需要辨析的是"制诏御史"类诏书的含义。归纳文献与出土资料，除了"制诏御史"外，还有"制诏丞相御史"④、"制诏太原太守"⑤、"制诏酒泉大守"⑥、"制诏皇大子"⑦等，显然，不能因此认定"御史（大夫）"起草诏书，不然酒泉太守也可草诏了。"制诏御史"中的"制"与其他诏书中的"制曰可"一样，代表皇帝，"诏"则是动词，表示命令，用现代汉语表达，此四字就是"皇帝命令御史"。起草这类诏书的，应该还是尚书，而不是御史。⑧

---

①　大庭脩：《秦汉法制史研究》，第 36 页。

②　祝总斌：《两汉魏晋南北朝宰相制度研究》，第 34—35 页。

③　王勇华说："皇帝决断后，往往要'制诏御史'，其作用有二：一是让御史奉诏起草，然后交御史大夫审阅；二是由御史府下发'承相承书从事下当用者，如诏书'。"见《秦汉御史大夫的职能》，《首都师范大学学报（社会科学版）》1995 年第 1 期，第 95 页。仇海平的看法则大同小异。他认为，所谓"制诏御史"，系皇帝授意御史大夫起草诏书，草诏经皇帝认可后，再由御史大夫核查通过并作为正式文件逐级下达有关部门，见所著《秦汉魏晋南北朝奏议文研究》，河北师范大学博士论文，詹福瑞指导，2010 年，第 130 页；代国玺：《汉代公文形态新探》，《中国史研究》2015 年第 2 期，第 32 页。

④　《汉书》卷七八《萧望之传》，第 3287 页。

⑤　《汉书》卷九二《陈遵传》，第 3709 页。

⑥　敦煌汉简 1780 号，见甘肃省文物考古研究所编：《敦煌汉简》，北京：中华书局，1991 年，图版，上册，第 151 页；释文，下册，第 288 页。

⑦　甘肃玉门花海出土，见甘肃省文物考古研究所编：《敦煌汉简》，图版，上册，第 137 页；释文，下册，第 274 页。

⑧　类似看法亦见赵翼：《廿二史札记校证》卷四"汉帝多自作诏"条，王树民校证，北京：中华书局，1984 年，第 86—87 页；米田健志：《前漢後期における中朝と尚書——皇帝の日常政務との關連から》，《東洋史研究》第 64 卷第 2 号（2005 年 9 月），第 13—17 页；米田健志：《前漢の御史大夫小考——〈史記〉三王世家と元康五年詔書册の解釈に関して》，《奈良史学》27 号（2010 年），第 62—63 页。最新研究见孙梓辛：《汉代诏书与皇帝统治：以起首语、形制和行用为中心》第三章"释'制诏某官'——以'制诏'的构成和君臣关系为中心"，博士论文，侯旭东指导，清华大学历史系，2020 年 6 月，第 49—75 页。

关于秦与西汉初是否存在"尚书"，文献的说法不无矛盾①，学者的看法也有分歧。不过多数认为先秦时就已存在②，近年出土的秦代封泥中有一残品，应该是"尚书"③，尽管目前关于西汉武帝之前皇帝身边"尚书"的存在缺乏正面资料，但从秦代及武帝以后情形推断，其间亦应设置。④"尚书"一职在西汉初年隐而不彰，除了文献寡少外，与当时政治中丞相唱主角，皇帝相对超脱有关。

既然诏书由尚书起草，"制诏御史"究竟目的何在？难道仅仅是下达诏书吗？这涉及御史及御史大夫的职掌。前人注意到其保管文书档案，后来则重在监察。泛泛而言，这是不错的，但并不精确。确切地讲，御

---

① 见《汉官仪》卷上，孙星衍等辑：《汉官六种》，第 141 页。

② 如纪昀等撰：《历代职官表》卷五"吏部"，第 100 页；陈启云：《略论两汉枢机职事与三台制度之发展》，1960 年初刊，收入《儒学与汉代历史文化》，第 219—221 页；镰田重雄：《漢代の尚書官——領尚書事と錄尚書事と中心として》，《東洋史研究》26 卷 4 期(1968 年)，第 114 页；大庭脩：《秦汉法制史研究》，第 33 页；安作璋、熊铁基：《秦汉官制史稿》上册，第 260 页；杨鸿年：《汉魏制度丛考》，1985年初版，此据 2 版，武汉，武汉大学出版社，2005 年，第 109 页；王素：《三省制略论》，济南：齐鲁书社，1986 年，第 1—3 页；祝总斌：《两汉魏晋南北朝宰相制度研究》，第 81 页；陈仲安、王素：《汉唐职官制度研究》，第 18 页；汪桂海：《汉代官文书制度》，第 113 页；孟祥才：《中国政治制度通史》第三卷《秦汉》，第 179 页；李玉福：《秦汉制度史论》，第 147 页。持否定看法的有宋人章如愚，见《群书考索续集》卷三六"台谏"，第 1079 页；清人沈钦韩，见王先谦：《汉书补注》卷一下《高祖纪》"十一年二月诏"条引，北京：中华书局，1983 年，第 55 页；徐复观，见所著《两汉思想史》第一卷，上海：华东师范大学出版社，2001 年，第 137 页；王勇华亦倾向此说，见《秦汉御史大夫的职能》，《首都师范大学学报(社会科学版)》1995 年第 1 期，第 95 页。

③ 周晓陆、路东之编著：《秦封泥集》，西安，三秦出版社，2000 年，第133 页。

④ 张家山汉简《二年律令·史律》中提到试史学童，"三岁壹并课，取冣(最)一人以为尚书卒史"(简 476)，一般据此认为至晚到吕后时已设置"尚书"，如黄怡君：《从张家山汉简〈二年律令·秩律〉谈汉初的尚书》，《史原》(复刊)第 1 期(总 22 期)，2010 年 9 月)，第 20—21 页。据李迎春的考察，此处的"尚书卒史"指的是郡一级管文书事务的卒史，并非皇帝身边的尚书，见其博士论文《秦汉郡县属吏制度演变考》，北京师范大学历史学院，王子今指导，2009 年，第 111 页。

史的重要职责是制定律令草案、保管律令①，并监督律令的执行。

睡虎地秦简《秦律十八种·尉杂律》云：

> 岁雠辟律于御史。（199）②

要求中央与地方官府每年都要到御史处核对律令，此处的"御史"兼指朝廷的御史大夫与郡的监御史③，均说明秦代御史负责保管律令。汉初《二年律令·置吏律》中亦明确规定：

> 县道官有请而当为律令者，各请属所二千石官，二千石官上相国、御史，相国、御史案致，当请，请之，毋得径请。径请者，罚金四两。④

此条律文规定了县道官员如果请求制定某种律令，要逐级上报，最后到相国、御史处，再审查是否应当定为律令，最终由相国与御史请示皇帝定夺。在上报皇帝之前最后进行审查的就是御史，这亦应与其保管律令直接有关。《津关令》中每一条都出现了"御史"，便以不同形式体现了御史在"令"的制定上的作用。⑤荆州松柏汉简 57 号木牍上的孝文帝十六年六月甲申颁下的"令丙第九"中亦可见到御史的身影，此令由丞相起草，得到皇帝批准之前，先经过御史"奏、请许"，即由御史审查通过，再上

---

① 米田健志、代国玺有类似的看法，分见米田健志：《前漢の御史大夫小考——〈史記〉三王世家と元康五年詔書册の解釈に関して》，《奈良史学》27 号（2010年），第 69 页；代国玺：《由"记王言"而"代王言"：战国秦汉人臣草诏制度的演生》，《文史哲》2015 年第 6 期，第95 页。

② 睡虎地秦墓竹简整理小组：《睡虎地秦墓竹简》，北京：文物出版社，1990年，释文，第 64 页。

③ 关于此问题，参游逸飞：《战国至汉初的郡制变革》，台湾大学文学院历史研究所博士论文，邢义田指导，2014 年 6 月，第 96 页。

④ 彭浩、陈伟、工藤元男主编：《二年律令与奏谳书：张家山二四七号汉墓出土法律文献释读》，上海：上海古籍出版社，2007 年，第 179 页。

⑤ 类似看法见陈伟主编：《里耶秦简牍校释》第一卷，武汉，武汉大学出版社，2012 年，第 82 页注③。

奏，并建议皇帝批准。① 文献中的"制诏御史"很多亦与制订律令有关。凡此种种，都提示我们，御史的重要任务是制定律令草案（包括审查后上奏臣下提出的律令草案），相应地保存律令，而其监察，恐怕重点也是在律令的遵行情况上。②《汉旧仪》中保留的"神爵三年丞相初拜策"与"五凤三年正月御史大夫初拜策"内容基本一致，仅个别字句有出入。丞相初拜策作"天下之众，受制于朕，丞相可不慎欤？"御史大夫初拜策则作"天下之众，受制于朕，以法为命，可不慎欤？"③多出的"以法为命"一句，正体现了御史大夫职掌的特点。恰因为如此，《汉旧仪》指出，任职御史者"率取文法吏"。④《汉书·韩延寿传》在记述公卿议韩延寿无根据而劾奏御史大夫萧望之一事该当何罪时，说："后复诬愬典法大臣，欲以解罪。"将"御史大夫"称为"典法大臣"，亦点出了其职掌的特色。《宋书·百官志下》"侍御史"条云："二汉员并十五人。掌察举非法，受公卿奏事，有违失者举劾之。凡有五曹，一曰令曹，掌律令；二曰印曹，掌刻印；三曰供曹，掌斋祠，四曰尉马曹，掌官厩马；五曰乘曹，掌护驾。魏置御史八人，有治书曹，掌度支运⋯⋯"(40/1251)这里提到侍御史有五曹，第一个名为令曹，掌律令，两汉文献中见不到类似记载，这条文献当是基于南朝可见的前代资料，亦为御史大夫原先的职掌所在提供了一条有力的旁证。

御史大夫寺迁到宫外，其原有的职掌不会立即消失，而是经历了一

---

① 荆州博物馆编著：《荆州重要考古发现》，北京：文物出版社，2009 年，第211 页。

② 福永善隆对侍御史与丞相司直的监察职责做了细致的区分，见《前漢における中央監察の実態——武帝期における整備を中心として》，《東洋学報》88 卷 2 期（2006 年 9 月），第 33—63 页。但他将御史的职掌局限在监察一面，是不够的；另外，也没有注意到出土简牍中的相关资料。

③ 见孙星衍等辑：《汉官六种》，第 71、73 页。两策名称据孙星衍：《续古文苑》卷五，影印本，收入《石刻史料新编》第四辑第二册，台北：新文丰出版公司，2006 年，第 71、72 页。

④ 参邢义田：《秦汉的律令学——兼论曹魏律博士的出现》，收入所著《治国安邦》，北京：中华书局，2011 年，第 35 页。

个过程。元康五年诏书中御史大夫还负责与律令科比有关的特定诏书上传下达，悬泉汉简Ⅰ0309③：221诏书残文中涉及提高廪食的上奏尽管经由尚书，但还是要经过御史大夫、御史中丞与侍御史①，此事应涉及修改律令。制诏御史制定或修改律令的例子仍时有所见。②

不过，由于出居宫外，远离皇帝，才会出现宣帝时魏相以御史大夫加"给事中"③的情况，这在迁出前是不曾存在过的。御史大夫在成帝时改成"大司空"，亦应是出宫之后发展的结果。《百官公卿表上》记载的御史大夫两丞，中丞之外的另一丞，很可能也是在其出宫后才设置的④，因存在时间短，作用有限，史家亦未措意，致使文献中语焉不详。

不少学者从监察制度的角度，注意到御史大夫与御史中丞的分化，以及御史大夫"外朝官化"的变化，将这一变化与国制的变化联系起来，且将变化发生的时间定在武帝时期。⑤ 依本文的考察，毋宁说御史大夫寺迁到宫外是其"外朝官化"的起点，而这是发生在昭帝时期，起因是个偶然事件，也不能说存在什么必然的趋势。

如果说此偶然事件只是在其职掌演变上起了些助力的话，更值得注意的是西汉王朝统治理念与手段的渐变，这恐怕才是御史大夫职能变化的主要动力。

---

① 胡平生、张德芳：《敦煌悬泉汉简释粹》例52，第52—53页。

② 如甘肃武威出土的王杖诏书令，便是成帝建始元年（前32年）九月颁下的，仍以"制诏御史"起首。《汉书》卷八九《循吏·黄霸传》，宣帝下诏曰："制诏御史：其以贤良高第扬州刺史霸为颍川太守，秩比二千石，居官赐车盖，特高一丈，别驾主簿车，缇油屏泥于轼前，以章有德。"（第3629页）

③ 《汉书》卷七四《魏相传》，第3135页。

④ 南玉泉认为两丞设于吕后二年（前186年）至景帝中元三年（前147年）之间，见所著《两汉御史中丞的设立及其与司直、司隶校尉的关系》，《中国政法大学学报》2011年第5期，第80页。作者没有注意到办公地点变化与"丞"设置间的联系。另，里耶秦简8-159正面第二栏出现了"御史丞去疾"，见陈伟主编：《里耶秦简牍校释》第一卷，第96页。秦代的御史丞和西汉御史中丞之间的关系还需进一步研究。

⑤ 如福永善隆：《前漢武帝期における中央支配機構の展開——所謂御史大夫と御史中丞の分化をめぐって》，《日本秦漢史學會會報》第9卷（2008年12月），第15—21页。

随着西汉王朝逐渐转向采用儒家思想来统治国家，律令的地位与作用开始受到削弱，同时，随着律令的不断积累，昭宣以后制定新律令的需要也不断萎缩，突出的问题反而是日益庞大的律令如何整理与削减①，《盐铁论·刑德》载，昭帝时文学便抱怨道："方今律令百有余篇，文章繁，罪名重，郡国用之疑惑，或浅或深，自吏明习者，不知所处，而况愚民！律令尘蠹于栈阁，吏不能遍睹，而况于愚民乎！"②御史大夫在制定律令草案上的任务变得不太重要。随着办公地点的外迁，其作用日益转向与丞相配合，负责日常事务，留在宫中的中丞与侍御史则偏重监察。《汉书·百官公卿表上》描述的正是这一转变发生后的情况。③

四、结论

结合汉代出入宫廷的门籍制度，分析《汉书·酷吏严延年传》等资料，发现宣帝以后，御史大夫寺已经不在皇帝居住的未央宫内，且名称也改为御史府。外迁的时间，上限是元鼎二年（前115年），下限是本始四年（前70年）三月。从蛛丝马迹推断，外迁起因应是元凤元年（前80年）九月，御史大夫桑弘羊卷入燕王旦、盖主以及上官桀父子的谋反。平息此

----

① 观程树德《九朝律考·汉律考》"沿革考"部分所汇集的资料，宣帝以后就开始不断有人提出要"删定律令"，并部分付诸实践：地节三年（前67年）谏议大夫郑昌上疏（《汉纪》），后有于定国删定律令科条（《唐六典注》）；元帝初立，便因"律令烦多而不约"，下诏要求"议律令可蠲除轻减者条奏"（《刑法志》）；"初元五年，省刑罚七十余事"（《汉纪》），"轻殊死刑三十四事"（《东观汉记》）；成帝河平中复下诏，认为"律令烦多"，令"议减死刑及可蠲除约省者"（《刑法志》）；等等（第150—151页）。此前本始四年（前70年），因郡国地震山崩下诏，其中有"律令有可蠲除以安百姓，条奏"，见《汉书》卷八《宣帝纪》，第245页，程树德未收，似是更早的动议。

② 王利器校注：《盐铁论校注（定本）》，第566页。

③ 严耕望亦指出："按《百官表》，御史大夫'掌副丞相。'此似为较后期制度；秦及西汉中叶以前则不然。"见《中国地方行政制度史甲部——秦汉地方行政制度》，第270页。当然，秦与西汉中叶前御史大夫的具体职掌，笔者的看法与严先生并不完全相同。

事后，霍光借机将御史大夫寺迁到宫外，并在宫中与诸卿中大力安插自己的亲信故吏乃至子弟。这一事件成为霍光独揽大权的关键。迁到宫外的御史府应在未央宫东阙门外的丞相府附近。

根据出土资料及对文献的分析，御史及御史大夫的重要职责是制定律令草案、保管律令与监督律令的执行。随着西汉政权百余年来律令建设的积累，以及统治思想的变化，制定律令的任务逐渐弱化。御史府的外迁是其外朝官化的起点，这进一步使之成为丞相的辅佐，参与日常事务的处理，留在宫中的中丞与侍御史则转为以监察为主。《汉书·百官公卿表上》所述乃是转变后的职掌与设置。

写作修改中先后得到邱逸凡、陈力航、林枫珏、邢义田、孙正军、游逸飞先生、黄怡君小姐、金秉骏、大原信正与曲柄睿先生的惠助，谨此致谢。

2012 年 5—7 月初稿

2014 年 6—7 月修订

2014 年 11 月再次修订

原刊《中华文史论丛》2015 年第 1 期，第 167—197 页。收入本书时略有增补。承孙梓辛君示知，丁佳伟的博士论文《皇帝、王侯与御史大夫——汉代政治制度若干问题考论》(张进指导，南京师范大学社会发展学院，2018 年)第六章对御史大夫外迁的考订提出商榷意见，希请读者一并参考。

丞相、皇帝与郡国计吏：
两汉上计制度变迁探微

上计作为地方官府向上级机构汇报工作的年度性活动，至晚战国时代已经出现，一直到唐代还在实行。帝国建立后，上计就分为县向郡（汉代还有国）上计与郡（国）向朝廷上计两种，成为上级官府掌握下级治绩的重要渠道，与官员考课黜陟有直接联系，亦成为赋税征收、钱物与人员调发的基本依据。这一制度的长期运行，为维持帝国的有效运转提供了保证。①

因此，这一制度宋代以来就受到关注②，20世纪以后，亦长期为中日学界所重视，相关的研究颇为丰富。特别是1993年江苏东海县尹湾汉墓简牍中，首次发现了郡级集簿的抄件；2003年湖南郴州苏仙桥10号

---

① 藤枝晃曾指出："汉朝之所以在几百年间能够对幅员辽阔、人民众多的中国进行如此有效的统治，其关键就得力于'上计'这一重要的制度。"见《序文》，收入永田英正：《居延汉简研究》上册，张学锋译，桂林：广西师范大学出版社，2007年，第8页。永田英正亦指出："汉代的中央政府正是通过上计制度才能够了解地方政治的实情，掌握地方官吏的执政能力，因此，以簿籍为基础的上计制度，无疑在汉代的文书行政中占据了极为重要的地位。"见所著《文书行政》，收入佐竹靖彦编：《殷周秦汉史学的基本问题》，北京：中华书局，2008年，第237页。

② 徐天麟《西汉会要》（北京：中华书局，1955年）卷三六《职官六·上计》与《东汉会要》（北京：中华书局，1955年）卷二二《职官四·上计》、卷二七《选举下·上计吏》收集了汉代上计资料，并提出自己的看法；王应麟《玉海》卷一一四《选举·科举·汉计偕》、卷一八五《食货·会计》亦搜集排比相关资料（影印本，扬州：广陵书社，2003年，第2109—2110、3385—3387页）；明代方以智《通雅》卷二六《田赋》"会计，会所上之计也"条（《景印文渊阁四库全书》，台北：台湾商务印书馆，1983年，第857册，第534页），亦汇集了若干汉代与上计相关的资料。

井出土的西晋简则包含了不少西晋时期桂阳郡上计的资料。[①] 新资料的出土与研究进一步推动了这一问题研究的深入。

纵观 20 世纪 40 年代以来的研究，对于上计的起源、具体实施，包括计簿的内容、计吏的选拔、边郡上计的频率、受计的机关及相应的职责、上计制度的作用（如与考课的关系）及其演变等均做过丰富的研究。研究所利用的资料亦从单纯依靠传世文献，转向文献与出土资料相结合。

有关上计制度的方方面面，前人均有涉及，并形成若干共识，已无必要再做系统探讨。然而，一些问题仍存明显分歧。其中关于郡国上计，学者几乎都注意到朝廷受计机构问题，也都指出通常由丞相与御史大夫（东汉则为司徒与司空）主持受计，皇帝有时也会亲自受计。不过，对皇帝受计与丞相、御史大夫受计之间的关系及其变化，认识则颇有不同。

观诸家见解，大致可分为三说：一是认为丞相、御史大夫和皇帝均参加受计，但对皇帝的参与程度、性质估计不同。有学者认为郡国上报的上计簿要接受丞相、御史大夫的考课，皇帝有时要亲自受计，例子则主要是西汉武帝受计以及东汉班固的《东都赋》[②]，言下之意皇帝受计并非

---

① 连云港市博物馆、东海县博物馆、中国社会科学院简帛研究中心、中国文物研究所编：《尹湾汉墓简牍》一号木牍，北京：中华书局，1997 年，第 13、77—78 页；湖南省文物考古研究所、郴州市文物处：《湖南郴州苏仙桥遗址发掘简报》，湖南省文物考古研究所编：《湖南考古辑刊》第 8 集，长沙：岳麓书社，2009 年，第 98—102 页。

最近公布的山东青岛黄岛区土山屯 147 号汉墓出土的简牍中亦有《堂邑元寿二年要具薄》等县级上计用的资料，见青岛市文物保护考古研究所、黄岛区博物馆：《山东青岛土山屯墓群四号封土与墓葬的发掘》，《考古学报》2019 年第 3 期，第 426—428 页，图版 16、17。湖南沅陵虎溪山一号汉墓出土的竹简中亦有西汉初年沅陵侯国的计簿，见湖南省文物考古研究所编著：《沅陵虎溪山一号汉墓》，北京：文物出版社，2020 年，释文，上册，第 118—122 页，图版，下册，第 2—16 页。

② 如劳榦：《居延汉简考证》"殿最"条，收入所著《居延汉简：考释之部》，1960 年初版，此据影印五版，台北：史语所，1986 年，第 12 页；程敦复：《汉代的案比和上计》，《扬州教育学院学报》1987 年第 1 期，第 37 页；邓小南：《西汉官吏考课制度初探》，《北京大学学报（哲学社会科学版）》1987 年第 2 期，第 23—24 页；高敏：《秦汉上计制度述略》，原刊《平准学刊》第 3 辑（1987 年），后收入所著《秦汉史（转下页）

常态。另有学者则表述得更为含混，不分西汉与东汉，认为汉代郡国上计时，皇帝要亲自受计，一般则由丞相或司徒受计，由御史大夫检查。[①] 又有学者说皇帝在京师时就亲自主持上计，行幸郡国则就地上计，除了皇帝受计之外，经常主持上计事项的是丞相、御史大夫。[②] 还有学者的看法实含矛盾，称皇帝受计是一种日常仪式，又说西汉时一般情况下皇帝不召见计吏，东汉皇帝经常直接召见计吏。[③] 还有学者认为受计是由丞相主持，朝廷其他机构长官也会参与，计吏会参加朝廷的一些仪式，并受皇帝召，回答问题[④]，对皇帝是否会受计，并未正面说明。

(接上页)探讨》，郑州：中州古籍出版社，1998 年，第 183 页；张桂萍：《汉代的上计制度》，《北京师范学院学报（哲学社会科学版）》1989 年第 1 期，第 46 页。

① 如鎌田重雄认为前后汉，采用天子亲自受计的形式，而丞相（司徒）接受计簿的副本则在天子受计之后进行，见所著《秦漢政治制度の研究》第十章"郡国の上计"，1943 年初刊，此据东京：日本学术振兴会，1962 年，第 382、386 页。陈直说："各郡国上计吏至京师后，计书正本上太史令，副本上丞相府。汉代帝王，往往亲自受计，屡见于《汉书·武帝纪》。"见所著《上计制度通考》，收入《居延汉简综论》，见《居延汉简研究》，1986 年初版，此据北京：中华书局，2009 年，第 60 页；韩连琪：《汉代的户籍和上计制度》，《文史哲》1978 年第 3 期，第 19 页，后收入所著《先秦两汉史论丛》，济南：齐鲁书社，1986 年，第 385—386 页。

② 徐心希：《"上计制度"的历史考察》，《福建师范大学学报（哲学社会科学版）》1992 年第 4 期，第 93—94 页；孟祥才：《中国政治制度通史》第三卷《秦汉》，北京：人民出版社，1996 年，第 388 页。

③ 葛剑雄：《秦汉的上计和上计吏》，《中华文史论丛》1982 年第 2 期，第 188、190、191 页。纸屋正和的说法近此，他认为西汉上计时，皇帝接受上计簿，但受计时没有皇帝问政令得失的记载，丞相与御史大夫受委托来接见计吏，后一做法出现于宣帝地节三年（前 67 年），见《漢時代における郡県制の展開》，京都：朋友书店，2009 年，第 280、282、404 页。安作璋、熊铁基的看法亦类似，认为皇帝亲自受计是一种特例，虽然他们没有提到东汉的情况，见所著《秦汉官制史稿》下册，济南：齐鲁书社，1984 年，第 391 页。

④ 杨鸿年：《上计》，见所著《汉魏制度丛考》，1985 年初版，此据 2 版，武汉：武汉大学出版社，2005 年，第 450—455 页；高恒：《汉代上计制度论考——兼评尹湾汉墓木牍〈集簿〉》，《东南文化》1999 年第 1 期，第 77—78 页，后收入所著《秦汉简牍中法制文书辑考》，北京：社会科学文献出版社，2008 年，第 325—326 页。渡边信一郎的看法大体近此，见所著《元会的建构——中国古代帝国的朝政与礼仪》，收入沟口雄三、小岛毅主编：《中国的思维世界》，南京：江苏人民出版社，2006 年，第 374 页。

持第二说的学者只提到上计档案的接受和管理，主要由丞相府（西汉，东汉则是司徒，实际是尚书主持）和御史府负责，有的未及御史府，均没有提及皇帝的参与。[①]

当然也有学者在论述上计时只提及两汉皇帝受计，不及丞相与御史两府[②]，这属于第三说。

另有学者虽然是在围绕"五条诏书"探讨汉唐上计吏戒敕的演变史，亦论及上计活动发生的地点与活动的内容，关注的主要是正月旦的"元会"，部分涉及皇帝与上计的关系。[③]

关于朝廷受郡国上计时，皇帝与丞相、御史大夫（司徒、司空）之间的作用，尤其是关于皇帝受计是否存在，若存在，究竟是常态还是偶尔为之，两汉前后是否有变化，抑或两朝四百年一以贯之，学界多有分歧，亦乏仔细的考察，需要做进一步的梳理。本文将围绕此问题做些分析。

一、西汉皇帝与上计

绝大多数学者都指出，西汉朝廷受计的机构主要是丞相与御史大夫，之所以多又相信西汉时期皇帝亦亲自受计，主要根据是《汉书·武帝纪》

---

① 严耕望：《中国地方行政制度史甲部——秦汉地方行政制度》第八章"上计"，第三版，台北：史语所，1990 年，第 266 页；周道济：《汉唐宰相制度》前编第五章第四节"关于总领计簿及考课监督方面的权力"，修订版，台北：大化书局，1978 年，第 119—122 页；韩英、李晨：《从居延汉简看汉代上计档案》，《档案学通讯》2010 年第 6 期，第 94 页。

② 王毓铨：《"民数"与汉代封建政权》，原刊《中国史研究》1979 年第 3 期，后收入所著《莱芜集》，北京：中华书局，1983 年，第 48 页；钱剑夫：《汉代"案比"制度的渊源及其流演》，《历史研究》1988 年第 3 期，第 106 页。杨宽在分析两汉都城布局的变化时，特别强调了礼制——尤其是东汉元会仪，包括皇帝在元会接受上计——的意义，见所著《中国古代都城制度史研究》，上海：上海人民出版社，2003 年，第 189—191 页。

③ 魏斌：《五条诏书小史》，武汉大学中国三至九世纪研究所编：《魏晋南北朝隋唐史资料》第 26 辑（2010 年），第 5—12 页。

记载的武帝朝元封五年(前 106 年)、太初元年(前 104 年)、天汉三年(前
98 年)与太始四年(前 93 年)四次受计之事。

检《汉书》,西汉时期皇帝亲自受计的情形,见于记载的仅上举武帝
时的四次。有学者认为宣帝黄龙元年(前 49 年)亦属此类①,恐不确。按
《宣帝纪》,该年二月诏书中批评道,"上计簿,具文而已,务为欺谩,以
避其课",并云"三公不以为意,朕将何任?"要求"诸请诏省卒徒自给者皆
止。御史查计簿"云云,只说明宣帝觉察到计簿上的问题,并要求御史加
以追查,不能证明宣帝亲自参加了受计。郡国的计簿呈送丞相与御史府
后,皇帝经由两府了解其具体内容,是很自然的。而宣帝,如《汉书·循
吏传序》所言,"繇仄陋而登至尊,兴于闾阎,知民事之艰难"(89/3624),
对官场上的不良风气也了然于胸,故能下诏核查。

武帝时期的四次皇帝受计,详见下表:

时间	武帝的行踪	受计地点	出处
元封五年(前 106 年)三月	冬,行南巡狩,……春三月,还至泰山。	(三月)甲子,祠高祖于明堂,以配上帝,因朝诸侯王列侯,受郡国计。	《汉书·武帝纪》,第 196 页
太初元年(前 104 年)春	十二月,禅高里,祠后土,东临勃海,望祠蓬莱。	春还,受计于甘泉。(以柏梁灾故,朝受计甘泉)	同上书,第 199 页;《史记·封禅书》,第 1402 页
天汉三年(前 98 年)三月	三月,行幸泰山。	(行幸泰山)修封,祀明堂,因受计。	《汉书·武帝纪》,第 204 页
太始四年(前 93 年)春三月	春三月,行幸泰山。	(行幸泰山)壬午,祀高祖于明堂,以配上帝,因受。	同上书,第 207 页

这四次武帝亲自受计的时间有三次是在三月,太初元年那次应是在正月,
并非年底;地点则三次在泰山,一次则在甘泉宫。泰山的三次均与祭祀
明堂连在一起,具体祭祀的是太一、五帝、并配以高帝,与郊天类似②,

---

① 如劳榦:《居延汉简考证》"殿最"条,收入所著《居延汉简:考释之部》,第
12 页;陈直:《上计制度通考》,收入《居延汉简综论》,《居延汉简研究》,第 60 页。

② 《史记》卷二八《封禅书》,点校本,北京:中华书局,1959 年,第 1398 页。

均属非同寻常的举动，与之相伴的受计亦不是常态。在甘泉宫受计，则是因为柏梁台失火，不然要在柏梁台进行。此台起于元鼎二年（前 115 年）①，目的与求仙有关。② 受计柏梁台恐也带有通天神的目的。泰山受计的出现，应与武帝元封元年（前 111 年）封禅大典后的安排有关。封禅后诏书中说："古者天子五载一巡狩，用事泰山，诸侯有朝宿地。其令诸侯各治邸泰山下。"③修建了诸侯的住所，打算将祭祀泰山定期化，为接受诸侯朝觐做好了准备。武帝在位的其他年份，以及其他皇帝统治时期，均无类似记载。考虑到这四次受计的特殊性，并不能因此便认定皇帝受计是正常活动。④ 恰恰相反，西汉时期，皇帝受计乃是偶一为之的罕见举动，正常情况下，负责受计的是丞相与御史大夫。

来看看汉宣帝时的两则材料。《汉书·循吏·王成传》载王成为胶东相，治甚有声，受到宣帝褒奖，地节三年（前 67 年）宣帝曾下诏表彰，称其辛勤工作"流民自占八万余口，治有异等之效"，王成后来未及征召重用，因病卒官。随后，

> 诏使丞相御史问郡国上计长吏守丞以政令得失，或对言前胶东相成伪自增加，以蒙显赏，是后俗吏多为虚名云。（89/3627）

宣帝向上计官吏了解政令得失是让丞相御史来询问，而非自己面见，看来当时并无皇帝亲自召见计吏之举，不然无须假手丞相御史。另有一事

---

① 《汉书》卷六《武帝纪》，点校本，北京：中华书局，1962 年，第 182 页；并参何清谷：《三辅黄图校注》"柏梁台"条，西安：三秦出版社，1995 年，第 269—271 页。

② 《史记》卷二八《封禅书》："其后则又作柏梁、铜柱、承露仙人掌之属矣。"（第 1388 页）将其与铜柱、承露并列，性质可知。《汉武故事》则曰："起柏梁台，高二十丈，悉以香柏，以处神君。"见晁载之：《续谈助》卷三引，丛书集成初编第 272 册，北京：中华书局，1985 年，第 66 页。

③ 《史记》卷二八《封禅书》，第 1398 页。

④ 鎌田重雄据此及其他资料考证西汉皇帝受计月份的变化，并认为武帝时可能已出现朝会受计，见《秦汉政治制度の研究》，第 379、380、381 页。朝会受计或许可以追溯到汉武帝，但他没有意识到西汉皇帝受计乃是特例。

亦发生在宣帝朝。《汉书·循吏传》载，五凤三年（前 55 年）黄霸任丞相，时京兆尹张敞官舍的鹢雀飞集至丞相府，"霸以为神雀，议欲以闻"。张敞向皇帝奏黄霸事曰：

> "窃见丞相请与中二千石博士杂问郡国上计长吏守丞，为民兴利除害成大化条其对，有耕者让畔，男女异路，道不拾遗，及举孝子弟弟贞妇者为一辈，先上殿，举而不知其人数者次之，不为条教者在后叩头谢。丞相虽口不言，而心欲其为之也。长吏守丞对时，臣敞舍有鹢雀飞止丞相府屋上，丞相以下见者数百人。边吏多知鹢雀者，问之，皆阳不知。丞相图议上奏曰：'臣问上计长吏守丞以兴化条，皇天报下神雀。'后知从臣敞舍来，乃止。郡国吏窃笑丞相仁厚有知略，微信奇怪也。……臣敞非敢毁丞相也，诚恐群臣莫白，而长吏守丞畏丞相指，归舍法令，各为私教，务相增加，浇淳散朴，并行伪貌，有名亡实，倾摇解怠，甚者为妖。假令京师先行让畔异路，道不拾遗，其实亡益廉贪贞淫之行，而以伪先天下，固未可也；即诸侯先行之，伪声轶于京师，非细事也。汉家承敝通变，造起律令，所以劝善禁奸，条贯详备，不可复加。宜令贵臣明饬长吏守丞，归告二千石，举三老孝弟力田孝廉吏务得其人，郡事皆以义法令捡式，毋得擅为条教；敢挟诈伪以奸名誉者，必先受戮，以正明好恶。"天子嘉纳敞言，召上计吏，使侍中临饬如敞指意。霸甚惭。（89/3632—3633）

此事反映了官员为政的不同思路，亦折射出宣帝时期上计开展的细节，学者对此有所分析，指出当时元会"申戒"上计吏尚未形成制度，受计、覆问和宣敕，均是在主管部分受计阶段进行的。[①] 其说大体可从。

黄霸尚儒，希望郡国长吏自立条教来教化百姓，张敞虽"本治《春秋》，以经术自辅"，实际为政被史家目作"缘饰儒雅，刑罚必行"，名列"良吏"，却属"任刑罚"一类，与"德让君子"型的循吏有所不同。①班固的区分是有道理的，张敞号为"能吏"，强调利用律令来治国，反对妄立条教，认为这些都会导致产生虚伪。此事发生的场合正是黄霸在丞相府的殿中听取郡国上计的长吏守丞对答之时。张敞对黄霸的做法不满，转而上奏宣帝，寻求支持。宣帝理解的汉家制度是"本以霸王道杂之"，反对"纯任德教"②，尽管他推崇循吏，但对德教的做法还是颇有保留的，因而采纳了张敞的建言。

据上文，即便皇帝受计，时间亦多非正月旦。岁首（十月朔或正月朔）群臣朝贺皇帝之仪，自嬴政称帝后就存在。③西汉时上计吏能否参加，尚无证据。此外，上计吏到京师后，是否存在其他固定的与皇帝见面的仪式？细绎上引史料，处理此事时，张敞请求借助宣帝权威来扭转治理郡国的方针，却没有提议宣帝亲饬上计吏，只是建言"令贵臣明饬长吏守丞"，由贵臣出面，宣帝最后接受其议，召集上计吏，"使侍中临饬如敞指意"，派遣身边的近臣当众传达了张敞的意见，看来当时尚无皇帝受计或召见上计吏的惯例或制度。若如东汉以后的做法（详下），张敞完

---

① 《汉书》卷七六《张敞传》、卷八九《循吏传》，第 3222、3240、3624 页。

② 《汉书》卷九《元帝纪》，第 277 页。

③ 渡边信一郎认为"大概在西汉后期的宣帝之时，与东汉直接关联的（元会）礼仪已经形成"，见《元会的建构》，沟口雄三、小岛毅主编：《中国的思维世界》，第 367 页，作者并未提供证据。实际上，据《史记》卷六《秦始皇本纪》，始皇二十六年，"改年始，朝贺皆自十月朔"（第 237 页），便存在岁首朝贺之仪。西汉继承此仪，《史记》卷九《吕太后本纪》载："五年六年（长安）城就，诸侯来会，十月朝贺。"（第 398 页）景帝元年，"令群臣无朝贺"（《史记》卷一一《孝景本纪》，第 439 页）。宣帝时匈奴正月朝贺的记载亦有若干：五凤三年三月诏提到"单于称臣，使弟奉珍朝贺正月"（《汉书》卷八《宣帝纪》，第 266 页），此事实际发生在甘露二年正月（同上书，第 269 页），次年正月，呼韩邪单于自己到甘泉宫朝见宣帝（见同上书，第 271 页；卷九四下《匈奴传下》，第 3798—3799 页）。渡边所说应指这两次活动。哀帝时孔光、何武上奏亦具体列举了"朝贺置酒陈殿下"，使用何种乐人，是否该罢，见《汉书》卷二二《礼乐志》，第 1073—1074 页。感谢孙梓辛同学提醒注意此问题。

全可以提议皇帝借此机会直接明饬，而非另遣"贵臣"。

或有疑问，是否皇帝已经召见过上计吏。按照汉代行政的程序，具体事务要先由丞相处理，最后才上呈皇帝。《二年律令·置吏律》中就明确规定："县道官有请而当为律令者，各请属所二千石官，二千石官上相国、御史，相国、御史案致，当请，请之，毋得径请。径请者，罚金四两。"循此，若存在皇帝召见，亦应出现在丞相与御史两府受计结束后，而从张敞上奏看，此时丞相的受计尚未完成。据此，可知宣帝时尚无皇帝受计或召见上计吏的惯例或制度。

再者，元帝时贡禹上疏，回顾武帝朝的统治，指出当时是"天下奢侈，官乱民贫，盗贼并起，亡命者众"，郡国为避免因此而受祸"则择便巧史书习于计簿能欺上府者，以为右职"，也就是任用能够在上计文书上做手脚的人出任要职，来应付"上府"。所谓"上府"，师古注曰："上府谓所属之府。"[1]颇为含混，应指丞相与御史府。此上疏为贡禹任御史大夫时所上，据《百官公卿表下》，其任职在初元五年（前44年）六月至十二月间。贡禹尽管为御史大夫时间甚短，但他历职中外，明习政务，洞察积弊，曾向元帝数言得失。他上疏皇帝称郡国择"习于计簿"者所欺骗的对象是"上府"，而非君主本人，必言之有据。[2]

此后，至成帝时还是如此。甘肃金塔县汉代肩水金关（A32）遗址出土的成帝永始三年（前14年）的诏书残册（73EJF1：1—16）的内容正是类似的一例。先移录释文如下：

> 丞相方进、御史臣光昧死言：
> 明诏哀闵元＝，臣方进、御史臣光：往秋郡被霜，冬无大雪，不利宿麦，恐民□☑

---

① 《汉书》卷七二《贡禹传》，第3077、3078页。
② 纸屋正和据此条资料认为武帝时才出现对上计簿的严密审查，同时派遣使者巡行，并与郡国守相的黜陟联系起来，见《漢時代における郡県制の展開》，第198—199页，可备一说。

调有余，给不足，不民所疾苦也，可以便安百姓者，问计长吏
守丞，条封

臣光奉职无状，顿=首=死=罪=。臣方进、臣光前对问上计弘
农大守丞□☑

令堪对曰：富民多畜田出贷□☑

....

郡国九谷最少，可豫稍为调给。立、辅预言民所疾苦，可以便
宜☑

弘农大守丞立、山阳行大守事湖陵□□上谷行大守事☑

来去城郭，流亡离本逐末浮食者浸□☑

与县官并税以成家致富，开并兼之路，阳朔年间☑

治民之道宜务兴本，广农桑□□□□☑

来，出贷或取以贾贩愚者，苟得逐利□☑

言预。可许。臣请除贷钱它物律。诏书到，县道官得取假贷
钱□□

县官还息与贷者，它不可许。它别奏。臣方进、臣光愚戆顿=
首=死=罪=☑

制可。

永始三年七月戊申朔戊辰御☑

下当用者。（以下略）①

此为下达到肩水金关的诏书抄件，诸简下半部分多有残损，难以连读，
但内容大体可知。永始二年秋冬因灾，不利宿麦，成帝下诏求便安百姓
的对策。丞相翟方进与御史大夫孔光则向到长安上计的郡国官吏问计。

① 甘肃简牍博物馆、甘肃省文物考古研究所等编：《肩水金关汉简（肆）》中册，
上海：中西书局，2015年，第276—278页，补充了断简符号。研究见大庭脩：《肩
水金关出土的"永始三年诏书"册》，收入所著《汉简研究》，徐世虹译，桂林：广西师
范大学出版社，2001年，第21—37页。

简牍上保存下来的有上计弘农大守丞立，"山阳行大守事湖陵□□"名残，应是山阳郡的上计吏，或许就是下一行出现的"令堪"。臣方进、御史臣光所言"问计长吏守丞"，如上引《汉书·循吏传》所言，指的就是郡国的上计吏。此诏书便是根据皇帝的诏书，由丞相与御史大夫询问上计的郡国长吏守丞后，复从后者的众"对"中提炼出办法，上奏皇帝，得到批准，成为诏书，下达各地。它具体而微地呈现了"诏使丞相御史问郡国上计长吏守丞"的过程。

另外一条涉及西汉郡国上计，但又常常引起误解的资料是《续汉书·百官志一》"司徒"条刘昭注补引《汉旧仪》，其文曰：

> 哀帝元寿二年，以丞相为大司徒。郡国守①长史上计事竟，遣公②出③庭，上亲问百姓所疾苦。记室掾史④一人大音⑤读敕毕，遣敕曰："诏书殿⑥下禁吏无苛暴。丞史⑦归告二千石，顺⑧民所疾苦。急去残贼，审择良吏，无任苛刻。治狱决讼，务得其中。明诏忧百姓困于衣食，二千石帅劝农桑，思称厚恩，有以赈赡之，无烦挠⑨夺民时。今日⑩公卿以下，务饬俭恪，奢侈⑪过制度以益甚⑫，二千石身帅⑬有以

---

① "守"，《汉官旧仪》卷上作"守丞"，见孙星衍等辑：《汉官六种》，周天游点校，北京：中华书局，1990年，第38页，下同。
② "公"，《汉官旧仪》卷上作"君侯"。
③ "出"，《汉官旧仪》卷上作"出坐"。
④ "史"，《汉官旧仪》卷上作"吏"，当作"史"。
⑤ "大音"，《汉官旧仪》卷上作"大音者"。
⑥ "殿"，应从《汉官旧仪》卷上作"数"。
⑦ "史"，《汉官旧仪》卷上作"长史"。
⑧ "顺"，《汉官旧仪》卷上作"凡"。
⑨ "挠"，《汉官旧仪》卷上作"扰"。
⑩ "今日"，《汉官旧仪》卷上无。
⑪ "奢侈"，《汉官旧仪》卷上作"今俗奢侈"。
⑫ "以益甚"，《汉官旧仪》卷上作"日以益甚"。
⑬ "身帅"，《汉官旧仪》卷上作"务以身帅"，见孙星衍等辑：《汉官六种》，第39页，下同。

化之。民冗食者请谨①以法，养视疾病，致医药务治②之。诏书无饰厨养③，至今未变，又更过度④，甚不称。归告二千石，务省约如法。且案不改者，长吏以〔闻〕。官⑤寺乡亭漏败，墙垣阤坏不⑥治，无办护者，不胜⑦任，先自劾不应法。归告二千石听⑧。"⑨

这段资料经常被引用，但多遵照《后汉书》与《汉官六种》的标点与断句。依此，"上亲问百姓所疾苦"云云，似乎至少到了西汉末，皇帝已亲自召见上计吏。实则此段标点与断句均有问题，以致文意不通，亦影响到对参与受计者的认识。有学者曾对此段的断句做过初步订正⑩，犹有未尽之处。

问题集中在"郡国守长史上计事竟遣公出庭上亲问百姓所疾苦记室掾史一人大音读敕毕遣敕曰"一段，按照通行的断法，"遣公（君侯）出庭"，似乎"公（君侯）"还受到更高级别的人的调遣，无疑会将此人与皇帝联想起来。后面所谓"上亲问"云云，就更令人迷惑。"上"指皇帝，皇帝似乎

---

① "请谨"，《汉官旧仪》卷上作"谨"。

② "治"，《汉官旧仪》卷上作"活"，当从《续汉志》注。

③ "厨养"，《汉官旧仪》卷上作"厨传增养食"，于义为长。

④ "又更过度"，《汉官旧仪》卷上作"或更尤过度"。

⑤ "官"，《汉官旧仪》卷上作"守"，当从《续汉志》注。

⑥ "不"，《汉官旧仪》卷上作"所"，当从《续汉志》注。

⑦ "胜"，《汉官旧仪》卷上作"称"。

⑧ "听"，《汉官旧仪》卷上作"勿听"，当从《续汉志》注。

⑨ 《续汉书·百官志一》"司徒"条注引，见《后汉书》，点校本，北京：中华书局，1965年，第3561页；校以《汉官旧仪》卷上，见孙星衍等辑：《汉官六种》，第38—39页。鎌田重雄《郡国の上計》发表于标点本出版之前，亦如此断句，见所著《秦漢政治制度の研究》第十章，第385页；佐原康夫引此段开头几句，亦是根据标点本来断句，见所著《漢代の官衙と属吏》，收入所著《漢代都市機構の研究》，东京：汲古书院，2002年，第255页注释41。

⑩ 见魏斌：《五条诏书小史》，《魏晋南北朝隋唐史资料》第26辑（2010年），第8页。周道济引述此段，标点无误，见所著《汉唐宰相制度》，第120页；祝总斌引述此条时标点亦做过订正，大多可从，但引据的是《续古文苑》卷五，文字小异，见所著《两汉魏晋南北朝宰相制度研究》，北京：中国社会科学出版社，1998年，第64页引。

不仅遣公，还亲自参加了宣敕的仪式。其实这些疑问与误导，均是标点错误所致。正确的标点如下：

> 郡国守（丞）长史上计事竟，遣。公出庭上，亲问百姓所疾苦。
>
> 记室掾史一人大音读敕，毕，遣。敕曰：……

上计结束后的发遣仪式上，出席者仅公一人，并由属下负责保管文书的记室掾或史来读敕。《续汉书·礼仪志中》"飨遣故卫士仪"可与此并观："百官会，位定，谒者持节引故卫士入自端门。卫司马执幡钲护行。行定，侍御史持节慰劳，以诏恩问所疾苦，受其章，奏所欲言，毕，飨。赐作乐，观以角抵。乐阕，罢遣，劝以农桑。"（后汉书志5/3130）皇帝并不出席发遣计吏的仪式，而是由丞相（大司徒）参加并主持。仪式上宣读的"敕"亦是年年照本宣科的老生常谈。[①]《汉旧仪》此条前有"哀帝元寿二年，以丞相为大司徒"，若无误，则所言的发遣仪式应当到哀帝时还在行用，皇帝不出席此仪式亦应延续到西汉末年。[②]

王莽新朝情况不详，不过，东汉建立后，则出现了若干新变化。[③]

---

① 魏斌：《五条诏书小史》，《魏晋南北朝隋唐史资料》第26辑（2010年），第8页。

② 西汉丞相的突出作用与地位，从丞相府各种设施亦可见一斑，参宋杰：《西汉长安的丞相府》，《中国史研究》2010年第3期，第37—73页。

③ 渡边信一郎指出东汉的很多礼制是承袭自西汉元始故事，所谓元始故事，乃是王莽执政时创立的，见《中国古代的王权与天下秩序——从日中比较史的视角出发》，徐冲译，北京：中华书局，2008年，第84—89页。因而不能排除下面讨论的变化是沿袭王莽遗制的可能。不过，我们不能忽视刘秀自己的儒生背景，及其与王莽之间政治上的对立。因其与王莽共享许多儒家知识，如《礼记》《周官》之类，许多想法与做法接近或一致是不难想见的，未必是有意的继承或模仿。刘秀也有自己的执政理念，如对州牧，就没有坚持古制，反而在建武十八年废州牧改回刺史，恢复了武帝以来的做法，对此，可参植松慎悟：《光武帝期の官制改革とその影響》，《九州大学東洋史論集》39号（2011年），第15—18页。即便不少变化确是沿用王莽旧制，在光武帝一朝究竟发挥何种作用，也需结合光武朝的格局来认识。

二、东汉皇帝与上计

东汉时期朝廷受计的机构仍然是从丞相与御史大夫转变而来的司徒与司空①，但是，与西汉不同的是，皇帝召见计吏亦已经成为一种惯例乃至制度。其中，每年正月旦的朝会是皇帝召见计吏的固定场合。《续汉书·礼仪志中》"朝会"条云"每岁首正月，为大朝受贺"，随后略述仪式。刘昭注引用的蔡质《汉仪》则更详细。《汉仪》全文颇长，仅引涉及计吏部分如下：

> 正月旦，天子幸德阳殿，临轩。公、卿、将、大夫、百官各陪〔位〕朝贺。蛮、貊、胡、羌朝贡毕，见属郡计吏，皆〔陛〕觐，庭燎。宗室诸刘〔亲〕会，万人以上，立西面。位既定，上寿。〔群〕计吏中庭北面立，太官上食，赐群臣酒食，〔西入东出〕。……小黄门吹三通，谒者引公卿群臣以次拜，微行出。罢，卑官在前，尊官在后。②

作者蔡质，为蔡邕叔父，灵帝时任卫尉。③ 现存《汉仪》收有灵帝建宁四年(171年)立宋皇后仪，成书当不早于灵帝朝。其书所录东汉皇帝正月旦的朝会仪，究竟形成于何时，不无疑问。而天子朝会群臣的地点——德阳殿，乃东汉都城洛阳北宫正殿④，据《后汉书·明帝纪》，北宫兴建

① 见《后汉书》卷八〇下《文苑·赵壹传》，第 2632 页；《通典》卷二〇《职官·司空》小注引"又陈宠为司空"云云，标点本，北京：中华书局，1988 年，第 517 页。

② 《后汉书·礼仪志中》，第 3130—3131 页；又见孙星衍等辑：《汉官六种》，第 210—211 页。标点有改动。

③ 《后汉书》卷六〇《蔡邕传》，第 2001 页。

④ 《后汉书》卷四〇《钟离意传》及注，第 1410 页。参杨宽：《中国古代都城制度史研究》，第 128、130 页；钱国祥：《由阊阖门谈汉魏洛阳城宫城形制》，原刊《考古》2003 年第 7 期，后收入杜金鹏、钱国祥主编：《汉魏洛阳城遗址研究》，北京：科学出版社，2007 年，第 416 页。

于永平三年(60年),建成于永平八年(65年)十月①,该殿后成为皇帝日常办公之地②,或会怀疑这一仪注乃是明帝以后的产物。此种看法自然有其道理,除去朝会的地点,引文中略去的是大量的杂技表演,恐是后代不断丰富的结果,可以说蔡质所记乃是他生活的东汉晚期朝会的实际仪注。但是,我们必须注意,这种朝会活动的出现,并非始于明帝朝北宫建成之后。《后汉书·明帝纪》"永平元年(58年)春正月"条云:

> 帝率公卿已下朝于原陵,如元会仪。(2/99)

《东观汉记》则作:"(明帝)即祚,长思远慕,至逾年,乃率诸王侯、公主、外戚、郡国计吏上陵,如会殿前礼。"③文辞详略有别,说法稍异,所指应相同。所谓"会殿前礼"也许还没有形成十分固定的"元会仪",但仪式应已粗具规模。此时明帝甫即位,这套规矩自然是从光武帝时代沿袭下来的,不可能是他登基后数月中匆匆制定的。

的确,光武帝朝存在正月旦的朝贺活动。《后汉书·卢芳传》载,建武十六年(40年),卢芳请降,被封为代王,芳上疏答谢,光武帝"诏报(卢)芳朝明年(十七年)正月。其冬,芳入朝,南及昌平,有诏止,令更朝明岁",结果引起卢芳忧恐,再度背叛汉廷(12/507—508)。同书《宗室四王三侯传·赵孝王良传》称:"(建武)五年,徙为赵王,始就国。十三年,降为赵公。频岁来朝。十七年,薨于京师。"(14/558)或许建武五年以后便有藩王正月朝贺的做法了。又《后汉书·虞延传》载:

> (建武)二十三年,司徒玉况辟焉。时元正朝贺,(光武)帝望而

---

① 《后汉纪》记载了始建的年代,与《后汉书》同,见《两汉纪》下册《后汉纪》卷九《明帝纪》"永平三年"秋八月条下,点校本,北京:中华书局,2002年,第170页。

② 《后汉书》卷七《桓帝纪》建和二年五月癸丑条"北宫掖廷中德阳殿及左掖门火,车驾移幸南宫",第292页。

③ 《太平御览》卷四一一《人事部·孝感》引,影印本,北京:中华书局,1960年,第1895页;《初学记》卷一七《人部·孝》"汉奁 魏玺"条引此条较略,见点校本第2版,北京:中华书局,2004年,第421页。

识延，遣小黄门驰问之，即日召拜公车令。(33/1152)

据《光武帝纪下》，陈留太守玉况二十三年(47年)九月辛未为大司徒，二十七年(51年)四月薨，虞延参加的当是建武二十四年(48年)正月旦的朝贺。[①] 此前，虞延曾任陈留郡督邮，为玉况属吏，玉况升任司徒，辟除故吏亦是当时官场的惯例。建武二十四年举行了元会朝贺无可否认。

光武一朝其他年份是否也进行了元正朝贺，囿于史料，无法逐一证明[②]，不过，可以肯定的是，光武一代这种朝贺仪式上，计吏应该也是侧身其中的，不然，明帝时创立上陵礼时计吏参加就不能说是"如会殿前礼"了。当然，此说法并非仅依靠推理，还有直接的史料。谢承《后汉书》佚文云：

郭宏为郡上计吏，正月朝觐。宏进殿下，谢祖宗受恩，言辞辩

① 《后汉书》卷三三《虞延传》注引谢承《后汉书》云"章和元年(87年)，诏以况为司徒"(第1153页)，前后相差40年。《太平御览》卷二〇九《职官部·司徒掾》引谢承《后汉书》则云"虞延辟司徒侯霸府，正旦百官朝贺，上望见延"云云(第1004页)。查《后汉书·光武帝纪》与《侯霸传》，侯霸任大司徒于建武五年(29年)，卒于建武十三年(37年)正月(1上/40，1下/60，26/902)。《后汉纪》卷五《光武帝纪五》建武五年亦有"是冬，大司徒伏湛免，尚书令侯霸为司徒"，卷七"建武十三年"则有"大司徒侯霸薨"(《两汉纪》下册，第81、121页)，与《后汉书》记载一致。《三辅决录》云："杜陵有玉(王)氏，音肃。玉况字文伯，光武以为司徒。"(《古今姓氏辩证》所引，见张澍辑，陈晓捷注：《三辅决录》，西安：三秦出版社，2006年，第74页)尽管未云具体年代，但认为是在光武朝。故《后汉书》的记载是正确的。王先谦《后汉书集解》引王会汾说，指出注引谢承书有误，然下条复引《御览》卷二〇九引谢承《后汉书》条(影印本，北京：中华书局，1984年，第406页)，却未加辨析，不免令人疑惑，故考证如上。

② 王应麟《玉海》卷六五《诏令》"汉上计律"条引"卫宏《汉旧仪》曰：朝会上计律，常以正月旦受群臣朝贺。"(第1236页)今辑本《汉旧仪》无此条。《周礼》注引此律作"上计律"，参程树德《九朝律考·汉律考》"上计律"条，程树德在小注中说："疑上计律为朝律中之一篇。"(第2版，北京：中华书局，2006年，第18—19页)。关于东汉正旦朝贺，彭卫、杨振红《中国风俗史·秦汉卷》有比较详尽的概括，可参(上海：上海文艺出版社，2002年，第623—627页)。陈戍国概述过东汉的朝觐锡命礼，可参，见所著《中国礼制史·秦汉卷》，第2版，长沙：湖南人民出版社，2002年，第368—374页。

丽，专对移时。天子曰："颍川乃有此辨士邪？子贡、晏婴，何以加之？"群公属目，卿士叹伏。①

"宏""弘"同源，可换用，"弘"复为赵宋讳。郭宏是颍川郡的计吏，为该郡人无疑。郭宏当是范晔《后汉书》提到的郭弘，郭躬之父，颍川阳翟人，精通《小杜律》。太守寇恂以弘为决曹掾，断狱至三十年，用法平。② 寇恂任颍川太守在建武二年（26 年），一年后转为汝南太守③，因此郭弘任决曹掾亦在此间，则其担任上计吏必在光武朝。所谓"正月朝觐"，还有公卿参加，显然是指元旦的朝贺活动。

又，《后汉书·张堪传》云："帝尝召见诸郡计吏，问其风土及前后守令能否。"蜀郡计掾樊显在对答中称赞了渔阳太守张堪过去在蜀郡"仁以惠下，威能讨奸"，光武帝听到此语，想征召张堪，堪不幸病卒（31/1100）。④ 此事发生在张堪死前，具体时间应该为建武二十二或二十三年（46 或 47 年）。⑤ 此事最可能发生的场合莫过于计吏参加正月朝贺，面见皇帝之时。

光武帝以后，计吏参加元会面见皇帝的做法基本坚持下来，我们不

---

① 《太平御览》卷四六三《人事部·辩上》引谢承《后汉书》，第 2130 页。

② 《后汉书》卷四六《郭躬传》，第 1543 页。

③ 《后汉书》卷一六《寇恂传》，第 623、624 页。

④ 此事又见《艺文类聚》卷七〇《服饰部下·被》引《东观汉记》（点校本第 2 版，上海：上海古籍出版社，1999 年，第 1219 页），文字略同。

⑤ 严耕望《两汉太守刺史表》卷二《东汉郡国守相表》十二《幽州部郡守属国都尉表》将张堪任职列在建武二十二年以后，"渔阳郡"条亦云张堪任职是"建武中末叶，在郡八年"（第 2 版，台北：史语所，1993 年，第 260、265 页）。此说不确。据《张堪传》，破公孙述时张堪为蜀郡太守，此时为建武十二年。他"在郡二年，征拜骑都尉"，应是在建武十三年，"后领骠骑将军杜茂营，击破匈奴于高柳，拜渔阳太守"，此事应发生在建武十五年，《光武帝纪下》建武十五年"卢芳自匈奴入居高柳。是岁，骠骑大将军杜茂免"，张堪领杜茂营当在十五年杜茂因事被免后，拜渔阳太守则在破匈奴后，"视事八年"则卒于建武二十二或二十三年。

又，《后汉纪》卷六"建武十二年"条将"问蜀郡计吏樊显"事发生的时间记为明帝时（《两汉纪》下册，第 112 页），亦误。

难找到明帝以降计吏与皇帝互动的记载。如《后汉书·虞延传》载："永平初，有新野功曹邓衍，以外戚小侯每豫朝会，而容姿趋步，有出于众，显宗目之……特赐舆马衣服。"而虞延认为此人有容仪而无实行，未加重用。明帝专门下诏提拔，结果此人"在职不服父丧"，违反礼教，可见虞延有识人之明。注引谢承《后汉书》提供了更多的细节：

> 帝赐舆马衣服剑珮刀，钱二万，南阳计吏归，具以启延。延知衍华不副实，行不配容，积三年不用，于是上乃自敕衍称南阳功曹诣阙。（33/1153）

此事亦应是发生在永平初年某次正月旦的朝贺大典上，计吏亦参加，目睹此幕，故能归告虞延。《水经注·温水注》"东北入于郁"下引刘宋范泰《古今善言》：

> 日南张重，举计入洛，正旦大会，明帝问：日南郡北向视日邪？重曰：……（36/629）①

此事发生的具体年代无考，乃是正旦朝贺仪式上明帝与日南郡计吏的问对，针对的是当地的自然与风俗。《后汉书·庞参传》载，顺帝时"当会茂才孝廉，（太尉庞）参以被奏，称疾不得会"，上计掾广汉段恭因会上疏，为其鸣不平，结果，"书奏，诏即遣小黄门视参疾，太医致羊酒"慰问（51/1691）。又如《华阳国志》卷一〇《汉中士女志》：

> 程苞，字元道，南郑人也。光和二年上计吏。时巴郡板楯反，军旅数起，征伐频年，天子患之，访问益州计，考以方略。苞对言……天子从之，卒如其言。后在道卒。②

---

① 此事又见《太平御览》卷四《天部·日》引《后汉书》，文字小异，称"明帝时举孝廉"云云，第 19 页。

② 亦见《后汉书》卷八六《板楯蛮夷传》，第 2843 页，对答更详细，"程苞"则作"程包"。

据《灵帝纪》，"巴郡板楯蛮叛，遣御史中丞萧瑗督益州刺史讨之，不克"是在光和二年十月，计吏到京师也要到年底，问计一事当出现在年底或次年初。这是皇帝就具体事务问询当地计吏，最终获得采纳。

上引数例的时代大体可考，有些确切指明发生在朝会之时，有些则模糊不清。但以上计的时间与举行朝见的时间①推断，发生在次年正月旦的朝贺之时的可能性很高。另有一事，具体发生在哪朝不明，却凸显了朝会上计吏与皇帝之间互动所带来的戏剧性结果。《太平御览》卷三八九《人事部·容止》引《三辅决录》：

> 窦叔高名玄，为上郡计吏。朝会数百人，仪状绝众，天子异之，诏以公主妻之。出，同辈调笑焉。叔高时已自有妻，不敢以闻。方欲迎妇与诀，未发，而诏召叔高，就第成婚。(1801)

窦玄生卒年代不详，此事发生时间亦无考，但为东汉事当无疑。《艺文类聚》卷三○《人部·别》有"后汉窦玄形貌绝异，天子以公主妻之。旧妻与玄书别曰"云云，转录了其妻的别书(534)，并为后代其他诗文选集，如《古诗纪》《东汉文纪》所收。此事恐怕轰动一时，可惜时人乃至后人津津乐道的多是窦玄的奇遇与其妻的怨怼，对于天子为谁倒并不在意。窦玄的经历成为计吏与皇帝之间奇特关系的一种象征，不同的人有不同的解读。《古诗纪》卷一四引窦玄妻的别书，名为"古怨歌"，云"时人怜而传之，亦名艳歌"，显然时人对别书的解读角度各异，故名称相对。而在南朝士人心目中，窦玄结姻天子则成为高门类比的先例。王俭《褚渊碑文》云："(渊)选尚余姚公主，拜驸马都尉，汉结叔高，晋姻武子，方斯蔑如也。"②这一故事的流传，激荡出人们对朝会上皇帝召见计吏结局的种种想象。

---

① 《续汉书·礼仪志中》朝会条注引蔡邕曰："群臣朝见之仪，视不晚朝十月朔之故，以问胡广。广曰：'旧仪，公卿以下每月常朝，先帝以其频，故省，唯六月、十月朔朝。后复以六月朔盛暑，省之。'"（《后汉书》，第3131页），大臣见皇帝的机会只有十月和正月旦两次，更不会为计吏单独举行朝见皇帝的活动。

② 《六臣注文选》，影印本，杭州：浙江古籍出版社，1999年，第1060页。

东汉上计吏于元正时面见皇帝究竟始于何年，依现有资料，难以说清。不过，《后汉纪·光武帝纪》载建武十三年（37年）正月诏：

> 往年敕郡国，勿因计吏有所进献，今故未止，非徒劳役，道途所过未免烦费。已敕太官勿复受。其远方食物乘舆口实可以荐宗庙者，即如旧制。

随后云"时有献善马日行千里，宝剑直百金。马以驾鼓车，剑以赐骑士"[1]，此事当是颁下诏书的诱因。至少建武十三年之前若干年，郡国上计的旧制就已恢复，而据上引《赵孝王良传》，刘良建武五年就国后便"频岁来朝"，估计正旦朝贺的做法就已成形，计吏朝觐皇帝应该也已出现。如果不是计吏在光武帝面前进呈各地的贡品，而是直接交给太官，光武帝恐怕不会看到，更不会感受到运送的艰难。

东汉末建安年间，天下大乱，朝贺还在艰难维持，计吏依然要参加。[2] 魏晋以后，依然得到延续。西汉时期原本由丞相（司徒）遣吏向计吏宣读的"敕"改由当皇帝面，由侍中宣读的"五条诏书"。[3]

---

[1] 《后汉书》卷一下《光武帝纪下》"建武十三年正月"条亦载此诏，但文字与《后汉纪》颇有出入，其中为《后汉纪》所无的一句作"异味不得有所献御"；卷七六《循吏传序》则有"建武十三年，异国有献名马者，日行千里，又进宝剑，贾（价）兼百金，诏以马驾鼓车，剑赐骑士"（第60—61、2457页）。

[2] 《三国志》卷二一《魏书·刘劭传》载："建安中，为计吏，诣许。太史上言：'正旦当日蚀。'劭时在尚书令荀彧所，坐者数十人，或云当废朝，或云宜却会。"（点校本第2版，北京：中华书局，1982年，第617页）《通典》卷七八《礼·沿革·军礼三·天子合朔伐鼓》"后汉"亦有类似记载，云"建安中，将元会，而太史上言正朝当日蚀。朝臣议应会不？博平计吏刘邵建言"云云（第2116页）。两者参看，可证明此点。至于细节，如"博平计吏"之说，有误，点校本校注已据《晋书·礼志》指出"博"作"广"。刘劭为广平邯郸人。

[3] 参魏斌：《五条诏书小史》，《魏晋南北朝隋唐史资料》第26辑（2010年），第8—12页。关于魏晋南北朝上计的情况，见曾我部静雄：《上計吏と朝集使》，《國士館大學人文學會紀要》2号（1970年3月），第94—97页；王东洋：《魏晋南北朝考课制度研究》第五章，北京：社会科学文献出版社，2009年，第249—265页；戴卫红：《从湖南郴州苏仙桥遗址J10出土的晋简看西晋上计制度》，《中国社会科学院历史研究所学刊》第八集，北京：商务印书馆，2013年，第155—173页。

正旦朝贺之外，从明帝永平元年起，计吏还要与皇帝、百官一道参加上陵礼，并在光武帝神坐前汇报各自郡国的工作。上引《后汉书·明帝纪》"永平元年(58年)春正月"条云：

> 帝率公卿已下朝于原陵，如元会仪。

注引《汉官仪》曰："天子以正月上原陵，公卿百官及诸侯王、郡国计吏皆当轩下，占其郡国谷价，四方改易，欲先帝魂魄闻之也。"(2/99)《续汉书·礼仪志上》的记载更为详尽，不具引。其中提到"(帝)最后亲陵，遣计吏，赐之带佩"(后汉书志4/3103)，计吏归郡国则是在跟随皇帝参加了上陵礼之后，这与西汉时期在丞相(司徒)府庭上聆听完记室读"敕"后发遣赋归相比，已发生了根本的变化。

上陵礼在明帝时期得到坚持，《后汉书·皇后纪·光武阴皇后》载："(永平)十七年正月，当谒原陵，夜梦先帝、太后如平生欢。既寤，悲不能寐，即案历，明旦日吉，遂率百官及故客上陵。"(10/407)后代各帝亦应沿行不废，所以到了灵帝建宁五年(172年)正月蔡邕随帝上原陵，参与了祭祀的全过程，方理解明帝的孝心，打消了建议裁省的念头。[①] 该礼收入《汉官仪》与《续汉书·礼仪志》，亦表明其为明帝以降历朝遵行的礼仪活动。[②]

魏晋以后，上陵礼并未得到一致的遵行，或革省或袭用，变化多端，计吏是否参与此礼，亦不清楚。[③]

此外，明帝永平二年(59年)正月辛未(十九日)，宗祀光武皇帝于明

---

① 《后汉书·礼仪志上》，第3103—3104页。有关记载亦见《太平御览》卷五三一《礼仪部·宗庙》引《汉杂事》，第2409页。

② 关于上陵礼出现的背景及其在中国古代祭祀中的意义，参杨宽：《中国古代陵寝制度史研究》，上海：上海人民出版社，2003年，第38—43页；巫鸿：《从"庙"至"墓"：中国古代宗教美术发展中的一个关键问题》，1989年初刊，收入所著《礼仪中的美术：巫鸿中国古代美术史文编》下册，北京：生活·读书·新知三联书店，2005年，第549—568页。

③ 参《通典》卷五二《吉礼·上陵》，第1448—1452页。

堂，礼毕，登灵台。据诏令，"众郡奉计、百蛮贡职"均参与其事。① 按
《续汉书·礼仪志上》：祭祀明堂被纳入"五供"，排在南郊、北郊之后，
高庙、世祖庙之前。"五供毕，以次上陵"。东汉皇帝亲祭明堂次数不多，
《东汉会要》卷四有收集，可参。计吏参与明堂祭祀首见于上陵礼出现的
次年，但从后来的定制看，在正月祭祀的先后次序上，明堂要早于上陵。
确如前引《礼仪志上》所言，参加完上陵礼，计吏们就该打道回府了。

　　另一东汉时期与计吏关系密切的变化是"计吏受官"。此点宋人徐天
麟《东汉会要·选举下·上计吏》就有初步整理，今人关注仕进选官制度
者多有论及②，无须赘述。这一做法光武帝时已出现，如上引《张堪传》，
蜀郡计掾樊显因对答称意，拜为鱼复长。但究竟何时形成这一做法并不
清楚，当在东汉，西汉应无，其后又曾一度废止，据《和帝纪》，永元十四
年（102 年）"初复郡国上计补郎官"。桓帝延熹年间，复因杨秉上言而一度
罢除此制，但不久又恢复，一直到建安初年还有上计掾被留在京师任职。③

　　此外，东汉时部分州治所在郡的计吏任务较西京更重，他们还要负
责转呈刺史的奏事。④《续汉书·百官志五》云："（诸州刺史）初，岁尽诣
京都奏事，中兴但因计吏。"注引胡广曰："不复自诣京师。"此一变化出现
在建武十一年（35 年）。《后汉书·光武帝纪下》云："是岁……初断州牧

---

① 《后汉书》卷二《明帝纪》，第 100 页。
② 鎌田重雄：《秦漢政治制度の研究》，第 397—399 页；严耕望：《中国地方行
政制度史甲部——秦汉地方行政制度》，第 263—264 页；黄留珠：《秦汉仕进制度》，
1985 年初版，此据第 2 次印刷版，西安：西北大学出版社，1998 年，第 219—221
页；王克奇：《论秦汉郎官制度》，收入安作璋、熊铁基：《秦汉官制史稿》上册，第
392—392 页；安作璋、熊铁基：《秦汉官制史稿》下册，第 132 页；杨鸿年：《汉魏制
度丛考》，第 455—458 页；邹水杰：《东汉诏除郎初探——以荫任除郎与上计拜郎为
中心》，《南都学坛（人文社会科学学报）》2012 年第 1 期，第 5—6 页。
③ 《三国志》卷二三《裴潜传》注引《魏略》记述严幹和李义的经历："逮建安初，
关中始开。诏分冯翊西数县为左内史郡，治高陵；以东数县为本郡，治临晋。……
（两人）皆仕郡为右职。司隶辟幹，不至。岁终，郡举（严）幹孝廉，（李）义上计掾。
义留京师，为平陵令，迁冗从仆射，遂历显职。"（第 673 页）
④ 鎌田重雄考证出代替刺史奏事的是该州的郡国计吏，见《秦汉政治制度的研
究》，第 373—375 页。以意度之，当委托州治所在的郡上计吏转呈，而非其他郡国。

自还奏事。"(1/58)《续汉书·百官志五》注引《东观书》收有和帝初张酺的上言,指出"数十年以来,重其道归烦扰,故时止勿奏事,今因以为故事",建议恢复旧制,"令奏事如旧典"(后汉书志28/3619),但未见下文。

总而言之,东汉时期上计吏到京城后,除了到司徒、司空府完成例行的上计工作外,还要参加次年正旦的朝贺大典,面见皇帝,答对皇帝提问;随后参加明堂祭祀与上陵礼,拜谒光武帝的陵墓。其中部分计吏可能会因此而获得官职。同时,少数计吏还要负责转呈刺史的奏事,过去这也需要刺史向皇帝或其近臣来申奏的。凡此种种,较之西汉,一个明显的变化是在郡国上计掾吏到京城后的活动中,皇帝与计吏见面成为固定的节目,且不止一次,而在西汉时期,除去武帝时期的四次之外,不存在这种常态化的安排。

三、上计活动变化的意义与东汉初年政局

上述变化是无意出现的,还是出于某种目的的设计?前文业已指出,到西汉哀帝元寿二年的仪注中,上计结束时,还是司徒出面接见计吏,并遣吏宣读敕文。王莽新朝情况不明。上文考证则显示,皇帝召见计吏、授官与计吏代替刺史奏事均出现于光武、明帝时期,我们不能不从东汉初年的政局中找寻变化的背景。

首先,需要对上计活动这几方面变化的时代意义略做分析。对比西汉,一个突出的变化就是计吏在京师不仅要赴司徒、司空府上计,还要参加次年正月的若干礼仪活动,至少有两次机会面见当朝天子,且还有可能获得官职,留任郎官,最为戏剧性的莫如窦玄,因容仪绝众,被皇帝选中,做上了天子的乘龙快婿。

计吏参加正旦的朝贺,如班固《东都赋》所言:"春王三朝,会同汉京。是日也,天子受四海之图籍,膺万国之贡珍,内抚诸夏,外绥百蛮。"[1]

---

① 《六臣注文选》卷三,第21页。

承担上呈"四海之图籍"的，当是参加朝贺典礼的郡国计吏，同时还要向皇帝纳贡。这一仪式年复一年地举行，确如渡边信一郎所言，带有相当的仪式性，实现的是"对皇帝和命官之间的第一重君臣关系的更新和再确认，以及对皇帝的臣服"，并"象征以皇帝为代表的中央政府和地方郡国之间贡纳-从属关系更新的场所"。[1] 此外，计吏还要向皇帝汇报郡国的谷价、民所疾苦，而皇帝也会随机提出各种问题：光武帝便曾"问其风土及前后守令能否"；明帝一次正旦朝贺，好奇地问日南郡的计吏"日南郡北向视日邪"。问题若流传至今，恐怕一定是千奇百怪。不过，古怪的问题虽多，关于郡国的治绩一定是难以绕开的核心。从西汉时期丞相对计吏的"敕"，到西晋武帝对计吏的五条诏书，不难发现内容上的延续，这正是皇帝关注的核心。

西汉时，皇帝要想向计吏了解情况，则要遣近臣问询，而非自己召见；东汉皇帝则从幕后走上前台，直接掌握和了解郡国的情况。

计吏受官，一定程度上削弱了司徒的人事权，扩大了皇帝任用官吏的范围。《汉旧仪》卷下载旧制："令六百石以上，尚书调；拜迁四百石长相至二百石，丞相调；除中都官百石，大鸿胪调；郡国百石，二千石调。"[2]东汉以后此制应得到沿用，甚至到顺帝阳嘉元年（132年）十二月诏书规定"今刺史、二千石之选，归任三司"，次年郎𫖮上疏亦云"今选举牧守，委任三府"。[3] 实际到了北朝、唐代，还是存在任用权限的区分。唐代就明确规定五品以上分册授、制授与敕授，由宰司进拟，皇帝批准，六品以下旨授，由尚书选用。[4] 西京上计尚有以长史、守丞担任者，甚或律令有如此规定，故留下"守丞长史上计事竟"之类说法，但实际的担

---

① 渡边信一郎：《元会的建构》，见沟口雄三、小岛毅主编：《中国的思维世界》，第370、376页。

② 孙星衍等辑：《汉宫六种》，第82页。

③ 《后汉书》卷六《顺帝纪》，第261页；卷三〇下《郎𫖮传》，第1056页。

④ 《通典》卷一五《选举三》，第359页。

当者，已逐渐沦为普通小吏①，这样也就从异地为官的长吏逐渐转为由本地出身的郡国属吏来承担。东汉以后负责上计的上计掾、史更是从郡国属吏中挑选，东汉时期郡国属吏依然延续西汉的传统，秩次最高不过百石。② 按照西汉旧制，若要以功次升迁到二百石的长吏，则由丞相府负责，无关皇帝；若按照东汉时期影响日大的辟除一路，亦要有府主的拔擢，同样不需要皇帝出面。而光武帝时始见，后逐渐成为惯例乃至制度的计吏受官，一定程度上侵夺了司徒任官的职责，扩大了皇帝选任官员的候选对象。

尽管至东汉顺帝时，郡国不过 105 个，参加上计的官吏若以三人计③，一次总共 300 余人，看起来人数不多，实际并不少。自和帝永元年间开始，岁举孝廉的人数也不过 228 人④，按《通典·职官·秩品》，东汉内外文武官 7567 人，内官 1055 人，外官 6512 人（36/990），300 余人已近内官总数的三分之一。对皇帝而言，提供了相当可观的官员后备人选。换个角度看，这一渠道的开辟，意味着原先归司徒所控制、调配的候选官员的部分流失，无形之中，其影响力与职权受到侵蚀，而皇帝在任用官员上的影响扩张到郡国低级官吏群体。当然，此变化微妙，表面难以

---

① 悬泉汉简"传"文书中出现了若干例子，宣帝以后"守丞"之外，已见敦煌郡派遣"助府佐""守卒史""行丞事守部候"去上计的例子，参侯旭东：《从朝宿之舍到商铺——汉代郡国邸与六朝邸店考论》，《清华大学学报（哲学社会科学版）》2011 年第 5 期，第 35 页所引诸例。已收入本书。在西汉末年尹湾汉墓中东海郡卒史师饶的随葬品中出现了上计使用的"集簿"抄本，表明他亦曾担任过此工作。原因恐怕与长途旅行的危险与劳顿辛苦分不开，故长吏逐渐将此事转嫁给属吏来完成。关于"守丞"的含义，参严耕望：《中国地方行政制度史甲部——秦汉地方行政制度》，第 106—108 页。
② 这一问题的系统研究，参李迎春：《秦汉郡县属吏制度演变考》，博士论文，北京师范大学历史学院，2009 年，王子今指导，第 165 页。
③ 《三国志》卷一一《魏书·邴原传》注引《原别传》："时鲁国孔融在郡，教选计当任公卿之才，乃以郑玄为计掾，彭璆为计吏，原为计佐。"（第 352 页）此事当发生在初平元年（190 年）至建安元年（196 年）孔融任北海相时（据俞绍初编：《建安七子年谱》，收入俞绍初辑校：《建安七子集》，北京：中华书局，2005 年，第 378—394 页），若依此，一年一郡的上计至少 3 人。
④ 黄留珠：《秦汉仕进制度》，第 102 页。

觉察，以致东汉一代几乎没有人注意到，尽管不少时人在争论三公与尚书职权的起伏变化。

东汉时因受到皇帝接见而实际获得官职的计吏数额无法确知，且当时恐怕也没有个确定的数量或比例，从计吏角度看，这种不确定性反而更刺激计吏们的努力，如果表现出众，就有可能得到皇帝的青睐。计吏面见皇帝的场合，实际成为郡国计吏自我展示，包括显示自己郡国风土人情的极好舞台，亦成为计吏间相互竞争的赛场，对于地方意识与认同的成长有一定的推动作用①，因此，郡国往往会精心考虑计吏的人选。孔融任北海相时选择计吏的条件便是"当任公卿之才"。而他们一旦被皇帝看中，得到的官职多是郎官，乃皇帝的亲近侍臣，原无固定职掌，属于储官性质②，这种任职经历亦会加强获郎官者与皇帝之间的联系。

建武十一年(35年)"断州牧自还奏事"，并将此任务委托给计吏，从刺史角度的分析不少③，但从计吏一面的观察则未见④。此一变化对于把握在控制地方上刺史与计吏作用的升降颇为重要。西汉武帝设部刺史，

---

① 永田拓治甚至认为中央通过上计了解郡国先贤，进而加以控制和管理，推动了郡国编纂"耆旧传"与"先贤传"一类文献，见所著《上计制度与"耆旧传"、"先贤传"的编纂》，《武汉大学学报(人文学科版)》65卷4期(2012年7月)，第49—61页。

② 严耕望与王克奇均认为东汉时郎署已经成为行政人才训练之所，宿卫给事不是要务，见严耕望：《秦汉郎吏制度考》，《严耕望史学论文选集》下册，北京：中华书局，2006年，第293页；王克奇：《论秦汉郎官制度》，收入安作璋、熊铁基：《秦汉官制史稿》上册，第382页。此说嫌过于绝对，《后汉书》卷一〇上《皇后纪上·光武郭皇后》云："[永元四年(92年)]大将军窦宪被诛，(郭)举以宪女婿谋逆，故父子俱下狱死，家属徙合浦，宗族为郎吏者，悉免官。"(第404页)可见到和帝时郎吏犹为皇帝亲近。郎中的"宦皇帝者"的特点一直没有消失，其出职补吏亦带有以内制外的用意，参孙正军：《汉唐储官制度研究》，博士论文，北京大学历史学系，2010年，阎步克指导，第35页。关于郎官属于"宦皇帝者"的分析，参阎步克：《从爵本位到官本位：秦汉官僚品位结构研究》下编第四章"《二年律令》中的'宦皇帝者'"，北京：生活·读书·新知三联书店，2009年，第370—407页。

③ 如汪清：《两汉魏晋南朝州、刺史制度研究》，合肥：合肥工业大学出版社，2006年，第70页。

④ 曾我部静雄在论述两汉上计时提及此事，但未做分析，见《上计吏と朝集使》，《國士館大學人文學會紀要》2号(1970年3月)，第94页。

秩次虽只有六百石，但有皇帝使者的身份，以"六条问事"监督郡国二千石长吏，年终回京奏事，有机会面见皇帝①，甚至有学者认为西汉朝廷结合刺史奏事与郡守上计两方面情况，评判郡国守相治绩，给予奖惩②。而光武取消州牧奏事，七年后将州牧改回刺史，当如何认识？

应该注意到，光武帝一朝正是极力发挥州牧（刺史）职能，监督地方官之时，建武六年，朱浮上疏称"（光武）即位以来，不用旧典，信刺举之官，黜鼎辅之任，至于有所劾奏，便加免退，覆案不关三府，罪谴不蒙澄察。陛下以使者为腹心"云云，"使者"指的就是州牧。③《后汉书·循吏传序》云："建武、永平之间，吏事刻深，亟以谣言单辞，转易守长。故朱浮数上谏言，箴切峻政。"（76/2457）放手州牧（刺史）督查地方并非一时之权宜。此背景下取消州牧回京师奏事的惯例，而委托计吏转呈，不能认为是光武帝欲削弱州牧的监督职能，恐关乎其厉行节约的一贯执政风格，如上引张酺所言"重其道归烦挠"。④ 当然，其意外的后果一方面是使刺史的皇帝使者身份大打折扣，对其最终发展成一级地方长吏起到了推动作用⑤，

---

① 《汉书》卷七五《京房传》载元帝时事，第3161页。

② 熊伟：《秦汉监察制度史研究》，天津：天津人民出版社，2011年，第162页。

③ 《后汉书》卷三三《朱浮传》注云："使者，刺史也。"（第1143、1144页）不确，当时尚称"州牧"，建武十八年方复曰"刺史"。关于刺史、司隶校尉的使者身份，参廖伯源：《使者与官制演变：秦汉皇帝使者考论》，第274—278页；植松慎悟：《後漢時代における刺史の"行政官化"再考》，《九州大学東洋史論集》36号（2008年），第18—26页。

④ 植松慎悟亦指出此点，见《後漢時代における刺史の"行政官化"再考》，《九州大学東洋史論集》36号（2008年），第4页。

⑤ 参严耕望：《中国地方行政制度史甲部——秦汉地方行政制度》，第284—285页。只是对于取消刺史奏事的原因，严先生未论及，这里略做补充。和帝即位后，"分遣使者，皆微服单行，各至州县，观采风谣"（《后汉书》卷八二上《方术·李邰传》，第2717页），刺史恐怕就已成为被关注的对象。到顺帝汉安元年（142年），甚至出现皇帝遣八人分行州郡，刺史亦成为劾奏对象的情况，见《后汉书》卷六《顺帝纪》（第272页）、卷六三《李固传》固与廷尉吴雄上疏（第2082页）。原来承担监察任务的刺史已经成为被监察的对象。且此后顺帝复据李固等的上言，"下诏诸州劾奏守令以下"，说明此时刺史已无此职责，可见刺史在迈向一级地方大吏上已有实质性的变化。（转下页）

但这并非光武帝改革的初衷；另一方面，当与上文所讨论的计吏面见皇帝成为惯例或定制有关，对于州治所在的十几个郡的计吏来说，则是职任的加重。

概言之，东汉初年出现的上计活动的变化，无处不见皇帝的身影。皇帝在元正朝贺大典面见计吏，既有仪式性的意义，也不时会出现问对，体现出对郡国事务的关注；计吏受官，则扩充了皇帝选官的范围；部分计吏代替刺史奏事，亦强化了计吏的作用。

与此相应的，则是司徒、司空职权受到侵蚀与削弱。西汉时期基本是由丞相与御史大夫受计，皇帝最多只是遣近臣传达想法；东汉时期皇帝召见计吏定制的出现，无形中既是皇帝对郡国工作的检阅，亦是对司徒工作的监督。而此前，皇帝只能通过程式化的文书（计簿）来了解，现在则可以通过灵活的问对来掌握更多的详情。而计吏受官，则扩大了皇帝任官的范围，将其触角伸到原本归司徒管辖的中低层官吏。

上述变化的出现，应与东汉初光武、明两帝个人统治风格有密切关系。学界久已注意到光武与明帝惩汉末失国、王莽夺权之弊，强化君权，削弱三公职权，并有不少分析。[①]不过，前人的关注多集中在制度性的设置上，或史书所提示的现象上，没有注意到这类重复性的仪式活动上出现的变化的潜在意义。

―――――――

（接上页）关于东汉刺史"行政官化"问题，近年日本学者多有研究，但意见并不一致，见植松慎悟：《後漢時代における刺史の"行政官化"再考》，《九州大学東洋史論集》36号（2008年），第10—17页；小嶋茂稔：《漢代国家統治の構造と展開――後漢国家論序説》，东京：汲古書院，2009年，第214—229页。植松注意到东汉刺史奏事与上计之间的关系，但解释与笔者不同（第5页），他强调东汉刺史的基调依然是监察，涉及行政主要是承担监督行政的作用。小嶋则指出大约顺帝以后，刺史作为民政官表现得更为明显，见上引书第220页，这与笔者推测的时段相同。

① 如林剑鸣：《秦汉史》，上海：上海人民出版社，2003年，第744—752页；祝总斌：《两汉魏晋南北朝宰相制度研究》，第58—60、96—101页；陈勇：《论光武帝"退功臣而进文吏"》，《历史研究》1995年第4期，第111—124页；植松慎悟：《光武帝期の官制改革とその影響》，《九州大学東洋史論集》39号（2011年），第21—23页。

透过东汉计吏在京城活动的变化，不难看到皇帝与三公之间的职权上的消长，其背景乃是西汉以来丞相（三公）主政的格局。半个多世纪前，钱穆先生在分析古代制度时，比较了汉代皇帝和宰相的秘书处的组织与大小，说：

> 我们只根据这（宰相秘书处）十三曹名称，便可想见当时全国政务都要汇集到宰相，而并不归属于皇帝。……可见汉代一切实际事权，照法理，该在相府，不在皇室，宰相才是政府的真领袖。①

钱先生强调了宰相的作用，是有道理的，不过，没有考虑前后是否存在变化。后来，劳榦先生进一步指出：

> 秦汉的皇帝诚然掌握着国家最高的权力，但一般政务还是在原则上完全交给丞相去办，皇帝只是责成丞相。再由丞相把地方的政务信托给郡太守，由太守全权处理郡内的事。

劳先生进而将这种统治方式概括为"君相委托制度"，并认为"汉代到了武帝以后，虽然可以说还是信托式的传统，可是被扰乱的不纯。等到东汉时代就更进一步的破坏，一直到晚清尚不能恢复旧时的原则"。②劳先生指出秦汉时期丞相原本在统治中占有突出地位，但其作用时常会受到皇帝的侵蚀，十分有见地。文献中关于东汉"三公之职，备员而已"一类的描述颇受瞩目，其实，后人还有另外的观察。西晋人李重说：

---

① 钱穆：《中国历代政治得失》，北京：生活・读书・新知三联书店，2005年，第4页。感谢黄振萍兄提示此书。
② 劳榦：《汉代政治组织的特质及其功能》，原刊《"清华"学报》新第8卷第1、2期合刊（1970年8月），收入《劳榦学术论文集甲编》下册，台北：艺文印书馆，1976年，第1239、1240页；具体分析见劳榦：《居延汉简考证》"诏书一"，收入《居延汉简・考释之部》，第8页。

> 秦采古制，汉仍秦旧，倚丞相，任九卿。虽置五曹尚书令仆射之职，始于掌封奏以宣外内，事任尚轻，而郡守牧人之官重。……及于东京，尚书虽渐优重……①

李重关心的是内外官的考课，所说西汉"倚丞相，任九卿"当非无根之谈，亦可为劳先生说法的佐证。严耕望先生归纳史事，认为"(西汉)地方政府直辖于丞相府甚明"②，可为劳说提供力证，而本文讨论的郡国上计活动在两汉的变化，亦可印证劳说。

此外，必须看到，皇帝与丞相(三公)之间职权上的"博弈"并非直线式的——三公的职权一路下降，视之为形成"三公无责任体制"③亦过于简单化——而是反复起伏波动的，且双方角力的焦点亦不固定。西汉武帝时是个高潮，但主要是在元封五年(前106年)设置刺史，来监督丞相对郡国的管理，上计上，除去四次见于记载的亲自受计外，并没有留下什么制度性的遗产，当时亦是丞相府吏员人数大增的时期，元狩六年(前117年)达到382人。④ 光武帝时期在强化州牧(刺史)的作用之外，对于郡国上计，进行了不少巧妙的变动，通过召见与授官，加强了皇帝对郡国治绩的掌握与地方人才的笼络，事实上形成对三公工作的监督与人事权的侵蚀。

不过，光武与明帝时期的对郡国上计活动的调整，在两位勤于吏事的皇帝时不难发挥重要的作用，到了后代幼主当朝，外戚执政时，能否起到同样的效果，则不免要打个问号。三公在与皇帝的博弈中亦非总是处于下风。顺帝阳嘉元年(132年)闰月诏书中不又规定"今刺史、二千石

---

① 《通典》卷一六《选举·杂议论上》，第386—387页。

② 严耕望：《中国地方行政制度史甲部——秦汉地方行政制度》，第269—270页。除去严先生所举材料外，《汉书》卷八一《于定国传》永光元年(前43年)元帝报丞相于定国的诏书中要求"其勉察郡国守相群牧，非其人者毋令久贼民"(第3045页)，亦是一证。

③ 纸屋正和：《漢時代における郡県制の展開》，第663—673页。

④ 《汉旧仪》卷上，孙星衍等辑：《汉官六种》，第68页。

之选，归任三司"①，三公这不又获得了推荐二千石官员的大权？这种做法到灵帝时还被人提起，视为"旧典"并建议皇帝恢复②，恐怕还是确实行用过一段时间。

日本学界近来颇为关注西汉末到东汉初年"国家体制的再编"问题，研究更多的是围绕官制，如中央的尚书体制、三公制与地方上的州（刺史）制的变化等。计吏参与朝贺之类仪式性活动的出现也影响到皇帝与三公、郡国之间的关系，亦需要纳入思考的范围。

四、结论

综上所述，郡国上计在西汉与东汉发生一些微妙变化：西汉时期，除武帝曾四次亲自受计外，并无皇帝受计与召见计吏的惯例。朝廷的主计机构是丞相与御史府，上计结束离京前，丞相（司徒）召见计吏，并遣记室掾史宣读敕文。皇帝若要向计吏问询或传达自己的想法，均要通过丞相、御史大夫或身边的近臣来实现。

东汉光武帝时起，计吏到京后，在向司徒、司空上计后，还要参加次年正月旦的朝贺大典，受皇帝的接见，并回答皇帝的问题；明帝时还要在朝贺之后参加明堂祭祀与上陵礼，上陵礼毕，才离京。计吏面见皇帝应对提问之外，还有可能被授予官职，通常是郎官——皇帝的侍从。部分计吏还要负责转呈刺史的奏事。东汉郡国上计吏京城活动的变化是光武帝强化皇权"总揽权纲"，削弱三公职权的一部分，明帝承袭父政并有所增益，但不能认为在皇帝与三公间的角力中皇帝总是胜者。长期来看，皇帝的职权在强化，但这一过程相当漫长，衡量的单位或许要以百年为尺度。在相对短的时段中，双方职权的大小在博弈中则是起伏波动的。

---

① 《后汉书》卷六《顺帝纪》，第 261 页。此一改革亦招致不少大臣反对，如郎𫖮与张衡，见《后汉纪》卷一八《顺帝纪》阳嘉二年，张衡对曰"又察选举，一任三府，台阁秘密振暴于外"云云（第 357 页）。

② 《后汉书》卷七八《宦者·吕强传》，第 2532 页。

本文修订中得到首都师范大学历史学院孙正军先生的指教。2013 年 6 月 21 日将本文提交清华大学历史系史学沙龙，得到与会的宁全红、张呈忠、黄振萍、方诚峰、陈颖飞、刘力耘、孙正军、马楠、王振华、王天然、屈涛等先生的指教。2013 年 11 月 2 日曾就此文在武汉大学历史学院演讲，得到冻国栋先生的指教，会后孙梓辛同学复提示意见，游逸飞君亦来信指正，谨此一并致谢。

2013 年 6 月初稿
2014 年 3 月修订

原刊《中国史研究》2014 年第 4 期，第 99—120 页。
收入本书时略有增补。

东汉《乙瑛碑》增置卒史事所见政务处理：
以"请""须报""可许"与"书到言"为中心

　　《乙瑛碑》，或称《孔子庙置卒史碑》《百石卒史龢碑》等，立于东汉桓帝永兴元年(153年)，原碑位于山东曲阜孔庙大成殿东庑。[①] 此碑宋代便已著录，迄今一直受到学界重视，题跋考述不断[②]，20世纪以来，各种角度的研究亦不少[③]。

　　《乙瑛碑》除末尾两行的赞之外，主体是文书，记录了增设孔庙官吏

---

　　① 一说原在孔庙同文门下。现移至孔庙汉魏碑博物馆北屋，西起第10石，见骆承烈汇编：《石头上的儒家文献——曲阜碑文录》上册，济南：齐鲁书社，2001年，第12页。

　　② 参杨殿珣：《石刻题跋索引》(增订本)"杂刻·汉"，北京：商务印书馆，1990年，第489页。宋代以来的跋语汇编，见容媛编：《秦汉石刻题跋辑录》(上册)，上海：上海古籍出版社，2009年，第481—513页。

　　③ 劳榦：《孔庙百石卒史碑考》，《史语所集刊》第34本上册(1962年12月)，第99—114页；丁念先：《汉鲁相乙瑛请置孔庙百石卒史碑考释》，《华冈学报》第5期(1969年3月)，第117—136页；秦公：《谈东汉〈乙瑛碑〉拓本及其它》，《文物》1981年第7期，第76—79页；施蛰存：《水经注碑录》卷六"孔庙诸碑"，天津：天津古籍出版社，1987年，第262—263页；永田英正主编：《漢代石刻集成》，京都：同朋舍，1994年，圖版·釋文篇，第114页，本文篇，第79—82页；高文：《汉碑集释》(修订本)，开封：河南大学出版社，1997年，第166—174页。黄进兴《权力与信仰：孔庙祭祀制度的形成》(收入所著《圣贤与圣徒》，北京：北京大学出版社，2005年，第27页)和冨谷至《木简竹简述说的古代中国》(刘恒武译，北京：人民出版社，2007年，第20—21页)亦有涉及。孙鸿燕在分析秦汉郡县属吏辟除权力的演变时亦分析了此碑，见所著《秦汉时期郡县属吏辟除问题研究》，收入雷依群、徐卫民主编：《秦汉研究》(第一辑)，西安：三秦出版社，2007年，第232页。分析诏书形制与类型的论著亦多注意到此碑，书法角度论及此碑的文章很多，不赘。

一事出现与处理的经过。元嘉三年（153 年，五月改元永兴元年）或更早，鲁相乙瑛向朝廷提议为孔子庙增设一名百石卒史来守庙并掌管礼器，司徒吴雄与司空赵戒接到乙瑛上书后经咨询太常祠曹掾、史，了解祭孔故事后，赞同增设，并上奏皇帝，得到批准。司徒与司空（以下简称"二府"）复下书鲁相提出了选任卒史的具体要求。鲁相平（时乙瑛已卸任）等接到诏书后按照要求，选定守文学掾孔龢补卒史，并写文书上报司空府。

碑文主体当是据鲁相收到的诏书以及回复的底本刊刻的，镌刻时为表彰二府，在碑第 8、9 行空白处末尾刻上两人籍贯、姓名与字，并加上尊称"公"；末尾书赞，歌颂首倡此事的乙瑛，与落实此事的县令鲍叠。碑文的主体是文书，但目的是歌颂为管理孔庙做出贡献的官员，实际属于颂德碑。[①]

尽管此碑早就引起注目，但对碑文内容的总体考察还不够，特别是增置百石卒史一事的处理过程。对于汉代的"政治过程"，近来开始有学者进行深入分析[②]，不过，已有的分析乃利用各种零散资料归纳而成。《乙瑛碑》则集中记录了围绕一件事务的多件文书，透过解析文书，探讨此事产生、处理的经过，揭示参与者的作用，无疑会加深对东汉"政治过程"，更具体而言，是"事务过程"[③]的认识。

分析之前，先依行款移录碑文，并标点如下[④]：

---

① 关于此点，参冨谷至：《木简竹简述说的古代中国》，第 21 页。

② 探讨"政治过程"较早的是研究宋代的寺地遵与平田茂树，分见寺地遵：《南宋初期政治史研究》，刘静贞、李今芸译，台北：稻禾出版社，1995 年；平田茂树：《宋代政治结构研究》，林松涛、朱刚等译，上海：上海古籍出版社，2010 年。关于汉代，最集中的研究见渡边将智在过去一系列研究基础上形成的新著《後漢政治制度の研究》，东京：早稻田大学出版部，2014 年。

③ 关于何为"事务过程"，可参侯旭东：《宠：信—任型君臣关系与西汉历史的展开》，北京：北京师范大学出版社，2018 年，第 209—213、218—219 页。

④ 据永田英正主编《漢代石刻集成》（圖版・釋文篇）第 114 页，并参考《汉乙瑛碑》，影印王氏拓本，第 2 版，北京：文物出版社，2004 年。"王氏拓本"缺字较少，但为割裱本。缺字据洪适《隶释》卷一"孔庙置守庙百石孔龢碑"录文补（影印洪氏晦木斋刻本，北京：中华书局，1985 年，第 18 页），唯外加"□"。断句亦参考了丁念先《汉鲁相乙瑛请置孔庙百石卒史碑考释》、高文《汉碑集释》，但有修订。

18　17　16　15　14　13　12　11　10　9　8　7　6　5　4　3　2　1

制曰可。

司徒臣雄、司空臣戒稽首言鲁前相瑛书言『詔书崇圣道勉□艺，孔子作春秋制孝经，演易□□五经，系

辞经纬天地幽赞神明故特立庙褒成侯四时来祠事已即去庙有礼器无常人掌领请置百石□一

人典主守庙春秋飨礼财出王家钱给犬酒直』须报谨问大常祠曹掾冯牟史郭玄辞对『故事辟雍礼未

行祠先圣师侍祠者孔子子孙大宰大祝令各一人皆爵大常承监祠河南尹给牛羊豕鸡，

大司农给米祠』臣愚以为如瑛言孔子大圣则象乾《为汉制作先世所尊祠用众牲，长吏备□，今欲加

宠子孙敬恭明祀传于罔极可许臣请鲁相为孔子庙置百石卒史一人掌领礼器，出王家钱，给犬酒直，

他如故事臣雄臣戒愚戆诚惶诚恐顿首顿首死罪臣稽首以闻。

司徒公 河南 □□□ 字 季高

司空公 蜀郡成都 □ 戒字意伯

元嘉三年三月廿七日壬寅雒阳宫

元嘉三年三月丙子朔廿七日壬寅司徒雄司空戒下鲁相承书从事下当用者 选其年卅以上经通一

艺杂试通利能奉弘先圣之礼为宗所归者如詔书书到言。

永兴元年六月甲辰朔十八日辛酉鲁相平行长史事卞守长 擅 叩头 死罪 敢言之，

司徒司空府壬寅詔书，为孔子庙置百石卒史一人掌主礼器选年卅以上经通一

之礼为宗所归者平叩头叩头死罪死罪谨案文书守文学掾鲁孔龢、师 孔宪、户曹史 孔宽 等杂试能奉弘龢修

春秋严氏经通高第事亲至孝能奉先圣 之礼为宗所归除 补 名状如 牒 平惶恐叩头 死罪死罪上

司空府

赞曰巍巍大圣赫赫弥章相乙瑛字少卿平原高唐人令鲍叠字文公上党 屯 留人政教稽古若重规 矩

乙君察举守宅除吏孔子十九世 孙麟 廉请置百石卒史一人鲍君造作百石吏舍功垂无穷于是始□。

对于碑中所刻文书数量，意见不一。① 据大庭脩对西汉诏书的复原与研究②，严格来说，只有两件：壬寅诏书(第1—11行)和鲁相平等给司空府的回复(第12—16行)。

壬寅诏书包含了二府的奏请文书(第1—7行)③、皇帝的批复(第8行)与行下之辞(第9—11行)。④ 奏请文书中转述了前任鲁相乙瑛上书的梗概(第1—3行)，行下之辞包含了二府对于卒史人选的具体要求。文书中嵌套相关文书的现象，在当时文书行政中常见。⑤

此事出现及处理的过程，及其间君臣各自如何发挥作用，发挥了何种作用，比较充分地展现在文书中"请""须报""可许"与"书到言"四词上，下文的讨论将围绕这四词展开。作为背景，先对百石卒史及两汉官吏的编制(时称"吏员")略做介绍。

---

① 洪适认为有三件，见《隶释》卷一"孔庙置守庙百石孔龢碑"跋，第19页。洪迈意见相同，见《容斋续笔》卷四"汉代文书式"，见所著《容斋随笔》，上海：上海古籍出版社，1996年，第261页，唯作者引此碑误作"常山相孔庙碑"。施蛰存亦持此说，见《水经注碑录》，第262页；劳榦则分为四件，见《孔庙百石卒史碑考》，《史语所集刊》第34本上册(1962年12月)，第108页。

② 大庭脩：《秦汉法制史研究》，林剑鸣等译，上海：上海人民出版社，1991年，第173—174、193—212页。后来，他进一步指出：据文书结语可以判断前面文书的性质，若是"如诏书"，前面的文书就是诏书。见大庭脩：《漢簡の文書形態》《肩水金関出土の"永始三年詔書"册》，见所著《漢簡研究》，京都：同朋舍，1992年，第7、37页。

③ 丁念先认为是司徒、司空转奏乙瑛之表文，见《汉鲁相乙瑛请置孔庙百石卒史碑考释》，《华岗学报》第5期(1969年3月)，第125页。或称为"请诏书"或"请诏"，见李均明、刘军：《简牍文书学》，南宁：广西教育出版社，1999年，第217—222页；李均明：《秦汉简牍文书分类辑解》，北京：文物出版社，2009年，第32页。

④ 祝总斌对诏书内容的划分不尽相同，其中云"第二部分为诏书本文，应为尚书手笔"，所指不明。见所著《两汉魏晋南北朝宰相制度研究》，北京：中国社会科学出版社，1998年，第171页。

⑤ 大庭脩指出汉代文书的一个特点便是"文书往来时，在复信中重复来信内容"，见《漢簡研究》，第11页。

一、背景：卒史与吏员

乙瑛提请增设孔庙中的守庙百石卒史应属鲁国的属吏。[1] 据"壬寅诏书"，卒史的职责是"典主守庙"和"掌领礼器"。"卒史"是官称，"百石"代表官秩等级。此官在桓帝永寿二年（156 年）的《礼器碑》与灵帝建宁二年（167年）的《史晨后碑》题名中均作"守庙百石"，应是依据职掌与官秩来称呼。

秦代"卒史"便是郡府的重要属吏[2]，汉以后都尉府[3]、封国与朝廷的九卿均设[4]，亦广泛见于各地工官[5]。卒史作为郡国属吏的正式称谓，一直到东汉都没有消失。《续汉书·百官志五》注引《汉官》罗列的东汉河南尹的员吏中有"百石卒吏二百五十人"（后汉书志 28/3622），"吏"当是"史"之讹。《乙瑛碑》亦是一证。

百石卒史，无论官职、官秩，都相当低微，郡国守相本可自行任用，为何增设一人要通过司徒、司空，最后还要皇帝批准？这牵涉到当时官制中另一重要问题"吏员"，即今天所说的编制。乙瑛要求的，是增加一百石卒史的"编制"。

---

① 劳榦：《从汉简中的啬夫、令史、候史和士吏论汉代郡县吏的职务和地位》，《史语所集刊》55 本 1 分（1984 年 3 月），第 19 页。

② 相关研究参籾山明：《里耶秦簡と移動する吏》，《秦漢出土文字史料の研究——形態、制度、社会》第四章，东京：创文社，2015 年，第 127—159 页。

③ 西汉东海郡都尉府设有"卒史二人"，见尹湾汉墓所出"集簿"，见连云港市博物馆、东海县博物馆、中国社会科学院简帛研究中心、中国文物研究所编：《尹湾汉墓简牍》，北京：中华书局，1997 年，图版，第 13 页，释文，第 77 页。

④ 杨天宇：《谈汉代的卒史》，《新乡师范高等专科学校学报》17 卷 1 期（2003 年1 月），第 18—19 页。

⑤ 传世和发掘的汉代漆器、铜器与兵器上的铭文中常见"护工卒史"，参见洪石：《战国秦汉漆器研究》第四章表二《漆器纪年铭文一览表》，北京：文物出版社，2006 年，第 161—168 页。相关讨论见陆德富：《西汉工官制度诸问题研究》，《文史》2009 年第 3 辑（总第 88 辑），第 49 页；纸屋正和：《漢時代における郡県制の展開》，京都：朋友书店，2009 年，第 415—425 页。

自秦建立官僚制帝国直至今天，官吏管理中始终都存在"编制"。①朝廷对郡县吏员的管理也相当严格。尹湾汉简一号木牍"集簿"就包含东海郡及下属县级机构的吏员总数，各郡国每年都要向朝廷汇报此数据，可见朝廷对吏员变动的关注。

各级官府"吏员"的多少，应该是为律令所规定，西汉时如此，学者已有分析②，东汉亦应如此，《汉官》中记载了很多东汉朝廷机构的员吏数量，恐出自律令。地方上则仅见河南尹与洛阳令的员吏数，其他郡国当亦如此，只不过史书失载而已。

设置"吏员"，目的有多种，其一是财政上的考虑。官吏数量如果失控，意味着吏俸支出将大大增加，在收入增长相对有限的情况下，显然要冲击其他方面的开支。

尽管朝廷严格控制吏员，但其亦非无法变动。不过，因吏员数载于律令，增减势必要变更律令，因此要经过皇帝批准。

汉代的规定不详，唐代确实如此。《唐六典·中书省·中书令》记载的七种王言中，"发日敕"的用途就包含"增减官员"，即增减官府官吏的编制。③ 实例见《旧唐书·太宗纪下》贞观二十二年十二月增置殿中侍御史等官的员数。

增加吏员多是为解决实际工作中某方面人手不足的问题，实现不易，只好由官府各显神通，自寻出路。尹湾汉简中五号木牍背面记录的东海郡太守府掾史人数大大超过"员"（编制）的规定，且任用途径各异，就是一例④，秦

---

① 参阎步克：《中国古代官阶制度引论》第三章"7. 编任资格的等级管理"，北京：北京大学出版社，2010 年，第 118—129 页。

② 参纸屋正和：《漢時代における郡県制の展開》，第 419—425 页。

③ 发日敕又称发敕，研究见中村裕一：《隋唐王言の研究》，东京：汲古书院，2003 年，第 87—104 页。作者主要关注的是用发日敕授六品以下官问题。

④ 《尹湾汉墓简牍》，图版，第 14、17 页，释文，第 79、100 页。五号木牍反面的合计与分项数字总和不符，不过图版字迹模糊，难以核查，原因待考。这一点不少学者已经注意到，但尚无满意的解释。关于五号木牍反面的分析，见邹水杰：《简牍所见秦汉县属吏设置及演变》，《中国史研究》2007 年第 3 期，第 14—15 页；阎步克：《从爵本位到官本位：秦汉官僚品位结构研究》，北京：生活·读书·新知三联书店，2009 年，第 448 页。

汉常见的"给事"亦是一招办法①。

乙瑛提议增置卒史事为何成功？一是与设置的目的有关。乙瑛提议
为孔子庙守庙掌管礼器而设。孔子在东汉被奉为先圣师，地位尊崇，且
打着诏书的旗号，理由难违。二是朝廷亦了解褒成侯的封地在瑕丘，四
时来曲阜祭祀后便返回封国，难以时时照看孔子庙。② 三是乙瑛提出"财
出王家钱，给犬酒直"，不单是祭祀用品，包括卒史的俸禄均由东海王承
担③，不增加朝廷负担，自然也打消了朝廷财政上的顾虑。

二、"请"与臣下的创议

此事发端于鲁相乙瑛上书请置，二府接到上书后经过调查，亦认为
允当，复向皇帝建议批准。这两个举动落实在同一个文书用语"请"上。

碑文第 2 行出现了"请置百石□□一人"，所缺当为"卒史"。第 6 行
又有"臣请鲁相为孔子庙置百石卒史一人"云云，第 18 行又有"乙君……
请置百石卒史一人"。三句的主语并不一致，一、三是鲁相乙瑛，二为司
徒与司空，但"请"字的含义却是相同的，均表示请求，对某种行为提出建
议，通常是地位低者向地位高者提出。第三个"请"出现在碑赞中，可不论。

---

① 关于汉代的"给事"，参侯旭东：《长沙走马楼三国吴简所见给吏与吏子
弟——从汉代的"给事"说起》，《中国史研究》2011 年第 3 期，第 21—30 页。已收入
本书。

② 立于建宁二年(169 年)的《史晨碑》中史晨上奏云"虽有 褒成 世 享之 封，四
时来祭，毕即 归国"，据永田英正《漢代石刻集成》(圖版·釋文篇)第 178 页，另据
《汉书》卷一八《外戚恩泽侯表》"褒成侯"条(北京：中华书局，1962 年，第 715 页)，
可证当时褒成侯居住在其封地瑕丘，并非洛阳。劳榦的说法有误，见《孔庙百石卒史
碑考》，《史语所集刊》第 34 本上册(1962 年 12 月)，第 110 页；复参丁念先：《汉鲁
相乙瑛请置孔庙百石卒史碑考释》，《华岗学报》第 5 期(1969 年 3 月)，第 120 页。

③ 关于鲁国与东海王的关系，近来研究见周振鹤：《后汉的东海王与鲁国》，
《历史地理》第 3 辑，上海：上海人民出版社，1983 年，第 248 页；李晓杰：《东汉政
区地理》，济南：山东教育出版社，1999 年，第 70—74 页。

古人称"请"表示"求也"①、"乞也"②、"求请也"③，后代学者概括为"以卑承尊，有所启请"。④ "请"所包含的乞求之意，不可理解得过于拘泥，相当程度上近乎礼仪上通行的"自卑而尊人"。文献、简牍、石刻等出现的"请"不仅君臣之间常见，亦广泛用于人际间的书面与言谈往来。私人书信头尾多用"××伏地再拜请"⑤，"请"意为"谒"，整句表示对对方的尊重，两人间未见得存在尊卑关系，此处"请"已经发展成敬辞乃至套话。

"请"字乃古今常用词，关于词性，语言学界尚有不同看法⑥，这里不拟涉及。如语言学家所示，"请"字最常见的一义是"请求"，是言者对听者提出建议或要求，或提出自己某种行为的建议，体现了一种人际间的互动。各类史料中常常见到臣下乃至民众以"请"的方式，对皇帝提出某种建议或意见。

不过，这类情况反复出现，次数之多，难以确计，多到令人习而不察，乃至熟视无睹的地步，几乎未见史家予以关注⑦，尽管语言学界对"请"字研究不少，讨论其语义，乃至句式的变化、与社会心理的关

---

① 《礼记·王制》"墓地不请"郑玄注，见《礼记正义》卷一二，阮元校刻：《十三经注疏》上册，北京：中华书局，1980 年，第 1338 页上；张揖撰，王念孙疏证：《广雅疏证·释诂三》，南京：江苏古籍出版社，2000 年，第 97 页上。

② 张辑撰，王念孙疏证：《广雅疏证·释言上》，第 148 页下。

③ 《尔雅·释言》："告谒，请也。"见郭璞注，周祖谟校笺：《尔雅校笺》，南京：江苏教育出版社，1984 年，第 23 页。

④ 刘淇：《助字辨略》卷三，上海：商务印书馆，1936 年，第 99 页。

⑤ 汉简中此类颇多，如《居延汉简》10.16A、10.25、34.7A、36.8A、45.6B、74.9、183.11A，悬泉简Ⅱ0114③：610、帛书《元致子方书》等。习字简中亦多见，可知为当时熟语。

⑥ 今天汉语中的"请"尚用作敬辞，用于希望对方做某事，单用或带动词宾语，见吕叔湘主编：《现代汉语八百词（增订本）》，北京：商务印书馆，1999 年，第 454 页。

⑦ Enno Giele 的 *Imperial Decision-Making and Communication in Early China: a Study of Cai Yong's Duduan* (Wiesbaden: Harrassowitz Verlag, 2006)一书多处涉及"请"字，但全书对"请"字并无专门讨论。

系等。①

"请"使用频繁，全部考察尚需时日，这里仅围绕君臣之间政务处理，包括官府文书中的"请"以及史书中出现的类似语汇略作讨论。

上述情境下的"请"均是提出某种行为的建议，后面均有表示具体动作或行为的动词或动宾结构。《乙瑛碑》中则是"请置百石卒史一人"，这种语句表达的是臣民对朝政的各种各样的建议。当时有一种文书称为"丞相御史请书"②，应该就是以提建议为主的文书。除了丞相御史请书，或还存在一般的请书。史家所说的"奏请"或"请"很可能是由此而来。

仔细分析，史书中向皇帝的"请"实分两类：一是奏疏或文书中实际使用了"请"字；二是史家或他人在转述中使用了"请"。后一类，文书中原先是否使用了"请"已不可考，既然史家概括为"奏请"或"请"，文书或言辞中一定包含了对皇帝的建议。

首先，陈请者下自平民，上到丞相、三公，普天之下的臣民均可。③秦统一后，丞相绾等言："诸侯初破，燕、齐、荆地远，不为置王，毋以填之。请立诸子，唯上幸许。"便是丞相领衔请求分封诸子为王。④ 齐人徐市等上书，说"海中有三神山，名曰蓬莱、方丈、瀛洲，仙人居之。请得斋戒，与童男女求之"。于是遣徐市发童男女数千人，入海求仙人。⑤

---

① 如李运富：《〈左传〉谓语"请"字句的结构转换》，《湖北民族学院学报（社会科学版）》12 卷 3 期（1994 年），第 49—54 页。

② 《史记》卷一一八《淮南王列传》，北京：中华书局，1959 年，第 3090 页；《汉书》卷四五《伍被传》，第 2174 页。李均明、刘军认为存在"请诏书"，指"请求皇帝就有关问题作批复的报告书"，见所著《简牍文书学》，第 217—222 页。两位所说的"请诏书"或许就是请书。

③ 大庭脩曾对给皇帝上书者的身份做过分析，可参，见《秦汉法制史研究》，第 244—245 页。

④ 《史记》卷六《秦始皇本纪》，第 238—239 页。《岳麓书院藏秦简（肆）》中所见秦代的"令"中就多次出现了"请"与"请许"，如简 0358 的"内史郡二千石官共令"中有"丞相御史请"云云，简 0698 与 0641 正云："御史言，令覆狱乘恒马者，日行八十里。请许。如"有所留避，不从令，赀二甲。"见陈松长主编：《岳麓书院藏秦简（肆）》，上海：上海辞书出版社，2015 年，第 197、198—199 页。

⑤ 《史记》卷六《秦始皇本纪》，第 247 页。

这是百姓给始皇建议而获准的例子。

汉代亦是如此。《后汉书·宗室·成武孝侯顺传》"(建武)八年……因拜(刘顺)为六安太守。数年，帝欲征之，吏人上书请留"(14/566)，则是皇帝因吏民陈请而令官员留任的例子。

其次，陈请的事由亦颇为多样，可谓事无巨细，均可陈请。大到建议皇帝立太子、立皇后，如《史记·孝文本纪》元年正月，有司言曰："蚤建太子，所以尊宗庙。请立太子。"同年三月，"有司请立皇后"；二年三月，"有司请立皇子为诸侯王"(10/419、420、423)。《史记·三王世家》详细记载了武帝时从议立皇子到最后庙立册封的诸文书，可见君臣间就此事的往复陈请、拒绝，最初的起意，则是大司马霍去病上疏的建议。①

陈请的事由甚至包括废立皇帝。《汉书·宣帝纪》载：元平元年四月，昭帝崩，毋嗣。大将军霍光请皇后征昌邑王。后"(霍)光奏王贺淫乱，请废"，又议立宣帝。

又如设立、改变制度。此点在汉初《二年律令·置吏律》中就有明确规定：

> 县道官有请而当为律令者，各请属所二千石官，二千石官上相
> 国、御史，相国、御史案致，当请，请之，毋得径请。径请者，罚
> 金四两。

此律规定县、道官员若请求制定某种律令，要逐级上报，到相国、御史处，再审查是否应当定为律令，最后由相国与御史请示皇帝定夺，而不能由县道官员直接向皇帝请示。规定这一程序性的要求，层层上报，增加了审查的次数，其间亦会否定一些提议。这恐怕与减少皇帝的工作量不无关系。

《二年律令·津关令》中由于下级官员陈请建议，逐级上报，最终得

---

① 此一过程的具体分析可参廖伯源：《秦汉朝廷之论议制度》，收入作者《秦汉史论丛》，台北：五南图书出版公司，2003年，第198—200页。唯作者推测霍去病之建议当是受意于武帝，或是体会武帝之意而提出(第198页注43)，史无明文，姑不论。

到皇帝批准而成为"令"的规定在 18 条现存令文中占了 9 条。而由相国与御史（或御史个人）商议后奏请，或不经商议直接奏请，得到皇帝批准而成为令的，有 6 条。[1] 直接由皇帝下制诏形成的令只有 2 条。[2] 另外，湖北荆州纪南松柏一号汉墓出土的西汉木牍中有孝文帝十六年颁发的"令丙第九"，亦是丞相提议"请令……"，御史奏请"御史奏，请许"，皇帝批准之后出台的。[3]

文献中类似例子见《汉书·食货志下》：武帝时，桑弘羊因物价贵，运输成本高，"乃请置大农部丞数十人，分部主郡国，各往往置均输盐铁官，令远方各以其物如异时商贾所转"。影响深远的均输之策就是出自大臣的陈请。

又如制定政策。《史记·秦始皇本纪》载，二世二年冬，陈涉部下兵锋西至戏，二世大惊，不知所措，"章邯曰：'盗已至，众强，今发近县不及矣。郦山徒多，请赦之，授兵以击之。'二世乃大赦天下。"二世便是根据章邯的提议赦刑徒为兵来迎战。《汉书·食货志下》载："有司言三铢钱轻，轻钱易作奸诈，乃更请郡国铸五铢钱，周郭其质，令不可得摩取鋊。"亦是有司提出改铸钱的建议。

又如建议皇室的活动。《汉书·五行志中之下》载，建昭四年三月，雨雪，燕多死。谷永对曰："皇后桑蚕以治祭服，共事天地宗庙，正以是日疾风自西北，大寒雨雪，坏败其功，以章不乡。齐戒辟寝，以深自责，请皇后就宫，鬲闭门户，毋得擅上。且令众妾人人更进，以时博施。皇天说喜，庶几可以得贤明之嗣。"谷永因天气异常，建议皇后加以应对。

又如兴建工程。《汉书·沟洫志》载："自郑国渠起，至元鼎六年，百三十六岁，而兒宽为左内史，奏请穿凿六辅渠。"

---

[1] "禁民毋得私买马出关"条开始部分残缺，提议者身份不明，但从后面有"御史以闻，请许"及"制曰可"看，肯定不是皇帝颁发制诏而形成的。

[2] 参杨建：《西汉初期津关制度研究》，上海：上海古籍出版社，2010 年，第18—23 页。

[3] 分析见彭浩：《读松柏出土的四枚西汉木牍》，《简帛》第四辑，第 334—336 页。

又如建议官员任免。《汉书·张释之传》载，释之为郎多年不调，打算回家，"中郎将爰盎知其贤，惜其去，乃请徙释之补谒者"。武帝时，公孙弘为丞相，对武帝说："右内史界部中多贵人宗室，难治，非素重臣不能任，请徙（汲）黯为右内史。"①

又如重要案件的处理意见。文帝时，对于淮南王谋反，丞相张仓等说："（刘）长有大死罪，陛下不忍致法，幸赦，废勿王。臣请处蜀郡严道邛邮，遣其子母从居，县为筑盖家室，皆廪食给薪菜盐豉炊食器席蓐。臣等昧死请，请布告天下。"文帝基本采纳了张仓等的建议。② 早在高祖七年，就规定了郎中有罪耐以上要"请"，此后这类要"请"的人群不断增加，最终形成所谓的"八议"。③

陈请的事由又小到官员个人乞求田地。《汉书·张禹传》载："禹年老，自治冢茔，起祠室，好平陵肥牛亭部处地，又近延陵，奏请求之，上以赐禹。"

复次，按照陈请内容与臣民职责的关系，可分为制度要求的，与见机行事式的陈请两类。

某些情形下出现的"请"是出于制度或律令的规定，此时"请"乃是请示，并非基于个人的建议，与本节所关注的不同。此类事务包括：动用州郡仓储赈济灾民④；朝廷军队，如北军的调动，哪怕是一两位秩次极

① 《史记》卷一二〇《汲黯列传》，第3108页。
② 《史记》卷一一八《淮南王列传》，第3079页。
③ 《汉书》卷一《高祖纪下》，第63页。相关研究见程政举：《汉代上请制度及其建立的理性基础》，《河南财经政法大学学报》2012年第1期，第62—65页。朱锦程则据披露的岳麓秦简，指出秦代实际已出现了对一定秩级以上官员犯罪，处理时要上请的规定，见所著《岳麓秦简所见秦上请制度》，简帛网 http://www.bsm.org.cn/show_article.php? id=2693，2016年12月30日。
④ 《后汉书·王望传》载，望迁青州刺史，时州郡灾旱，望行部，"因以便宜出所在布粟，给其禀粮，为作褐衣，事毕上言。帝以望不先表请，章示百官，详议其罪"（第1297页）。类似的事例史书多见，未必均用"请"字，有时称需"待上诏""先表闻"等，如《后汉纪》卷一九《顺帝纪下》永和四年（139年）第五访事，卷二四《灵帝纪中》光和二年（179年）桥玄事，分别见《两汉纪》下册，张烈点校，北京：中华书局，2002年，第368页，第468—469页。

低的军吏远赴西域，也要经过皇帝同意，为此，也要由长吏奏请①；对死刑的判决，亦需要得到朝廷的批准，需要"上书请"②；对于特定人群的犯罪的处理，也规定要"请"③。

更多的陈请则是臣下根据自己的观察或考虑而提出的，这些往往越出自己的职分。

再次，陈请的背景大致可以分为两类，一是完全由臣民自主提出，二是获得君主的明确授意，或某种暗示，由臣下秉承上意陈请。

《汉书·刑法志》载文帝下诏除肉刑，并要求"令罪人各以轻重，不亡逃，有年而免。具为令"。丞相张苍、御史大夫冯敬经过讨论提出具体律条，两人上奏言"臣谨议，请定律曰"云云，最后复云"臣昧死请"，文帝则"制曰'可'"，批准了改动后的律条。这便是典型的据皇帝旨意来提供具体措施，形式上亦采用陈请的方式。此外，审理各种诏狱毕，由臣下提出判决的具体建议亦是奉行明确的诏旨。

汉代皇帝常下诏天下上书言便宜，此时的应诏者很多便会提出许多建议。著名的贾让《治河三策》便是哀帝时应诏提出的上奏。

有些事情君主想做，又不便明说，自有善于察言观色的臣下替君主出面。《史记·吕太后本纪》载："太后风（讽）大臣，大臣请立郦侯吕台为吕王，太后许之。"(9/401)七国之乱初起，丞相等劾奏晁错，请求处以腰斩，亦是事先得到景帝的暗中同意。④ 武帝时好兴利，张汤"丞上指，请造白金及五铢钱，笼天下盐铁，排富商大贾，出告缗令，锄豪强并兼

---

① 参侯旭东：《西北汉简所见"传信"与"传"——兼论汉代君臣日常政务的分工与诏书、律令的作用》，《文史》2008 年第 3 辑（总第 84 辑），第 23—24 页。已收入本书。

② 参《史记》卷一二二《酷吏·王温舒列传》，第 3148 页。

③ 如《汉书》卷八《宣帝纪》："夏四月，诏曰：'……吏六百石位大夫，有罪先请，秩禄上通，足以效其贤材，自今以来毋得举。'"（第 274 页）《汉书》卷一二《平帝纪》："公、列侯嗣子有罪，耐以上先请。"（第 349 页）《续汉书·百官志三》"宗正"本注曰："（宗室）若有犯法当髡以上，先上诸宗正，宗正以闻，乃报决。"（《后汉书》，第 3589 页）

④ 《汉书》卷四九《晁错传》，第 2302 页。

之家"①，均是此类。

不过，尚有很多陈请是臣民自主提出的。前引《二年律令·津关令》中由郡国陈请的均是此类。景帝时晁错"请诸侯之罪过，削其支郡"。结果，"奏上，上（令）公卿列侯宗室（杂议），莫敢难，独窦婴争之"，应亦是晁错个人根据当时朝廷与诸侯国的形势而自行提出的。朝臣之外的臣民的陈请很多当属此类。

最后，陈请的结果，有采纳与不采纳两种。有时，最终虽获准，但是经过几番文书往返，此种往往与皇帝个人或家庭事务有关，如前述立武帝子为王一事。《史记·五宗世家》载胶西王刘端"数犯上法，汉公卿数请诛端，天子为兄弟之故不忍"，显然，武帝并没有听从公卿的建议。处理宗室犯罪时，皇帝往往因私情而否决公卿根据律令提出的处理建议。

此外，国家事务上有时也会遇到此种情形。《后汉书·马援传》载其建议铸钱事则颇见臣下建议的毅力。"初，援在陇西上书，言宜如旧铸五铢钱。事下三府，三府奏以为未可许，事遂寝。及援还，从公府求得前奏，难十余条，乃随牒解释，更具表言。帝从之。"若非马援一再坚持，其建议也就不会获得皇帝同意并付诸实施。

上引晁错建议与马援上书事均表明，臣下陈请有时皇帝难以决断，还要经过公府集议，如果未获准许，则不会报请皇帝批准。但是否所有臣下的陈请均需要经过集议，恐怕与臣下上奏所采用的文书形式（章、奏、表，还是封事）、进呈渠道（通过公车司马还是尚书、谒者，或直达皇帝）②、上奏者的身份以及内容的重要性等有关。不过，因史载往往对此类信息省略过多，细节多已难考。

---

① 《史记》卷一二二《酷吏列传》，第 3140 页。

② 参汪桂海：《汉代官文书制度》，南宁：广西教育出版社，1999 年，第 37—46、161—183 页。除了作者所分析的途径之外，东汉《史晨碑》表明还有通过尚书上奏皇帝的同时，另将"副"（副本）上呈太傅、太尉、司徒、司空、大司农府治所部从事的做法。

文献中还可以看到一种特殊的"请"：自请。一般的"请"是向皇帝提建议，建议的预期实行者是皇帝或朝廷，而"自请"则是自告奋勇，建议者自己向皇帝要求由自己来承担某项任务，或在自己辖区、权限内完成某种工作，这类"自请"往往出自史家的概括。如武帝元狩四年，卫青、霍去病出击匈奴，"（李）广数自请行。天子以为老，弗许；良久乃许之，以为前将军"①，便是一例。

以上只是扼要概括了秦汉时期臣民向皇帝陈请来提出建议的情况。因传世史料有限，无法系统了解不同皇帝统治下，这种建议出现的次数与影响。但无论如何，无法否认其广泛存在与影响。

《乙瑛碑》文书中的两个"请"字，亦要放在上述背景下去认识。文献所见，以直接向皇帝提出建议为主，此处则是首先向三公提出，经三公审查后再请求皇帝批准。郡国属吏员额由律令确定，鲁相乙瑛欲增置一卒史，等于变动律令，属于改变制度一类的建议。按前引《二年律令·置吏律》规定，此类事务要由"二千石上相国、御史，相国、御史案致，当请，请之"。

乙瑛的上书呈交给哪个机构，碑文无明示，但据第二件文书鲁相平等的回复是"上司空府"（第15—16行），最初很可能是司空府②，而非二

---

① 《史记》卷一〇九《李将军列传》，第 2874 页。

② 祝总斌认为"汉代丞相、三公指挥全国政务都通过奏请皇帝下诏令来进行"（《两汉魏晋南北朝宰相制度研究》，第 141 页），不确。渡边将智认为乙瑛将上奏的副本呈交司徒、司空，正本通过尚书呈交皇帝，此说亦有可能，但无确证。其说见《政策形成と文書伝達——後漢尚書台の機能をめぐって》，《史観》159 号（2008 年），第 24、30 页。

渡边虽然认为东汉和帝以前，吸取王莽篡汉的教训，皇帝侧近官集团的作用有意受到削弱，强化了皇帝的支配，三公与尚书的作用得到加强，和帝之后，外戚与宦官势力抬头，但在对三公政务处理上，作者只注意到其辅助皇帝的一面，如对上奏文的事前审查，对认为应该执行的提请皇帝许可[同上刊，第 29—31 页；《後漢洛陽城における皇帝、諸官の政治空間》，《史学雑誌》119 卷 12 期（2010 年 12 月），第 27—29 页]，而没有意识到此外三公尚可独立处理一些政务，如上计。详论此问题需专文，兹从略。

府或司徒府。恐与司空前身御史大夫的职掌有关。秦与西汉的御史大夫的基本职责是制定律令草案、保管律令，并监督律令的执行①，虽改名司空，但旧有的职掌恐还保留。此事涉及律令，故先要经其审查。又因事涉祭祀孔子，职属太常，太常又归司徒所部，故上书经司徒、司空二府调查、审议后，联名上奏。

三、"须报"与"待报"

碑文第 3 行"壬寅诏书"中司徒雄与司空戒上奏中出现的"须报"一句，各家考释与研究中均未涉及，值得探讨。

"报"是秦汉以来官文书与书信中常见的词汇，多年前，杨联陞曾撰文讨论社会关系中"报"的意义②，传诵一时。其实它在官文书处理上的日常意义亦值得分析。③

"报"的基本意思是"反"或"复"④，引申为"答"或"答复""回复"。"报"多见于各种文书，亦见于书信中。司马迁的《报任安书》就是显例。秦汉行政、司法文书中反复出现各种"报"，或是上级对下级的要求，或

---

① 参侯旭东：《西汉御史大夫寺位置的变迁：兼论御史大夫的职掌》，《中华文史论丛》2015 年第 1 期，第 193—196 页。已收入本书。

② Lien-sheng Yang, "The Concept of Pao as a Basis for Social Relations in China," in *Chinese Thought and Institutions*, ed. John King Fairbank, Chicago：University of Chicago Press，1957, pp. 291-309.

③ 关于"报"，冨田健之有讨论，见《後漢後半期の政局と尚書体制——"省尚書事"をめぐって》，《九州大学東洋史論集》29 号（2001 年），第 5—6 页。不过作者将"报"限定为皇帝对上奏文的裁决，大大窄化了"报"的使用范围。

④ 见郭璞注：《穆天子传》卷六"报哭于大次"注，影印明正统道藏本，见《穆天子传　神异经　十洲记　博物志》，上海：上海古籍出版社，1990 年，第 22 页；张辑撰，王念孙疏证：《广雅疏证·释言》，第 139 页上；刘安撰，高诱注，刘文典集解：《淮南鸿烈集解·天文训》"东北为报德之维也"，北京：中华书局，1989 年，第 96 页。

是下级对上级的答复，或是平行机构间的要求与答复。①

正因为文书往来中，常常需要收到方的回复，甚至有一类文书名为"报书"②，如居延甲渠候官出土的 EPT52：284：

    ☑五月以来大守君   A
    ☑塞举及部报书   B

<hr>

① 如睡虎地秦简《秦律十八种·行书律》就规定"行传书、受书，必书其起及到日月夙莫（暮），以辄相报殹"；《岳麓书院藏秦简（肆）》中亦有相似的律文（简 1271、1243）。里耶秦简中亦多见各种"报"：简 8-63 是始皇廿六年文书，就有"问可（何）计付，署计年为报"之语。居延汉简有"书到，趣报如律"（26.32）简文，甲渠候官收到的诏书一类的下行文书中常见"别书相报，不报者重追之"之说，如 EPT48：56、EPT50：48、EPT52：16A，要求到上级文书后，下级另草拟文书（别书）做出回答，没有回答则要再次追问。下级对上级的回答常常以"谒报，敢言之"结尾，如居延新简 EPT2：12、EPT51：100、EPT51：494、EPT51：722、EPT53：50、EPT59：126、EPT59：161。

平行机构间的文书如悬泉汉简Ⅱ0115③：96，是甘露二年二月丙戌鱼离置啬夫发给悬泉置的文书，说明派遣的佐光带有廪和茭的数量，文书末尾说"今写券墨移书到，受薄入三月，报，毋令缪（谬），如律令"，意思是说这些廪、茭要计入三月的簿书，要回复，不能有错误，按照律令办。这里的"报"应该是指悬泉置给同级的鱼离置的回复。

张家山汉简《奏谳书》中的不少案例都出现了"敢谳（谳）之，谒报"与"廷报"，前者是郡县上行文书中的用语，表示献上疑狱，请求答复，后者是廷尉对郡县上报的疑案的裁决，是上对下的"报"。参张建国：《汉简〈奏谳书〉和秦汉刑事诉讼程序初探》，收入所著《帝制时代的中国法》，北京：法律出版社，1999 年，第 313 页；蔡万进：《张家山汉简〈奏谳书〉研究》，桂林：广西师范大学出版社，2006 年，第 152—153 页；池田雄一：《中国古代の律令と社会》Ⅱ之第八章《漢代の谳制》、第十章《"奏谳書"の構成》，东京：汲古书院，2008 年，第 630—631、653—654 页。

② 李均明、刘军就区分出一类文书为"报书"，认为属于"对来文予以答复的文书称谓"，复文前往往用"●"做标识，以区别来函内容；作者在第五章"通行文种之体式"介绍正文时，又指出有"上行回报文"，这类应该多数属于"报书"，实际"回报文"并不限于上行，亦见于下行与平行文书中。见李均明、刘军：《简牍文书学》，第 156—157、230—232 页。薛英群亦单列出"报书"一类，不过，他认为"报""在某种意义上可以理解为判决书或裁决文书"，失之过窄，见所著《居延汉简通论》，兰州：甘肃教育出版社，1991 年，第 190 页。

此简似为一残签牌。"举"应指"举书","部"或许指候官下属的"部"。官府中亦专设官吏负责此事。《续汉书·百官志一》"太尉"条,下属的记室令史"主上章表报书记"。司徒与司空的属吏记载简略,实际亦应有类似的小吏。①

无论朝廷还是郡县,内地还是边塞,不同部门的官府之间(包括上下级与平行的机构间)以"报"为手段之一形成文书往来,往来文书记录的是各种事务的处理经过。

此外,"报"亦反复见于皇帝与臣下的往来文书中。《续汉书·百官志三》"少府"条本注述尚书左右丞的职掌时说:

> 掌录文书期会。左丞主吏民章报及驺伯史。

所谓"主吏民章报"应指负责对吏民上给皇帝奏章的回复。这一职掌并非东汉才出现的,应是西汉以来一向负责收发文书的尚书固有的任务。②

皇帝的"报"有时见于制度或律令规定需要由皇帝批准的事务中,常见的有上文提到的州郡开仓赈济百姓,属于上文所说的制度上规定要"请"的行为,通常不是针对皇帝某一具体诏书的反应。还有一些诏书会要求执行的机构或官员"报",这些均非本节关注的重点。

本节关注的是与皇帝对臣下(包括单于之类的外藩)上奏的答复有关的"报"。理论上这类"报"均应由皇帝审阅奏章(省尚书事)后亲自做出,但实际上可能是皇帝的近臣,如领尚书事的外戚或尚书,甚至小黄门一类宦官等替皇帝做出,但对受"报"的臣下而言,则视同皇帝本人的意见。

---

① 类似的又如谒者的职掌,见《续汉书·百官志二》,见《后汉书》,第3578页。

② 卫宏撰,纪昀、孙星衍辑《汉官旧仪》中便有"(尚书)丞二人,主报上书者",见孙星衍等辑:《汉官六种》,周天游点校,北京:中华书局,1990年,第32—33、64页。

除了明确表示皇帝意见的"报可"与带有具体内容的"报曰……"外①，见于记载的还有"待报""不报""未报"与"须报"等，表达了皇帝对臣下上书、上奏的不同处理方式，也区分出臣下期待皇帝处理意见时的不同感受。

"待报"表示臣下上奏后等待皇帝的答复，或是描述某一上奏正处在等待皇帝答复的过程中，常出于制度性的规定，或从史家或叙述者的角度，对从呈交上奏到预计获得答复之间状态的一种不带有主观意愿或态度的概括。它表达了上奏与报之间的时间差，亦暗示出上奏与报之间并非完全对等，皇帝处理上奏亦未必十分及时。《汉书·王莽传中》说王莽大权独揽，导致他要处理的文书极多，彻夜办公还难以完成，"尚书因是为奸寝事，上书待报者连年不得去"，便是个极端的例子。

"未报"与"不报"均表示上奏没有获得皇帝的答复，但所描述的状态略有区别。"未报"应指"待报"中，对皇帝可能做出答复还抱希望，有时还会得到皇帝的答复。《汉书·赵充国传》记载平定羌人反叛的经过，云：

> （羌）豪靡忘使人来言："愿得还复故地。"充国以闻，未报。靡忘来自归，充国赐饮食，遣还谕种人。护军以下皆争之，曰："此反虏，不可擅遣。"充国曰："诸君但欲便文自营，非为公家忠计也。"语未卒，玺书报，令靡忘以赎论。

"语未卒，玺书报"不免夸张。这段叙述中，作为赵充国处置靡忘方案的

---

① 如甘肃甘谷汉简第9简中有"其月辛亥诏书报可"之说（察图版，"报"字左边略残，但从轮廓看释为"报"不误。见张学正：《甘谷汉简考释》，《汉简研究文集》，兰州：甘肃人民出版社，1984年，第89页及书首的图版），此诏为东汉永和六年（141年）九月三十日（辛亥）所下，"诏书报可"正是时人的说法。文献所概括的"帝报"或"诏报"之类的记述当是袭此而来。
文献中例子颇多，仅举一例。《汉书》卷二九《沟洫志》载武帝时齐人延年上书建议开河水上游的山岭，使水流入胡中，再入海，以解决关东水灾和匈奴边患，"书奏，上壮之，报曰：'延年计议甚深。然河乃大禹之所道也，圣人作事，为万世功，通于神明，恐难改更。'"（第1686页）

衬托，便是充国上奏以闻，从"未报"到"报"的过程，以及"报"中与充国相近的处理，显示出充国的判断契合朝廷的决策。此例亦表明，"未报"时仍有"报"的希望。又如《后汉书·冯衍子豹传》："豹……拜尚书郎，忠勤不懈。每奏事未报，常俯伏省閤，或从昏至明。肃宗闻而嘉之。"冯豹之所以在尚书省閤坚守，就是因有奏事"未报"，要等待皇帝的回复。

"不报"则是上奏为时已久，而未见答复，上奏者已经感到皇帝答复无望。《汉书·朱买臣传》载朱买臣随计吏到长安，"诣阙上书，书久不报，待诏公车，粮用乏"，便是一例。"不报"从制度或皇帝角度又称"寝"或"留中"。① 《后汉书·丁鸿传》载其父死后，鸿当袭封侯爵，但他"上书让国于（弟）盛"，结果"不报"。后丁鸿留书与盛而逃走，书中云："身被大病，不任茅土。前上疾状，愿辞爵仲公，章寝不报，迫且当袭封。谨自放弃，逐求良医。如遂不瘳，永归沟壑。"这便是将前次上书的结果称为"章寝不报"。

三者之间如何区分，恐无一定之规，更多的是结合了上奏者主观的感受，可能与上奏者的地位及其与皇帝的亲疏程度有关。越是亲近、位高权重者，对"报"的期待越强烈，相应地对"不报"的反应越强烈。皇帝对上奏的反应成为上奏待报者揣测皇帝本人心思的风向标，进而成为考虑下一步举动的参考。②

文书往来中之所以存在各种"报"，成因复杂。各级官府之间文书往来存在"报"，应与政务分工处理与监督，以及处理事务的官员之间存在空间上的距离或区隔，且通过文字为媒介来传达意见分不开。③ 臣民渴望得到皇帝的"诏报"，则是因为许多事务需要以皇帝名义裁断才可执行，或是臣民的建议希望得到皇帝的批示。

空间距离有些是自然地理因素所致，如居延地区的都尉府与分布在

---

① 对此，汪桂海有讨论，见《汉代官文书制度》，第182—183页。

② 例子见《后汉书》卷四五《袁安传》，第1519页。

③ 这一问题最近引起不少学者的关注，渡边将智有分析，见《後漢洛陽城における皇帝、諸官の政治空間》，《史学雑誌》119卷12期（2010年12月），第1—39页。

漫长塞墙沿线的下属候官、部与隧之间，邮路上置与置之间；有些则出于人为，如臣下与皇帝之间，尤其是朝臣（甚至包括太子）与皇帝之间，实际的空间距离可能很近，但绝大多数臣下无法随时面见皇帝，处于"君臣不相接见，上下否隔"的状态①，因而，臣下无法直接获得所需裁断，自己的意见、想法，乃至日常的问候无法当面表达，只能依靠落实于文字的文书来转达。空间上的区隔进而带来时间上的滞后，加上转呈文书过程中可能存在的筛选、搁置或羁留，以及皇帝对于文书的不同处理方式，造成上述各种"报"状态。在此背景下，进一步辨析《乙瑛碑》中"须报"的含义。

"须报"一词秦代官文书就已在使用[《里耶秦简（壹）》8-122 和《里耶秦简（贰）》9-207＋9-346]，和秦代《行书律》的要求有关。②《后汉书》亦见，旧注将"须"释为"待"③，"须报"则等于"待报"，即等待皇帝回复。这种解释忽略了汉代以来"须"字含义的发展变化。

"须"字做动词，初义是"待"，表示等待，与"需"同源，意思相近④，后来又衍生出"需要"义，最后则发展成为表示意愿的助动词、副词与连词，做助动词时意为"应当"。⑤"需要"义西汉后期已出现。

---

① 王鸣盛：《十七史商榷》卷三七《后汉书·台阁》，上海：上海书店出版社，2005 年，第 259 页。

② 参陈伟主编：《里耶秦简牍校释》第一卷，武汉：武汉大学出版社，2012 年，第 66—67 页；《里耶秦简牍校释》第二卷，武汉：武汉大学出版社，2018 年，第 88 页。

③ 如《后汉书》卷四三《何敞传》，何敞劝说太尉宋由，"刘畅宗室肺府……上书须报"云云，李贤注："须，待也。"（第 1483 页）又见《后汉书》卷七六《循吏·第五访传》"若上须报，是弃民也"注（第 2475—2476 页）。汉简中的"须"字解为"待"，籾山明有所涉及，见所著《中国古代诉讼制度研究》，李力译，上海：上海古籍出版社，2009 年，第 127—129 页。

④ 王力：《同源字典》，北京：商务印书馆，1982 年，第 199 页。

⑤ "须"字含义演变的简要概括见段业辉：《中古汉语助动词研究》，南京：南京师范大学出版社，2002 年，第 59—60、156 页；吴春生、马贝加：《"须"的语法化》，《温州大学学报（社会科学版）》21 卷 3 期（2008 年 5 月），第 111—116 页。下行文书中的"须"，鹰取祐司亦有所讨论，除了等待，还有发信方确认收文方完成命令的意思，见《秦漢官文書の基礎研究》第一部第二章"秦漢官文書の用語"，东京：汲古书院，2015 年，第 177—182 页。

"须"最初表示"待"，用例极多，无须详举。通检《史记》正文中"须"字，除去用作人名、地名，表示胡须，组成复合名词（须臾、斯须）外，用作动词的 9 例中，含义均是"待"，多数无法释为"需要"。仅《滑稽列传》武帝幸臣郭舍人对武帝乳母言："陛下已壮矣，宁尚须汝乳而活邪？"释作"待"与"需要"两可。① 大体可知，到西汉武帝时，"须"字作动词主要释作"待"。

"须"发展出"需要"义，目前看，最早见于西汉后期，东汉以后渐流行，三国以后使用渐广。

最早的用例，见于甘肃金塔县肩水金关遗址出土的西汉甘露二年（前 53 年）"丞相御史书"，文书末尾是张掖肩水司马行都尉事下发属下候、城尉的文书，最后写道：

> 例 1. 庱索界中毋有，以书言，会月十五日，须报府，毋□□，如律令。／令史□［《肩水金关汉简（壹）》73EJT1：3］

这里的"须报府"是肩水都尉府对下属的要求，显然不是单纯的"等待"回复都尉府，而要下属在当月十五日前有所作为，释作"需要"才讲得通。文献中的例子更多，但时间略晚，最早也是成帝时才出现：

> 例 2. 左右常荐光禄大夫刘向少子歆通达有异材。上召见歆，诵读诗赋，甚说之，欲以为中常侍，召取衣冠。临当拜，左右皆曰："未晓大将军。"上曰："此小事，何须关大将军？"左右叩头争之。（汉 98/4018—4019）

> 例 3. （王莽对增加封地表示谦让，说）臣莽国邑足以共朝贡，不须复加益地之宠。愿归所益。（汉 99/4052）

> 例 4. （东汉章帝时，尚书张林上言）……又盐，食之急者，虽

---

① 有汉语史学者将此例视为"须"字产生"需要"义的证据，见吴春生、马贝加：《"须"的语法化》引例 2c2，《温州大学学报（社会科学版）》21 卷 3 期（2008 年 5 月），第 112 页。其实作"待"解亦通。

贵，人不得不须，官可自鬻。（后汉 43/1460）

例 5.（桓帝时刘陶上疏云）臣闻人非天地无以为生，天地非人无以为灵，是故帝非人不立，人非帝不宁。夫天之与帝，帝之与人，犹头之与足，相须而行也。（后汉 57/1843）

例 6.（桓帝延熹九年，陈蕃上疏云）君为元首，臣为股肱，同体相须，共成美恶者也。（后汉 66/2166）

例 7.（魏王令曰）老耄须待养者，年九十已上，复不事，家一人。（三 1/51）

例 8. 亮遗命葬汉中定军山，因山为坟，冢足容棺，敛以时服，不须器物。（三 35/927）

这些例子表明，西汉后期起，"须"字已逐渐发展出"需要"义。

正如汉语史研究者所揭示的，"须"字含义在发展中主观色彩日益浓厚。表示"待"，突出的是句子的主语，其中很多情况下是"人"在听天由命式地坐等某种条件或人、事务、机会或状态的出现或到来，动作的主角并不需要主动作为。随着"需要"义的出现，"须"的主角的状态已经不仅是坐等，所须者已经成为主角主观上要求的对象，或被表述成主观上要求的对象。而做助动词表示"愿望"义中主观色彩就更浓。①

东汉大臣在给皇帝的上言中（例 4、5、6）已在此种意义上使用"须"字。西汉末以降，包括刊刻《乙瑛碑》的桓帝朝，朝廷的文书与言语中所涉及的词汇库中"须"字并不单纯表示"待"，还有"需要"一义。"须"字的多义化，是认识"须报"的含义的背景与出发点。

《乙瑛碑》中"须报"一句正是出现在上述言语实践环境中。考虑到西汉后期不断丰富的"须"字义项，"须报"显然不只是"待报"，还要注意其包含的"需要回复"这一层含义。明白了"须报"的含义，自然清楚"须报"应出自二府之口，而非鲁相乙瑛。

---

① 段业辉：《中古汉语助动词研究》，第 69—71 页。

大概正是注意到"须"的多重含义，二府在上奏时选用了"须报"，目的不止是提醒桓帝此上书等待批复，还暗示它需要答复，以此来对皇帝施加影响。桓帝在上奏当日即予批准，算是对此的积极回应吧。

"须报"二字，透露出二府在处理此事上的主动态势——是他们在引导桓帝如何处理，尽管表现方式是委婉的。这种委婉，应源自双方职分的不同。是否要"报"，毕竟当由皇帝（或代行皇帝职责的近臣）决定，二府只是建议，故须婉转表示。

这究竟是梁冀炙手可热下的特例，还是一般现象？《后汉书·梁冀传》载元嘉元年（151 年）有司奏冀"十日一入，平尚书事"，史称"机事大小，莫不谘决之"，"百官侧目，莫敢违命，天子恭己而不得有所亲豫"，但他不可能事无巨细，都要过问，况且他只是十日一入，并非常驻省中平尚书事。

有一点不能不注意，东汉以来，三公的职责在减轻，尚书的职责在加大是个难以否定的现象，安帝时身为尚书仆射的陈忠因"三府任轻，机事专委尚书，而灾眚变咎，辄切免公台"，"非国旧体"，上疏进谏，其中说到"汉典旧事，丞相所请，靡有不听"①，西汉时是否如此，姑置不论，至少东汉中期人有此种观感，且不说"选举诛赏"之类大事上三公的权力已渐被尚书侵夺，就是此种小事上，对皇帝施加影响时也颇费心机。况且此时的二府中，赵戒自顺帝永和六年（141 年）以来已经做过十多年的三公，历侍四帝，吴雄虽任司徒不足两年，但也是久经官场。② 这一用语或许是二府自感"任轻"局面下无奈的选择。

尽管如此，二府的作用不仅限于提示皇帝需要回复，他们还做了充分的调查与论证，并提出方案。

---

① 《后汉书》卷四六《陈忠传》，第 1565 页。
② 参《后汉书》卷六《顺帝纪》，第 271 页等；卷七《桓帝纪》，第 294、297、298 页；卷四六《郭躬传》，第 1546 页。

四、"可许"与实施建议

且看"须报"后面的五行：

3. 谨问大常，祠曹掾冯牟、史郭玄辞对："故 事 ：辟 雍 礼未

4. 行，祠先圣师。侍祠者，孔子子孙、大宰、大祝令各一人，皆备爵。大常丞监祠，河南尹 给 牛 羊 象 鸡 □□各一，

5. 大司农给米祠。"臣愚以为，如瑛言，孔子大圣，则象乾《，为汉制作，先世所尊。祠用众 牲 ，长 吏备 □ ， 今欲 加

6. 宠子孙， 敬 恭明祀，传于罔极。 可许 。臣请鲁 相 为孔子庙置百石卒史一人，掌领礼器， 出王家钱 ， 给犬 酒直，

7. 他如故事。臣雄、臣戒愚戆诚惶诚恐，顿 首 顿首，死罪死罪，臣稽首以闻。

其中第6行"可许"一句的断句，尚有分歧。丁念先、高文断作"可许臣请"；永田英正等的录文则将"臣请"下属。当从后说。

第3—5行"谨问大常"至"大司农给米祠"数句，是向具体掌管祭祀的太常属吏问询有关祭祀的故事，"臣愚以为"以下则是二府提出自己的看法。

朝廷祠先圣师的地点，实际是在都城洛阳南郊的辟雍，并非曲阜。[①]十多年后立于曲阜的《史晨碑》所载史晨的上奏亦云："临璧雍日，祠孔子以太牢，长吏备爵，所以 尊先师 重教化也。"此为天子太学中祠先师之

[①] 东汉一朝皇帝或遣重臣去曲阜祭孔仅数次，最早是光武帝建武五年十月，见《后汉书》卷一《光武帝纪上》，第40页。此后，明、章与安帝各有一次亲祭，见徐天麟：《东汉会要》卷五《礼·祠孔子》，北京：中华书局，1955年，第42页。

礼，源自先秦。二府调查此故事，并转述太常祠曹掾与史的辞对，是为处理鲁相上书提供礼仪上的参考或依据（比）。

调查之外，二府重申孔子在汉代地位崇高，并认为因此要优宠孔子后代，并恭敬祭祀，传之永远，这实际是东汉朝廷的指导思想之一。陈述这两点之后，二府云"可许"，简单明了地表达了他们的意见。"可许"中"可"应释为"宜"[①]；"许"，《说文·言部》称"许，听也"，《广雅·释诂四》同。"可许"表示"应该允许"，建议皇帝接受乙瑛的陈请。

"可许"以下至"他如故事"前的四句，是两府对皇帝提出的具体安排建议，故使用了"臣请"云云的表述方式，方案则基本采自乙瑛的上书。

"谨问大常"到"可许"数句记述了二府的处理经过与意见，态度是鲜明而确切的。这种明确的态度是基于桓帝会对上奏答复（"报"）的假定，至于如何"报"属于二府的职责，所以用了"可许"这样明确的字眼。

概言之，二府先是暗示桓帝此上书需要回复，又事先精心准备，调查故事，并举出指导思想，理据充分，还有不增加朝廷财政负担的方案，桓帝收到上奏后，当天予以批准（第 8 行）。在此事处理上，桓帝可以说是在二府的步步诱导下裁可的。

文书中没有出现"尚书"，稍后的《无极山碑》则有"（光和四年八）月十七日丁丑尚书令忠奏洛阳宫"和"光和四年八月辛酉朔十七日丁丑尚书令忠下"两句，二府的上奏通过什么途径进呈给桓帝？汉代章奏文书的上行途径，一般认为最终均要经过尚书[②]，这里未提及，或许是一种久已存在的习惯。《史记·三王世家》所录多份丞相上奏武帝的文书便是如此，仅第一件大司马霍去病的上疏，注明经由尚书令，或可为参照。若上奏经过尚书，尚书也只是起到了简单的"奏、下文书"的职能。

关于汉代各种类型的朝议活动上朝臣对国家大事，包括人事问题，

---

① 《后汉书》卷六五《皇甫规传》"今日立号虽尊可也"李贤注，第 2132 页。

② 参汪桂海：《汉代官文书制度》，第 161—183 页；渡边将智：《政策形成と文书伝达——後漢尚書台の機能をめぐって》，《史観》159 号（2008 年），第 31—34 页。

提出各种书面或口头的意见或建议，并对皇帝决策施加影响，以及尚书与西汉昭帝后开始出现的内朝官员对于皇帝决策的辅助作用，前人研究颇多。[①] 对于三公在日常事务中如何发挥作用，前人了解得并不够。

以往的东汉政治制度研究中，多强调了尚书台的作用，近来则开始重新估计三公的地位，但对三公的地位与作用，见解不一。传统看法是当时"虽置三公，事归台阁"；另一种观点则坚持认为三公依然拥有相当大的权力，仍然是宰相[②]；第三种观点认为东汉时期，由于三公分工体制的建立、光武帝与明帝好吏事以及负责监察的大司徒司直的废止，导致三公统辖和指导地方行政的日常事务的职责受到削弱，出现了三公对于地方行政的"无责任体制"。[③] 情况或许没有那么简单。

五、"书到言"与司空的监督

奏请得到皇帝裁可成为诏书后，二府还对执行诏书提出要求并督促执行，具体表现在碑文第 10—11 行。

司徒、司空两人的上奏于元嘉三年(153 年)三月廿七日进呈皇帝，当日获准。同日，两人将诏书下发鲁相，在诏书行下之辞中不仅有"承书从事下当用者"之类的套话，还进一步对担任卒史者的条件提出若干具体要求：

---

① 关于汉代的朝议，系统集中的讨论见永田英正：《漢代の集議について》，《東方学報》43 册(1972 年)，第 97—136 页；大庭脩：《秦汉法制史研究》，第 37—41 页；渡边信一郎：《朝政の構造——中国古代国家の会議と朝政》，收入所著《天空の玉座》，东京：柏书房，1996 年，第 30—34 页；廖伯源：《秦汉朝廷之论议制度》，收入《秦汉史论丛》，第 155—200 页，特别是第 171 页，关于议题，见第 186—187 页；秦涛：《律令时代的"议事以制"：汉代集议制研究》，北京：中国法制出版社，2018 年，关于议题，见第 108—112 页。

② 祝总斌：《两汉魏晋南北朝宰相制度研究》，第 101—119 页。类似看法见渡边将智：《政策形成と文書伝達——後漢尚書台の機能をめぐって》，《史観》159 号(2008 年)，第 29—34 页。

③ 见纸屋正和：《漢時代における郡県制の展開》，第 649—675 页。

选其年卌以上，经通一艺，杂试通利，能奉弘先圣之礼，为宗所归者。

要求涉及年龄、经学修养、课试成绩、礼仪上的表现，以及在孔氏宗人中的声望等。① 概括而言，这是察举中所强调的"经明行修"的具体化；而将候选者的年龄设定在四十以上，并要通过考试，应是顺帝阳嘉元年（132 年）开始的左雄新制的继承与延伸。② 这些对诏书的补充亦可视为二府追加的命令③，后面附上"如诏书"一句，强调要像诏书一样对待。鲁相平在六月给司空的回复中称作"司徒司空府壬寅诏书"，显然是将二府的命令包括在壬寅诏书中。

行下之辞最后云"书到言"，要求鲁相接到诏书后需呈交答复，便是司徒、司空——在此处则是司空——监督诏书执行的具体体现。

在下达的诏书后追加命令，已知最早的一例见《史记·三王世家》。针对霍去病三月乙亥的上奏，武帝制曰"下御史"，"六年三月戊申朔乙亥，御史臣光守尚书令、丞非：下御史，书到言"，随即丞相等集议后上言，附和霍去病的建议。④ 这里的"书到言"乃是守尚书令等据武帝制书补充的命令，目的是要听取众大臣的意见。

比较完整的例子见甘肃敦煌悬泉置遗址出土的西汉元始五年（5 年）"诏书四时月令五十条"。王莽的上奏得到皇太后的制可后逐级下达，尽管行下之辞有残损，但仍有共三处出现了"到言"（94 行）、"书到言"（96 行）与"书到言"（99 行），分别附在下达到三公、二千石与敦煌所部都尉

---

① 大庭脩已经注意到此点，见《秦汉法制史研究》，第 206 页。不过，他认为碑文的这一部分"确实具有执行命令的特点"，不确。

② 关于阳嘉新制，参阎步克：《察举制度变迁史稿》，沈阳：辽宁大学出版社，1991 年，第 61—79 页。

③ 大庭脩：《秦汉法制史研究》，第 206 页；鹰取祐司：《漢簡所見文書考》，冨谷至编：《邊境出土木簡の研究》，京都：朋友书店，2003 年，第 141 页。

④ 《史记》卷六〇《三王世家》，第 2105—2106 页。标点有改动，有关分析参大庭脩：《秦汉法制史研究》，第 247—248 页。

一级的行下之辞的末尾。① 这些均为同一诏书在逐级抄写下行过程中由上级官员追加的文字，要求下级回答的，应是执行四时月令的情况。

不仅三公可以在下达的诏书后可追加命令，进行监督，刺史、太守亦有此职责。甘肃甘谷出土的汉简诏书中第22简正面有：

> 延熹二年四月庚午朔十二日辛巳，凉州刺史陟使下郡国大守、都尉，承书从事下当用者，如诏书。各实核准，为州集簿☐ 如律☐，书到言。

简末有残缺，文意不太完整，"各实核准，为州集簿"云云与"书到言"便是凉州刺史陟提出的要求——应该是根据诏书追加的具体指示。前者大概是责令所属郡国核查境内的宗室的某种情况，后者是要求上报。而第23简则是次日②汉阳太守接到刺史转发诏书后下达的行下之辞：

> 延熹元(当作"二"——引者)年四月庚午朔十三日壬午，汉阳大守济、长史亿下冀中西部督邮☐掾术、亮、史叙，属县令长，承书从事下当用者，如诏书。各实所部，正处。书到言。如诏书 律 令。③

除了要求下属执行外，还有根据刺史的命令而提出的"各实所部，正处"，"实"指核实，"正处"是正确的裁断，结果亦要"书到言"。据此，诏书在逐级下达过程中下级官员还可追加命令，以及依靠逐级的反馈（"书到言"）来监督下级的执行。④

---

① 方框中的字是整理者据残存的空间与文意补，见中国文物研究所、甘肃省文物考古研究所：《敦煌悬泉月令诏条》释文，北京：中华书局，2001年，第8页。

② "壬午"为"辛巳"次日，原释文疑有误。

③ 释文据张学正《甘谷汉简考释》（《汉简研究文集》，第93—94页）和何双全《简牍》（兰州：敦煌文艺出版社，2004年，第48页），并有校改。

④ 李均明注意到诏书行下之辞中的"书到言"，认为是诏书下发的程序，表示"每级机构收到诏书后亦须即时回报"，"诏书回报文通常也必须回报执行情况"，见《秦汉简牍文书分类辑解》，第35—36页。从上级角度看，要求回报则是体现了上对下的监督。

居延与敦煌汉简中含"书到言"的简亦不少，前人已有搜集①，不赘。因编绳朽烂，简册散乱，多数行下之辞中"书到言"具体所指已难明。不过，这种要求很常见，是可以肯定的。它表明丞相或九卿等朝官乃至郡守等地方长吏对所下命令的监督，普遍存在。下级在接到文书后的回报，汉简中也有不少。

《乙瑛碑》第12—16行所录则是两个多月后，鲁相等上呈司空府的答复，汇报了选拔卒史的情况。书到言与鲁相的回复，具体展示了二府与郡国长吏之间的监督与执行关系。

学者曾指出丞相权力之一就是监督百官执行，具体而言，主要是年底以律令和诏书为依据检查官吏执行情况，报告皇帝决定黜陟、赏罚；亦有官吏被告发，平时即加处理的情况。② 这里则是就特定诏令执行情况展开的监督，针对的是具体事务。事务则通过文字描述在文书——这里则是诏书——中，因此，监督也就转变成透过文书的书写与交流而实现，进而间接化，或可概括为"以文书为载体的事务型监督"。"书到言"乃是落实和体现监督的具体方式。③

监督的来源则根据事务下达的来源与层级。若是丞相、三公或九卿直接针对某个问题，对某地官员下达的命令，如《乙瑛碑》中的"司徒司空壬寅诏书"，负责执行的官员直接接受丞相或三公九卿的监督；如果是逐级下达的命令，则是逐级监督，直至最低一级的官吏，各级官吏对直接的上级负责。这种自上而下的命令——监督一体的管理方式或许就是"委事责成"的具体体现吧。是否可以说三公对地方行政形成"无责任体制"，也

---

① 参见李均明：《秦汉简牍文书分类辑解》，第35—36页所引例34—38。

② 祝总斌：《两汉魏晋南北朝宰相制度研究》，第35—38、100—101、109—113页。

③ 王国维说"汉时行下公文必令报受书之日，或云'书到言'，或云'言到日'。其义一也"，见《屯戍丛残考释·簿书类·六》，罗振玉、王国维编著：《流沙坠简》，影印本，北京：中华书局，1993年，第106页。李均明、刘军亦从此说，见《简牍文书学》第九章"官府下行书"，第228页。两种说法实有别，此碑所载可证，"书到言"所要求的并不仅是"受书之日"，还包括了具体落实情况。

许还需斟酌吧。

这种监督的终点取决于事务的进展。具体到此事，到鲁相回报完卒史的选任情况，就应算处理结束了。最终落实到司空府的文书上，恐怕就是一事形成一组文书，附上一个如"建武三年十二月候粟君所责寇恩事"（EPF22：36）一类的签牌而宣告处理终结，便沉睡在档案中了。因为孔氏宗人认为此事意义重大，将他们获得的往来文书刻于碑上，为后人留下了宝贵的资料。

六、余论

以上分析大致明了《乙瑛碑》所记鲁相请求增置一名卒史事的整个处理过程。此事虽小，但因涉及变更律令，要经过皇帝批准。简言之：鲁相创议，提出草案，司徒司空核查、极力促成，皇帝批准后，制定具体实施方案，并由司空监督执行。这种监督可称为"事务型监督"。上奏若经过尚书，尚书也只是承担了上奏、下达文书的职责。

分析处理过程，值得注意的有三点：

一是臣民陈请的作用。没有乙瑛最初的陈请，并提出草案，就不会产生后续的所有动作。这是件极小的事务，且出现在外戚梁冀掌权的时期，但考虑到臣民陈请十分常见，它促使我们认真思考"陈请"在帝国治理中的作用。虽然相当多的陈请在层层上呈中被上级乃至皇帝忽视或否决，但亦有不少得到皇帝认可（如"报可"之类），并转化为朝廷的制度、政策（中间往往会经过朝议之类的讨论）。陈请的存在，推动皇帝与朝廷吸纳献言献策的臣民智慧，促进统治者集思广益，使帝国统治不单是上对下单向度的命令，也包含了朝野的互动。对帝国统治的认识中亦应有这种互动的位置，简单地使用"皇帝支配体制"之类突出皇帝一方主导作用的全称概括可能会有意无意遮蔽掉这种互动。

二是东汉后期三公的作用。上奏文书中二府建议皇帝回复的委婉用语"须报"与调查、意见和明确的建议显示了二府的主动作用，尽管此事过于琐碎，无法据此推定三公在其他政务中的作用。"书到言"体现的司空对具体事务执行的监督，亦拓展了对三公监督职能的认识，"无责任体制"的说法也许过于绝对。

三是皇帝角色的多面性。由此事以及其他臣民陈请而终为皇帝采纳的事例看，皇帝不仅是帝国的支配者，同时也是臣民建议的倾听者。这一侧面文献中常见，但今人熟视无睹，似未纳入对皇帝的认识中。

关于皇帝统治，《乙瑛碑》显示出皇帝在处理政务上的被动性与符号性，或曰象征性的一面：二府的主动衬托出皇帝的被动；另起一行，并高出一字的"制曰可"则是符号性的最好表达。以往关于中国皇帝的认识上，对此很少关注，往往将皇帝假定为处处主动表达个人意志的强力统治者，无疑片面夸大了皇帝的作用，忽视了其不同的侧面。

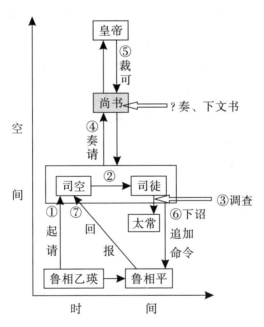

附图：乙瑛起请增置百石卒史事的处理过程
①—⑦表示处理此事的先后步骤

皇帝的符号性当时立碑的孔氏宗人亦很清楚：碑文第8—9行下端空白处特别刊刻了促成此事的二府的郡望、名讳，以示表彰，末尾的赞中则颂扬了发起者乙瑛和落实此事的鲍叠，而对批准此事的皇帝却未置一词，虽然碑面上"制曰可"三字单抬。时人的观感应成为今人认识的重要参考。

　　本文初稿 2011 年 11 月 26 日在爱媛大学"资料学"研究会发表，得到藤田胜久、关尾史郎与金秉骏先生的指教，2012 年 8 月 15 日又将此文提交清华大学历史系学术沙龙讨论，得到黄振萍、方诚峰、陈侃理、孙正军与王彬先生的多方指点，"清华大学"（新竹）历史研究所邱逸凡同学惠寄相关研究论著，2013 年 1 月陈勇先生复纠谬正误，谨此一并致谢。

　　　　　　本文日本稿承蒙佐佐木正治先生翻译，原刊藤田胜久编：《東アジアの資料学と情報伝達》，东京：汲古书院，2013 年，第 235—271 页；中文稿收入《中国中古史研究：中国中古史青年学者联谊会会刊》第四卷，北京：中华书局，2014 年，第 43—69 页。又经增改收入李雪梅主编：《法律文化研究》第十辑"古代法律碑刻专题"，北京：社会科学文献出版社，2017 年，第 36—66 页。这次又略做增改，收入本书。

胡广/蔡邕"帝之下书有四"说的"显"与"隐"

    中国自秦汉以来的王朝统治中，文书是重要的手段。湖北云梦县出土的睡虎地秦简《秦律十八种·内史杂》规定："有事请也，必以书，毋口请，毋羁请。"①强调有事请示须利用文字书写，东汉人王充指出："萧何入秦，收拾文书，汉所以能制九州者，文书之力也。以文书御天下，天下之富，孰与家人之财?"②更是强调了汉朝统治对文书、典籍等的依赖。不过，长期以来，学界对此缺乏直观的认识。随着 20 世纪初以降简牍与纸质写本文书的不断出土，文书的价值日益受到学界的关注，更有学者呼吁并努力建立中国的"古文书学"。③

    文书研究中涉及皇帝所发文书时，几乎都离不开东汉末年学者蔡邕（133—192 年）④撰写的《独断》一书，尤其是利用书中的描述帮助我们认识文献与出土的相关资料。这种思路的前提是相信《独断》记录了（或曰"反映了"）秦汉时代，或其中某个时期的文书制度。这一前提是否成立，此前学者考虑不多。现在出土的文书日见丰富，文书研究亦日益深入，

---

    ①   陈伟主编：《秦简牍合集：释文注释修订本（壹）》，武汉：武汉大学出版社，2016 年，第 135 页。这里释文改用了通行字。

    ②   王充：《论衡》卷一三《别通篇》，黄晖校释，北京：中华书局，1990 年，第 591 页。

    ③   最新成果可见黄正建主编：《中国古文书学研究初编》，上海：上海古籍出版社，2019 年。

    ④   据邓安生：《蔡邕集编年校注》下册附录《蔡邕年谱》，石家庄：河北教育出版社，2002 年，第 589 页；曹道衡、沈玉成：《中古文学史料丛考》"蔡邕年岁及徙五原年月"条，北京：中华书局，2003 年，第 11 页。

提供了移步换景，从新的角度看待文书与《独断》的机会。本文便尝试将四类说的产生置于制度、时局与个人经历的背景下，对其具体表述进行一番探讨。中外学界关于《独断》与汉代诏书的研究极为丰富①，这里不拟详论。

一、被遮蔽的胡广与绕不过的蔡邕

谈起皇帝文书，学者想到的往往就是蔡邕的《独断》，他在书中详细描述过的"策书""制书""诏书"与"诫敕"，只有部分学者注意到，这四类文书并非蔡邕的发明。目前来看，实际是他的老师胡广先于蔡邕提出的，蔡邕不过是继承并充实了胡广的看法。

《后汉书·光武帝纪上》"建武元年"李贤注引《汉制度》曰"帝之下书有四"，随后介绍了四种书的名称与书写格式等(1/24)。此处注引《汉制度》未言作者，据他处所引，可知此书确为胡广所著。《续汉书·礼仪志上》注补引《谢沈书》曰："太傅胡广博综旧仪，立汉制度，蔡邕依以为志，谯周后改定以为《礼仪志》。"(后汉志4/3101)这里的"汉制度"应是著作名。《后汉书·儒林传上》李贤注引胡广《汉制度》记述天子车驾云云(79/2546)，亦是明证。

胡广(91—172年)，南郡华容人，东汉名臣，《后汉书》卷四四有传。自郡吏察孝廉，安帝试以章奏，考得天下第一，拜为尚书郎，后迁尚书仆射，任职尚书台十余年，后出任济阴太守、汝南太守，入拜大司农，顺帝汉安元年(142年)，迁司徒，后任太尉、录尚书事，桓帝时几次出任司空、太尉，史称"达练事体，明解朝章"，"在公台三十余年，历事六帝"，八十二岁寿终。传文称他著述颇丰，但没提到《汉制度》一书。更可

① 有关回顾，详参孙梓辛：《汉代诏书研究述评》，《中国中古史研究》第六卷，上海：中西书局，2018年，第262—306页。

惜的是，此书久佚，详情不明。①

为更好地展示其分类与蔡邕《独断》之间的关系，将两书关于四类文书的描述对照列表如下：

	胡广《汉制度》	蔡邕《独断》
	帝之下书有四：一曰策书，二曰制书，三曰诏书，四曰诫敕。	其命令一曰策书，二曰制书，三曰诏书，四曰戒书。
策书	策书者，编简也，其制长二尺，短者半之，篆书，起年月日，称皇帝，以命诸侯王。三公以罪免亦赐策，而以隶书，用尺一木，两行，唯此为异也。	策书。策者简也。礼曰：不满百丈（文）②，不书于策。其制长二尺，短者半之。其次一长一短，两编。下附篆书，起年月日，称"皇帝曰"，以命诸侯王、三公。其诸侯王三公之薨于位者，亦以策书诔谥其行而赐之。如诸侯之策，三公以罪免，亦赐策。文体如上策而隶书，以一尺木两行，唯此为异者也。
制书	制书者，帝者制度之命，其文曰制诏三公，皆玺封，尚书令印重封，露布州郡也。	制书，帝者制度之命也，其文曰"制诏三公"，赦令赎令之属是也。刺史、太守、相劾奏申下土迁书，文亦如之。其征为九卿，若迁京师近官③，则言官，具言姓名。其免若得罪，无姓。凡制书，有印使符，下远近皆玺封，尚书令印重封。唯赦令、赎令

① 流传与辑佚情况，见孙启治、陈建华编：《古佚书辑本目录附考证》，北京：中华书局，1997年，第178页。

② 《四库全书》本与《四部丛刊三编》"子部"影印明常熟瞿氏铁琴铜剑楼藏弘治十六年刊本《独断》卷上均作"丈"，马怡改作"文"，见《汉代诏书之三品》，收入北京大学中国古代史研究中心编：《田余庆先生九十华诞颂寿论文集》，北京：中华书局，2014年，第66页。福井重雅编《訳注独断》（东京：东方书店，2000年）第218页作"文"。据"例言"，福井依据的底本是卢文弨校刊的抱经堂丛书《独断》，而"解题"中却说依据的是"百川学海本"，参考卢文弨"抱经堂丛书"的校本，两说矛盾，未知孰是。

③ 原本作"宫"，据张元济校勘记，百川学海本与汉魏丛书本作"官"，据改。

续表

	胡广《汉制度》	蔡邕《独断》
		召三公诣朝堂受制书，司徒印封，露布下州郡。①
诏书	诏书者，诏，告也，其文曰告某官云〔云〕，如故事。	诏书者，诏诰也，有三品。其文曰告某官，官，如故事，是为诏书；群臣有所奏请，"尚书令奏"之下有"制曰"，天子答之曰"可"，若"下某官"云云，亦曰诏书；群臣有所奏请，无"尚书令奏"、"制"之②字，则答曰"已奏，如书"，本官下所当至，亦曰诏。
诫敕	诫敕者，谓敕刺史、太守，其文曰有诏敕某官。它皆仿此。	戒书，戒敕。刺史、太守及三边营官被敕，文曰"有诏敕某官"，是为戒敕也。世皆名此为策书，失之远矣。
出处	《后汉书》卷一《光武帝纪上》"建武元年"李贤注引，第24页	《四部丛刊三编》"子部"影印明弘治刊本《独断》卷上③

对比上表，确如马怡所指出的，蔡邕《独断》对于皇帝命令的描述，无论定名，还是文体与封缄方式，均承袭胡广的看法④，蔡邕的贡献是补充

① 《汉官仪》亦有类似说法："群臣上书，公卿校尉诸将不言姓。凡制书皆玺封，尚书令重封。唯赦赎令司徒印，露布州郡。"《后汉书》卷二九《鲍昱传》注引，点校本，北京：中华书局，1965年，第1022页。《汉官仪》应劭著，建安二年（197年），汉献帝迁都许后撰写，成书晚于《汉制度》与《独断》，此段或是抄自两书。《唐六典》卷九《中书省》"中书令"条下小注引《独断》此段作："制书，帝者制度之命也，其文曰'制诏三公'，赦令、赎令之属是也。近道印付使，远道皆玺封，尚书令即准赦、赎令召三公诣朝堂受制书，司徒露布州郡。"（陈仲夫点校，北京：中华书局，1992年，第274页）语句有删减，且颇有费解处，疑是抄录时删改所致。

② "之"字，据张元济校勘记，古今逸史本与汉魏丛书本均无此字。

③ 此表大庭脩在《汉代制诏的形态》一文中亦制作过，并指出两者之间的记载"几乎一致"，又说："两书的记载十分相似，而《独断》较为详细，不过章怀太子注未必是引用了《汉制度》全文，因此两书的原本也许并无太大的差异。"见所著《秦汉法制史研究》，徐世虹等译，上海：中西书局，2017年，第139—140页。

④ 马怡：《汉代诏书之三品》，北京大学中国古代史研究中心编：《田余庆先生九十华诞颂寿论文集》，第67页。

不少文体、施用对象上的细节，特别是诏书有三品的看法。因《汉制度》散佚，《光武帝纪上》所引是否完整，已不可考，但两书的分类与描述之间存在承继关系，无可否认。蔡邕曾说："臣所事师故太傅胡广，知臣颇识其门户，略以所有旧事与臣。虽未备悉，粗见首尾，积累思惟，二十余年。"①一方面承认自己曾师事胡广，胡广亦清楚蔡邕了解他的想法与路数，另一方面肯定胡广曾将他所搜集的很多资料（旧事）给予了蔡邕，且这些资料胡广做过整理，但没有完成，只是"粗见首尾"，两人看法相似，毫不意外。因此，策书、制书、诏书与诫敕（戒书）这四类皇帝所下文书的提出，准确地说，应是胡广首创，蔡邕加以完善，而不是蔡邕一人的发明。以下简称为胡/蔡四类说。②

蔡邕的贡献不止是提供了很多的细节，包括定名上也做了微调，将"诫敕"改称"戒书"，以便与其他三类协调。

两人提出的"四类说"构成后世看待皇帝文书的规范，影响至今。目前所见，从南朝刘勰的《文心雕龙》一直到今人研究皇帝文书，均依托这一框架。《文心雕龙·诏策》云：

> 皇帝御寓，其言也神；渊嘿黼扆，响盈四表，唯诏策乎！……秦并天下，改命曰制。汉初定仪则，则命有四品：一曰策书，二曰制书，三曰诏书，四曰戒敕。敕戒州部，诏诰百官，制施赦命，策封王侯。……故两汉诏诰，职在尚书。王言之大，动入史策，其出如綍，不反若汗。……及制诰严助，即云厌承明庐，盖宠才之恩也。

---

① 蔡邕在朔方上章所言，见《后汉书》卷六〇《蔡邕传》注引《邕别传》，第2004页。上表的时间，学界尚有分歧，一说在桓帝光和元年（178年，据邓安生编：《蔡邕集编年校注》下册附录《蔡邕年谱》，第607页）；一说在桓帝光和二年（179年，据曹道衡、沈玉成：《中古文学史料丛考》，第11—12页），无论哪一说，蔡邕上章时胡广已死。

② 芮钊亦列表对比了胡广《汉制度》与蔡邕《独断》，除上述文书之外，还涉及宗庙、舆服制度等，得出相同的结论，见所著《〈独断〉研究》，硕士论文，贾俊侠指导，陕西师范大学，2011年，第57—59页。

孝宣玺书，赐太守陈遂，亦故旧之厚也。①

刘勰使用的称呼与施用对象的具体区分，恐怕大多源自胡广的《汉制度》，仅"制施赦命"，现存《汉制度》未见。这里异乎前人之处，在于他认为这四类文书是西汉初年创立的，是否如此，现在已难以知晓。

《唐六典·中书省》"中书令"条下小注亦引了蔡邕《独断》，为正文中所列的"王言之制有七"溯源。其文云：

> 《尚书》有典、谟、训、诰、誓、命之书，皆帝王诏制记于简策者也。

> 蔡邕《独断》称："汉制，天子之书，一曰策书，二曰制书，三曰诏书，四曰戒敕。策者，以简为之，其制长三（二）尺，短者半之。其次一长一短，两编。下附篆书，题年月日，称'皇帝曰'，以命诸侯王、三公。制书，帝者制度之命也，其文曰'制诏三公'，赦令赎令之属是也。近道印付使，远道皆玺封，尚书令即准赦、赎令召三公诣朝堂受制书，司徒露布州郡。诏书有三品。其文曰告某官，某官如故事，是为诏书；群臣有所奏请，'尚书令奏'之下有'制诏'，天子答之曰'可'，以为诏书；群臣有所奏请，无'尚书令奏''制曰'之字，则答曰'已奏，如书'，本官下所当至，亦曰诏书。戒书，戒敕。刺史、太守及三边营官被敕，文曰'有诏敕某官'，是为戒敕。"

> 自魏晋已后因循，有册书、诏、敕，总名曰诏。皇朝因隋不改。天后天授元年，以避讳，改诏为制。今册书用简，制书、慰劳制书、发日敕用黄麻纸，敕旨、论事敕及敕牒用黄藤纸，其赦书颁下州郡用绢。②

原注前后相连，为眉目清晰，这里按叙述的时代分为三段。对照传世本

---

① 刘勰：《文心雕龙注》，范文澜注，北京：人民文学出版社，1958年，第358—359页。

② 《唐六典》卷九《中书省》"中书令"条，第274页，标点有改动。

《独断》,《唐六典》所引有不少删减与差异,删减是《唐六典》注释的惯例,差异的产生,究竟是源于版本还是传抄,难以确知。值得注意的是,该注旨在梳理《尚书》以降至唐代王言的流变,前后均是泛泛而谈,唯一详举为据的就是蔡邕《独断》,唐人心目中此书在梳理王言上的地位不言而喻。唐宋以后王言日见复杂,种类繁多,相关的记述也颇丰,一旦追述来历或编次汉代诏令,胡/蔡四类说,尤其是蔡邕的《独断》总是难以绕开的著作。宋初王钦若等编撰《册府元龟》,卷五五〇《词臣部》的"总序"中即引述《汉制度》;宋人整理两汉诏令,洪咨夔(1176—1236年)为《两汉诏令总论》便是如此①;南宋时王应麟(1223—1296年)辑《玉海》卷六四"汉诏令总叙"以及"汉策书、诏策、册书、策诏、赐策"条,"汉四书、策书、制书、诏书、诫敕、露布"等条②,均引述了《汉制度》与《独断》。一直到今天,更是如此。胡广《汉制度》一书恐南宋时已亡佚,王应麟所引乃是根据《光武纪》"建武元年九月辛未诏"注《汉制度》云云。明人吴讷(1372—1457年)《文章辨体序说》在论述册、制时亦暗引两人的说法。③

20世纪以来研究秦汉时期的官文书,就更无法脱离胡/蔡四类说作为分析的框架。从王国维《简牍检署考》,罗振玉、王国维编《流沙坠简》开始,一直到新近的研究,包括德国学者纪安诺(Enno Giele)④,莫不如此。

---

① 此处承孙梓辛君教示,谨谢!

② 王应麟:《玉海》卷六四,影印本,扬州:广陵书社,2003年,第1204、1209页。

③ 见《文章辨体序说》"册","制、诰"条,罗根泽校点,北京:人民文学出版社,1962年,第35、36页。前一条作:"按《汉书》,天子所下之书有四,一曰策书。注曰'策书,编简也。其制长二尺,短者半之。篆书,起维年月日,以命诸侯王公。若三公以罪免,亦赐策,则用一尺木而隶书之。'"此处所据当是《后汉书》注所引的《汉制度》,非《汉书》。后一条云:"汉承秦制,有曰'策书',以封拜诸侯王公;有曰'制书',用载制度之命。若其命官,则各赐印绶而无命书也。"前一句亦应出自《汉制度》。

④ Enno Giele, *Imperial Decision-Making and Communication in Early China: a Study of Cai Yong's Duduan*, Wiesbaden: Harrassowitz Verlag, 2006, pp. 201-297. 其只是讨论的顺序有调整,先分析制书和诏书,后分析策书和戒书。类别还是根据蔡邕的《独断》。

二、胡/蔡四类说的"说"与"未说"

如何看待胡广/蔡邕两人提出的皇帝文书四类说,是值得追究的问题。一种颇为流行的看法认为此说是当时文书实际形态的反映或代表。

汪桂海在《汉代官文书制度》第一章"引言"中指出:

> 汉代官文书制度的研究应当始自东汉蔡邕的《独断》,此书中有一部分叙述了当时的官府文书(主要是诏令文书和章奏文书)制度,这在今天是我们讨论汉代官文书制度不可不用的重要材料。不过,这部分材料并不完全是蔡邕对官志簿的抄录,而是包含了他对所见到的诏令章奏文书的总结。正因为当中有他自己的归纳总结,难免存在不全面、不尽符合事实的论述。

作者意识到此书存在不全面、不尽符合事实的论述,但在具体论述的分类上,实际还是依靠蔡邕提供的四类说。[①] 李均明在根据简牍梳理秦汉时代的各类文书时,将皇(王)室文书部分区分为命书、策书、制书、戒敕与诏书五类,除"命书"见于战国外,后面四类均是根据《汉制度》和《独断》,在具体讨论中,亦少不了参考两书。[②]

刘后滨对汪桂海的看法有所修正,他指出:

> 《独断》所记载的公文书反映的主要是蔡邕所处时代的制度,并曲折地反映了此前体制的变迁。

> 《独断》所说只能是新莽和东汉时期的制度。

---

① 汪桂海:《汉代官文书制度》,南宁:广西教育出版社,1999 年,目录及第 2 页。

② 李均明:《秦汉简牍文书分类辑解》,北京:文物出版社,2009 年,第 23—36 页。

蔡邕并未将整个汉朝的公文形态作为一个历史过程加以考察，所记主要应为其所处时代的制度。①

跃进在研究秦汉文体时，对于皇帝所下的文书，则是依据《独断》来分类。② 马怡说：

> 如果说《汉制度》与《独断》未必能总括两汉制度的全貌，则其至少也应是东汉制度的反映。③

与刘后滨的看法接近。魏昕认为：

> 汉诏四种典型形式在《汉制度》中即有所规定："帝之下书有四：一曰策书，二曰制书，三曰诏书，四曰诫敕。"此后，《独断》、《文心雕龙》等各类文评、文论，皆将此作为汉代诏令的核心内容加以介绍。故而本论题即围绕这四种汉诏的典型形式，主要从其体式、使用情况展开深入、细致的功能性论述。

> 从秦代改"命"曰"制"，改"令"曰"诏"，至汉制规定"命有四品"，诏令名称在制度层面上得到官方的明确规定，诏令类文体亦因此得以正式确立，并形成一定的规模。④

作者虽没有使用"反映"一词，但称之为"汉诏四种典型形式"，认为"诏令名称在制度层面上得到官方的明确规定"，亦认可其普遍意义。尽管作者

---

① 刘后滨：《从蔡邕〈独断〉看汉代公文形态与政治体制的变迁》，《广东社会科学》2002 年第 4 期，后收入所著《唐代中书门下体制研究》，济南：齐鲁书社，2004 年，第 64、73、74 页。

② 跃进：《〈独断〉与秦汉文体研究》，《文学遗产》2002 年第 5 期，第 13—16 页。

③ 马怡：《汉代诏书之三品》，北京大学中国古代史研究中心编：《田余庆先生九十华诞颂寿论文集》，第 66 页。

④ 魏昕：《汉代诏书研究》，博士论文，曹胜高指导，东北师范大学，2015 年，第 9、21—22 页。

注意到还存在其他形式的皇帝命令，如谕、玺书和铁券文①，却没有考虑这些文书与四种汉诏之间的关系。后文的分章亦是将四种汉诏各立一章来论述，将谕等视为次要与非典型的形式来看待，忽略了它们与作者所说的四种汉诏之间的联系。纪安诺在讨论《独断》的价值时指出：

> 仅这一事实（指蔡邕为《东观汉纪》编者之一）就是一个有力理由以支持《独断》与正史的比较以及预计它们极为相符。很大程度上确实如此，不论《独断》是意在描述（descriptive）还是规范（prescriptive）这一问题，因为若是前者蔡邕应该只是概括他过目的经手文书的主旨，而若是后者他或许应是据文书中他所熟悉的知识来制定规则，即，除非有人假定文书主体实际上与时存的规则不符。考虑到执迷于普遍规则与整齐特点，这些要从秦汉时代几乎每件现存的资料中才能弄清，这几乎不可能。②

尽管表述相当迂曲，纪安诺实际也认为《独断》关于上行与下行文书的记述是描述性的。这种看法只是反映论的另一种表达。

需要注意的是，在宋代学者眼中，梳理汉代皇帝所发文书，倒并不仅仅依据胡/蔡四类说，学者们还会搜集文献中出现的各种名目，无论是洪咨夔还是王应麟，均是如此。或许有人会认为他们在整理上没有什么头绪与辨别，凡是皇帝所发文书，称呼不同的，就会摘出并罗列其中，而没有进一步探讨其间的关系，未免失于芜杂，但这种做法至少保存了当时文书称呼上的多样性。

不妨看看王应麟的整理。《玉海》卷六四《诏令》的"汉诏令总叙"参考了洪咨夔的论述，随后的条目题目有：

> 汉初作诰 真草诏书；汉策书 诏策 册书 策诏 赐策；汉玺书；汉

---

① 魏昕：《汉代诏书研究》，第22—30页。

② Enno Giele, *Imperial Decision-Making and Communication in Early China: a Study of Cai Yong's Duduan*, pp. 43-44.

故事诏书；汉恩泽诏书；汉诏书行事 诏条；汉宽大诏；汉建武诏中元诏书；汉赐方国手迹；汉四书 策书 制书 诏书 诫敕 露布；汉特诏；汉手诏；汉尚书诏文；汉建初诏书；汉五曹诏书；汉尺一简①

具体内容很多，文繁不列。条目排列或按类别，或据时间，错杂混排，不难发现当时史书中出现的皇帝文书称呼之多。这既与文献记述时称呼比较随意有关，同时也与当时文书本身的称呼比较灵活有关。李均明曾经以甲渠候官（A8）遗址出土的东汉"建武五年以令秋祠社稷府书"为例，指出当时书檄类文书可以划分为若干类，体式与用语有些差别，但界限不甚严格，对同一文书的称呼亦因取名之范围、角度而有所不同。② 此文书的排列顺序有问题，笔者最近做过重排，据重排后的内容转录于下：

1. 八月廿四日丁卯斋。 EPF22：155

2. 八月廿六日己巳直成，可祠社稷。 EPF22：156③

3. 建武五年八月甲辰朔戊申，张掖居延城司马武以近秩次行都尉文书事，以居延仓

　长印封，丞邯，告劝农掾

　襃、史尚，谓官、县：以令秋祠社稷。今择吉日如牒，书
到，令、丞循行，

　谨修治社稷，令鲜明。令、丞以下当 EPF22：153A

　　　　　掾阳、兼守属习、书佐博 EPF22：153B

4. 侍祠者斋戒，务以谨敬鲜絜约省为故。襃、尚考察不以为意者，辄言，如律令。 EPF22：154

―――――――――

① 王应麟：《玉海》卷六四，第1200—1211页。此处承孙梓辛君教示。

② 李均明：《秦汉简牍文书分类辑解》，第16页。

③ EPF22：157上有"九月八日甲辰斋"，竺沙雅章从干支与字迹推断是次年的文书，故未收入此册书中，可从。EPT22：161，从笔迹上看，竺沙亦认为是次年的文书，见竺沙雅章：《居延漢簡中の社文書》，冨谷至编：《邊境出土木簡の研究》，京都：朋友书店，2003年，第347—349页。

5. 八月庚戌甲渠候长　　以私印行候文书事，告尉，谓第四候长宪等：写移　　　　　　　　　　　　　　　　　EPF22：158

6. 檄到，宪等循行修治社稷，令鲜明。当侍祠者斋戒，以谨敬鲜絜约省为　　　　　　　　　　　　　　　　EPF22：159

7. 故，如府书律令。　　　　　　　EPF22：160①

按笔者的分析，这份建武五年（29 年）八月下发安排该月祭祀社稷日期的文书，由 7 枚简（4 枚两行＋3 枚札）构成，据笔迹与内容来看，实际是由两份文书组合而成。前面 4 枚是居延都尉府下发的文书正本，后面 3 枚是甲渠候官在接到府书后补充的行下之辞，形成新的下行文书，两者相连在候官处作为档案存留下来。册书中出现了三处对文书的称呼：书、檄与府书。前一个是居延都尉府下发文书时的自称，后两个是甲渠候官的小吏在行下之辞中对上级文书的称呼。因其出自张掖郡的居延都尉府，故称为"府书"。为何称为"檄"？李均明先生认为是"檄"属于行事急切，具有较强的劝说、训诫与警示作用的比较夸张的文书形式。② 无论如何，一份文书，自称与下级的他称可因角度不同而不同。边塞系统的文书如此，其他机构，包括皇帝所发的文书，应该也存在类似情形。亦可推知，当时文书还有不少尚无固定的称呼。

除了文书本身的自称与他称未必统一，时人或后人转述时也不一定严格按照原文书的称呼来表述，也会增加一些不同的称呼。到了后代，更有好古者，为了体现对传统的追慕，也会刻意使用一些古旧的表达方式。③

上述情形，在皇帝文书中也不同程度存在。虽然秦始皇统一天下，

---

① 侯旭东：《西北出土汉代文书简册的排列与复原》，武汉大学简帛研究中心主办：《简帛》第十八辑，上海：上海古籍出版社，2019 年，第 126—130 页。

② 李均明：《秦汉简牍文书分类辑解》，第 103 页。

③ 章学诚便曾对此风气做出严厉的批评，见《文史通义新编新注》上册《外篇一·评沈梅村古文》《外篇一·家谱杂议》，仓修良编注，北京：商务印书馆，2017 年，第 482、483、497 页。

在公元前221年曾规定"命为'制',令为'诏'"(史6/236),随着统治的展开,文书形式、名称也逐渐复杂化。譬如所谓"策书",秦代应该没有,是到了汉代,重建分封制时才又从周代故纸堆中请出来的古老文体。《史记·三王世家》所见封齐王、燕王与广陵王三策,因在高庙行事,"他皆如前故事"(史60/2110),"策立诸侯王"当非始于武帝,而是高祖时。这种做法当仿自周代分封时的册命,策书或亦始自高祖。《文心雕龙·诏策》所说"汉初定仪则,则命有四品",不无道理。当然,文书的实际称呼更多样。秦始皇临终遗诏,按照司马迁的转述,原本就是一封玺书,《史记·秦始皇本纪》载:

> 上病益甚,乃为玺书赐公子扶苏曰:"与丧会咸阳而葬。"书已封,在中车府令赵高行符玺事所,未授使者。

于是"高乃与公子胡亥、丞相斯阴谋破去始皇所封书赐公子扶苏者,而更诈为丞相斯受始皇遗诏沙丘,立子胡亥为太子"(史6/264)。三人间如何密谋,又见《史记·李斯列传》,其中再次提到"赵高因留所赐扶苏玺书",对话中则说:"上崩,无诏封王诸子而独赐长子书。长子至,即立为皇帝,而子无尺寸之地,为之奈何?"(史78/2548)出现的是"无诏封王诸子"与"赐长子书",分别使用了"诏"与"书",前者指不存在的封王文书,后者指被他们拆开的文书。始皇身后事便与"玺书"纠缠在一起。应该说,此事乃三人的私密谋划,三人后来均横死,死前恐怕也不太可能会将这段改变三人命运的对话泄露给更多的人,司马迁如何掌握的具体信息,不无疑问。[①] 尽管存在疑问,作为一种皇帝所发文书的称呼,玺书的确此后登上了历史舞台,汉代的传世文献与出土简牍中均可见到。见于文献的,大家都不难检索,出土简牍不易搜寻,转引如下:

---

① 当然,如果按照北大汉简《赵正书》的说法,胡亥即位乃是得到秦始皇的认可的,也就根本不存在这段阴谋与破玺书之封了,但如何看待《赵正书》中的说法,学界尚未达成共识。这里姑且不论。

　　皇帝玺书一封，赐使伏虏居延骑千人光。

　　制曰：骑置驰行。传诣张掖居延使伏虏骑千人光所在，毋留。留，二千石坐之。

　　·从安定道　　元康元年四月丙午日入时界亭驿小史安以来望□行。　　　　　　　　　　　　　73EJT21：1①

元康元年是公元前65年。简上下完整，三行字的下端均尚有空白，应属于文书传递记录。比较特殊的是：一封玺书专门递送，不是与其他文书打包，且不是由邮亭卒传递，而是由驿来传送；但并不是专门派使者递送，还是使用通常的邮驿来一站一站地接力传送，应该是骑马递送。且宣帝要另外附加命令"制曰云云"规定采取何种方式来送，似乎这种方式尚未变成通行的做法。② 卫宏《汉旧仪》卷上的规定"奉玺书使者乘驰传，其驿骑也，三骑行，昼夜行千里为程"③，似尚未出现。此外，敦煌马圈湾出土编号210的汉简云："迎书适已会玺书到，写曰亦为今相见□叩头"④尽管语意不明，但亦出现了"玺书"两字。敦煌悬泉简中有如下一枚，同样是宣帝时的邮书传递记录：

　　皇帝橐书一封，赐敦煌太守。元平元年十一月癸丑夜几少半时县泉驿骑传受万年驿骑广宗，到夜少半时付平望驿骑……

　　　　　　　　　　　　　　　　V92DXT1612④：11A⑤

① 甘肃简牍保护研究中心等：《肩水金关汉简（贰）》中册，上海：中西书局，2012年，第22页。

② 文书传递记录的一般情况，见鹰取祐司：《秦漢官文書の基礎の研究》第二部"文書の傳送"，东京：汲古书院，2015年，第289—440页。

③ 《续汉书》卷三〇《舆服志下》"黄赤绶"注补引，见《后汉书》，第3673页，又收入孙星衍等辑：《汉官六种》，第63页。

④ 图版分别见张德芳：《敦煌马圈湾汉简集释》，兰州：甘肃文化出版社，2013年，第33、213页。

⑤ 见胡平生、张德芳：《敦煌悬泉汉简释粹》例110，上海：上海古籍出版社，2001年，第92页。

元平元年是公元前74年。此处的"橐"字，亦有学者释为"玺"，现在简牍图版尚未正式发表，二者孰是，尚无法判断。

除了简牍，"玺书"在东汉石刻、壁画中亦偶有所见。灵帝中平五年（188年）三月上旬"巴郡太守都亭侯张府君功德叙"（又称"巴郡太守张纳碑"）云：

> 囊者征克大勋，丙子玺书封都亭侯。娅公曲阜，尚父营丘，周啓厥□□□□□。①

文中使用了"玺书"。"丙子"当是玺书上注明的日期的干支，按照《独断》与此前的文书，被称为"玺书"的即是一般说的"策书"。此前，另有两碑没有直接使用"玺书"，而用了"玺"来表示皇帝的重视。汉安二年（143年）立的"景君碑"用的是"玺追嘉锡"，用的是《左传·襄公二十九年》中"玺书追而与之"的典故；延熹八年（165年）"鲜于璜碑"使用了"圣上珍操，玺符追假"，碑阴则说："皇上颂德，群黎慕涎。策书追下，银龟史符。"正背两面所指相同，可知"玺书"指的就是"策书"。其他东汉碑文则偏爱使用"策书"。②

1971年发掘的内蒙古和林格尔一号汉墓壁画中也出现了"玺书"榜题。该墓为东汉晚期，墓主最后担任使持节护乌桓校尉，壁画中描绘了墓主的仕宦经历。墓前室至中室甬道南壁的壁画榜题作"繁阳令被玺□时"，"玺"下面一字残，从残损笔画看，当是"书"字，摹本上看得更清

---

① 洪适：《隶释》卷五，见《隶释　隶续》，影印本，北京：中华书局，1985年，第62页。此句又见赵明诚：《金石录校证》卷一九《汉巴郡太守张君碑》，金文明校证，桂林：广西师范大学出版社，2005年，第329页引。

② 如洪适《隶释》卷六《国三老袁良碑》，"册曰：……"；卷六《中常侍樊安碑》，"朝思齐忠，追拜骑都尉，宠以印绶，荚（策）书褒叹"；卷一一《太尉刘宽碑》，"天子闵悼恻怛，内发手笔，为策（缺）涕咨嗟"；卷一二《太尉杨震碑》，"公功乃伸，追录元勋，策书慰劳，赙赠有加"；卷一三《冯焕残碑》，"史策书嘉叹，赐钱（下缺）守以永宁二年四（下缺）"。分别见《隶释　隶续》，第71、79、124、136、146页。

楚，发掘者亦持此说。① 这一场面宏大，参与者众多，通常情况下，玺书极少赐给县令，这应算是墓主在繁阳令任上的高光时刻，因而死后要画在坟墓中。

"玺书"亦可以从其他角度去称呼，这里不妨看看东汉曹魏禅代时保留下来的记载。《三国志·文帝纪》裴注中的收录颇为详尽，不必详引全文，只截取涉及文书的若干句即可。《三国志》卷二《魏书·文帝纪》注引《献帝传》：

> 乙卯（十三日），册诏魏王禅代天下曰："惟延康元年（220 年）十月乙卯，皇帝曰，咨尔魏王：……使使持节行御史大夫事太常（张）音奉皇帝玺绶，王其永君万国……"
>
> 于是（魏国）尚书令桓阶等奏曰："……臣请会列侯诸将、群臣陪隶，发玺书，顺天命，具礼仪列奏。"令曰："当议孤终不当承之意而已。犹猎，还方有令。"（第 67 页）
>
> ……
>
> （魏王）令曰："……但于帐前发玺书，威仪如常……"既发玺书，王令曰："当奉还玺绶为让章。……义有蹈东海而逝，不奉汉朝之诏也。亟为上章还玺绶，宣之天下，使咸闻焉。"（第 68 页）
>
> ……
>
> 庚申（十八日），魏王上书曰："皇帝陛下，奉被今月乙卯（十三日）玺书，伏听册命，五内惊震，精爽散越，不知所处。……"（第 70 页）
>
> 辛酉（十九日），（魏国）给事中博士苏林、董巴上表曰："……今既发诏书，玺绶未御，固执谦让，上逆天命，下违民望。……唯陛下迁思易虑，以时即位，显告天帝而告天下，然后改正朔，易服色，正大号，天下幸甚。"令曰：……（第 70—71 页）

---

① 内蒙古自治区文物考古研究所编：《和林格尔汉墓壁画》，第 2 版，北京：文物出版社，2007 年，第 14、84 页，摹本见第 130 页。

壬戌(二十日)，册诏曰："皇帝问魏王言：遣(魏行相国永寿少府臣毛)宗奉庚申(十八日)书到，所称引，闻之。……"(第71页)

于是(魏国)尚书令桓阶等奏曰："今汉使(张)音奉玺书到，臣等以为天命不可稽，神器不可渎。……"

甲子(二十二日)，魏王上书曰："奉今月壬戌(二十日)玺书，重被圣命，伏听册告，肝胆战悸，不知所措。……"(第71页)

……

丁卯(二十五日)，册诏魏王曰："……"(第72页)

己巳(二十七日)，魏王上书曰："……而(张)音重复衔命，申制诏臣，臣实战惕，不发玺书，而(张)音迫于严诏，不敢复命。愿陛下驰传骋驿，召(张)音还台。不胜至诚，谨使(毛)宗奉书。"(第73页)

……

庚午(二十八日)，册诏魏王曰：……(第74—75页)

于是(魏国)尚书令桓阶等奏曰："……"令曰："可。"

辛未(二十九日)，魏王登坛受禅……。(第75页)①

括号里补充了干支对应的序数日期、官员具体所属与官员的姓氏。长达十多页的裴注是对《文帝纪》扼要叙述的禅让过程细节的补充。这一过程从乙卯(十三日)持续到辛未(二十九日)，前后17天，《文帝纪》中只引了乙卯册诏的正文，裴注则详细记录了汉献帝4次下册诏(十三、二十、二十五、二十八日)表示要禅让皇位给魏王，以及魏王3次上书谦让(十八、二十二、二十七日)，还有魏国君臣之间的往返讨论(奏与令)。参与其间的魏王、魏国的大臣与汉献帝之间的往来文书，既将乙卯文书称为"玺

---

① 《三国志》，北京：中华书局，1959年，第67—75页。Howard L. Goodman 用一本书的篇幅讨论汉魏禅让，不过，对于其中的文书并没有加以讨论，见所著 *Ts'ao P'i Transcendent：The Political Culture of Dynasty-Founding in China at the End of the Han*，Seattle：Scripta Serica，1998.

书",随后的文书又称之为"册命""册告"/"诏书"/"制",《献帝传》转述时称之为"册诏",《三国志·魏书·文帝纪》则称"册曰"。从往来文书看,曹丕与魏国大臣偏爱使用的称呼则是"玺书"。"发玺书"指"拆开玺书",在这里表示接受此文书,据《献帝传》,在张音持节带着皇帝玺绶与乙卯文书到魏国后,当时曹丕不在国都邺城,也没有立即拆开文书,尚书令等建议择吉日,设坛场来进行,被曹丕否决,最终是在帐前拆开文书。

不同的称呼侧重不同。"玺书"重在强调文书封缄使用的是皇帝的玺印,"册命"强调了"册封"的意涵,"诏书"则泛指皇帝下发的文书。足见直到东汉末年,对皇帝所发的同一封文书,依然会根据需要从不同角度来称呼。①

东汉时期见于实践与记载的只有"拜皇太子仪"与"拜诸侯三公之仪"②,禅代是王莽代汉之后近二百年未曾发生过的事件,完全逸出了平时皇帝文书使用的常轨,采用的文书与仪式,很多是临时草拟的,当然不可能完全凭空创制,更多的是改用既有的仪礼。文书上亦如是,采用了最高规格的形式,包括使者的身份。③ 尽管这是一个非常的场合,但其中呈现出的称呼上的灵活性,仍提供了一个反思胡/蔡四类说的宝贵契机。

————————

① 郑紫薇对于禅让文书中刘协、曹丕自称、对称以及魏国群僚如何称呼献帝与曹丕,还有这十多天中"天子"的认知与表达,有细致的分析,见所著《逊位与践祚:"汉魏故事"与中古禅让礼研究》,硕士论文,马楠指导,清华大学历史系,2018年,第17—21页。不过,作者没有讨论文书称呼。

② 《续汉书》卷五《礼仪志中》载:"拜诸侯王公之仪:百官会,位定,谒者引光禄勋前。谒者引当拜〔者〕前,当坐伏殿下。光禄勋前,一拜,举手曰:'制诏其以某为某。'读策书毕,谒者称臣某再拜。尚书郎以玺印绶付侍御史。侍御史前,东面立,授玺印绶。王公再拜顿首三〔下〕。赞谒者曰:'某王臣某新封,某公某初〔除〕,谢。'中谒者报谨谢。赞者立曰:'皇帝为公兴。'〔重坐,受策者拜〕谢,起就位。供赐礼毕,罢。"注补引丁孚《汉仪》夏勤策文,曰:"维元初六年三月甲子,制诏以大鸿胪勤为司徒。曰:'朕承天序惟稽古,建尔于位为汉辅。往率旧职,敬敷五教,五教在宽。左右朕躬,宣力四表,保乂皇家。于戏! 实惟秉国之均,旁祗厥绪,时亮天工,可不慎与! 勤〔其〕戒之!'"(《后汉书》,第3120—3121页)可参李俊芳:《汉代册命诸侯王礼仪研究》,《中国史研究》2010年第2期,第89—104页。感谢孙梓辛君示知此文。

③ 可参孙正军:《禅让行事官小考》,《史学集刊》2015年第2期,第27—51页。

汉魏禅让发生在 220 年，胡广死后已近半个世纪，距蔡邕死于狱中也近 30 年，胡/蔡四类说成型已历数十年。当时魏王及其众臣下反复使用，且为汉廷君臣所熟悉的"玺书"一称，并未出现在胡/蔡四类说中。实际上蔡邕本人对此并不陌生。光和二年(179 年)，在"戍边上章"中，他写道：

> 愿下东观，推求诸奏，参以玺书，以补缀遗阙，昭明国体。章闻之后，虽肝脑流离，白骨剖破，无所复恨。惟陛下省察。谨因临戎长霍圉封上。臣顿首死罪稽首再拜以闻。①

蔡邕清楚存在"玺书"，且保存在东观中，这是当时存档用的。此前他曾在此工作，并参与《东观汉纪》的撰写，上章中他希望自己能重回故地，参阅大臣的上奏与玺书，以便完成夙愿。上述情况不能不让我们重新思考两人所提出的四类说的性质。

除了被有意"舍弃"的"玺书"这种称呼，还需要注意的是胡/蔡四类说中强调"书"带来的对"口谕"的排抑。《独断》起首一段如下：

> 汉天子正号曰皇帝，自称曰朕，臣民称之曰陛下，其言曰制、诏，史官记事曰上……印曰玺，所至曰幸，所进曰御，其命令一曰策书，二曰制书，三曰诏书，四曰戒敕。

按照《独断》的体例，后面则是逐一对此段的解释，关于"其言曰制、诏"的解释，今本不存，当是传抄、刻写中脱漏。清人卢文弨指出：

> 制诏：制者，王者之言，必为法制也。诏，犹告也。告，教也。三代无其文，秦汉有也。各本皆缺此条。案卷首一条为纲，下文皆依之申叙。卷首有制诏，在'陛下'与'上'之间，此条正与相应。今据李善注《文选·潘元茂册魏公九锡文》引及《太平御览》五百九十三补。②

---

① 《续汉书》卷三《律历志下》注补引，《后汉书》，第 3084 页。光和二年(179 年)，据《蔡邕集编年校注》上册前言第 10 页。

② 《独断》卷上，抱经堂丛书本，影印本，北京：直隶书局，1923 年，第 2 页下。

此说有理有据，可从。关于天子之言曰"制诏"，后文中蔡邕承袭乃师的看法，具体列举了四种"书"，且将其明确表述为通过文字书写下来的"文书"，且各有书写上的特点。实际上，《说文·言部》释"言"为"直言曰言，论难曰语"，东汉王充《论衡·定贤》说"口出以为言，笔书以为文"，郑玄在注《礼记·丧服四制》"对而不言"时说"言，谓先发口也"，西晋人杜预承其说，注《左传·昭公九年》"志以定言"时说"发口为言"。今人归纳为本指说话，尤其指主动对人说话①，即通过口头方式主动表达自己的想法，指"文辞"乃是后起之义。我们不能忽略，实际统治运作中，在借助文字传达命令之外，口头方式一直顽强地存在，且本是更古老的方式。湖北云梦县出土的睡虎地秦简中一篇秦律名为"内史杂"，有一条规定：

> 有事请也，必以书，毋口请，毋羁请。②

这是要求有事情一定要用文字形式向上级请示，不能口头请示，也不能托人找关系。此规定意在排除口头等不采取文字方式的请示，这与广土众民的王朝，方言众多的形势有关，同时也与文字可以保证信息不走样有关。此条规定的是下对上的请示，上对下的命令也面临同样的问题，成文法与文字方式下达的命令（诏书）才可最低限度维持指令的一致性。但在实际统治中，口头传达命令的方式却依然存在，不止见于面对面的商议（各种形式的"集议"③），更见于皇帝委派身边的近臣直接传达口头命令或旨意，以及君臣之间的面对面私密讨论。后两种形式在当时未必少见，但今天只能通过传世文献，通过文字才能捕捉与重建，未免有些

---

① 王力主编：《王力古汉语字典》"言""语"条，北京：中华书局，2000年，第1260、1278页。

② 陈伟主编：《秦简牍合集：释文注释修订本（壹）》，第135页。

③ 最新研究见秦涛：《律令时代的"议事以制"：汉代集议制研究》，北京：中国法制出版社，2018年。

曲折、隔膜与困难。^①

通过口头方式进行统治，仔细分析文献，也不是痕迹全无。《汉书·萧望之传》中，宣帝为锻炼萧望之，调他担任左冯翊：

> 望之从少府出为左迁，恐有不合意，即移病。上闻之，使侍中成都侯金安上谕意曰："所用皆更治民以考功，君前为平原太守日浅，故复试之于三辅，非有所闻也。"望之即视事。(78/3274)

据《汉书·百官公卿表下》(19下/806)，此事发生在元康二年(前64年)，这次金安上便是充当了宣帝与萧望之沟通的桥梁，向萧望之转达了宣帝让他外迁的初衷。从所说的话看，此处的"谕意"只能是口头传达，不是文字化的文书。成帝时刘向便多次面见皇帝，密陈机宜，他上疏说："天文难以相晓，臣虽图上，犹须口说，然后可知，愿赐清燕之间，指图陈状。……向每召见，数言公族者国之枝叶，枝叶落则本根无所庇荫。"^②就是希望有面陈的机会。阳朔元年(前24年)，汉成帝与京兆尹王章之间就曾多次秘密讨论外家王氏所为，结果被王氏子弟侍中王音偷听到，告知了大将军王凤，王凤以退为进，反而使王章下狱而死(汉98/4020—4023)。《汉官仪》载，光武时有以疑狱见廷尉曹史张禹，"所问辄对，处当详理。于是策免廷尉，以禹代之，虽越次而授，亦足以厉其臣节"^③，

---

① 魏昕注意到从口头到文书的变化，但将这一转变的发生置于商代，对汉代以后"口头"形式则只注意到了对百姓的"谕"，见所著《汉代诏令研究》，第12—13、22—25页。代国玺在分析王言形成与变化，以及侍御史的职责时，亦注意到西汉皇帝口头命令、侍御史书于简牍问题，认为"代王言"东汉才出现，分见所著《由"记王言"而"代王言"：战国秦汉人臣草诏制度的演生》，《文史哲》2015年第6期，第90—101页；《说"制诏御史"》，《史学月刊》2017年第7期，第37—39页。刘欣宁就汉代西北边塞管理中的口头传达做过系统的分析，对朝廷中的则仅提及而未见梳理，见所著《汉代政务沟通中的文书与口头传达：以居延甲渠候官为例》，《史语所集刊》第89本第3分(2018年9月)，第451—511页。

② 《汉书》卷三六《刘向传》，点校本，北京：中华书局，1962年，第1966页。

③ 《通典》卷二五《职官七·诸卿上·大理卿》注引，点校本，北京：中华书局，1988年，第710页。

更是一个罕见的例子。

侍中"得入禁中"(汉 19 上/739),本身就在皇帝身边工作,常常承担疏通君臣联系的职责。蔡质《汉仪》指出:"侍中、常伯,选旧儒高德,博学渊懿。仰占俯视,切问近对,喻旨公卿。"①所谓"喻旨公卿"即指此。他们侍皇帝帷幄,经常回答皇帝的问题,即所谓"切问近对",桓帝时的一件轶事可见他们与皇帝面对面口头交流的频繁。《汉官仪》载:

> 桓帝时,侍中迺存年老口臭,上出鸡舌香与含之。……(存)自嫌有过,得赐毒药,归舍辞决,欲就便宜。家人哀泣,不知其故。②

桓帝应该是在与迺存交谈中难以忍受其口臭,而赐予他鸡舌香。同书又记载:"尚书郎奏事于明光殿……尚书郎含鸡舌香,伏其下奏事。黄门侍郎对揖跪受。"③这恐怕应是桓帝以后才出现的做法,如果此前已成为惯例,在皇帝侧近的迺存不会不清楚,更不会误以为是毒药,而闹出笑话了。尚书郎要含鸡舌香,当亦是因为他们要经常面见皇帝,口述奏事。

此外,屡见于文献与简牍的"承制诏××",多半也是口头传达或问询,或根据口头传达来发布文字化的命令。《汉书·萧望之传》载五凤二年(前 56 年),宣帝认为御史大夫萧望之轻视丞相,对他产生不满,丞相司直繇延寿借机上奏,罗织了好几件琐碎小事上的问题,第一件就是"侍中谒者良使(承)制诏望之,望之再拜已。良与望之言,望之不起,因故

---

① 《续汉书》卷二六《百官志三》"侍中"条注补引,《后汉书》,第 3593 页。可参安作璋、熊铁基:《秦汉官制史稿》上册第三章第三节"侍中、给事中等加官",济南:齐鲁书社,1984 年,第 285—292 页;杨鸿年:《汉魏制度丛考》"侍中"条,1985 年初刊,此据 2 版,武汉:武汉大学出版社,2005 年,第 50—56 页;祝总斌:《两汉魏晋南北朝宰相制度研究》,1990 年初刊,此据 2 版,北京:中国社会科学出版社,1998 年,第 74—75 页。

② 《太平御览》卷二一九《职官部一七·侍中》、卷九八一《香部·鸡舌》引,影印本,北京:中华书局,1960 年,第 1041、4345 页。

③ 《太平御览》卷二二一《职官部一九·黄门侍郎》,第 1050 页。此处作"《汉官》",《初学记》卷一一《职官·侍郎郎中员外郎》引作"《汉官仪》"(标点本,北京:中华书局,1962 年,第 270 页)。

下手，而谓御史曰'良礼不备'"。在宣帝免萧望之的策书中，此事被概括为"有司奏君责使者礼"（汉 78/3280—3281，19/808、809），良作为使者，代表皇帝，说他"礼不备"等于是在指责皇帝。良承制诏望之，且与望之说话，应就是以口头方式传达宣帝的命令，命令也很可能属于常见的给某人外出签发"传信"之类。现在甘肃敦煌的悬泉置遗址出土了不少汉简，其中有若干由御史大夫"承制"或单独下发的传信，甚至包括萧望之本人签发的。如下例：

> 五凤四年六月丙寅，使主客散骑光禄大夫□扶群承制诏御史曰：使云中大守安国、故教未央仓龙屯卫司马苏于武强，使送车师王、乌孙诸国客，与军候周充国载屯俱，为驾二封轺传，二人共载。御史大夫延年下扶风厩，承书以次为驾，当舍传舍，如律令。
>
> Ⅱ90DXT0113③：122A①

此处的御史大夫延年是杜延年。这类琐事颇多，且属于例行反复发生的，所谓"承制诏御史"，往往就是皇帝直接派遣身边的近臣向御史（或侍御史）口头传达，如上述，御史在御史府笔录命令，形成"传信"文书交给需要外出的官吏作为凭证。目前简牍与文献所见的承制诏××的官员，均是皇帝身边的近臣，没有出现负责起草诏书的尚书②，颇值得注意。

文献中的例子也有一些。如《汉书·京房传》，元帝看到京房所上封事中的建议后，派自己的妻兄王凤向京房转达诏令，拒绝了京房的提议：

---

① 胡平生、张德芳：《敦煌悬泉汉简释粹》例 215，第 151 页；张德芳：《悬泉汉简中的"传信简"》所引简 19，收入郝树声、张德芳：《悬泉汉简研究》，兰州：甘肃文化出版社，2009 年，第 145—146 页。

② 详见侯旭东：《西北汉简所见"传信"与"传"——兼论汉代君臣日常政务的分工与诏书、律令的作用》附表一，《文史》2008 年第 3 辑（总第 84 辑），第 37—39 页。关于由"尚书"起草诏书，学者亦存不同意见，相关意见的梳理与研究，见侯旭东：《西汉御史大夫寺位置的变迁：兼论御史大夫的职掌》，《中华文史论丛》2015 年第 1 期，第 190—193 页。两文均收入本书。

房未发，上（元帝）令阳平侯（王）凤承制诏房，止无乘传奏事。
（75/3164）

又如《冯奉世子参传》：

哀帝即位，帝祖母傅太后用事，追怨参姊中山太后，陷以祝诅
大逆之罪，语在外戚传。参以同产当相坐，谒者承制召参诣廷尉，
参自杀。（79/3307）

还有《汉书·孙宝传》：

（平帝）时大臣皆失色，侍中奉车都尉甄邯即时承制罢议者。
（77/3263）

《后汉书·杨厚传》：

厚少学统业，精力思述。初，安帝永初（二）年（108年），太白
入（北）斗，洛阳大水。时统为侍中，厚随在京师。朝廷以问统，统
对年老耳目不明，子厚晓读图书，粗识其意。邓太后使中常侍承制
问之，厚对以为"诸王子多在京师，容有非常，宜亟发遣各还本国"。
（30上/1048）

需要注意的是，承制沟通几乎都是皇帝身边的近臣来完成，常见的是侍
中、谒者，东汉以后宦者渐多。后人批评东汉时宦官"手握王爵，口含天
宪"①，亦包含了他们代表皇帝，口头传达命令的一面。《后汉书·郭躬
传》载明帝时：

有兄弟共杀人者，而罪未有所归。帝以兄不训弟，故报兄重而
减弟死。中常侍孙章宣诏，误言两报重，尚书奏章矫制，罪当腰斩。

① 《后汉书》卷七八《宦者列传》"序"，第2509页。

帝复召躬问之，躬对"章应罚金"。帝曰："章矫诏杀人，何谓罚金？"躬曰："法令有故、误，章传命之谬，于事为误，误者其文则轻。"帝曰："章与囚同县，疑其故也。"躬曰："'周道如砥，其直如矢。'君子不逆诈。'君王法天，刑不可以委曲生意。"帝曰："善。"(46/1544)

此案当属于臣下难以裁断的疑难案件，奏谳到明帝那里，由皇帝裁决，和秦汉简牍发现的那些"奏谳书"所录的案例性质相同。明帝认为兄弟一道杀人，说明兄没有教育好弟，应该重判兄，而弟可以减死。明帝的意见并没有形成书面文字，而是由中常侍口头传达给尚书，由尚书笔录，结果中常侍孙章口传诏书有误，将两人均判处死刑。尚书据此草拟的上奏不符合明帝的原意，被认为是"矫制"，有意伪造皇帝的命令①，而要将宣诏的中常侍孙章腰斩，后经郭躬解释，说服了明帝，才按照法令规定，改为罚金从轻处理。这是因为口传皇帝的命令有误，而被记载下来，那些无误的口传作为常态，反而被隐没。好在有此事的记忆，让我们可以推知消失的大多数。《后汉书·韦彪传》云："元和二年春，东巡狩，以彪行司徒事从行。还，以病乞身，帝遣小黄门、太医问病，赐以食物。彪遂称困笃。"(26/919)同书《虞延传》云：

> （建武）二十三年，司徒玉况辟焉。时元正朝贺，帝望而识延，遣小黄门驰问之，即日召拜公车令。(33/1152)

偶尔也会有不使用近臣的例外。和帝时准备消灭外戚窦氏，身边无值得信任之人，于是"惧左右不敢使，乃令（其兄刘）庆私从千乘王求，夜独内之；又令（刘）庆传语中常侍郑众求索故事"（后汉 55/1801）。"传语"自然

---

① 关于"矫制"，《汉书》卷五〇《汲黯传》师古注："矫，托也，托奉制诏而行之。"（第2316页）区分矫制为"害"与"不害"两类，见《汉书》卷一七《景武昭宣元成功臣表》师古引如淳注（第660页），《二年律令·贼律》中规定不害仅罚金四两。可参孙家洲、李宜春：《西汉矫制考论》，《中国史研究》1998年第1期，第53—61页；孙家洲：《再论"矫制"——读〈张家山汉墓竹简〉札记》，《南都学坛》2003年第4期，第1—6页。

是通过口头，而非文书了。

东汉时代口头/文书交织，且文书称呼不定的现实中，胡/蔡四类说的出现，特别是考虑到没被他们放入王言中的文书称呼与"口谕"，他们两位为何做出这些的选择，就值得去探讨了。

三、胡/蔡四类说与各方对尚书的争夺

胡广与蔡邕两人构建的四类说，突出了文书的字体、形制上的特点以及应用的场合与对象，力图将四类文书置于更加富于形式化的状态，这当然包含了对现实中各种文书特点的提炼与概括，例如策书采取一长一短的简相间的形式，《史记·三王世家》末尾褚少孙便已指出："至其次序分绝，文字之上下，简之参差长短，皆有意，人莫之能知。"（60/2115）其他文书，恐怕也是如此。胡/蔡的这种考虑，正如蔡邕对"制、诏"的解释："制者，王者之言，必为法制也。诏，犹告也。告，教也。三代无其文，秦汉有也。"将"制"概括为"必为法制也"，后文更是明白指出，"制书，帝者制度之命"，突出了制与法之间的联系，甚至可以说，他们两位所构建的四类说，就是试图将皇帝所发的文书纳入"法制"或"制度"的轨道。他们对四类文书的描述，正是想排除现实中存在的皇帝文书的流动性与灵活性，使之成为各具特定用途与表达方式的文书，借此也传达了他们对皇帝作用的某种期待。这种期待恰恰与时局，以及他们对时局的认识有关。而"玺书"与"口谕"被排除在"四类"之外，也可由此获得解释。

玺书见于历史与当时，含义如《国语·鲁语下》"襄公在楚，季武子取下，使季冶逆，追而予之玺书"韦昭注所说："玺书，印封书也。"秦以后指使用皇帝玉玺封缄的文书，大体对应于胡/蔡四类说中的策书与制书。而胡/蔡则放弃了以是否用玺作为区分的标准，转向了用途、文字、用语与形制等，只是在描述"制书"时提到"制书""皆玺封"，蔡邕的表达较之胡广更显含混。依胡广所言，所有制书均需玺封，而蔡邕的描述中，则不知是所有制书都要玺封，还是只有"有印使符，下远近"的制书才需要

玺封。另外一点倒是很清楚，制书仅有玺封还不够，还需要"尚书令印重封"，即要在玺封之外，再用尚书令的印另加一层封缄。究竟如何"重封"，使用囊，还是其他方式，《独断》中没有说明，参考《续汉书·祭祀志上》所录东汉皇帝封禅泰山时给上天的文书的封缄方式（后汉志 7/3169），很可能是在玺封之外再加检或囊，检或囊上由尚书令来加以封缄。① 这句话表面看来是在陈述制书的封缄方式，其实不然，当胡广/蔡邕讲到"尚书令印重封"时，实际是在强调制书需要经过尚书这一正式渠道下发，暗中否定了皇帝派遣侍中或黄门常侍之类直接传达制书的方式。

需要注意的是，实际政务处理中，尚书不止是"封下书"，还可以"封还诏书"。《后汉书·钟离意传》载，明帝性褊察，大臣莫不悚栗，钟离意作为尚书仆射，"独敢谏争，数封还诏书"（41/1409），明帝以后此种情形恐怕依然存在。尚书台保留了大量的存档文书，很多担任尚书的官员也熟悉典制，当遇到皇帝不合旧典的诏令时，若是固守故事的尚书，就有可能封还诏书。当然，这样做的代价也不小，钟离意很快就出宫去鲁国担任国相，史称"亦以此故不得久留"（41/1410）。缘于此，顺从皇帝意旨的尚书会越来越多，敢于封还者会日见其少。尽管如此，正像见到皇帝不妥的做法，大臣中时常会有人挺身而出，加以劝谏一样，居喉舌之位的尚书中敢于封还诏书者，恐怕也是时有其人。灵帝时尚书刘纳"以正直忤宦官，出为步兵校尉"（后汉 56/1834），说不定就包含这方面的原因。

---

① 参王国维《简牍检署考》参照唐宋做法的分析，见王国维原著：《简牍检署考校注》，胡平生、马月华校注，上海：上海古籍出版社，2004 年，第 77—80 页。《续汉书·祭祀志上》光武帝封禅泰山时是"皇帝以寸二分玺亲封之，讫，太常命人发坛上石，尚书令藏玉牒已，复石覆讫，尚书令以五寸印封石检"（《后汉书》，第 3169 页），前面称尺寸大小有别的两者均为"玉玺"（《后汉书》，第 3164 页），此处则分别称为"玺"与"印"，疑实际是分别模拟皇帝的玺与尚书令的印。类似情况见《汉书》卷九七《外戚传下》，哀帝时，司隶校尉解光调查汉成帝生子的上奏中提到"中黄门田客持诏记，盛绿绨方底，封御史中丞印"（第 3990 页），可知使用近臣官印封诏书并不罕见，感谢孙梓辛君的提醒。

　　说到封文书的帝玺，传国玺之外，皇帝另有六玺[①]，东汉一朝是由符节令属下的"尚符玺郎中"保管。据《续汉书·百官志三》本注，符节令"为符节台率，主符节事。凡遣使掌授节"。"尚符玺郎中，四人"，本注曰："旧二人在中，主玺及虎符、竹符之半者。"还有二百石的符节令史，"掌书"（后汉志 26/3599），亦在皇帝身边工作。"旧二人在中"的"中"，应与"中官"的"中"同义，均表示在皇帝贴身处任职。符节台与尚书台均"文属"少府（后汉志 26/3600），但各为独立机构，互不统属。皇帝下发文书需要玺封，应由尚符玺郎中负责，无关尚书台，且该台亦握有给使者授节之职，皇帝完全可通过此台用玺封缄文书，然后直接遣使传送玺书，不经过尚书。应劭在给《汉书·酷吏·严延年传》（宣帝时）"后左冯翊缺，上欲征延年，符已发，为其名酷复止"作注时说："符，竹使符也，臧在符节台，欲有所拜，召治书御史符节令发符下太尉也。"（90/3670、71）应劭所云当是东汉的制度。西汉一朝太尉不常设，武帝以后多改称大司马，东汉以后才常设。[②] 而治书侍御史，按胡广所说，是始于西汉宣帝时（后汉志 26/3600），《汉书·百官公卿表上》只出现了"御史治书尚符玺者，有印绶"（19 上/743），此时"治书"尚是动词，未正式变为官称。治书侍御史作为专称，东汉以后才固定下来。[③] 若此推论不误，东汉的这种拜官方式，就无须通过尚书，尽管在提名阶段，尚书可能会参与。

　　如所周知，东汉时期，部分儒生出身的官员，与外戚，特别是宦官之间产生长期纷争，其中外戚有时会成为儒生联合的对象，如桓帝时的窦武与灵帝时的何进，儒生大多视宦官为死敌。宦官实际是皇帝的延长线，而儒生则主要是官僚统治的代表，外戚常常站在皇帝或太后一方，

---

　　① 关于皇帝六玺的形成，见阿部幸信：《皇帝六璽の成立》，《中国出土资料研究》8 号，东京：中国出土资料研究会，2004 年，第 63—87 页。

　　② 东汉太尉详情，见黄致远、黄今言：《东汉太尉系年录》，《江西师范大学学报》2010 年第 6 期，第 78—83 页；新近研究见孙闻博：《秦汉军制演变史稿》第一章"武官制度的演进"，北京：中国社会科学出版社，2016 年，第 63—69 页。

　　③ 见《宋书》卷四〇《百官志下》，点校本，北京：中华书局，1974 年，第 1251 页。

与儒生争斗，但有时亦会与儒生联手，遏制乃至试图消灭宦官。儒生敌视宦官，实际是想遏制宦官背后的皇帝。攀附宦官的外朝官员也不少，正如宦官亦有好人一样，实际难以简单按照出身、官职来区分善恶。再加上皇帝与太后，几方之间的争夺，贯穿东汉中期以后朝廷活动。通过什么途径来任命官员，给哪些人封爵，经常成为各方争执的核心，而尚书亦因处在内外交接的要津，文书上奏下达多经其手，备受瞩目，变为各方争夺之地。

关于东汉政治史，学界研究颇多，分歧亦明显。一种看法是强调尚书台与宦官的作用，后来又有所谓"尚书体制"之说，并认为三公形骸化①；另一种看法则依然认为三公、将军在政策形成中居于核心地位，尚书台不过是从政策决议完成到审议、裁决，从裁决到实施的文书传达过程中衔接各阶段的动脉②。两说或有各执一端的问题，且××体制的看法，有将动态过程简单化之嫌。三公、将军、尚书台、宦官与皇帝共同构成朝廷统治群体，其间的关系起伏波动颇多，须顺时而观，详加考述，难以脱离具体人、事来抽象提炼。各方力量既合作，又争夺，尚书

①　如劳榦：《论汉代的内朝与外朝》，1948 年初刊，收入所著《劳榦学术论文集甲编》上册，台北：艺文印书馆，1976 年，第 585 页；周道济：《汉唐宰相制度》，1964 年初刊，此据台北：大化书局，1978 年，第 149—151、157—201 页；富田健之：《後漢時代の尚書、侍中、宦官について——支配権力の質的変化と関連して》，《東方学》64 辑(1982 年 7 月)，第 30—42 页；安作璋、熊铁基：《秦汉官制史稿》绪论及正文第一章第一节、第三章第二节，第 10—11 页、第 8—10、262—264 页；富田健之：《内朝と外朝——漢朝政治構造の基礎の考察》，《新潟大学教育学部紀要 人文・社会科学編》27 卷 2 号(1986 年)，第 508—515 页；富田健之：《漢時代における尚書體制の形成とその意義》，《東洋史研究》45 卷 2 期(1986 年 6 月)，第 212—240 页；陈仲安、王素：《汉唐职官制度研究》，1993 年初刊，此据增订本，上海：中西书局，2018 年，第 34—37 页；富田健之：《後漢前半期における皇帝支配と尚書体制》，《東洋学報》81 卷 4 期(2000 年 3 月)，第 441—471 页；富田健之：《後漢後半期の政局と尚書体制——"省尚書事"をめぐって》，《九州大学東洋史論集》第 29 号(2001 年 4 月)，第 1—28 页；等等。

②　祝总斌：《两汉魏晋南北朝宰相制度研究》，第 58—70、96—119 页；渡边将智：《後漢政治制度の研究》，东京：早稻田大学出版部，2014 年，第 171—248 页。

的重要性亦由此显现。

《后汉书·李固传》载，顺帝时李固上疏云：

> 今陛下之有尚书，犹天之有北斗也。斗为天喉舌，尚书亦为陛
> 下喉舌。斗斟酌元气，运平四时。尚书出纳王命，赋政四海，权尊
> 执重，责之所归。……今与陛下共理天下者，外则公卿尚书，内则
> 常侍黄门……(63/2076)

尚书喻为"喉舌"，东汉时常见①，此喻突出了尚书的重要性。李固同时
指出公卿尚书与常侍黄门一道协助皇帝治理天下，囊括了常侍黄门之类
的宦官，不能不说是对当时情形无可奈何的接受与承认。《续汉书·百官
志三》"少府"条云："尚书令……本注曰……掌凡选署及奏、下尚书曹文
书众事。""尚书仆射……本注曰：署尚书事，令不在则奏、下众事。"(后
汉志 26/3596)东汉尚书令的职责包括上奏与下发由尚书诸曹起草的各类
文书②，《后汉书·鲍昱传》记载了光武帝末年的一个小故事，正显示了
尚书的这一职能：

> 中元元年(56 年)，(昱)拜司隶校尉。诏昱诣尚书，使封胡降
> 檄。光武遣小黄门问昱有所怪不？对曰："臣闻故事：通官，文书不
> 著姓；又当司徒露布，怪使司隶下书而著姓也。"帝报曰："吾故欲令
> 天下知忠臣之子复为司隶也。"(29/1022)③

因为官印外出时要随身携带，故光武帝令鲍昱到尚书处去用自己的"司隶
校尉"印封缄胡降檄，一般露布是通过司徒来下发全国，这次却改由司隶
校尉下发，并且要在行下之辞中注明司隶校尉的姓名，与通常的做法不

---

① 又如顺帝时虞诩举荐左雄时所言，见《后汉书》卷六一《左雄传》，第 2015 页。

② 有关梳理见杨鸿年：《汉魏制度丛考》"尚书主管文书"条，第 87—93 页。

③ 标点据陈韵清与郭伟涛意见有改动。

同。汉代的文书传递记录上要注明文书发出机构与印章的内容①，光武帝正是想利用此做法来让传递与接收"檄"的各机构了解鲍昱担任了司隶校尉。同书《梁冀传》云：

> （冀以外戚）专擅威炳……百官迁召，皆先到冀门笺檄谢恩，然后敢诣尚书。(34/1183)

按照惯例，百官迁召应该是先到尚书处谢恩，并参加拜官授印玺的仪式，因梁冀专权而颠倒了先后次序。这一惯例亦证明正常情况下，除授高官的"制书"是通过尚书来下发的。同书《窦武传》云：

> 曹节闻之，惊起，白帝曰："外间切切，请出御德阳前殿。"令帝拔剑踊跃，使乳母赵娆等拥卫左右，取棨信，闭诸禁门。召尚书官属，胁以白刃，使作诏板。拜王甫为黄门令，持节至北寺狱收尹勋、山冰。(69/2243)

尚书郎需轮流昼夜在宫中值班，随时准备上奏、下发紧急文书②，故曹节能在夜里召集值班的尚书郎，武力胁迫起草诏书。而胡广、蔡邕指出制书需要"尚书令重封"，实际就是强调制书需通过尚书来下发，而否认了绕过尚书，直接由侍中、黄门之类近臣外传的方式。

委派身边的近臣作为使者送文书给诸侯王或大臣，颇为常见，廖伯源研究汉代使者时有过比较系统的梳理，其中就有奉玺书的，如元帝时，其弟东平王刘宇与母有矛盾，其母上言元帝，表示宁愿去长安近郊的杜陵为宣帝守陵园，元帝"于是遣太中大夫张子蟜奉玺书敕谕之"，另外又派"诸吏宦者令"奉玺书给东平王太后，加以劝慰（汉 80/3320—3322），

---

① 鹰取祐司：《秦漢官文書の基礎的研究》第二部"文書の傳送"，第289—440页。此条资料的解释承陈韵青、郭伟涛、孙梓辛君教示。
② 东汉蔡质《汉官典职仪式选用》云："尚书郎昼夜更直于建礼门内。"见孙星衍等辑：《汉官六种》，第205页。

类似情形又见《汉书·淮阳宪王钦传》，亦是"遣谏大夫王骏赐钦玺书"（80/3316）。东汉熹平四年（175年），根据小黄门赵祐与议郎卑整的建议，灵帝封冲帝生母虞氏为宪陵贵人、质帝生母陈夫人为渤海孝王妃，"使中常侍持节授印绶"（后汉10/441），按照常规，一定会同时奉策书。又献帝时"乃下诏迎姬，置园中，使侍中持节拜（唐姬）为弘农王妃"（后汉10/451）。《后汉书·姜肱传》载灵帝时"即拜（肱）太中大夫，诏书至门"（53/1750），一定也是派使者去的，而诏书应该是"制书"。① 类似的例子还有一些，不赘举。这些文书是否经过了尚书，史书未言，若使者出自内廷近臣，经过尚书的可能性就不太大。

窦武在桓帝永康元年（167年）上书劝谏桓帝时，针对宦官专权，指出：

> 自即位以来，未闻善政。梁、孙、寇、邓虽或诛灭，而常侍黄门续为祸虐，欺罔陛下，竞行谲诈，自造制度，妄爵非人，朝政日衰，奸臣日强。

下文又指出：

> 臣闻古之明君，必须贤佐，以成政道。今台阁近臣，尚书令陈蕃，仆射胡广，尚书朱寓、荀绲、刘祐、魏朗、刘矩、尹勋等，皆国之贞士，朝之良佐。尚书郎张陵、妫皓、苑康、杨乔、边韶、戴恢等，文质彬彬，明达国典。内外之职，群才并列。

下面笔锋一转，批评起桓帝来：

> 而陛下委任近习，专树饕餮，外典州郡，内干心膂。宜以次贬黜，案罪纠罚，抑夺宦官欺国之封，案其无状诬罔之罪，信任忠良，

---

① 某些特殊情况下，也会使用"策书"以示"隆崇"，顺帝即位后"聘南阳樊英、江夏黄琼、广汉杨厚、会稽贺纯，策书嗟叹，待以大夫之位"。见《后汉书》卷六三《李固传》，第2081页。

平决臧否，使邪正毁誉，各得其所，宝爱天官，唯善是授。(69/2240)

窦武上书矛头所指是宦官，作为反衬举出来，视为贤佐而希望桓帝亲近的，则是尚书令、仆射与尚书郎，且特别指出他们"明达国典"，与宦官"自造制度，妄爵非人"相对，显然，在窦武心目中，当时尚书的作用已经大大边缘化了。东汉后期，清流士大夫与宦官之间矛盾尖锐化，争夺的焦点之一是官吏的选用，具体就体现在尚书的职能受到皇帝或太后身边外戚与宦官中臣的抑制上，更具体的表现之一，便是绕过尚书直接下达文书（包括制书）来除授六百石以上的官职，用当时的说法即"特拜"。

这一情形随着皇帝身边人物的不同前后有变化。顺帝时梁冀与宦官并峙，把持中枢，不经过正常渠道选任的官员日多，此时尤甚，所谓"时所除官，多不以次"，《后汉书·李固传》云："旧任三府选令史，光禄试尚书郎，时皆特拜，不复选试。"这里所谓的"令史"应指尚书台的令史，他所批评的是绕过三府与光禄勋，直接任用尚书台的官吏，经李固与廷尉吴雄上疏，强调"选举署置，可归有司"，"帝感其言"，"自是稀复特拜，切责三公，明加考察"，而遭到李固奏免的，就有百余人（后汉 63/2082、2084）。李固针对的是控制朝政的梁冀与宦官。当然，不难想象，这种局面不会维持多久。果不其然，桓帝初年，李固被杀之后，宦官势力再起，旧态复萌。桓帝延熹五年（162 年）杨秉为太尉，当时宦官势力正炽，"任人及子弟为官，布满天下"，引发朝野嗟怨，杨秉与司空周景上言，指出"内外吏职，多非其人，自顷所征，皆特拜不试"，没过几年，特拜又卷土重来。两人搬出"中臣子弟不得居位秉执（势）"的"旧典"，还真打动了桓帝，杨秉列举了牧守以下五十多位官员的清单，这些人或死或免，震动很大。延熹七年（164 年），桓帝南巡陵园，杨秉随从，到了南阳，桓帝又忍不住"诏书多所除拜"，遭到杨秉劝阻（后汉 54/1772、1773）。当时大臣为何反复上疏，争执选举由谁来控制，背景恐怕就在于此。

与此相关，尚书一职亦是各方争夺的焦点。《后汉书·杜乔传》载，桓帝时杜乔任太尉，"（梁）冀属（杜）乔举氾宫为尚书"，遭到杜乔拒绝，两人之间矛盾日益尖锐(63/2093)。不只是任用上，是否要发挥尚书的职责，亦成为当时清流与外戚，特别是宦官争执的关键。桓帝时陈蕃任光禄勋，针对当时"封赏逾制，内宠猥盛"，上疏劝谏，最后说"尺一选举，委尚书三公，使褒责诛赏，各有所归，岂不幸甚"(后汉 66/2161—2162)，就是要求将选举的职责交给尚书与三公，削减皇帝及身边近臣弄权任人的空间。①后来灵帝朝，中常侍吕强上疏谏桓帝设"导行费"时，对此旧典又有一番更详细的论述：

> 旧典选举委任三府，三府有选，参议掾属，咨其行状，度其器能，受试任用，责以成功。若无可察，然后付之尚书。尚书举劾，请下廷尉，覆案虚实，行其诛罚。今但任尚书，或复敕用。如是，三公得免选举之负，尚书亦复不坐，责赏无归，岂肯空自苦劳乎！
> (后汉 78/2532)

吕强比较系统地梳理了过去三公府如何选举牧守，此前顺帝阳嘉二年(133 年)，郎颛上书中就提到这一选拔方式(后汉 30 下/1056)，并指出现在此职责不再由三公承担，名义上只是由尚书负责，但还存在"或复敕用"，即不由尚书推举，直接由皇帝任用，即前文所说的特拜一途。实际上，东汉后期，官吏任用问题，一直处在几方力量争夺变化之中。清流希望回到三公尚书提出人选，经过试用，由皇帝除拜的"旧典"，外戚与宦官则期冀借助皇帝，绕过三公与尚书，通过"特拜"任官，或控制尚书，来安插自己的子弟亲信。无论如何，尚书都成为各方要控制或绕开的关键机构。

桓帝延熹八年(165 年)陈蕃出任太尉，此时梁冀已被铲除，宦官势力独大，陈蕃曾单独上疏，批评"近习之权，复相扇结"，建议"陛下深宜

---

① 具体例子，可见《后汉书》卷六七《羊陟传》中，"三迁尚书令"后的作为，奏罢黜之"与宦竖相姻私、公行货赂"的太尉、司徒、大鸿胪、太仆、大司农等，荐举升进"清亮在公"的前太尉等(第 2209 页)。

割塞近习豫政之源，引纳尚书朝省之事，公卿大官，五日壹朝，简练清高，斥黜佞邪"，不仅桓帝看罢怒气加重，宦官更是"疾（陈）蕃弥甚，选举奏议，辄以中诏谴却"（后汉 66/2164—2165）。陈蕃同样希望通过尚书与公卿来制衡宦官，宦官则利用在皇帝身边之机，通过"中诏"来阻拦和打击陈蕃的活动，使其建议与想法无法落实，"中诏"即《李固传》所说的"事从中下"，就是直接由皇帝下发的诏书，没有经过尚书起草与下发。①到灵帝时，大臣依然瞩目选举权的归属，光和元年（178 年），卢植上封事，劝谏灵帝说："御下者，请谒希爵，一宜禁塞，迁举之事，责成主者。"（后汉 64/2117）此处的主者，恐怕就是陈蕃所说的"尚书三公"，而此封事"帝不省"，应该是灵帝身边的宦官"遏绝章表"，没有让他看到此文书。光和二年（179 年）到四年（181 年）死前，中常侍曹节甚至"领尚书令"（后汉 78/2526—2527），前所未有，足见宦官对尚书的重视。此间，曹节曾利用在桓帝身边之机，说动桓帝将打击宦官的阳球从司隶校尉改为卫尉，并动用"领尚书令"的权力，"敕尚书令召拜，不得稽留尺一"，迅速将阳球调离（后汉 77/2499、2500），权势之大，可见一斑。

据《后汉书·张奂传》，灵帝时，奂转任太常，"与尚书刘猛、刁韪、卫良同荐王畅、李膺可参三公之选，而曹节等弥疾其言，遂下诏切责之"，而司隶校尉王寓"出于宦官，欲借宠公卿，以求荐举"，结果是"百僚畏惮，莫不许诺，唯（张）奂独拒之"，导致"（王）寓怒，因此遂陷以党罪，禁锢归田里"（65/2141），灵帝朝宦官因身处皇帝身边，一手遮天，由此可见。窦武尚在时，因太后身边有灵帝乳母赵娆，"中常侍曹节、王甫等与共交构，谄事太后"，"太后信之，数出诏命，有所封拜，及其支类，多行贪虐"（后汉 66/2169），控制了皇帝或太后，便可以诏命封拜。且他们还能暗通州郡，当时曾有"豫章太守王永奏事中官"（后汉 67/2213），等于绕过了负责收发文书的尚书，直接与宦官联络。正因为如

---

① 参《资治通鉴》卷五八光和四年，吕强上疏"或有诏用"，胡注："诏用者，不由三公、尚书，径以诏书用之。"校点本，北京：中华书局，1956 年，第 1861 页。

此，外朝的清流们极力想夺回选举之权，同时，皇帝的文书，是用来进行封拜的最为直接的工具，更不能放过。

其实，当时的尚书久在清流、外戚与宦官争斗的旋涡中生存，平日接触各方的上奏，不仅了解王朝上下的动态，对于各方势力的消长，各自的立场、态度，哪些人炙手可热，也会了然于心。他们大多是在其他职位上经过历练后才转任尚书令，即便是尚书郎也要先做过一般的郎中，经过考试、试用选拔才可①，也多半学会了见机行事。就在窦武上书赞扬他们为"国之贞士，朝之良佐"后数月，桓帝死，窦太后临朝，以陈蕃为太傅，录尚书事，"时新遭大丧，国嗣未立，诸尚书畏惧权官，托病不朝"，陈蕃以书责之，"诸尚书惶怖，皆起视事"（后汉 66/2168），他们究竟能否成为对抗宦官的有效力量，也无法一概而论。

以上乃胡/蔡撰写四类说时的朝廷状况。前文已提及，胡广本人在尚书台长期任职，从尚书郎做到尚书仆射，史称"典机事十年"（后汉 44/1509），后出为郡守，质帝死后，任太尉，录尚书事，灵帝立，作为司徒"参录尚书事"。胡广"历事六帝"，史称"达练事体，明解朝章"（1510），对尚书台的运行机制以及各方如何围绕尚书展开争夺一定了如指掌。质帝死后，朝臣商议嗣君，他本与李固等议立年长有德的清河王蒜，但因遭权臣梁冀反对，胡广慑其权势，不敢相争，与李固的态度判然有别②，而他又和中常侍丁肃联姻，为时人讥毁。不过，据《后汉书·宦者列传》，丁肃等五人"称为清忠，皆在里巷，不争威权"（78/2533），与曹节、王甫等积极弄权擅政之辈不同。胡广与他通婚，正显示了他洞察时局，出于结援的考虑。质帝死后，群臣大议时态度的变化，可见他明理而趋炎附

---

① 东汉历任尚书令名单与研究，可参周道济：《汉唐宰相制度》"东汉尚书令人名表"，第 186—189 页；孙永春：《东汉尚书令考述》及附录"东汉尚书令简表"，硕士论文，张鹤泉指导，吉林大学古籍所，2008 年，第 18—20、39—41 页。尚书郎的来源，见严耕望：《秦汉郎吏制度考》，1951 年初刊，收入《严耕望史学论文选集》下册，北京：中华书局，2006 年，第 299—300、323 页。

② 详见《后汉书》卷六三《李固传》，第 2085—2086 页；卷四四《胡广传》注，第 1510 页。

势的一面。胡广能长期从政，数列三公，几度沉浮而不倒，死后备尽哀荣，史家甚至认为是"汉兴以来，人臣之盛，未尝有也"，熹平六年(177年)，灵帝"思感旧德"，还在省内画了他和太尉黄琼的像，并请蔡邕作颂(1511)，这些均显示了胡广内方外圆的一面。本传说他"性温柔谨素，常逊言恭色……虽无謇直之风，屡有补阙之益"(1510)，不敢面对权臣，仗义执言，确实如此。

据《后汉书》本传，蔡邕担任过郎中，校书东观，后迁议郎，熹平四年(175年)参加抄录六经于碑石的工作，还曾多次上书、上封事、回答皇帝的提问，因奏对泄露，而被宦官程璜等构陷而获罪，减死徙边。他在朔方九个月，因赦被宥免还本郡，离开朔方前又因对五原太守不敬，产生矛盾。太守乃中常侍王甫之弟，蔡邕不敢归本郡，而亡命江海，远迹吴会十二年。到中平二年(189年)，他被董卓招至麾下，方又回到政治舞台，直到董卓被杀后，因对董卓表示伤痛而被王允下狱，死于狱中。和胡广相比，蔡邕的政治经历要单纯得多，但亦无法避免与当时各方权势的摩擦与碰撞，他自己对女宠、鸿都门学中的"轻薄之人"等更为仇视，但自己的仕途中数次遭遇宦官及其亲戚的陷害，尽管也因中常侍吕强的挽救而不死。在上书中亦见其对皇帝角色(如强调祭祀活动不可疏废)以及儒家传统(如选贤进能、远小人)的坚守，《独断》中所云"人主必慎所幸也"，以及借地震对董卓陪献帝郊天时乘车"逾制"的劝谏，均体现了他的想法。

相较于胡广，蔡邕更敢于直言，表达他的想法，因而遭受的打击与挫折也更多，但他直到被招至董卓手下，依然不忘"每存匡益"(后汉 60下/2006)。两人的儒学背景与性格、遭遇，加上时局，都会带入他们的撰述。他们对口谕的排斥，以及对制与诏的解释，和对制书要有尚书令重封，且弃用"玺书"这种称呼，似乎都可以从时代氛围与两人的性格与经历中找到答案。

四、结论

以上参照两汉文书与统治方式，分析了胡广与蔡邕构建的"帝下之书有四"这一汉代王言的论述中显现与被排斥的内容，并从制度、时局以及胡广、蔡邕两人的经历角度探讨了如此书写的背景。可以说，胡/蔡四类说是他们以笔为武器，通过选择/舍弃/阐释而构建的皇帝文书等级秩序，孔子有所谓"名不正则言不顺"之说，他们通过确立四类皇帝文书的名称，来曲折地表达他们对皇帝与制度的理解，但对皇帝文书实际的运行与发展，影响有限。对后人认识当时的皇帝文书而言，这一述说既是便利的工具，也是一种障碍。

本文初稿曾提交 2019 年 4 月 12—13 日在中国人民大学召开的"王言：古代世界的政治表达和权力建构"（The King's Voice：Royal Speech and Inscription in the Ancient World）工作坊，写作修改中先后得到学棣孙梓辛、屈涛、陈韵青与郭伟涛诸君的惠助，谨此致谢。

2019 年 2—4 月初稿
2019 年 5 月修订
2020 年 5 月再订

本文收入北京大学中国古代史研究中心编：《祝总斌先生九十华诞颂寿论文集》，北京：中华书局，2020 年，第 120—153 页。收入本书时，又根据孙梓辛、郭伟涛君的意见略有修订。交稿后获读孙闻博的新作《初并天下——秦君主集权研究》（西安：西北大学出版社，2021 年），此书第四章"兵符、帝玺与玺书：秦君政治信物的行用及流变"第五至九节集中讨论"玺书"，汇集了相当丰富的资料，值得有兴趣的读者一并参考。

汉代西北边塞他官兼行候事如何工作？

汉代官吏任用问题，中外学界研究极为丰富，无须赘述。其中多数针对的是正常情况，至于一些持续时间不长，却反复出现的任用方式，如"守""假""平""领""学吏""给事"等，中外学界也不乏研究[①]，当然，主要依据的是文献与石刻，有些亦利用了简牍。简牍中出现的类似情况，亦开始有学者注意，但多关注的是里耶秦简，汉简则尚不充分，西北边塞中出现的兼行候事便是一例。

兼行候事乃是边塞候望系统中诸候官经常出现的现象，过去学者在对甲渠候官以及肩水候官进行编年时均有所涉及，关注官制中"守""假"与"行"的学者亦曾论及[②]，只是多集中在"守"与"假"上。近来，金庆浩

---

① 如滨口重国：《漢碑に見えたる守令、守長、守丞、守尉等の官に就いて》，1943 年初刊，后收入所著《秦漢隋唐史の研究》下卷，东京：东京大学出版会，1966 年，第 808—831 页；严耕望：《秦汉郎吏制度考》，1951 年初刊，后收入《严耕望史学论文选集》（下），北京：中华书局，2006 年，第 299—300 页；大庭脩：《汉代官吏的兼任》，1957 年初刊，后收入所著《秦汉法制史研究》，林剑鸣等译，上海：上海人民出版社，1991 年，第 424—441 页；安作璋、熊铁基：《秦汉官制史稿》下册，济南：齐鲁书社，1985 年，第 360—375 页；刘增贵：《〈居延汉简补编〉的一些问题》"助吏"，收入简牍整理小组编：《居延汉简补编》，台北：史语所，1998 年，第 37—41 页；张金光：《秦制研究》第十章"学吏制度"，上海：上海古籍出版社，2004 年，第 709—742 页；李迎春：《汉代后备吏制度初探——以对"故吏"、"修行"、"学事"等称谓的考察为中心》，《石家庄学院学报》13 卷 2 期（2011 年 3 月），第 42—46、50 页；侯旭东：《长沙走马楼三国吴简所见给吏与吏子弟——从汉代的给事说起》，《中国史研究》2011 年第 3 期，第 22—34 页，已收入本书；等等。

② 如高震寰：《试论秦汉简牍中"守"、"假"、"行"》，收入王沛主编：《出土文献与法律史研究》第四辑，上海，上海人民出版社，2015 年，第 73—79 页。

再次研究"元康五年诏书",专门分析了其中出现的"行○○事",认为产生原因主要是"未到官",这些官吏带有豪族背景,是前任的属吏。① 关于原因,作者排除了"不在署"与"免职",有些简单化;将代行者与豪族联系起来,亦忽视了边地居民构成上的特点。宋艳萍在研究汉简中的"以私印行事"时,按照兼行者的官职整理了以私印兼行候事的事例。② 最近,吉川佑资专文研究汉代官吏的兼任形态中的"行",收集了简牍中的资料,并列表加以分析,揭示了许多现象③,不过,因金关简当时尚未完整出版而有遗漏,分析角度仅限于"行"制本身,未及兼行者如何工作。鹰取祐司亦撰文研究了文献与汉简中的"守"与"行某事",初步讨论了"行某事"如何开展工作④,遗留的问题尚多。兹在前人研究基础上,先对西北汉简中出现的兼行候事做一初步整理。

一、兼行候事概观

从已刊西北地区出土的汉简中搜集了涉及"兼行候事"的事例,按照时间顺序,制成下表:

序号	兼行时间	兼行者官职	所属候官	时任候	出土地点	依据	备考
*1	地节五年(前65年)正月戊寅	士吏平	肩水	房	A32	73EJT21:42、73EJT21:38⑤	两简可复原为一册书

① 金庆浩:《汉代文书行政和传递体系——以"元康五年诏书册"为中心》,卜宪群、杨振红主编:《简帛研究2006》,桂林:广西师范大学出版社,2008年,第190—192页。孙梓辛君示知此文,谨谢。
② 宋艳萍:《汉简所见"以私印行事"研究》,收入中共金塔县委等编:《金塔居延遗址与丝绸之路历史文化研究》,兰州:甘肃教育出版社,2014年,第135—138页。
③ 见吉川佑资:《漢代官吏の兼任形態の再檢討——"行"の事例を中心に》表②,《日本秦漢史研究》第14号(2015年),第15—17页。郭伟涛君示知此文,谨谢。
④ 鹰取祐司:《漢代における"守"と"行某事"》,《日本秦漢史研究》第17号(2016年),第54—90页,特别是第57—59页。感谢鹰取先生寄下大作。
⑤ 文中所引金关汉简均出自甘肃简牍保护研究中心(甘肃简牍博物馆)等编:《肩水金关汉简》(壹)—(伍),上海:中西书局,2011—2016年。以下不再一一出注。

续表

序号	兼行时间	兼行者官职	所属候官	时任候	出土地点	依据	备考
2	元康二年(前64年)六月戊戌朔戊戌	候长陈长生	肩水	房	A32	20.11①	长生姓陈，据73EJT6：19
3	元康二年(前64年)闰(七)月庚子	关啬夫成	肩水	房	A33	10.6	年代据73EJT30：240、73EJT3：98及闰月推定
*4	元康二年(前64年)九月	候长陈长生	肩水	房	A32	73EJT21：43	
5	元康五年(前61年)闰(三)月庚申	士吏(谢)横	肩水		A33	10.31、10.17	元康五年诏书末简
*6	五凤元年(前57年)十一月乙卯朔辛酉	关啬夫王光	肩水	福	A32	73EJT8：8	
7	甘露 元年(前53年)十一月壬辰朔甲午	关啬夫王光	肩水	福	A33	199.1	
8	甘露二年(前52年)三月丙辰?	关佐信	肩水	福	A32	73EJT29：30	
9	五凤二年(前56年)闰八月或甘露三年(前51年)十月辛亥朔乙亥	充(第四候长)	甲渠	汉强	A8	EPS4.T2：118②	在汉强任期内仅此两个月份相合
10	甘露四年(前50年)七月甲子	甲渠候长充	甲渠	守候望?	A8	267.20	第四候长? 据EPS4T2：39—41
11	甘露二年(前52年)—四年(前50年)□月甲辰	甲渠候长寿	甲渠	汉强—守候望	P1	EPS4T2：59A	年代据李振宏等《人名编年》105—106页③

① 文中所引居延旧简，据简牍整理小组编：《居延汉简》(壹)—(肆)，台北：史语所，2014—2017年。下同。

② 文中所引居延新简据甘肃省文物考古研究所等编：《居延新简：甲渠候官》，北京：中华书局，1994年，并核以马怡、张荣强主编：《居延新简释校》，天津：天津古籍出版社，2013年。下同。

③ 李振宏、孙英民：《居延汉简人名编年》，北京：中国社会科学出版社，1997年。以下简称"《人名编年》"。

续表

序号	兼行时间	兼行者官职	所属候官	时任候	出土地点	依据	备考
12	甘露年间十二月戊辰	甲渠候长汤	甲渠	汉强—守候望	A8	82.38	年代据李振宏等《人名编年》，93 页
13	甘露至黄龙年间，四月丙子	肩水驿北亭长敝	肩水	福？	A32	29.7	大庭脩据令史憙，推断在黄龙二年以后，《秦汉法制史研究》，254—255 页，李振宏等《人名编年》置于甘露年间，112、117 页
14	初元六年（前 43 年）	甲渠士吏安主	甲渠	（任）喜	A8	EPT52：195、56：65	据李振宏等《人名编年》，137—138 页
15	（初元年间）二月己未	甲渠候长毋害	甲渠	（任）喜	A8	EPT52：148、85.37	年代据李振宏等《人名编年》，137 页
16	永光二年（前 42 年）三月壬戌朔己卯	甲渠士吏强	甲渠	（任）喜	A8	57.1A	
*17	永光四年（前 40 年）闰月丙子朔戊戌	甲渠士吏强	甲渠	（任）喜	A8	EPT11：2	
*18	初元—永光中□巳朔癸未	甲渠士吏强	甲渠	（任）喜	A8	EPT52.398A	
19	建昭三年（前 36 年）前后	关啬夫博？	肩水			73EJT33：8、73EJC：519	
*20	竟宁元年（前 33 年）十一月丙寅朔癸酉	赏（关啬夫？）	肩水		A32	73EJT10：204	任关啬夫据 73EJT14：36、73EJT23：897，曾任关佐，73EJT3：117
21	建始元年（前 32）七月癸酉	肩水关啬夫赏	肩水		A32	73EJC：589	

续表

序号	兼行时间	兼行者官职	所属候官	时任候	出土地点	依据	备考
22	河平二年（前 27 年）前后	□	肩水		A32	73EJT37：1233A、73EJT30：30B、73EJT4：99	据令史严的时间推断
23	永始三年（前 14 年）二（三）月己酉朔辛亥	候长广至	卅井		T14	2000ES7SF1：85A①	
24	永始五年（前 12 年）前后	不明	肩水	宪	A32	73EJF2：46、73EJT37：770	据守令史褒推定
25	元延二年（前 11 年）正月癸亥朔壬午	关啬夫李钦	肩水		A32	73EJT23：79	
26	建平三年（前 4 年）四月辛巳朔丁未	驿北亭长谊	肩水	宪	A32	73EJT37：795＋591、37：788A、37：962	
27	建平三年（前 4 年）前后	肩水关啬夫丰	肩水	宪	A32	73EJT37：168、268.47	年代及候据 73EJT37：788
28	元始元年（1 年）前后	第七隧长（季）由	甲渠	张放?	A8	214.35、285.12	年代据李振宏等《人名编年》，263 页
*29	元始元年（1 年）前后	第七隧长（季）由	甲渠	张放?	A8	264.1、EPT51：585	同上
30	始建元年（9 年）三月壬申朔己丑	关啬夫钦	肩水		A32	73EJF3：338＋201	
31	始建国元年（9 年）七月庚午朔丙申	广地隧长（梁）凤	广地		A32	73EJF3：125AB	令史宏

---

① 文中所引额济纳汉简均据孙家洲主编：《额济纳汉简释文校本》，北京：文物出版社，2007 年。下同。

序号	兼行时间	兼行者官职	所属候官	时任候	出土地点	依据	备考
32	始建国元年（9 年）十二月戊戌朔己酉	肩水关守啬夫岑	肩水		A32	73EJF3：153	
33	始建国二年（10年）十月壬寅	肩水关啬夫钦	肩水		A33	86EDT5H：180＋43①	
34	新始建国地皇上戊三年（23 年）五月庚辰朔	甲沟候长（樊）隆	甲渠	守候阳？	A8	EPF22：359A、EPF22：374、F22：334	姓及事迹见李振宏等《人名编年》，312—313 页
35	王莽时期	甲沟候长戎	甲渠	守候粟君	A8	EPT48：25	
36	建武四年（28 年）五月辛巳朔戊子	甲渠塞尉放	甲渠	张获？	A8	EPF22：45A	
37	建武五年（29 年）八月庚戌	甲渠候长	甲渠	守候博？	A8	EPF22：158	册书之一枚，年代据 EPF22：153A
38	（不详年份）六月戊子	甲渠第八隧长敞	甲渠		A8	EPT56：67	
39	□十月甲□□	元	甲渠		A8	485.40	
40	（不详）□	□长亲	甲渠		A8	EPT56：126	
41	不详	□长良	甲渠		A8	EPT51：401	
42	不详	宗	甲渠		A8	EPT52：787	
43	不详	肩水关啬夫放	肩水		A32	73EJT37：835A	
44	不详	□夫汤	肩水		A32	73EJT10：211	
45	（不详年份）五月丙戌	殄北隧长宣	殄北		A8	206.9	

① 据甘肃省文物考古研究所编：《地湾汉简》，上海：中西书局，2017 年，第 170 页。

续表

序号	兼行时间	兼行者官职	所属候官	时任候	出土地点	依据	备考
46	（不详年份）正月壬子	北部候长勋	橐他		A32	73EJT37：1439	
47	（不详年份）三月癸酉	广地隧长尊	广地		A32	73EJT37：718	
48	（不详年份）十一月己卯	肩水士吏顺	肩水		A32	73EJC：604	士吏顺、东部候长迁
49	（不详年份）七月	肩水关啬夫	肩水		A33	86EDT8：4	
50	（不详年月）甲戌	广地㠖得守塞尉博	广地		A32	73EJT37：716A	
51	不详	□茂	卅井		A21	240.22A ＋240.2A	所属候官据陈梦家《汉简缀述》，33页；吴礽骧《河西汉塞调查与研究》，142、146页①
52	不详	义	不详		A32	73EJT3：11	
53	不详	不详	不详		A32	73EJF3：205	尉史昌

以上从居延新旧简、额济纳汉简及金关简中共搜集到兼行候事 53 例，时间从西汉宣帝地节五年（前 65 年）到东汉光武帝建武五年（29 年），前后 94 年，涉及六个候官：以肩水、甲渠为多，前者 23 例，后者 21 例；广地 3 例、卅井 2 例；殄北、橐他各 1 例；最后 2 例出土于金关，简残，属地无考。因西北边塞汉简主要出自甲渠与肩水两候官驻地或其辖区，涉及两候官的兼行候事者较多亦属自然。加上其他四个候官之例，可知这种做法遍及张掖郡的居延与肩水两都尉府，实无疑问。其他边郡当存在同样的安排，亦可推知。

---

① 陈梦家：《汉简缀述》，北京：中华书局，1980 年；吴礽骧：《河西汉塞调查与研究》，北京：文物出版社，2005 年。

　　还有一点，就是担任兼行候事者未必驻扎在候的障城，笔者过去整理肩水候资料时已指出此点。① 现已辨明，除了金关的啬夫与佐，驿北亭长及东部候长均驻扎在 A32②，且肩水候的驻地曾在 A32 与 A33 两地之间移动③，上表中究竟哪些兼行者不在当时候的驻地，需仔细考辨。比较确定的有例 1 中的关啬夫成，例 3、4 的(东部)候长陈长生，例 19、20 与 21 中的关啬夫博? 与赏。甲渠候官亦存在同样现象。例 28、29 是因为候诣府与行塞，两次委任第七隧长季由来兼行甲渠候事④，按多数学者的看法，第七隧相当于考古编号 T14 遗址，亦有学者比定为 T15。⑤ 无论哪个，均在 A8 遗址以南，T14 距 A8 障城 1.2 公里，T15 更靠南，距 T14 约 1.4 公里。⑥ 此外，例 38 是由第八隧长敞来兼行甲渠候事，多

----

　　① 侯旭东：《西汉张掖郡肩水候系年初编：兼论候行塞时的人事安排与用印》，西北师范大学历史文化学院、甘肃简牍博物馆编：《简牍学研究》第五辑，兰州：甘肃人民出版社，2014 年，第 189—190 页，已收入本书。

　　② 分别见侯旭东：《西汉张掖郡肩水候官驿北亭位置考》，《湖南大学学报(社会科学版)》2016 年第 4 期，第 32—37 页及插页与封三；郭伟涛：《肩水塞东部候长驻地为 A32 遗址考》，邬文玲主编：《简帛研究 2017(春夏卷)》，桂林：广西师范大学出版社，2017 年，第 270—286 页。

　　③ 关于此问题，见郭伟涛：《肩水候驻地迁移初探》，武汉大学简帛研究中心主办：《简帛》第十四辑，上海，上海古籍出版社，2017 年，第 129—173 页。他指出，宣帝五凤甘露年间，以及成帝阳朔年间(前 24—21 年)到孺子婴居摄二年(7 年)，肩水候一直驻扎在 A32。据出土于 A33 的居延旧简 7.7，特别是背面的文书传递记录，似乎地节二年(前 68 年)六月时，肩水候房亦没有驻扎在 A33。

　　④ 其中简 264.1"候行塞谓第七隧长由兼行候事"，释文首字，《居延汉简甲乙编》释为"候"，谢桂华、李均明、朱国炤《居延汉简释文合校》(上册，北京：文物出版社，1987 年，第 438 页)改作"敞"，《居延汉简(叁)》作"候"(第 155 页)。观红外图版，作"候"为是。

　　⑤ 关于第七隧所在的不同说法，参邢义田：《全球定位系统(GIS)、3D 卫星影像导览系统(Google Earth)与古代边塞遗址研究》附录"汉代居延甲渠河北塞烽隧配置的再考察"附表一，其中初师宾、吉村昌之与邢义田均将该隧比定为 T14 遗址，宋会群、李振宏则认为是 T15，见邢义田：《地不爱宝》，北京：中华书局，2011 年，第 248—249 页。

　　⑥ A8 与 T14、T15 之间距离的测量数据，参邢义田：《全球定位系统(GIS)、3D 卫星影像导览系统(Google Earth)与古代边塞遗址研究》附录"汉代居延甲渠河北塞烽隧配置的再考察"附表二，《地不爱宝》，第 250 页。

数学者认为第八隧是 A8 障城以北的第一个烽燧①，亦不在候官障城内。多次出现的"甲渠候长"，涉及是否存在"甲渠部"，学界尚无定论，姑且不论。例 46 出现的橐他北部候长亦应该不驻扎在候官障城内，具体位置尚难确定。

兼行候事出现的原因，多数恐是因候外出行塞，其中 7 例有明确的说明（上表中带有"＊"号的事例），此外，候临时诣都尉府，也会安排兼行候事，如下简：

> 二月庚辰甲沟候长戎以私印行候文书事敢言之谨
>
> 写移敢言之　　●候君诣府　　　　尉史阳　　　　　EPT48：25

此乃一两行，字迹较潦草，当是一转呈都尉的上行文书末尾呈文的底本。从用"甲沟"看，应属王莽时期。"候君诣府"似乎是别笔，笔道粗重，间距小，"候"字写法与前两个不同。据此可知，兼行候事（这里省去了"兼"，含义当无别）是因为候到都尉府。"诣府"经常出现在邮书传递记录或封奏记录上，针对的是文书。有时亦指官吏到都尉府，候本人去的几率可能并不大，但亦存在。又如金关简：

> 建平元年四月癸亥朔甲申广地候况移肩水金关：候诣府，名县、爵、里、年、姓如
>
> 牒。书到，出入如律令。　　　　　　A
>
> 广地候印　　　　　令史嘉　　　　B　　　　　73EJT37：1503

这便是广地候况为自己诣都尉府而开具的通关文书（致）的抄件②，其出

---

①　各家说法，见邢义田：《全球定位系统（GIS）、3D 卫星影像导览系统（Google Earth）与古代边塞遗址研究》附录"汉代居延甲渠河北塞烽燧配置的再考察"附表二，《地不爱宝》，第 248 页。邢义田认为 A8 障城是第八隧，根据是上引简 EPT56：67 以及 EPT51：74；实际上这两条资料无法证实其说。邢义田见上书，第 236、248 页。

②　关于"致"，参李均明：《秦汉简牍分类辑解》，北京：文物出版社，2009 年，第 61 页。

入关记录当书于牒上，已刊的金关简中未见。关于诣官（候官），学界有系统的研究，而对于候诣府的缘由、频率等，尚无充分梳理。至少可知，候不在署的原因有多种，导致兼行候事并不罕见，表中所列肯定不是全部。

53 例中可以确认原先官职的有 40 例，被选中的官吏以候长（11 例）、关啬夫（11 例）、士吏（7 例）为主，亦有隧长（6 例）、亭长（2 例）、关佐（1 例）、塞尉仅东汉建武四年一例，另有一例为守塞尉，年代不详。候丞未见一例①，令史、尉史、候史等"书记官"则未见。② 选中者多为一定范围内的负责官吏，或许与这些职位要处理的事务和候官相类有关。与此相对，候正式离职到下一任到岗之间担任"守候"的却几乎都是塞尉。③

兼行候事官吏选任有无规则？前人曾有所讨论。大庭脩指出："所谓'行官'，则是处理某官的事务，很难看出有按秩次等级而兼任的原则，……兼任者的选任大概是以方便行事为原则的。"④从上述诸例看，选择兼行者并不一定遵循近次原则，是可以肯定的，所以西汉时期的诸例中没有见到塞尉兼行候事的，而不少兼行候事的文书发给的对象中有尉或塞尉（如 10.31、82.38、160.15、EPT6：7、EPF22：158），说明当时有塞尉在职，个中原委，值得玩味。是否是方便行事，亦很可怀疑。高震寰提出选择"行"的人选可能要考虑秩次与距离。⑤ 若从方便与距离

---

① 此点大庭脩已指出，新刊资料亦证实此说，见《秦汉法制史研究》，第438页。

② 吉川佑资已指出此点，并对成因有所分析，见《漢代官吏の兼任形態の再検討——"行"の事例を中心に》，《日本秦漢史研究》第 14 号（2015 年），第 22—26 页。

③ 关于甲渠候官，见张文翰：《汉代边郡候官研究——以甲渠候官的日常运作为中心》，博士论文，刘乐贤指导，首都师范大学，2013 年，第 46—51 页。肩水候官的情况，见侯旭东：《西汉张掖郡肩水候系年初编：兼论候行塞时的人事安排与用印》，《简牍学研究》第五辑，第 181—183 页表；鹰取祐司：《漢代における"守"と"行某事"》，《日本秦漢史研究》第 17 号（2016 年），第 86—87 页表 A。

④ 大庭脩：《秦汉法制史研究》，第 438 页。

⑤ 高震寰：《试论秦汉简牍中"守"、"假"、"行"》，王沛主编：《出土文献与法律史研究》第四辑，第 76—77 页。

角度安排，任命同在候官驻地工作的官吏兼行最为便利，为何又出现了一些在候官驻地以外地点任职的官吏来兼行？若依秩次，塞尉当是首选，为何又很少应选？据额济纳简99ES17SH1：36"甲渠障候汉强告尉、谓士吏安主、候长充等"，塞尉时有其人，而士吏安主与候长充均曾兼行过候事。两种情形下的反差，同样值得关注。

需要注意的是，备选官吏一个候官范围内远不止一位，甲渠候官就下辖10部，70个左右的烽燧，候长至少10人，隧长70人[①]，加上士吏，备选者将近百位。肩水候官的情况亦相去不大。选择根据什么？从结果看，有的人两次甚至三次承担过此任务（甲渠第七隧长季由、金关啬夫王光、关啬夫钦分别两次，甲渠士吏强可能三次）。笔者曾推测，制度性规定之外，官员之间的关系，恐怕是表象背后发挥作用的隐性因素。当然，目前情况下，要证实此点，不太容易。不过，A8与A32遗址均发现了不少私人间的书信，其中就有一些涉及个人之间建立与维系关系[②]，似乎可为旁证。

二、兼行候事的开展

候官的辖区，甲渠候官负责的河北塞、河南塞及有关障隧，总长约200汉里（80公里），其他候官辖区的长度几十公里不等。[③]候行塞不止是简单的巡视辖区，还要具体检查人员在岗情况、兵器及守御器具、烽

---

① 李均明：《汉代甲渠候官规模考（下）》，中华书局编辑部编：《文史》第35辑，北京：中华书局，1992年，第91页。
② 笔者在《宠：信—任型君臣关系与西汉历史的展开》中举过一些例子，可参（北京：北京师范大学出版社，2018年，第181—191页）。
③ 按照吴礽骧的调查与研究，珍北塞现存遗址最长距离27公里，甲渠塞长约40公里，卅井塞分为三段，主体部分约60公里，广地塞约长60公里，橐他塞长约50公里，肩水塞河西约45公里，河东约60公里，见吴礽骧：《河西汉塞调查与研究》，第133、134、142、156、158、160页。

火器具的完损情况等①，实际持续的时间可能要数日②。诣府恐怕也不会当日即可往返。为保证文书工作顺利进行，临时安排兼行候事来处理相关事务是惯常的做法。简牍中出现的表达方式不完全一样，有作"以私（小官）印行候事"的，亦有作"以私（小官）印行候文书事"的，后一种表达方式可能是王莽时期特有的说法③，实无不同。其中的"事"本义指文书，后来泛指事务。下面利用张掖郡范围内出土的汉简，具体讨论一下兼行候事从任命、通知到工作的细节。

首先，当候要外出离开驻地时，需提前选定兼行候事的官吏，并向选中者下达正式的"除书"，"除书"副本要在候官处存档，发现于地湾的居延旧简 237.25 云："关啬夫王光　　今调兼行候事☒。"行文与一般的"除书"无异④，恐即这种副本的残简。王光曾于五凤元年（前 57 年）十一月与甘露元年（前 53 年）十一月两次被肩水候福任命兼行过候事（例 6、7），残简或与此事有关。"除书"残件如居延新简 EPS4T2：118：

　　☒辛亥朔乙亥甲渠障候汉强☒
　　☒等充行候事，真官到？☒⑤

────────────

① 刘军：《汉简人事管理研究之一——行塞举与离署申报》，西北师范大学历史系、甘肃省文物考古研究所编：《简牍学研究》第一辑，兰州：甘肃人民出版社，1997 年，第 93—97 页。

② 居延简 57.1A "永光二年三月壬戌朔己卯（18 日）甲渠士吏强以私印"行候事敢言之：候长郑赦父望之不幸死，癸巳（次月二日）予赦宁。敢言之"，简 160.15 "三月丙戌甲渠士吏强以私印行候事下尉、士吏章、候长毋害"等，承书从事下当用者/令史充"出现的士吏强行候事，均出现了"令史充"的签名，确是一人的笔迹，应为"令史充"所书，不过，160.15 更为工整，这究竟是下行文书中的一简，还是存档的文书，不详。士吏强的工作地点亦不明。若是同一次兼行候事，至少持续了 8 天，甚至更长（永光二年三月壬戌朔己卯到丙辰，前 42 年）。参李振宏、孙英民：《居延汉简人名编年》，第 132—133 页。

③ 此看法为石升烜提出，见高震寰：《试论秦汉简牍中"守"、"假"、"行"》，王沛主编：《出土文献与法律史研究》第四辑，第 75 页注 1 引。

④ "除书"的一般情况，参汪桂海：《汉代官文书制度》，南宁：广西教育出版社，1999 年，第 64—67 页；李均明：《秦汉简牍文书分类辑解》，第 54—55 页。

⑤ 原释文为"☒☒☒"，据图版及类似文书补。

此残简出土于原编号 P1 遗址东侧的灰堆，据考古工作者的发掘及研究，这里是第四隧，同时又是第四部候长的治所①，年代是五凤二年（前56年）闰八月或甘露三年（前51年）十月，两行书写，唯字迹潦草。仅书"候长充"三字类似封检的木牍，该隧出土过多枚（EPS4T2：39—41、67、87），可知"充"曾任第四候长，因此该文书当是任命候长充兼行候事的命令。② 通知则见金关简：

地节五年正月丙子朔戊寅肩水候房以私印

行事，谓士吏平：候行塞，书到，平行　　　　　73EJT21：42A

候事。真官到，若有代、罢，如律令　　　　　　73EJT21：38A

印曰候房印

正月戊寅障卒福以来　　　　　　　　　　　　　73EJT21：42B

……　　　／令史拓、尉史义　　　　　　　　　73EJT21：38B

此两枚简原为一册书，笔者曾做过复原，排列顺序按照行文做了调整。这种格式与"除书"不同，用途是通知而非任命，当时的名称不详。"士吏平"又见居延旧简 109.9："印曰觻得令印」元康元年九月乙亥士吏平以来。"此为削衣，右侧残，出土于 A33③，时间与上简同年，为同一人无疑。"觻得"乃张掖郡治，在 A33 以南，此乃一封自南向北传递的文书，士吏平工作地点应在 A33 或其以南的某地。金关简中仅有一枚出现了此人，简 73EJT21：103 云："正月癸巳肩水候房以私印行事告尉，谓士吏平、候长章等："写移，书到，除前书，以后书品约从事，毋忽，如律令／尉史义。"这是一道移给肩水候属下的下行命令。移文中此人名列尉后、

---

① 甘肃居延考古队：《居延汉代遗址的发掘和新出土的简册文物》，《文物》1978年第1期，第4页；李均明：《汉代甲渠候官规模考（下）》，中华书局编辑部编：《文史》第35辑，第82—83页。

② 此点承鹰取祐司教授2016年12月5日来信教示，谨谢。

③ 据简牍整理小组编：《居延汉简（贰）》，台北：史语所，2015年，第13、262页。

候长之前，且金关简中涉及通关事务的文书中没有见到"士吏平"，无疑
他应是在候官驻地任职的士吏。据以上分析，以及金关乃东部候长驻地，
而上述文书发现于金关，可知其乃肩水候房任命士吏平临时行候事时下
发到东部及金关的通知文书正本。① 这种通知亦要录副留档，如 A8 出土
的 EPT11：2：

> 永光四年闰月丙子朔戊戌甲渠障候☒
> 行塞，书到，强行候事。真☒

该简字迹潦草，且出土于候官遗址（坞内房间 35、36），便是任命士吏强
兼行候事所发通知的留底文书。② 此外，同地出土的 EPT52：787 云：
"☒到，宗行候事☒。"上下残断，从行文看，亦是通知，同属候官处留底
的副本。下发通知的发文记录，亦有出土，如居延旧简 214.35：

> ●候诣府谓第七隧长由兼行候事●一事一封

这是一份奏封记录③，简基本完整，出土于 A8，从使用"谓"看，应是记
述事由（候诣府）与收信人（第七隧长由）兼及命令内容（兼行候事）的发文
记录。④ 简 264.1"候行塞谓第七隧长由兼行候事☒"，涉及同一人，但事
由不同，应属于两次兼行。后一简书写工整，且出土于 A8 遗址，应是
任命通知的副本，用于存档。候给都尉府的通知文书未见，因涉及人事
临时变动，且双方文书往来频繁，知会都尉府应属必须。甲渠候官如此，
同属张掖太守管辖的肩水候官当亦应遵循相同的手续。此外，平行的机

---

① 具体复原与分析见侯旭东：《西汉张掖郡肩水候系年初编：兼论候行塞时的
人事安排与用印》，《简牍学研究》第五辑，第 184—187 页。

② 亦不能排除是通知，这取决于士吏强的工作地点。

③ 据李均明：《秦汉简牍文书分类辑解》，第 429—431 页。永田英正则称为"发
信日簿"，见所著《居延汉简研究》下册，张学锋译，桂林：广西师范大学出版社，
2007 年，第 401—409 页。鹰取祐司教授称为"发信记录"。

④ 此点承鹰取祐司教授来信教示，谨谢。

构之间恐怕也要相互通知，如出自 A35（大湾）的居延旧简：

> 兼行都尉事。真官到若有代、罢，如律
>
> 令　　　　　　　　　　　　　　　513.1＋509.11A
>
> 八月己亥史长生以来　　　　　　　513.1＋509.11B

这两枚经过缀合的简是某年临时任命某人代行某都尉事的文书残片。据照片，简正面为工整的隶书，背面为收件记录，字迹潦草，两面笔迹不同。大湾是肩水都尉府所在，此文书应是自其他都尉府送到肩水都尉府的通知文书正本①，告知此次临时人事变动，而非肩水都尉府存档的文书，不然不应有背面别笔书写的文书传递记录。发文机构很可能是同属张掖太守管辖的居延都尉或张掖都尉。屯戍系统之外的张掖郡民政系统诸县，乃至屯田系统对应机构是否亦要通知，待考。以上亦显示兼行者的任命，是由候本人作出的②，无须上请，只是要向上级报备，同时通知下级与平级机构。

顺便指出，候长不在岗，应该也要临时委任官吏兼行其职。额济纳汉简99ES16F2：10云：

> ☑行候长事□守候

此残简出土于T9，学者推定为甲渠候官第十六隧，隶属于第十部。又如额济纳简中有：

> 行候长事　居摄三年五月戊午第六隧长宣敢言之　隧
> 郅卿治所　官请医诊治敢言之　　　　　　　2000ES9SF4：17AB

---

① 过去笔者曾推测此简可能是从张掖太守府送来的，任命某人代行肩水都尉的文书，恐不确。更有可能的是从临近的都尉府送来的，涉及的任命并非代行肩水都尉一职。旧说见《西汉张掖郡肩水候系年初编：兼论候行塞时的人事安排与用印》，《简牍学研究》第五辑，第187页。

② 永田英正已指出此点，见《居延汉简研究》下册"再论汉代边郡的候官"，第409页。

此简出土于 T13 遗址①，推定为第九隧。或许居摄三年五月间第九隧的隧长曾做过行候长事，所以在此出土该封检兼病书。

这类通知应只限于在直接上下级和平行机构内传达，不会涉及更大范围。这与汉代文书制度有关。当时文书一般是逐级上行、下行或平行移书，通常不会越级送达，因此出现长吏变动，文书行政上只会牵涉上下一级，更高或更低机构的文书往来不受影响，无须逐级通知。平行移文当会据日常工作中移文对象多少确定范围，恐怕同属一官府的平行机构可能是个界限。② 不过，A8 遗址出土简牍上万，似乎没有发现因"行候长事"上报的文书，倒也有些奇怪。仅居延旧简中出土于 A33 的简 403.3：

> ☑肩水候房以私印事☑
> ☑书到武始行候长☑

此简为两行，上下残断，字迹略草。年代可据肩水候房的任职时间地节二年(前 68 年)(7.7)到元康二年(前 64 年)(73EJT21：43)间大体判定。该简恐是保存在候官处的通知副本，似乎行候长事的任命也要经过候的同意。不过，资料太少，姑备一说。此外，同样出土于 A33 的简 31.29为札，上残，仅存"☑行候长"三字。

此外，兼行的时间或许事先有明确约定。金关简 73EJT33：8 云：

> □□□世至正月丁未日餔时行候事关啬夫博、候长龙□

---

① 据魏坚、昌硕：《居延汉代烽燧的调查发掘及其功能初探》，收入孙家洲主编：《额济纳汉简释文校本》，第 116 页。

② 根据鹰取祐司对居延、肩水地区文书传送记录的归纳，张掖太守府范围内的不同机构之间的文书往来较多，送往张掖郡以外的文书，或来自外郡的文书均属少数，见所著《秦漢官文書の基礎の研究》(东京：汲古书院，2015 年)第 362—370 页别表所录的 96 例。额济纳汉简中出土的 2000ES7SF1：85A 上云："永始三年二月己酉朔辛亥卅井候长广至以私印兼行候。"该简发现于 T14 遗址，比定为第七隧。此文书乃是一件广至以兼行卅井候事名义发给甲渠候官的文书，出土于此，是否与第七隧的隧长常兼行候事有关？还是传送到此的文书副本？待考。

此简为一削衣，左侧残缺。"至"字乃书写完毕后补入的，"世"疑当释为"卅"。此字上面一字疑是"兼"字残笔。此处兼行候事者不明，但与关啬夫博同时。"正月丁未日餔时"或是规定的兼行期限，若"卅"字不误，可能是兼行开始的日期。①

其次，收到通知后，兼行候事的官吏便正式开始履职，工作地点应不加变动，仍在原机构内承担公务，即便是本岗并不在候官驻地的官吏，不论是金关的关啬夫或关佐，还是候长、隧长，均无须移步到候官驻地履行公务，只要下级机构将需要处理的上行文书转送到兼行者驻地。候对于各种上行文书，特别是附在其中的簿籍有核查的责任②，兼行候事者自然亦应临时承担此任务，所以会收到属下诸部上呈的各类定期文书。A32 何以会出土一些看来属于上呈候官的文书，除了曾成为肩水候驻地外，部分原因则在此。如下简：

元康二年闰月戊戌朔丁巳西部候长宣敢言之官檄　　73EJT30：48

具体时间乃前 64 年闰七月二十日，从格式看属上行文书，接收者应是肩水候。据 A33 出土的简 20.4A"肩水候官元康二年尽三年诏书☐"、255.3"肩水候官元康二年七月粪卖船钱出☐"，可知当时肩水候确实驻扎在 A33，而此文书却出土于 A32，不免让人生疑。据上表例 3，该年闰月庚子(三日)，关啬夫成曾一度兼行候事，兼行截止日期不详。啬夫成本来的驻地就在 A32，此文书应是实际呈送给当时兼行候事的关啬夫成，现身 A32 便不难理解。

此外，A32 还出土了一些以候长或候史名义发出的上行文书(呈文或簿籍的标题)，尽管均已散乱，难窥全貌，但从行文格式上依然可以分辨

---

① 2017 年 2 月 22 日邢义田先生来信，对此说表示怀疑：第一，"世"若为"卅"，其后应有一"日"字，未见；第二，即便有"日"字，开始日期为某月卅日，结束日期却用干支"丁未"，有点怪；第三，简末涉及行候事关啬夫和候长龙☐，前文不明，某日至某日的意义难以确定。

② 永田英正：《居延汉简研究》上册，第 311—318 页。

出来，如下简：

> ☑□月己巳朔乙酉东部候长＝生敢
>
> ☑被兵簿一编敢言之　　　　　　　　　　　　73EJT25：87

简上书写着十分工整的隶书，两行，候长长生并非亲笔签名，而是由书吏书写，当属簿书呈文之正本。据干支及候长长生任职时间，可能年份有二：元康二年(前 64 年)五月与神爵三年(前 59 年)六月。[①] 前者可能性更高，因为目前见到的东部候长长生的纪年简牍均在地节、元康年间。若此假设无误，元康二年五月—六月间，东部候长陈长生曾兼行候事(据20.12，兼行开始时间当在五月)，此文书便很可能是自己上呈给自己的文书，只是两者身份不同。又如下两简：

73EJT31：65	73EJT31：76
建始四年四月丙午朔戊申东部候长□敢言之谨移吏三月奉 籍一编敢言之	东部建始四年三月吏奉名籍

---

① 参郭伟涛对东部候长任职的编年，见所著《汉代肩水塞东部候长系年初编》，收入张德芳主编：《甘肃省第三届简牍学国际学术研讨会论文集》，上海：上海辞书出版社，2017 年，第 215—227 页。

两简内容、字迹一致，应是同一簿书的标题及末尾的呈文。建始四年为前 29 年，四月戊申相当于四月三日，属按月编写的定期文书。前一简为札，后一简为两行，符合文书用简的惯例，文字工整，亦应是正本。其出土于金关坞的北墙及东墙一带的探方，而非关口，亦应与上述两简一样，是送来的文书正本。吏俸的发放由候负责，诸部编制的吏奉名籍也应该呈送给候官①，据 284.21，建始三年五月时肩水候尚在 A33，该名籍之所以出土于 A32，原因很可能是当时这里的某位官吏在兼行候事。以上资料亦证明了兼行者若与候驻地不同，自己无须临时迁移到候驻扎地来处理文书，而只是由属下诸部将文书转送到兼行者的驻地。

类似的上行文书或呈文还有如下数件：

神爵四年(前 58 年)七月癸亥朔辛未(九日)右后□长□敢言之：府移表火举□☑

言，会月七日。谨以表火举书逐辟捕验问□□如牒，敢言☑

73EJT29：11②

永光元年(前 43 年)八月丙申朔庚子(五日)北部候长明友等敢言☑

73EJT7：21

永光四年(前 40 年)四月庚戌朔庚申北部候长宣敢言之：谨移吏家属出入金

关簿一编，敢言之。   73EJT31：63

建昭五年(前 34 年)三月丙午朔甲寅(九日)西部守候长☑

一编，敢言之。   73EJT23：352

---

① 这里的"吏奉名籍"当与甲渠候官出土的"吏受奉名籍"性质相同，这类名籍多为月报文书，编制的基层单位为部，上报给候官，参李天虹：《居延汉简簿籍分类研究》，北京：科学出版社，2003 年，第 34—35 页；朱德贵：《汉简与财政管理新证》，北京：中国财政经济出版社，2006 年，第 184—185 页。

② "右后"下所缺为"候"字。肩水候官所辖有"右后部"，见简 73EJT28：22、73EJF3：195 与 284.1。

另有数件为肩水候官的簿书标题:

☑候官黄龙元年二月吏卒簿	73EJT34:30
•肩水候官初元四年吏卒一岁用食度簿	73EJT33:42
肩水候官建昭三年十月候长殿冣名	73EJT22:22
•肩水候官建昭三年吏卒被兵簿	73EJT33:51+55

这四件簿书标题多书写工整,应属正本,究竟是肩水候驻扎此地时编制,还是A32的官吏兼行候事时完成的定期簿书,尚乏资料说明,姑列此备考。①

A32出土的上述肩水候官下辖诸部上行文书的呈文或标题,并非一两件,加上文书或簿籍内容简就更多,很难用偶然来解释。不少简应属于金关的关啬夫、关佐或东部候长一类驻扎A32的官吏兼行候事时,诸部上呈的定期或不定期文书。这些文书的存在表明兼行候事并非徒有其名,需切实履行候的文书职责,核查文书,并按时上报。

这些文书应该是利用既有的文书传递途径送到金关来的,同在A32驻扎的驿北亭就是个邮亭,承担自橐他候官的莫当隧与沙头亭之间的文书传递工作。② 其他诸部呈送的文书,恐怕亦是先依旧送到候官处,再由此转送到兼行候事者的驻地来处理。需要继续上呈的文书处理完,则循相反的路线,先送到候官处,再送到都尉府等的驻地。

---

① A33出土的这些年份的肩水候官纪年文书或簿籍很少或没有,见永田英正:《居延汉简研究》上册第二章"居延汉简集成二"地湾部分,第162—197页。新出的《地湾汉简》中仅见简86EDT7:22有"黄龙四年"四字,亦无相关资料。

② 相关邮路的复原见陈梦家:《汉简考述》,收入所著《汉简缀述》,第22、23页;李均明:《汉简所见"行书"文书述略》,原刊甘肃省文物考古研究所编:《秦汉简牍论文集》,兰州:甘肃人民出版社,1989年,后收入所著《简牍法制论稿》,桂林:广西师范大学出版社,2011年,第215—216页。最新的研究见鹰取祐司:《秦漢官文书の基礎の研究》,第333—337页。驿北亭位置的考订,见侯旭东:《西汉张掖郡肩水候官驿北亭位置考》,《湖南大学学报(社会科学版)》2016年第4期,第32—37页及插页与封三。

需要上呈的文书或簿籍，不仅在兼行候事者处会存留副本（如73EJT22：22），另有一份副本亦由兼行者完成，留在候官处存底，名为"副"。A8 出土有木楬"候尉上书/副"（EPT59：578）①，居延旧简 20.11 亦是元康二年六月肩水候官移给昭武狱的文书副本，字迹潦草，由当时兼行候事的东部候长陈长生发出，出土于 A33。兼行者同时将正本上呈，与候在署时处理文书的方式相同。如果两人同在一处办公，则前面一份副本可省。A8 遗址发现了不少兼行候事上行文书的呈文或簿书标题，甚至是文书全部，就属于此种，只是现在已不易辨清兼行者的办公地点。如下列诸简：

永光二年三月壬戌朔己卯甲渠士吏强以私印
行候事敢言之：候长郑赦父望之不幸死，癸巳
予赦宁。敢言之。　　　　　　　　　A
　　　　　　令史充 B　　　　　　　　　　　　57.1
☑行候事敢言之：谨写移，卒自言　　　　261.30＋261.18
甘露四年七月甲子甲渠候长充以私印行候事敢言之：府移左农
右　　　　　　　　　　　　　　　　　　　267.20
☑☐☐☐☐☐☐元行候事敢言之：都尉☑
☑光劳谨移射爱书名籍一编☑　　　　　　485.40
☑行候文书事敢言之　　　　　　　　　　EPT4：17
二月庚辰甲沟候长戎以私印行候文书事敢言之：谨
写移，敢言之　●候君诣府　　　尉史阳　　EPT48：25
☑行候事敢言
☑通蓬☑　　　　　　　　　　　　　　　EPT52：245

---

① 关于此类副本，参邢义田：《汉代简牍公文书的正本、副本、草稿和签署问题》，《史语所集刊》第 82 本第 4 分（2011 年），第 640—641 页。

六月戊子甲渠第八隧长敞以私印行候

事敢言之：谨写移，敢言之 　　　　　　　　　　　EPT56：67

□寅士吏强兼行候事敢言之：爰书：戍卒颍川郡长社临利里乐德、同县安平里家横告曰：所为官牧橐他□

☑□推种卧草中，不能行。谨案德、横□诊橐他，右辟推种毋刀刃木索迹，德、横皆证所言，它如爰书。敢☑ 　　　EPT57：85

新始建国地皇上戊三年五月庚辰朔甲沟候长隆以私印行候文书

事敢 　　　　　　　　　　　　　　　　　　EPF22：359A

上述诸简多为两行，字迹或工整或潦草，均出土于候官遗址，且注明是兼行候事者上呈的文书，应属存底的文书或副本。其中个别官吏的工作地点不在候官障城，如候长充、第八隧长敞，A8 遗址的 F22 中出土了多件东汉建武四年塞尉放兼行候事时上呈文书的完整副本，这里仅引一例：

建武四年五月辛巳朔戊子甲渠塞尉放行候事敢言之：诏书曰：吏三百石、庶民嫁娶毋过

万五千，关内侯以下至宗室及列侯子娉娶各如令，犯者没入所赍奴婢财物县官。有无 　　　　　　　　　EPF22：45A

余下尚有同日发出的 EPF22：47A、EPF22：48A、EPF22：50A、EPF22：54A 等，不具引。建武四年五月时的塞尉放的驻地当在候官障城中。上引诸简涉及定期与不定期文书两类。郑赦的请宁书、爰书属不定期文书，而前引诸多"簿籍"大多是定期文书。

露布之外的正本文书发出时基本都要加封检，并在检上施封泥、钤印，兼行候事者则用自己的小官印或私印。这些印平时要随身携带，因此，正本文书即便可由属吏抄写①，发出的正本一定要经过兼行候事者

---

① 若兼行候事者不在候官障城，兼行时他与属吏均应在原驻地不移动，相应的文书应该在兼行者驻地由属吏起草、完成与发出。感谢邢义田先生提示注意此点。

之手钤印。如果兼行候事者驻扎在候官驻地以外，文书亦需由兼行者驻
地发出，经由候官障城，再送到目的地。因为目前出土的简除了 A35 发
现的一千多枚之外，基本发掘自候官或其下机构，能证明此点的文书很
少。出土于 A33 的简 199.1 似是由佐信抄写的上呈文书正本。① 不过，
邮书记录倒是发现了一些。如下例：

<blockquote>

廿四日　　　　　一封鱳得长印行大守事诣☑

　　　　　　　　私印诣橐佗官一封□　　☑

北书十一封　　　居延五月丙寅日□□☑　　　　　73EJT23：131
</blockquote>

这是一枚邮书记录，下部及左侧残断，年代与送达目的地不详，但可知
其中一封为代行张掖太守事的鱳得长发出的文书，钤的是县长的印。这
种情况恐怕会在文书的封检上注明，金关简中还发现了两枚类似的邮书
记录，都有代行太守事的官员发出的文书，却没有提到印，应该是抄录
时漏书。如下：

<blockquote>

　　　　　　　　一封张掖大守章诣居延都尉二月乙巳起

三月一日　　　　一封张掖长史行大守事诣居延都尉二月己酉起

　　　　　　　　•□□兑恩□

北书十一封　　　九封肩水都尉诣三官官三封其三诏书

　　　　　　　　一封角得丞印诣广地　　　　　73EJT31：114A

一封张掖水长诣肩水候官

一封角得丞印诣居延☑

一封张掖临谷候印　　　　　　　　　　　　　73EJT31：114B

二张掖守部司马行大守事诣居延都尉七月丁未起七月
</blockquote>

---

① 　永田英正认为此简按道理不应在地湾出土，推测是存根或草稿，见《居延汉
简研究》上册，第 274 页。当时肩水候驻地在 A32，A33 可能是更高级别的官府
所在。

一安定大守章诣居延都尉六月己丑起□□　　　　　73EJT37：908

这些文书自代行其事者处发出后，便沿邮路送往目的地，中途未经过开封①，因此，由那些不在被代行者驻地办公的官吏所签发的文书，要由代行者抄写两份副本，一份保存在自己的官府，另一份随文书正本送到被代行者的驻地存档。兼行候事时亦应如此。②

复次，上行文书之外，其他所有原先需要候经手的下行文书是否都会送到兼行候事者处？无论是否需要签署意见，兼行者封缄铃印是不可少的步骤。那些无需候批示意见，只需照录并逐级下发的文书，如要传达到最低一级亭隧的诏书之类，直接由候官处的书吏抄写下发，只是长吏署名处换上当时实际承担兼行事的官吏的职衔与名字，大庭脩复原的"元康五年诏书"简便是如此。最末一枚简云：

闰月庚申肩水士吏横以私印行候事，下尉、候长，承书从事下当用者如诏书/令史得　　　　　　　　　　　　　　　　　　10.31

当日肩水候不在岗，临时由士吏横兼行候事，这位士吏横，即简10.17中的"谢横"，原任显美传舍斗食啬夫，代替郑昌成担任肩水候官士吏。此诏书涉及夏至日改火休兵等事，要下发到所有烽燧，各级收到后不过

---

① 此问题承鹰取祐司教授来信教示，谨谢。

② 2017年2月20日鹰取祐司教授来信，指出原驻地不在候官障城的兼行者应该到候官驻地履职，并提供了两个例证。一是元康五年诏书中行张掖郡丞事的"肩水仓长汤"。二是张俊民《悬泉汉简新见的两例汉代职官制度》（《敦煌研究》2015年第6期）所引的悬泉汉简ⅡDXT0214③：64："甘露三年五月癸未朔丁酉肩水仓长延年以近次行大守事、库丞奉憙兼行丞事谓过所：遣氏池东障隧长司马承明以诏书送施刑士阳关。乘所占用马。当舍舍传，从者如律令。"此则是肩水仓长延年行太守事。鹰取先生认为在代行职务时，仓长均应该到张掖郡治去。若肩水仓确是肩水城仓，在A35大湾遗址，从地图上看，距张掖郡治觻得县路途遥远，如何去、用多长时间，均需考虑。我怀疑当时肩水仓与张掖郡治的距离没有那么遥远，但这似乎也还难以确证是否要离开驻地去兼行的官府履职。此问题还需进一步研究，谨此致谢！

是例行公事般抄录下发，最后加上一行"行下之辞"，无须增益其他文字，便径由候官的书吏直接抄写下发，整个诏书是由肩水候官的"令史得"最终抄写的，这是保存在候官处存档的副本。① 下发时诏书还需要钤兼行者的私印来密封。金关简 73EJT23：804 是一封"北书"的邮书刺，年份不详，其中有"三封张掖大守章诣居延府其二封诏书六月□□辛丑起"，记录了三封目的地为居延都尉府、钤有张掖太守章的文书，其中两封便是诏书，说明诏书下行过程中经手抄录下发的机构长官亦要钤印，兼行候事者下发诏书亦当如此，只是需要特别注明，简 10.31 可证。金关出土的私传中有些例子，显示是要由兼行者钤印，如 73EJT10：229 之类。② 类似的还有 P1 出土的简：

> ☑甲辰甲渠候长寿以私印行候事，下士吏合众☑
>
> 承 书从事下当用者如诏书　　　　　令史次　　　☑
>
> EPS4T2：59A
>
> ☑　　　卅七　　　☑　　　EPS4T2：59B

此为两行残简，是在第四隧，同时亦是第四部所在发现的诏书行下之辞，应该是书吏直接抄写下发的，无须假手候长寿自己。背面的"卅七"大字书写，笔道粗重，应是别笔所书，可能是收到的诏书的编号。又如 A21出土的简：

> ☑茂以私印兼行候文书事，下尉部士吏慎、候长茂等下当用者
>
> 明白☑

---

① 参大庭脩：《汉简研究》，徐世虹译，桂林：广西师范大学出版社，2001 年，第 19 页。

② 鹰取祐司收集了相关资料，他对守官签发的文书如何钤印，亦有所研究，见《漢代における"守"と"行某事"》，《日本秦漢史研究》第 17 号（2016 年），第 63—66、76—78 页注 17，第 88—89 页表 B 之 25—27 例，可参。

　　　　　知之，如诏书，书到言　　　　　掾相　　　　　240.22＋240.2A

A21 遗址，据研究，应是居延县的索关。① 此简为上残的两行，应是下行文书残文，很可能是诏书行下之辞。

　　诏书之外无须追加命令的还有移文，亦只是抄发而已，如下简：

　　　　四月丙子肩水驿北亭长敞以私印兼行候事，谓关啬夫吏：写移，
　　　 书 到，如律令。

　　　　　　　　　　　/令史熹∨光∨博、尉史贤　　　　　29.7②

驿北亭长敞仅见于金关简 73EJT33：25"三月己巳驿北亭长敞☒"，为一削衣。啬夫吏乃泛称，无助于确认时间。笔者曾基于大庭脩与李振宏等的研究，推定敞兼行候事时间在宣帝末到元帝初。③ 若此推断不误，此时肩水候正好移驻 A32，与驿北亭同居一地。此简出自 A32，字迹较潦草，但应为一人所书，乃下行文书的尾部。据居延旧简 387.12＋562.17，尾部签署的令史与尉史四人乃肩水候官的属吏，亦应与肩水候一道驻扎在 A32，文书应由其中的某位抄写，因只是需要移文，长官无须另外添署意见，属吏便直接抄写，并以敞的名义下发金关的啬夫。此次因候与兼行的亭长同在一地，钤印无需周折。一般无须附加意见的下发移文恐怕都会采用此办法。

─────────

　　① 冨谷至：《文书行政的汉帝国》，刘恒武、孔李波译，南京：江苏人民出版社，2013 年，第 263—269 页。
　　② "到"字，释文原作"它"，见简牍整理小组：《居延汉简（壹）》，台北：史语所，2014 年，第 92 页。谛观图版，残存字形乃是草书"到"字右边"刂"残笔，从文例看，此两字应为"书到"，" 书 "字据残存笔迹补。类似以亭长兼行候事的，又见简 73EJT37：591＋795。
　　③ 侯旭东：《西汉张掖郡肩水候系年初编：兼论候行塞时的人事安排与用印》，《简牍学研究》第五辑，第 197 页。已收入本书。

上举诸例都是兼行者在候驻地工作，若遇到不在候官处工作时，究竟是需要将这些抄件送到兼行者处来铃印，还是兼行者自己到候官处来铃印，抑或另有他法？这个问题尚无线索，可能会采取前一种办法。兼行候事者亦可向平行机构移送文书，如下例：

> 五月丙戌殄北隧长宣以私印兼行候事，移甲渠：写移。书到，
> 如律令。　/尉史并　　　　　　　　　　　　　　　206.9

该简出自 A8，为平行文书的尾简，文书内容不详。由"移甲渠"看，并非兼行甲渠候事发文的语气，宣当是甲渠以北的殄北候官的属吏，殄北隧长并非甲渠候官所辖的殄北隧隧长，而是殄北候官所属某一隧长的简称，这是在对上级或平行机构发文时的用法，简 206.9 乃一笔写成，字迹草率，不似发来的原件，或是甲渠候官收到移文后继续抄写下发时形成的副本。此文书原本亦从殄北候官转给甲渠候官，只是抄写转发，无须添加具体意见，便由殄北候官的属吏"尉史并"以宣的名义直接抄录转发，但仍要铃宣的私印来封缄，文书亦需特别注明。平行机构的移文还有下简：

> 二月癸酉广地隧长尊以私印兼行候事，移肩水金　73EJT37：718

其中的"广地隧长"，指的是广地候官的某个隧长。

兼行候事者亦可临时按照候的职责签发文书，更需要铃印封缄，如下简：

> 建平三年四月辛巳朔丁未肩水驿北守亭长谊以私印行候事☐
> ☐☐☐☐☐☐☐☐☐☐县、爵、里、年、姓各如牒，书到，入
> 如律令。　　　　　　　　　　　73EJT37：591＋795

此时肩水候移驻 A32。此两行左侧残缺，内容不完整，格式与一般的通关文书（致）相同，当是针对某人因公务要入金关而签署的，与前引

73EJT37：1503 类似，证明兼行候事可以像候一样签发文书。

概言之，候暂时离署，需自行任命官吏兼行其职，有时会任命候官障城之外某机构的官吏兼行候事，此时候官驻地依旧是文书的集散中心，只不过利用原有的邮路将中心收到的上行文书先转送到兼行者驻地，处理完留在兼行者驻地，若需继续上呈，则先送还候官驻地，并再沿用原先的正常途径上呈。一些要逐级下发的文书（诏书与移文），则直接由候官书记官循制度抄写下发，但均需钤兼行者的印来封缄，两者若不在一处办公，如何操作，不得而知。兼行候事期间，兼行者不只是处理日常的定期文书，亦有权下发命令。

从张掖郡边塞屯戍系统的情况看，西汉宣帝以降，"行"只是针对官员临时不在岗而出现的一种短暂的兼职，兼行者不会离开本职驻地，需要兼顾本职与所行职务，与官员出缺，而由上级任命的"守"官不同，已见不到官员出缺而"行"的情况。①

三、余论

他官兼行候事的工作方式大致如上。这种情况实际普遍存在，不仅见于西北万里边塞的诸多候官，其上的部都尉外出行部，亦要临时委任官吏兼行其职，亦会在更高的层级重复类似安排。兼行亦非边地候望系统的专利，悬泉汉简中敦煌郡属吏兼行太守或丞事亦不少，县令之间"守官"现象更是常见，甚至包括甲县令不在，由乙县（不一定相

---

① 高震寰：《试论秦汉简牍中"守"、"假"、"行"》，王沛主编：《出土文献与法律史研究》第四辑，第 65—66、67、76—78 页。笔者的看法与高文略有别，而更赞同大庭脩对"行"含义的理解。这种现象亦有可能如鹰取祐司所言，"行"实际是从"守"中分化出来的，秦代，原先不在署与出缺的代理均名为"守"，后来细分为"行"与"守"两类。对"守"的理解，笔者则赞同鹰取祐司的看法，见《漢代における"守"と"行某事"》，《日本秦漢史研究》第 17 号（2016 年），第 68—71、72 页。

邻）长吏守甲县长的现象。① 无论边郡还是内郡，郡国守相春天亦要

① 相关资料及讨论详见张俊民《悬泉汉简新见的两例汉代职官制度》，《敦煌研究》2015 年第 6 期，第 99—103 页。张掖太守及下属其他机构亦常见此情况，如金关简中所见："□□月甲申出」亭张掖大守护、长史芒、库令建兼行丞事"谓觻得：以次为驾，当舍传舍，如律令（73EJT4：102）；"三月己亥张掖长史兼行大守事、肩水仓长武强兼行"（73EJT21：429）；"地节四年二月乙丑张掖肩水司马德以私印行都尉事谓肩水候官：写移书到，候严教乘亭塞吏，各庾索部界中诏所名捕施刑士"金利等。毋令留居部界中。毋有，具移吏卒相牵证任不舍匿诏所名捕金利等，移爰书都尉府，会二月廿五日。须报大守府，毋忽，如律令（73EJT23：620）；"元康二年闰月戊戌朔甲子屋阑司空啬夫盖梁以私印行丞事"敢言之：谨移录囚一编。敢言之"（73EJT30：42＋69）；"甘露元年十一月壬辰朔戊午广地士吏护众兼行塞尉事"敢言之：谨移家属出入金关名籍一编。敢言之"（73EJT37：96）；"建平三年六月壬寅六月丁未北啬夫□出　张掖大守遣守属赵谊警戒肩水居延，以令为驾一封轺传。　张掖大守业、右部司马章行长史」事、丞咸谓觻得：以次为驾，如律令／掾敞、属奉、书佐由丹"（73EJT37：97）；"六月乙亥居延令宪、守令史承禄行丞事敢言之」函谷关谨写移敢言之　／佐安世"（73EJT37：531）；"三月甲寅觻得长福、狱丞护兼行丞事谒移如律令（A）觻得狱丞（B）"（73EJT37：575）；"甲戌广地觻得守塞尉博兼行候事移肩水金关（A）君前　守令史忠（B）"（73EJT37：716）；"二张掖守部司马行大守事诣居延都尉，七月丁未起　七月」一安定大守章，诣居延都尉。六月己丑起□□"（73EJT37：908）；"张掖肩水司马宜以秩次行都尉事谓□：遣千人蔡宗校」□如律令　守属丰"（73EJT37：1098A）；"□午城司马兼行居延令事守丞义移过所津关：遣亭长朱宣载」俱对会大守府，从者如律令。　／兼掾临、守令史丰、佐昌"（73EJT37：1501）；"张掖大守延年、肩水仓长汤兼行丞事谓觻得：以为驾一"（73EJH2：12）；"十一月壬戌张掖大守融、守部司马横行长史事、守部司马焉行丞事，下部都尉承书从事下当用者。」书到，明白大扁书乡、亭、市、里门外谒舍显见处，令百姓尽知之，如诏书＝到言"（2000ES7S：4A）。
内郡亦有其例，如金关简："八月癸亥宛狱守丞乘之兼行丞事，写移武关，如律令　／掾弘守令史林（A）章曰宛狱丞印（B）"（73EJT10：115）；"□中欲取传。谨案明年册三，毋官狱征事，当得取传。父老远□」长安狱丞禹兼行右丞事，移过所县邑如律令（A）长安狱右丞印（B）"（73EJT10：229）；"言之八月辛卯茂陵令、守左尉循行丞事，移居延移"（73EJT37：425）；"五凤二年二月甲申朔壬戌騪乡啬夫顺敢言之：道德里周欣自言客田张掖」郡觻得县北属都亭部，元年赋算皆给，谒移觻得。至八月□检」二月辛亥茂陵令　守左尉亲行丞事　／掾充（A）茂陵左尉（B）"（73EJT37：523）；"史□敢言之：谨案有毋官狱征事，当得为传。谒移过所县邑侯国，勿苛留止。敢言之」宛狱丞莫当行丞事，移过所县邑侯国，勿苛留止。如律令／掾通令史东"（73EJT37：733）；"郡国九谷最少，可豫稍为调给。立辅预言民所疾苦，可以便宜☑」弘农大守丞立、山阳行大守事湖陵□□上、上谷行大守事☑"（73EJF1：4，永始三年诏书部分）。

行县①，巡视辖区，刺史则要行部，其他情况造成不在岗并不罕见。朝官中亦是如此②，实际出现的频率还要高很多，丞相薨或去职，往往会有数月的空位期③，御史大夫与诸卿的任用恐怕亦难免出现这种情况。此种情况下，文书事务的处理是否均遵循相似的办法？

　　实际上，一些需要皇帝亲自参加的祭祀，不愿亲往，亦会派遣官员代行，同样称为"行事"。《汉书·杨恽传》载，宣帝时戴长乐"尝使行事肄宗庙，还谓掾史曰'我亲面见受诏，副帝肄，秺侯御'"，注引服虔曰："兼行天子事，先肄习威仪也。"（66/2891、2892）《汉书·郊祀志下》述哀帝朝祭祀时说："上亦不能亲至，遣有司行事而礼祠焉。"（25下/1264）王莽在平帝时上奏回顾先朝诸帝的祭祀，讲到文帝因新垣平而增设诸祠，说："上亲郊拜，后（新垣）平伏诛，乃不复自亲，而使有司行事。"（25下/1265）这里的"行事"应该与戴长乐所为一致，即由臣下代皇帝主持祭祀，实际是代行皇帝的某些职分。汉代可能尚未形成有司摄事的明确规定。戴长乐得以行事肄宗庙，则是源于"宣帝在民间时与（长乐）相知，及

---

　　①　关于行县，研究甚多，可参严耕望：《中国地方行政制度史甲部——秦汉地方行政制度》，1961年初刊，此据第四版，台北：史语所，1990年，第75—76页；杨宽：《战国秦汉的监察和视察地方制度》，原刊《社会科学战线》1982年第2期，后收入所著《杨宽古史论文选集》，上海：上海人民出版社，2003年，第94—112页；刘太祥：《试论秦汉行政巡视制度》，《郑州大学学报（哲学社会科学版）》37卷5期（2004年9月），第17—18页；薛梦潇：《东汉郡守"行春"考》，《中国史研究》2014年第1期，第16—22页。文献中的事例之外，悬泉简中亦可见边地的敦煌太守同样遵从此规定，如简VT1142②：77"本始三年二月辛巳朔癸巳敦煌大守登行县，谓渊泉县以次为 驾 当舍传舍，如律 令 "，这是一枚传信残简，引自张俊民：《悬泉汉简所见人名综述（四）——以敦煌太守人名为中心的考察》，收入所著《简牍学论稿——聚沙篇》，兰州：甘肃教育出版社，2014年，第379页。
　　②　安玉玲在《汉书》中找到"行"14例，有以下"行"上的，亦有同级相"行"的，其中不乏丞相薨，由御史大夫行丞相事的，如韩安国，还有太常行大行令事（韩延寿）、典客行御史大夫事（冯敬）等以及"兼"5例，见《〈汉书〉职官变动类动词研究》，硕士论文，张生汉指导，河南大学，2007年，第43—44页。更详细的资料见吉川佑资：《漢代官吏の兼任形態の再検討——"行"の事例を中心に》表①，《日本秦漢史研究》第14号（2015年），第10页。
　　③　详情可略见《汉书》卷一九下《百官公卿表下》所记丞相薨、被诛、自杀或去职时间及继任拜官的日期。

即位，拔擢亲近"(66/2891)，由此亦有助于认识各级官府中"兼行"官员的挑选。

深入分析，兼行候事的运作显示了西汉官吏制度中的矛盾性。一方面，其体现了管理的严密与灵活，长吏不在岗，便要临时任命官吏代行其职，说明职位的重要性高过个人，具体文书处理坚持规则，又有所变通。另一方面，个人因素又在其运作中不断滋生壮大，一点一滴地蛀蚀着对事不对人的规则。长期来看，这一看似微小的蚁穴却会慢慢发展成侵蚀，乃至动摇秩序之堤的巨蠹。

外出行塞乃是候重要的日常工作，每年要进行数次①，还会有不定时的"诣府"(EPT48.25)而离署，临时委任官吏兼行其职数月一见，可以说是时常、反复出现的。就肩水候而言，前后持续了六十余年；甲渠候则能见到晚至王莽始建国地皇年间，乃至东汉建武四年。尽管每次持续时日不长，但都会带来一些"反常"：原本身居下位的官吏，因此而暂时跃升为上级，对昔日的上司、同侪发号施令。无论是隧长或亭长，平时都是接受候长与关啬夫命令的下属，此刻一反常态，颠倒了往日的上下等级秩序，亦暂时拥有了凌驾往日同级的隧长与亭长等众朋辈之上的职权。士吏、候长、关啬夫与关佐等兼行候事时亦是如此，形成了暂时"反结构"的结构。不过，这种反结构依然是一种等级尊卑秩序，只是具体参与者之间的关系暂时产生了颠倒，秩序格局并无变化，其结果反而是巩固了秩序。同时，反复的运作中，无形间亦加强了候本人的影响力，进而强化了属吏对他个人的迎合与依赖，因为赋予哪位属吏这种充满幻象的短暂权力的，正是候本人。不同的候主政时反复出现临时委任官吏兼

---

① 元康二年(前64年)六月与九月，东部候长陈长生就两次兼行候事，前一次原因不明(20.11)，后一次明确是因为肩水候房行塞(73EJT21：43)，前一年，即地节五年(前65年)，肩水候房曾于正月行塞，这次委任士吏平兼行候事(73EFT21：42、73EJT21：38)。关于边塞官员行塞的研究，参朱慈恩：《汉代边防职官行塞制度述论》，硕士论文，张耕华指导，华东师范大学，2006年，第12—37页，特别是第17—33页。第13页提到"行塞书"，误，实无此类文书，乃断句不当所致，原文应断作"候行塞，书到言"。张文翰指出甲渠候行塞的日期并不固定，有三月、四月、八月、闰十二月等，见《汉代甲渠候官的日常管理》，《史学月刊》2015年第7期，第22页。

行其职，长此以往，便会使属吏由对某个候"本人"的依附发展成对作为"职位"/"个人"的"候"的依附，助长属吏对"候"（长吏）个人性的攀附与依赖。

如上文所言，这种情况乃是从朝廷到地方，从内地到边疆，各处各类官府运转中屡见不鲜的现象。管中窥豹，可以说，在兼行候事之类的"兼行"反复运作下，在以事务为核心的制度运作之外，个人因素的重要性潜滋暗长，不知不觉中形成对制度的轻视、侵蚀、削弱、动摇乃至瓦解。当然，这一苗头从出现到蔓延，再到成为官场风气，在交往不甚便利的汉代要经历相当漫长的时间。长吏与属吏之间关系的紧密，乃至出现故吏现象、故吏含义的变化，是否与此有联系，都值得进一步思考。①

本文修改过程中，郭伟涛、孙梓辛及鹰取祐司先生惠示有关论文，魏斌兄提示意见，11 月 18 日将本文提交清华大学历史系第 40 次史学沙龙，得到与会的郭伟涛、郑相俊、刘力耘、马楠、曹天江、李倩天、祁萌、屈涛、吴贞银、孙梓辛与方诚峰先生的指教，19 日陈韵青复来信提出详细意见，22 日复收到高震寰君的意见，12 月间鹰取祐司先生数次来信讨论，获益匪浅，2017 年 2 月鹰取先生与邢义田先生先后赐教，正误纠谬，谨此一并致谢。

2016 年 3—7 月初稿

2016 年 8 月—2017 年 2 月修订

原刊张德芳主编：《甘肃省第三届简牍学国际学术研讨会论文集》，上海：上海辞书出版社，2017 年，第 158—179 页，收入本书时略有增改。

---

① 陈韵青来信告知，现在政府对外办公的部门中有 AB 岗的安排，A 岗不在，则由 B 岗顶替，这已是在将临时代替工作的安排朝制度化方向推进，另，这些机构均是对外服务的部门，见 http://nc.tengfang.net/news-fwpf-2849 以及 http://www.sgmzzjj.gov.cn/show.aspx? id=222&cid=45 等。汉代兼行恐怕只存在最基本的制度化，即规定了哪些人不可以兼行，至于何人可以，基本是由长吏个人临时安排。

附录 西汉张掖郡肩水候系年初编: 兼论候行塞时的人事安排与用印

居延汉简的发现与研究已经走过 80 多年的历程,成果丰硕。不过,因为过去公布的多数简牍出土于甲渠候官及所属烽燧,研究实际主要是围绕甲渠候官展开的。1973 年发掘的 A32 肩水金关简陆续出版,金关在行政上隶属于肩水候官,双方往来文书很多,加上 20 世纪 30 年代在 A32(肩水金关)、A33(地湾,肩水候官)与 A35(大湾,肩水都尉府)等遗址发掘的简牍,关于肩水候官的资料日益丰富,为深入开展对肩水候官的研究提供了条件。这里仅就肩水都尉府系统出土的汉简——主要是 20 世纪 30 年代与 70 年代金关简——中出现的肩水候进行系年整理,以期为无年号简的定年提供方便。以下主要利用已全部公布的肩水金关汉简,1986 年发掘的地湾汉简,以及 20 世纪 30 年代居延旧简中出土于肩水都尉府诸机构的简牍。

关于"候"的系年研究,甲渠候做得比较充分,先后有陈梦家、李均明、刘军、罗仕杰与张文翰加以整理[①],李振宏与孙英民在全面进行居延

---

① 陈梦家:《汉简所见居延边塞与防御组织》,收入所著《汉简缀述》,北京:中华书局,1980 年,第 46—47 页;李均明、刘军:《居延汉简居延都尉与甲渠候人物志》,中华书局编辑部:《文史》第 36 辑,北京:中华书局,1992 年,第 125—143 页;罗仕杰:《居延汉简甲渠塞人物研究》,博士论文,台北:中国文化大学史学研究所,2001 年,第 30—32 页;张文翰:《汉代边郡候官研究——以甲渠候官的日常运转为中心》,博士论文,北京:首都师范大学历史学院,2013 年,第 37—51 页。

汉简人名编年时亦有所涉及①。而关于肩水候，仅见陈梦家与李振宏、孙英民做过排比：陈梦家仅列出了两位肩水候——房（地节二年、地节五年）与月（河平四年、阳朔元年）②；李、孙两位整理出的肩水候，包括推定的，以及行候事的官吏，共 6 位，时间则从武帝太始二年（前 95 年），到阳朔元年（前 24 年），前后 70 余年。后者复依据了居延新简，资料更丰富，所得更多，但推测不无问题。20 世纪 70 年代发掘的金关简公布后，又增加了不少新资料，可以将肩水候的任职者与任职时间梳理得更全面和细致。方法则基本依据李均明、刘军先生的概括。③

下面先将初步整理所得列表如下，具体考证详后：

文书所见肩水候年表④

(姓)名	身份	年	月、日	相关的官吏	依据⑤	备注
房	候	地节二年（前 68 年）	六月辛卯朔丁巳	候长光、如意卒安世、守令史禹	7.7（A33）	
	候以私印行事	地节四年（前 66 年）	五月庚辰朔辛巳	候长充宗	73EJF1：74	
	候以私印行事	地节五年（前 65 年）	正月丙子朔丁丑、戊寅	令史拓、尉史义、士吏平、障卒福	10.35（A33）、73EJT21：42	

---

① 李振宏、孙英民：《居延汉简人名编年》，北京：中国社会科学出版社，1997年，特别是第 25—27、39—40、78—79、103—104、114、135—136、187—188、204—205、224、247 页。

② 陈梦家：《汉简所见居延边塞与防御组织》，《汉简缀述》，第 47 页；李振宏、孙英民：《居延汉简人名编年》，第 1、34、52、117、203、210 页。

③ 李均明、刘军：《居延汉简居延都尉与甲渠候人物志》，中华书局编辑部编：《文史》第 36 辑，第 125 页。

④ 两候之间年份不能衔接处则空一行。

⑤ 属于《肩水金关汉简》（壹）—（伍）（上海：中西书局，2011 年、2012 年、2013年、2015 年、2016 年）以外的居延汉简则注明出土地点。居延旧简的释文据简牍整理小组编：《居延汉简》（壹）—（肆），台北：史语所，2014—2017 年。

(姓)名	身份	年	月、日	相关的官吏	依据	备注
平	士吏行候事	地节五年（前65年）	正月戊寅	令史拓、尉史义	73EJT21：42、73EJT21：38	两简可复原为一册书，详下
长生	候长行候事	元康二年（前64年）	六月戊戌朔戊戌		20.11	
房	候以私印行事	元康二年（前64年）	九月丁酉朔己未	候长长生、令史利、尉史义	73EJT21：43	
长生	候长行候事	元康二年（前64年）	九月		73EJT21：43	
横	士吏行候事	元康五年（前61年）	闰（三）月庚申	令史得	10.31、10.27、5.10、332.26 等(A33)	据大庭脩的复原
福	候	五凤元年（前57年）	十一月乙卯朔辛酉	关啬夫光、佐辅	73EJT8：8、73EJT8：13	两简可复原为一册书，详下
王光	关啬夫兼行候事	五凤元年（前57年）	十一月		73EJT8：8	
福	候	五凤二年（前56年）	六月壬午☐	啬夫光	73EJT4：103	残损，推测
王光	关啬夫兼行候事	甘露元年（前53年）	十一月壬辰朔甲午	佐信	199.1(A33)	
福	候	甘露二年（前52年）	七月乙未	候长广宗	73EJT1：3	
		甘露三年（前51年）	正月庚子	候长广宗	73EJT28：13	
赏	兼行候事	竟宁元年（前33年）	十一月丙寅朔癸酉		73EJT10：204	
不详	守候塞尉	河平三年（前26年）	十月丙子朔丙戌		73EJT4：113B	

(姓)名	身份	年	月、日	相关的官吏	依据	备注
丹	候	河平四年（前25年）	十月庚辰朔丁酉	令史临、尉史音	284.2(A33)	
	候	阳朔元年（前24年）	三月戊申朔己卯、五月丁未朔丁卯、九月乙巳朔癸亥	厩佐丁充、令史临、尉史音、令史谭	73EJT21：98、73EJT21：102、284.8(A33)、	
宗	候	阳朔四年（前21年）	十一月丁巳朔庚辰	守令史音☑	73EJT21：109	
长	守候	鸿嘉四年（前17年）	二月丁卯朔辛未	啬夫谭、守令史宣	73EJC：2	
宪(?)	候	永始三年（前14年）	八月丁丑朔辛卯、十一月辛亥	士吏猛	73EJT23：143、73EJF1：15①	
		永始五年（前12年）	二月戊戌朔丙午	守令史褒	73EJT37：770	
李钦	关啬夫行候? 事	元延二年（前11年）	正月癸亥朔壬午	隧长章、辅、守令史骏☑	73EJT23：79	
宪	候	绥和二? 年（前7年）	三月己巳朔癸酉		73EJT3：58	
宪	候	建平二年（前5年）	六月丙辰朔丁丑	关啬夫吏、佐霸	73EJT37：962	
谊	驿北守亭长以私印行候事	建平三年（前4年）	四月辛巳朔丁未		73EJT37：591+795	

---

① 此简为"永始三年诏书"的末简。

续表

(姓)名	身份	年	月、日	相关的官吏	依据	备注
宪	候	建平三年（前4年）	五月庚戌朔甲子	关啬夫丰、守令史敢、令史襄	73EJT37：788	
业	守候橐他塞尉	元始四年（4年）	五月庚午朔丁丑		73EJT23：278	
临	守候城守尉	元始五年（5年）	四月己酉		73EJT23：786	
▣	候	居摄三年（8年）	七月丙午朔癸酉		73EJT23：668	
▣	候	始建国元年（10年）	二月癸卯朔庚午	关啬夫钦	73EJT23：290	
钦	肩水关啬夫以小官印行候文书事	始建国二年（11年）	十月壬寅		86EDT5H：180＋43（A33）①	

上表的时间跨度近八十年，实际仅列出了五位肩水候，七位行候事（9次）与三位守候。有些则是名字不详，很多年份还是空白，有待将来的补充和订正。

大庭脩曾研究过汉代官吏的兼任，区分了守官与行官，指出"守官"出现在本官出缺时②，依此，可大致判断出肩水候任期的时间界限。肩水候丹恐怕是在河平三年末到四年十月间到任的。元始四年、五年两年均出现了守候，此间可能"候"职空缺。

下面按照上表的顺序，对各位肩水候的任职情况做些考察。

首先是肩水候房，陈梦家与李振宏、孙英民都已做过整理，"房"最

---

① 甘肃简牍博物馆等：《地湾汉简》，上海：中西书局，2017年，第170页。

② 大庭脩：《秦汉法制史研究》第五章"汉代官吏的兼任"，林剑鸣等译，上海：上海人民出版社，1991年，第424—438页。

早出现在地节二年(前68年)的文书中,即居延汉简7.7:

> 1. 地节二年六月辛卯朔丁巳,肩水候房谓候长光:官以姑臧所
> 移卒被兵本籍为行边兵丞相史王卿治卒被兵以校阅亭隧被兵,皆多
> 冒乱不相应,或」易处不如本籍。今写所治亭别被兵籍并编、移,书
> 到,光以籍阅具卒兵。兵即不应籍,更实定此籍。随兵所在亭各实
> 弩力石、射步数,」令可知。赍事诣官,会月廿八日夕。须以集,为
> 丞相史王卿治事。课后不如会日者,致案。毋忽,如律令。　　　A
> 　　印曰张掖肩候
> 　　六月戊午如意卒安世以来　　　　　　　　　　守令史禹　　　B①

此文书是肩水候下令所属亭隧核对戍卒持有的兵器籍,因为丞相史王卿
根据不同的籍进行校阅,发现对不上号。时间是在地节二年六月,这是
已知出现肩水候房最早的纪年文书。

最晚的纪年文书则见于20世纪70年代新发掘的金关简:

> 2. 元康二年九月丁酉朔己未肩水候房以私
> 　　行事,谓候长﹦生:候行塞,书到,行候事　73EJT21:43A
> 　　　　　　令史利、尉史义　　　　73EJT21:43B

元康二年为前64年。房至少担任了4年的肩水候。李振宏、孙英民据居
延简考证出房担任肩水候到地节五年正月,根据《肩水金关汉简(贰)》则
知道他至少留任到次年九月。

①　劳榦、李天虹、永田英正与李均明均做过句读,但多有不同,分见劳榦:《居延汉简考释之部》所附《居延汉简考证》"边塞制度·烽燧三",台北:史语所,1997年,第40页;李天虹:《居延汉简簿籍分类研究》,北京:科学出版社,2003年,第93页;永田英正:《居延汉简研究》第三章"各种簿籍简牍格式的分析",张学锋译,桂林:广西师范大学出版社,2007年,第317页;李均明:《秦汉简牍文书分类辑解》,北京:文物出版社,2009年,第49页。劳榦释文最早出,错误较多,这里兼采后三家,并略有改动。释文据简牍整理小组《居延汉简(壹)》。

李振宏、孙英民从居延简中搜集到涉及肩水候房的简五枚（7.7 之外，还有 10.4、239.74、10.35、403.3），除了上引的简 2，《肩水金关汉简》中还有如下 3 简出现了肩水候房：

3. 地节五年正月丙子朔戊寅肩水候房以私印

　行事，谓士吏平：候行塞，书到，平行　　　73EJT21：42A

　印曰候房印

　正月戊寅障卒福以来　　　　　　　　　　73EJT21：42B

4. 候事。真官到若有代，罢如律令。　　　　73EJT21：38A

　……　　　　　　　　　　　/ 令史拓、尉史义　73EJT21：38B

5. 正月癸巳肩水候房以私印行事，告尉，谓士吏平、候长章等：

　写移，书到，除前书，以后书品约从事，毋忽，如律令。/

尉史义　　　　　　　　　　　　　　　　　73EJT21：103

关于"肩水候房"，尚有两点值得探讨。一是上引简 3 与 4 实可复原为一件文书：

两简出于同一探方，且编号接近，说明出土时位置接近。从形制上看，据图版，长度均为 23.7 厘米，宽度上 21：42 为 2.1 厘米，21：38 略窄，为 1.9 厘米；形制均为两行，材质亦无差。从内容上看，不仅文字衔接，字迹亦一致。其中有三字分别见于两简：

简号	候	事	到
73EJT21：42A			
73EJT21：38A			

"事""到"两字轮廓、用笔风格完全一致，21：38A 的"候"字虽有些模糊，但轮廓还在，谛观与 21：42A 相同。

　　此文书背面的三行文字从图版上仅能看到一行，无法确认字迹，笔者 2013 年 8 月 22 日到甘肃省文物考古研究所查看原简，亦看不清 21：42B 背面字迹，释文当是早年字迹尚存时所做。不过，两简 A 面应是文书的正文，背面图版上可见的"令史拓尉史义"应是候官府中起草与抄写此文书的属吏[1]，"拓"又见金关简"肩水候官令史拓塞候房囗"（73EJT21：222）、"囗丙午肩水令史拓囗"（73EJT9：336），明言其为肩水候官令史、肩水令史，"尉史义"又见元康二年九月肩水候房下发的文书末尾的签署（73EJT21：43B）。此行字应是文书由障卒福从肩水候官送来时就有的，而"正月戊寅障卒福以来"与"印曰候房印"应是金关的官吏在收到文书时做的记录[2]，字迹应该不同，可惜现在无法看清。起草者在简（实际是整个文书的末简）的背面签名的文书见 1973—1974 年发掘的"橐他莫当隧守

---

　　①　邢义田先生来信指出，他怀疑这种例行性呈文无须起草。令史挂名或仅为形式上负责，未必真起草，值得进一步研究。

　　②　关于此类记录的含义，参藤田胜久：《汉代简牍的文书处理与"发"》，黎明钊编：《汉帝国的制度与社会秩序》，香港：牛津大学出版社，2012 年，第 216—218 页。

御器簿"中的 EJT37：1①，以及 A33 出土的 10.34，后者带有收文记录，呈现两种笔迹②，上述两简应与此一致。

此外，文书正文部分每行诸字间距一致，笔迹相同，应是一次写成，看不出存在他人加笔填写日期与候的名字的情形。两简形制为两行，正面字迹工整，背面另有收文记录，当是作为正本文书来处理的，但实际上应是作为"副"由肩水候官处抄送给金关的。文书的正本应该是下发给士吏平的。恐怕与肩水候有频繁公文往来的机构，无论是下属、上级还是平行的机构，都会收到此文书的副本。此文书亦证明例行文书并不需要首长亲署，代表其权力的则是印。③

文书的书写、封装与递送形式，亦可略做推测。从红外照片看，简面 42A 有编绳痕迹，"五"字的横划被编绳压过，墨色略淡，上道编绳的痕迹较明显。从彩色照片看，"五"与第二行"谒"字上面在简左右两边各有一契口，正好分别位于编绳痕迹的上下，应是预留的编绳位置记号，离简端的距离分别为 2.6 厘米（右）、2.9 厘米（左）。而在简 38B 距离简端 4.2 厘米处亦有一契口。42A 第一行"肩水候"的"候"字下半部分墨色较淡，左边"到"字上有压痕，下道编绳应从此经过。8 月 22 日看简时发现 38A 下端契口在"令"字一撇的中间。两简上道编绳位置高低有别，原因待考。此文书应是先写后编，编联好后，在上面附一两厘米宽的封检（如 73EJT3：2，其上应有事先写好的邮送地点，此处则是"肩水金关"），

① 甘肃居延考古队：《居延汉代遗址的发掘和新出土的简册文物》，《文物》1978 年第 1 期，第 24—25 页。此简的位置应在簿书的最末，此意见为永田英正所提出，见所著《居延汉简研究》第三章"各种簿籍简牍格式的分析"，第 266 页注①。

② 永田英正有讨论，见《居延汉简研究》第三章"各种簿籍简牍格式的分析"，第 273 页。

③ 参邢义田：《汉代简牍公文书的正本、副本、草稿和签署问题》，《史语所集刊》第 82 本第 4 分（2011 年），第 604—612 页；《汉至三国公文书中的签署》，《文史》2012 年第 3 辑（总第 100 辑），第 187—188 页。

将文书与检用绳系好，填封泥，加盖候房的私印，遣障卒递送。① 肩水候官治所（A33）与金关（A32）两遗址中心点的直线距离不过 552.22 米②，无需转手，可直接送达，所以收文记录上注的是由障卒送来的。

文书内容虽是发给士吏平，令其在候外出行塞期间代行候事，"真官到若有代，罢如律令"规定了行候事的界限，候（真官）回障城，或有继任者（代）到障城视事则不再行候事（罢），"如律令"则是下行文书末尾的套话，律令对于长吏暂时不在署如何安排是否有明确的规定，不清楚。"真官到若有代，罢"亦是套话，见于其他除书（如 EPF22：248），却反映出西汉人事管理上的严密。此件则是抄送给候下属的金关的，目的是使其知晓这一临时性的变动。

此文书自称为"书"，或许可按照李均明的说法，称为"候官书（下行）"③，实际带有授权的意味，故有"书到，平行候事"这样的语句，近乎"除书"④，确切的名称还有待研究。由于候行塞是其最主要的日常工作之一，一年中甚至数次外出行塞，临时委派下属代行候事十分常见，同类的简还有一些，如：

---

① 角谷常子认为此类在背面书写印文与送达者名字的简，原先上面没有检，而是在简上直接加盖封泥，且简不编缀，装在书囊中并在外面附加一枚仅写有收信人的名字而无封泥槽的检来递送，见所著《木简背书考略》，收入中国社会科学院简帛研究中心编：《简帛研究译丛》第一辑，长沙：湖南出版社，1996 年，第 224—228 页。从此例看，情况并非均如此，此文书还是经过编联的，背面亦未见封泥痕迹，递送时可能上面还是用带有封泥槽的检覆盖。

② 此数字乃邢义田据谷歌地球距离测定工具获得的，见《全球定位系统（GPS）、3D 卫星影像导览系统（Google Earth）与古代边塞遗址研究》表 3"遗址间直线距离测定表"，收入所著《地不爱宝：汉代的简牍》，北京：中华书局，2011 年，第 247 页。吴礽骧估计的距离是 600 米，见所著《河西汉塞调查与研究》，北京：文物出版社，2005 年，第 162 页。邢义田先生来信告知，即使从一遗址的最北沿到另一遗址的最南沿，最大距离也只有 590 米左右。

③ 李均明：《秦汉简牍文书分类辑解》，第 49 页。

④ 同上书，第 54—55 页。薛英群称之为"行塞书"，见《居延汉简通论》，兰州：甘肃教育出版社，1991 年，第 149 页，不确。所举的两简 EPT11：2 与 EPT51：360A，实际均是上引文书的残简，"行塞"与"书"不当连读。

7. 五凤元年十一月乙卯朔辛酉肩水候福谓

关啬夫光：候行塞，光兼行候事，真官到　　　　73EJT8：8

8. 竟宁元年十一月丙寅朔癸酉肩水金关☑

候行塞，书到，赏兼行候事□□……☑　　73EJT10：204

以上两简出自金关。另外发掘自A35（大湾）的简有：

9. 兼行都尉事。┃真┃官到若有代，罢如律　　513.1＋509.11A

八月己亥史长生以来　　　　　　　　　　513.1＋509.11B①

这两枚经过缀合的简是某年临时任命某人代行肩水都尉事的文书残余，据照片，简正面为工整的隶书，背面为收件记录，笔迹潦草，正反面笔迹不同。大湾是肩水都尉府所在，此文书应是其他机构（张掖太守府？）送到都尉府的文书正本。

另外，受"候"的指派，接替他代行候事的官吏亦不固定。房任肩水候的数年间，就分别有士吏平与候长长生两人在其行塞时暂时代理，长生甚至至少三个月之中两度行候事。金关简中有：

10. ⊠候长陈长生

六石具弩一　　　　　　　　　　　　　73EJT6：19

这是吏被兵名籍中的一枚②，陈长生很可能就是代行候事的候长长生。在简10.11中，他的身份是肩水候长：

11. 元康二年九月丁酉朔庚申，肩水候长长生敢言之：谨写移

唯官移昭武狱，敢言之

这是肩水候房再次委任长生在其行塞时代行职责的次日，长生依然使用

---

① 据简牍整理小组：《居延汉简（肆）》，台北：史语所，2017年，第167页。

② 参李天虹：《居延汉简簿籍分类研究》，第92页。

本官上呈文书，或许此乃候长的本职工作。关于长生的经历，前人的意见有分歧，陈梦家认为简 11 中出现的肩水候长长生中的"肩水候长"指的就是 20.12 中的（肩水）东部候长，而李振宏、孙英民则认为两职不同，长生在任肩水候长之前的元康元年做过肩水候官的"东部候长"①，两说均乏强证，限于资料，暂且搁置。② 因此，我们尚无法确定其工作地点。简 11 出土于地湾的肩水候官，形制为两行，文字工整，隶意颇浓，当为文书正本，但应为书吏所写，"候长长生"四字写成"候长=生"，没有经过长生本人的署名。这是否为上呈到候官的文书，还不清楚。此人到元康三年（前 63 年）四月仍任候长。③ 这位陈长生大概是深得肩水候的喜爱，在肩水塞尉出缺时还曾一度做过"守塞尉"，见简 73EJT21：39："十二月戊午肩水守塞尉候长=生以私印行事敢言之。"

据考，士吏平姓张，元康元年九月时还在担任士吏，此前可能做过某隧的隧长。④ 士吏代行候事又见居延简 10.31："闰月庚申肩水士吏横以私印行候事，下尉、候长，承书从事下当用者，如诏书／令史得。"这是大庭脩复原的"元康五年诏书"的末简，确切的时间是元康五年（前 61 年）闰三月。⑤ 此次士吏横代行候事是否缘于候行塞，不明。此人又见下简：

---

① 见陈梦家：《汉简所见居延边塞与防御组织》，收入所著《汉简缀述》，第 54 页；李振宏、孙英民：《居延汉简人名编年》，第 47、49—50 页。

② 甲渠候官出土的简牍中亦多见"甲渠候长"，究竟是否存在"甲渠部"，亦乏明证，学者更倾向于认为是指泛指甲渠候官属下某一部的候长，见李均明：《汉代甲渠候官规模考（上）》，中华书局编辑部编：《文史》第 34 辑，北京：中华书局，1992 年，第 34—35 页。

③ 《肩水金关汉简（贰）》73EJT21：138"元康三年四月辛卯候长=生☐"，可证。

④ 李振宏、孙英民：《居延汉简人名编年》，第 49 页。

⑤ 参大庭脩：《居延出土的诏书册与诏书断简》，姜镇庆译，收入中国社会科学院历史研究所战国秦汉史研究室编：《简牍研究译丛》第二辑，北京：中国社会科学出版社，1987 年，第 1—11 页。此简置闰的月份与今天所编的汉代历谱不同，说见大庭脩文引森鹿三说，《简牍研究译丛》第二辑，第 11 页。又参陈梦家：《汉简年历表叙》，《汉简缀述》，第 233 页；罗见今、关守义：《〈居延新简——甲渠候官〉中与朔闰表不合诸简考释》引简 109.7，李学勤、谢桂华主编：《简帛研究 2001》，桂林：广西师范大学出版社，2001 年，第 328 页。

12. 显美传舍斗食啬夫莫君里公乘谢横　　　中功一劳二岁二月

今肩水候官士吏代郑昌成　　　　　　　　　　　　　　10.17

士吏横姓谢，原为张掖郡显美县传舍的斗食啬夫，后升任肩水候官的士吏并接替郑昌成。此外，候行塞时亦可受命代行候事的，比较常见的还有金关的关啬夫，如简 7，还有同出于金关的 73EJT8：31"☑月己巳肩水关啬夫以小官印兼行候☑"。又如居延简 10.6"闰月庚子肩水关啬夫成以私印行候事"，两次代行者用印不同，事由是否与候行塞有关，均不清楚。① 还有一枚金关简 73EJT10：211"☑夫汤以小官印行候事☑"，前面所缺的很可能也是"关啬"，亦属关啬夫行候事。有时候甚至委派秩级更低的亭长来代行，出土于金关的居延简 29.7 上有"四月丙子，肩水驿北亭长敞以私印兼行候事，谓关啬夫吏：写移，书到，如律令。　　/令史熹∨光∨博、尉史贤"。

值得注意的是，制度上设置的肩水候的副手"塞尉"在候行塞时受托行候事的情形反而未见，只见担任守候。陈梦家早先对"行候事"者的身份有所归纳，他认为候出缺时可由候长、士吏、关啬夫、亭长及隧长兼行，一般出缺时常由塞尉试守。② 大庭脩则区分了守官与行官。③ 从肩水候的情况看，大庭脩的看法是正确的，行官并不依秩次，守官则出现在本官出缺时。

候在选择代理者时，秩次的远近并非决定性的因素。甲渠候官统辖的官吏在 108 人左右，其中士吏、候长一共 12 人④，肩水候官下设有金

----

① 此点陈梦家早已指出，见《汉简所见居延边塞与防御组织》，收入所著《汉简缀述》，第 30 页。

② 陈梦家：《汉简所见居延边塞与防御组织》，收入所著《汉简缀述》，第 51、65 页。肩水候官甘露四年三月时的塞尉名"通"，见 73EJT10：378。

③ 大庭脩：《秦汉法制史研究》第五章"汉代官吏的兼任"，第 424—438 页。

④ 李均明：《汉代甲渠候官规模考（上）》，中华书局编辑部编：《文史》第 34 辑，第 26—27 页。

关，有关啬夫与关佐，还有库啬夫（284.4），另有通道厩，设厩佐（如73EJT10：107），吏员会略多。简 73EJT23：555"·右士吏候长十三人☑"，应是某年肩水候官士吏与候长的统计，人数较甲渠候官多 1 人。肩水候官的亭长恐怕要在 10 位以上①，可担任行候事者少说也有 20 多位。哪位能荷此重任，恐怕不仅靠秩次与能力，与候的私人关系或许也会发挥作用。

此外，代理的官吏是否驻扎在障城亦不重要，甚至不少时候，"候"会从其障城以外的机构中挑选代理人，如 500 多米外的金关啬夫，有时还会是驿北亭长，此亭亦在肩水候官障城之外，与金关驻扎一地。在各部监督工作的士吏②也会被选为代理人。从甲渠候官来看，驻于候官障城者有候、塞尉、候丞等长吏，掾、令史、尉史等文书吏，分驻诸部的有士吏，各部候长、候史，各隧隧长等。③肩水候官应略同。候从障城外挑选代理人未必是因塞尉空缺。上引"元康五年诏书"最末一枚简10.31，士吏行候事，向下传达诏书的对象有"尉、候长"，可见在谢横行候事时，肩水塞尉应非空缺无人。在候暂时不能视事，而驻扎在障城的塞尉亦有其人的情况下，却从障城之外找一个秩次更低的士吏来

① 参徐乐尧：《居延汉简所见的边亭》，甘肃省文物工作队、甘肃省博物馆编：《汉简研究文集》，兰州：甘肃人民出版社，1984 年，第 311—313、315 页；李均明：《汉简所见"行书"文书述略》，甘肃省文物考古研究所编：《秦汉简牍论文集》，兰州：甘肃人民出版社，1989 年，第 127—134 页；冨谷至：《文書行政の漢帝国》第Ⅲ编第一章"漢代の地方行政——漢簡に見える亭の分析"，名古屋：名古屋大学出版会，2010 年，第 218—246 页。

② 关于士吏，参黎明钊：《士吏的职责与工作：额济纳汉简读记》，《中国文化研究所学报》第 48 期（2008 年），第 15—33 页。

③ 李均明：《汉代甲渠候官规模考（上）》，中华书局编辑部编：《文史》第 34 辑，第 27—28 页；罗仕杰：《居延汉简甲渠塞人物研究》，第 13—14 页。关于尉史，参吉川佑资：《漢代辺境における令史と尉史》，《史泉》107（2008 年 1 月），第 27—38 页；李迎春：《汉代的尉史》，武汉大学简帛研究中心主办：《简帛》第五辑，上海：上海古籍出版社，2010 年，第 467—480 页。

行候事，是很引人注目的。①

被选中充任代理的官吏恐怕都应是候的亲信。至少，可以想象，候的大权短暂地移交给百石，甚至更低的官吏去代理，对于身在障城中，时任塞尉之类的官吏而言，心里一定不是滋味。一个候官中的吏员加上戍卒，不过 400 人上下，外无匈奴侵扰时，内部也不会是风平浪静的和谐港湾，为了各自的利益，免不了发展私人关系，联络感情②，乃至相互争权夺利、钩心斗角，当然，这还需要我们仔细地挖掘。

此外，代理工作如何开展，很值得研究。横是否要从驻扎的隧回到障城来处理公文？从简末令史的签署，以及此文书出土于 A33 肩水候官遗址来看，似乎如此。上引简 29.7 是由令史与尉史等起草，这些人均驻扎在候官障城中，应该是发自肩水候官府，驿北亭长也许要到候官障城

---

① 甲渠候官的情况相同，详情参罗仕杰：《居延汉简甲渠塞人物研究》，第 30—32 页表；张文翰：《汉代边郡候官研究——以甲渠候官的日常运转为中心》，第 46—51 页表。其中行候事共 8 次[两表实际列了 9 次，其中阳朔三年九月守候塞尉顺（行候事），误。其根据是简 35.8A：“阳朔三年九月癸亥朔壬午，甲渠障守候塞尉顺敢言之：府书赋钱出入簿，与计偕。谨移应书一编。敢言之。”实际是守候，而非行候事，上述两位均将其列为“行候事”，见罗文第 27 页表 1—3、第 31 页表 1—5，张文第 40 页表]，任其事者或候长，或士吏，仅东汉建武四年出现过甲渠塞尉放行候事（EPF22：45A）一例，但此为东汉时事，无法与西汉相提并论。甲渠候官也出现过任用隧长行候事的情形，如简 EPT56：67。

② 金关简中有不少私记一类的文书，如简 73EJT23：359：

　　孙常（当释为“赏”——引者）叩头言
　　宋巨卿坐前毋恙，顷久不望见，舍中起居，得毋有它？先日，数累左右，毋它。它欲伏前面相见，加
　　巨卿时力过府君行事，毋它。欲往，会病心腹丈满，甚□□注，以故至今，请少□
　　……疾之比得左右，愿叩头，因白官，移记诸部，令移
　　……□言君　　　　　　　　　　　　　　　　　　　　　A
　　　　　　　　……史赏致此书
　　置佐宋巨卿　　　　赏叩头幸甚幸甚☒　　　　　　　　　B

这是一位担任某种“史”的孙赏给肩水候官下属的置佐宋巨卿的问候。类似的文书很多，可见官吏之间私下的往来很多。

去履职。不过，也有其他可能。

出土于地湾肩水候官遗址的简 199.1 为整齐的隶书，一笔写成：

13. ☐元年十一月壬辰朔甲午，肩水关啬夫光以小官印兼行候
事敢言之☐

☐出入簿一编敢言之   A

         佐信   B

简背的"佐信"两字，当是文书的起草抄写者。候官的下属并无名为"佐"的官吏[①]，"佐信"乃是关啬夫的属下"关佐"，两人曾共同签署过文书（简 253.4）[②]，若此，此文书应是由关佐起草，很难想象两人会同时离开金关到候官处办公，则此文书很可能是在金关完成，而送到候官处再上呈。[③] 这种行候事也许只是将原应由候负责上呈的文书起草业务转移到行候事者的办公地点进行。具体情况也许并非一律，还需要更仔细的考察。

如果"候"行塞归来，行候事者罢任也要有文书，虽然这类文书还未见到，但类似的已有出土，如简 73EJT3：118：

14. 廷告西部候史临：前兼南部，今罢，守左后候长。有   A

教   记绥和二年三月己卯起廷   B

此简为一四面觚，长约 42 厘米，两面书写，断句还有疑问，关键是"临"当时的职务不能确定。下发文书的应是张掖郡的某县而非候官，故称

---

① 参李均明：《汉代甲渠候官规模考（上）》，中华书局编辑部编：《文史》第 34 辑，第 27—29 页。

② 森鹿三指出此点，见《關啬夫王光》，《東洋史研究》12 卷 3 期（1953 年 3 月），第 12 页；李振宏、孙英民亦有此看法，见《居延汉简人名编年》，第 101 页。

③ 如果官吏到别处工作，文书上似乎需要注明。敦煌出土汉简中有"十二月癸丑大煎都候丞罢军别治富昌隧，谓部士吏：写移书到，实籍吏出入关人畜车兵器物如官书，会正月三日，须集。移官，各三通，毋忽，如律令"，见吴礽骧、李永良、马建华释校：《敦煌汉简释文》1685 号，兰州：甘肃人民出版社，1991 年，第 175 页。此时候丞就驻扎在富昌隧，但平时恐不在此隧，所以要在文书上特别注明。

"廷"。用途是告知西部候史临此前兼南部的职务已被罢除，而改任"守左后候长"。临原职与兼任的职务均为肩水候官所辖的"部"，但一是西部，一为南部，均非金关，而此文书发现于金关，说明罢任的"记"要传达到候官内的所有机构。仿此，真官到，宣布行候事者罢任当有类似的文书遍及候官各下属机构。

关于肩水候房值得探讨的第二点是其以私印行候事。通常二百石以上的长吏，只能使用自己佩戴的通官印，百石及以下的小吏则用小官印或私印封文书。① 不过，亦偶见"候"这种比六百石的长吏以私印行事这种颇为奇怪的情形。或解释为边郡情况特殊，新除任官员之后，刻铸颁授官印不能及时，新官持任命牒书到任所，暂时未领到官印，只能以私印替代；或认为是发出文书的当时，因故无法使用自己持有的官印。② 但是，此说用在肩水候房身上便难以说通。房至晚地节二年就已上任，且当时已经有官印，如居延汉简7.7B所云"印曰张掖肩候"，而到了地节五年，却改为以私印行事，且一年零九个月之后，还在用私印行事，显然，这并非是他新上任造成的，持续时间之长，亦令人吃惊。

无独有偶，金关简中还有其他候的例子：

15. 五月癸未橐他候贤以私印行事敢言☑
　　固钗工昌为橐他固，今遣诣府，移关门□☑　　73EJT24：25

贤活动的年代现在还不清楚，难以确认以私印行事的原因。此外，居延汉简中有：

---

① 分见汪桂海：《汉印制度杂考》，《历史研究》1997年第3期，修订稿收入《秦汉简牍探研》，台北：文津出版社，2009年，第56—62页；汪桂海：《汉代官文书制度》，南宁：广西教育出版社，1999年，第142—144页；米田健志：《漢代印章考》第二章"二官職代行と私印の使用"，收入冨谷至编：《邊境出土木簡の研究》，京都：朋友书店，2003年，第333—334页。赵平安亦收集了相关资料，见所著《秦西汉印章研究》，上海：上海古籍出版社，2012年，第128—130页。
② 汪桂海：《汉印制度杂考》，《秦汉简牍探研》，第59页；《汉代官文书制度》，第142页。

16. ☑渠候破胡以私印行事移居延：甲渠候官尉史始至里

☑□节三年十二月丁丑除延年里孙充国补延寿四年

EPT57：12

17. 地节五年正月丙子朔庚辰，甲渠候☑

印行事，谓士吏强：候之府曰言□☑　　　EPT57：49

18. 神爵元年四月癸未朔乙酉张掖肩水肩水候以私印行

神爵元年四月癸未癸未朔乙酉张掖肩水都君丞卿

5.9＋306.4A

19. ☑年六月己巳朔丁丑甲渠候破胡以私印行事敢言之：谨移
戍卒朱宽等五人

赍卖候史郑武所，贫毋以偿，坐论□□名籍一编，敢言之

EPT51：199

简 15 述任命尉史补缺事，"节"前所缺为"地"字，但此年代为追述年号，实际抄写年代要晚于此[1]，甲渠候破胡在位的时间上限还不清楚，下限则是神爵三年（前 59 年）六月[2]，简 16 的年代难定，无印而用私印的原因不明。简 19 的时间，据月朔推算则是神爵三年[3]，与简 17 相距六年，多次出现"以私印行事"，可能这些年均是如此，恐怕无法用新上任而无印来解释，亦难以相信是临时无法使用官印。

此外，甲渠候与肩水候使用私印行事的时间多有重合，而从神爵四年（前 58 年）五月甲渠候汉强的文书（EPT53.62）开始，此后的甲渠候似

---

① 参李均明、刘军：《居延汉简居延都尉与甲渠候人物志》，中华书局编辑部编：《文史》第 36 辑，第 132 页。将此简断为"地节三年"，又见张俊民：《居延汉简纪年考》例 45，西北师范大学文学院历史系、甘肃省文物考古研究所编：《简牍学研究》第三辑，兰州：甘肃人民出版社，2002 年，第 106 页。

② 罗仕杰、张文翰均将上限定为地节三年十二月，据李均明、刘军上引文，不确。分见罗仕杰：《居延汉简甲渠塞人物研究》，第 16、30 页；张文翰：《汉代边郡候官研究——以甲渠候官的日常运转为中心》，第 46 页。

③ 具体推算，参李均明：《居延汉简编年—居延编》，台北：新文丰出版公司，2004 年，第 18 页。

乎未再见"以私印行事"的记录。肩水候亦是如此，五凤元年（前 57 年）以
后的各位候，均再无"以私印行事"者，或许是此一时期某种用印制度变
动所致？居延新简 EPT52：119 指出用私印封行事的流弊，建议加以禁止，
可惜此简上下皆残，亦无年代，或许与此有关。此点若能证实，不仅对于
认识当地历史提供新的信息，同时又找到一个为无年号简辅助断代的线索。

其次，关于肩水候福，最早的资料如下：

7. 五凤元年十一月乙卯朔辛酉，肩水候福谓

关啬夫光：候行塞，光兼行候事，真官到　　　　　73EJT8：8

此亦是外出行塞委任代理者的文书。此简左下略残，实际可和 73EJT8：
13 复原。详见下表：

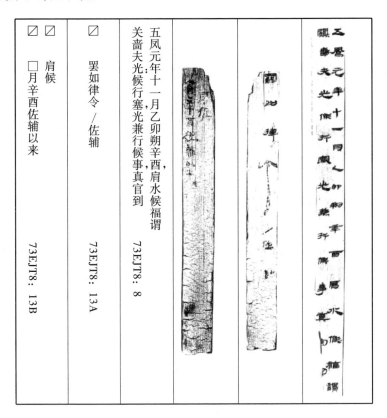

简 73 EJT8：13 虽然上下均残，存字不多，但从"律"字与简 73 EJT8：8
中的两个"行"字中"彳"的写法看，是一致的，两简用笔相同，均隶意颇
浓，日子的干支亦均为"辛酉"，启封记录上抄录的印文虽残，然"肩候"
两字尚存，文书当是肩水候发来。13B 为金关收到文书后的收文记录，
故笔迹不同。8 月 22 日查看原简，确认两简原属同一册书，但未见编绳
痕迹。简 73 EJT8：13 上端所缺字当为"若代""印曰"和"十一"。简 73
EJT8：8 和 73 EJT8：13 正面为文书正文。

已知肩水候福出现最晚的文书是著名的《甘露二年丞相御史书》末简
的最后一行：

> 20．七月乙未，肩水候福谓候长广宗□：写□□到，廆索界中
> 毋有，以书言，会月十五日，须报府，毋□□，如律令。／令史□
> 73EJT1：3

根据肩水候福活动的年代，加上残存的时间信息，可以推知关啬夫光兼
行肩水候事的时间。上引出土于地湾的简 13(199.1)出现了"□元年十一
月壬辰朔甲午，肩水关啬夫光以小官印兼行候事"云云，西汉武帝以后十
一月为壬辰朔的有元狩四年(前 120 年)、始元三年(前 84 年)、甘露元年
(前 53 年)、王莽始建国二年(10 年)，只有甘露元年为元年，符合简文，
且据 73EJT8：8，此时正是关啬夫光活动的时期，将此简的时间定为"甘
露元年"毫无疑问①，这样，我们又找到了一位代行候事的关啬夫。这位
关啬夫光，据出土于地湾的简 237.25，知其姓王。② 据考，五凤元年到
甘露二年间肩水候多驻扎在金关③，不过，彼时可以选任的官吏也不止

---

① 大庭脩亦有此拟补，见所著《秦汉法制史研究》第五章"汉代官吏的兼任"，第
437 页引例 10；李振宏、孙英民：《居延汉简人名编年》，第 103 页；又见张俊民《居
延汉简纪年考》例 107，第 114 页。

② 森鹿三：《關嗇夫王光》，《東洋史研究》12 卷 3 期(1953 年 3 月)，第 12 页；
李振宏、孙英民：《居延汉简人名编年》，第 103 页。

③ 郭伟涛：《肩水金关汉简研究》，上海：中西书局，2019 年，第 102—127 页。

一位。王光已经是第二次代行，看来深得肩水候福的信任。

　　肩水候福还出现在简 73EJT34：2"十一月甲□肩水候福敢言之谨"谒报敢言之"与 73EJT34：4"□申朔丁丑肩水候福移城尉□"（A）、"□啬夫去疾尉史光"（B）中，均无年份，后者中还出现了啬夫去疾、尉史光。

　　此后近二十年，肩水候的情况不详，其间有兼行候事者的活动，简 73EJT10：204 上有：

　　　21. 竟宁元年十一月丙寅朔癸酉，肩水金关□

　　　　　候行塞，书到，赏兼行候事……□

这位"赏"，是否就是简 73EJT14：36 中的"关啬夫赏"？另有简 73EJT3：117 云："□斤　　九月庚子就人陈君至付关佐赏。"两个赏是否为同一人？待考。当时有肩水候，名字不详。此外，简 73EJT4：113 上有：

　　　22. 河平三年十月丙戌朔丙肩水守候□（检）

　　　……………　　　　　　　　　　　　　　A

　　　河平三年十月丙子朔丙戌肩水守候　　塞　塞尉写移过所河

　　□（检）

　　　…………　　　　　　　　　　　　　　B

这位守候的名字亦不详。出现守候，应是旧候调离，新候尚未到任，候位空缺。随后到任的则是候丹，"丹"字过去释为"月"，后改释作"丹"。"丹"最晚继任于河平四年十月（284.2），此外，他亦见于新出的金关简：

　　　23. 阳朔元年三月戊申朔己卯肩水候丹移昭武书□　73EJT21：98
　　　24. 阳朔元年五月丁未朔丁卯肩水候丹移觻得：出谷付厩佐丁充食柱马石斗如牒，

　　　　　书到，愿令史薄入六月四时，报，如律令　　已入　　A
　　　　　伏伏地再拜

　　　　　伏地再拜　　　请　　　　令史临、尉史音　　　　B

　　　　　　　　　　　　　　　　　　　　　　　73EJT21：102

这两简均为附在簿书末尾的文书。前一内容不详，后一当是发给通道厩的，所以会在金关出土。字迹却比较潦草。102A 最后有"已入"两字，当是执行命令后的标记。本文书的起草与抄写者是令史临与尉史音。背面的"伏地再拜"两行隶意颇浓，字迹迥异，当是文书废弃后习字所书。两简均是正式文书，但字迹却也很随意。

候丹之后两三年是空白，然后是担任候的是"宗"。依据是简 73EJT21：109：

25. ☐朔四年十一月丁巳朔庚辰，肩水候宗移橐佗就人载谷名

☐☐   A

            ☐守令史音☐ B

"朔"字上缺的当是"阳"，月朔亦吻合。还有一枚涉及候宗的残简：

26. ☐壬申朔丁丑肩水候宗谓☐   73EJT7：29

以阳朔元年(前 24 年)九月上一任肩水候丹最后一次出现为上限，可能的时间有如下几个：阳朔二年(前 23 年)二月、闰三月，鸿嘉三年(前 18 年)五月，永始四年(前 13 年)六月和八月，绥和元年(前 8 年)九月。应以前两年的可能性最高。关于"宗"的其他事迹，未见。

另外，简 73EJT23：143 上有：

27. 永始三年八月丁丑朔辛卯肩水候☐☐
  金关，敢言之

"候"下一字仅存一点划，不能排除是"官"字，但从简文看，是一上行文书，依惯例，应使用官称，而非机构名，更可能缺的是候的名字。上任候名"宗"，下一任候名"宪"，字首均带点划，无法确认究竟是谁。不过，三个月后向下传达永始三年诏书时已经是肩水候"宪"了，则八月时担任候的很可能已是此人了。姑且在"宪"旁打个问号。

此后有关啬夫李钦一度代行候事。据简 73EJT23：79：

 28. 元延二年正月癸亥朔壬午肩水关啬夫钦以小官行　　　☐

 　　事。隧长章辅自言：遣收责橐他界中，出入尽十二月晦，

如律令☐　　　　　　　　　　　　　　　　　　　　　　A

　　守令史骏☐　　B

此简下残，关键字缺。不过，令史为候官的属吏，部与隧中无[1]，文书内容涉及隧长的活动，与仓、库或厩之类机构无关，故此文书是以候官的名义下发无疑，钦则是在行候事。另据简 73EJT3：73"☐关啬夫李钦六月食☐"，"钦"应姓李。他任此职一直到王莽的始建国二年。

李钦之后担任"候"者名"宪"，根据是简 73EJT3：58：

 29. 绥和二？年三月己巳朔癸酉肩水候宪☐☐　　　　　A

 　　毋忽，如律令　……☐　　　　　　　　　　　　B

此简下残，释文作"绥和六年"，但与历谱不合，且绥和仅二年，或是笔误。大庭脩复检出居延汉简中出土于金关的 288.17，认为其中出现的肩水候是"宪"[2]，对此字几种释文意见不一，劳榦先释为"宪"，后改作"意"，《甲乙编》释为"宽"，《合校》从之，《居延汉简（叁）》释为"宪"，应当作"宪"。候宪任职的上限是永始三年十一月，下限则如此简所示为绥和二年。

候宪之后有守候业与临，分别在元始四年五月与五年四月在职，依据是简 73EJT23：278 与 73EJT23：786：

 30. 元始四年五月庚午朔丁丑肩水守候橐他塞尉业敢☐

----

① 参陈梦家：《汉简所见居延边塞与防御组织》，收入所著《汉简缀述》，第48—49 页。

② 大庭脩：《肩水金关出土的"永始三年诏书"册》，收入所著《汉简研究》，第30 页。

31. 元始五年四月己酉肩水守候城守尉临敢言之：始安

此两年很可能"候"职位空缺。至晚到了居摄三年，又有了新的候，可惜名字不详：

32. 居摄三年七月丙午朔癸酉肩水候　谓关啬☑　73EJT23：668

已知最晚的一位候出现在王莽始建国元年，同样是名字处留白而不存：

33. 始建国元年二月癸卯朔丙午肩水候　谓关啬夫钦吏所葆如

牒　　　　　　　　　　　　　　　　　　　73EJT23：290

这两件文书都是由候发出，给金关关啬夫的，而其发现于金关遗址，形制上均是单行书写的木牍，文字均较工整，应是正本。但肩水候下署名处留白，无删削痕迹，与著名的 EPF22：1—35 的《建武三年候粟君责寇恩事爰书册》以及 EPF22：56—60《建武五年迁补牒》一样，均是在发文的长吏后留空，且均为正本。原因可能是当时的制度规定。① 这位不知名的候下发文书对象是关啬夫钦，也有可能是二十多年前代行过候事的李钦。若确实如此，李钦在仕途上长期未得升迁，可算是相当不得意了。

此外，还有一位肩水候（尹）、五位守候（钦、外人、登、最？与定）与四位行候事者（信、汤、敞与成），尚不能断定年代，暂置篇末，以俟来者：

34. □辰朔乙丑肩水候尹敢言之□□　　　　　　73EJT27：2A

35. 九月庚申肩水守候钦下尉、候长赛等，承书从事下当用者。

书到……

□□□无有言，会今，如诏书律令　　守令史□

73EJT24：40

---

① 有关分析见侯旭东：《西北出土汉代文书简册的排列与复原》，武汉大学简帛研究中心主办：《简帛》第十八辑，第 125—126 页。

36. 八月辛丑肩水守候塞尉外人以　行事敢言之□

73EJT24：139

37. □肩水守候登移橐□　　　　　73EJT24：764

38. 十一月戊午肩水守候最□□塞尉何以近次兼行丞事，下候
田官　　　　　　　　　　　　　73EJT26：1A

39. □乙酉肩水守候城尉定□　　　73EJT26：237B

40. 三月丙辰肩水关佐信以私印兼行候事敢言之：谨移

73EJT29：29

41. □夫汤以小官印行候事□　　　73EJT10：211

42. 四月丙子，肩水驿北亭长敞以私印兼行候事，谓关啬夫吏：
写移□，它如律令。令史熹∨光∨博、尉史贤　　　29.7

43. 闰月庚子肩水关啬夫成以私印行候事　　　10.6

简35中的守候钦是否就是上引简28中出现的"李钦"，尚乏确证。简40
中的关佐信又见于居延简199.1，时间推定为甘露元年，若是同一人，
则可大致确定"信"兼行候事的时间。简42中的驿北亭长敞，李振宏与孙
英民推断其活动于甘露年间①，至于"令史熹"，又见于地湾出土的"变事
书"残册，大庭脩在鲁惟一的基础上做过复原，并推断时间应在黄龙二年
（前48年，初元元年）以后②，因此，敞兼行候事大概在宣帝末至元帝初
年，具体年份待考。关于简43，另有一枚纪年简73EJT3：98末行云"元
康二年七月辛未啬夫成、佐通内"，若此啬夫成与简43中的"成"确是同
一人，以元康二年（前64年）为中心，前后诸年中"闰月"有庚子日的年份
有地节三年（前67年）闰九月、神爵三年（前59年）闰十二月，究竟是哪
一年，还需要更多的资料。还有一位不知名的关啬夫，曾代行过候事，
究竟是否已收入上表，还是新人，犹待研究：

---

① 李振宏、孙英民：《居延汉简人名编年》，第116—117页。
② 大庭脩：《秦汉法制史研究》，第254—255页。

44. ☑月己巳肩水关啬夫　　以小官印兼行候☑　　73EJT8：31

总之，以上据五册《肩水金关汉简》与《地湾汉简》，连同过去刊布的资料，对担任肩水候者以及行候事者与守候的任职时间进行了初步的考证与编年。在前人研究基础上找出五任候，七位代行候事者及三位守候，时间跨度近80年。本文还复原了两件候行塞时任命其他官吏行候事的文书(73EJT21：42与73EJT21：38、73EJT8：8与73EJT8：13)，讨论了候行塞时如何安排代理者，以及使用私印行事问题，涉及候官内官吏间私人关系及其与代理者选择之间的可能联系。

写作中先后得到台湾"清华大学"历史研究所邱逸凡先生、河南师范大学历史学院张文翰先生、日本中央大学文学部大原信正先生以及史语所邢义田先生的惠助，2013年8月22日到甘肃省文物考古研究所观摩相关简牍，得到张德芳先生、韩华先生的大力帮助，谨此一并致谢。

2013年6月初稿
9月修订
2014年6月补充

原刊西北师范大学历史文化学院、甘肃简牍博物馆编：《简牍学研究》第五辑，兰州：甘肃人民出版社，2014年，第180—198页，收入本书时补充了当时尚未刊布的《肩水金关汉简》(肆)与(伍)以及《地湾汉简》中的有关资料，还有个别与本文相关的后续研究。

长沙走马楼三国吴简所见给吏与吏子弟
——从汉代的"给事"说起

一、前言

　　截至 2021 年初，湖南长沙走马楼三国吴简的竹简已全部公布，加上同在长沙出土的五一广场东汉简也刊布了四册，1600 余枚，对于吴简中发现的一些重要问题可以有更好的条件加以探索。这里仅就名籍简中的给吏与吏子弟问题做些分析。①

　　走马楼出土吴简的竹简部分中包含了大量当地居民的名籍，名籍所记录的内容除了里、爵称、姓名、年龄、身体状况等②，有些简的结尾处附有"给县吏"之类的标注。如下简：

---

　　① 到 2021 年 3 月，《长沙走马楼三国吴简·竹简（壹）》至《长沙走马楼三国吴简·竹简（玖）》（北京：文物出版社，2003—2019 年）均已出版，公布吴简近 7 万枚。各卷均有涉及给吏的简文，不过，多数属于名籍，除少数能补充本文分析的，收入正文或注释，其余新刊资料未补充。——作者补注，2021 年 3 月。

　　② 关于走马楼简中名籍的格式与编联，参汪小烜：《走马楼吴简户籍初论》，北京吴简讨论班编：《吴简研究》第一辑，武汉：崇文书局，2004 年，第 143—150 页；安部聪一郎：《试论走马楼吴简所见名籍之体式》，长沙简牍博物馆、北京吴简讨论班编：《吴简研究》第二辑，武汉：崇文书局，2006 年，第 14—24 页。根据出土情况初步复原的名籍类册书见侯旭东：《长沙走马楼吴简〈竹简〉［贰］"吏民人名年纪口食簿"复原的初步研究》，《中华文史论丛》2009 年第 1 期（总第 93 期），第 57—93 页。

　　　　　高迁里户人公乘松枈年卅四筭一给县吏　　　　　壹·10080①

名籍中类似的标注还有不少种。除本文所论之外，粗略统计，还有二十
多种，包括四种"给卒"（如简壹·9123、叁·6482、壹·5327、贰·
2285）及"给驿兵"（如简贰·1571）、"给习射"（如简贰·1592），"给子弟"
（如简贰·1680），两种"给师、佐"（如简贰·1657、壹·5429），六种"给
客"（含"给佃帅"与"给常佃"，如简叁·93、叁·1801、叁·1771、贰·
2525、贰·1562、贰·2306），三种"给仓父"（如简壹·5435、贰·1686、
贰·1701），五种杂"给役"（"给亭复人""给朝丞""给□乞儿""给私学"与
"给养官牛"，如简壹·8670、贰·1702、贰·1817、贰·1972、贰·
2498）。

　　通检已刊竹简名籍，涉及给"吏"的一共六种，分为给县吏、给郡吏、
给州吏、给军吏、给库吏与给新吏。标注出现在不同类型的名籍简中，
如户人简、户内成员简与统计简中，现各举一例如下：

　　给县吏，如：

　　　　其十二户给县吏下品　　　　　　　　　　　　壹·5467
　　　　宜阳里户人公乘谢达年廿六筭一给县吏　　　　壹·7777②
　　　　露妻笋年廿　露男弟头年廿给县吏　　　　　　壹·8400③

　　给郡吏，如：

　　　　其七户给郡吏下品　　　　　　　　　　　　　壹·5447④

---

　　①　长沙市文物考古研究所、中国文物研究所、北京大学历史学系走马楼简牍
整理组编：《长沙走马楼三国吴简·竹简（壹）》［以下简称《竹简（壹）》］，北京：文物
出版社，2003年。这里仅注明卷号、简号。其他各卷同此。
　　②　见于《竹简（壹）》中的类似简，韩树峰《走马楼吴简中的"真吏"与"给吏"》（《吴
简研究》第二辑，第26—28页）已列举，不赘。见于《竹简（贰）》的如贰·4504。
　　③　类似的简如贰·6654、叁·7511、叁·8412。
　　④　类似的简如壹·5677、壹·9997、贰·2556。

高迁里户人公乘苗霸年十七筭一给郡吏 　　　　　　壹·10048①

其一人先给郡吏在 武 昌 　　　　　　　　　　　　　参·3835

给州吏，如：

谷阳里户人公乘郑年卅六筭一给州吏复 　　　　　　壹·3323②

☑　其 四 人先出给州吏 　　　　　　　　　　　　　参·1450

嵩男弟恭年十九先给州吏 　　　　　　　　　　　　参·1807

☑　其一户给州吏下品　☑ 　　　　　　　　　　　参·3977

给军吏，如：

东阳里户人公乘翁确年卅筭一 给军吏 　　　　　　壹·8671③

其一户给军吏　下品 　　　　　　　　　　　　　　参·4303④

给库吏，如；

☑　其二户给库吏中品 　　　　　　　　　　　　　壹·5472

给新吏，如：

其五户给新吏 　　　　　　　　　　　　　　　　　肆·373⑤

----

　　① 见于《竹简（壹）》中的类似简，韩树峰《走马楼吴简中的"真吏"与"给吏"》（《吴简研究》第二辑，第 26—28 页）已列举，不赘。见于《竹简（贰）》的如贰·7041、贰·7536。

　　② 类似的简出于《竹简（壹）》的，韩树峰《走马楼吴简中的"真吏"与"给吏"》（《吴简研究》第二辑，第 26—28 页）已列举，不赘。《竹简（贰）》与《竹简（叁）》中未见类似资料。

　　③ 类似的简如"高迁里户人公乘黄毛年卅四筭一给军吏"（壹·10306）。

　　④ 类似的简如壹·5652、叁·6479。

　　⑤ 李均明、宋少华：《〈长沙走马楼三国吴简〉竹简［四］内容解析八则》，中国文物研究所编：《出土文献研究》第八辑，上海：上海古籍出版社，2007 年，第 184 页。

此类标注可统称为"给吏"。① 学者在讨论"吏"与"户品"等问题时曾讨论过"给吏"。

韩树峰依据《竹简(壹)》，并结合《吏民田家莂》分析名籍简中出现的"真吏"与"给吏"——包括给县吏、给郡吏与给州吏——的含义，认为"给吏"并不是吏，只是在官府临时服吏役的普通百姓，性质上与"假吏"相似，身份依然是普通百姓。② 黎虎结合文献专门分析了《竹简(壹)》中的"给吏"问题，认为"给吏"与"州吏"等的身份基本一致，只是因实际工作部门不同而形成不同的称呼。在本州郡县服役的"给吏"，即是州、郡、县吏，而被派至其他部门工作的"给吏"，则不完全称为州、郡、县吏而称为"给吏"，来源有民与吏子弟两种。③

除上述专论"给吏"的论文之外，其他学者在研究相关问题时亦有所涉及。于振波在分析户品时通盘考虑了《竹简(壹)》中名籍中带有"给"字的注记，并结合名籍简中的总结简，指出"给吏""给卒"等基本是由户品为下品或下品之下的最贫穷的民户承担，具体工作是特殊徭役，可能因此减免其部分赋税，身份上则依然是普通民户。④ 至于吏役或特殊徭役的具体内容，于振波则未指明。张荣强则认为"给吏"是民户在官府服行的各种杂役，也就是唐代的色役。⑤ 孟彦弘认为"给……"表示服役，"给

---

① 当时或许统称为"给吏"，如"圭叔父加年卅二　任给 吏"(叁·1769)、"忠子男仲年十五任给吏"(叁·1805)。

② 韩树峰：《走马楼吴简中的"真吏"与"给吏"》，《吴简研究》第二辑，第31、33、38页；韩树峰、王贵永《孙吴时期的"给吏"与"给户"——以走马楼吴简为中心》依然坚持了此说，见长沙简牍博物馆、北京大学中国古代史研究中心、北京吴简讨论班编：《吴简研究》第三辑，北京：中华书局，2011年，第89—105页。

③ 黎虎：《说"给吏"——从长沙走马楼吴简谈起》，《社会科学战线》2008年第11期，第88—95页。

④ 于振波：《略论走马楼吴简中的户品》，收入所著《走马楼吴简续探》，台北：文津出版社，2007年，第67—71页。

⑤ 张荣强：《孙吴简中的户籍文书》《孙吴户籍结句简中的"事"》，均收入所著《汉唐籍帐制度研究》，北京：商务印书馆，2010年，第108、150页。

吏"是派人充当吏员,到官府服役。① 王素、宋少华认为"给私学"与各种"给吏"中的"给"字含义一致,表示这些人、户被政府征召、征发去为吏、为卒、为佐,实际上是去服役,或许可统称为"吏役"。② 杨振红基本认同韩树峰与黎虎的看法,认为给吏是指公乘以下庶民以供役方式充任吏职者;相异之处是认为无论是真吏还是给吏,都可简称为州、郡、县吏等,或可直接称作"吏"。吴简中的州、郡、县吏等,既有可能是真吏,也有可能是给吏。③ 沈刚认为所谓"给某吏"可能没有临时的意味,从字面解释,就是正在州郡县官府服役。同一人身份上或注"某吏",或注"给某吏",是因同一人在不同书写场合,有不同的称呼。④

早于吴简的发现与研究,任乃强在《华阳国志·巴志》的注释中解释过"给吏",认为是"封建时代边区郡县一种差徭制度之名称。凡政府人员因公行役,居民皆当供应其行旅食宿一切方便。各县划分乡亭,编制户口应时轮番供备。候于城邑。奉命即行,同于兵役。内地户口稠密,所在多有市场客馆。此种供给,大都改为折价,交纳钱帛,由吏员自办,同于'过更'。负担虽巨,出钱即了,无他痛苦。边郡山区则必须实际供应"。⑤

上述学者在认定"给吏"者身份上是有差别的,或视为"民",或定为"吏";关于工作内容,意见亦不一致,多数认为是吏役,亦有杂役说,更有认为是差发百姓供应官吏的方式。

关于吴简中的"吏子弟",只有孟彦弘专门予以分析,涉及子弟限米

---

① 孟彦弘:《吴简所见的"子弟"与孙吴的吏户制——兼论魏晋的以户为役之制》,武汉大学中国三至九世纪研究所编:《魏晋南北朝隋唐史资料》第24辑(2008年10月),第8页。

② 王素、宋少华:《长沙走马楼三国吴简的新材料与旧问题——以邸阁、许迪案、私学身份为中心》,《中华文史论丛》2009年第1期,第17页。

③ 杨振红:《吴简中的吏、吏民与汉魏时期官、吏的分野——中国古代官僚政治社会构造研究之二》,《史学月刊》2012年第1期,第27页。

④ 沈刚:《吴简中的诸吏》,《吉林师范大学学报》2012年第6期,第26页。

⑤ 常璩撰:《华阳国志校补图注》卷一《巴志》,任乃强校注,上海:上海古籍出版社,1987年,第21页。

交纳者的身份、户籍简中的子弟。作者认为户籍简中的子弟就是吏之子弟，子弟之役就是吏子弟之役，即吏役；给子弟的含义是征派服吏子弟之役，也就是吏役。① 对此，还有继续探讨的空间。

随着《竹简》的全部刊布，名籍中注明"给吏"的简更多，同时，与之相关的简亦日益丰富，为进一步揭示"给吏"与"吏子弟"的内涵提供了新的线索与可能。

二、汉代的给事与给吏

韩树峰在分析《竹简（壹）》中的"给吏"时指出担任给吏的人的身份均是"民"②，不过，无论文献与简牍，都发现吏子弟给吏的情况，看来至少在孙吴初年，承担"给吏"任务的人的身份不限于一种③。这是孙吴出现的新现象，还是古已有之？

追根溯源，"给吏"并非孙吴首创，而是秦汉以来各级官府惯用的做法。韩树峰、孟彦弘与黎虎均注意到秦汉存在的"给事"与"给吏"现象，并与吴简中的"给吏"联系起来。④ 这是有道理的。关于秦汉的"给事"，前人多有涉猎，却无专门研究，其具体含义及其与"给吏"的关系还待更仔细的梳理。

---

① 孟彦弘：《吴简所见的"子弟"与孙吴的吏户制——兼论魏晋的以户为役之制》，《魏晋南北朝隋唐史资料》第 24 辑（2008 年 10 月），第 5、7、8 页。

② 韩树峰：《走马楼吴简中的"真吏"与"给吏"》，《吴简研究》第二辑，第 31 页。

③ 黎虎已经指出此点，见《说"给吏"——从长沙走马楼吴简谈起》，《社会科学战线》2008 年第 11 期，第 94 页。

④ 韩树峰：《走马楼吴简中的"真吏"与"给吏"》，《吴简研究》第二辑，第 32—33 页；孟彦弘：《吴简所见的"子弟"与孙吴的吏户制——兼论魏晋的以户为役之制》，《魏晋南北朝隋唐史资料》第 24 辑（2008 年 10 月），第 10—11 页；黎虎：《说"给吏"——从长沙走马楼吴简谈起》，《社会科学战线》2008 年第 11 期，第 91—93 页。五年后，韩树峰、王贵永在《孙吴时期的"给吏"与"给户"——以走马楼吴简为中心》一文中修订了前说，认为文献中所见的"给事"与"给吏"无关，见《吴简研究》第三辑，第 89—93 页。

"给事"多见于秦汉文献，史籍旧注亦有解释，但语焉不详；汉简中也出现一些。就今人研究看，概言之，有学者认为"给事"郡县等与学吏有关，"给事"就是为官府驱使，学知吏事，待成才后转迁定职，此制出现于战国。① 将"给事"与《汉官》中常见的"学事""守学事"联系起来，是有道理的。不过，这只是"给事"的一种含义。很多情况下担任"给事"者已经是"吏"。另有学者在分析"给事中"时指出"给事"有负责实际任务的意思②，亦有学者释"给事"为"供事""供职""供役使"或"服役"③，自然贴切，但具体含义还需阐述。

仔细分析，汉代"给事"的对象均为朝廷或官府，而承担给事任务的，或为官吏，或为百姓。④

对官吏而言，具体推究其意，"给事"主要是指临时脱离本职，抽调至其他机构工作，秦末便已出现。从韩树峰前引文所举萧何早年经历看，即是如此。萧何本为沛县主吏掾，后"乃给泗水卒史事"，即从县抽调到郡，承担泗水郡（实际应为四川郡⑤）卒史的工作，且在考课中高居榜首。后代注家颇有认为萧何"为泗水卒史"者，实属不明"给事"含义而滋生的

① 张金光：《秦制研究》第十章《学吏制度》，上海：上海古籍出版社，2004年，第713—714页。
② 安作璋、熊铁基：《秦汉官制史稿》上册，济南：齐鲁书社，1984年，第301页。
③ 王毓铨：《汉代"亭"的性质和它在封建统治上的意义》，收入所著《莱芜集》，北京：中华书局，1983年，第25页；杨鸿年：《汉魏制度丛考》"给事中"条，武汉：武汉大学出版社，2005年，第42—43页；胡平生、张德芳：《敦煌悬泉汉简释粹》，上海：上海古籍出版社，2001年，第36页；王子今：《走马楼简牍所见"吏"在城乡联系中的特殊作用》，《浙江社会科学》2005年第5期，第157页。美国学者贺凯（Charles O. Hucker）则将"给事"译为 to render service，意为提供服务，与"服役"接近，见所著《中国古代官名辞典》（*A Dictionary of Official Titles in Imperial China*），影印本，北京：北京大学出版社，2008年，第132页。
④ 黎虎就吴简所见孙吴初年的情况指出这一点，见《说"给吏"——从长沙走马楼吴简谈起》，《社会科学战线》2008年第11期，第94页。实际汉代便是如此。
⑤ 具体考证参周晓陆、路东之：《秦封泥集》"四川太守"条，西安：三秦出版社，2000年，第260页；后晓荣：《秦代政区地理》，北京：社会科学文献出版社，2009年，第78—79页。

误解。史迁与孟坚在本传中只是说萧何"以文毋（无）害为沛主吏掾"①，说明实际职位仍是沛县的县吏，到泗水郡（四川郡）只是临时的给事，职位并无变化。湖南里耶秦简中亦出现了"给事"，如下例：

> 卅四年正月丁卯朔辛未，迁陵守丞巸敢言之：迁陵黔首☑
> 佐均史佐日有泰抵已备归，居吏被縣使及☑
> 前后书，至今未得其代，居吏少，不足以给事☑
> 吏。谒报，署主吏发。敢言之。
> 二月丙申朔庚戌，迁陵守丞巸敢言之：写上☑
> 旦，令佐信行。☑（正）
> 报别臧。☑
> 正月辛未旦，居赀枳寿陵左行。　☑（背）　　　　　8-197

此处"给事"的含义如校释者所指出的，还是"供事"之意②，是动词。此文书大概是向洞庭郡级报告迁陵县吏的情况的文书存档，说明留在原任的吏（居吏）少，无法提供"给事"。恐怕是洞庭郡下文要求迁陵提供吏充当"给事"，迁陵无法应命，此文书便是给上级的回复。这里的"给事"便是抽调官吏到他处工作。此外，从西汉王尊的经历这一点可以看得更清楚。《汉书》卷七六《王尊传》载：

> 涿郡高阳人也。少孤，归诸父，使牧羊泽中。尊窃学问，能史书。年十三，求为狱小吏。数岁，给事太守府，问诏书行事，尊无

---

① 《史记》卷五三《萧相国世家》，北京：中华书局，1959 年，第 2013—2014 页；《汉书》卷三九《萧何传》，北京：中华书局，1962 年，第 2005 页。荀悦则云"萧何即沛主狱吏"，见《汉纪》卷一，《两汉纪》上册，张烈点校，北京：中华书局，2002 年，第 4 页。池田雄一在解释此条史料时根据何焯意见，认为萧何是自县至郡兼务，见所著《中国古代の聚落と地方行政》"地方行政编"第七章《汉代の郡县属吏》，东京：汲古书院，2002 年，第 620 页及 634 页注 17。

② 陈伟主编：《里耶秦简牍校释》第一卷，武汉：武汉大学出版社，2012 年，第 108—109 页。

> 不对。太守奇之，除补书佐，署守属监狱。久之，尊称病去，事师
> 郡文学官，治《尚书》、《论语》，略通大义。复召署守属治狱，为郡
> 决曹史。

王尊为涿郡高阳人，最先做的狱小吏应是高阳县的县吏。江苏连云港出土的尹湾汉简 2 号木牍《东海郡吏员簿》详细记录了西汉后期该郡、都尉两府及下属 38 个县邑侯国官吏设置情况，其中太守府没有"狱吏"，而各县、邑、侯国，包括治所所在的郯县，设有狱史、牢监若干名[1]，表明牢狱分别设在各县，由各县级官府负责。这尽管是东海郡的情况，相信同在汉家天下的涿郡亦应如此。[2] 数年后，王尊则被抽调到太守府供职，有机会在太守面前展露才干，从而走上了晋升的道路。需要注意的是，王尊在太守前展现能力不可能仅凭一时一事，因而从他给事太守府到"除补书佐"必历经时日。在被任命为书佐前，王尊的身份还是县狱史。这里的"给事"亦是自县抽调到郡。

另有自县抽调到诸侯家的情况。《史记·卫将军列传》载："大将军卫青者，平阳人也。其父郑季，为吏，给事平阳侯家。"《汉书·卫青传》则说："其父郑季，河东平阳人也，以县吏给事侯家。"平阳为曹参的封国，汉文帝以后列侯多就国，但此时平阳侯尚公主，应留居长安[3]，给事的

---

① 连云港市博物馆、东海县博物馆、中国社会科学院简帛研究中心、中国文物研究所编：《尹湾汉墓简牍》，北京：中华书局，1997 年，第 79—84 页。关于东海郡郡府不设监狱，属县设狱、有狱吏的分析，见廖伯源：《汉代郡县属吏制度补考》，收入所著《简牍与制度：尹湾汉墓简牍官文书考证》（增订版），桂林：广西师范大学出版社，2005 年，第 64—65 页。

② 严耕望引证文献中出现的秦汉县狱掾、狱史颇多，并云县则称狱掾史，于郡则称决曹掾史，见所著《中国地方行政制度史甲部——秦汉地方行政制度》，台北：史语所，影印五版，2006 年，第 233 页。

③ 关于列侯就国，参好并隆司《秦漢帝国史研究》第二篇"漢帝国の支配基軸"第一章"西漢皇帝支配の性格と変遷"中的"列侯就国令"（东京：未来社，1978 年，第 202—209 页）；关于此政策背景的新近研究，参陈苏镇：《汉文帝"易侯邑"及"令列侯之国"考辨》，《历史研究》2005 年第 5 期，第 22—31 页。具体到当时的平阳（转下页）

地点应在都城长安。郑季则是平阳县吏，临时至长安平阳侯家工作，有机会与卫媪通而生卫青，给事毕则回到平阳。同为河东平阳人的霍光之父霍中孺，史称"以县吏给事平阳侯家，与侍者卫少儿私通而生去病。中孺吏毕归家"①云云。"吏毕归家"表明"给事"是有期限的。类似的例子还有不少，不赘举。

不仅内地如此，西北边地官府也存在"给事"。居延新简 EPT50：115 云"☑□给事大守府☑"，文残，具体意思不明，但太守府存在给事者应无疑问，这里出现的太守府大概是张掖太守府。此外，还常常见到戍卒"给事"的情况，新出额济纳汉简中的"专部士吏典"册书的第 6 简云：

● 察士吏候长候史多省卒给为它事者　　　　　　99ES16ST1：6②

所谓"省卒"，指从各候、隧抽调出来从事各种劳动的士卒，多是到都尉府或其他上级机构从事伐茭、做饭（养）、守邸等，有时也留在官府工作。③

（接上页）侯曹畴（讹作"寿"或"时"）尚武帝姊阳信长公主（因嫁平阳侯改称平阳公主），史称"时病疡，归国"，此前当长期留居长安，其家位于霸上至长安间，见《史记》卷五四《曹相国世家》，第 2031 页，卷一八《高祖功臣侯者年表》"平阳侯"条，第 881—882页，卷四九《外戚世家·卫皇后》，第 1978 页。并参王先谦：《汉书补注》卷五五《霍去病传》补注，影印本，北京：中华书局，1983 年，第 1139 页上。

　　①　《汉书》卷六八《霍光传》，第 2931 页。

　　②　孙家洲主编：《额济纳汉简释文校本》，北京：文物出版社，2007 年，第 5 页。关于此一册书，学界意见纷绘，这里不拟涉及，有关研究可参胡平生：《"专部士吏典"简册考校》，武汉大学简帛研究中心主办：《简帛》第三辑，上海：上海古籍出版社，2008 年，第 275—286 页。

　　③　参于豪亮：《居延汉简中的"省卒"》，《于豪亮学术文存》，北京：中华书局，1985 年，第 213—217 页。永田英正认为"省卒"是离开本来的勤务地临时到外地出差，见《试论居延汉简中所见候官——以破城子出土的〈诣官〉簿为中心》，收入所著《居延汉简研究》，张学锋译，桂林：广西师范大学出版社，2007 年，第 393—394页。李振宏则在于豪亮基础上对"省卒"工作的内容与地点做了更细致的区分，见《汉简"省卒"考》，《史学月刊》1993 年第 4 期，后改编收入作者《居延汉简与汉代社会》"屯戍管理制度研究"五"戍卒管理制度"，北京：中华书局，2003 年，第 54—63 页。李天虹基本接受于豪亮与李振宏的观点，见所著《居延汉简簿籍分类研究》，北（转下页）

"给"在此依然释为"供"。该简的意思是察看士吏、候长与候史有无多抽调省卒从事其他无关工作的，看来此时已经出现滥用省卒的情况。《汉书·宣帝纪》黄龙元年（前49年）二月下诏说："诸请诏省卒徒自给者，皆止。"就是针对此类滥用省卒的做法而下达的禁令。据此简可知，汉简中出习见的"省卒"就工作性质言亦属于一种"给事"。

除了官吏与戍卒，文献中亦常见百姓"给事"官府。百姓"给事"官府或称"给事县官""给县官事"，泛言之，意指百姓为官府服役。

早自秦代就存在这种情况与说法。张家山汉简《奏谳书》简180—196记录的是对一起和奸案的讨论，其中引用《律》云："诸有县官事，而父母若妻死者，归宁卅日；大父母、同产十五日。"①此案发生的时间为秦或西汉初均有可能②，所谓"诸有县官事"，泛指为官府公事服务，包括为官做吏和一般百姓为官府服徭役。一般百姓服役也属"县官事"，汉宣帝旧令所谓"人从军屯及给事县官者，大父母死未满三月，皆勿徭，令得葬送"③中的"从军屯与给事县官"均是"县官事"，也都是徭役。④1989年甘

（接上页）京：科学出版社，2003年，第14—15页。赞同于豪亮说并补充新证的研究又见邢义田：《汉代边塞的助吏、省卒、士吏、候长和精兵产地》，收入《徐苹芳先生纪念文集》编辑委员会编：《徐苹芳先生纪念文集》，上海：上海古籍出版社，2012年，第555—557页。关于"省卒"的不同观点的扼要整理，可参沈刚：《居延汉简语词汇释》，北京：科学出版社，2008年，第173页。此外，秦照芬则认为"省卒"是一种戍卒名目，此说不妥，见所著《省卒性质辨析》，《简牍学报》第十四期（1992年），第73—78页。

① 彭浩、陈伟、工藤元男主编：《二年律令与奏谳书：张家山二四七号汉墓出土法律文献释读》，上海：上海古籍出版社，2007年，第374页。

② 参邢义田：《秦或西汉初和奸案中所见的亲属伦理关系——江陵张家山二四七号墓〈奏谳书〉简180—196考论》，收入柳立言主编：《传统中国法律的理念与实践》，台北：史语所，2008年，第102页。最近，陈治国撰文认为该案发生在秦代，文书形成时间为汉初（《张家山汉简〈奏谳书〉"杜泸女子甲和奸"案年代探析》，《中国历史文物》2009年第5期，第67—71页），作者的论证还有可推敲之处，姑且视为秦或汉初的案件。

③ 《后汉书》卷四六《陈宠传》引，北京：中华书局，1965年，第1560页。

④ 邢义田：《秦或西汉初和奸案中所见的亲属伦理关系——江陵张家山二四七号墓〈奏谳书〉简180—196考论》，柳立言主编：《传统中国法律的理念与实践》，第110—111页。

肃武威旱滩坡东汉墓出土的木简中 4 号简:"诸自非九月,吏不得发民车马牛给县官事。非九月时吏擅发民车□☒"[①],墓中出土的 17 枚简均为当时实用的律令,此条亦属于东汉时期的律令规定。西汉初年的《二年律令·繇律》对于擅发繇也有处罚,此条更是对发繇的月份做了严格的限定。这里的"给县官事"指的还是繇役一类。

不过,这种"给县官事"往往限于百姓出人力、出车马,应属于一时性的运役征发。此外,还有长期性的"给事",涉及的往往是百姓中特定的人群。

据研究,秦汉时期百姓服役的方式分为"冗"与"更"两种,前者属于长期供役,后者是定期轮番服役。能成为"冗"的,往往是比较出色地掌握某类技术特长者。张家山汉简《二年律令·史律》中对"祝"的区分就是基于此[②],类似的还有太乐手下的乐人,以及各地工官的"冗工"、各地的邮人等。[③]"冗"与"更"均属于给事县官,"冗"相当于唐代的"长上",从事的工作或许在时人看来甚至有些低贱,但可以得到官府的廪食,不失为一种谋生的途径。因此,有一技之长,又为官府所需要的百姓循此亦可维持生存。

《说文·宀部》云:"冗,楸也。从宀儿。人在屋下,无田事也,《周

---

① 武威地区博物馆:《甘肃武威旱滩坡东汉墓》,《文物》1993 年第 10 期,第 31 页;李均明、刘军:《武威旱滩坡出土汉简考述——兼论"挈令"》,《文物》1993 年第 10 期,第 35—36 页。

② 简 479,见彭浩、陈伟、工藤元男主编:《二年律令与奏谳书:张家山二四七号汉墓出土法律文献释读》,第 301 页。

③ 参杨振红:《秦汉简中的"冗"、"更"与供役方式——从〈二年律令·史律〉谈起》,卜宪群、杨振宏主编:《简帛研究 2006》,桂林:广西师范大学出版社,2008 年,第 81—89 页。此前,渡边信一郎提出汉代地方官府的三层构成,最下一层即百姓轮流充当(更),见《漢鲁阳正衛弹碑小考》,转引自所著《汉代国家的社会性劳动编制》,佐竹靖彦主编:《殷周秦汉史学的基本问题》,北京:中华书局,2008 年,第 296 页。关于"冗"的新近研究,还可参宫宅潔:《汉代官僚组织的最下层——"官"与"民"之间》(原刊《東方学報》第 87 册),顾其莎译,徐世虹编:《中国古代法律文献研究》第七辑,北京:社会科学文献出版社,2013 年,第 127—161 页。

书》曰宫中之冗食。"(段注本)许慎在解释此字时专门提到"无田事",点出这类人实际脱离了农作,就四民分业中"民"的分工而言,亦是脱离了本职去从事其他工作,由这一角度看,称之为"给事"亦不离其意。

这种"给事官府"就包括从百姓中选用有能力者承担"吏"的工作,此即文献中常见的"少给事县廷为亭长/门士"之类。①《后汉书·郭太传》云:"(郭太)家世贫贱。早孤,母欲使给事县廷。林宗曰:'大丈夫焉能处斗筲之役乎?'遂辞。"据此,如果郭太顺从其母的提议,他就应自平民而给事县廷,从史书表述看,此举的目的是解决生活问题。尽管遭到郭太的拒绝,但还是可以断定当时庶民可通过"给事"官府谋得一份工作维持生计,这或是学者所说的因"学吏"而"给事"。这已是东汉后期的事了。百姓给事官府不占用吏的编制,无法合法地获得禄秩,只能靠当地财政的盈余来维持,因此,也只有在内地财政状况较好的郡县才会大量存在。

实际上,"给事"不仅见于地方官府、西北边地戍卒与百姓中,亦通行于朝廷乃至宫廷。张汤之子张安世"少以父任为郎。用善书给事尚书,精力于职,休沐未尝出",后因事得到皇帝赏识,"擢为尚书令"。颜师古注曰:"于尚书中给事也。给,供也。"②张安世本职为郎,隶属光禄勋,

---

① 如《汉书》卷八三《朱博传》,第 3398 页;卷八四《翟方进传》,第 3411 页;《后汉书》卷一八《吴汉传》,第 675 页;卷六八《郭太传附庾乘传》,第 2229 页;卷八三《逢萌传》,第 2759 页;等等。汉代为吏有财产的要求,关于这一问题,日本学者多有研究,有关研究见高村武幸:《漢代の地方官吏と地域社会》,东京:汲古书院,2008 年,第 22—56 页。高村武幸推测设立察举制后学问成为新的任官资格,而财产资格并未废止,并认为既贫穷且无学问而得任官者的事例很少(第 27 页)。此前,邢义田《从居延简看汉代军队的若干人事制度——读〈居延新简〉札记之一》(《新史学》第3 卷第 1 期〔1992 年〕,修订稿收入所著《治国安邦:法制、行政与军事》,北京:中华书局,2011 年,第 548—553 页),根据居延新简对此问题做了深入的分析。不过,值得注意的是,"给事官府"当与"为吏"有别,对家赀并无要求,故家贫者亦可为之。《汉书·景帝纪》"今訾算十以上乃得宦",据阎步克《从爵本位到官本位:秦汉官僚品位结构研究》(北京:生活·读书·新知三联书店,2009 年,第 398—400 页),宦与仕不同,此当是对"宦皇帝"者提出的资产要求,未必是对入仕的要求。当注意其区别。

② 《汉书》卷五九《张安世传》,第 2647 页。

因为善于书法，抽调到尚书，由于工作勤勉而当上了尚书令，这是"给事"后留在该机构的例子。尚书本是少府的一署，官吏编制有限，武帝以后职能渐膨胀，官吏不足，便由光禄郎给事其中，后世尚书各曹官员称为郎中、侍郎，原因就在于任职者例自三署郎给事尚书。①

"给事"是朝廷中常见的工作方式。如淳注《汉书·萧望之传》时引《汉仪注》："御史大夫史员四十五人，皆六百石，其十五人给事殿中，其余三十人留守治百事。"《汉书·百官公卿表上》在记述御史大夫职掌时则说："有两丞，秩千石。一曰中丞，在殿中兰台，掌图籍秘书，外督部刺史，内领侍御史员十五人，受公卿奏事，举劾按章。"这里所述当属武帝设刺史后的情况，实际与《汉仪注》并无矛盾。"给事殿中"说的是工作地点与方式，而"受公卿奏事，举劾按章"描述的则是具体工作内容。这里的"给事"含义亦相同。正常情况下御史应在未央宫外门司马门内的御史大夫寺办公②，而这十五人被抽调到殿中工作，故称为"给事殿中"。这种抽调从临时性发展成为固定的安排，这十五名御史亦由此而获得了专门的称呼"侍御史"。《汉官仪》云："谒者三十五人，以郎中秩满岁称给事，未满岁为灌谒者。"③所谓"给事"当是"给事谒者"的简称，这亦是调用三署郎来临时承担谒者工作。《汉官仪》所记虽为东汉时事，然其源头当在西汉。④

文献中常见的作为加官的"给事中"的"给事"含义亦相同，而"中"则与"侍中"的"中"一样，均应指"殿中"，此处的殿应是省内的殿，并非宫

---

① 关于此，参严耕望：《秦汉郎吏制度考》，收入《严耕望史学论文选集》（下），北京：中华书局，2006年，第299—300页；史云贵、于海平：《外朝化与平民化：中国古代郎官考述》，《史学月刊》2004年第1期，第27页，又收入史云贵：《外朝化、边缘化与平民化：帝制中国"近官"嬗变研究》第四章，上海：上海人民出版社，2009年，第83—84、86页。

② 关于西汉御史大夫寺位置的考证，见祝总斌：《两汉魏晋南北朝宰相制度研究》，北京：中国社会科学出版社，1998年，第2版，第33页。

③ 《后汉书》卷八一《独行·雷义传》注引，第2688页。

④ 参严耕望：《秦汉郎吏制度考》，《严耕望史学论文选集》（下），第302页。

内省外皇帝平日接见群臣处理政务的殿①，所以古人在解释"给事中"的"中"时，有时云"殿中"，《汉旧仪》在解释"给事中"时说"以有事殿中，故曰给事中"。亦有泛云"禁中（省中）"者，如《资治通鉴》卷二四元平元年"（霍）光乃引延年给事中"句胡注则云："给事中，给事禁中也；西汉加官。"类似给事朝廷机构的事例，孟彦弘文举出不少，可参。

另外，乐府一类技术人才聚集的机构也有不少给事者。《汉书·礼乐志》载，哀帝即位后下令整顿乐府，孔光、何武上奏调查后的处理意见，多处提到"给事"，如在不可罢的乐人中有"诸族乐人兼《云招》给祠南郊用六十七人，兼给事雅乐用四人"，可罢者中"郑四会员六十二人，一人给事雅乐，六十一人可罢"。这里所谓的"给事"亦指从事本职以外的乐舞活动，郑四会的乐人本职是演奏郑乐，但其中一人亦参与雅乐演出，因此得以保留。乐人并非官吏，而属于一种特殊的役，实际也属于给事官府，一旦从事此项工作后，又会根据需要与个人能力，产生新的"给事"。②

---

① 汉代的"中"所指说法不同。一说"中"指省中（禁中），是皇帝平居宴处的后宫，省在宫内，两者有门相隔，省外宫内有殿（史家习称"前殿"），给事中是省内官，参杨鸿年：《汉魏制度丛考》，第1—4、42—43页；史云贵：《外朝化、边缘化与平民化：帝制中国"近官"嬗变研究》，第32—34页。一说"中"指宫内、宫中，实际也就是"禁中"，具体所指前后有变化，东汉以后主要指后（妃）宫地区，见祝总斌：《两汉魏晋南北朝宰相制度研究》，第72、242—245页。米田健志意见大致相同，见《前漢後期における中朝と尚書——皇帝の日常政務との關連から》，《東洋史研究》第64卷第2号（2005年9月），第9—11页。青木俊介进一步考证汉代长安未央宫中的"禁中"是指前殿以北的宫中特定地区，属于皇帝的生活空间，见所著《漢長安城未央宮の禁中——その領域の考察》，《学習院史学》45号（2007年3月），第35—62页。李玉福则认为省中、禁中有时又称"殿中"（见《秦汉制度史论》中篇，济南：山东大学出版社，2002年，第166页），恐不确。侍御史"给事殿中"的"殿中"与给事中"有事殿中"的"殿中"应非一处。前者应是宫内省外皇帝平日接见朝臣处理政务的殿（前殿），后者则是省内的殿。

② 类似的做法不仅见于朝廷乐府，诸侯国的乐人也存在此类情况。湖南长沙走马楼西汉简是长沙国第二代长沙王刘庸在位期间的官文书，简56是"都乡七年狠（垦）田租簿"木牍，其中一行作"出田二顷六十一亩半租卅三石八斗六升，乐人婴给事柱下，以命令田不出租"，是一例，见陈松长：《长沙走马楼西汉古井出土简牍概述》，《考古》2021年第3期，第105页引。——作者补注，2021年4月。

上面所举"给事"无论官、民，均属于从事本职以外的任务，具体而言多是临时到其他机构工作，所以文献中常记述为"给事"县廷/太守府/尚书/殿中/大将军幕府/平阳侯家，且"给事"往往有期限。不过，也存在给事后被新机构长吏看中而留下来的情况，如张汤、张安世父子。[①]

担任给事任务者在所给事机构根据实际承担工作不同而获得相应的称呼。汉简中出现的"给事佐""给事令史""给事廷史"均属此类[②]；文献中常见的"给事中"与"给事黄门"一类最初的所指亦相同，只是后两者频繁出现，进而先是固定化为加官，后成为正式品官。《居延汉简（壹）》中金关出土的43.2＋77.81或是通过关口人员的名籍，其文云：

> 居延都尉给事佐居延始至里万常喜，年卅四岁，长七尺五寸，黑色。[③]

此人是都尉手下的给事佐。此外，文书末尾的签署中亦可见到"给事佐""给事令史"，如敦煌悬泉汉简的Ⅱ0215③：3，内容如下：

> 神爵四年正月丙寅朔壬辰，敦煌太守快、库丞何兼行丞事，告领县泉置史光，写移书到，验问审如倚相言，为逐责遣吏将禹诣府，毋留。如律令。　　　　　　　　　　　　　A

---

① 黎虎亦注意到这一现象，见《说"给吏"——从长沙走马楼吴简谈起》，《社会科学战线》2008年第11期，第95页。

② 亦有不带"给事"者。《初学记》卷一一《职官部上·侍郎郎中员外郎》引《汉官》云："尚书郎，初从三署郎选，诣尚书台试。每一郎缺，则试五人，先试笺奏，初入台称郎中，满岁称侍郎。"（北京：中华书局，2004年，第2版，第269页）亦有记作"初上台称守尚书郎中，岁满称尚书郎，三年称侍郎"（《续汉书·百官志三》注引蔡质《汉仪》，《后汉书》，第3598页，标点有改动）。称呼不同与任职时间长短有关，工作方式则无不同。另外，"尚书郎中"之称应是东汉以后的情况，西汉时应无此类称呼。参严耕望：《秦汉郎吏制度考》，《严耕望史学论文选集》（下），第299—300、323页；祝总斌：《两汉魏晋南北朝宰相制度研究》，第129—131页。王克奇则认为西汉末年已设尚书郎一职（见所著《论秦汉郎官制度》，收入安作璋、熊铁基：《秦汉官制史稿》上，第364页），恐不妥。

③ 见简牍整理小组编：《居延汉简（壹）》，台北：史语所，2014年，第141页。

掾舒国、卒史寿、书佐光、给事佐赦之。　　B①

这是敦煌太守府下发的文书，此处的"给事佐"赦之当供职于敦煌太守府。通常太守府所下文书签署只有三级，书佐与给事佐一人签署即可，如《居延汉简（壹）》中的10.40，这里两人联署，或许不能排除"给事佐"含有抽调到新岗位见习、学习之意。这类带有"给事"的小吏还见于《居延汉简（壹）》12.1B与悬泉汉简Ⅰ0309③：236②。带有"给事"的佐与令史，和其他小吏一道出现在文书末尾，职责应与不带"给事"的吏一致。

同出悬泉置遗址的西汉宣帝黄龙元年（前49年）御史大夫签发的"传信"抄件显示，持此传信出差到诸郡逮捕诏狱囚犯的小吏刑（邢）寿的身份乃是"给事廷史"③，显见这类称呼通行朝廷与各地官府。

所谓"给事"佐/令史等，含义是供职于佐/令史等，即承担或学习承担佐/令史等的工作，言下之意是没有相应的职位。④ 从称呼以及文献描述看，除去朝廷中的"给事中""给事黄门"，多数给事者所承担的多为各级机构中少吏所掌管的事务性工作，无怪乎郭太视之为"斗筲之役"。

相对于"给事令史"之类承担具体工作时的称呼，东汉以后则将临时充当给事任务的吏统称为"给吏"。

先秦时期，史、吏与事三字含义相近，最早只有"史"字，秦汉时根据字义不同才区分为三字⑤，"给事"与"给吏"只是强调的侧重点不同。此一称呼东汉以后逐渐见于记载。韩树峰举出了孙吴的事例，孟彦弘进

① 胡平生、张德芳：《敦煌悬泉汉简释粹》例74，第68页，并据张俊民《〈敦煌悬泉汉简释粹〉校读》改订，2007年2月刊发在简帛研究网，http://www.jianbo.org/admin3/2007/zhangjunmin001.htm。

② 收入胡平生、张德芳：《敦煌悬泉汉简释粹》例96，第80页。

③ Ⅱ90DXT0114③：447，收入胡平生、张德芳：《敦煌悬泉汉简释粹》例31，第35—36页。

④ 这一点韩树峰通过分析《史记》卷五三《萧相国世家》萧何随刘邦起兵前"给泗水卒史事"得出类似的结论，可参，见《走马楼吴简中的"真吏"与"给吏"》，《吴简研究》第二辑，第32—33页。

⑤ 王国维：《释史》，收入《观堂集林》卷六，北京：中华书局，1959年，第270页。

一步找到刘昭注释《续汉书·百官志三》"大司农"条后提到的东汉时已改隶河南尹的"廪牺令"时引《汉官》中的东汉用例。《华阳国志·巴志》记述的东汉桓帝时巴郡情形更是提供了一个具体的例证,黎虎前引文对此做过分析,这里就未及处再做些探讨。

当时泰山但望为巴郡太守,勤恤民隐,郡文学掾宕渠赵芬等诣望自讼,郡吏自讼的直接导因就是"给吏"问题。据郡吏所述,"给吏"即属吏要定期自巴郡治所远赴下属诸县工作,即"冬往夏还",但路途遥远艰险,且工作中花费不菲,负担颇重,视为畏途。受到下属的推动,永兴二年(154年)但望向朝廷上疏,建议分割巴郡。上疏的内容围绕巴郡地域辽阔,统治颇多不便展开,其中一个理由依然是"给吏休谒,往还数千"。在上疏开端,他还特别据《巴郡图经》提到巴郡有"盐铁五官",依照《续汉书·百官志五》,这类机构的官吏是需要由所在的县提供而没有单独的编制(下详)。令当地官吏头疼的"给吏"或许就包括被差遣去盐铁官任职。而"给吏"一语出现在给朝廷的上疏中,说明这一称呼与做法亦是通行上下,为朝廷所熟知。

这类"给吏"在东汉地方官府中比较常见。《续汉书·百官志四》"司隶校尉"条本注载:

> 其余都官书佐及每郡国,各有典郡书佐一人,各主一郡文书,
> 以郡吏补,岁满一更。

司隶校尉下属的"典郡书佐"就由各郡的郡吏担任,每年一换,大概是因为郡吏熟悉各郡情况,工作起来比较方便。这些典郡书佐任期只有一年,其实际身份还是各郡的郡吏,典郡书佐是其工作。这里虽然没有提"给事",但其性质实无别。这种情况应该不仅见于司隶校尉。又如《续汉书·百官志五》:

> 其郡有盐官、铁官、工官、都水官者,随事广狭置令、长及丞,
> 秩次皆如县、道,无分士,给均本吏。本注曰:凡郡县出盐多者置

> 盐官，主盐税。出铁多者置铁官，主鼓铸。有工多者置工官，主工
> 税物。有水池及鱼利多者置水官，主平水收渔税。在所诸县均差吏
> 更给之，置吏随事，不具县员。

此条资料对于认识"给吏"相当重要。本注所说"在所诸县均差吏更给之，
置吏随事，不具县员"中的"具"当做"备数"解，意为不算在县吏定员内。
这表明设有工官、铁官等的郡县的官员编制中没有包含工、铁官员的名
额，而根据工作需要，由所在县差遣官吏轮流负责。这种制度性的安排
或是东汉减少吏员设置，进而节约官府开支的一项措施，亦应是各地存
在不少"给吏"的原因。荀悦在《汉纪》卷五"惠帝六年"记述西汉官制后的
评论中说"今汉之赋禄薄而吏非员者众"，所谓"吏非员者众"指的应是东
汉时的这类情况。

上述因制度安排而产生的"给吏"与西汉时期的"给事"佐之类，工作
方式并无不同，但在机构中的处境略有差异。最明显的区别是东汉一部
分"给吏"的职位已经居于机构的编制内，属于员吏，如前举东汉时转由
河南尹管辖的"廪牺令"的属吏，以及司隶校尉下属的典郡书佐。而充任
其职者，即担任"给吏"的，是来自其他机构的，往往是有任职期限的
"吏"。不过，东汉依然存在无编制的"给事"，如郡县的盐、铁、工官。
在西汉，这类"吏"基本不属于新机构的员吏。这种变化应视为"给事"与
"给吏"逐步从临时性的安排走向正式化。①

当然，即便是临时性的、不属于"员吏"的"给吏"，也不无因此而转入
新机构任职的机会。这类给吏要在新机构获得相应的职位，一方面，工作
需赢得首长的认可，如前举张安世的经历，自不待言，另一方面，则必须
要有职位的空缺（员缺）。编制（员）是汉代官吏乃至后代王朝管理中一项重

---

① 据黎虎考察，"假佐"性质与"给吏"相近（《说"给吏"——从长沙走马楼吴简谈
起》，《社会科学战线》2008 年第 11 期，第 91—92 页），而东汉时期太常、太仆与廷尉
所辖员吏就包含了不少假佐（见《汉官》，收入孙星衍等辑：《汉官六种》，周天游点校，
北京：中华书局，1990 年，第 1、4、5 页），亦可并观。"假"，亦见王献唐：《五灯精
舍印话》"官印之试署假行兼故等文例"条，青岛：青岛出版社，2009 年，第 262 页。

要内容①，《居延新简》中的一个册书为此提供了说明。册书释文如下：

1. 甲渠候官尉史郑骏，迁缺　　　　　　　　　　EPF22：57

2. 故吏阳里上造梁普年五十，今除补甲渠候官尉史，代郑骏

EPF22：58

3. 甲渠候官斗食令史孙良，迁缺　　　　　　　　EPF22：59

4. 宜谷亭长孤山里大夫孙况年五十七，勤②事，今除补甲渠候官斗③令史，代孙良　　　　　　　　　　　　　EPF2：60

5. 牒书：吏迁、斥免给事补者四人＝一牒

建武五年八月甲辰朔丙午，居延令　丞审告尉、谓乡、移甲渠候官：听书从事，如律令。　　　　　　　EPF22：56A

6. 甲渠・此书已发，传致官。亭间相付前。　掾党、令史循

EPF22：56B

关于这一册书，前人研究颇多④，解决了不少问题，不须赘述。简6在简

---

① 纸屋正和指出，汉代郡县吏"员"是指由汉律所规定的定员，其中对郡的规定数量明确，而县的规定则较灵活，见《漢時代における郡県制の展開》第九章，京都：朋友书店，2009年，第421、427—428页。阎步克最近曾讨论过秦汉至清代官阶制度中的"编任资格"，见《中国古代官阶制度引论》，北京：北京大学出版社，2010年，第118—129页，可参。不过，他没有提到"给事"与"给吏"。

② 该字长期未得识读，最近，邢义田通过比对简牍，将其释为"勤"，可从。见《汉代简牍公文书的正本、副本、草稿和签署问题》，《史语所集刊》第82本第4分（2011年），第634—635页。

③ "斗"下漏书一"食"字。

④ 如永田英正：《新居延漢簡中の若干の冊書について》，《富山大学人文学部紀要》第3号（1979年），第23—41页，后修改收入《居延汉简研究》下册，张学锋译，桂林：广西师范大学出版社，2007年，第397—400页；大庭脩：《〈建武五年迁补牒〉和功劳文书》，徐世虹、郗仲平译，收入中国社会科学院简帛研究中心编：《简帛研究译丛》第一辑，长沙：湖南出版社，1996年，第258—271页；徐乐尧：《汉简所见边郡军事与民政系统的职权关系》，李学勤主编：《简帛研究》第一辑，北京：法律出版社，1993年，第175—176页。新近的研究参邢义田：《汉代简牍公文书的正本、副本、草稿和签署问题》，《史语所集刊》第82本第4分（2011年），第634—639页。

5背面，字迹不同，应是关于递送方式的要求。诸简编排的顺序，根据笔者对簿籍以及此类文书构成的考察排列，与前人不同。此册书发现于甲渠候官的档案室(F22)，应是自居延县丞处发到甲渠候官的正式文书，居延令没有签署，是令、丞联署时常见的现象。①

前人多将此册书与一般的迁补联系起来，很少注意其中"给事补者"的含义。该文书涉及的梁普和孙况当是在"给事"状态下获得正式任命(除补)，故称"给事补者"。为何会出现此种情况，可能与官吏出"缺"后没有及时除补有关。甲渠候官属吏有缺，需要由居延令任命，《居延汉简(壹)》33.2上有"·甲渠言：吏迁缺，令居延备补。言府·一事集封"，该简出土于A8甲渠候官遗址，当是存档的文书。内容正是候官向居延令申请补充小吏，至于能否及时得到任命，不得而知；若不能，恐怕就会找人"给事"，履行职责了。相关简牍无存，梁普、孙况何时开始给事甲渠候官难以确定，因而也无法厘清两人是在满员时，还是出缺后，充当给事。若属后者，则官府员吏出缺至任命新吏补充之间亦可采取"给事"办法临时补缺。②

无论如何，结合上面提到的简中出现的"给事令史"等可知，因编内的吏升迁而产生了空缺，梁普与孙况由担任给事工作而分别被正式任命为尉史与令史。梁、孙两人的情况恰好与上引王尊少年的经历相近。王尊先为县狱小史，数年后"给事太守府"，后得到太守赏识，"太守奇之，除补书佐"，两处均出现了"给事"，使用的均是"除补"，显示出被除补者相同的处境。

---

① 排列与书写方式，参侯旭东：《西北出土汉代文书简册的排列与复原》，武汉大学简帛研究中心主办：《简帛》第18辑，上海：上海古籍出版社，2019年，第123—126页。

② 据《汉旧仪》，丞相府等朝廷机构出缺时，采用从其他朝廷机构选拔同级别官吏补充("皆从同秩补")的办法。有关研究见阎步克：《从爵本位到官本位：秦汉官僚品位结构研究》下编第五章"四"，第424—427页。补充的官吏在正式得到任命前是否也称为"给事"？上文提及悬泉汉简中出现过廷尉府下的"给事廷史"(Ⅱ90DXT0114③：447)，待考。

由此亦可推知，获得除补前，无论王尊，还是梁普与孙况，都已经在实际从事书佐、尉史与斗食令史之类与本职不同的工作，却无相应的职位，实际身份还是给事前的县狱史、故史与亭长。对于长期给事官府的百姓而言，如果没有机会得到除补，无论工作性质，本人的身份则还是民。这一点从给事中的性质亦可得到旁证。给事中作为加官，仅有位次而无秩次，表示本人实际职位与秩次的依然是加授给事中之前的官职，如各种大夫、博士、郎中，个别情况下则是三公、九卿、将军等。①

参照此册书，对于史书所载昭、宣、元帝时期重臣于定国的早年经历便可认识得更为准确。《史记·建元以来侯者年表》褚少孙所补"西平侯"条云，于定国"本以治狱给事为廷尉史，稍迁御史中丞"，《汉书·于定国传》则云："后定国亦为狱史，郡决曹，补廷尉史，以选与御史中丞从事治反者狱，以材高举侍御史，迁御史中丞。"两处记述略有不同，实各有侧重，可相互补充。于定国应以明习律令、善治狱自东海郡决曹抽调到廷尉给事，承担廷史工作，盖因工作出色，又有员缺，得"补廷尉史"，进而经侍御史迁为御史中丞。在补为廷尉史之前于定国的职位还是东海郡决曹，干的则是廷史的工作，在文书上签署时则应作"给事廷史"。

概言之，秦汉"给事"泛指官、民为官府服役，狭义则指官、民为官府工作的一种方式，即临时脱离本职、本部门而到其他部门工作，有些属于制度性的安排，有些则是因事而起。具体形式是上级机构调用属下机构官吏"给事"，或平行的机构间的相互调用"给事"。大体相当于今天政府机关中常见的上级部门向下属机构或单位"借调"人员。② 被借调来

---

① 参安作璋、熊铁基：《秦汉官制史稿》上册，第 300—303 页；杨鸿年：《汉魏制度丛考》，第 44—46 页；祝总斌：《两汉魏晋南北朝宰相制度研究》，第 77—78 页。

② 李振宏从边地屯戍组织编制紧张角度解释了"省卒"普遍存在的原因，并推论"省卒"不是居延地区所独有，而是各地边地屯戍组织都会出现的，见《居延汉简与汉代社会》，第 55—56 页。黎虎亦有此类比，见《说"给吏"——从长沙走马楼吴简谈起》，《社会科学战线》2008 年第 11 期，第 92 页。不过，解释与笔者不尽相同。

的官、民，西汉时根据工作内容，被称为"给事佐""给事令史"等，东汉以后则出现了统称"给吏"，不过他们依然保持原来的职位或身份，工作结束后多半返回原机构。东汉以后亦有部分机构为这类带有轮换性质的"给吏"设置了称呼与编制，开始走向正式化。临时性的给事，如果业绩突出，也有可能留任新机构，一旦新机构出现职位空缺，便可纳入正式编制。具体工作的内容，则无一定之规，大到参与内廷政事，小到各种琐事乃至劳役性质的工作，均有可能，但以各机构中少吏掌管的事务性工作为主。

"给事"频繁出现并长期存在，原因很多。概括而言，其一是事务与处理事务的官吏间脱节使然。大致可细分为两种情况，一是事务属既有固定，而负责其事的官吏较长时间离职无法视事，如繇使（出公差）、宁（丧假）、告（休假）、劾（弹劾）、未到官、免、死等，又无法或未能及时任命继任者，长吏则由近秩官员代行其职，属吏便可能利用"给事"方式解决。二是因事务膨胀而导致原有官吏人手捉襟见肘，便从下属或其他部门临时调遣官吏乃至百姓来"给事"。这以丞相府、尚书或临时组建的将军幕府之类为多。朝廷各机构间可相互抽调，也可从郡县抽调，州、郡廷可从属县抽调小吏给事，县属吏有限，可抽调者不多，往往要从故吏或具备相应能力的百姓中抽取，所以文献中常可见到百姓少给事县的例子，这也是存在百姓给事官府的原因之一。① 后一种情况与当时各官府官吏人数有限制，即文献、简牍中常见的"吏员"密不可分。规定"吏员"或是出于财政支出上的考虑，而增设吏员手续复杂，甚至百石之吏也

---

① 胡公《汉官》云："假佐，取内郡善史书佐给诸府也。"（《汉书》卷七六《王尊传》注引苏林曰，第 3234 页）即是一例。黎虎指出"假佐"的"假"意为"借"，假佐即是给吏，含义相当于今天的借调人员（见《说"给吏"——从长沙走马楼吴简谈起》，《社会科学战线》2008 年第 11 期，第 91—92 页）。作者对假佐含义的分析是正确的，但"假佐"是否完全等同于"给吏"，容有继续讨论的空间，不然不会出现区别于"给事佐"的"假佐"称呼。

要经过皇帝批准①，颇不容易，"给事"则是变通权宜之计。

其二或与皇帝权力的扩展有关，如"给事中"的出现，此为学界所熟知，无须赘述。

三、孙吴的给吏与吏子弟

从东牌楼简不难看出，长沙地区到东汉灵帝时一直沿用东汉制度，可以肯定，直到孙吴初年，情况依旧。上述汉代"给事"与"给吏"情况是认识孙吴初年的"给吏"的重要背景。②

---

① 如东汉永兴元年（153 年）立于山东曲阜孔庙的《乙瑛碑》，就是鲁国相乙瑛向朝廷申请增设一百石卒史来典主守庙，掌领礼器，此事经过司徒、司空讨论，并问询了太常，最终由皇帝批准才设立的，足见增加吏员之不易。见永田英正编：《漢代石刻集成》（圖版·釋文篇），京都：同朋舍，1994 年，第 114 页。关于此事的研究，见侯旭东：《东汉〈乙瑛碑〉增置卒史事所见政务处理：以"请"、"须报"、"可许"与"书到言"为中心》，收入《中国中古史研究》第四卷，北京：中华书局，2014 年，第 43—69 页。已收入本书。

正因为增加正式编制（员）不易，所以很多机构使用大量编外人员。尹湾汉简所见西汉末年东海郡的太守府属吏的编制为 25 人，而实际上有 93 人（见《尹湾汉墓简牍》5 号木牍反面，第 100—102 页），即是一例。不过，增编虽说不易，但并非两汉四百年间吏员始终不变，应该还是在缓慢增加的。湖南郴州木简所见西晋桂阳郡便县与晋宁县的"员吏"分别为 161 人和 125 人（简 1-1、1-2，见湖南省文物考古研究所、郴州市文物处：《湖南郴州苏仙桥遗址发掘简报》，湖南省文物考古研究所编：《湖南考古辑刊》第 8 集，长沙：岳麓书社，2009 年，第 98—99 页），而西汉时东海郡下 38 个县级单位中吏员最多的海西县与下邳县各为 107 人（《尹湾汉墓简牍》2 号木牍正面，第 79 页），而西晋时桂阳郡的人口要比西汉东海郡少很多。

还应注意，碑刻不同于上报朝廷的"集簿"，其中出现的郡县属吏不见得均为编内的员吏，往往还包括编外人员，不能据此来讨论郡县属吏的编制问题。

② 根据新近公布的长沙五一广场东汉简牍，东汉中期临湘县依然可见百姓、故吏"给事"官府的现象，如简 CWJ1①：94："贪、祉、熊以故吏给事县，熊元兴元年不处日署长赖亭长。祉延平元年十月七日、贪其年十二月十日各署视事。"简 CWJ1①：113 有"董，良家子，给事县，备狱书佐；不处年中，良给事县，永初元"，简 CWJ1③：325-2-11 有"祖给事县，署西市亭长"等，见长沙市文物考古研究所等编：《长沙五一广场东汉简牍选释》，简八、十六、五十七，上海：中西书局，2015 年，第 4、6、21 页。孙吴初年的给吏当是这一传统的延续。五一广场简公布数量有限，且不系统，具体细节还不明朗。——作者补注，2016 年 3 月。

　　首先，需要厘清的是"给吏"的来源。根据复原的名籍，临湘地区的各种吏与民合编在统一的乡里编制内①，各种"给×吏"的标识出现在户主身份为民的户中。据韩树峰的搜集，《竹简（壹）》这类名籍多分布在简号 10000 以上的区间，而简号 10245—10495 则是成坨的名籍简，其中发现了至少 5 例此种简。② 而邻近此坨的简壹·10153 云"☑小武陵乡□嘉禾四年吏民人名妻子年纪簿"，大体可以断定《竹简（壹）》中包含"给×吏"注记的名籍应属于"嘉禾四年吏民人名年纪簿"。此外，"给吏"出现在吏的父兄子弟中。1999 年公布的乡劝农掾制作的两枚木牍，其一云：

　　　　广成乡劝农掾区光言：被书条列州吏父兄子弟状处、人名、年纪为簿。辄隐核乡界，州吏七人，父兄子弟合廿三人。其四人刑、踵、聋、欧病；一人被病物故；四人真身已送及，随本主在官③；十二人细小；一人限佃；一人先出给县吏。隐核人名、年纪相应，无有遗脱，若后为他官所觉，光自坐。嘉禾四年八月廿六日破莂保据。（无编号）

本木牍调查的是嘉禾四年（235 年）广成乡州吏的父兄子弟，即家庭男性成员的情况。乡劝农掾需要定期汇报该乡州吏父兄的动向，这枚是核实完成后广成乡乡吏向上级写的保证书，概括了该乡州吏的父兄子弟的去向，并保证核实无误。父兄子弟 23 人中有一人"先出给县吏"说明吏家子弟也要"给吏"，《三国志·吴志·孙休传》永安元年（258 年）诏书亦可为证。以上表明，孙吴初年临湘地区的"给吏"出自民户与吏家的父兄子弟。

---

　　① 侯旭东：《长沙走马楼吴简〈竹简〉[贰]"吏民人名年纪口食簿"复原的初步研究》，《中华文史论丛》2009 年第 1 期（总第 93 期），第 66—79、80—81 页。
　　② 韩树峰：《走马楼吴简中的"真吏"与"给吏"》，《吴简研究》第二辑，第 26—28 页。
　　③ "状"原释为"伏"，后改为"伏"，误，应为"状"；"真"原改为"其"，据竹简，可知原释为"真"不误；"宫"字原改释为"官"，据《竹简（贰）》中有关简，释"宫"不误。其他释文的改动，参侯旭东：《三国吴简两文书初探》，《历史研究》2001 年第 4 期，第 172—173 页。

至于两种不同背景的给吏是否存在先后顺序，请看下一简，亦是与上一木牍同类的文书：

> 东乡劝农掾殷连被书条列州吏父兄人名、年纪为簿。辄科①核乡界，州吏三人，父兄二人刑踵叛走，以下户民自代。谨列年纪，以(已)审实，无有遗脱。若有他官所觉，连自坐。嘉(禾)四年八月廿六日破菊保据。　　　　　　　　　　　　　J22-2543

其中明确提到父兄"刑踵叛走"则"以下户民自代"，即取本乡户品居于下品的"民"代替，表示民户是吏家的父兄子弟因种种原因不足时的补充人选，暗示包括"给吏"在内的针对民户的安排带有补缺性质，换言之，在给吏顺序上，应是吏家的父兄子弟优先，前者不足时才会安排民户。②前文所引"民"之名籍注明"给×吏"者应是从下户民中拣出承担"给吏"任务者。

两牍记载的是嘉禾四年(235年)的情形。《竹简(贰)》与《竹简(叁)》中可以找到不少与此相关的竹简，略知该簿的具体内容。《竹简(叁)》叁·2944至叁·3106集中了包含上述内容的简，尽管其中也混有其他内容的简。其中叁·3003云："户人[见]一人任吏□□[刑][肿][叛][走]以下户民自代□□□□人名年纪为簿。"简文尽管残缺，但还是告诉我们，该册书记录的是"人名年纪"。叁·3012云："集凡中乡州军吏四人父[子]兄弟三人　中。"类似的还有叁·3032，可以认定该册书是按照"乡"来编联的。相近的资料还有叁·1760至叁·1827。其中叁·1781云："入县所领下州郡县吏十九人父兄子弟合卌八人。"叁·1813云："[入][县][领]州军[吏]父兄子弟合三百[一][十]人。"表明这些简记录的是各种吏及其家庭成员的

---

① "科"字谢桂华释作"料"。

② 对此沈刚有所讨论，见《走马楼三国吴简所见"叛走"简剩义》，《江汉考古》2009年第1期，第136页。

情况。这批简中有数枚记录了吏子弟叛走或物故的时间，如：

仓女窒杨□年十八以嘉禾四年三日十八日叛走　　　叁·1788

□男弟钱年十七一名锢以嘉禾四年二月十日叛走　　叁·1791

□姪子男末年八岁以嘉禾□年十月十八日被病物故　叁·1794

□男弟记年十七以嘉禾三年十一月七日叛走　　　　叁·1821

以上四简记录的叛走或病故时间均在嘉禾三年八月至嘉禾四年八月间，因此可以断定这批名籍的编制时间大体应是在嘉禾四年八月。根据以上情况，再考虑到名籍册书记录上的特点，可以依据名字上的联系，大体复原个别"吏"家的名籍，这有助于准确认识"给吏"。

初步复原的"某乡州军吏父兄子弟人名年纪簿"中的几家如下：

1. 州吏樊嵩　　　　　　　　　　　　　　　　　　叁·1815

嵩(?)子男徐(?)年六(?)岁细小　　　　　　　　　叁·1776

嵩祖父华年七十六老钝　　　　　　　　　　　　叁·1772

嵩男弟晖年十一细小　　　　　　　　　　　　　叁·1790

嵩男弟恭年十九先给州吏　　　　　　　　　　　叁·1807

2. 州吏邓忠　　　　　　　　　　　　　　　　　　叁·1804

忠子男仲年十五　　任 给 吏　　　　　　　　　叁·1805

3. 州吏南阳黄箅　　　　　　　　　　　　　　　　叁·1817

箅外从男弟辟年十六　　任 给 吏　　　　　　　叁·1818

4. □吏□圭（拟补）

圭男弟嵩年十二细小　　　　　　　　　　　　　叁·1761

圭叔父加年卅二 任 给 吏　　　　　　　　　　叁·1769

上述四家的名籍尽管均不完整，但还是可以看出，吏子弟中"细小"的上限是 14 岁①，如简叁·2950"仪兄子男汝年十四细小随仪在宫—名海中"，这位名"汝"的是军吏刘仪（叁·2947）的兄子，又如简叁·3069"杨男弟使年十四细小随邪在武昌"，而 15 岁便"任给吏"（叁·1805）。"任给吏"的"任"表示"堪、能"②，与竹简中出现的"不任调役"（如简叁·6327、6375）、"不任调"（如简壹·4233、叁·4301）相对，表明此人有能力"给吏"，并不表示当时已经"给吏"。吴简中尚另有几枚简出现了"任给吏"，如简贰·6655 与叁·176，但无从断定所指是否为"吏"之子弟。真正"给吏"的是简叁·1807 中的樊恭。"先给州吏"表示的是他在此次核实进行以前已经离家去承担州吏的工作了。

就目前所见几类名籍看，嘉禾四年时无论"吏子弟"还是"民"，均需承担"给吏"任务，似无区别。仔细考察，官府对于两类人"给吏"问题的关注程度还是有轻重之别的。

首先，官府对于吏的父兄子弟的动向的关心更为突出。除了一般性吏民兼顾的"吏民人名年纪簿"或"吏民人名年纪口食簿"之外还专门调查并制作簿书加以登记，如上举两牍，甚至还有专门的"郡县吏兄弟叛走人名簿"（壹·7849），而关于吏子弟动向的簿书散见于《竹简》壹③、贰④与

---

① 王子今统计了竹简名籍中带有"细小"标记的简，发现绝大多数出现在 1—14 岁的男性中，见《说走马楼简文"细小"》，《江汉考古》2009 年第 2 期，第 108—112 页。作者在分析时没有注意这些名籍户主的身份，恐怕都应是各种"吏"家。

② 《后汉书》卷二《明帝纪》"永平十七年八月条"，李贤注："任，堪也。"（第 122 页）

③ 如下列简："右 乡郡县吏兄弟合十五人前后各叛走□ 趣刘阳吴昌醴陵☒"（壹·7454）；"诸 乡谨 列 郡县吏兄弟叛走人名簿"（壹·7849）；"县吏毛章弟顾年十五 以嘉禾三年十二月 十 七日叛走"（壹·7865）。类似的简还有壹·7868、壹·7882、壹·7893、壹·7903、壹·7904、壹·7905、壹·7906、壹·7975、壹·7980、壹·8003。

④ 如简贰·7089、贰·7091、贰·7095、贰·7098 等。凌文超对此簿做过整理，认为此簿是根据保质的需要而制作，见所著《走马楼吴简隐核州、军吏父兄子弟簿整理与研究——兼论孙吴吏、民分籍及在籍人口》，《中国史研究》2017 年第 2 期，第 86—94、98 页。——作者补注，2021 年 3 月。

叁各卷中。其次，这类簿书的标注亦相当仔细。一般的"吏民人民年纪簿"或"吏民人民年纪口食簿"只是注明成年人的口算数、身体残疾情况，对于十四岁以下的小口若非身体残疾，则没有注记，而吏父兄子弟人名年纪簿中对于十四岁以下的小口则要逐一注明"细小"，对于成年的吏子弟还要注明是否"任给吏"，显示出管理的细密。这种细密体现了官府的重视程度，亦旁证"给吏"应优先出自吏家的父兄子弟。①

还应注意的是，对于吏与民的"老"的年龄划分亦不同。普通的"民"六十岁为老，不再交纳算赋②，而对于"吏"，至少还能见到"州吏何统年六十"（叁·2951），证明至少60岁还在做吏，年龄更大的"吏"亦见于竹简名籍。③ 吏家成员归入"老钝"的年龄，目前发现最小的是65岁，见简叁·1767"暹父客年六十五盲两目老钝"。至于成年——在"民"体现为开始交纳"筭"，在"吏"表现为不再列为"细小"——无论吏还是民，均为15岁。④ 这一对比说明理论上官府役使"吏"的时间可能要长于"民"，此现象的成因当然并不简单，官府需求与"吏"供给紧张应是其中一项。这种情况进而加剧对"吏"的控制，更刺激了"吏"家成员的叛走亦不奇怪。

可见，尽管到了孙吴初年，吏的父兄子弟与普通的民均可"给吏"，而官府更看重的则是前一类人。至于两类人在"给吏"时是否承担同样的任务，已刊资料没有明确的线索。不过，若"给吏"是从本乡下户民中差发，这些人是否具备使用文字的能力，能否承担"吏"的文书工作不无

---

① 《竹简（柒）》中有云："草言府，大男五杭不是卒子弟，不应给卒事　八月卅日兼兵曹掾潘 因 ？白。"（柒·770）徐畅据此认为只有卒子弟才有给卒的资格，并推测从事给吏者应为吏或故吏之父兄子弟，见所著《走马楼简所见孙吴临湘县廷列曹设置及曹吏》，《吴简研究》第三辑，第333页。此简可以旁证吏子弟当优先充当"给吏"。——作者补注，2016年3月。

② 于振波：《略说走马楼吴简中的"老"》，《走马楼吴简续探》，第155—157页。

③ 凌文超示知，《竹简（陆）》名籍中有"县吏黄讳年六十四　讳妻大女州年五十　讳子男原年廿九 给县吏"（陆·1066），说明64岁还在做"县吏"。

④ 关于民口的考察，参于振波：《"筭"与"事"》，《走马楼吴简续探》，第137页。

疑问。

秦汉时代少吏的养成与补充经历了以世袭为主到逐步开放的过程。随着战国以来官僚制国家的建立，以文书御天下，文书成为统治的核心工具，识文断字，粗通文书，熟悉律令成为各级统治者的必备条件，低级的"吏"亦不例外。秦代，这种被称为"史"的吏往往是世代相传，上引睡虎地秦简《秦律十八种·内史杂》有"非史子殹（也），毋敢学学室，犯令者有罪"，规定不是史的儿子不能在学室学习，即是肯定了担任"史"者的世袭性质。① 同时，学习为史的各种专业知识需要相当的时间，据张家山汉简《二年律令·史律》，至少要学三年才能考试。不过，这些规定并非一成不变，至少从秦末开始，为吏的后备军就不限于史子了，其他人通过考试亦可为吏，刘邦、夏侯婴就是其例。② 汉代以后吏的世袭性更弱化，普通百姓无论是通过学校还是其他途径，只要识文断字，善史书，晓律令，达到一定的要求，即可为吏，王尊的经历便是明证，直到东汉末年还是如此，前引郭太即是如此。

考虑到这一背景，孙吴时期"民"充当"给吏"并不奇怪，应是汉代传统做法的延续，值得注意的倒是优先从"吏子弟"中抽调人充当"给吏"。汉代常见起用"故吏"，如上引建武五年迁除牒中的梁普就是一例，除了二千石以上的官员可任子为郎，带有世袭色彩外，文献中亦可见到"四世三公""三世为郡吏"的个例③，但官吏身份世袭的现象并不

---

① 参黄留珠：《"史子"、"学室"与"喜揄史"》，《人文杂志》1983 年第 2 期，后收入《读云梦秦简札记四则》，《秦汉历史文化论稿》，西安：三秦出版社，2002 年，第 51—55 页。张金光对此的理解则不同，他认为"史子"是史的学徒弟子，见《秦制研究》第十章《学吏制度》，第 710 页。后说未提供证据，不从。

② 参高村武幸：《汉代地方少吏的任用与文字知识》（原刊《東方学》第 111 辑，2006 年 1 月）傅江译，收入《日本中国史研究年刊 2006 年度》，上海：上海古籍出版社，2008 年，第 90—97 页。

③ 《后汉书》卷七六《循吏·孟尝传》，第 2472 页。

多见①。吴简中亦出现了"故吏",含义还需探讨。"给吏"优先出自吏子弟或应从孙吴初年临湘地区特定的背景寻找答案。

临湘地区教育发展程度恐是不应忽视的一个因素。教育决定了世间掌握文字者的数量,间接制约了吏的后备军数量。从统计看,东汉时期长沙郡的孝廉见于记载的只有桓阶1人②,尽管这种统计受到多种因素的限制,很难说准确,但至少可以从一个侧面提醒我们,长沙郡尽管在东汉时期人口增长很快,然而教育也许没有相应发展。如果考虑到这一地区人口中还包括不少非汉族居民,对于当地教育状况也许就更不可高估了。吏家或许在教育与文字、律令知识传承方面具有优势,百姓中具有此种背景者少,促成担任"吏"工作者向吏家集中。而吏子弟的逃亡,加剧了"任给吏"的合格吏子弟短缺,这种情形势必造成已经"给吏"的吏子弟以及各种正式的吏延长工作时间与加大工作强度,进一步降低担任吏的工作的吸引力。如此往复,恶性循环,吏的地位、吏子弟的地位因之下降。

其次,需要注意的是"给吏"与"吏"的区别。如上节讨论汉代情况时所指出的,除非获得除补,东汉抽调到其他机构的官民尽管在新机构开始拥有固定称呼或位置,但个人的职位与身份并无变化,孙吴初年应沿用这一做法。"给吏"与各种"吏"同时存在于名籍中。据李均明、宋少华介绍的《竹简(肆)》中诸里户籍的统计小结简的介绍,五唐里领吏民50户,其中"给新吏"5户,县吏4户,郡吏2户,州吏□户,县卒1户,佃帅1户。东夫里领吏民55户,其中给卒2户,给郡吏1户。③这表明在当时

---

① 高敏根据睡虎地秦简认为秦汉,或秦代官吏子弟专门有"弟子籍"。见《秦汉史杂考十二题》"(三)秦、汉官吏另立专籍说",收入所著《秦汉史论集》,郑州:中州书画社,1982年,第376—378页;《秦汉的户籍制度》,收入所著《秦汉史探讨》,郑州:中州古籍出版社,1998年,第163—164页。在后文中作者认为秦代有此籍,汉代则未提及。此"弟子籍"是否为官吏子弟还需研究,其他学者多视为"学生"。

② 参邢义田:《东汉孝廉的身份背景》,收入所著《天下一家:皇帝、官僚与社会》,北京:中华书局,2011年,第314、337页。

③ 李均明、宋少华:《〈长沙走马楼三国吴简〉竹简[四]内容解析八则》,中国文物研究所编:《出土文献研究》第八辑,第184—185页。

的身份分类中，"给吏"与"吏"并存，含义实不相同，其区别应承自汉代。

因此，若非正式任命，各种"给吏"并非有正式职位、在编的"吏"，而只是承担相应的"吏"工作而已，实际身份依旧。换言之，"给州吏"即是实际承担州吏的工作，却没有州吏的职位，原为吏子弟的还是吏子弟，民还是民。"给郡吏""给县吏"与"给军吏"等的含义依此类推。① 此状态下大概只能从官府领到廩食，而非俸禄。要真正成为"吏"，一是要有编制上的空缺，二是要显示出足够的能力。② 所以吴简名籍中有六十多岁

---

① "给新吏"似乎有些特别，含义需进一步探讨。

② 韩树峰通过比对人名与身份，推测存在从"给县吏"转为"县吏"的情形，见《论吴简所见的州郡县吏》，《吴简研究》第二辑，第42—43页。谷口建速亦认同作者的推测，见《长沙走马楼吴简にみえる"限米"——孙吴政権の财政に關する一考察》，《三国志研究》第三号（2008年），第59页。凌文超亦发现了更多的事例，见《嘉禾吏民田家莂编连初探》，卜宪群、杨振红主编：《简帛研究2007》，桂林：广西师范大学出版社，2010年，第231页；《走马楼吴简采集"户籍简"的复原整理与研究——兼论"户籍简"的类型与功能》，《吴简研究》第三辑，第17—18页表一。杨芬亦发现若干例，见《孙吴嘉禾年间临湘中乡所辖里初步研究》，《中日长沙吴简学术研讨会论文集》，长沙，2011年3月，第75页表六。这些人的情况如果属实，正是由"给吏"转变成正式"吏"的例子。韩树峰注意到两种身份中"给县吏"在前，"县吏"在后，其实他所指出的"给县吏"见于嘉禾四年注有服役信息的名籍，此类名籍虽标明是嘉禾四年，制作时间可能要早到嘉禾三年，具体分析见张荣强：《孙吴户籍结句简中的"事"》，《汉唐籍帐制度研究》，第155—156页。从"给吏"到"吏"应是经历了一年多的考察。杨芬文表六所举的未刊资料中也有名籍中注明"给府吏"，而《田家莂》中却注明"男子"的例子，见《竹简（伍）》2659与《田家莂》4·398的"区贤"，正说明"给吏"并不一定均会成为"吏"，两者之间有别。

《竹简（捌）》有许多涉及许迪割米案的文书，其中三枚提到许迪曾由"给县吏"到"给郡吏"，见简捌·4075"出给县吏以吏次；后不觉年中复给郡吏，以黄龙三年正月廿日为曹所选为溇"，简捌·4177"廿一年中出给吏。到过黄龙三年正月廿日受曹遣，于溇口典受官盐一千七百廿四斛九斗皆得"，简捌·4243"九千廿不与坐各出别门异居，迪以建安廿一年中给吏到黄龙三年"。三简所述为一事，可知许迪从建安二十一年到黄龙三年为给吏，先是给县吏，后为给郡吏，黄龙三年正月为曹所选，到溇口管理官盐，此时有了编制，成为正式的员吏。建安二十一年许迪的身份为何，据简捌·4075"出给县吏以吏次"，可能是"故吏"。这种情况五一广场东汉简中已出现，见前引简CWJ1①：94。——作者补注，2016年3月。

的"子弟"（如贰·1968、贰·2015），应是不"任给吏"，亦没有正式成为"吏"的子弟。通检已刊竹简中的名籍，所见不外乎吏家的子弟或民的籍上注明"给×吏"，却没有发现州吏、郡吏、县吏或军吏本人的名籍上再注明"给×吏"的，亦暗示两者间的不同。①

复次，吏子弟平时的工作。吏子弟本身无须交纳算赋，亦无徭役，成年后到外出"给吏"期间亦非无所事事，主要工作则是种地，不过是特别的田地与特别的交纳名目，广成乡劝农掾区光所立的萠中提到的"一人限佃"透露了重要线索。

区光所列父兄子弟23人的去向中最后两项是"一人限佃，一人先出给县吏"，"先出给县吏"与上引简叁·1807的"先给州吏"性质相当，类似的简还有简叁·1450、叁·3835与贰·6654，"先出"与"先"有何区别，尚待研究。所谓"限佃"中的"佃"作治田、耕种解②，"限"则有表示范围之义③，限佃应是表示耕种一定范围的田地之意，"限米"则是限佃应交纳的收获物。《三国志·吴志·孙休传》永安元年诏书中说："诸吏家有五人，三人兼重为役，父兄在都，子弟给郡县吏，既出限米，军出又从，至于家事无经护者，朕甚愍之。其有五人三人为役，听其父兄所欲留，留一人，除其米限，军出不从。"所谓"既出限米"指的即此。对于吏之子弟而言，则是耕种子弟范围的田地，即子弟限田。尽管竹简已全部刊布，其中频见"子弟限米"，并未发现"子弟限田"，但从其他限田与限米对应情况推断，应该存在对应的田，称呼或许不叫"子弟限田"。

这类田应由成年的、没有承担给吏任务、在家的吏家子弟耕种，并交纳子弟限米。不过，因吏子弟逃亡频繁、疾病与年幼等出现劳力不敷

---

① 明显的例子见于《竹简（捌）》："郡吏郭慎年卅八　慎男弟水年廿四给吏　水男弟宝年十岁。"（捌·3560）"军吏李曾年卅九　曾男弟贡年廿三给郡吏　贡男弟年廿一。"（捌·3650）——作者补注，2016年3月。

② 详参侯旭东：《走马楼竹简的限米与田亩记录——从"田"的类型与纳"米"的关系说起》，《吴简研究》第二辑，第164页。

③ 《小尔雅·广诂》云："限，界也。"见黄怀信：《小尔雅汇校集释》，西安：三秦出版社，2003年，第65页。《广雅·释诂三》解释相同，见王念孙：《广雅疏证》，南京：江苏古籍出版社，2000年，第99页下。

时，也会征发本乡下户民耕种，这便是名籍中所见民户"给子弟"（如贰·1754）以及其他简中出现的"子弟限佃客"或"限佃民"，这亦是为何存在身份不是"子弟"者交纳子弟限米的原因。① 入米类竹简中有"郡（县）吏××子弟限米"与"子弟限米"之分，前引孟彦弘文已举出不少例子。大概前者是由吏家的子弟耕种并交纳，后者则属交由本乡"给子弟"的民户负责，所以在后一类入米簿中常可见到大男交纳的情况（如叁·5805）。就此而言，官府从下户民中差发百姓"给子弟"带有一定的抚恤或救济的用意，因为"吏子弟"家庭有一定额度的田地，下户民原先未必会有那么多田地。此外，《竹简（叁）》有：

> □男姪 南 年卅三给限佃客以嘉禾四年八月十一日叛走　　叁·3080

《竹简（贰）》中另有：

> 祐男姪南年卅五给祐子弟限田以嘉禾四年八月十一日叛走大男
> 贰·7048

仔细比对两简图版，可见记述的是同一人的情况。"三"与"五"字均不清楚，当有一误。"田"字左边略残，但"田"字形偏右，左边应另有偏旁，或许本亦是"佃"字。简贰·2054 有"其三□□□子弟限佃限□"，贰·1981 有"·其四户给子弟佃客"，"子弟佃客"当是"子弟限佃客"的略称。竹简中亦多次出现"限佃客"，如：

> 台姪子男唐适年卅九 给 限佃客以嘉禾三年九月十日被病物故
> 叁·3053

---

① 孟彦弘注意到这一点，不过，他认为民户"给子弟"是征派服吏子弟之役，也就是吏役，并不认为是耕种子弟限田，见《吴简所见的"子弟"与孙吴的吏户制——兼论魏晋的以户为役之制》，《魏晋南北朝隋唐史资料》第 24 辑（2008 年 10 月），第 5、9 页。谷口建速的看法与笔者接近，他亦讨论了"限佃客"问题，见《長沙走馬楼吳簡にみえる"限米"——孫吳政権の財政に關する一考察》，《三国志研究》第三号（2008 年），第 59—60 页。

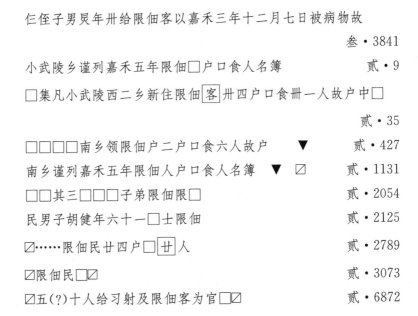

仨侄子男炅年卅给限佃客以嘉禾三年十二月七日被病物故

　　　　　　　　　　　　　　　　　　　　　　　　　　　　叁·3841

小武陵乡谨列嘉禾五年限佃□户口食人名簿　　　　　　貳·9

□集凡小武陵西二乡新住限佃客卅四户口食卅一人故户中□

　　　　　　　　　　　　　　　　　　　　　　　　　　　　貳·35

□□□□南乡领限佃户二户口食六人故户　　▼　　　貳·427

南乡谨列嘉禾五年限佃人户口食人名簿　▼　□　　貳·1131

□□其三□□□子弟限佃限□　　　　　　　　　　貳·2054

民男子胡健年六十一□士限佃　　　　　　　　　　貳·2125

☑……限佃民廿四户□廿人　　　　　　　　　　　貳·2789

☑限佃民□☑　　　　　　　　　　　　　　　　　貳·3073

☑五(?)十人给习射及限佃客为官□☑　　　　　　貳·6872

这里出现了"限佃客"与"限佃民",据前后竹简内容,貳·35 中的"客"实际应为"民",貳·9 中所缺的亦应是"民"字。叁·3053、叁·3841 与叁·3080 均出现在与吏有关的竹简附近,记录的均应是吏家成员的情况,具体记录的时间应是嘉禾四年八月,所以三简中出现的时间是嘉禾三年八月上次核实后至四年八月间出现的病故与逃亡情况,这说明当时依然沿用汉代的八月算民的传统。"限佃"或许指代多种情况,其中之一是"子弟限佃客",如果是特指,则加上"某人子弟限佃客",如简貳·7048。区光所列 23 人去向时之所以说"一人限佃",当是因此处讲的均是吏之父兄子弟,不会产生歧义,没有必要重复。"限佃民"应是由民户充当,详情待考。

吏子弟从事农耕亦非孙吴首创,西汉时期就有先例。《汉书·循吏·召信臣传》载,信臣在南阳太守任上见到"府县吏家子弟好游敖,不以田作为事,辄斥罢之,甚者案其不法,以视好恶"。结果"其化大行,郡中莫不耕稼力田,百姓归之,户口增倍,盗贼狱讼衰止"。所谓府县吏家子弟应是郡县两级官吏的子弟。从史书行文看,西汉时吏家子弟就应当"以田作为事",这是否是通行的做法?限于资料,还不清楚。

　　"任给吏"与"限佃"之间有无联系？笔者以为两者应有相当的联系，两者的主体均是成年而尚留在家中的吏子弟，只是两者关注点不同。前者是从子弟的能力角度，侧重的是日后能否"给吏"，并不关注当下的情况；后者注明的乃是当时所从事的工作。编制簿书的目的不同，所以出现不同的标注，对象却是一类人。

　　最后，有必要对学界讨论颇多的"吏户"问题做些回应。近来，依据吴简讨论"吏户"问题十分活跃，提出不同观点：一是以黎虎为代表，否定存在"吏户"[1]；一是以高敏、孟彦弘为代表，力主"吏户"存在[2]；另一观点为韩树峰所提出，认为孙吴初年只见"吏户"萌芽[3]。

　　从本文涉及的"给吏"与吏子弟情况看，孙吴时期的确出现了担任"吏"工作者向特定人群集中的现象，吏子弟的存在及其优先"给吏"亦表明"吏"职开始具有了在特定家庭内世代相袭的倾向，官府对吏家成员的动向也相当关注，专门编制不同性质的簿书加以管理，这些都预示着"吏"家的特殊性。如果不能说存在吏户的话，至少名籍中的"吏"家已开

───────────────

　　① 黎虎：《"吏户"献疑——从长沙走马楼吴简谈起》，《历史研究》2005 年第 3 期，第 53—68 页；《魏晋南北朝"吏户"再献疑——"吏"与"军吏"辨析》，《史学月刊》2007 年第 3 期，第 20—27 页；《魏晋南北朝"吏户"问题三献疑》，《史学集刊》2006 年第 4 期，第 13—21 页；《论"吏民"即编户齐民》，《中华文史论丛》2007 年第 2 辑，第 53—95 页；《论"吏民"的社会属性》；《文史哲》2007 年第 2 期，第 55—60 页；《原"吏民"之四——略论"吏民"的一体性》，《中国经济史研究》2007 年第 3 期，第 115—120 页；《关于"吏民"的界定问题——原"吏民"之五》，《中国史研究》2009 年第 2 期，第 41—60 页。

　　② 高敏：《从〈嘉禾吏民田家莂〉中的"诸吏"状况看吏役制的形成与演变——读长沙走马楼简牍札记之六》，原刊《郑州大学学报（哲学社会科学版）》2001 年第 1 期，后收入所著《长沙走马楼简牍研究》，桂林：广西师范大学出版社，2008 年，第 44—53 页；孟彦弘：《吴简所见"事"义臆说——从"事"到"课"》，《吴简研究》第二辑，第 205—208 页；孟彦弘：《吴简所见的"子弟"与孙吴的吏户制——兼论魏晋的以户为役之制》，《魏晋南北朝隋唐史资料》第 24 辑（2008 年 10 月），第 8—21 页。

　　③ 韩树峰：《走马楼吴简中的"真吏"与"给吏"》，《吴简研究》第二辑，第 33—38 页。五年后，韩树峰、王贵永《孙吴时期的"给吏"与"给户"——以走马楼吴简为中心》则将这类存在"给吏"等"给役"的民户称为"给户"，并与北魏的"杂户"联系起来理解，提供了一种新的思考角度，值得进一步思考。

始向吏户发展，视为萌芽状态应相去不远。

关于"吏"家身份确立的时间，吴简中也有迹可寻。《竹简（壹）》名籍简中关于"给吏"与"真吏"的标注出现在格式相同的名籍户主简上，这些名籍基本属于嘉禾四年，而到嘉禾六年的广成里吏民人名年纪口食簿中，"民"与各种"吏"则分别标注在每户户主简上，子弟亦单独成为一类，但由于编绳朽烂，无法确知此类名籍的年代。这些似乎显示这两三年中名籍上居民不同类别在朝身份性方向发展。高敏、韩树峰均注意到嘉禾三至五年对"吏"家田赋征收上的变化[①]，名籍注记方式的变化与此是否有关，还需要进一步的研究。

四、结论

综上所述，给事是秦汉以来官、民为官府工作的一种方式，即临时脱离本职、本机构到其他机构承担某种工作，类似于今天的借调。西汉时给事者基本不占编制，除非新机构官吏有空缺，并因此获得任命，否则继续保持原有的职位与身份。东汉时期部分给事者开始拥有编制，但多为定期轮换性质的岗位。就任职者而言，原来的职位与身份并无改变。给事者从事的工作内容复杂，但多属各机构少吏所负责的事务性任务。承担给事者因工作不同而获得不同的称呼，如见于西汉的给事令史、给事佐之类，东汉后则出现统称"给吏"。给事有时是制度性的安排，有时是编内人手不足所致，关键是事务与处理事务官吏间脱节。背后则是长期存在的官吏编制有限与事务膨胀间的矛盾。

吴简所见孙吴初年临湘地区的"给吏"是这一传统做法的延续与发展。发展之处在于担任给吏者已开始向吏家父兄子弟集中，吏子弟则已带有一定的世袭性与身份性。吏子弟成年后，到离家赴官府给吏前，主要任

---

① 高敏：《关于〈嘉禾吏民田家莂〉中"州吏"问题的剖析——读长沙走马楼简牍札记之七，兼论嘉禾五年的改革及其效果》，原刊《史学月刊》2000年第6期，后收入所著《长沙走马楼简牍研究》，第54—66页；韩树峰：《论吴简所见的州郡县吏》，《吴简研究》第二辑，第46—52页。

务是耕种子弟限田，向官府交纳××子弟限米。吏子弟充当给吏后与汉代一样也有成为正式员吏的可能。一旦吏子弟不足，则从本乡下户民中征发补充，并负责交纳泛称的子弟限米。吏子弟充当给吏不足时，也要从民户征发人员补充。官府对于吏子弟的管理十分重视。

修订过程中先后得到邢义田先生、凌文超、孙闻博、邬文玲、黎虎先生的惠助；2009 年 9 月 13 日曾将此文提交日本东京立正大学召开的"新出魏晋简牍的几个问题"国际学术研讨会，得到与会的窪添庆文、关尾史郎、川本芳昭、角谷常子、葭森健介、伊藤敏雄、阿部信幸、谷口建速等先生的指教；10 月 16 日复提交北京吴简研讨班讨论，得到与会的王子今、马怡、张荣强、宋艳萍、戴卫红、庄小霞等先生的指点；2010 年 11 月孙正军先生往复来函讨论；2011 年 6 月将本文提交中国社会科学院历史研究所主办的"出土简帛与地方社会"研讨会，得到李均明、马怡、杨振红、凌文超先生指教；匿名审稿专家亦提出改进意见，谨此一并致谢。

2007 年 11 月初稿

2008 年 3—7 月二稿

2009 年 7—8 月三稿

2009 年 10—11 月修订

2010 年 11—12 月再次修订

2011 年 3—6 月三次修订

原刊《中国史研究》2011 年第 3 期，第 19—43 页，后修改收入长沙简牍博物馆编：《走马楼吴简研究论文精选》上册，长沙：岳麓书社，2016 年，第 345—369 页。收入本书时又有增改。

外　编

天下秩序、八王之乱与刘渊起兵：
一个“边缘人”的成长史

　　永兴元年（304 年）十月，刘渊（？ —310 年）在并州离石左国城称汉王，公开与晋廷决裂，此前他已被推举为大单于，四年后称帝。刘渊当皇帝不过两年便去世，他所建立的汉赵国自吕梁山中的离石转徙出击，给了本已摇摇欲坠的西晋王朝致命一击，掀开了各方竞逐天下的惨烈历史。这段历史，前人做过相当多研究，或是从民族史的角度，或是政治史的角度，亦有从国别史的角度完成的专史；更有将其置入十六国，乃至隋唐帝国形成的脉络中去认识的长程研究。不用说，这些研究对于我们认识汉赵国，乃至十六国北朝、隋唐的历史，均有重要价值。

　　如果我们能放宽视野，并沉潜其中，跳脱民族史、政治史甚至中外关系史的区隔与束缚，回到当时的历史现场，顺时而观，可以发现更多的历史现象，对刘渊起兵建国的经纬，获得更贴近历史的认识。在此基础上，前后观察，可以从这一个案中捕捉到对更长程与更宏观历史演进的理解，有助于认识中原王朝的性质、国家建立方式以及中原王朝与东亚世界演进之间的密切关系。当然，要重新探讨上述问题，并非一篇论文可以完成，本文仅集中于在历史语境中分析刘渊起兵过程这一方面，为后续研究做个铺垫。

　　细绎刘渊起兵的过程，揭示其如何成为“大单于”，并成功地号令五部，走上反晋之路，进而推翻西晋统治，中外学界颇有讨论。但各家研究，多用心考证其族属，且对世系颇为看重，或基于此展开论证，或另立新说，或遵从《晋书》记述①，未免偏离了问题的核心。早年的研究常纠缠于阶级属性与社会形态，更是距离史实过远，近来则多从民族融合角度立论。内田吟风在分析族属之外，对于南单于的处境多有讨论，而谷川道雄致力于揭示人际结合上的特点以及前后赵国的矛盾性②，陈勇对起兵过程进行过比较仔细的分析，更贴近了历史。

　　细读《晋书·刘元海载记》，不难发现，起兵并非源于刘渊自己的想法，主要出于刘宣等人的密议，并将刘渊推举为大单于，刘渊只是事后才获知此消息。当代学者多从此处及他处的记述来辨析其族属，确认是

------

　　① 见内田吟风：《北アジア史研究　匈奴篇》，1934 年初刊，此据京都：同朋舍，1975 年，第 263—305 页；Peter A. Boodberg, "Two Notes on The History of The Chinese Frontier," *Harvard Journal of Asiatic Studies*, 1. 3/4 (Nov. , 1936), pp. 291-298；周一良：《乞活考》，1949 年初刊，收入所著《魏晋南北朝史论集》，北京：北京大学出版社，1997 年，第 27—32 页；唐长孺：《晋代北境各族"变乱"的性质及五胡政权在中国的统治》、《魏晋杂胡考》"一屠各"，收入《魏晋南北朝史论丛》，1955 年初刊，此据石家庄：河北教育出版社，2000 年，第 122—184、368—388 页；马长寿：《北狄与匈奴》，上海：上海人民出版社，1962 年，第 81—121 页；东木政一：《匈奴国家"漢"の成立とその発展——胡王国の一例》，《淑德短期大学研究纪要》第 10 号(1971 年)，第 73—84 页；林幹：《匈奴史》，1977 年初刊，此据呼和浩特：内蒙古人民出版社，2007 年，第 171—177 页；周伟洲：《汉赵国史》，1985 年初刊，此据桂林：广西师范大学出版社，2006 年，第 18—23 页；黄烈：《中国古代民族史研究》上编第三章"南匈奴的变化和消失"，北京：人民出版社，1987 年，第 161—219 页；片桐功：《屠各胡考——劉淵舉兵前史》，《名古屋大學東洋史研究報告》第 13 号(1988 年)，第 1—30 页；陈序经：《匈奴史稿》，1989 年初刊，此据增补版，北京：北京联合出版公司，2018 年，第 330—339 页；David B. Honey, "Lineage as Legitimation in the Rise of Liu Yüan and Shih Le," *Journal of the American Oriental Society*, 110. 4(1990), pp. 616-621；罗新：《从依傍汉室到自立门户》，1996 年初刊，收入所著《王化与山险：中古边裔论集》，北京：北京大学出版社，2019 年，第 121—129 页；武沐：《匈奴史研究》，北京：民族出版社，2005 年，第 82—86 页；陈勇：《汉赵史论稿——匈奴屠各建国的政治史考察》，北京：商务印书馆，2009 年，第 61—129 页；陈琳国：《中古北方民族史探》，北京：商务印书馆，2010 年，第 20—110、308—327 页；齐小荣：《屠各刘渊即匈奴大单于位探究》，硕士论文，王庆宪指导，内蒙古大学，2011 年。

　　② 谷川道雄：《隋唐帝国形成史论》第一编第一章"南匈奴的自立及其国家"(日文原版 1964 年初刊)，李济沧译，上海：上海古籍出版社，2004 年，第 22—50 页。

否为南单于的直系后裔，忽略了对刘渊处境、经历与感受的仔细分析。族属问题看起来颇为自然，仔细考量，其实只是现代学者基于现代民族身份、民族史与儒家重血统的问题意识才关心的问题①，并非时人的关切。历史研究需要回到刘渊生活的时空重加思考，借助包容晋廷与匈奴、蛮夷的天下秩序，时局演变与时人的言行，展示多线的历史。由于内容牵涉面广，限于篇幅，难以对所有问题的学术史详加论列，祈请读者见谅。

涉及时人言行，就不能不考虑记述言行的文献的性质。关于记述这段历史的文献，现存最完整的是《晋书·刘元海载记》，还有《晋书》其他纪传以及《通鉴》相关年份的记载，另外，辑录的《十六国春秋》也有一些逸出的资料。这些资料或晚出，或散佚，均带有作者各自的立场，尤其是暗中借用了不少中原王朝史书中的叙述手法或描述，今天要想一一辨

---

① 关于20世纪初民族观念与民族史作为史学研究分支的建构过程，是另外一个相当重要且复杂的故事，这里无法展开。其产生与流行，与近代中国的遭遇、国家转型纠缠在一起，前人研究甚多，恕不赘述。要超越定居社会的文化偏好去理解游牧社会，也相当不易，这方面可参考巴菲尔德（Thomas Barfield）：《危险的边疆：游牧帝国与中国》（*The Perilous Frontier*：*Nomadic Empires and China*），英文版1989年初刊，此据袁剑译，南京：江苏人民出版社，2011年；王明珂：《游牧者的抉择：面对汉帝国的北亚游牧部族》第一—三章，桂林：广西师范大学出版社，2008年，第1—156页。对种族所属问题重要性的怀疑，见童岭：《从"我是谁"到"我认为我是谁"——公元4世纪初五胡十六国史之发端》，《文史知识》2012年第6期，第20页。不过转而强调"认同"问题，亦需小心。"认同"作为一种近代出现的现象，是否普遍存在于古代世界？这无法默认接受，可参安东尼·史密斯：《民族认同》第一章，1991年初刊，此据王娟译，南京：译林出版社，2018年，第5—26页。曹魏到明帝时曾出现曹氏"四易其祖"，祖先认定上反复变化，可见这种追认的工具性，分析见朱子彦、王光乾：《曹魏代汉后的正统化运作》，《中国史研究》2011年第1期，第127—132页。

时人尽管不会有今人的民族区分与观念，但的确会有涉及族属的人群分类，体现在户籍的记载以及朝廷政策（如《晋书·食货志》所见西晋平吴后颁布的"户调式"中对"夷人""远夷不课田者"之类的区分）上，乃至现实中人们的感知上。不过，时人的分类无法简单对应为今人所说的民族。后代的情况亦可提供反观西晋的启示，如温春来：《从"异域"到"旧疆"：宋至清贵州西北部地区的制度、开发与认同》，2008年初刊，此据北京：社会科学文献出版社，2019年。

别清楚，已几无可能①，而全部抛弃，将使这段历史陷入无米下炊的境地。只能谨慎地利用这些层累形成，并渗透着士人眼光的文献，补充其他途径保存至今的资料，相互参照并观。不妨先从南单于的处境说起。

一、释"单于之尊日疏，外土之威浸重"

曹魏齐王芳的嘉平三年(251年)，担任城阳太守的邓艾，注意到当时并州的匈奴右贤王刘豹"并为一部"，颇为忧虑，上言建议乘刘豹部下有人叛逃之机，将所部分为两国，重用有功于汉廷的去卑的后人，"使居雁门，离国弱寇"，削弱刘豹的影响。上言中邓艾描述了当时匈奴的情况，云："诱(单于)而致之，使来入侍，由是羌夷失统，合散无主。以单于在内，万里顺轨。今单于之尊日疏，外土之威浸重，则胡虏不可不深备也。"②正如胡三省在《通鉴》注所指出的，此句谓"南单于留邺，虽有尊名，日与部落疏；而左贤王豹居外，部族最强，其威日重也"，针对的乃是单于与匈奴各部之间的关系。外土之威，指的是单于之外，如刘豹一类留在内迁匈奴驻地的名王们影响在上升。

简言之，因单于入侍洛阳，在匈奴部众中的声望不断下降，而留在当地的名王的影响则在上升，成为未来的隐患。邓艾的观察，乃是我们认识当时匈奴领袖变动的钥匙，刘渊最后能脱颖而出，被推举为大单于，

---

① David B. Honey, "History and historiography on the sixteen states: some T'ang 'Topoi' on the nomads," *Journal of Asian History*, 24. 2(1990), pp. 161-174. 作者关注的主要是《载记》的"史臣曰"。胡鸿亦做过一些分析，见《十六国的华夏化："史相"与"史实"之间》，2015年初刊，后收入所著《能夏则大与渐慕华风：政治体视角下的华夷与华夏化》，北京：北京师范大学出版社，2017年，第202—241页。关于《晋书·刘元海载记》开头部分的史料来源与不同文献中记述的比对，见町田隆吉：《二、三世紀の南匈奴について——〈晋書〉卷101劉元海載記解釈試論》，《社会文化史学》17号(1979年)，第66—87页。

② 《三国志》卷二八《魏书·邓艾传》，点校本第2版，北京：中华书局，1982年，第776页。具体年代据《资治通鉴》卷七五，北京：中华书局，1956年，第2391页。

与其说是因为他乃刘豹之子①，不如说此一升降态势创造了机会。匈奴传统中，单于个人的军事领导能力是颇为重要的。②

时入西晋，这种状况得到延续。学者注意到呼厨泉以后的南单于不见于文献记载，这一方面源于史书体例上的问题。《后汉书·南匈奴传》的下限是东汉末，不可能记载曹魏以后的南单于，《三国志·魏书》卷三〇"序"中指出："秦汉以来，匈奴久为边害"，但自从东汉"保塞称藩，世以衰弱。建安中，呼厨泉南单于入朝，遂留内侍，使右贤王抚其国，而匈奴折节，过于汉旧。"（831）这当是陈寿对匈奴的总体观感，故他在诸传中不时提到匈奴，因其衰落，危害骤减，没有为匈奴立专传，做系统的记述。③《晋书》的《北狄传》记述方式亦与《后汉书》不同，这些都导致了曹魏以后南单于世系的阙载。另一方面，呼厨泉以下的南单于长期远离单庭，居住在魏晋王朝的都城，导致了邓艾所说的声望低落，在五部中影响日小，同时，南单于在魏晋朝中亦只是充当显示万方来朝的象征性符号。遍检文献，建安二十一年（216 年）南单于入朝以后，见不到南单于在五部活动的记载，更见不到起兵或率众跟随魏晋朝廷大军出征的记录，从侧面提供了证据。上述两方面相互勾连，文献中缺乏记录，与南单于日益边缘化的处境亦不无关联。

有学者认为最晚西晋武帝中期起，南单于已不再以质任身份停留于

---

① 唐先生已证明刘渊与南匈奴单于的关系可疑，见唐长孺：《魏晋杂胡考》，《魏晋南北朝史论丛》，第 381—388 页。姚薇元亦持此说，见《北朝胡姓考》，1958 年初刊，此据修订本，北京：中华书局，2007 年，第 46—48 页。马长寿、林幹、陈勇亦赞同此说，见马长寿：《北狄与匈奴》，第 97 页；林幹：《匈奴史》，第 171—174 页；陈勇：《汉赵史论稿》，第 104—110、114—118 页。另外，值得注意的是，刘宣在鼓动刘渊起兵时，并没有提及其出身，对匈奴人而言，重血统的晋人式观念并不是关注的重点，详后。关于邓艾对南匈奴局势的分析，町田隆吉有类似看法，见所著《二、三世紀の南匈奴について——〈晋書〉卷 101 劉元海載記解釈試論》，《社会文化史学》17 号（1979 年），第 78—79 页。

② 见泽田勲：《匈奴：古代遊牧国家の興亡》，1996 年初刊，此据新订版，东京：东方书店，2015 年，第 136—152、160—163 页。

③ 见《三国志》卷三〇《魏书·乌丸鲜卑东夷传》，第 858 页。

洛阳，返回五部。① 此前内田吟风对此已做过分析，并断定此条资料指的是《咸宁注》，亦论证了南单于魏晋时期长期滞留在国都②，这里仅略做补充。上述新见所据是《北史·常景传》：

> 是年（正光元年，520 年）九月，蠕蠕主阿那瓌归阙，朝廷疑其位次。高阳王雍访（常）景，曰："昔咸宁中，南单于来朝，晋世处之王公、特进之下。今日为班，宜在蕃王、仪同三司之间。"雍从之。（42/1557）③

常景的回答，是针对阿那瓌归阙的朝位安排，故使用的"来朝"，而他所据并非西晋时南单于某次入朝的安排，实是咸宁（275—279 年）时制定的"仪注"，所谓的"咸宁中"即指咸宁仪注。正如本传所指出的，北魏宣武帝时制定的"朝令"与"仪注"，常景均是重要的参与者，更是仪注的最终完成者，本传称他"撰太和之后朝仪已施行者，凡五十余卷。时灵太后诏依汉世阴、邓二后故事，亲奉庙祀，与帝交献。景乃据正，以定仪注，朝廷是之"。史家概括指出"朝廷典章，疑而不决，则时访景而行"（1557）。《旧唐书·经籍志上》乙部史录仪注类尚收录了"《后魏仪注》三十二卷常景撰"（46/2008）。我们都清楚，各朝的仪注并非凭空草拟，均是在前朝仪注的基础上斟酌损益。修仪注者一定是精通前朝礼制的大儒，常景亦是如此。西晋一朝的仪注，至唐初还存留着至少两种，《隋书·经籍志二》"仪注"类收录的尚有"《晋新定仪注》四十卷晋安成太守傅瑗撰""《晋杂仪注》十一卷"（33/969）。而沈约（441—513 年）在萧梁时完成的《宋书》

---

① 见陈勇：《刘渊的质任身份与五部的政治重组》，2008 年初刊，收入所著《汉赵史论稿》，第 119—120 页。

② 内田吟风：《北アジア史研究 匈奴篇》，第 275—278 页。

③ 又见《魏书》卷八二《常景传》，点校本，北京：中华书局，1974 年，第 1803 页。略见杨衒之：《洛阳伽蓝记校释》卷三"龙华寺"条，周祖谟校释，上海：上海书店出版社，2000 年，第 131 页。

"志"中还引用过"咸宁注"①，与此年代相当的北朝，恐怕也应能看到此书。北魏统一北方后太武帝曾令崔浩大力搜集图书，孝文帝与宣武帝亦两度下诏征集天下遗书。当时南北方人员往来频繁，书籍上的互通有无亦不困难。② 常景当是据《咸宁注》来回答丞相元雍的问询。若此说不误，此条无法证明当时南单于已不在洛阳质任，正好相反，乃是一条显示南单于要长期滞留洛阳的资料。

《宋书·礼志一》引述的《咸宁注》甚长，很多内容看似无关，然后文的分析中也会涉及。兹不避繁冗，转引如下：

> 晋武帝世，更定元会注，今有《咸宁注》是也。……《咸宁注》，先正月一日，守宫宿设王公卿校便坐于端门外，大乐鼓吹又宿设四厢乐及牛马帷阁于殿前。夜漏未尽十刻，群臣集到，庭燎起火。上贺谒报，又贺皇后。还从云龙东中华门入谒，诣东阁下便坐。漏未尽七刻，群司乘车与百官及受贽郎下至计吏，皆入，诣陛部立。其陛卫者，如临轩仪。漏未尽五刻，谒者仆射、大鸿胪各奏："群臣就位定。"漏尽，侍中奏："外办。"皇帝出。钟鼓作，百官皆拜伏。太常导皇帝升御座。钟鼓止。百官起。大鸿胪跪奏："请朝贺。"治礼郎赞："皇帝延王登。"大鸿胪跪赞："蕃王臣某等奉白璧各一，再拜贺。"太常报："王悉登。"谒者引上殿，当御座。皇帝兴，王再拜。皇帝坐，复再拜，跪置璧御座前，复再拜。成礼讫，谒者引下殿，还故位。治礼郎引公、特进、匈奴南单于子（《晋书·礼志》无"子"字——引者注）、金紫将军当大鸿胪西，中二千石、二千石、千石、

① 《宋书》卷一四《礼志一》，点校本，北京：中华书局，1974 年，第 343—344 页。

② 《隋书》卷三三《经籍志二》"史部·霸史"云："后魏克平诸国，据有嵩、华，始命司徒崔浩，博采旧闻，缀述国史。诸国记注，尽集秘阁。"（点校本，北京：中华书局，1973 年，第 964 页）又可参《魏书》卷七《孝文帝纪下》"太和十九年"、卷八《宣武帝纪》"永平三年"，第 178、209 页；蔡宗宪：《中古前期的交聘与南北互动》，台北县：稻乡出版社，2008 年，第 323—343 页。

六百石当大行令西，皆北面伏。大鸿胪跪赞："太尉、中二千石等奉璧皮帛羔雁雉，再拜贺。"太常赞："皇帝延君登。"治礼引公至金紫将军上殿，当御座。皇帝兴，皆再拜。皇帝坐，又再拜。跪置璧皮帛御座前，复再拜。成礼讫，赞者引下殿，还故位。王公置璧成礼时，大行令并赞，殿下中二千石以下同。成礼讫，以贽授受贽郎，郎以璧帛付谒者，羔雁雉付太官。太乐令跪请奏雅乐。以次作乐。乘黄令乃出车。皇帝罢入，百官皆坐。昼漏上水六刻，诸蛮夷胡客以次入，皆再拜讫，坐。御入三刻，又出。钟鼓作。谒者仆射跪奏："请群臣上。"谒者引王公至二千石上殿，千石、六百石停本位。谒者引王诣尊酌寿酒，跪授侍中。侍中跪置御座前。王还自酌，置位前。谒者跪奏："蕃王臣某等奉觞再拜，上千万岁寿。"侍中曰："觞已上。"百官伏称万岁。四厢乐作。百官再拜。已饮，又再拜。谒者引诸王等还本位。陛者传就席，群臣皆跪诺。侍中、中书令、尚书令各于殿上上寿酒，登歌乐升，太官令又行御酒。御酒升阶，太官令跪授侍郎，侍郎跪进御座前。乃行百官酒。太乐令跪奏："奏登歌。"三。终，乃降。太官令跪请御饭到陛，群臣皆起。太官令持羹跪授司徒；持饭跪授大司农；尚食持案并授侍郎，侍郎跪进御座前。群臣就席。太乐令跪奏："食。举乐。"太官行百官饭案遍。食毕，太乐令跪奏："请进儛。"儛以次作。鼓吹令又前跪奏："请以次进众伎。"乃召诸郡计吏前，授敕戒于阶下。宴乐毕，谒者一人跪奏："请罢退。"钟鼓作，群臣北面再拜出。江左更随事立位，大体亦无异也。宋有天下，多仍旧仪，所损益可知矣。(14/343—344)

这段引文，又见《晋书·礼志下》(21/649—651)、《通典·礼三〇·嘉礼十五》"元会冬至受朝贺"条(70/1929—1930)，文字与《宋志》大同小异。《晋书·礼志下》曰："《汉仪》有正会礼。正旦，夜漏未尽七刻，钟鸣受贺。公侯以下执贽夹庭；二千石以上升殿称万岁，然后作乐宴飨。魏武帝都邺，正会文昌殿，用汉仪。又设百华灯。晋氏受命，武帝更定元会仪,《咸宁注》是也。"清楚交代了《咸宁注》产生的背景,十分重要,从中可知其基础还是汉仪,特别是东汉的元会仪。西晋不过是在此基础上加以调整。

此处先需要做些辨析。《宋书》引作"匈奴南单于子",今本《晋书》与《通典》则无"子"字。作为"仪注","子"当为旁边小注,指单于不在时,由人质的单于子来替代,《晋书》则删去了小字。正常情况下应由南单于本人出席正旦元会,特殊情况下则由其子代替。这说明南单于在洛阳应该是常态。

正旦的元会是每年均要举行的大典,每次都要从单于庭到洛阳参加,似乎有些过于麻烦了,平时,南单于亦应居住在洛阳的夷蛮邸中,并会参加朝廷的其他活动。《三国志·吴志·孙皓传》载甘露元年(265 年)三月孙皓派遣光禄大夫纪陟、五官中郎将弘璆随曹魏使者到洛阳,这条资料内田吟风已注意到,并用来论证南单于留居洛阳,还可再补充几句。《三国志·魏书·三少帝纪》云"(咸熙二年,265 年)夏四月……吴遣使纪陟、弘璆请和"(4/153),《晋书·文帝纪》云"(咸熙二年)夏四月,孙皓使纪陟来聘,且献方物"(2/44),四月应该是到洛阳的时间。裴注引干宝《晋纪》对出使沿途见闻,以及在洛阳的经历有详述。到洛阳后,吴使先后见到了魏元帝曹奂与晋文王司马昭。文云:

> 魏帝见之,使侯问曰:"来时吴王何如?"陟对曰:"来时皇帝临轩,百寮陪位,御膳无恙。"晋文王飨之,百寮毕会,使侯者告曰:"某者安乐公也,某者匈奴单于也。"陟曰:"西主失土,为君王所礼,位同三代,莫不感义,匈奴边塞难羁之国,君王怀之,亲在坐席,此诚威恩远著。"(48/1163—1165)

司马昭宴请两位吴使时,刚刚败降的蜀汉后主刘禅在场,同时在场的还有匈奴单于。司马昭特意让左右告知使者是哪两位,暗示魏国的赫赫武功。这也是外交场合常见的彼此折冲。纪陟夸赞魏国恩威远著,礼遇降敌,不失礼节。宴会上的交锋必在四—八月间,因为八月辛卯,司马昭就去世了。此时南单于仍在洛阳，距离次年正旦，至少还有四个多月。可知单于并非仅每年年底前赶到洛阳，参加元会大典。

刘渊在洛阳质任的经历可为旁证。《晋书·刘元海载记》云："咸熙中（264—265年），为任子在洛阳，文帝深待之。"（101/2646）①时间与上引单于在洛相当，可知在洛阳的并非单于一人。"任子"在后文及《晋书·王弥传》中称为"侍子"或"质子"，含义当同，就是先秦以来常见的"质任"，胡族与汉族、胡族与胡族之间亦甚为通行。②魏晋时期三国并立，朝廷担心将领叛亡，此做法又死灰复燃，直到西晋时才分两次加以废除。③也只有身为匈奴贵族名王的子孙才可能成为质子，无论刘渊是否为刘豹之子，刘豹是否为於夫罗之子，他一定出身匈奴名王无疑，地位重要。一旦成为质子，便难以随意离开洛阳，因此刘渊在九曲送别王弥时，流着眼泪对王弥说："王浑、李憙以乡曲见知，每相称达，谗间因之而进，深非吾愿，适足为害。吾本无宦情，惟足下明之。恐死洛阳，永与子别。""因慷慨歔欷，纵酒长啸，声调亮然，坐者为之流涕"，前面一半话表达了他对朝中一些大臣的不满，而"恐死洛阳"正是对其未来命运的哀叹，引得为王弥践行的一座众人为之动容。刘渊所言并非妄语，可知矣，

---

① 亦见崔鸿《十六国春秋·前赵录》，《太平御览》卷一一九《偏霸部三》"前赵刘渊"引（影印本，北京：中华书局，1960年，第574页）。涉及刘渊部分，《御览》所录与《晋书·刘元海载记》大体一致，下文不再一一出注。

② 杨联陞：《国史上的人质》（*Hostages in Chinese history*），1952年初刊，收入所著《国史探微》，沈阳：辽宁教育出版社，1998年，第80—93页；宋杰：《汉末三国时期的"质任"制度》，《北京师范学院学报（社会科学版）》1984年第1期，第25—31页，后收入所著《汉代监狱制度研究》，北京：中华书局，2013年，第512—524页；周士龙：《试论魏晋的质任制度》，《天津师大学报》1987年第3期，第81—87页；成琳：《两汉时期民族关系中的"质子"现象》，《新疆大学学报（哲学·人文社会科学版）》35卷1期（2006年1月），第77—84页；陈金生、王希隆：《两汉边政中的质子述评》，《中国边疆史地研究》2008年第2期，第1—14页；高二旺：《两汉魏晋南北朝人质现象研究》，开封：河南大学出版社，2012年；朱子彦：《汉晋之际质任现象综论》，《历史研究》2015年第6期，第43—60页。最系统的分析见黎虎：《汉代外交体制研究》上册，北京：商务印书馆，2014年，第483—564页。

③ 见《晋书》卷三《武帝纪》"泰始元年"条、"咸宁五年夏四月"条，第5、70页。

背后恐怕有相关的制度在，尽管今天已无从知晓。质子尚且不能随意返乡，身为南单于者就更应如此。况且天下虽很快混一，类似咸熙二年的场面不再，但其他要显示晋朝恩威远被的场合依然存在，南单于以及匈奴质子们仍然需要时时到场作秀。

身为鲜卑拓跋部可汗力微长子的沙漠汗，彼时亦在洛阳做质子，或许认识刘渊，其经历亦是一证。据《魏书·序纪》，曹魏景元二年（261年）"以国太子留洛阳，为魏宾之冠。……魏晋禅代，和好仍密。始祖（力微）春秋已迈，帝以父老求归，晋武帝具礼护送"。此时为晋武帝泰始三年（1/4）[1]，沙漠汗在洛阳前后六年，八年后再次返回洛阳，又停留二年方返回塞外。沙漠汗两次返回部落，均需晋廷允许方可。

当然，质子们也并非不能临时返回故乡。惠帝永兴元年（304 年），刘宣等密谋推举刘渊为大单于，"乃使其党呼延攸诣邺，以谋告之。元海请归会葬，（司马）颖弗许。乃令攸先归，告宣等招集五部，引会宜阳诸胡"。[2] 通常情况下，返乡参加至亲的葬礼一定是最能说得出口的理由。只是当时驻扎邺城的司马颖处境危急，两面临敌，南有西晋朝廷——惠帝先后在长沙王司马乂、东海王司马越控制之下，与颖对抗，北面又有王浚、司马腾的压力，刘渊此前已被司马颖上表任命为"行宁朔将军、监五部军事"（晋 101/2647），看来其军事才能与领导才干已赢得司马颖的认可，情急时刻，正是将帅施展身手之时，所谓"招集五部"，应是他在发挥"监五部军事"的作用，亦是呼延攸得以顺利返回的正当理由。承平

---

① 《魏书·序纪》的内容历来受到学者质疑，相关研究颇多。近来越来越多学者注意到其中神元帝以前诸帝记载乃出自后世的虚构，对于神元帝统治的年限，亦从不同角度进行了辨析，认为存在后世的增加。有关研究，见姚大力：《论拓跋鲜卑部的早期历史：读〈魏书·序纪〉》，2005 年初刊，收入所著《追寻"我们"的根源：中国历史上的民族与国家意识》，北京：生活·读书·新知三联书店，2018 年，第 465—482 页；吉本道雅：《魏书序纪考证》（2010 年初刊），魏煜民译，收入周伟洲主编：《西北民族论丛》第 21 辑，北京：社会科学文献出版社，2020 年，第 311—337 页。感谢魏斌兄提示此条资料。

② 《晋书》卷一〇一《刘元海载记》，第 2647 页。

之时，会葬作为理由足以让质子返乡，对南单于而言，亦应如此。但显然，加上往返路程，会葬的时间也不会太久。洛阳应该是南单于长期居住之地，当无问题。

正因如此，南单于长期生活在洛阳，脱离匈奴部众，他对部众的号召力与影响力已逐渐下降，甚至已变得符号化了，为其他名王，乃至刘渊的崛起创造了机会。单于的意义，反而对于魏晋王朝来说，更显重要。这种重要性，主要体现在他参与的仪式活动所产生的象征意义。而在入塞南匈奴分布区控制局面的，则是诸部帅们。咸宁二年（276 年），胡奋在并州帅军平定鲜卑时，就有匈奴四部帅率兵参与①，而未见南单于出场，可为"外土之威浸重"做个注脚。

前引《咸宁注》所记述的西晋元会仪，将匈奴南单于（或其子）参与元会大典的位置与举止变为一种常规化的活动，尽管只是每年正旦举办一次，却是年复一年地进行。首先行礼的是藩王，单于排在诸公、特进之后，然后是金紫将军、高官，先按秩级向皇帝奉贽，然后上殿，面对皇帝跪拜行礼，皇帝还要起立回礼，然后下跪将各种贽放在御座前，随即下殿，返回原位。等所有参加大典的官员行礼结束，皇帝离开，官员归位并坐在席上，诸蛮夷胡客依次入廷，皆再拜，完毕，入座，此时蛮夷胡客面对的应该只是没有了皇帝本人的御座。约三刻——45 分钟之后，皇帝复出，然后开始依次倒酒为皇帝上寿——当时没有个人过生日的习俗，正旦是大家共同的生日，二千石以上上殿，南单于亦随之一道上殿。同时奏乐颂歌，颂的应是"王公上寿歌"。最后开始吃饭，并"举乐"，这时应该是颂"食举乐东西厢歌"，食毕，则表演舞蹈与伎乐。最后一项任务是召集各郡的计吏来授戒敕。单于和蛮夷胡客和官员一道展示着王者无外的盛世场面。

臣下行礼的同时，还伴以奏乐和颂歌，歌辞也富于象征意义。《宋

---

① 详见山西定襄居士山胡奋碑的碑文，有关讨论见忻州市文物管理处等：《山西定襄居士山摩崖碑为西晋胡奋重阳登高纪功碑》，《文物》2017 年第 5 期，第 85—96 页；渠传福：《〈山西定襄居士山摩崖碑为西晋胡奋重阳登高纪功碑〉补正》，《文物》2019 年第 5 期，第 94—96 页。感谢魏斌兄提醒我注意匈奴诸部帅的作用。

书·乐志二》《晋书·乐志上》以及《乐府诗集》卷一三分别抄录了西晋元会
不同阶段使用的歌辞，《乐府诗集》保存得最为完整，歌辞由傅玄、荀勖、
张华与成公绥四人所作，据《宋书·乐志一》，作于泰始五年（269 年）
(19/539)，归入"晋四厢乐歌"，具体分为"正旦大会行礼歌""正旦大会王
公上寿歌"以及"食举乐东西厢歌"三类。当时元会究竟使用的是四人中哪
位的歌辞，已难推考。值得注意的是，三类歌辞中，均包含四夷归化一
类的内容，详见下表：

作者	正旦大会行礼歌	王公上寿歌	食举乐东西厢歌	出处
傅玄	天鉴有晋，世祚圣皇。时齐七政，朝此万方。钟鼓斯震，九宾备礼。……仪刑圣皇，万邦惟则。		上帝是祐，下民所安。天祐圣皇，万邦来贺。……声教所暨，无思不顺。教以化之，乐以和之。和而养之，时惟邕熙。	《宋书》卷二〇《乐志 二》，582 页
荀勖	明明天子，临下有赫。四表宅心，惠浃荒貊。柔远能迩，孔淑不逆。来格祁祁，邦家是若。		昔我三后，大业是维。今我圣皇，焜耀前晖。奕世重规，明照九畿。思辑用光，时罔有违。陟禹之迹，莫不来威。天被显禄，福履是绥。 隆化洋洋，帝命溥将。登我晋道，越惟圣皇。龙飞革运，临泰八荒。睿哲钦明，配踪虞、唐。封建厥福，骏发其祥。三朝习吉，终然允臧。其臧惟何？总彼万方。元侯列辟，四岳蕃王。时见世享，率兹有常。旅揖在庭，嘉客在堂。宋、卫既臻，陈留、山阳。我有宾使，观国之光。贡贤纳计，献璧奉璋。保祐命之，申锡无疆。 ……既戡庸、蜀，吴会是宾。肃慎率职，楛矢来陈。韩、濊进乐，均协清《钧》。西旅献獒，扶南效珍。蛮裔重译，玄齿文身。我皇抚之，景命惟新。	同上书，583、584—586 页

续表

作者	正旦大会行礼歌	王公上寿歌	食举乐东西厢歌	出处
张华		称元庆，奉寿觞。后皇延遐祚，安乐抚万方。	明明在上，丕显厥繇。翼翼三寿，蕃后惟休。群生渐德，六合承流。三正元辰，朝庆鳞萃。华夏奉职贡，八荒觐殊类。黻冕充广庭，鸣玉盈朝位。……干戚舞阶庭，疏狄说遐荒。扶南假重译，肃慎袭衣裳。云覆雨施，德洽无疆。旁作穆穆，仁化翔。	《宋书》卷二○《乐志二》，588、589页
成公绥	穆穆天子，光临万国。多士盈朝，莫匪俊德。流化罔极，王猷允塞。嘉会置酒，嘉宾充庭。羽旄曜辰极，钟鼓振泰清。百辟朝三朝，或或明仪刑。济济锵锵，玉振金声。……承天位，统万国。受命应期，授圣德。……奄有八荒，化育黎蒸。图书焕炳，金石有征。德光大，道熙隆。被四表，格皇穹。奕奕万嗣，明明显融，高朗令终。保兹永祚，与天比崇。			同上书，591—592页①

通过上殿的先后次序、献赞的物品类别（白璧或璧皮帛羔雁雉）、斟酒的次序、站立的位置距离皇帝的远近以及朝贺时能否见到皇帝本人等

———————

① 以上又见郭茂倩编：《乐府诗集》卷一三，北京：中华书局，1979 年，第183、185、186—187、188、189、190、191 页，个别文字有出入。关于四位创作歌辞以及燕射礼乐的情况，可参王福利：《六朝礼乐文化与礼乐歌辞研究》第六章第二、三节，南京：凤凰出版社，2015 年，第222—255 页。

细节，元会活动展演着皇帝与臣下之间的统属关系，以及臣下之间的分类与等级差序，如张华所说"仪序既以时，礼文焕以彰"，来实现"介福御万邦"。当然，平时通过上下往来的文书亦在反复确认这种关系，元会的不同之处在于在一个共同在场的方式，以面临皇帝本人／皇帝暂时退场、献礼的先后、礼物的类别、位置的远近等来确认与宣示。臣下之间的分类，除非是群臣集体上书，否则文书中难以呈现，只能显现在文书流转过程中，一旦进入传递与处理过程，文书的发出者便无从知晓了，因此，文书上的统属仅仅通过载体的形制、用印、称呼、用语等来体现。元会场合则以众多臣下可见的方式集体展示出来。哪些人是皇帝身边的近臣与贵臣，哪些属于要礼见皇帝的臣下，其中又按照爵位、官秩加以区分，让参与者足以清晰了解自己的位置。单于与蛮夷胡客则嵌入其中，能否见到皇帝，体现了单于与蛮夷胡客的差等，蛮夷胡客与百官的差别。刘渊等质子应该属于蛮夷胡客之列，亦要参与大典。这不仅是内臣与皇帝行礼的场合，亦是体现外藩称臣纳贡的场合，单于与蛮夷胡客的在场正是后一侧面的展现，两者结合，将晋王朝的统治秩序相当完整地再现出来。上下、内外、人神、时空交织在一起，配合着歌人的咏唱，以及不时响起的金石铿锵节奏，元会参与者一身二任，既沉浸于四方来朝、流化无极的王朝秩序，又参与制造这一差别与混一兼具的秩序。①

这样一种盛世局面，是司马炎所追求，甚至是刻意营造的，自然也要用心加以维护。太康元年，虽有郭钦上疏提醒，希望将平阳、弘农、魏郡、京兆、上党诸郡杂胡外移，但武帝未加采纳（晋 97/2549）。这种外迁，从安全角度看，有益无害，但对渴望万国来朝，彰显晋廷德化的武帝，却违背其对盛世的理解，而无法接受。正如后来齐王攸建议除掉

① 渡边信一郎对西晋元会仪有分析，可参。他认为西晋元会仪的实质性构造与汉代一致，即明确君臣关系的更新，此说可酌，见所著《元会的建构——中国古代帝国的朝政与礼仪》，1996 年初刊，收入沟口雄三、小岛毅主编：《中国的思维世界》，南京：江苏人民出版社，2006 年，第 379 页。君臣关系亦时时通过文书上的称呼而反复确认，元会的作用在于集中展示，而非更新。

刘渊，为避免"示晋德不弘"而遭武帝拒绝一样（晋 101/2647）。① 当时能觉察到匈奴等胡人潜在威胁的晋臣，显属少数，尽管《晋书》记载了好几位，仿佛不少。这当是后代史家看到了"五胡乱华"的发生，而挑选编排形成的。当时若多数臣下担心胡人的危害，武帝一定不会置之不理。唐太宗认为晋武帝是"心屡移于众口，事不定于己图"（晋 3/82），实有所不查。

　　彼时的风尚是对胡人、胡物的热衷追求。生活在洛阳的魏晋高官们，喜好来自并州的胡奴胡婢当是时髦风气。曹魏正始年间（240—248 年），陈泰在并州刺史、护匈奴中郎将任上拒绝接受"京邑贵人"寄来的宝货，帮他们买奴婢（三 22/638），只是个罕见的异数，恰恰衬托出相反的常态。这些胡人奴婢基本不会用于耕织，而是来充当家内的侍奴。像名士阮籍的侄孙阮孚，生母便是一位胡婢，乃其父阮咸居母丧期间得于其姑家（晋 49/1362—64）。西晋时期以洛阳为中心及其他地区高等级墓葬中不时出土的胡人侍俑②，体现了墓主人对胡人的喜爱，甚至死后都渴望将他们带到地下世界。生前的情形，就更可想而知了。《宋书·五行志一》记载"晋武帝泰始后，中国相尚用胡床、貊盘，及为羌煮、貊炙。贵人富室，必置其器，吉享嘉会，皆此为先。太康中，天下又以毡为絈头及络带、衿口"，并借百姓之口称"中国必为胡所破也"，被后世史家归入"服妖"（30/887），这当然是看到历史结果的后见之明，不足取。不过上流社会对来自殊俗的异物、烹调方式的追逐，可见一斑。贵族的生活方式是时代的风向标，这类风俗充斥洛阳，构成时人目见耳闻世界的一部

---

　　① 武帝对待鲜卑可汗质子的态度亦如此，见《魏书》卷一《序纪》，第 4 页。

　　② 参汪光荣：《汉魏时期少数民族形象探析——以汉魏时期画像资料为中心》，硕士论文，王辉、胡小鹏指导，兰州：西北师范大学，2014 年；朱浒：《魏晋北朝胡俑的图像学研究》，《艺术探索》31 卷 1 期（2017 年 1 月），第 58—62 页。此风气东汉时期已出现，不赘述。远在南方的长沙郡临湘侯国，孙吴嘉禾年间购买生口的簿籍中也多次出现了"夷生口"，如《长沙走马楼三国吴简·竹简（捌）》中的简 5673、5676、5682、5892、5979 和 6030 等。简上的买主籍贯除了临湘，便是南阳，后者与东汉发现的胡俑分布地区颇有契合，其间的关联值得挖掘。

分，塑造着他们对"胡"的感知。当做身边的侍从、吸纳、模仿与流行，种种喜好中暗含着居高临下般对殊俗的操控和支配，显示着优越感，内在地维持与再现着天下秩序。

上引元会歌辞所宣扬的晋朝皇帝德被四表，万方归化，重译称贡，亦与文人们无意的流露相互呼应。惠帝初，潘岳闲居洛阳南郊辟雍西侧，写下《闲居赋》，有云"教无常师，道在则是。故髦士投绂，名王怀玺，训若风行，应如草靡"，这些是在描写他住处毗邻太学与国子学，强调儒学教化的影响，髦士与名王有多重含义，前者在俊士之外也指西南夷，名王常指匈奴贵族。他们与两学中的"国胄"和"良逸"相对，在教化扩散中被吸引①，潘岳并引用《论语·颜渊》中君子、小人间风行草偃之喻来描述德教与髦士、名王的关系②，蛮夷与匈奴作为远方被教化的对象进入王朝秩序已深深烙印在文人头脑中，与身边状貌有所不同③，甚至有可能身着异域服饰的南单于与蛮夷胡客交相辉映，所闻与所见交织，巩固着上述印象，并强化着盛世圣德的辉煌。当然，元会与歌辞相互衬托，印证与显现了西晋朝廷，包括撰写歌辞的士人们的想法。为将此局面持续下去，单于只能持续留居洛阳，其结果则加剧了邓艾所揭示的单于脱

---

① 这或与东汉明帝时的史实有关。《后汉书》卷七九《儒林传》"序"提到明帝时扩大太学生的范围，为功臣子孙等另立校舍，"匈奴亦遣子入学"（第2546页），又见卷三二《樊宏附樊准传》，第1125—1126页。林幹据《通鉴》将此事系于永平九年（66年），见《匈奴史料汇编》上册，北京：商务印书馆，2017年，第341页。感谢刘兵兄示知此条史料。

② 《六臣注文选》卷一六，杭州：浙江古籍出版社，1999年，第273页。董志广将作赋时间推定为元康六年（296年），见《潘岳集校注》附录四"潘岳年表"，修订版，天津：天津古籍出版社，2005年，第280页。感谢魏斌兄提示此资料，胡鸿兄提醒我两词的多重含义。

③ 匈奴人的外貌，比较可靠的图像是陪葬汉武帝茂陵的霍去病墓前马踏匈奴雕像中的胡人形象，感谢邢义田先生寄下照片。另，大致可据青海大通上孙家寨墓地出土的人骨来确认，同墓出土了"汉匈奴归义亲汉长"铜印，见潘其风、韩康信：《内蒙古桃红巴拉古墓和青海大通匈奴人墓人骨的研究》，《考古》1984年第4期，第367—375页。综述可见赵欣、原海兵：《匈奴、鲜卑的人种学研究综述》，《内蒙古文物考古》2008年第1期，第75—77页。

离部众，声望下降，为其他名王崛起创造机会。

正如同刘禅被描述为乐不思蜀，证明蜀亡乃天命所归，单于与蛮夷胡客的出场，带有同样的使命，只是后来刘渊起兵，即便当时确有此心，也无法如此书写。他们自己的感受，千载之下不易揣测。有一点或可推知，对单于与蛮夷胡客来说，他们觉察到的种种细微差别应是其异类感得到强化的重要源头。

二、天下秩序的明暗：臣服、无所事事与失败的反叛

质子，或侍子，是一种各方维持稳定关系的重要机制。对周边的政治体而言，献质或遣子入侍，是表达臣服与效忠的重要手段；对中原王朝而言，质子既是显示自己德化的道具，同时让质子长期生活在都城，耳濡目染，期待产生慕化之心，将来返国继任为首领，可以将双方的关系持续下去，进而维持天下秩序代代相传。两汉之际西域莎车王延便是一个明证。《后汉书·西域传》载："唯莎车王延最强，不肯附属（匈奴）。元帝时，（延）尝为侍子，长于京师，慕乐中国，亦复参其典法。常敕诸子，当世奉汉家，不可负也。"延死后，子康与贤先后继立，的确努力与内地维持贡献关系，渴望东汉复遣西域都护，后因故产生嫌隙（88/2923—2924）。前述鲜卑拓跋可汗力微子沙漠汗，魏末晋初在洛阳，返国途中，迎接他的诸部大人认为其"风彩被服，同于南夏，兼奇术绝世，若继国统，变易旧俗，吾等必不得志，不若在国诸子，习本淳朴"，并说服了力微，将其害死（魏书1/4—5）[1]，让晋廷的图谋落空。南匈奴已入塞，并被划分为五部受晋廷的监管，其质子同样带有双重意义。晋廷所期待的使命能否变为现实，既取决于局势，亦与质子个人的经历、感受分不开。

对于参与元会大典的南单于与蛮夷胡客而言，尤其是长期居住在洛

---

① 依《魏书·序纪》，其中有卫瓘挑拨，按常理思之，卫瓘当全力扶持沙漠汗承袭父位，而非构隙将其杀害，此中详情现已不可考。

阳反复出席的南单于，以及如刘渊、沙漠汗之类的质子，由于通晓汉语，熟知儒家经典，对歌辞称颂的内容不会茫然无感。他们个人的想法未必一致，但对晋廷而言，他们类似于定时出场的演员，置身其中，重复着规定动作，重要的是特定场合下他们的到场，无人在乎他们自身的感受。他们反复参与并沉浸在这种气氛中，附和着对盛世的礼赞，心中积累的感受可能是五味杂陈。

这样的场合不止是正旦元会。魏晋时期每逢年底的冬至，也遵循西汉传统，举行小会，如《晋书·礼志下》所述："魏晋则冬至日受方国及百僚称贺，因小会。其仪亚于献岁之旦。"(21/652)其中提到皇帝接受方国称贺，南单于与蛮夷胡客应该也要参与，只是仪式上没有元会大典那么隆重。

此外，还有更多的人造景观提供了传布类似观念的渠道，如今尚可看到的便有矗立在洛阳城南太学附近的《辟雍碑》。据《水经注·谷水注》，汉石经北，有晋辟雍行礼碑，太始二年立，"其碑中折"，"二年"当作"三年"，此碑早于现存的辟雍碑①，说明西晋时所立的碑不止一通。现存这方立于咸宁四年(278年)十月廿日的丰碑碑文中写道：

> 至于文皇帝，方寇负固，犹未帅职，左提右挈，虔刘边垂，乃振威域外，荡定梁益。西戎既殄，遂眷东顾，文告江裔，为百姓请命，南蛮顺轨，革面款附。九服混同，声教无贰。彭濮肃慎，织皮卞服之夷，楛矢石砮、齿革大龟之献，莫不和会王庭，屈膝纳贽。戎夏既泰，九域无事，以儒术久替，古典未隆，乃兴道教，以熙帝载。……
>
> 暨圣上践祚，崇光前轨……宇内承风，莫不景慕。于时方国贡使及款塞入献之戎，倍于海外者，盖以万数。若夫耆老讴叹于邑里，士女忭舞于郊畛，歌咏升平之谣，咨嗟大同之庆。布濩流衍，充塞

---

① 参余嘉锡：《晋辟雍碑考证》，收入《余嘉锡论学杂著》上册，北京：中华书局，1963年，第137页；施蛰存：《水经注碑录》卷四，天津：天津古籍出版社，1987年，第156—157页。

四嵎。飞英声，腾茂实，足以盈天地而冒六合矣。①

再次称颂司马昭与武帝时期振威域外，万国款塞，屈膝纳贽，这些构成了碑文中所说的升平大同的重要证明。史载，曹魏景元三年(262年)"夏四月，肃慎来献楛矢、石砮、弓甲、貂皮等，天子命归于大将军府"(晋2/37，三4/149)，"归于大将军府"之说，不见于《三国志·陈留王奂纪》，应是碑文中肃慎献物所指。② 碑文所谓武帝登基以后"方国贡使及款塞入献之戎，倍于海外者，盖以万数"，也非纯是夸张。《晋书·武帝纪》中记录的确有不少，《北狄匈奴传》中亦有个别逸出的资料。转录两处记载如下，出于后者的加"＊"：

> (泰始初年)塞外匈奴大水，塞泥、黑难等二万余落归化，帝复纳之，使居河西故宜阳城下。＊(97/2549)
>
> (泰始二年)十一月己卯，倭人来献方物。
>
> (泰始四年)扶南、林邑各遣使来献。
>
> (泰始六年)九月，大宛献汗血马，焉耆来贡方物。
>
> (咸宁元年)六月，鲜卑力微遣子来献。
>
> (二年)二月，……东夷八国归化。
>
> (二年)秋七月……东夷十七国内附。
>
> (三年)是岁，西北杂虏及鲜卑、匈奴、五溪蛮夷、东夷三国前后十余辈，各帅种人部落内附。
>
> (四年)三月……东夷六国来献。
>
> (四年)是岁，东夷九国内附。

---

① 三国時代の出土文字資料班：《魏晋石刻資料選注》，京都：京都大学人文科学研究所，2005年，第30—31页。

② 可参余嘉锡：《晋辟雍碑考证》，《余嘉锡论学杂著》上册，第140—142页。关于肃慎对于中原王朝天下秩序建构的意义，可参程尼娜：《汉至唐时代肃慎、挹娄、勿吉、靺鞨及其朝贡活动研究》，《中国边疆史地研究》2014年第2期，第20—24页。此文承刘兵兄示知，谨谢。

（五年）三月，匈奴都督拔弈虚帅部落归化。

冬十月戊寅，匈奴余渠都督独雍等帅部落归化。

十二月……肃慎来献楛矢石砮。

（太康元年）六月……甲申，东夷十国归化。

（太康元年）秋七月……东夷二十国朝献。

（二年）三月……东夷五国朝献。

夏六月，东夷五国内附。

（三年）九月，东夷二十九国归化，献其方物。

（四年）六月……牂柯獠二千余落内属。

八月，鄯善国遣子入侍，假其归义侯。

（五年）十二月……林邑、大秦国各遣使来献

（五年），复有匈奴胡太阿厚率其部落二万九千三百人归化。＊
(97/2549)武帝处之塞内西河。（《资治通鉴》卷八一，太康五年十二月）

（六年）夏四月，扶南等十国来献，参离四千余落内附。

冬十月……龟兹、焉耆国遣子入侍。

（七年）八月，东夷十一国内附。

七年，又有匈奴胡都大博及萎莎胡等各率种类大小凡十万余口，
诣雍州刺史扶风王骏降附。＊(97/2549)

是岁，扶南等二十一国、马韩等十一国遣使来献。

（八年）八月，东夷二国内附。

十二月……南夷扶南、西域康居国各遣使来献。

（八年）匈奴都督大豆得一育鞠等复率种落大小万一千五百口，
牛二万二千头，羊十万五千口，车庐什物不可胜纪，来降，并贡其
方物，帝并抚纳之。＊(97/2549)

（九年）九月，东夷七国诣校尉内附。

（十年）五月，鲜卑慕容廆来降，东夷十一国内附。

是岁，东夷绝远三十余国、西南夷二十余国来献。虏奚轲男女
十万口来降。

(太熙元年)二月辛丑，东夷七国朝贡。①

这些周边政治体或称为"国"或否，西晋朝廷中，也一定对其会有所区分，但显然不会是今天的分法：中外交流的范畴或地方政权。这些行为的确是朝廷乐意看到的，甚至也会鼓励这些纳贡的诸国使者到洛阳参加各种朝廷的仪式，让更多的臣下亲眼看到四方宾服的盛况。② 元会仪中的"蛮夷胡客"，除了长期停留洛阳的质子，恐怕不少就是这类临时朝贡的异国使者。这也是质子与胡客们共同在场，相互观摩，烘托大同盛况的场合。甘肃敦煌悬泉置遗址出土的汉简中接待西域诸国往长安贡献的使者的记录颇多，可以了解贡献的细节。而这一机构魏晋时期依然在使用③，此时类似的接待活动一定也不少，上引史料中就记录了多次。

其实，这只是历史的一个侧面。万方来朝的同时，西晋周边境内外，不时也爆发各种反叛、入侵与起兵。有匈奴五部发动的，也有其他部族，

---

① 陈琳国亦搜集过上述资料，并有所讨论，见《中古北方民族史探》第一章"匈奴内乱、南迁与杂胡化"，第69—70页。

② 《三国志》卷二四《魏书·崔林传》所记文帝时，林任大鸿胪，"龟兹王遣侍子来朝，朝廷嘉其远至，褒赏其王甚厚。余国各遣子来朝，间使连属，林恐所遣或非真的，权取疏属贾胡，因通使命，利得印绶，而道路护送，所损滋多。劳所养之民，资无益之事，为夷狄所笑，此曩时之所患也。乃移书燉煌喻指，并录前世待遇诸国丰约故事，使有恒常"（第680页），以上虽是曹魏时情形，但司马氏儒生出身，西晋一朝会更在意此，因而"利得印绶"而"因通使命"的会更多。近代以来发现的西晋时期颁受给"蛮夷"的印章颇有不少，可从侧面证明此现象，见叶其峰：《古代越族与蛮族的官印》，收入王人聪、叶其峰：《秦汉魏晋南北朝官印研究》，香港：香港中文大学文物馆，1990年，第159—163页；孙慰祖：《西晋官印考述》，《上海博物馆集刊》1996年，第54—55、59—60页；周晓陆：《二十世纪出土玺印集成》中册，编号四-GY-0124以下到编号四-GY-0163，北京：中华书局，2010年，第561—566页；庞文龙、王丽、王文耀：《虽残犹珍的西晋官印》，《收藏》2012年第8期，第84—85页。三崎良章对此有分析，见所著《五胡十六国：中国史上的民族大迁徙》（日文2002年初刊），刘可维译，北京：商务印书馆，2019年，第19—22页。

③ 该遗址西北角叠压有魏晋时期烽燧遗址，并出土纸文书1件，遗址东南山顶有魏晋时期烽火台，见甘肃省文物考古研究所：《甘肃敦煌汉代悬泉置遗址发掘简报》，《文物》2000年第5期，第4—6页。魏文帝时与西域诸国的交往，见《三国志》卷二四《魏书·崔林传》，第680页，西晋情况当相去不远。

以及南方孙吴发起的。下面仍据《武帝纪》，按时序罗列如下：

（泰始四年）冬十月，吴将施绩入江夏，万郁寇襄阳。

十一月，吴将丁奉等出芍陂，安东将军汝阴王骏与义阳王望击走之。

（泰始六年）正月……吴将丁奉入涡口，扬州刺史牵弘击走之。

六月戊午，秦州刺史胡烈击叛虏于万斛堆，力战，死之。诏遣尚书石鉴行安西将军、都督秦州诸军事，与奋威护军田章讨之。

（泰始）七年春正月……匈奴帅刘猛叛出塞。

三月，孙皓帅众趋寿阳，遣大司马望屯淮北以距之。

夏四月，九真太守董元为吴将虞汜所攻，军败，死之。北地胡寇金城，凉州刺史牵弘讨之。群虏内叛，围弘于青山，弘军败，死之。

七月……吴将陶璜等围交趾，太守杨稷与郁林太守毛炅及日南等三郡降于吴。

（泰始九年）七月……吴将鲁淑围弋阳，征虏将军王浑击败之。……鲜卑寇广宁，杀略五千人。

（泰始十年）八月，凉州虏寇金城诸郡，镇西将军、汝阴王骏讨之，斩其帅乞文泥等。

（咸宁元年，275年，二月）叛虏树机能送质请降。（又据《晋书》卷三八《扶风王骏传》"咸宁初，羌虏树机能等叛，遣众讨之，斩三千余级"，第1125页。）

六月……吴人寇江夏。西域戊己校尉马循讨叛鲜卑，破之，斩其渠帅。

（咸宁二年）二月……并州虏犯塞，监并州诸军事胡奋击破之。

（咸宁二年）秋七月……鲜卑阿罗多等寇边，西域戊己校尉马循讨之，斩首四千余级，获生九千余人，于是来降。

（咸宁三年）十二月，吴将孙慎入江夏、汝南，略千余家而去。

（咸宁四年）六月……凉州刺史杨欣与虏若罗拔能等战于武威，

败绩，死之。

（咸宁）五年春正月，虏帅树机能攻陷凉州。乙丑，使讨虏护军武威太守马隆击之。（又见卷五七《马隆传》，第1555页。）

（太康元年）秋七月，虏轲成泥寇西平、浩亹，杀督将以下三百余人。

（太康二年）冬十月，鲜卑慕容廆寇昌黎。

（太康三年）九月……吴故将莞恭、帛奉举兵反，攻害建邺令，遂围扬州，徐州刺史嵇喜讨平之。

（太康七年）夏五月……鲜卑慕容廆寇辽东。

（太康八年）冬十月，南康平固县吏李丰反，聚众攻郡县，自号将军。

十一月，海安令萧辅聚众反。

十二月，吴兴人蒋迪聚党反，围阳羡县，州郡捕讨，皆伏诛。

这些年境内外并不太平，战事屡起。持续时间最长的莫过于咸宁元年到五年的树机能在凉州的起兵，一度攻陷了凉州，据《晋书·刘元海载记》，武帝得知此消息后，考虑派遣谁去征讨，李憙提议授予刘渊将军之号，率领匈奴五部之众，认为"可指期而定"，遭孔恂反对而未果。此前，因王济的多次美言，刘渊曾为武帝所召见，交谈中给武帝留下的印象甚佳，武帝认为他胜过由余与金日磾，前者是秦穆公时戎王的使者，后入秦助穆公伐戎，后者是汉武帝时降汉的匈奴贵族，不仅发现刺客救过武帝，还被武帝任命为昭帝的辅政大臣。晋武帝言下之意不无加以重用的打算，但亦是遭孔恂、杨珧反对。这些或是当面发生，或是事后得知的情形，对刘渊打击颇大，特别是当听到武帝称赞他胜过由余与金日磾时，建功立业、报效晋廷的热情更应高涨。但接踵而至的却是"每相称达，谗间因之而进，深非吾愿，适足为害"（晋101/2646），其心情起伏如过山车，因此他在送别王弥的集会上大倒苦水。《资治通鉴》将此事系于咸宁五年（279年）（80/2555），当有其根据。

不过，就时人而言，上述见于《武帝纪》的战事，几乎不会为绝大多数时人所知晓或接触，虽然今人通过史传能了解。除了战事发生地的官员之外，只有武帝及其身边的少数大臣能够掌握。彼时并无公开的传播渠道，如后世的"邸报"之类，只有官方的亭传驿之类来传递文书与信息，军情则用"檄"上报①，会以最快速度送达朝廷。沿途接力传递文书的官吏可能会因文书形制而略知有战事发生，除非是"露布"，旁人则难以知晓，只能从出征或凯旋的军队窥知一二。相较而言，"蛮夷"朝贡则会通过朝会等方式为参与的众臣所知晓。两类事务一显一隐，持续制造与维持四方来宾，歌舞升平的表象。

对刘渊来说，临时性的差遣都轮不上，长年无所事事恐是洛阳生活的常态，亦难以跻身洛下时尚的圈子。不同于西晋王朝的官吏，除了参加固定日期的盛典以及临时性的礼仪活动，刘渊既不临民，也不掌事，没有任何确定的官位和职掌。他因出自匈奴，几次想为朝廷建功立业，均碰壁而归，只能不断参与制造盛世，并为万方称贡的祥和局面所笼罩，难以找到实现抱负的途径，困居洛阳，常年游手好闲。他所擅长的不过是一般儒生都熟悉的经史著作，加上"武事"，跟不上洛阳城里的新风尚。高官名士中流行的谈玄，对他而言，恐怕过于深

① 湖南郴州苏仙桥 J10 出土西晋惠帝时简中所见"邮"与"驿"，如简 1-4、1-6、1-26、1-55、1-56、1-74，可知，参湖南省文物考古研究所、郴州市文物处：《湖南郴州苏仙桥遗址发掘简报》，湖南省文物考古研究所编：《湖南考古辑刊》第 8 集，长沙：岳麓书社，2009 年，第 99—101 页。从汉代的《行书律》规定以及西北汉简中文书传递情况，可知其运转的大概，见李均明：《汉简所见"行书"文书述略》，原刊甘肃省文物考古研究所编：《秦汉简牍论文集》，兰州：甘肃人民出版社，1989 年，后收入所著《简牍法制论稿》，桂林：广西师范大学出版社，2011 年，第 215—216 页；高荣：《秦汉邮驿的管理系统》，《西北师大学报（社会科学版）》41 卷 4 期（2004 年 7 月），第 35—40 页；易桂花、刘俊男：《从出土简牍看秦汉时期的行书制度》，《中国历史文物》2009 年第 4 期，第 72—79 页；富谷至：《檄书考——视觉简牍的发展》，收入所著《文书行政的汉帝国》（日文本 2010 年初刊），刘恒武、孔李波译，南京：江苏人民出版社，2013 年，第 43—88 页；鹰取祐司：《秦汉官文书の基礎的研究》，东京：汲古书院，2015 年，第 27—49、201—330 页。

奥；石崇等的文人雅集，也超出他的爱好，无法跻身其中，虽然有几位并州的乡里为友①，但彼此在向往与追求上还是颇有隔阂，积在刘渊心中的愤懑不快，应该不少。

辟雍碑竖在洛阳南郊太学西南，来自全国各地的太学生们不可能看不到，并且应会被碑文的描述所鼓舞。长年生活在洛阳的刘渊与南单于应该也有机会看到。特别是晋武帝与太子曾多次到辟雍行礼，《辟雍碑》云："堂列不臣之客，庭延布衣之宾，……仪形万国，作孚四方，盛德大业，于斯为美。"傅玄《辟雍乡饮酒赋》云："定小会之常仪兮，飨殊俗而见远邦。揖让而升，有主有宾。礼虽旧制，其教惟新。若其俎豆有数，威仪翼翼，宾主百拜，贵贱修敕。酒清而不饮，肴干而不食。……四坐先迷而后悟，然后知礼教之弘普也。"②作为殊俗远邦的代表，两人也都该随从参加。尤其是永宁元年（301 年），成都王司马颖自邺城南攻洛阳，"颖营于太学"，从四月癸亥驻到六月乙卯齐王司马冏入洛。③ 刘渊此次当随司马颖攻入洛阳，且立下战功，不然司马颖不会在返回邺城后上表授予刘渊官职。司马颖入洛阳前战事便已结束，剩下的工作只是处理朝中官员的去留，刘渊没有资格参与此事，有足够的时间离开营地四下活动。若他观摩附近矗立的辟雍碑，亦不奇怪。当然，若在此时，感受便与承平时期大不相同了。

当时洛阳文人领袖石崇创作了歌舞《王明（昭）君辞》，并教其宠爱的侍妾绿珠来表演。歌词内容以第一人称口吻讲述昭君出塞故事，基调是哀怨的。辞云："我本汉家子，将适单于庭……哀郁伤五内，泣泪沾珠缨。行行日已远，遂造匈奴城。延我于穹庐，加我阏氏名。殊类非所安，

---

① 具体分析可参范兆飞：《中古太原士族群体研究》，北京：中华书局，2014年，第 77—79 页。

② 《艺文类聚》卷三八《礼部上·辟雍》引，上海：上海古籍出版社，1999 年，第 690—691 页。

③ 《晋书》卷五九《成都王颖传》，第 1615—1616 页；《资治通鉴》卷八四，第 2658—2660 页。

虽贵非所荣……杀身良不易，默默以苟生。苟生亦何聊，积思常愤盈……昔为匣中玉，今为粪上英……传语后世人，远嫁难为情。"①最后落脚到对远嫁的不满，却是通过层层递进的关于"殊类"匈奴的负面形象来衬托或营造的。歌词说的是往事，但对于听众观众来说，恐怕会联想到现实中的匈奴、身边的匈奴人，虽然他们已经入塞许久了，生活上与晋人没有多少差别。更重要的是，石崇身为洛阳文人雅集的核心，以"豪侈相尚"，甚至敢于和晋武帝的舅舅王恺斗富，左右洛下风气，加上绿珠也声名远扬。② 当时此事应轰动洛下，以至后代续作者甚多，两百年后梁代庾肩吾有《石崇金谷妓》专咏此事，诗云："兰堂上客至，绮席清弦抚。自作《明君辞》，还教绿珠舞。"③四下流传的歌词不会不为同时留居洛阳的刘渊等所听闻，无疑也会令他们心里平添几分压抑与不快。

泰始七年（271 年），刘渊羁旅洛阳六七年后，匈奴五部中爆发了一场起兵，一年后以失败告终："正月……匈奴帅刘猛叛出塞"，次年春正月，"监军何桢讨匈奴刘猛，累破之，左部帅李恪杀猛而降"（晋 3/60、61）。除了何桢，西晋一方参战的还有路蕃、胡奋（晋 57/1557）。反叛一度从并州波及河东、平阳，情势或曾比较严峻，武帝还专门诏因罪获赦在家的杜预"定计省闼"（晋 34/1027），帮助谋划平叛方略。

刘猛的身份，纪传说法不一，有帅、中部帅、右贤王与单于之说，恐怕都不错。帅或中部帅当是晋廷授予刘猛的职位，右贤王乃是他在匈奴的名号，单于当是起兵后自立的名号。④《资治通鉴》"泰始七年十一

---

① 《六臣注文选》卷二七《诗·乐府》，第 498—499 页。并参萧涤非：《汉魏六朝乐府文学史》，北京：人民文学出版社，1984 年，第 182—187 页；刘怀荣、宋亚莉：《魏晋南北朝乐府制度与歌诗研究》，北京：商务印书馆，2010 年，第 230—232 页。

② 见《晋书》卷三三《石苞附石崇传》，第 1007—1008 页。

③ 徐陵编：《玉台新咏笺注》卷一〇，吴兆宜注，程琰删补，穆克宏点校，北京：中华书局，1985 年，第 516 页。

④ 吕思勉有此推测，见《两晋南北朝史》，上海：上海古籍出版社，1984 年，第 23 页自注。町田隆吉亦推测"单于"为刘猛起兵后的自称，见《二、三世紀の南匈奴について——〈晉書〉卷 101 劉元海載記解釈試論》，《社会文化史学》17 号（1979 年），第 86 页注 40。

月"条复云："刘猛寇并州，并州刺史刘钦击破之。"(79/2518)①最终在次年正月为监军何桢所破。何桢认为刘猛"众凶悍"，"非少兵所制"，采取擒贼擒王的策略，潜诱其帐下李恪杀掉刘猛，平定了反叛(晋97/2549)。

这场反叛不成功，原因一是时机，二是目的。三十多年后，刘宣在鼓动刘渊起兵时说，刘猛起兵"属晋纲未弛，大事不遂"，的确看到了问题的核心。彼时情势一度危急，晋武帝招杜预入宫商议，但晋廷核心安稳，可以从容调度，安排将领、兵力与物资来处理。此外，刘猛起兵的目的亦是导致其失败的原因。纪传中或称为"叛"或"举兵反"，《武帝纪》则作"叛出塞"(3/60)②，"出塞"指逃离西晋控制区返回草原，当是实情，不然不会从七年正月到十一月间没有活动的记载，《通鉴》用"寇并州"，亦表示是从境外进犯③，这多半是因塞外秋冬粮草匮乏所致。从史载匈奴人动向看，不时仍有部众叛逃，返回塞外过游牧生活，却已非主流的选择。关于东汉南匈奴墓葬的研究也显示，墓葬形制、埋葬方式与随葬品组合上保留的匈奴风俗已经很少，与同期的汉人墓葬差别不大，贵族墓中更是如此，说明经过长期在内地的生活，习俗与观念上已逐渐与汉人趋同。宗教信仰与风俗相对于物质文化，往往更难以改变。④ 这种趋同意味着他们在更深层次上接受了内地生活，这构成随着时间推移，南

---

① 此条仅见《资治通鉴》，据陈勇：《〈资治通鉴〉十六国资料释证(汉赵、后赵、前燕国部分)》，北京：中国社会科学出版社，2010年，第32页。

② 《资治通鉴》卷七九"泰始七年"条亦作"叛出塞"(第2514页)。

③ 江统《徙戎论》中则云"刘猛内叛，连结外虏"，见《晋书》卷五六《江统传》，第1534页。

④ 见杜林渊：《南匈奴墓葬初步研究》，《考古》2007年第4期，第74—86页；单月英：《匈奴墓葬研究》，《考古学报》2009年第1期，第35—67页，特别是第64、66—67页；蒋璐：《北方地区"南匈奴"墓葬再探讨》，《边疆考古研究》第10辑(2011年)，第244—253页；马利清：《南匈奴概念的界定及其文化遗存的辨析》，《北方民族考古》第1辑(2014年)，第157—170页；单月英：《东汉至魏晋降汉匈奴人墓葬研究》，收入齐东方、沈睿文主编：《两个世界的徘徊：中古时期丧葬观念风俗与礼仪制度学术研讨会论文集》，北京：科学出版社，2016年，第439—472页。在判断哪些墓属于南匈奴墓上，各家观点有不同，这正体现了双方葬俗上的相互影响与趋同。

匈奴人甚少叛出塞的现实基础。

刘猛反叛前后，《北狄传》记载了三次匈奴诸部内迁，不论原因为何。除偶见部人叛出塞外，其他人发动的反抗亦未见云"出塞"的。[①] 即便是30多年后刘渊起兵，打着继承呼韩邪的旗帜，亦只是在中原地区征战，没有返回草原故地的举动。由于两百多年的入塞生活，匈奴人只不过是身份上的标识，他们早已是出生在农耕区，惯于定居生活的人，很难重返游牧生活了，成为拉铁摩尔所说的中间地带的居民。这一缓慢却关键的变化，成为刘猛起兵难以赢得五部匈奴普遍支持的重要背景，即便他身为右贤王，自号单于。[②]

刘猛起兵旋起旋落，且身死兵败，史载过简。若他确为右贤王，年轻时也应在魏晋都城做质子，其父去世后才有机会回到五部任职。但洛阳的繁华、魏晋的天下并没有征服他，他更向往自己祖先的生活，不幸以悲剧告终。

刘猛起兵的目的，与30多年后的刘宣实不相同。刘渊或许印象没那么深刻，刘宣则难以忘怀，借助右贤王的名号，将其与匈奴贵族、昔日的辉煌联系起来，唤起刘渊的共鸣，挑起刘渊的斗志。抓住王纲解纽的机会，亦是基于对刘猛败亡的思考。刘猛虽死，他的经历在激起刘渊叛心上却颇为关键。

三、佐晋与反晋：天厌晋德与刘渊起兵

刘渊最终踏上反晋的道路，有自身不得志而积在心中的郁结，但因其一度获朝廷委任，并深得成都王司马颖的重用，个人的不满得以释放，

---

① 这些内迁的背景，或与《晋书·武帝纪》咸宁三年（277年）卫瓘讨伐力微有关，分析见曹永年：《拓跋力微卒后"诸部叛离，国内纷扰"考》，《内蒙古师范大学学报（哲学社会科学汉文版）》1988年第2期，第19—22页。

② 可参童岭：《从"我是谁"到"我认为我是谁"——公元4世纪初五胡十六国史之发端》，第18—19页。刘兵从五部分化角度看待刘猛起兵失败，未注意"出塞"的意涵，见所著《匈奴五部中北部的分化与剥离》，《内蒙古社会科学》2020年第2期，第102—108页。

难说有多少反晋的想法。走上此路，一是源于刘宣等人的推举与诱导，二是混乱政局创造的机会。经由刘宣等借助天道的点拨，刘渊突破观念上的束缚，意识到当时难得的契机，迈上起兵反晋的征程。

相较于南单于，刘渊作为质子也长期生活在洛阳，但他并非单于，最多只是和其他蛮夷胡客一道参加元会，不具备那么突出的象征意义，因而也有更大的自由空间，甚至也会被同乡的晋朝大臣们推荐给武帝，希望能委以重任，可惜数次均受到阻挠，太康之后方得担任左部帅，到了太康末才被委任为匈奴的北部都尉，干宝《晋武帝纪》认为后一任命发生在太康八年（287年）。[①] 此时上距咸熙中刘渊作为质子到洛阳，已经二十多年了。这次授官的背景，文献无载，或是某种常规性的安排。三年后，武帝死，惠帝即位，杨骏辅政，以元海为建威将军、五部大都督，封汉光乡侯[②]，当与惠帝即位，各级官员普遍加号以示笼络有关。[③] 不

---

① 《六臣注文选》卷四九《史论·晋纪总论》云："彼刘渊者，离石之将兵都尉；王弥者，青州之散吏也。"李善注云："干宝《晋武纪》曰太康八年，诏渊领北部都尉。"（第909页）《资治通鉴》则将这一任命置于太康十年（289年）。《晋书·刘元海载记》称："会豹卒，以元海代为左部帅。太康末，拜北部都尉。"（第2647页）三崎良章认为时间是在三世纪七十年代后半期（见《五胡十六国》，第68页），恐过早。刘渊在洛阳九曲钱别王弥的时间，从齐王攸与王浑的经历推断，当发生在平吴后的太康初年，此时刘渊尚未离开洛阳，故有"恐死洛阳"之叹。林幹亦怀疑此条记载的可靠性，见所著《匈奴历史年表》，北京：中华书局，1984年，第130页。

② 《晋书》卷一〇一《刘元海载记》，第2647页。《资治通鉴》卷八二"永熙元年"条未提及封侯（第2603页），恐怕此次封侯因杨骏旋即被杀而遭褫夺，下文云封为卢奴伯，正可为证。

③ 《晋书》卷三三《石崇传》云："元康初，杨骏辅政，大开封赏，多树党援。"石崇与何攀曾对惠帝建议不要搞恩泽之封，未果（第1006页）。该传所谓"元康初"，不确，改元"元康"是在杨骏被诛之后的永平元年（291年）三月壬辰。此事又见卷四五《何攀传》："杨骏执政，多树亲属，大开封赏，欲以恩泽自卫。攀以为非，乃与石崇共立议奏之。语在崇传。帝不纳。"（第1290—1291页）此应该指《惠帝纪》"永熙元年（290年）五月"武帝下葬峻阳陵后，"丙子，增天下位一等，预丧事者二等，复租调一年，二千石已上皆封关中侯"（第89页）。所谓"皆封关中侯"之说，恐不确，这次应该也是按照官品的高下区分封爵差等。《晋书》卷四四《华表传附峤传》载华峤太康末为侍中，"元康初，封宣昌亭侯。诛杨骏，改封乐乡侯，迁尚书"（第1264页）；《何攀传》载何攀"以豫诛骏功，封西城侯，邑万户，赐绢万匹，弟逢平乡侯，兄子逵关中侯"（第1291页）。

过，封为"乡侯"，一般会有千户的封户，较之亭侯、关中侯秩级要高，不无对匈奴贵族的优待之意。据《通典·职官十九》"秩品二"中的"晋官品"，建威将军与乡侯同属四品，与领兵的州刺史、护匈奴中郎将、护羌戎夷蛮越乌丸校尉同品（37/1004），也算颇为显赫。"五部大都督"或还是个临时性的职务，不过也赋予了刘渊统御匈奴五部的责任，显示了晋廷对他的倚重与信任，这应与他此前担任北部都尉的业绩分不开。

刘渊第一次离开洛阳，返回匈奴任职，直到元康（290—299 年）末，"坐部人叛出塞免官"[①]，一干至少十年。史称他"明刑法，禁奸邪，轻财好施，推诚接物，五部俊杰无不至者。幽冀名儒，后门秀士，不远千里，亦皆游焉"（晋 101/2647）。这段长达十年的任职经历，数十个字轻描淡写，放在人生中实则颇为漫长，对刘渊来说亦十分重要。一方面，这锻炼了他实际的管理能力，数年后，刘宣等之所以推举他为大单于，与部众在这几年中对他的了解分不开。另一方面，这也让五部部众与首领熟悉并接受了他。若史书的记述可靠，更值得注意的是，其声望已越出了匈奴五部，远播幽州与冀州，两地的儒生秀异之士都不远千里，聚集刘渊帐下。此处容有夸张，但若说全然无中生有，也是走到另一极端，从后来刘渊起兵后左右亲信的来源看，他赢得一些晋人的拥戴不假。

刘渊免官后如何进入成都王颖麾下，为其效命，不得而知。据《宋书·五行志一》，司马颖北上镇邺在惠帝元康年间，《晋书·惠帝纪》元康九年（299 年）正月，"成都王颖为镇北大将军，镇邺"，代替河间王颙（4/95），起因是司马颖得罪了贾谧。此前他应一直在京师[②]，刘渊与他结识应在洛阳。《刘元海载记》在"免官"后云，"成都王颖镇邺，表元海行宁朔将军、监五部军事"（101/2647），未言时间，似乎是司马颖镇邺后不久所为。而《魏书·匈奴刘聪传》作："永宁初，成都王颖表渊行宁朔将军，监

① 《晋书》卷一〇一《刘元海载记》，第 2647 页。
② 《南齐书》卷一五《州郡志下》"益州"条，点校本，北京：中华书局，1972 年，第 298 页。

五部军事。"(95/2044)①"永宁初"当是上表的时间，此刻司马颖已今非昔比，不再是被排挤到邺，而是与齐王冏、河间王颙等起兵消灭了篡位的赵王伦，控制了朝局，声望正隆，上表再度起用刘渊，不会遭遇什么阻力。授予刘渊的宁朔将军与建威将军同品，但向前了一位，尽管"行"并不是正式除授。监五部军事，恐怕是想借助刘渊在那里任职十年积累的名声人脉，来羽翼司马颖。但刘渊此时应该居住在邺。

此后三年，直到离开邺城，返回左国城，刘渊应在司马颖帐下效力，且时有功绩，将军号在上升，实际职务亦关键：

> 颖为皇太弟（永兴元年三月，304 年，河间王颙表立，据《晋书·惠帝纪》，第 102 页），以元海为太弟屯骑校尉。
>
> 惠帝伐颖，次于荡阴（七月己未，据《晋书·惠帝纪》，第 103 页，《资治通鉴》卷八五，第 2696 页），颖假元海辅国将军、督北城守事。
>
> 及六军败绩，颖以元海为冠军将军，封卢奴伯。（晋 101/2647—2648）

太弟屯骑校尉，当是模仿皇帝而来。据《续汉书·百官志四》，屯骑乃五校之一，负责宿卫的军队。西晋时的屯骑校尉还有营兵（宋书 40 下/1248—1249），皇太弟司马颖的屯骑，当亦如此。而辅国将军，较之宁朔、建威又进了一级，属三品将军。"督北城守事"是个临时的差遣，但却事关司马颖生死。当时王浚在幽州，与司马颖对峙，两人尚未公开兵戈相向，彼此却清楚立场不同。早在齐王冏、河间王颙与司马颖三王起兵讨伐赵王伦时，史称王浚"拥众挟两端，遏绝檄书，使其境内士庶不得赴义"，司马颖就"欲讨之而未暇也"，后颖亦曾谋划杀王浚，并其众，未果，导致王浚联手并州刺史司马腾发兵攻邺（晋 39/1146—1147，101/

---

① 《资治通鉴》"永兴元年"条作："初，太弟颖表匈奴左贤王刘渊为冠军将军，监五部军事，使将兵在邺。"（第 2698 页）当是混淆了不同时间的职务。周伟洲认为司马颖上表刘渊为行宁朔将军、监五部军事一事在到邺后不久，见所著《汉赵国史》，第 49 页。不确。

2647，通鉴 85/2697）。司马颖能将正面抵御幽州兵马南下的邺城北部防守交予刘渊，对他的信任可想而知。荡阴之战，司马颖获胜，其间刘渊当亦参战并立功封伯，"冠军将军"不见于《晋官品》，依《宋书·百官志上》，位在辅国将军前（39/1226），亦属于三品之列，西晋当亦如此。以上种种均表明，刘渊与司马颖关系甚笃，深得后者信任，他亦甘心为司马颖出力，与晋武帝时屡遭猜忌，怀才不遇的境遇颇为不同。刘渊终走上反晋的道路，并非出于自愿。此点尤需留意。

刘渊起兵于永兴元年（304 年）八月，即荡阴之战后一个月，实际是在刘宣等五部贵族的裹挟之下，被动起兵反晋的。《晋书·惠帝纪》载："（永兴元年）八月戊辰，（司马）颖杀东安王繇。张方复入洛阳，废皇后羊氏及皇太子覃。匈奴左贤王刘元海反于离石，自号大单于。安北将军王浚遣乌丸骑攻成都王颖于邺，大败之。颖与帝单车走洛阳。"（4/103）《惠帝纪》所述刘渊起兵与王浚攻司马颖的时间先后有问题，应是攻邺在前，起兵在后。正因外敌压境，司马颖感到自身力量有限，危在旦夕，才同意刘渊返回五部，召集匈奴部众来助己挽救危局。或许《晋书》作者是将刘宣等密谋的时间定为造反之始，实际上两者前后相连，本有不同。《刘元海载记》记其经纬云：

> 并州刺史东瀛公腾、安北将军王浚，起兵伐颖，元海说颖曰："今二镇跋扈，众余十万，恐非宿卫及近都士庶所能御之，请为殿下还说五部，以赴国难。"颖曰："五部之众可保发已不？纵能发之，鲜卑、乌丸劲速如风云，何易可当邪？吾欲奉乘舆还洛阳，避其锋锐，徐传檄天下，以逆顺制之。君意何如？"元海曰："殿下武皇帝之子，有殊勋于王室，威恩光洽，四海钦风，孰不思为殿下没命投躯者哉，何难发之有乎！王浚竖子，东瀛疏属，岂能与殿下争衡邪！殿下一发邺官，示弱于人，洛阳可复至乎？纵达洛阳，威权不复在殿下也。纸檄尺书，谁为人奉之！且东胡之悍不逾五部，愿殿下勉抚士众，靖以镇之，当为殿下以二部摧东瀛，三部枭王浚，二竖之首可指日

而悬矣。"颖悦，拜元海为北单于、参丞相军事。[1]

这段对话发生在司马腾与王浚已挥师南下，向邺城进军之后，且司马颖也了解到王浚调动了鲜卑兵马助战，锋锐难挡，颇为忧虑，甚至产生了放弃邺城，带惠帝南奔洛阳的想法。刘渊则劝司马颖固守邺城，不能南下，以免受制于人，建议发动匈奴五部之众，抗击外敌，解救司马颖。此说打动了司马颖，于是拜刘渊为北单于，参丞相军事。司马颖之所以拜刘渊为北单于，一方面在于当时南单于尚在，另一方面，也是更为重要的，雄张蒙古高原的"北单于"名号重出，有震慑鲜卑之意。要知道，当初鲜卑被匈奴击败，"远窜辽东塞外"，只是因匈奴远遁，方开始在蒙古草原上称霸。[2]

正因如此，刘渊得以和刘聪一道名正言顺地返回五部。此前，刘宣等已密谋造反，推举刘渊为大单于，并遣人赴邺，召刘渊返乡，未得司马颖同意。情急之下，为纾困局，司马颖基于对刘渊的信任，令其回乡发动部众。这一次，确如开启了潘多拉的盒子，历史走上了司马颖想象不到的异路。

《刘元海载记》记述完刘宣密谋与召唤刘渊未成后，提到刘渊让报信的呼延攸先行返回五部，发动部众时云："声言应颖，实背之也。"（101/2647）这包含了史家从后来历史走向中得来的认知，究竟有几分是刘渊当时的想法，不易判断。刘宣等密议中说：

> 元海从祖故北部都尉、左贤王刘宣等窃议曰："昔我先人与汉约为兄弟，忧泰同之。自汉亡以来，魏晋代兴，我单于虽有虚号，无复尺土之业，自诸王侯，降同编户。今司马氏骨肉相残，四海鼎沸，兴邦复业，此其时矣。左贤王元海姿器绝人，干宇超世，天若不恢

[1] 《晋书》卷一〇一《刘元海载记》，第 2647—2648 页；《资治通鉴》卷八五"永兴元年"条，第 2699—2700 页。

[2] 《三国志》卷三〇《乌丸鲜卑东夷传》及注引《魏书》，第 831、836—837 页；马长寿：《乌桓与鲜卑》，第 3、10、24、168—170 页。

崇单于，终不虚生此人也。"于是密共推元海为大单于。(101/2647)

前人花费相当多精力推考刘渊究竟出自匈奴南单于嫡系，还是屠各，在当时五部贵族看来，其实并不重要。总之，无论其出身如何，他们并没有认为刘渊是外人，且可以成为领导五部的首领。对刘宣等人而言，可以推举为大单于的候选者肯定不止一位，他们接触、了解到的匈奴以及屠各贵族肯定很多，刘渊能够被选中，有其超越他人的优势。对他们而言，看重的恐怕主要是刘渊在五部中深孚众望，这应源自他此前担任北部都尉以及五部都督十年的表现及所积累的声望，甚至也包括他在司马颖麾下取得的功业，血统与出身并非关键。① 南单于或其子为何没有被选中，恐怕与他们长期停留在洛阳，脱离部众、大人已久，无从显示其才干，丧失了足够的号召力直接相联。

起兵中核心人物是刘宣，刘宣自己为何不挺身而出，自号大单于，文献语焉不详。以情理度之，当是刘宣感觉自己声望与能力有限，不足以服众。

《晋书·刘元海载记》云："元海至左国城，刘宣等上大单于之号。"(2648)刘渊成为大单于，是基于刘宣等的推举。他能脱颖而出，依靠的是匈奴自身推举单于的传统，而非汉人晋人所看重的嫡子继承。② 我们知道，匈奴及其他蒙古草原上部族首领的继承，不只是依靠血统，而且

① 王明珂指出："为了适应多变的生活情境，他们（游牧部落）可能通过改变祖先谱系记忆来接纳新族群成员，或脱离原来的群体。总之，不为历史记忆与族群认同所困是其生存原则。"见所著《游牧者的抉择：面对汉帝国的北亚游牧部族》，第104页及第48—55页。园田俊介据北魏墓志揭示了匈奴人祖先表述上的灵活性，见《南北朝時代における匈奴劉氏の祖先伝説とその形成》，《中央大学大学院研究年報》第34号"文学研究科篇"(2004年)，第1031—1044页。

② 晋人这种观念更为强烈，司马氏尤甚，详见侯旭东：《汉魏六朝父系意识的成长与"宗族"问题——从北朝百姓的聚居状况说起》，收入《北朝村民的生活世界》，北京：商务印书馆，2005年，第101—104页。这种承袭安排如何借助朝廷力量深入贵州西北的彝族政权，可参温春来：《从"异域"到"旧疆"：宋至清贵州西北部地区的制度、开发与认同》，第155—173页。这虽发生在明代，亦可见不同政治体中君长传承上的不同，以及中原王朝的主流方式如何影响周边政治体。

是要依靠个人的才干，背后还有久远的部族大会的传统在。[①] 文献所见
匈奴最后一次推举单于，是东汉末年。《后汉书·南匈奴传》载单于羌渠
被杀，"国人杀其父者遂畔，共立须卜骨都侯为单于，而（羌渠子）於扶罗
诣阙自讼。会灵帝崩，天下大乱，单于将数千骑与白波贼合兵寇河内诸
郡。时民皆保聚，钞掠无利，而兵遂挫伤。复欲归国，国人不受，乃止
河东。须卜骨都侯为单于一年而死，南庭遂虚其位，以老王行国事"。此
事发生在中平六年（189年），这种情况持续了多年（89/2965）。《后汉书》
视此为国人反叛，但恐怕主要是贵族内部的纠纷，不然不会仅仅是於扶
罗诣阙自讼那么简单，恰好彼时东汉也陷入崩溃境地，完全无暇顾及。
按《史记·匈奴列传》集解及《后汉书·南匈奴传》，须卜氏乃匈奴异姓贵
种，常与单于联姻，（左右）骨都侯则是单于重要的辅佐大臣。[②] 须卜骨
都侯担任单于虽不过短短一年，但不难发现，血统并不是保证於扶罗顺

---

① 有关分析，见马长寿：《北狄与匈奴》，第 56—57 页；Joseph Fletcher,
"The Mongols: Ecological and Social Perspectives," Harvard Journal of Asiatic Stud-
ies, 46.1(Jun., 1986), pp. 17-18, 19,22-32［感谢方诚峰兄示知此文。傅礼初特别提
到亚洲史家常常忽略草原居民中部落以上首领继承上的"选举继承"（tanistry）原则，
见第 17 页］；丹尼斯·塞诺（Denis Sinor）：《大汗的选立》（The Making of a Great
Khan），1993 年初刊，中译本收入《丹尼斯·塞诺内亚研究文选》，北京大学历史学
系民族史教研室译，北京：中华书局，2006 年，第 167—188 页；黄盛璋：《"汉匈奴
破虏酓房长"及其有关史实发覆》，《历史研究》1994 年第 2 期，第 10—20 页；李桂芝：
《契丹贵族大会钩沉》，《历史研究》1999 年第 6 期，第 68—88 页；胡小安：《略论蒙
古贵族大会议事制与选汗问题——蒙古贵族大会议事制研究之一》，中央民族大学历
史系编：《民族史研究》第一辑，北京：民族出版社，1999 年，第 188—210 页；鲍金
凤：《明代蒙古"楚固拉干"述评》，《黑龙江民族丛刊》2004 年第 1 期，第 54—60 页。
    谢剑认为单于名位继承主要基于血缘因素的世袭继承，而非操于各部大人之议
立或选举，低估了大人议立传统的影响，见所著《匈奴政治制度的研究》，《史语所集
刊》第 41 本第 2 分(1969 年)，第 31—34 页。黄烈认为此事"表明虚连题氏一宗独占
单于位置的传统已被打破，旧有的统治系统也快临近末日了"，见《中国古代民族史
研究》，第 175 页。泽田勋亦有类似看法，乃不解匈奴首领产生的传统而生的误解，
实际是传统的复兴，见《匈奴：古代游牧国家的兴亡》，第 211—212 页。
    ② 护雅夫曾对此有分析，见《匈奴の国家》，1950 年初刊，收入《古代トルコ民
族史研究 Ⅲ》，东京：山川出版社，1997 年，第 122—128 页。他更强调血统与出
生的作用。

利继承单于位的前提，且国人的势力甚大，可以拒绝於扶罗入国。好在须卜骨都侯短命，不然匈奴的历史走向，难以逆料。此时上距建武二十五年(49 年)匈奴南下附塞已一百四十年，前后经历了近 20 位单于。①此后百余年，恐怕南单于的废立，均要经过朝廷同意，因五部部落并未离散，诸部首领尚在，这一传统难以遽然消失，特定情况下还会被唤醒。永兴元年(304 年)十月，刘渊在即汉王位的文书中说："孤今猥为群公所推，绍修三祖之业。"(晋 101/2649—50)前半句话，当是近实之辞。

刘宣商议中所言，对于西晋给予匈奴贵族待遇的看法，参照上文所引，不能说是据实之论，包含了不少片面之词。单于虽无尺土之封，但在朝中的地位却相当高，物质上的供应想必也会充足，《资治通鉴》"建安二十一年"条载，曹魏给单于相当于列侯的待遇，"单于岁给绵、绢、钱、谷如列侯，子孙传袭其号"(67/2146—2147)②，西晋恐怕只会延续曹魏的安排，因为司马氏更看重匈奴单于的象征意义，希望"表信殊俗，怀远以德"(晋 101/2947)。只是单于被晋廷用作元会一类场合上证明王朝德化的道具，既无法参与朝政，更没有建功立业的机会，无所事事，精神上苦闷恐是免不了的，如刘渊对王弥所言。换个角度看，这正显示了刘渊对晋廷的认同，以及晋廷当初对他的戒心。随着他在太康中得到任用，不满逐步得以释放，而在司马颖麾下受到器重，更让他有感戴之心。其他名王贵族，待遇会有等差，但大致相去不远，若说是"降同编户"，实属夸大其词。这不过是为发动贵族起兵的曲意为说，来激发众人反抗的决心。当时气氛下，此言一出，对于调动贵族们心底蓄积的不满，的确会产生极大的效果。

---

① 详见《后汉书》卷八九《南匈奴传》，可参林幹：《匈奴史》附录一，第 231—232 页；陈勇：《匈奴、屠各并举与屠各的豪贵地位》附表，收入《汉赵史论稿》，第 85—86 页。林表收录了族人拥立的须卜骨都侯单于，但未计入单于的序号，陈表则未收。

② 陈勇怀疑此条是《资治通鉴》手民误植，错抄《晋书·北狄匈奴传》所记西汉呼韩邪归汉事，见所著《〈资治通鉴〉汉赵国事迹考证》，收入《汉赵史论稿》，第 213 页。此疑恐不可从。单于与名王们若无稳定的收入，他们如何长年在洛阳生活？

　　当然，这离不开当时的局势，即刘宣所说的"今司马氏骨肉相残，四海鼎沸，兴邦复业，此其时矣"。此前，发生过多次匈奴贵族领导的起兵，见于记载的有泰始七年到八年的刘猛、元康年间匈奴郝散兄弟的起兵等，均告失败。零星的反抗，一定也不少见，从《北狄传》说平定刘猛后"匈奴震服，积年不敢复反"（97/2549）中可见一斑，只是甚少见于记载。朝廷稳定时，这些均不难荡平，即便鲜卑首领树机能这样的起兵，一度攻陷了凉州，声势颇大，也能平息。一旦朝廷失序，朝中执政者如走马灯，难以有效调动兵力和资源，才提供了匈奴"兴邦复业"的机会，刘宣等人正是敏锐地抓住了机会。

　　西晋末年混乱局面的出现，古往今来的解说甚多。若从时人角度观察，多半归于西晋王朝的内乱。封抽与韩矫等给陶侃上疏中所言"惠皇之末，后党构难，祸结京畿，衅成公族，遂使羯寇乘虚，倾覆诸夏，旧都沦灭"（晋108/2810），将西晋灭亡的直接原因归于宫廷内斗蔓延到皇室。两人的上疏在东晋成帝时。东晋人干宝《晋纪总论》中亦指出晋末丧乱，南北起兵，二帝失尊，源于"树立失权，托付非才，四维不张，而苟且之政多也"（晋5/134），唐初史臣亦承此说，具体则归于八王："西晋之政乱朝危，虽由时主，然而煽其风，速其祸者，咎在八王。"（晋59/1590）陈寅恪更是直接将两者联系起来，指出"直接引起'戎狄乱华'的，还是由罢州郡武备、封建诸王而酿成的八王之乱"。[①] 以上诸说，细析之，看法并不全同，然无论如何，认为根源在于西晋朝廷自身，却无分歧。

　　仔细比较，刘渊与刘宣等起兵的目标本有不同。刘渊初返五部，确是欲发兵帮助司马颖，并没有想直接造西晋的反，经刘宣等人劝说，才

---

　　①　万绳楠：《陈寅恪魏晋南北朝史讲演录》，合肥：黄山书社，1987年，第81—82页。冈崎文夫、劳榦、东木政一、林幹亦持类似看法，分别见冈崎文夫：《魏晋南北朝通史》（日文原版1932年初刊），肖承清译，上海：中西书局，2020年，第66页；劳榦：《魏晋南北朝简史》，1954年初刊，此据北京：中华书局，2018年，第51页；东木政一：《匈奴国家"漢"的成立とその発展——胡王国の一例》，《淑德短期大学研究紀要》第10号，第77—78页；林幹：《匈奴史》，第170—171页。

走上了造反的道路。《刘元海载记》云，得知司马颖南下洛阳后，"元海曰：'颖不用吾言，逆自奔溃，真奴才也。然吾与其有言矣，不可不救。'于是命右于陆王刘景、左独鹿王刘延年等率步骑二万，将讨鲜卑"，准备履行诺言，救助司马颖。刘宣等固谏曰：

> 晋为无道，奴隶御我，是以右贤王猛不胜其忿。属晋纲未弛，大事不遂，右贤涂地，单于之耻也。今司马氏父子兄弟自相鱼肉，此天厌晋德，授之于我。单于积德在躬，为晋人所服，方当兴我邦族，复呼韩邪之业，鲜卑、乌丸可以为援，奈何距之而拯仇敌！今天假手于我，不可违也。违天不祥，逆众不济；天与不取，反受其咎。愿单于勿疑。

"奴隶御我"之说，不能算平情之论。前人常用之作为阶级矛盾的证明，尽管的确有匈奴人卖身为奴的情况，但不能说晋廷将所有匈奴人视为奴隶，其对匈奴贵族和平民还是区别对待的。[1] 对刘宣等想要反抗西晋者而言，这类极端的说法，亦是动员的一种手段。他举出了刘猛起兵失败

----

[1]　此处谷川道雄有详尽的分析，云"这一句应读为'如奴隶'，即好像奴隶一样。而且'我'与'晋'相对，所以应理解为匈奴族全体之意"。他认为"'奴隶'只不过是匈奴族固有的生活遭致解体，丧失了种族自立性的一个形容，也就是说，整个种族都在面临类似'奴隶'一样的命运。匈奴贵族的特权消失以及匈奴民众承受沦为奴婢与田客这样一种身份上、阶级上的苦痛，这就是整个种族命运所反映出来的一部分现象"。见《隋唐帝国形成史论》，第 23、25—26 页。谷川道雄所论依然基于胡汉并立的前提，童岭的理解类似，见所著《从"我是谁"到"我认为我是谁"——公元 4 世纪初五胡十六国史之发端》，第 16 页。刘宣这里说出此话，体现了对晋朝对待匈奴首领的"工具性的使用"的不满。匈奴首领在待遇上、地位上显然是颇为可观的，但对晋廷而言，不过是个手中的玩物，用来装点门面，是显示其天下秩序的道具。匈奴首领又无法表达自己真实的感受，形成的压抑与不满积少成多，承平时期没有机会，只好忍气吞声接受晋廷的摆布，王纲解纽时，终于迎来了机会。

刘宣等人平时接触到的多半是高官显贵，看到的是家内服侍主人的奴仆苍头。奴隶恰恰就是如此，有些家内奴隶地位颇高，但依然不能摆脱被主人驱使与摆布的命运。

可以说，对他们而言，生活上待遇优渥或尊贵的地位只能暂时冲淡他(转下页)

如前述，不再重复；同时，又举出司马氏父子兄弟相残来证明"天厌晋德"，从天的角度加以论证，恐怕对刘渊改变想法，颇为重要。以往研究，对此关注不够。天子承天御宇，号令天下，四方归化，为包括匈奴在内的周边部族建立了一个效法的榜样，而这个榜样却陷入了自相残杀的恶性循环，不能不让身处其中者怀疑其是否已经丧德。天乃是匈奴人笃信的神灵①，刘宣用天的命令来劝说刘渊，帮助他打消顾虑。

（接上页）们现实中充当道具带来的屈辱与愤懑、失落，特别是如刘渊，尽管已经颇为认同晋朝，一心想为之效劳，却屡屡遭到个别大臣的阻拦，心中的异类感受只会不断积蓄，而无法平抑或消除，一旦有机会，便会爆发。

　　这时，刘渊等人心目中的彼此划分也会发生变化，晋朝由此变为了彼，而鲜卑、乌丸则变为了可以携手的合作伙伴。

　　"我"这里是复数，没问题，但所指应并非谷川所说的全体匈奴人，而仅限于刘宣、刘渊之类的匈奴贵族，所以后面举出的事例亦是右贤王刘猛败亡来作为证据。汪维辉指出："上古汉语人称代词单复数同形，'我'等相当于I和WE；在需要特别强调复数的场合，可以在'我'等后面加上'等、属、辈、侪、曹'等名词构成词组来表达。"见《汉语核心词的历史与现状研究》（北京：商务印书馆，2018年，第757页）。参黄树先：《汉语核心词"我"研究》，《语言研究》2007年第3期，第86—91页。此处的"我"，若视为"匈奴族全体"，有泛化之嫌。从《三国志》数百处用例看，当时"我"字的使用上，几乎不见这种用法。《三国志》卷五四《吴书·周瑜传》"瑜部将黄盖曰：'今寇众我寡，难与持久。'"（第1262页）此处的"我"实指我们。《三国志》卷五六《吴书·朱治传》注引《江表传》载朱治说孙贲，其中有"岂能越长江与我争利哉？"（第1304页）大多数场合表示的是单数的"我"，仅个别场合代表"我们"，未见指代更一般性群体的用例。

　　祝总斌认为此句并非指广大匈奴劳动者之沦为奴隶，而是对匈奴贵族丧失昔日之权力和地盘，受到汉族制度之压抑的一句愤激之辞，是更为妥帖的理解，见《评晋武帝的民族政策——兼论匈奴刘猛、鲜卑树机能反晋之性质》，1986年初刊，收入所著《材不材斋文集——祝总斌学术研究论文集（上编）》，西安：三秦出版社，2006年，第137页。

　　① 谢剑：《匈奴宗教信仰及其流变》，《史语所集刊》第42本第4分（1972年），第574—581页；林幹：《匈奴史》，第157—159页；陈序经：《匈奴史稿》，第70—72页；白凤岐：《匈奴人的原始信仰》，《黑龙江民族丛刊》1988年第1期，第42页；王文涛：《是"天降jiàng单于"，还是"天降xiáng单于"——天神观与汉匈政治关系的一个审视点》，《河北学刊》2013年第3期，第56—62页；郭大地：《匈奴的宗教与信仰体系》，《广播电视大学学报（哲学社会科学版）》2015年第1期，第94—96、100页。

刘宣的提醒不难勾起刘渊的回忆：从杨骏兄弟被诛（永平元年，291年，三月辛卯），杨太后被废（元康元年，291年，三月壬辰）、被杀（元康二年，292年，二月己酉）到太子遹被废（元康九年，299年，十二月壬戌）、被害（永康元年，300年，三月癸未），再到贾皇后被废（永康元年，300年，四月癸巳）、被害（四月己亥），赵王伦篡位，惠帝被迁至金墉城（永宁元年，301年，正月乙丑），齐王冏起兵讨赵王伦（永宁元年三月），惠帝反正（四月辛酉），赵王伦被诛（四月癸亥）①，以及纷纷起兵的诸王，中箭伤颊、血溅衣衫的皇帝（永兴元年，304年，七月己未），华夷瞩目的洛阳几度沦为战场，最高学府太学数次飘扬着军队的战旗②……最近一幕不过发生在一个月前。一系列刘渊耳闻或目睹的事变，让皇帝、天命所拥有的神圣与神秘光环荡然无存。

刘宣的点拨发生了革命性的效果，粉碎了刘渊心中西晋天命不可挑战的信念。刘渊长期生活在华夷秩序所构建的四方归心氛围下，头脑被西晋制造的盛世所束缚，对他来说，这段今天看来空洞无物的说辞，宛如划破夜空的闪电，照亮了刘渊的心，将其从天命有常、天命在晋的束缚中解放出来。刘渊对自身也突然有了全新的认识：

> 善。当为崇冈峻阜，何能为培塿乎！夫帝王岂有常哉，大禹出于西戎，文王生于东夷，顾惟德所授耳。今见众十余万，皆一当晋十，鼓行而摧乱晋，犹拉枯耳。上可成汉高之业，下不失为魏氏。虽然，晋人未必同我。汉有天下世长，恩德结于人心，是以昭烈崎岖于一州之地，而能抗衡于天下。吾又汉氏之甥，约为兄弟，兄亡弟绍，不亦可乎？且可称汉，追尊后主，以怀人望。（101/2649）

这段话还是从历史讲起，不过是时人认知的惯性，内容却已颇具颠覆性。

---

① 以上均见《晋书》卷四《惠帝纪》，第90—103页。

② 除了成都王颖进攻洛阳时曾在此驻扎外，永嘉初，东海王越自荥阳还洛阳，"以太学为府"，见《晋书》卷五九《东海王越传》，第1624页。

刘渊强调了帝王不一定出自中原，为自身获得天命做出了有力的证明，坚定了开始反晋斗争的决心。当然，此时，他还拖着个汉朝尾巴，打着继承刘禅的旗号。刘禅降魏后被封为安汉公，西晋泰始七年（271年）死于洛阳（三33/901—902），他同南单于一样，一定也是各种仪式场合的常客。刘渊初到洛阳时应该见过刘禅，印象深刻，不敢直接竖起自己的旗帜。刘渊是在刘宣等人的启发下，半推半就地跨出了反晋的第一步。

刘渊起兵之初，只举起大单于的旗号，"二旬之间，众已五万，都于离石"，到了十月，才立坛南郊，称汉王，正式与晋朝决裂①，另起炉灶。上引刘渊的表态，应在称汉王之前。

三百多年后，唐太宗总结晋武帝一生的功过，说："世祖惑荀勖之奸谋，迷王浑之伪策，心屡移于众口，事不定于己图。元海当除而不除，卒令扰乱区夏；惠帝可废而不废，终使倾覆洪基。"（晋3/82）将晋朝社稷倾覆归罪于五个人，惠帝不废，仰仗的是荀勖的佑护，刘渊未除，得益于王浑的斡旋。太宗的分析不能说没有道理，皇帝个人的作用的确举足轻重，但刘渊能够起兵，如上所析，并非出自个人意愿，而与局势、刘宣等人的开导密不可分。西晋王纲失坠，则与宫廷内部的争斗，以及诸王领兵的格局直接相连。这些自然来自武帝的安排与设计，但这些并不能仅仅归于个人缺乏定见、耳根软，而与武帝吸取的历史经验，对骨肉关系的迷信分不开。

四、结论

综上所述，跳脱族属与血统问题的误导，回到历史现场，也可以为刘渊起兵提供一种新的解释。当时因匈奴单于长期在晋朝都城洛阳生活，

① 《晋书》卷一〇一《刘元海载记》，第2648—2649页。《晋书》卷四《惠帝纪》系于"十一月"，云"李雄僭号成都王，刘元海僭号汉王"（第104页）；《资治通鉴》卷八五此处有《考异》，认为是在"十月"（第2702页）。

从曹魏时起便已在部众中声望不断下降，为其他领袖人物的崛起腾出了空间。匈奴单于与侍子们在晋廷营造万方来朝的天下盛世局面中却是不可或缺的道具，因而长年居住在洛阳。刘渊亦是侍子中的一员，尽管他多次想为晋廷效力，却屡遭阻挠，心中蓄积了不满。洛阳城中引领风气的石崇所组织的文人雅集上，歌舞《王明君辞》也不时为匈奴的异类形象推波助澜。尽管如此，若无外在机会，这些不满也无法转化为起兵撼动晋廷统治，晋初刘猛起兵便似以卵击石。

刘渊在武帝末年方有机会回到匈奴旧部任职，这段将近十年的经历显示了他出色的才干，积累了声望，也足以让部众及贵族们了解刘渊，这一经历也让他释放了积蓄多年的不满。刘渊自己回到洛阳，投身司马颖麾下，颇受重用，并无造反的动机，是在刘宣等的推举下走上起兵道路。刘宣等唤醒匈奴推举单于的旧传统，挑选了刘渊担任大单于，利用匈奴人相信的天意鼓动他发兵反晋。其中血统与族属并非关键，重要的是刘渊的能力与声望，今人费心探究前两者，未免与时人的考虑颇有距离。尽管刘渊在晋廷长期不得志，推动他走上反晋道路的直接原因，乃是他所目睹的八王之乱带来的晋朝丧乱的现实，以及刘宣所说的这些现实所昭示的"天厌晋德"。

天下秩序不仅是晋朝皇帝与多数臣下思考与行为的依托，对刘渊父子而言，亦内化于心，成为左右言行的无形力量，用现在的术语来说，乃是因沉浸其中而成为行动者难以逾越的结构关系。纵是起兵造反，也难以超越其规范，只是其中何为主、何为从，发生了颠倒。这一点，要到刘聪称帝后才能看得更清楚，对此，则需另文再论。

称刘渊为"边缘人"，只是强调了其经历与感受中的部分侧面：相对于晋廷所建立并维持的天下秩序，刘渊以配角身份参与其中；就洛阳流行的风气而言，他亦难以融入；仕途上，多年亦屡遭挫折，被个别晋臣视为异类。这些均使其产生边缘人的酸楚。若从匈奴角度看，无论是刘渊的出身，还是起兵前在匈奴的任职以及治绩，自我的感受都会有所不同。相对于石勒，刘渊更不能说是边缘人。但他长期生活在西晋都城洛阳，边缘与异类感占据内心的时间恐怕更久。两者胶着于心，外在局势的变化与旁人的点拨，会打破胶着，激发意想不到的想法与做法。

本文的讨论，将天下秩序及时代氛围、质子制度、八王之乱带来的局势和时机与人物感受、活动衔接起来，尝试对一段往事重加理解，既是对刘渊起兵这一开创了十六国局面的事件补充些解释，也希望能对结构关系、制度、局势与个人如何突破观念束缚发挥作用之间关系的一般性认识提供些帮助。

2020 年 11 月 19 日将本文提交清华大学历史系第 104 次读简班讨论，得到屈涛、祁萌、郭伟涛、吴天宇、周正、郭聪敏、万剑锋、曹天江、王偲、张欣毓、成鹏、王天骄、陈韵青、王振华、孙梓辛、吴贞银诸君的指教。日文论文的搜集得到曹天江与田熊敬之君的惠助，魏斌兄亦提示资料与卓见。12 月 29 日，将此文提交清华大学历史系第 62 次史学沙龙，得到与会的黎俊溢、常亮、孙正军、马楠、刘力耘、张欣毓、郭伟涛、祁萌、方诚峰与黄振萍诸君的指教。2021 年 1 月初，邢义田先生数次来信赐教并示下不少图像资料，6 月在浙大参加"走向盛唐"工作坊，童岭兄示知论著，此外，胡鸿兄、窪添庆文先生与刘兵兄先后惠示高见，订正谬误，谨此一并致谢！

本文原刊《史学月刊》2021 年第 8 期，第 16—36 页。收入本书时略有修订。

后　记

　　这部文集是为履行十年前的邀约。2011 年秋天，在中国人民大学历史学院上课后，杨念群、谭徐锋兄提议将关于日常统治的研究结集收入"新史学丛书"，当时爽快应允，只是说希望将有关研究完成后再履约。没想到这一过程竟花费了十年光景，尤其要感谢徐锋兄不时的督促，让我不敢懈怠。

　　各篇中最早的完成于 2006 年，最晚的一篇，也是文集最后一篇，2021 年 1 月定稿，7 月才刊发。这十四篇论文包含了最近十五年来的主要成果，集中于秦汉史，也是近年日常统治研究成果的主体。当然，2015 年出版的《近观中古史》中收录的关于人名使用与渔采狩猎的两文，以及 2018 年出版的《宠》一书，也属于历史上日常统治研究的范围。想了解日常统治研究潜力的读者最好一并参考。实际上，日常统治研究可处理的问题远不止这些，还需要我自己以及有兴趣的研究者继续开掘。

　　诸文中有些重复的段落，为保持论文的完整，没有删减，请读者谅解。

　　这些研究先后得到三个基金项目的支持：北京大学中国古代史研究中心陈苏镇老师主持的教育部重大课题"东汉至明中叶政治文化与政治演进、制度变迁关系研究"，我先后承担的教育部社科基金规划项目"秦汉六朝国家日常统治机制初探"（11YJA770015）以及国家社科基金重点项目"秦汉三国时期的日常统治与国家治理"（17AZS013）。

　　筹划《什么是日常统治史》出版时，罗志田教授和生活·读书·新知三联书店商定为"乐道丛书"的作者各出版一本相关的文集，纳入名为"乐道文库"的丛书。因与北师大出版社有约在先，又没有更多的论文再编新书，只能辜负三联书店的美意。的确，想要了解历史上日常统治研究的初步探索，这本文集是个比较集中且方便的参照。

本文集的出版，得到国家出版基金的资助。申请这一基金时，得到王子今、刘永华教授大力推荐，谨向两位表示衷心感谢。

诸文写作修改过程中得到过很多师友的帮助，篇末都有说明，这里不再重复。多谢张琦、冉艳红、郭伟涛、祁萌、曹天江、张欣毓、陈琪丰、王偲诸君的惠助，他们费心帮助核对各篇引文，订正了不少错误。研究助理曲祯朋同学帮我校正书稿。若非诸位伸以援手，完成这考验耐心的琐碎工作，不知要拖到何时。其间又承孙梓辛与郭伟涛君提供新近成果与地图，帮助完善文稿。书中的地图承蒙中国地图出版社刘亚先女士精心绘制。说实在的，眼下已没有多少心情再去对付旧作，吸引我的是那些待开垦的新问题。

北京师范大学出版社王子恺编辑耐心细致的工作，保障了文集的高效出版，谨致谢意！

最后，借此机会向富兵表达感谢！与多年来陪伴与生活上的照顾相比，任何语言都是苍白乏力的。工作上的操劳并没有减少她对家庭的付出，让我能够有更多的时间和精力思考历史。

作者谨识
2021 年岁末于双清苑

图书在版编目（CIP）数据

汉家的日常/侯旭东著. —北京：北京师范大学出版社，
2022.4（2023.4 重印）

（新史学 &. 多元对话系列）

ISBN 978-7-303-27747-6

Ⅰ．①汉… Ⅱ．①侯… Ⅲ．①中国历史－研究－汉代
Ⅳ．①K234.09

中国版本图书馆 CIP 数据核字（2022）第 013730 号

营 销 中 心 电 话	010-58808006
北京师范大学出版社新史学策划部微信公众号	新史学 1902

HANJIA DE RICHANG

出版发行：北京师范大学出版社 www. bnupg. com
　　　　　北京市西城区新街口外大街 12-3 号
　　　　　邮政编码：100088
印　　刷：北京盛通印刷股份有限公司
经　　销：全国新华书店
开　　本：730 mm ×980 mm　1/16
印　　张：35.75
字　　数：512 千字
审 图 号：GS（2022）1971 号
版　　次：2022 年 4 月第 1 版
印　　次：2023 年 4 月第 2 次印刷
定　　价：108.00 元

策划编辑：谭徐锋	责任编辑：谭徐锋　王子恺
美术编辑：王齐云	装帧设计：王齐云
责任校对：段立超	责任印制：赵　龙